Future Angst · Dr. Mario Herger

Dr. Mario Herger

Future Angst

PLASSEN
VERLAG

Copyright 2021:
© Börsenmedien AG, Kulmbach

Gestaltung Cover: Daniela Freitag
Gestaltung und Satz: Daniela Dittrich
Herstellung: Daniela Freitag
Vorlektorat: Karla Seedorf
Korrektorat: Diane Kieselbach
Druck: GGP Media GmbH, Pößneck

ISBN 978-3-86470-771-1

Bibliografische Information der Deutschen Nationalbibliothek:
Die Deutsche Nationalbibliothek verzeichnet diese Publikation in der
Deutschen Nationalbibliografie; detaillierte bibliografische Daten
sind im Internet über <http://dnb.d-nb.de> abrufbar.

Postfach 1449 • 95305 Kulmbach
Tel: +49 9221 9051-0 • Fax: +49 9221 9051-4444
E-Mail: buecher@boersenmedien.de
www.plassen.de
www.facebook.com/plassenbuchverlage
www.instagram.com/plassen_buchverlage

Für Gabriel, Darian und Sebastian.
And for May Kou.

INHALT

KAPITEL 1

„Alexa hört ja immer zu!" ▮

Wenn Sie einen Moment in der Geschichte wählen müssten, um geboren zu werden, und Sie wüssten nicht im Voraus, wer Sie sein würden – Sie wüssten nicht, ob Sie in eine wohlhabende oder arme Familie, in welchem Land oder ob Sie als Mann oder Frau geboren würden –, wenn Sie blind wählen müssten, in welchem Moment Sie geboren werden möchten, würden Sie jetzt wählen.

Barack Obama, 2016

Ein Journalist eines deutschsprachigen Wirtschaftsmagazins fährt in meinem Auto mit. Er berichtet über digitale Trends und ist auf Erkundungstour im Silicon Valley. Als wir auf einer der Hauptverkehrsachsen einem der knapp 800 selbstfahrenden Autos, die hier getestet werden, begegnen, zücken wir beide unsere Smartphones, um es zu filmen. Irgendwie drücke ich im Eifer den falschen Knopf meines iPhone X, während ich als Fahrer auf den Verkehr achten muss, und merke erst im Nachhinein, dass ich kein Video aufgenommen habe. Mein Beifahrer allerdings schon – mit seinem iPhone 6. Das Video, das er mir nachher dankenswerterweise zusendet, ist von der Auflösung her so schlecht, dass ich es für meinen Blog nicht verwenden kann. Es ist Sommer 2018, zu diesem Zeitpunkt gibt es das iPhone X schon seit einem Jahr. Warum besitzt er, der über neueste Technologien berichtet, ein altes iPhone? In Autojahren entspricht das einem 30 Jahre alten Auto, das er nicht als Oldtimerliebhaber fährt, sondern mit der Einstellung: „Wozu brauche ich das neueste Zeugs?"

Im Herbst 2018 blättere ich durch die aktuelle Ausgabe von *t3n*, einem Magazin für Digitalos und Technologie-Enthusiasten. In einem Artikel werden prominente digitale Pioniere gefragt, was sie bei ihren Dienstreisen in ihren Rucksack packen. Der digitale Vorreiter eines großen deutschen Konzerns zählt auf: Laptop, Powerbank, Buch und – ich glaube, mich verlesen zu haben – sein iPhone 6. Wieder jemand, der ein digitaler Innovationsvorreiter in seinem Unternehmen sein sollte und alte digitale Werkzeuge verwendet.

Im März 2020 wurden meine Timelines auf den sozialen Medien mit Meldungen überflutet, in denen meine Kontakte von den Video- und Onlinekonferenzen mit ihren Mitarbeitern und Geschäftspartnern berichteten. Aufgrund der weltweiten Ausgangssperren durch den Coronavirus Covid-19 musste jedes Unternehmen die Mitarbeiter ins

Homeoffice schicken und zur Weiterführung des Geschäftsbetriebs Online-Tools einsetzen. Aufmunternde Worte waren die Regel wie auch Tipps, wie diese Werkzeuge von Zoom, Skype, Google Hangouts, Microsoft Teams oder WebEx am besten zu verwenden wären. Ich war etwas baff. Spätestens seit meinem Umzug in die USA im Jahr 2001 gehörten solche virtuellen Konferenzen für mich zum Alltag. In meiner Zeit bei SAP war das die einzige Möglichkeit gewesen, mich mit meinen Kollegen in Deutschland, Israel, China und Indien auszutauschen und auf dem laufenden Projektstand zu bleiben. Zwei- bis dreimal täglich über Jahre hinweg wählte ich mich in solche Onlinekonferenzen ein und habe dabei alles miterlebt: von Verbindungsschwierigkeiten, irrtümlich der Videokonferenz beitretenden Kollegen bis zum kläffenden Hund in der Leitung.

Mir ist schon klar, dass ich mich damals als Mitarbeiter einer großen IT-Firma und dann noch speziell im kalifornischen Silicon Valley in einer technologischen Fortschrittsblase befand. Dennoch überraschte mich, wie sehr diese mindestens 20 Jahre alten Technologien für viele bei uns neuartige Technologie darstellten. Und da stellt sich mir die Frage, was in den letzten Jahren bei all den Konferenzen zu digitaler Transformation denn eigentlich diskutiert worden war? Ich war der Meinung gewesen, wir seien am Beginn, Technologien wie künstliche Intelligenz, Roboter, Chatbots, TensorFlow oder Blockchain auszuprobieren. Dann kristallisiert sich allerding heraus, dass ein simples Onlinevideokonferenzwerkzeug wie Zoom die Unternehmen und Mitarbeiter vor ungeahnte Herausforderungen stellt.

Wer glaubt, wir seien technisch bereits bestens gewappnet, den möchte ich darauf hinweisen, dass in derselben Krise Ärzte und Kliniken Informationen per Fax versandten und Schüler Hausaufgaben auf Papier ausgedruckt von der Schule abholen mussten.

Szenenwechsel: Las Vegas, Nevada. Am Vorabend der CES treffen sich drei Dutzend IT-Berater zu Vorträgen und zum Gedankenaustausch bei einem Dinner. Auf meine Frage, wer einen Sprachassistenten besitzt, bleiben alle Hände unten, dafür ertönt sofort aus dem Hintergrund der Vorwurf: „Alexa hört ja immer zu!"

Genau so funktionieren Sprachassistenten. Sie müssen zuhören. Das Zuhören der Technologie ist so wichtig, wie Licht uns sichtbar macht. Aber hier verbirgt sich die Angst, dass das Zuhören zum Ausspionieren verwendet wird. Diese Angst – ob berechtigt oder nicht – verhindert, dass sich diese IT-Berater damit auseinandersetzen, eine Voraussetzung dafür, dass sie die Funktionsweise und die heutigen Möglichkeiten begreifen, aber auch erkennen, wo diese Technologie aktuell noch scheitert. Und diese IT-Berater, die sich selbst ihren Kunden gegenüber als Technologievorreiter präsentieren und ihnen einen Schritt voraus sein sollten, um sie in die Zukunft zu führen, verwehren sich dem.

Szenenwechsel: Silicon Valley. Auf die Frage, warum manche immer noch ein fünf Jahre altes iPhone verwenden, erklärt ein Geschäftsführer, er habe schon einmal ein iPhone X bekommen, dieses aber ungebraucht einer Verwandten geschenkt, weil er mit seinem alten iPhone zufrieden sei. Als Autoliebhaber wäre er nie auf die Idee gekommen, ein 30 Jahre altes Auto zu fahren – das Äquivalent zur Entwicklungsgeschwindigkeit von Smartphones – sondern immer die neuesten Modelle.

Szenenwechsel: Ich befinde mich in Baden-Baden in Baden-Württemberg, der deutschen Innovationsschmiede vor 130 Jahren, wo Unternehmen wie Daimler-Benz, Bosch, Porsche, Steiff oder 1972 SAP gegründet wurden. Nach dem Vortrag zu Elektroautos und dem autonomen Fahren meldet sich eine Zuhörerin: „Woher soll nur all der Strom herkommen?"

Eine Frage, die mit Vorwürfen beladen ist und zu der die Fragende eigentlich keine Antwort haben will, sondern sie als Statement gedacht hat. Auf die Gegenfrage, ob sie wisse, wie viel Energie in die Bereitstellung von Flüssigkraftstoffen fließt (Hinweis: 2,8-mal so viel), schweigt sie und erbleicht, als wir uns die Zahlen genauer ansehen.

Szenenwechsel: Bad Nauheim in Hessen. Eine Veranstaltung der Automobilbranche, in der es um Lösungen rund um Schlösser, Klappen, Türgriffe und Scharniere geht. Von den 300 internationalen

Teilnehmern heben weniger als fünf die Hand, als ich die Frage stelle: „Wer besitzt ein Smartphone mit Gesichtserkennung?"

Keiner von ihnen hat Erfahrung, wie Gesichtserkennung heute funktioniert und wie diese Technologie beispielsweise für den Zugang zu einem Auto verwendet werden kann. Auf mein Nachfragen, warum fast keiner so ein Smartphone hat, höre ich immer wieder als Antwort: „Ich will nicht, dass meine Daten bei irgendeiner amerikanischen Firma landen."

Szenenwechsel: Eine Delegation mit dem deutschen Bundesminister für Wirtschaft und Energie besucht Start-ups und Firmen im Silicon Valley und trifft dabei auch deutsche Mitarbeiter und Gründer. Bei einer Veranstaltung bittet der Google-Innovationsevangelist Frederik Pferdt zu einer kleinen Übung. Die Delegationsteilnehmer sollen die Augen schließen und kleine Rechenaufgaben ausführen. „Eins plus eins ist zwei", sagt Pferdt. Man hört nichts. „Zwei plus zwei ist vier." Alle sind konzentriert und mucksmäuschenstill. „Drei plus drei ist fünf." Der Bundesminister ruft laut: „Falsch!" Pferdt macht unbeeindruckt weiter. „Vier plus vier ist acht." Und ein weiteres Mal: „Fünf plus fünf ist zehn." Keiner meldet sich.

Alle Augen gehen auf und Pferdt sagt: „Haben Sie bemerkt, dass von fünf Aufgaben vier korrekt waren, aber niemand hat dazu Lob ausgesprochen? Dafür war eine falsch und sofort wurde darauf reagiert und die Aufmerksamkeit messerscharf darauf fokussiert. Und genau das ist der Unterschied zwischen Deutschland und dem Silicon Valley: sich nicht mit einem Fehler aufzuhalten, sondern positiv zu denken, weiter neue Dinge auszuprobieren."[1]

Szenenwechsel: Die Digitale Woche Kiel 2019 brachte Dutzende Referenten aus aller Welt zusammen und sollte der Bevölkerung aus Kiel und dem Umland einen Einblick in die Möglichkeiten und Aktivitäten der Stadt zu diesen Technologien geben. Neben der meiner Meinung nach äußerst gelungenen Veranstaltungsreihe bleiben mir vor allem zwei Dinge im Gedächtnis.

Einerseits, wie oft Kieler mir sagten, wie hässlich Kiel sei. Die Stadt hatte im Zweiten Weltkrieg als Heimathafen der Marine massiv unter

Bombardierungen gelitten, die die mittelalterliche Bausubstanz restlos zerstört hatten. Meine Rundgänge durch die Stadt hingegen offenbarten anderes. Ich entdeckte eine nicht unerhebliche Zahl an Ziegelbauten im Bauhausstil, die dem heutigen Kiel eine ganz eigene, moderne Form verleihen. Die Kieler sahen selbst nicht, was für architektonische Juwelen sie hatten.

Der wesentlich überraschendere Moment kam aber, als ich in eine Diskussion mit Besuchern der Digitalen Woche Kiel zu den Schadenersatzzahlungen von Volkswagen im Zuge des Dieselskandals geriet. VW hatte zu diesem Zeitpunkt bereits um die 29 Milliarden Euro an Strafen zahlen müssen. Nicht diese Zahl echauffierte die Teilnehmer, sondern dass die „Amerikaner" damit den Deutschen eins „auswischen" wollten. Die Quintessenz dieser Diskussion war, dass nicht so sehr Volkswagen am Skandal schuld gewesen sei, sondern die Amerikaner, die das ausnutzen würden, um der deutschen Wirtschaft zu schaden und der eigenen zu helfen. Dasselbe Argument wird einige Wochen später von Teilnehmern einer deutschen Delegation bei einem Besuch im Silicon Valley vorgebracht.

Ich verstehe jetzt besser, wie Verschwörungstheorien entstehen und dazu beitragen, vom eigenen Versagen abzulenken: Man sieht sich als Opfer, nicht als Täter. Nicht die eigene Schummelei sei die Verschwörung, sondern deren Aufdeckung durch die Beschummelten. Und das verhindert, dass wir unsere Fehler sehen und daran arbeiten.

Szenenwechsel: Eine 100-köpfige Delegation aus Baden-Württemberg unter Führung von Ministerpräsident Winfried Kretschmann macht es sich zum Abendessen gemütlich, während ich einen Vortrag zu den Entwicklungen in der Automobilindustrie im Bereich des autonomen und elektrischen Fahrens aus der Sicht des Silicon Valleys halte. Anschließend erlebe ich einen offensichtlich geschockten Kretschmann, der mit den Händen vor dem Gesicht und den Ellbogen aufgestützt neben mir am Tisch sitzt. Er meint: „Ich wusste, dass wir mit Elektroautos im Rückstand sind. Die Menge an Teslas hier im Silicon Valley ist nicht zu übersehen. Was ich nicht wusste, ist, wie weit autonomes Fahren hier bereits ist. Wir verlieren diese Industrie."

Der Rest des Abends widmete sich der Frage, was wir tun könnten, damit Deutschland diese wichtige Industrie nicht verliert.

Szenenwechsel: Ein Berliner Bekannter postet im Herbst 2020, als die Zahl von Corona-Infizierten erneut in die Höhe geschnellt war, folgendes Gespräch, das er am Frühstückstisch mit seiner 14-jährigen Tochter, die die 10. Klasse eines Gymnasiums besucht, geführt hatte:[2]

T: Ab Montag haben wir wegen Corona drei Tage Homeschooling.

Ich: Ah, cool, Unterricht via Zoom?

T: Das hatten wir im März genutzt, die Nutzung wurde aber leider wegen Datenschutz verboten.

Ich: MS Teams?

T: Da hat die Schule zwar eine Lizenz, die wurde aber noch nicht an alle weitergegeben.

Ich: Aha. Jitsi?

T: Hatten wir auch ausprobiert. Ist leider ebenfalls wegen Datenschutz verboten.

Ich: Und wie lernt ihr jetzt?

T: Wir haben vor den Ferien Aufgaben ausgedruckt bekommen. Die bearbeiten wir jetzt zu Hause.

Mein Bekannter stellte sich die Frage, warum acht Monate nach Beginn der Pandemie mit einem längeren Lockdown die Schulen sich so schwertaten, auf digitalen Unterricht umzustellen. Die Schuld daran liegt nur teilweise bei den Schulen. Auch die Länder sowie die Eltern haben einen Anteil daran. In einem Gespräch mit einer der Lehrerinnen erfuhr er, dass die Schule auf Initiative der Lehrer, die Videokonferenzplattformen Zoom und Jitsi zu verwenden, von den Eltern über 50 E-Mails erhalten habe. Darin beschwerten sie sich über die Unverantwortlichkeit der Lehrkörper, eine Software zu verwenden, die den Datenschutz verletze.

Angesichts der Tatsache, dass Kinder in diesem Alter ohnehin bereits eifrig in unterschiedlichen sozialen Medien unterwegs sind, sabotieren hier unter anderem die Eltern die Fortführung des schulischen Betriebs in einer Krisensituation. Der Datenschutz ist heiliger als die Schulbildung der Kinder. Angesichts der Todesfälle während der Pandemie in Europa und den USA im Vergleich zu China wird dies zu einem Problem mit tödlichen Konsequenzen. Wie Jürgen Gerhards und Michael Zürn in der *Frankfurter Allgemeinen Zeitung* schreiben, komme ...[3]

> ... man nicht darum herum, Informationen über das Bewegungsverhalten der Bürger und ihre Kontakte zu erheben. Dies stellt einen zumindest temporären Eingriff in die Privatsphäre dar. Wie bei allen politischen Zielkonflikten wäre hier eine öffentlich diskutierte Güterabwägung zwischen den drei zentralen Zielen „Vermeidung hoher Infektionen und einer hohen Sterblichkeit", „Vermeidung eines Lockdowns mit hohen wirtschaftlichen und gesellschaftlichen Folgeschäden" und „Schutz der informationellen Privatsphäre" nötig gewesen. Eine solche Diskussion hat faktisch nicht stattgefunden. Stattdessen wurde sehr früh die Privatsphäre als sakrosankt gegenüber staatlichen Eingriffen erklärt. Wie die Erfahrungen demokratisch-asiatischer Länder aber zeigen, lassen sich durchaus Möglichkeiten finden, das Tracking von Personen mit dem Schutz der Privatsphäre zu verbinden.

Die Autoren sparen nicht mit Kritik an dieser – wie sie schreiben – „eigenartigen Schieflage bei der Gefahreneinschätzung":

> Insbesondere das zweite Versäumnis [Informationen über das Bewegungsverhalten, Anm.] verweist auf eine eigenartige Schieflage bei der Gefahreneinschätzung im Zuge der Digitalisierung innerhalb des Westens. Der Missbrauch von Daten ist fraglos ein reales Problem. In Westeuropa und Nordamerika neigt man vor diesem Hintergrund dazu, dem Staat digitale Eingriffe in die Privatsphäre weitgehend

zu untersagen, aber zugleich der Kolonisierung der persönlichen Daten durch private Digitalgiganten tatenlos zuzusehen. Das ist der falsche Weg. Es bedarf einer scharfen Kontrolle der Unternehmen bei gleichzeitiger Handlungsermöglichung des Staates, insoweit er Gemeinwohlzwecke wie Gesundheit oder Verbrechensbekämpfung verfolgt.

Woher kommt diese Skepsis vor Technologie und Fortschritt in einem Kulturkreis, der sich seiner Ingenieure rühmt und German/Swiss/Austrian Engineering zu einem Markenzeichen für hochpräzise, verlässliche Technologien aller Art gemacht hat? Von Schweizer Feinmechanik, deutschem Automobil- und Maschinenbau bis hin zu österreichischen Seilbahnen und dem Tunnelbau – um nur ein paar zu nennen – finden sich auf der ganzen Welt Technologie und Ingenieure aus unserem Kulturkreis im Einsatz. Mit deutschen Maschinen werden weltweit die Güter der Welt produziert.

Wie gelangten wir von einer Gründerwelle von vor eineinhalb Jahrhunderten, die unseren Kulturkreis ergriffen und das Bild des schläfrigen deutschen Michels korrigiert hatte, zu diesem Zaudern und Zögern, zu dieser Ängstlichkeit, ja sogar zu dieser offenen Feindseligkeit gegenüber Wandel und Fortschritt? Warum lassen wir uns von übertriebenen Gefahren und falschen und falsch verstandenen Argumenten einschüchtern, die uns in einer Art Massenhysterie zu Fortschrittsfeinden machen? Selbst dort, wo das Neue viel besser für uns und die Umwelt ist als das Alte, sehen wir nur die Fehler des Neuen. Ja, eine Digitalkamera ist in der Herstellung umweltschädlich, aber Fotos einer Analogkamera auf Filmpapier zu entwickeln war immer ein chemischer Prozess, der über die Lebensdauer viel weniger nachhaltig ist.

Im vorliegenden Buch werden wir dazu viele Beispiele aus der Vergangenheit und Gegenwart sowie Gründe dafür besprechen wie auch Vorschläge für eine ausgewogenere Position, weg von einer für Menschen außerhalb unseres Sprachraums recht hysterischen Sichtweise auf Technologie und Fortschritt hin zu einer, wie ich hoffe, realitätsnäheren.

Sebastian Thrun, der in den USA lebende ehemalige Stanford-Professor für künstliche Intelligenz und Gewinner der DARPA Grand Challenge für autonomes Fahren, antwortet in einem Interview mit der Zeitschrift *Forbes* auf die Technologieskepsis mit folgenden für deutsche Ohren ungewohnt optimistischen Worten:[4]

Nun, zuallererst, jeder, der pessimistisch ist, bitte nicht. Bitte seien Sie nicht pessimistisch. Natürlich sind die Zeiten immer unsicher, aber wir haben uns gerade bewiesen, dass wir ein unglaublich großartiges Verfassungssystem in diesem Land haben. Wir haben enorme Fortschritte gemacht, fast alles, was Ihnen in Bezug auf Technologie wichtig ist – von Ihrem Smartphone über Ihre Toilettenspülung bis hin zu Ihrem Lichtschalter in Ihrem Haus, den Sie sicher alle zu schätzen wissen –, ist nicht älter als 150 Jahre. Das Flugzeug, das Smartphone, richtig? Die Vollnarkose bei Operationen, die Hüftprothese, Dinge, die vielen von Ihnen am Herzen liegen, sind nicht älter als 150 Jahre. Und ich sage 150 Jahre, weil ich die Menschheit – Menschen, Homo sapiens – auf etwa 300.000 Jahre datiere. Wenn wir also 300.000 Jahre nehmen und auf 150 Jahre schauen, ist das wie nichts. Es ist wie eine Mikrosekunde. Wenn das nun der Fall ist, wenn wir all diese wichtigen Dinge in den letzten – fast ausschließlich, nicht ganz, der Großteil war in Europa –, aber fast ausschließlich in den letzten 150 Jahren erfunden haben, was bringen uns dann die nächsten 150 Jahre? Werden wir einfach aufhören, Dinge zu erfinden? Ganz ehrlich? Ich denke, wir befinden uns in einer sich beschleunigenden Kurve von großartigen neuen Erfindungen. Und wir stehen erst am Anfang.

Die teleologische Frage, die sich aus dieser Betrachtungsweise ergibt und die wir uns stellen sollten, lautet: Was ist unsere Aufgabe, unsere Mission in der Welt? Wollen wir ein relevanter Teil dieser nächsten 150 Jahre sein und einen positiven Beitrag dazu leisten oder wehren wir uns dagegen und verraten damit einen Teil unserer eigenen Geschichte?

Wie schön wäre Technik ohne Menschen

Wer in den USA mit dem Auto unterwegs ist, wird rasch bemerken, dass die Kreuzungen anders geregelt sind als in Europa. Besonders in der Nacht wird das deutlich, wenn die Ampeln auf der leeren Straße rasch auf Grün für die eigene Fahrtrichtung schalten. An den meisten Kreuzungen sind unter dem Asphalt Induktionsschleifen angebracht, die auf den einzelnen Fahrspuren erkennen, ob sich dort ein Auto befindet. Damit werden die Ampeln je nach Bedarf geschaltet und dies verringert die Wartezeit. Die Technik reagiert hier in eingeschränktem Maße auf das Verhalten und die Bedürfnisse von Menschen.

Plötzliche Verhaltensänderungen können ganze Systeme aus dem Gleichgewicht bringen, wenn sie nicht flexibel angepasst werden können. Viele Onlineplattformen, die künstliche Intelligenz zur optimalen Steuerung von Inhalten und Vorschlägen einsetzen, sahen sich 2020 mit dem Covid-Lockdown konfrontiert – und mit stark veränderten Verhaltensweisen der Menschen. Die Algorithmen, die durch große Datenmengen und viel Arbeit der letzten Jahre zu optimierten Vorschlägen führen sollten, konnten mit Bestellungen zu Klopapier, Desinfektionsmitteln oder der Bestellung von Gütern, die üblicherweise nicht online vorgenommen wurden, nichts anfangen und waren mehr als verwirrt. Und die Ampeln an den nun fast leeren Straßen fuhren tagsüber ihre langen Schaltzyklen nach wie vor so, als ob es das sonst übliche Verkehrsaufkommen gäbe.

Wir Menschen haben mehr Einfluss auf Technologien, als wir annehmen. Sehr zum Leidwesen der Ingenieure, die solche Technologien entwickeln. Für sie stehen wir im Mittelpunkt und dort stehen wir im Weg. Um einen Liedtext des seligen österreichischen Liedermachers und Humoristen Georg Kreisler über Wien und die Wiener etwas holprig umzumünzen und stattdessen das Wehklagen von Ingenieuren auszudrücken:

Wie schön wäre Technik ohne Menschen!

Wir vergessen leicht, dass Technologie von Menschen für Menschen geschaffen wird. Auch wenn wir manchmal denken, sie wird gegen unser Wohl eingesetzt, so ist sie zumeist zu unserem Wohle gedacht. Keine Ingenieurin, die ich kenne, kein Naturwissenschaftler, mit dem ich das Vergnügen hatte zu plaudern, kam in diese Profession, weil sie oder er Übles vorhatten. Kein Arzt ergreift den Beruf, weil er Menschen mit Impfstoffen töten möchte. Auch ich studierte Chemieingenieurwesen deshalb, weil ich besser verstehen wollte, wie Chemie die Umwelt negativ beeinflusst und was dagegen getan werden kann. Dass Technologie nicht immer das tut, wofür sie ursprünglich gedacht war, kann die Menschen zu der Ansicht verleiten, dass das Übel von Anfang an das Ziel gewesen war.

Das hat vielleicht auch mit dem Phänomen der „Unsichtbarkeit von gut funktionierender Technologie" zu tun. Eine Kaffeemaschine oder ein Fahrstuhl, die ihre Dienste klaglos verrichten, nehmen wir nicht wahr. Wehe aber, sie tun einmal nicht das, was sie sollen. Es funktioniert überraschend viel Technologie so reibungslos, dass wir gar nicht wahrnehmen, wie sie unser Leben vereinfacht oder gar erst in dieser Qualität ermöglicht.

Dabei ist Technologie nicht etwas, das zu uns via Gottes Gnaden „herabsteigt", unser Leben schonungslos bestimmt und unabänderlich ist. Das ist die Meinung und Furcht der Technikdeterministen.[5] Für sie ruft Technologie soziale, politische und kulturelle Anpassungen hervor, die einen sozialen und kulturellen Wandel zur Folge haben, ohne dass wir Menschen Einfluss darauf oder ein Mitbestimmungsrecht haben. Technologie wird von Menschen geschaffen, bestimmt und durch Menschen beeinflusst.

Was die Technikdeterministen – also diejenigen, die an eine aktuelle oder kommende Vormundschaft der Menschheit durch Technologie glauben und davor warnen – gerne übersehen, ist, dass auf Technologie selbst sozialer, politischer und kultureller Einfluss ausgeübt wird. Technologie steht und entsteht nicht in einem Vakuum. Sie kann erst dann zum Ausdruck und zur Anwendung kommen, wenn diese Rahmenbedingungen es erlauben. Tun sie es nicht, dann muss entweder die Technologie angepasst werden oder die Rahmenbedingungen müssen sich ändern. Geschieht das nicht, dann setzt sich die Technologie nicht durch und verschwindet. Manchmal für immer, manchmal nur vorübergehend.

Nehmen wir als Beispiel die heilige Kuh in unserem Land, das Automobil. Dessen Erfindung und Einführung am Ende des 19. Jahrhunderts hat sicherlich zu vielen Veränderungen sozialer und kultureller Natur geführt. Wir, die wir damals nicht gelebt haben, können uns den Gestank und den permanenten hygienischen Ausnahmezustand in den Städten angesichts der Tonnen von Pferdekot und tagelang liegen gebliebenen toten Gäulen in den Straßen nicht vorstellen. Trotz seines Ölgestanks und Lärms galt da das Automobil als Verbesserung. Autos erforderten bessere Straßen, die zu mehr Verkehr und damit intensiveren Beziehungen zwischen Regionen und Städten führten. Die Transportkosten für Waren und Personen sanken drastisch, das Einzugsgebiet für Produzenten erweiterte sich stark. Das schuf Gelegenheiten für Unternehmer und brachte Arbeitsplätze, die wiederum zu vermehrtem Wohlstand und mehr Austausch zwischen Regionen und Ländern führten.

Doch der Feind des Guten ist nicht das Bessere, sondern zu viel des Guten. Die Probleme, die uns zu viele Autos gebracht haben, scheinen uns fast schon wieder als vorherbestimmt und damit unabänderlich. Zumindest dachten wir das bis vor Kurzem. Und dann kommt eine Krise, die uns einen neuen Denkansatz erlaubt. Plötzlich ergreifen Städte während einer Pandemie die Chance eines zum Erliegen gekommenen Autoverkehrs und gestalten Straßen zu Fußgängerzonen und Fahrradspuren um. Die Leute entdecken die Fahrbahnmitte und das Fahrrad wieder für sich. Wie es ein Fahrradhändler mir gegenüber ausgedrückt hat, weil es weltweit zu einer Fahrradknappheit gekommen war: „Fahrräder sind das neue Klopapier."

Dieser und andere sich seit einiger Zeit abzeichnenden Trends zum Automobil zeigen, dass nicht die Technik allein bestimmt, wie wir leben, sondern ein komplexes Wirken aus sozialen, politischen, kulturellen und natürlich technologischen Faktoren unsere Lebensqualität schafft. Die Technikdeterministen und -warner setzen auf unsere Hilflosigkeit angesichts dieser Technologien, um sie für ihre Zwecke auszunutzen. Genauso wie die Profiteure von Technologien die Alternativen verhindern. Technologie wird immer weniger als etwas zum Menschsein Beitragendes und stattdessen als etwas uns davon Entfernendes betrachtet.

In der *BBC*-Dokumentation „The Pleasure of Finding Things Out" („Das Vergnügen, Dinge herauszufinden") aus dem Jahr 1981 schildert Physiknobelpreisträger Richard Feynman, wie die Wissenschaften zum Wissen beitragen und nicht davon ablenken oder sogar etwas wegnehmen:

Ich habe einen Freund, der Künstler ist und manchmal eine Ansicht vertritt, mit der ich nicht so ganz einverstanden bin. Er hält eine Blume hoch und sagt: „Schau, wie schön sie ist." Und ich stimme zu. Dann sagt er: „Ich als Künstler kann sehen, wie schön das ist, aber du als Wissenschaftler nimmst das alles auseinander und es wird eine langweilige Sache." Und ich denke, dass er irgendwie verrückt ist. Zunächst einmal ist die Schönheit, die er sieht, auch für andere Menschen zugänglich und für mich auch, glaube ich ...
Ich kann die Schönheit einer Blume schätzen. Gleichzeitig sehe ich viel mehr von der Blume, als er sieht. Ich kann mir die Zellen darin vorstellen, die komplizierten Vorgänge im Inneren, die auch eine Schönheit haben. Ich meine, es ist nicht nur Schönheit in dieser Dimension, auf einem Zentimeter; es gibt auch Schönheit in kleineren Dimen-

sionen, die innere Struktur, auch die Prozesse. Die Tatsache, dass sich die Farben in der Blume entwickelt haben, um Insekten zur Bestäubung anzulocken, ist interessant; das bedeutet, dass die Insekten die Farbe sehen können. Daraus ergibt sich die Frage: Gibt es diesen ästhetischen Sinn auch bei den niederen Formen? Warum ist er ästhetisch? Alle Arten von interessanten Fragen, die das wissenschaftliche Wissen nur zu der Aufregung, dem Geheimnis und der Ehrfurcht vor einer Blume hinzufügt. Es fügt nur hinzu. Ich verstehe nicht, wie es subtrahieren kann.

Als Menschen scheinen wir zwischen diesen beiden Seiten eingekeilt. So wie eingesperrte Hunde durch Elektroschocks so lethargisch gemacht werden, dass sie selbst bei der Gelegenheit, diesem Schicksal zu enteilen, diese nicht ergreifen, genauso hält uns die „erlernte Hilflosigkeit" davon ab, die Chancen der Technologien zu ergreifen und die Risiken zu vermeiden. Die Technikdeterministen und -warner wollen aller Technologie entsagen, die Technologieprofiteure uns diese alternativlos aufdrängen. Warum aber sollten wir wählen müssen und nicht mehr von den Chancen und dafür weniger von den Risiken haben? Das allerdings erfordert einen mündigen Technologienutzer. Und diese Erziehung beginnt bei uns selbst und bei unseren Kindern.

Sind wir zu dekadent geworden?

Meine Reaktion, wenn das deutsche LinkedIn erst mal
wieder jahrelang diskutiert über die Frage:
„Darf man jetzt eigentlich auch am Wochenende posten?"
Leute – Stock aus'm Rücken, machen!

Dina Brandt (Trotziger Millennial)[6]

Wir befinden uns im Zeitalter der Dekadenz, wie es Ross Douthat,
der Autor von „The Decadent Society: How We Became the Victims
of Our Own Success" („Die dekadente Gesellschaft: Wie wir Opfer
unseres eigenen Erfolges wurden"), schreibt. Dekadenz definiert er
dabei als das Resultat einer Mischung aus wirtschaftlicher Stagnation,
institutionellem Verfall und kultureller und intellektueller Erschöpfung. Wiederholung wird zur Norm, Innovation zur Ausnahme – und
sie befällt alle öffentlichen und privaten Einrichtungen gleichermaßen.
Das geistige und intellektuelle Leben scheint sich dabei im Kreis zu
drehen und liefert weniger, als zu erwarten wäre. Die Stagnation und
der Verfall sind dabei – ganz wichtig – ein Ergebnis des eigenen signifikanten Erfolgs.

Ich sage dazu immer, dass Zürich, Hamburg, Wien, Köln oder
München „zu schön für Innovation" seien. In welchen Regionen finden
wir die innovativsten Gesellschaften? In Gegenden, wo Verfall und
Funktionieren in einer inspirierenden Balance stehen. Nicht dort, wo
zu viel nicht funktioniert. Auch nicht dort, wo zu viel gut funktioniert.
Wenig überraschend, dass das Silicon Valley, Tel Aviv, Berlin oder
Shenzhen offensichtlich dieses Gemisch aus gut und schlecht, verfal-
len und aufgeräumt, Chaos und Ordnung, Licht und Schatten bieten.
All diese Orte sind einzigartig in der Art, wie der inspirierende Mix
zusammenkommt.

Besucher im Silicon Valley sind oft erstaunt über die Rückständigkeit der hiesigen Infrastruktur. Stromkabel, die auf Holzmasten gespannt sind, Straßen, bei denen die Aufgabe des Asphalts rein im

Verbinden der Schlaglöcher zu liegen scheint, und selbst Schecks – jawohl, auf Papier – sind nach wie vor übliche Zahlungsmittel im Land der Hochfinanz. Uber oder Lyft konnten nur dort entstehen, wo es zwar öffentlichen Nahverkehr gab, der aber gleichzeitig genau die richtige Prise schlecht ist, um eine Chance für innovative Unternehmer zu bieten. In der Schweiz mit ihrem perfekten und pünktlichen Eisenbahnsystem käme niemand auf die Idee, Alternativen dazu zu entwickeln. Man fände auch keine Investoren.

Mein Leben in Kalifornien, wo ich seit 2001 meinen Wohnsitz habe, gestattet die Sicht auf unsere deutschsprachige europäische Gesellschaft von außen. In seinem Buch „Psychotherapy East and West" schrieb der Philosoph Alan Watts, dass man die starren Gesellschaftsstrukturen seiner Region als gegeben hinnimmt, ohne sie zu hinterfragen. Um zu erkennen, wie verrückt gewisse Einschränkungen und Regeln sind, müsse man „rausgehen". Mit zwei Jahrzehnten Erfahrung in Kalifornien, wo die Gesellschaft von Immigranten aus aller Herren Ländern geprägt wird und das geografisch genauso weit weg von Asien liegt wie von Europa, ist mein Blick auf meine Herkunftsgesellschaft und Kultur einer von außen und zugleich von innen. Und das erlaubt einen an manchen Stellen schärferen, an anderen einen oberflächlicheren Blick auf die Besonderheiten, aber immer einen, der den Vergleich erlaubt, die Schwächen und Stärken aller „Philosophien" zu sehen. Meine Verbundenheit mit dem Kulturkreis meiner Herkunft ist nicht in Zweifel zu ziehen und deshalb will ich mit den folgenden Kapiteln dazu beitragen, den Menschen hier und dort eine Hilfestellung zu geben. Genauso, wie ein Vater oder eine Mutter manchmal ihre Kinder schelten müssen, weil sie deren Bestes wollen, wird es auch in diesem Buch an kritischen Aussagen und schmerzhaften Erkenntnissen nicht mangeln. Wäre mir die Zukunft meiner Familie, meiner Freunde und Bekannten in Europa egal, würde ich die kritischen Stellen auslassen. Den Stress, mich der Kritik auf meine Kritik zu stellen, könnte ich mir ersparen. Doch die Zukunft Europas und meines Kulturkreises ist mir nicht egal und ich hoffe, meine Leserinnen und Leser sehen das genauso.

In „Future Angst" sehen wir uns in den folgenden Hauptkapiteln zuerst mit „Present Angst" den aktuellen Status quo an. Welche aktuellen Ängste prägen uns? Im dritten Kapitel „Past Angst" begeben wir uns auf eine Zeitreise in die Vergangenheit und werden mit den Ängsten der Menschen vor den Technologie-Innovationen der Vergangenheit konfrontiert. Der Spiegel, der Fahrstuhl oder der Container waren auch einmal neu für die Menschen und die Sicht auf die Reaktionen der Menschen lässt uns unsere Reaktionen auf heutige Innovationen besser verstehen und einordnen. Im vierten Kapitel verbringen wir noch etwas mehr Zeit in der Vergangenheit, in der wir die „Past Chance", von denen wir heute so profitieren und auf die wir stolz sind, zeigen und beweisen, dass wir es konnten. Und nichts hält uns davor zurück, es nicht auch heute wieder zu können. Im fünften Kapitel „Present Angst" analysieren wir die Gründe und Verhaltensweisen, die uns heute davor zurückhalten, im Wettbewerb der Kulturen um neue Technologien zum positiven Nutzen der Menschheit ganz vorne mitzumischen. Es soll auch hilfreiche Begrifflichkeiten vermitteln, denn wenn wir die Ängste und Gründe nicht in Worte fassen können und kein Vokabular dafür haben, dann stehen wir hilflos davor. Versteht man diese, hält uns nichts davon ab, im sechsten Kapitel die „Future Chances" zu ergreifen. Welche Maßnahmen müssen wir ergreifen, um die Dekadenz zu überwinden und neue Technologien nicht als etwas Beängstigendes und Feindseliges zu betrachten, sondern als Mittel zur Lösung der großen Probleme der Menschheit? Das siebte Kapitel „Past the Future" erweitert den Betrachtungszeitraum über die nächsten 15 bis 20 Jahre hinaus zum Ende des Jahrhunderts. Bis dahin könnten sich heute als Problem identifizierte Trends ins Gegenteil verkehren und zu noch größeren Bedrohungen werden. Das klingt widersprüchlich, doch man lasse sich überraschen. Den Abschluss bietet „Design the Future" mit einem unkonventionellen und transformativen Ansatz zu einem neuen Mindset.

Letztendlich geht es bei Technologie und Fortschritt nicht um diese selbst, sondern vor allem um den Menschen. Menschen entwickeln die Technologien, verwirklichen den Fortschritt und sollten deshalb auch Nutznießer davon sein. Nicht nur ein kleiner Teil der Menschheit, sondern möglichst alle. Technologie ohne Menschen ist nur Entropie ohne Wärme, niemandem nützlich und für niemanden schön.

KAPITEL 2

Present Angst – Status quo ▮

Fortschritt wäre wunderbar –
würde er einmal aufhören.

Robert Musil

Vor einiger Zeit postete eine Freundin eines dieser Fotos, die auch ich zu schießen pflege: von einem Büchertisch in einer Buchhandlung mit dem eigenen, neu erschienenen Sachbuch zwischen einer Reihe anderer Sachbücher. Die Nachbarschaft zu anderen Büchern erhöht die Bedeutung des eigenen. Michaela Ernst zeigte mit dem Bild, mit welchen anderen Titeln ihr absolut empfehlenswertes Buch „Error 404: Wie man im digitalen Dschungel die Nerven behält" auf dem Tischchen vereint ist.

Was mir allerdings gleich ins Auge stach, war der Tenor der anderen Buchtitel zu digitalen Technologien und Systemen. Die auf dem Tischchen vereinigten Büchertitel waren:

- „Die große Zerstörung: Was der digitale Bruch mit unserem Leben macht"
- „Der Preis des Profits: Wir müssen den Kapitalismus vor sich selbst retten"
- „Revolte: Der weltweite Aufstand gegen die Globalisierung"
- „Alles könnte anders sein: Eine Gesellschaftsutopie für freie Menschen"
- „Facebook: Weltmacht am Abgrund"
- „Das Leben nach Google: Der Absturz von Big Data und der Aufstieg der Blockchain"
- „Der Spion in meiner Tasche: Was das Handy mit uns macht und wie wir es trotzdem benutzen können"
- „Mindf*ck: Wie die Demokratie durch Social Media untergraben wird"
- „Weltsystemcrash: Krisen, Unruhen und die Geburt einer neuen Weltordnung"
- „Der größte Crash aller Zeiten: Wirtschaft, Politik, Gesellschaft. Wie Sie jetzt noch Ihr Geld schützen können"

- „Nach dem Kollaps: Die sieben Geheimnisse des Vermögens-erhalts im kommenden Chaos"
- „Das Zeitalter des Überwachungskapitalismus"
- „Wer schützt die Welt vor den Konzernen? Die heimlichen Herr-scher und ihre Gehilfen"

Lässt sich erkennen, was mir ins Auge stach? Welches der Bücher spricht von hoffnungsfrohen Zukunftsszenarien und beschreibt die Gegenwart positiv? Die Antwort lautet: keines. Ich denke, es wird klar, worauf ich hinauswill. Die Prämisse jedes einzelnen abgebildeten Buchtitels ist, dass wir entweder bereits in einer digitalen, technolo-gischen Dystopie leben oder diese unmittelbar bevorsteht, weil das bestehende System kollabieren wird. Kein einziger Titel behandelt die Sichtweise, wie Technologien bereits unser Leben verbessert haben oder es zukünftig verbessern könnten. Man beachte auch, dass jeder der Autoren genau diese Technologien verwendet, um solch ein Buch zu schreiben, zu recherchieren, anzupreisen und zu Vortragsrunden zu reisen.

Es ist mir schon klar, dass dieser eine Büchertisch in einer Wiener Buchhandlung nicht repräsentativ für alle Buchhandlungen im deutschsprachigen Raum ist und der Buchhändler die Auswahl selbst getroffen hat. Doch solch eine Auswahl kommt nicht von ungefähr. Zuerst einmal müssen die Verlage selbst solche Bücher zur Veröffent-lichung bestimmen. Hätte der Buchhändler die Wahl, Sachbücher mit den Chancen zu diesen Themen aufzulegen, hätte er es vermutlich gemacht. Und die Verlage publizieren und die Buchhändler legen Bücher auf, die verstärkt gekauft werden. Und da gilt nach wie vor: „Only bad news are good news!"

Je reißerischer der Titel, je dystopischer das Szenario, je böser die Bösewichte, je bunter ausgemalt wird, dass wir in der größten Kata-strophe der Menschheitsgeschichte leben, desto eher greifen wir danach und desto besser ist es für die Verkaufszahlen. Menschen sind evolutionär darauf konditioniert, Bedrohungen größere Aufmerk-samkeit zu widmen als den positiven Dingen. Ignorierte Bedrohungen können uns das Leben kosten, verpasste gute Dinge holen wir bei nächster Gelegenheit nach.

Und genau das ist das Problem bei uns. Zwar gibt es im Silicon Valley, wo ich seit fast zwei Jahrzehnten wohne, auch Buchtitel dieser Art, doch behandelt ein Drittel bis die Hälfte der Sachbücher die positive Seite und die Chancen dieser Themen. Diese Negativität im deutschsprachigen Raum – und, wenn ich dazusagen darf, auch im französischen – ist ein mentales Hindernis für uns, um Chancen zu ergreifen und Großes zu leisten.

Es ist klar, dass mit jeder Technologie und jedem System Gutes und Schlechtes vollbracht werden kann. Doch Schuld daran hat der Mensch, nicht die Technologie selbst. Dennoch nutzen uns diese Technologien und Systeme mehr, als sie uns schaden. Und die Lösungen auf die geschaffenen Probleme sind zumeist weitere Technologien und Systeme. Das scheint allerdings hier nicht der Tenor zu sein. Der Tenor ist, sich davon zu lösen oder etwas völlig Utopisches zu erwarten: nämlich, dass die Menschen plötzlich alle gut werden, das Beste für andere im Sinne haben und generell radikale Änderungen vornehmen. Doch wie soll eine Gesellschaft, die dem Fortschritt skeptisch gegenübersteht, sich plötzlich radikal wandeln?

Es gibt keine alternative Sicht auf die Zukunft als diese negative, dystopische. Und genau das eine Bild zeigt unsere Zukunftsangst. Zukunft ist eine Bedrohung. Digitale und sonstige Technologien sehen wir vor allem als etwas, was unser Leben und unseren Lebensstil bedroht. Fast alle diese Technologien stammen aus anderen Ländern und wurden nicht von uns daheim erschaffen. Und vielleicht ist das der wahre Grund für unsere Zukunftsangst: Wir gestalten sie nicht mit, wir werden von ihr überrollt, wir haben das Gefühl, keine Kontrolle darüber zu haben, und wir sind vielleicht ein wenig neidisch auf diejenigen, die sie erschaffen. Der einzige Ausweg, den viele von uns zu sehen scheinen, ist, diese Technologien und Systeme schlechtzureden.

Die Zunge des Spechts

Die vorindustrielle Ära litt nicht an einem Mangel an Vorstellungskraft, sondern an einem Mangel an Umsetzungskraft.

Carl Benedikt Frey

An die 7.000 eng mit Notizen und Zeichnungen beschriebene Seiten umfasst Leonardo da Vincis Nachlass. Es wird vermutet, dass das einem Viertel seines umfangreichen Schaffens entsprach. Alle damals bekannten Bereiche der Wissenschaft und Kunst hatte er in seinen Notizen behandelt. So groß war da Vincis Wissensdurst gewesen, dass er sich immer wieder in neuen Fragestellungen verzettelte und nur wenige Auftragsarbeiten beenden konnte, sehr zum Missfallen seiner Gönner und Auftraggeber. Ein wahrer Renaissancemensch mit Tendenz zum Prokrastinieren.

Man konnte es Leonardo nicht übel nehmen, lebte er doch in einer spannenden Phase des Wandels in Europa. Die Renaissance war einerseits bestimmt durch das Interesse an den Lehren der klassischen Antike, andererseits aber auch durch das endgültige Loslösen von ihr und den Beginn der modernen Wissenschaften. Lange glaubten die Gelehrten, es ließen sich alle neuen Erkenntnisse durch intensives Studium der alten Schriften und Texte der antiken Gelehrten ableiten. Doch die „modernen" Zeiten warfen zu viele neue Fragen auf, auf die es keine befriedigenden Antworten der Altvorderen gab. Bestimmte Indizien und Beobachtungen machten offensichtlich, dass die Antike nicht bloß keine Antworten auf neue Fragen hatte, sondern auch oft mit ihren Antworten auf alte Fragen falschlag. Man brauchte also neue Herangehensweisen. Und wie das so ist, tauchten immer wieder neue Fragen auf, die wiederum neue Methoden zur Beantwortung erforderlich machten. Man begann sich von der reinen theoretischen Ableitung aus Bekanntem zu lösen und Experimente als rechtschaffenes Instrument des Erkenntnisgewinns zu verstehen.

Da Vinci war ein wichtiger Vertreter, weil er intensiver als alle vor ihm und seinen Zeitgenossen eben genau solche Experimente durchführte. Als uneheliches Kind geboren, genoss er nicht die Vorzüge eines Buchgelehrten. Die wichtigsten Bücher damals waren in Latein verfasst, einer Sprache, in der er nie unterrichtet worden war, die er sich aber im Laufe der Jahre autodidaktisch aneignen sollte. Der Buchdruck war gerade erst erfunden worden und Bücher in der Muttersprache erst im Kommen, es führte somit kein Weg daran vorbei, Latein zu lernen.

Was ihm in dieser Beziehung fehlte, machte er durch Neugier und Experimentierfreude wett. Er konstruierte für viele seiner Fragestellungen Versuchsapparate, um die Antworten zu finden. Unter anderem entwickelte er ein Glasherz, um zu beobachten, wie sich die Herzklappen öffnen und schließen und das Blut dadurch fließt.

Sein ganzes Leben lang behielt er diesen unbändigen Wissensdurst. Selbst uns trivial erscheinende Dinge faszinierten ihn. Eine Liste aus dem Jahr 1490, die er in Mailand angelegt hatte, zeigte, was er lernen und tun wollte:[1]

- Die Abmessungen von Mailand und Umgebung
- Zeichne Mailand.
- Überrede den Arithmetikmeister, mir zu zeigen, wie man ein Dreieck quadriert.
- Frage Giovanni den Bombardier, wie die Mauer des Turms der Stadt Ferrara gebaut wurde.
- Frage Benedetto Protinari, auf welche Weise man in Flandern auf dem Eis geht.
- Frage einen Hydraulikspezialisten, wie man eine Schleuse, einen Kanal und eine Mühle auf lombardische Weise repariert.
- Frage Maestro Giovanni Francese, den Franzosen, nach der versprochenen Bemessung der Sonne.
- …
- Untersuche einen Gänsefuß: Wenn er immer offen oder immer geschlossen wäre, dann könnte das Tier sich kaum fortbewegen.

- Warum ist der Fisch im Wasser wendiger als der Vogel in der Luft, wenn es doch das Gegenteil sein müsste, da Wasser schwerer und dicker als Luft ist?
- Beschreibe die Zunge des Spechts.

Ein Sammelsurium an Fragen, die ihn beschäftigten, aber besonders der letzte Eintrag scheint uns ein Kuriosum zu sein. Eine Spechtzunge beschreiben? Wieso? Was ist daran interessant? Es handelte sich jedenfalls um kein Versehen, derselbe Eintrag findet sich auch Jahre später wieder.

1508 machte er eine Reihe von anatomischen Studien, für die er eine Liste erstellte. Wie so oft hatte er den Bogen Papier dicht beschrieben und vollgezeichnet. To-dos, Einkaufsliste und Zeichenstudien waren bunt durcheinandergewürfelt. Auf der einen Seite der Liste befanden sich Darstellungen von Anatomiewerkzeugen, auf der anderen kleine Zeichnungen von Blutgefäßen und Nerven, die er im Hirn eines verstorbenen 100-Jährigen untersucht hatte. Und dazwischen eine Liste aus benötigten Werkzeugen und Dingen, die er erledigen wollte:

- Lass Avicennas Buch von nützlichen Erfindungen übersetzen (Buch eines persischen Universalgelehrten aus dem 11. Jahrhundert);
- Liste von benötigten Werkzeugen:
  - Brille mit Hülle
  - Zünder
  - Gabel
  - Gebogenes Messer
  - Kohlekreide
  - Bretter
  - Papier
  - Weiße Kreide
  - Wachs
  - Glasstücke

- Feinzahnige Knochensäge
- Skalpell
- Inkhorn
- Bleistiftmesser
- und einen Schädel
- Finde heraus, wie die Zunge des Spechts funktioniert.

Schon wieder die Zunge des Spechts und auf den nachfolgenden Seiten nochmals Einträge zu diesem Vogel:

- Mache die Bewegung der Spechtzunge (Fa' il moto della lingua del picchio);[2]
- Beschreibe die Zunge des Spechts und den Kiefer des Krokodils (Scrivi la lingua del picchio e la mascella del coccodrillo).[3]

Menschliche Zungen, Spechtzungen und Krokodilkiefer. In seinem Wissensdurst hatte Leonardo da Vinci über die Jahre Dutzende Leichen von Menschen, aber auch von Pferden und anderen Tieren seziert. Damals von der Kirche nicht gern gesehen und sogar unter Strafe stehend waren das die ersten Ansätze von Wagemutigen wie da Vinci, den menschlichen Körper besser zu verstehen. Als Ingenieur, Maler, Skulpteur, Architekt und erster moderner Wissenschaftler war er stetig bestrebt, seine Disziplinen zusammenzubringen. Ja, eigentlich sah er sie gar nicht als getrennte Disziplinen an.

Um Gesichtsausdrücke und Körper in seinen Gemälden wirklichkeitsnah und lebendig darstellen zu können, musste er seinem Verständnis nach Muskeln und deren Wirkungsweisen verstehen. Das uns noch heute mysteriös erscheinende Lächeln der „Mona Lisa" ist das Ergebnis seiner jahrzehntelangen Studien und der Suche nach dem Funktionieren und Wirken der Natur. Er wollte verstehen, wie Muskeln die Lippen, Wangen oder Stirn bewegten.

Die menschliche Zunge erschien ihm dabei als Ausreißer besonders interessant. Es handelt sich um den einzigen Muskel, der nicht durch

Kontraktion, also durch Zusammenziehen wirkt, sondern durch Ausdehnung. Und weil er eben ein Universalinteressierter war, wollte er das beim Specht auch verstehen, vermutlich, um Erkenntnisse zur menschlichen Zunge zu erhalten. Immerhin war es leichter und weniger riskant in Bezug auf die Obrigkeit, an einen Tierkadaver zu gelangen als an eine menschliche Leiche.

Was ihm natürlich erschien – nämlich verstehen zu wollen, wie Dinge funktionieren, und aktiv danach zu streben, diese Fragen zu beantworten und Experimente zu entwickeln und auszuführen –, erfordert eine ganze Menge an Energie. Es wäre einfacher, die Dinge so zu akzeptieren, wie sie sind, und sie nicht weiter zu hinterfragen. Nicht aber Leonardo da Vinci. Sein ganzes Leben lang war er auf der Suche, die Welt zu verstehen und seine Arbeit aufgrund der gewonnenen Erkenntnisse zu perfektionieren.

Abbildung 1: Bildnis der Ginevra de' Benci,
datiert zwischen 1474 und 1478

Wie sehr sich das auf seine Kunst auswirkte, sieht man am Vergleich zweier Porträts. Das von Ginevra de' Benci fertigte er als junger Künstler zwischen 1474 und 1478 an, das als Mona Lisa bekannte Porträt der Lisa del Giocondo 30 Jahre später.

Da Vincis Ginevra ist technisch durchaus gekonnt und dem Stand der Zeit würdig. Allerdings ist eine nicht zu übersehende Leere im Gesicht, die das ganze Porträt wenig natürlich und lebhaft erscheinen lässt. Die ausdruckslosen Augen, die bleiche Haut, die wie angepappt wirkende Lockenpracht, die da Vinci als Lockenträger selbst so sehr liebte, lassen uns Ginevra als Zombie erscheinen.

Abbildung 2: Mona Lisa,
datiert zwischen 1503 und 1506

Ganz anders die bei den Franzosen als La Joconde bekannte Mona Lisa. Nicht nur hatte da Vinci eine viel feinere Maltechnik entwickelt, auch die Perspektiven, die Farben, die Schatten und letztendlich die Erfassung der Gesichtszüge zeigen bei der Mona Lisa eine bis dahin unerreichte Stufe der Porträtmalerei. In ihrem geheimnisvollen Lächeln, das uns sogar noch 500 Jahre nach ihrer Erschaffung fasziniert, manifestiert sich Leonardo da Vincis Können, das er nicht nur durch die Malpraxis und den unermüdlichen Drang nach neuen Erkenntnissen verbesserte, sondern auch in seiner Furchtlosigkeit, verbotenerweise Leichen zu sezieren, um die Funktionsweise und das Zusammenspiel von Muskeln und Gewebe zu verstehen.

Was Leonardo da Vinci uns vorlebte, ist das, was wir heute als „Renaissancemensch" bezeichnen. Den Universalgelehrten, den Polymath, der ein Leben lang seine Neugierde selbst für die unscheinbarsten Phänomene aufrechterhält.

Das steht im Kontrast zur digitalen Anti-Renaissance des modernen Menschen. Seit einiger Zeit stelle ich dem Publikum auf Konferenzen in oder Delegationsteilnehmern aus Europa ähnliche Fragen:

- Wer verwendet ein Smartphone mit Gesichtserkennung?
- Wer hat einen Sprachassistenten zu Hause?
- Wer hat schon einmal einen Ridesharing-Anbieter wie Uber verwendet?
- Wer spielt Pokémon Go?
- Wer hat schon einmal eine Spechtzunge skizziert?

Man muss dabei berücksichtigen, dass die Leute, denen ich diese Fragen stelle, nicht die Otto Normalverbraucher sind. Es handelt sich bei ihnen um Innovationsmanager, Produktentwicklungsleiter, Vorstände, IT-Berater, digitale Evangelisten, Journalisten zu digitalen Themen und Trends. Menschen, zu deren Aufgabe unter anderem zählt, ihre Organisationen und Gesellschaften in die Zukunft zu führen.

Die vorgebrachten Ausreden habe ich alle gehört: Das iPhone ist zu teuer. Ich brauche mein iPhone X nicht, ich habe es weitergeschenkt. Der Sprachassistent hört immer zu. Und überhaupt: Wer braucht so etwas?

Gleichzeitig besitzen aber fast alle der Anwesenden mit Autos eine Technologie, bei der der Preis (fast) keine Rolle spielt und die pro Jahr in Deutschland 3.500 Menschen tötet. Und Autos besitzt man doch, obwohl der öffentliche Verkehr in Europa gut ausgebaut ist. Alexa hat meines Wissens nach noch nie jemanden umgebracht und kostet weniger als ein paar Dutzend Euro. Meine erhielt ich auf einer Konferenz sogar gratis mit dem Teilnehmerticket. Aber den angeblichen Innovationsvorreitern Europas tropft der Angstschweiß von der Stirn, weil ein technisches Gerät zuhört oder so viel kostet wie ein Konferenzticket.

Diesen Argumenten hängt der Geruch nach Ausflüchten an. Sie zeigen einen erschreckend großen Mangel an Neugier und Willen, sich mit der Welt auseinanderzusetzen. Ich möchte nochmals unterstreichen, dass ich hier weder vom Durchschnitt der Bevölkerung spreche noch das iPhone X oder Alexa als Dinge, die man unbedingt besitzen muss, bewerben will. Es handelt sich hier um Symptome einer tiefer liegenden Sorge. Dieselben Personen, die ihre Unternehmen und ihr Land in die Zukunft bringen sollen, sind an der Welt merkwürdig desinteressiert. Mit neuen Trends will man sich, wenn überhaupt, dann nur theoretisch, aber nicht praktisch beschäftigen. Somit können sie in ihrer Bedeutung kaum erkannt werden. Das führt dazu, dass die Initiative und Entwicklung nicht aus unseren Reihen kommen.

Man kann einfach nicht das Pingpongspielen lernen, indem man nur ein Buch darüber liest. Man lernt nicht das Autofahren, indem man zahlreiche Videos auf YouTube schaut. Man lernt auch „Digital" nicht, indem man lediglich Konferenzen zu digitaler Transformation besucht. Man muss schon selber den Pingpongschläger in die Hand nehmen und aktiv werden, sich hinter das Steuer eines Autos setzen und das neueste Smartphone oder einen Sprachassistenten und Ähnliches selbst verwenden – und das regelmäßig und für längere Zeit.

Diese aktive Neugier, die Leonardo so sehr vereinnahmte, scheint uns zumindest teilweise abhandengekommen zu sein. Und das hat vermutlich mit unserer Erziehung und dem nachhaltigen Einfluss der Religion zu tun. Der Philosoph Michel Foucault schrieb, die Tradition lehre uns, der Neugier – insbesondere der Neugier auf die Schöpfung – dürfe man nicht ungestraft frönen:[4]

> Neugier ist ein Laster, das abwechselnd vom Christentum, von der Philosophie und sogar von bestimmten Auffassungen der Wissenschaft stigmatisiert wurde. Neugierde, Vergeblichkeit. Das Wort jedoch gefällt mir. Für mich suggeriert es etwas ganz anderes: Es evoziert „Besorgnis"; es evoziert die Sorgfalt, die man für das, was existiert und existieren könnte, aufbringt; eine Bereitschaft, das, was uns umgibt, seltsam und einzigartig zu finden; eine gewisse Bereitschaft, unsere Vertrautheit aufzubrechen und ansonsten die gleichen Dinge zu betrachten; eine Inbrunst, das, was geschieht und was vergeht, zu klassifizieren, eine Lässigkeit in Bezug auf die traditionellen Hierarchien des Wichtigen und Wesentlichen.

Ohne die digitale Anti-Renaissance abzuschütteln und sich für das moderne Äquivalent der Spechtzunge zu interessieren, werden wir weder unsere Unternehmen noch Europa in die Zukunft bringen, geschweige denn diese Zukunft mitgestalten können. Wir müssen selbst experimentieren und ausprobieren und uns nicht nur Konferenzwissen aneignen. Wir müssen die Angst vor dem Unbekannten abschütteln und neugierig sein. Leonardo beschäftigte sich mit Dingen, die uns trivial erscheinen mögen, aber selbst im Trivialen sind Erkenntnisse verborgen, die weitreichende Bedeutung haben.

Vor einiger Zeit besuchte ich eine lokale Messe in der kalifornischen Stadt Fresno. Hier, mitten in dieser von Agrarland umgebenen

Kleinstadt, hält die aus Laos eingewanderte Hmong-Bevölkerung alljährlich ihre einwöchige Kulturfeier mit vielen Ausstellern ab. In einer Halle gab es den Stand eines örtlichen Fortbildungsinstituts, bei dem eine Lehrerin demonstrierte, wie man mit einem Lockenstab unterschiedliche Arten von Locken in das lange Haar des Models machen kann. Ich war fasziniert. Noch nie hatte ich das beobachtet. Eine leichte Drehung hier, ein längeres Pressen da – und die Locken waren entweder kurz und eng oder lang und voluminös. Werde ich das Wissen darüber je brauchen? Bei meinem Kurzhaarschnitt eher nicht. Aber wer weiß heute schon, wo diese Erkenntnis einmal praktisch oder als Metapher zum Einsatz kommen kann. Zumindest hier in diesem Buch konnte ich sie schon einmal als Beispiel anführen.

Das Funktionsdilemma

Die Bedeutung deines Lebens ist etwas, das du schaffst.

Noam Chomsky

Es ist ein regnerischer Novembertag, als ich mich auf den Weg zu einem Vortrag vor Studenten und Absolventen der Technische Universität München ins neu eingeweihte Werksviertel mache. In diesem Stadtentwicklungsgebiet, von dem aus die Pfanni-Knödelfabrik jahrzehntelang die Bundesrepublik mit Fertigknödeln belieferte, befinden sich heute Bürogebäude, schicke Container mit Weinbars sowie gleich neben einem Partydach Schafe und Hühner auf einer „Dachalm". Dass die Tiere dort überhaupt sein dürfen, war nicht dem Münchner Veterinäramt zu verdanken, das sich nicht dazu äußern wollte, ob sich Hühner und Schafe überhaupt miteinander vertragen. Das Amt übertrug die Verantwortung den Betreibern, sie dort anzusiedeln. Bei jeder Party auf dem begrünten Dach der ehemaligen Fabrik kommen die Schafe neugierig an die Partyzone heran, staunen und lauschen.

Genauso lauschten und staunten vermutlich die Studenten bei meinem Vortrag über die Technologietrends in der Automobilbranche. Fahrerlose Autos navigieren heutzutage sicher durch die Straßen der San Francisco Bay Area. Ein Physikabsolvent hob nach dem Vortrag die Hand und erklärte überzeugt:

> Ich habe ein Haus in den Bergen und im Winter ist das immer zugeschneit. Da muss ich zehn Kilometer über schneebedeckte Straße fahren, um dorthin zu gelangen. Das wird ein autonomes Auto nie können.

Das war im Jahr 2019, genau 50 Jahre nach der ersten bemannten Mondlandung. Das war einige Tage, nachdem die Voyager-2-Sonde unser Sonnensystem verlassen und endgültig in den interstellaren Raum vorgedrungen war. Das war Jahre, nachdem Menschen in 10.000 Metern Tiefe mit U-Booten und Tauchrobotern im Meer die Welt erkundet haben, nachdem wir Raumsonden auf andere Planeten und Monde in unserem Sonnensystem gesandt haben und wir mit mehrfacher Schallgeschwindigkeit auf unserem eigenen Planeten fliegen können.

Dennoch ist ein Physiker der TU München felsenfest davon überzeugt, autonome Autos würden nie eine zehn Kilometer lange schneebedeckte Strecke zurücklegen können – von derselben TU, dessen Hyperloop-Team viermal in Folge den Wettbewerb zum schnellsten Hyperloop-Pod gewonnen hat und sogar eine eigene Teststrecke um München erhalten wird.

Ich könnte diese Behauptung als einen statistischen Ausreißer ignorieren. Eine Schwalbe macht noch keinen Sommer. Ein Physiker macht noch keine TU. Doch ist dies kein Einzelfall, denn gerade aus dem deutschsprachigen Raum kommen zu selbstfahrenden Autos immer wieder solche Reaktionen. Kritischer sehe ich solche Aussagen, wenn sie von Ingenieuren stammen. Menschen, die ausgebildet wurden, Probleme zu identifizieren und Lösungen zu finden, die dem Wohl der Menschheit dienen.

Wer erinnert sich nicht an die Prüfungsfragen in der Schule und an der Universität, die üblicherweise die Form von „Finde den Wert von x" aufweisen? Ich kann mich nicht erinnern, dass je eine Aufgabe die Prüflinge aufforderte, alle Gründe zu finden, warum etwas niemals funktionieren könne.

In den nächsten Kapiteln werden wir uns mit Beispielen zu Erfindungen und Innovationen aus der Vergangenheit befassen, die zeitgenössisch mit Skepsis oder sogar mit Warnungen vor dem moralischen Verfall der Gesellschaft aufgenommen worden waren. Oft zeichneten sich diese Erfindungen bereits ab. Dennoch fanden sich genügend „Expertenstimmen", die das Streben nach der Lösung als vergebliche Liebesmüh und als etwas Widernatürliches bezeichneten. So druckte 1903 die *New York Times* unter der Schlagzeile „Flugmaschinen, die nicht fliegen" („Flying Machines Which Do Not Fly") zehn Wochen, bevor Wilbur und Orville Wright den ersten kontrollierten Flug mit einem Motorflugzeug erfolgreich absolvierten, eine Kolumne ab, die die bisherigen Fehlversuche als nichts Überraschendes darstellte.[5]

Wenn es also zum Beispiel tausend Jahre dauert, bis ein Vogel, der mit rudimentären Flügeln begonnen hat, für einen einfachen Flug geeignet ist, oder zehntausend Jahre für einen Vogel, der ohne Flügel begonnen hat und sie erst ausbilden musste, dann könnte man davon ausgehen, dass der Flugapparat, der tatsächlich fliegen wird, durch die gemeinsamen und kontinuierlichen Bemühungen von Mathematikern und Mechanikern in einer Million bis zehn Millionen Jahren entwickelt werden könnte – vorausgesetzt natürlich, dass wir inzwischen so kleine Nachteile und Unannehmlichkeiten wie das bestehende Verhältnis zwischen Gewicht und Festigkeit bei anorganischen Materialien beseitigen können.

Wie kommt es, dass gerade Technikexperten derart überzeugt davon sind, dass etwas nicht und niemals klappen wird? Und warum tendieren sie dazu, zuerst sämtliche Gründe aufzuzählen, warum etwas nicht funktionieren könnte? Ist unser Ausbildungssystem nicht eigentlich darauf ausgelegt, unsere Sinne darin zu schärfen und uns Werkzeuge an die Hand zu geben, Lösungen und Antworten zu finden? Wo also auf dem Weg vom Schüler, Studenten und Experten läuft da etwas schief?

Während die einen vor allem erklären, warum etwas nie klappen wird, befürchten die anderen, dass es zu gut klappen kann. Erstere agieren in einem Umfeld absoluter Sicherheit, die Letzteren hingegen leben in einem von Unsicherheit und Angst geprägten Umfeld.

Eine E-Mail, die ich zur Digitalisierung des Gesundheitswesens über eine Informationsplattform erhielt, drückte das aus. Der Autorin ging es vor allem um ethische Fragen und listete eine Reihe von Gefahren auf: digitale Gesundheits-Apps, die eine Abhängigkeit von Arbeitgebern schafften; die Anfälligkeit von Patientendaten, die gehackt werden könnten und das Arztgeheimnis verletzten; künstliche Körperteile, die uns zu Cyborgs machten; Organspenden, die zu einem lukrativen illegalen Organhandel führen würden.

Dieser Angstfokus erinnert an den Film „Die Truman Show", in der Jim Carrey den Versicherungsangestellten Truman Burbank spielt, der – ohne sich dessen bewusst zu sein – der Hauptdarsteller einer Realityshow ist, die sich um sein Leben dreht. Von seiner Geburt bis zu seinem Berufseinstieg lebt er in der unter einer Kuppel gelegenen künstlichen Seestadt Seahaven. Damit er nicht den Wunsch entwickelt, verreisen zu wollen, und so die Illusion verlässt, in der er sich unwissentlich befindet, ließen sich die Showproduzenten viele Tricks einfallen, um in ihm die Angst vor Reisen zu verstärken. So soll sein Vater (ebenfalls ein Schauspieler) angeblich bei einem Bootsunfall verstorben sein. Und als der inzwischen misstrauische Truman Burbank ein Reisebüro aufsucht, um eine Reise nach Fidschi zu buchen, wo seine ehemalige Freundin angeblich hingezogen war, sieht man an diesen Wänden eher ungewöhnliche Plakate. Diese warnen vor Terroristen, Krankheiten, Wildtieren, Banden und von Blitzen getroffene Flugzeuge.

Würden wir in ein Reisebüro gehen oder eine Reiseplattform benutzen, die uns vor allem auf einen möglichen, aber sehr unwahrscheinlichen katastrophalen Ausgang einer Urlaubsreise hinweist? Und weitergedacht: Würden wir zu einer Ärztin gehen, uns in ein Krankenhaus legen oder eine Gesundheitsplattform benutzen, wenn diese hauptsächlich den lukrativen Organhandel oder die Gefahren aufzeigt, dass unsere Patientenakten in falsche Hände fallen und wir durch Körperimplantate wie Herzschrittmacher oder Hörapparate zu willenlosen Werkzeugen anonymer Technologieunternehmen werden? Wie würden wir uns beim Griechen oder Italiener um die Ecke fühlen, wenn dieser uns zuerst auf die Gefahren von Ersticken am verschluckten Essen, vor Verbrühungen an Heißgetränken, Alkoholproblemen und tödlich endenden Erdnussallergien hinweisen und die Hintergrundmusik ständig von Warnungen unterbrochen werden würde?

Vermutlich gar nicht gut. Wir suchen doch eigentlich nach einer Lösung für ein bestehendes Problem, nicht nach weiteren Problemen, die dieses noch verstärken würden, ohne dass uns eine Lösung angeboten wird. Und das Problem, das wir lösen wollen, ist, wieder gesund zu werden, den Hunger zu stillen oder den wohlverdienten Urlaub anzutreten.

Aus evolutionärer Sicht ist unser Fokus auf bedrohliche Szenarien verständlich. Es haben diejenigen überlebt und ihre Gene weitergeben können, die dem Brüllen eines Tigers die sofortige notwendige Aufmerksamkeit geschenkt haben. Heute, wo die Gefahr, einem Tiger zur Mahlzeit zu dienen, verschwindend gering geworden ist, reagieren unsere Affenhirne trotzdem immer noch wie vor Hunderttausenden von Jahren. Gefahren erhalten unsere sofortige Aufmerksamkeit, denn die richtige Antwort darauf garantierte unser Überleben.

Doch in einer modernen Welt kommen uns ebendiese so erfolgreich weitervererbten Gene in die Quere. Zehn Lösungen wiegen weniger schwer als ein Problem. Wir sehen vor allem die mit Rotstift markierten Fehler bei Klausuren, nicht die richtigen Antworten. Wir schießen uns auf ein gescheitertes Projekt ein und suchen nach den Schuldigen, anstatt kontrolliertes Scheitern zu ermöglichen und daraus für folgende Projekte zu lernen.

Damit sollen die Probleme nicht verharmlost werden. Datenschutz, die Auswirkungen von Körperimplantaten und Organhandel ebenso wie mögliche Risiken selbstfahrender Autos oder das Brandverhalten eines Elektroautos nach einem Unfall sind wichtige Themen. Doch sollten wir nicht vergessen, dass viele dieser potenziellen Gefahren recht selten eintreten und oft auch nicht in dem Ausmaß, wie sie von Warnern an die Wand gemalt werden.

Wir werden darauf zurückkommen, wie Technologieinnovationen in der Vergangenheit zu ähnlicher Skepsis geführt haben. Heute, wo diese Technologien für uns selbstverständlich sind, erscheinen uns die damaligen Ängste absurd. Stattdessen traten seit der Einführung dieser Technologien andere Probleme als die befürchteten auf, die wiederum durch Fortschritte in der Technologie gelöst werden konnten.

Viele der Argumente aus der Vergangenheit ähneln denen, die den heutigen Technologien vorgeworfen werden. Waren es damals der Spiegel, der Lift, die Glühbirne oder das Radio, so sind das heute die künstliche Intelligenz, das Smartphone, soziale Medien oder das autonome Auto. Das ist dieses Funktionsdilemma, vor dem wir stehen. Wie viel Gutes und Schlechtes bringt uns die Technologie? Wir können Lehren aus der Vergangenheit ziehen, wie wir ein gutes Gleichgewicht zwischen den Chancen und Möglichkeiten und den Risiken und Gefahren bei der Entwicklung und Anwendung neuer Technologien finden können.

Trotz aller auftauchenden Probleme dürfen wir die Gründe für die Entwicklung dieser Technologien nie aus den Augen verlieren. Mit jeder Innovation stellt sich diese Frage nicht nur aufs Neue, sie fordert uns auch immer wieder neu heraus zu erkennen, wo dieses Gleichgewicht des größten Nutzens für die Menschheit eigentlich liegt. Schon im Jahr 1947 beschäftigte sich der britische Autor W. H. Auden in seinem Gedichtband „The Age of Anxiety" („Das Zeitalter der Ängste") mit den Auswirkungen der Industrialisierung auf die Suche des Menschen nach Inhalt und Identität.[6] War es damals die Industrialisierung, so ist es heute unter anderem die Automatisierung durch künstliche Intelligenz, die ähnliche Fragen aufwirft.[7] Was damals Ängste auslöste, wird heute als normaler Bestandteil unseres Alltags gesehen. Es fällt nur auf, wenn es nicht funktioniert oder wenn es nicht vorhanden ist.

Ein Land voller Moralunternehmer

Mancher findet nur darum ein Haar in jeglicher Suppe,
weil er das eigene Haupt schüttelt, solange er isst.

Friedrich Hebbel

Was haben Regenschirme, Impfungen, Teddybären, Comics oder Spiegel gemein? Genau dieselbe Tatsache wie das Selfie, das Smartphone, das Elektroauto und der Walkman. Vor ihnen wurde – wie vor vielen anderen Erfindungen und Innovationen der Vergangenheit und der Gegenwart – von Moralunternehmern ausdrücklich gewarnt.

Moralunternehmer sind selbstberufene Menschen, die es sich zur Aufgabe machen, vor den ihrer Meinung nach hauptsächlich negativen Auswirkungen neuer Technologien und Gesellschaftsmodelle zu warnen.[8] Zur Begründung werden soziale, moralische und ethische Normen herangezogen, die gemäß den Moralunternehmern zu einer Auflösung der Gesellschaft, degenerierten Kindern, dem Verlust von Traditionen und Normen und generell einem Verfall von Zivilisation und Kultur führen würden.

So wurden Teddybären verteufelt, weil sie kleine Mädchen davon ablenken würden, sich auf eine Mutterschaft vorzubereiten. Bei Spiegeln wurde die Gefahr gesehen, dass Mädchen und Frauen sich den ganzen Tag nur mehr vor dem Spiegel betrachten würden. Man ersetze Spiegel durch Selfie und die Argumente sind dieselben. Jonas Hanway zog vor 250 Jahren in London mit seinem Regenschirm den Spott seiner Mitbürger auf sich. All diese Erfindungen waren widernatürlich und ein Zeichen des Sittenverfalls, der Verweichlichung der Gesellschaft und des zivilisatorischen Niedergangs.

Dass eine Erfindung widernatürlich sei, einem moralischen Normbruch gleichkäme und damit die Gesellschaft und die Menschheit den Bach runtergehe, ist ein wiederkehrendes Motiv über all die Jahrhunderte. Nichts vereint die Menschheit mehr über die Zeitenspanne als das Jammern über den Sittenverfall und die Jugend von heute.

Mag das bei den Älteren als Spleen durchgehen oder ironisch gemeint sein – oftmals nostalgisch verklärt –, so betrachten Moralunternehmer, die sogenannten „Merchants of Bad" („Verkäufer schlechter Nachrichten"), das als ihren Job.[9] Es befeuert sie dabei oft nicht nur echter Glaube an ihre eigenen Argumente, die damit erhaltene Aufmerksamkeit bestärkt sie auch in ihren Anstrengungen. Es macht süchtig, eingeladen zu werden, seine Meinung öffentlich kundzutun und ernst genommen zu werden.

Ein interessantes Beispiel stellt der im Jahr 1895 in Nürnberg geborene Friedrich Ignatz Wertheimer dar, der später unter seinem amerikanisierten Namen Fredric Wertham Berühmtheit gewinnen sollte.[10] Als Leiter einer psychiatrischen Klinik untersuchte er den Fall eines 17-Jährigen, der seine Mutter umgebracht hatte. Mit diesem Fall und weiteren Studien versuchte Wertham, einen Zusammenhang zwischen gewalttätigen und sexualisierten Comics und der Gewaltbereitschaft bei Kindern herzustellen. Er war derjenige, der zwischen Batman und Robin homosexuelle Tendenzen oder in Wonder Womans Lasso die Vagina erkannt haben wollte, und begann einen Kreuzzug gegen Comics, der bei konservativen Politikern auf offene Ohren stieß – und letztendlich im „Comics Code" mündete, einer halbfreiwilligen Zensur und Regulierung der Darstellungen in Comics.

Selbst als der Comics Code eingeführt worden war und das öffentliche Interesse an Wertham zurückging, gab er nicht auf. Der Comics Code ging ihm nicht weit genug und er bemühte sich um eine Verschärfung. Doch ab diesem Zeitpunkt war das öffentliche Interesse an diesem Thema schon abgeklungen.

Moralunternehmer sind auch nach Erreichen ihrer Ziele nicht befriedigt. Sie leben davon, dass Menschen sich echauffieren, und suchen nach weiteren Argumenten oder neuen Themen, um als Warner aufzutreten. Die Aufmerksamkeit durch die Öffentlichkeit und die Reaktionen, die sie hervorrufen, korrumpieren Moralunternehmer. Wer einmal Blut geleckt hat, will immer mehr. So kommt es zu einem Wettlauf der „Experten" um das nächste Thema, den nächsten Aufreger. Diese sind beliebte Talkshow- und Interviewgäste, weil sie einfach verständliche Meinungen vertreten und eine gute Show – und damit Einschaltquoten – liefern. Eine ausgewogene Meinung macht sich auf dem Bildschirm hingegen weniger gut. Auch ist womöglich ein tiefes Verständnis der Materie eher hinderlich, um dem Publikum Unterhaltung zu bieten.

Der Grund, warum Moralunternehmer immer Gehör finden, liegt an zwei Komplizen: den Journalisten, die nach sensationellen Schlagzeilen suchen, um ihre Verkaufszahlen zu steigern, und den Politikern, die mit Freude einen Missstand öffentlichkeitswirksam anpacken und damit ihre Tatkraft – natürlich – für das Wohl der Bevölkerung zeigen wollen.

1953 veröffentlicht der Philosoph Sir Isaiah Berlin sein Essay „Der Igel und der Fuchs", in dem er große Autoren und Denker in zwei Kategorien einteilt. Auf der einen Seite die Igel, die eine große Idee propagieren, auf der anderen Seite diejenigen, die aus einer Reihe von Ideen und Prinzipien schöpfen und postulieren, dass die Welt nicht auf eine Idee oder ein Prinzip reduziert werden kann. Zu den Igeln zählte er beispielsweise Platon, Dostojewski oder Nietzsche, zu den Füchsen Aristoteles, Shakespeare oder Goethe.

Der Politwissenschaftler Philip Tetlock griff diese Einteilung für Vorhersagen im Bereich Zukunftsforschung auf.[11] Experten und Analysten, die vor allem eine Idee oder ein vereinheitlichendes Prinzip, das oft auf ideologischem Denken basiert, wiederholt vorbrachten, lagen signifikant oft mit ihren Vorhersagen falsch. Diese nannte er die Igel. Diejenigen Analysten und Experten, die eine differenziertere Betrachtungsweise bevorzugten, lagen öfter richtig. Das waren die

Füchse. Sie holen sich Information aus verschiedenen Quellen und suchen auch aktiv nach widersprüchlichen Informationen, um ihr Denken und ihre Schlussfolgerungen zu hinterfragen.

Da Vorhersagen nie zu 100 Prozent eintreten, fanden selbst Igel, die immer falschlagen, Gründe, warum sie trotzdem recht hatten. Oder sie verwarfen die Hinweise auf die falschen Vorhersagen mit einem Schulterzucken. Nicht nur das. Sie fanden sich auch ermutigt, ihre Ideen und Prinzipien auf andere Fachbereiche auszudehnen. Je mehr sie das machten, desto tiefer versanken sie in ihrer intellektuellen Fallgrube und waren immer weniger bereit, neue Informationen, die ihrer Idee widersprachen, aufzunehmen. Sie befanden sich in einer Filterblase, in der sie nur mehr bestätigende Information zuließen oder so interpretierten.

Moderne heimische Igel und Moralunternehmer, die durch unsere Talkshows tingeln und in ihren Büchern simple Meinungen und nur selten Lösungsvorschläge – und auch diese oft von recht simpler oder alternativ radikaler Natur – medienwirksam vortragen, sind unter anderem Richard David Precht oder Anders Indset. Sie fallen mehr durch die Fülle ihrer Locken und zitierbaren Bonmots auf als durch ihr Technologieverständnis oder ein wirkliches Verständnis des gesellschaftlichen Wandels. Sie blenden uns mit dem Einstreuen von diesem Philosophen hier oder jenem ungenannten Vorstandsvorsitzenden da, mit dem sie auf einem Empfang geplaudert haben, definieren aber niemals ihre Begriffe, erklären nicht die Technologie, schlüsseln ihre Argumente nicht logisch auf, zeichnen aber ein Bedrohungsszenario nach dem anderen. Als Konsequenz fordern sie ein radikales Umdenken, radikale Maßnahmen, echauffieren sich, wenn dies nicht passiert, und fühlen sich bestätigt, wenn sich die Welt nicht gemäß ihren Vorstellungen ändert. Und das tut sie eigentlich nie, weil sie – wie schon Wertham – sofort nach noch radikalerem Vorgehen verlangen und bereits beim nächsten zivilisationsbedrohenden Thema ihrer Empörung eloquent Ausdruck verleihen.

Moralunternehmer folgen dabei dem FUD-Prinzip („Fear, Uncertainty and Doubt", „Furcht, Ungewissheit und Zweifel"), indem sie

Angstgefühle auslösen.[12] Dabei geht es ihnen immer um die Selbstdarstellung. Jemand, der all diese Gefahren und Konsequenzen erkennen kann, hat das System dank seiner intellektuellen Fähigkeiten durchschaut. Jeder andere, der statt von den Gefahren von den Möglichkeiten und Chancen des Fortschritts spricht, kann nur naiv sein und fällt auf die Eigeninteressen von Ingenieuren, Technikern und Unternehmen herein, die davon profitieren wollen.

Die Psychologin und Harvard-Professorin Teresa Amabile hat diese Verhaltensweise in Experimenten untersucht. Sie legte Studenten zwei Buchrezensionen vor. Eine war eher positiv formuliert, die andere kritisch. Anschließend sollten die Studenten die Intelligenz der Rezensenten einschätzen. Die Studenten bewerteten die Intelligenz des Verfassers der kritischen Rezension höher. Was die Studenten aber nicht wussten: Beide Buchkritiken waren von Amabile selbst verfasst worden.[13] Wer war nun intelligenter? Teresa oder Amabile?

Was ist, wenn ein ganzes Land oder Kontinent zum Moralunternehmer wird? Deutschland und Europa sind auf dem besten Weg dahin. Deutschland mit seinen Warnungen vor Datenmissbrauch und Europa mit seiner scheinbar einzigen Art, mit Fortschritt umzugehen, indem man alles beinahe zu Tode reguliert, rufen international vor allem Augenrollen hervor.

Wie ging es mit Fredric Wertham und seinen Studien weiter? Vor einigen Jahren stellte sich in einer überraschenden Wendung der Dinge heraus, dass die Schlussfolgerungen in Werthams Studien unter anderem auf vorsätzlich gefälschten Daten basierten.[14] Und das ist übrigens eine Lehre aus dem Umgang mit Moralunternehmern: Sie schrecken in ihrem blinden Eifer nicht davor zurück, Informationen zu ihrem Zwecke zu fälschen, bewusst auszulassen oder gleich zu erfinden.

Erwähnungsumkehr

In der gesamten Menschheitsgeschichte hat es nie genug von den guten Dingen gegeben. Nicht genug Essen, nicht genug Bildung, nicht genug Freizeit.

Byron Reese[15]

Jetzt haben wir genug von allem, nur nicht gut verteilt.

Ab dem Jahr 1880 erschienen im Baedeker, dem gedruckten Reiseführer der vordigitalen Zeit, Einträge, die Reisende auf eine Innovation hinwiesen und zugleich den Luxus der erwähnten Hotels beschreiben sollten. In der Liste dieser Annehmlichkeiten eines Hotels tauchten vermehrt Fahrstühle auf – nicht nur als Fußnote, sondern oft an erster Stelle noch vor dem zeitgleich eingeführten elektrischen Licht oder dem Bad im Zimmer. Waren Lifte zuerst nur in den besten Hotels einer Region zu finden, so verfügten bald immer mehr Hotels über Aufzüge als Standardausstattung. In einem Reiseführer von Norditalien mit Ravenna, Florenz und Livorno aus dem Jahr 1911 wurden Aufzüge nicht mehr explizit erwähnt – mit einer Ausnahme: Bei Billighotels wurde beispielsweise mit dem Satz „bescheidene Ausstattung, ohne Aufzug und Zentralheizung" auf das Fehlen von Aufzügen hingewiesen. Die Erwartungen der Reisenden hatten sich in wenigen Jahren bereits so geändert, dass Aufzüge in Hotels eine vorausgesetzte Ausstattung waren, während hingegen das Fehlen vom Reiseführerverlag als erwähnenswert betrachtet wurde.[16]

Was der Aufzug um 1900 war, ist die Internetverbindung 100 Jahre später. Hotelgäste erwarten auf den Zimmern eine WLAN-Geschwindigkeit, die das Streamen von Filmen ohne störende Unterbrechungen und in perfekter Auflösung erlaubt. Ein Sprecher der österreichischen Wirtschaftskammer meinte dazu:[17]

> Ein Bett ohne Frühstück kann man verkaufen, ein Bett
> ohne WLAN kann man nicht mehr verkaufen.

Die Erwartungen gehen über Hotelzimmer hinaus. Gute Internet- und Datenverbindungen werden heutzutage im ganzen Land erwartet. Im internationalen Vergleich zeigt sich durch die Art der Diskussion, was als Standard erwartet wird. Was Deutschland angeht, wird nicht auf das Vorhandensein schneller Datenverbindungen hingewiesen, sondern das Fehlen vielerorts erstaunt Besucher und wird als explizit erwähnenswert betrachtet. Wären die Länder Hotels im Baedeker, dann wäre Deutschland ein Billighotel.

Von einer erwähnenswerten Neuheit zu einem nicht weiter erwähnenswerten, nun vorausgesetzten Standard. Damit ändert sich oft auch die Art, wie aus einer emotionalen Perspektive darüber gesprochen wird. Was zuerst Ängste auslöste wie beispielsweise das Fahrrad, von dem Moralunternehmer erwarteten, dass es Menschen in Verrückte, nach Geschwindigkeit Süchtige verwandelte, wird nun zu einer Lösung. Das Fahrrad hilft Menschen, fit zu bleiben und Entspannung zu finden.

Die Frage, die sich für uns stellt, ist: Zu welcher Kategorie gehören wir? Bleiben neue Technologien für uns aufgrund unserer Verweigerungshaltung so lange neu, dass wir jahrzehntelang nur die Probleme wahrhaben wollen, aber nie die Annehmlichkeiten der Lösungen erkennen? Wie lange reden wir eigentlich schon vom digitalen Wandel? Das begann vor gefühlten zwei Jahrzehnten und nach wie vor sehen wir ihn als Problem, nicht als Lösung.

Die digitale Malaise

> Verstehen Sie sich nicht als Opfer von Problemen,
> sondern als Erfinder von Lösungen.
>
> Carsten Maschmeyer

Was hatten Apple, Microsoft und Amazon im Jahr 2020 gemeinsam? Jedes einzelne Unternehmen war an der Börse mehr wert als alle 30 im DAX gelisteten Unternehmen zusammen. Während diese drei Unternehmen jeweils nicht älter als 45 Jahre waren, hatten von den 30 deutschen Unternehmen bereits 24 mehr als 100 Jahre auf dem Buckel. Als im Jahr 1997 Steve Jobs wieder das Steuer bei Apple übernahm, war es drei Milliarden Dollar wert, weniger als ein Zehntel von Siemens. Mitte 2020 war Apple 18-mal so viel wert wie Siemens.

Alle 100 im Technologie-Index NASDAQ 100 gelisteten Unternehmen mit der höchsten Marktkapitalisierung sind Mitte 2021 mit 15 Billionen Dollar zusammen mehr wert als alle in Europa öffentlich gehandelten Unternehmen.[18]

Unternehmen in den deutschsprachigen Ländern konzentrieren sich dabei auf Maschinen- und Anlagenbau, die Automobilindustrie sowie den Chemie-, Pharmazie-, Werkstoff- und Medizintechniksektor, um nur einige zu nennen. Mit unseren Maschinen werden unter anderem die Produkte weltweit gefertigt, werden wir bewegt und dank dieser auch von Wehwehchen geheilt. Natürlich tut man mit dieser Aufzählung vielen anderen Sektoren unrecht, in denen unsere Hersteller ebenfalls erfolgreich tätig sind – beispielsweise im Lebensmittel- und Sportartikelbereich oder im Energiesektor. Gerade im letzteren haben wir eine Wende geschaffen, die zu nachhaltigeren Energieformen geführt hat und als Vorbild für viele andere Länder dient.

Doch auch wenn Unternehmen wie SAP und Infineon und viele kleine Softwarehäuser sehr rege sind, so kommt aus unserer Mitte kein digitaler Riese, der angesichts der Größe des Sprach- und Kulturraumes hätte entstehen müssen. Nun ist unser Reflex auf diese Fakten oft einer, der die Börsenbewertung als abgekoppelt von den „tatsächlichen" Werten eines Unternehmens und dessen Wirken auf die Gesellschaften abkanzelt. Bei nüchterner Betrachtung stehen wir aber nicht einfach vor statistischen Anomalitäten, mit denen wir dieses Phänomen einfach wegerklären und die eigene Wirtschaft schönreden können.

In den Vorstandsetagen ist man sich darüber im Klaren, doch wirken sowohl das Management als auch die Belegschaft hilflos. Trotz eines Exportbooms und Gewinnen ist man sich schmerzlich der Tatsache bewusst, dass man die neuen Technologien weder beherrscht noch den Funken einer Chance zu haben scheint, diese anzuführen und zu dominieren.

Dies ist ein Paradebeispiel, wie die Wirtschaft unserer Länder von den Technologien des 21. Jahrhunderts abgehängt wird. Die Wirtschaft der Länder wandelt sich von einer von materiellen Werten dominierten hin zu einer, deren immateriellen Werte immer größere Bedeutung erlangen.

Wie sehr diese Schere auseinandergeht, sah man bei der Coronakrise. Während dieselben digitalen amerikanischen Konzerne enorme Wachstumsschübe erfuhren und sich beinahe schon für die Gewinnsteigerungen entschuldigten, mussten deutsche Unternehmen teils massive Verluste hinnehmen.

Digitale Technologie wurde zur Rettungsleine für die Bevölkerung, die wegen der Ausgangsverbote in Seuchenzeiten nur dank E-Commerce, Cloud-Lösungen, Videokonferenzwerkzeugen und Videostreaming-Dienstleistern sich mit dem Lebensnotwendigsten versorgen und teilweise die Arbeit und die Schule von zu Hause fortsetzen konnte. Und da wurde den Bürgern klar, wie sehr man Breitbandinternet und leistungsstarken Mobilfunk bislang vernachlässigt hatte. Unternehmen, für die die digitale Transformation nur ein Lippenbekenntnis war, hatten einige Mühe, die Infrastruktur zur Aufrechterhaltung des Betriebs einzurichten.

Nicht nur Unternehmen, auch die Regierungen und Behörden waren überfordert. Zwar gibt es seit Jahren, teilweise seit mehr als einem Jahrzehnt großspurige Digitalisierungsinitiativen und Digitalisierungskonzepte, aber getan hat sich wenig. Beispiel gefällig? Aus der Schweiz mussten wir vernehmen, dass

[d]ie vom Innendepartement (EDI) erlassene Verordnung über die Meldung von Beobachtungen übertragbarer

Krankheiten des Menschen verlangt, dass Meldungen ans BAG [Bundesamt für Gesundheit] per Post, Kurier oder Fax gemacht werden müssen.[19]

Das BAG war so überfordert gewesen mit der eintrudelnden Papierflut, dass sie mit dem Zählen nicht nachkam. Man hatte auch tagelang übersehen, dass das Papier im Faxgerät zu Ende gegangen war, und so keine Meldungen mehr erhalten.[20] Man weiß bis heute nicht, wie viele auf diese Weise nicht erfasst worden waren. Wie löste man das Zählproblem? Mit ganz modernen Mitteln: Einerseits bezog man die Zahl der Todesfälle von Wikipedia, andererseits legten die Mitarbeiter den Stapel an Formularen der gemeldeten Fälle auf eine Waage, um auf diese Weise die Fälle abzuschätzen. Es ist nicht bekannt, ob es sich um eine Digitalwaage handelte.

In England war man nicht besser vorbereitet. Dort fielen fast 16.000 Fälle unter den Tisch, weil man die Tabellenkalkulation Microsoft Excel verwendet hatte, deren Tabellen nur knapp etwas mehr als eine Million Zeilen zulassen.[21] Als die gemeldeten Zahlen mehr als eine Million überschritten, war die Exceltabelle voll und weitere Datensätze fielen unter den digitalen Tisch.

Die Schwierigkeiten, neue Technologien zu akzeptieren, anzuwenden, sie zu entwickeln und innovativ voranzutreiben, birgt noch andere Risiken. Heimische Unternehmen könnten zu attraktiven Übernahmezielen und von gut finanzierten amerikanischen und chinesischen Digitalunternehmen einfach geschluckt werden – wenn sie Glück haben und mit der Zeit nicht einfach schließen müssen.

Während wir nach wie vor von den Erfolgen der Gründerzeit vor 1900 zehren, sollten wir schon längst die nächste Generation an Unternehmen starten und entsprechende Technologien entwickeln. Doch das will und will uns nicht gelingen. Aus unserer Mitte kommt mit Ausnahme von SAP kein einziges Unternehmen, das in den führenden Technologien des 21. Jahrhunderts allen anderen voranschreitet, das Maßstäbe setzt und zugleich Zehntausende von Arbeitsplätzen schafft. Es sind auch kaum Unternehmen am Start, um diesen Weg zu gehen.

So führt das Analystenhaus CB Insights eine Liste von sogenannten Unicorn-Start-ups – Unternehmen mit Bewertungen von einer Milliarde Dollar und mehr. Deutschland weist unter weltweit 487 Unicorns 13 und die Schweiz vier dieser seltenen „Einhörner" auf. Im Vergleich dazu kommen China auf 122, die USA auf 235, das kleine Israel auf sieben und das Vereinigte Königreich auf 27 Unternehmen.[22]

Legen wir das auf die Größe der Länder um: Mit einer Basis von knapp 100 Millionen Einwohnern und 17 Unicorns im deutschsprachigen Raum käme Israel mit heute knapp 8,8 Millionen Einwohnern bei gleicher Bevölkerungszahl auf etwa 80 Unicorns, das Vereinigte Königreich mit 67 Millionen Einwohnern auf 40. Würden die USA mit 328 Millionen Einwohnen so schwach abschneiden wie Deutschland, dann dürften dort nur 72 Unicorns sein.

Wie man es auch dreht und wendet, es lässt sich an der Tatsache nichts ändern, dass wir Underperformer auf der globalen Bühne sind, wenn es um digitale Technologien geht. Die Ursachen sind vielschichtig und wir werden auf diese in späteren Kapiteln noch ausführlicher eingehen und auch Lösungen ansprechen.

Bezeichnend, wie Deutschland tickt, sind auch die Ereignisse um die DAX-Zusammensetzung der letzten Zeit. So fiel Mitte 2020 die Lufthansa aufgrund des durch Corona noch verstärkten Wertverlusts aus dem Leitindex DAX 30 und wurde – nicht etwa durch ein Technologieunternehmen, nein – durch das Unternehmen Deutsche Wohnen ersetzt. Einige Wochen nach diesem Tausch kollabierte mit Wirecard das einzige Digitalunternehmen neben SAP im DAX durch Betrug und musste Insolvenz anmelden.

Das Nachhinken schafft immer mehr ein Wettbewerbsproblem für unsere Wirtschaft, deren Skepsis sie selbst hinter die Technologieakzeptanz der Gesellschaft zurückfallen lässt. So wurden Ende 2018 in der Studie „Digital Dossier Österreich" die Ergebnisse einer Bestandsaufnahme zur Digitalisierung in Wirtschaft und Gesellschaft in der Alpenrepublik vorgestellt. Dabei stellte sich heraus, dass gerade einmal 37 Prozent der Unternehmen Internetbanking verwenden, während der Anteil bei der Bevölkerung mit 65 Prozent knapp unter dem EU-Durchschnitt lag.[23]

Nur 28 Prozent der Unternehmen statteten laut der Studie ihre Mitarbeiter mit Geräten aus, die auch aus der Ferne Zugriff auf das Firmennetzwerk erlaubten. Im DESI, dem Digital Economy and Society Index, der die digitale Wettbewerbsfähigkeit von EU-Ländern bewertet, lagen Deutschland und Österreich auf den Plätzen 12 und 13 von 28.[24]

Der Digital Riser Report 2020 vom European Center for Digital Competitiveness in Berlin, der alle ein bis zwei Jahre die Länder hinsichtlich ihrer digitalen Wettbewerbsfähigkeit bewertet, sieht Deutschland unter den 18 bewerteten Ländern nur an 16. Stelle.[25] Während Frankreich, Japan oder Kanada ihre Wettbewerbsfähigkeit teilweise deutlich verbessern konnten, verschlechtere sich diese in Deutschland dramatisch. In Europa war nur Italien noch schlechter unterwegs.

Es überrascht nicht, dass sich dieses schlechte Abschneiden der Wirtschaft bezüglich digitaler Infrastruktur auch im Schulsystem widerspiegelt. So landete Deutschland im Index der Bereitschaft für digitales lebenslanges Lernen des Centre for European Policy Studies an der 27. von 27 Stellen.[26] Österreich hingegen gehört mit dem zehnten Platz zu den Musterschülern, auch wenn man weit hinter Estland und den skandinavischen Ländern liegt. Die Erwachsenen machen sich den Wert „digitaler" Infrastruktur und Kompetenz für die Wirtschaft nicht klar und die neue Generation lernt sie nicht in der Schule. Digitale Analphabeten ziehen digitale Analphabeten groß.

Die Coronakrise und der damit einhergehende Lockdown richtete ein gigantisches Vergrößerungsglas auf die digitale Infrastruktur und digitale Kompetenz der europäischen Länder. In einem Gastbeitrag einer Mitarbeiterin aus der IT-Branche wurden die Schwierigkeiten bei der Arbeit von zu Hause behandelt, mit der die zweifache Mutter zu kämpfen hatte, während sie gleichzeitig ihre sieben- und elfjährigen Kinder betreuen musste. Auch wenn der Schwerpunkt des Beitrags auf dem Aufwand lag, der von den Schulen und Lehrern auf die Kinder und Eltern verlagert wurde, weil die Schulen den Lehrplan unbedingt durchbringen wollten und diese Mehrfachherausforderung für die Eltern thematisiert worden war, fiel mein Interesse auf die digitale Lebenssituation der Familie.[27]

Der Vater, ein Gymnasiallehrer, benutzte den Heimcomputer für die Vor- und Nachbereitung des Unterrichts. Diesen einen Computer musste sich die Familie irgendwie teilen, damit der Vater virtuellen Unterricht durchführen konnte und die Kinder Aufgaben herunterladen und ausdrucken konnten. Als IT-Mitarbeiterin hatte die Mutter hingegen ihren eigenen Laptop und konnte ihre Arbeit von zu Hause erledigen.

Viele andere Bekannte posteten Fotos von ihren neuen Homeoffice-Arbeitsplätzen, bei denen man merkt, wie überhastet sie eingerichtet worden waren. Dabei spreche ich nicht von Personen, die in ihrem Job keinen Computer verwenden, sondern für die er ein wesentliches Arbeitswerkzeug ist. Offensichtlich war Arbeiten von zu Hause etwas Neues. Das Foto einer 17-jährigen bayerischen Schülerin, die ihr Referat im verschneiten Garten abhalten musste, weil nur dort ihr Internet halbwegs stabil war, ging durch die Medien und zeigt, dass dies ein allgemeiner gesellschaftlicher Technologiemissstand ist.[28]

Auch diejenigen, die in der IT-Branche beschäftigt oder Start-up-Gründer sind, teilten aufgeregt ihre Erfahrungen und Bilder von den ersten Videokonferenzen, die sie von daheim aus geführt hatten.

Mir drängten sich gleich mehrere Fragen auf:

- Warum ist 20 Jahre, nachdem Videokonferenzen für mich zum täglichen Arbeitswerkzeug geworden waren, das für viele immer noch Neuland?
- Wieso ist die Grundausstattung der meisten Beschäftigten mit digitalen Werkzeugen nach wie vor so schlecht?
- Wieso ist das Arbeiten von zu Hause aus bislang so misstrauisch von den Unternehmen beäugt worden?

- Worüber hat man eigentlich all die Jahre auf den unzähligen Konferenzen zu digitaler Transformation referiert, wenn man bei den meisten Unternehmen nicht einmal die digitalen Basics eingeführt hat?

Dazu fällt mir gleich einmal die am eigenen Leib in Deutschland erlebte „digitale Wüste" ein. In einem Land, in dem verlässlicher Mobilfunkzugang und flächendeckendes Breitbandinternet keine Selbstverständlichkeit sind, kann man nicht erwarten, dass die Bevölkerung und die Unternehmen bei der Heimarbeit digitale Werkzeuge verwenden können oder wollen.

Ein Zitat aus den Untiefen des Internets trifft das sehr gut. Nach dem Start der neuen Trägerrakete Falcon Heavy des von Elon Musk gegründeten amerikanischen Raumfahrtunternehmens SpaceX witzelte das *extra-3-Magazin* des *NDRs*:[29]

> Auch Deutschland ist fit für die Zukunft: In vielen Regionen kann man den #FalconHeavy-Start sogar ruckelfrei streamen!

Während die Amerikaner wiederverwertbare Raketen mit landenden Raketenstufen bauen und damit als Leergewicht bei diesem Test Elon Musks Elektroauto ins All schießen, geben wir uns damit zufrieden, in vielen Regionen des Landes die Übertragung im Internet ruckelfrei streamen zu können. Im Land, das einstmals an vorderster Stelle der Entwicklung von Raketentechnologie stand.

Selbst dort, wo der Einsatz neuer Technologien gewünscht ist, wird oft halbherzig vorgegangen. Man will schwanger werden, aber nur ein bisschen. Die Einführung der Kassenbonpflicht mit dem 1. Januar 2020 war so ein Beispiel. So wurde auf digitale Registrierkassen umgestellt, die bei bargeldintensiven Geschäften wie Bäckereien die korrekte Abführung von Steuern ermöglichen sollten. So weit, so gut. Zugleich zwang der Gesetzgeber die Ladenbetreiber, jedem Kunden einen Kassenbon auf Papier auszuhändigen. Gerade bei Wirtschaftstreibenden mit viel Kundenverkehr und kleinen Transaktionen führte das zu einer absurden Situation.

So postete das Backhaus Kutzer aus der Oberpfalz Fotos auf Facebook, die die Auswüchse der Kassenbonpflicht vor Augen führten. Einen Monat lang hatte die Bäckerei die von den Kunden nicht angenommenen Kassenbons gesammelt und das Ergebnis abgelichtet. Der Bäcker versank förmlich in dem Berg aus unerwünschten Papieren.

Abbildung 3: Backhaus Kutzer mit Kassenbons[30]

Dinglichkeit der Dinge

Als 17-jähriger Schüler verbrachte ich meine Sommerferien mit zwei jeweils einmonatigen Praktika. Der erste Job war eine Straße weiter von meiner Wohnung bei einem Fotohändler für professionelle Fotografen. Ich hatte die verantwortungsvolle Aufgabe erhalten, das Lager mit Secondhand-Fotoartikeln auszumisten. Man muss sich das so vorstellen, als ob in einem größeren Raum mit Regalreihen ein Elefant durchmarschiert war, einmal trompetete und sich dabei geschüttelt hatte, um befriedigt weiterzuziehen. Was ursprünglich ein Schulungsraum für Fotografen mit Einrichtungen für Studioaufnahmen gewesen war, hatte mit der Zeit und dem Wechsel und Abgang der Verantwortlichen den Charakter einer mehr als chaotischen Anordnung von Regalen und Objekten eingenommen. In knapp zwei Wochen hatte ich das Lager ausgemistet, dabei von großen Ventilatoren, damit die Haare der Models im Wind schön wehten, über antike Kameras bis hin zu einem hochbrennbaren Zellulosenitratfilm mit Aufnahmen einer Wehrmachtparade vor dem Führer einiges an verstaubten Schätzen ausgegraben.

Das waren alles greifbare, dingliche Dinge, noch lange bevor es digitale Kameras gab. Film kam in Rollen, das technologische neueste Must-have bei Kameras für Amateure war der Autofokus gewesen und für mich am aufregendsten waren Infrarotfilme im Kühlschrank, die vor allem bei Profifotografen zum Einsatz kamen. Das verstand ich als 17-jähriger Schüler ohne viel Erfahrung.

Der Kontrast zum zweiten Ferienmonat konnte nicht größer sein, als ich ein paar Straßen weiter in die Bankfiliale trat und dort vier Wochen mit dem Ablegen von Zahlscheinen und der Tageskalkulation ebendieser eher wenig beschäftigt war. Für mich machte allerdings den größten Eindruck in dieser zweitkleinsten Filiale in Wien ein persönliches Gespräch mit der Chefin am zweiten Tag. Diese hatte mich in ihr Büro beordert und eine halbe Stunde von den „Produkten" und dem Geschäftsmodell der Bank erzählt. Ein Sparbuch, ein Konto oder ein Bankenkredit waren Produkte. Natürlich waren mir diese Dinge ein Begriff. Aber jemandem wie mir, der aus einer Arbeiterfamilie stammt, in der das Leben des Vaters an einer Werkbank statt-fand, waren nicht greifbare und abstrakte Dinge wie eben ein Sparbuch, ein Konto oder ein Kredit nicht als Produkte in den Sinn gekommen.

Abgesehen davon, dass die Finanzwelt für mich persönlich nicht als zukünftiges Berufsfeld interessant genug erschien, hatte ich verstanden, dass Produkte dinglichen und nichtdinglichen Charakter haben konnten. Letztendlich verschlug mich meine berufliche Laufbahn von einem eher dinglichen Studium der Chemie in eine Welt der nichtdinglichen Softwarebranche. 30 Jahre später hat sich dank des Siegeszugs digitaler Technologien die Vielfalt von Nichtdinglichem explosionsartig vermehrt. Nicht nur das: Selbst die scheinbar so dinglichen Produkte kommen ohne Nichtdingliches gar nicht mehr aus. Jede moderne Kamera kann ohne Millionen Zeilen von Softwarecode gar nicht mehr verwendet werden. Jede Ampelanlage und angeschlossene Verkehrssteuerung ist nur durch Software funktionstüchtig. Autos bewegen sich ohne Millionen Zeilen an Software keinen Zentimeter mehr vom Platz. Volkswagen beziffert die Zahl der Programmierzeilen in seinen Autos mit über 100 Millionen.[31] Fernseher, Mikrowelle, Telefon, medizinische Geräte, Flugticketbuchung, Flugzeuge, Baumaschinen, Bauzeichner, Zugfahrpläne, Gerichte, ja, selbst Kunst und Kultur sind von technologisch Nichtdinglichem so abhängig geworden, dass ohne dieses die Arbeit nicht oder nur mehr sehr beschränkt möglich wäre.

Gleichzeitig haben diese äußerlich scheinbar wenig veränderten Produkte – Auto, Flugzeug, Kamera – recht wenig mit ihren Vorgängern gemeinsam. Ein Smartphone hat mit einem Wählscheibentelefon so viel gemeinsam wie ein Homo sapiens mit unserem 540 Millionen Jahre alten Vorgänger Saccorhytus coronarius.[32]

Umso erstaunlicher scheint, wie wenig Wertschätzung Produkten entgegengebracht wird, die nicht greifbar sind. *Spiegel*-Podcaster Sascha Lobo beantwortet Leserkommentare auf eine seiner Kolumnen, in der er die Rückständigkeit deutscher Unternehmen in der Digitalisierung und bei der Internet- und Mobilfunkinfrastruktur behandelt. Sie führen unbeabsichtigt genau diese gedanklichen Fehler vor.[33]

> „Na und, Facebook ist bald tot, aber die Telekom lebt weiter."
> „Naja, Facebook ist eine digitale Plattform. Die Telekom besitzt Infrastruktur."
> „Falsch gedacht, Herr Lobo. Softwareprodukte stellen letztlich keine echten Werte dar. Zieht man den Stecker, ist alles weg."

Man bitte den letzten Kommentator, das doch einmal den Leuten bei SAP zu sagen. Deren einziges Produkt ist Software, beschäftigt damit fast 100.000 Mitarbeiter und ist das wertvollste Unternehmen Deutschlands mit einer beinahe doppelt so hohen Marktbewertung wie das zweitwertvollste deutsche Unternehmen Volkswagen. Letzteres kämpfte im Jahr 2020 mit der Auslieferung seines neuen Hoffnungsträgers, dem Elektroauto ID.3, weil die Software nicht funktionierte. Zehntausende Fahrzeuge waren bereits produziert, ohne dass sie ausgeliefert werden konnten.

Wie ist das aber mit der Infrastruktur der Telekom? Lobo weist darauf hin, dass die Digital-Giganten Facebook und Google selbst über riesige Kabelinfrastruktur verfügen. Google beispielsweise besaß bereits im Jahr 2018 über 100.000 Kilometer an Unterseekabeln, Facebook knapp 92.000 Kilometer.[34] Damit bricht die Mär vom Unterschied und dem Wert von Unternehmen mit Infrastruktur und solchen mit digitalen Plattformen zusammen. Es wird augenscheinlich, dass Google, Facebook und Co dingliche Infrastruktur und digitale Produkte haben, während die Telekom Infrastruktur, aber kein wirkliches digitales Produkt hat.

Und zieht man wirklich den Stecker, dann ist die Telekom genauso betroffen. Denn was, wenn nicht digitale Produkte, fließt denn durch die Kabel? Ist kein Strom mehr da, helfen der Telekom die ganzen Kabel, durch die nun nichts mehr fließt, nichts.

Wir können solche Kommentare selbstverständlich gerne dem uninformierten Teil unserer Gesellschaft zuschreiben, doch dem ist leider nicht so. Diese Aussagen werden von vielen Vorständen und Vordenkern ebenso unreflektiert kolportiert. Und ich höre von ihnen dann auf Kongressen – und wenn sie ins Silicon Valley auf Besuch kommen.

Der aus Griechenland stammende Biomathematikprofessor am MIT Manolis Kellis meinte zu der Zurückhaltung der Menschen und Unternehmen in Bezug auf digitale Technologien, dass wir Menschen selbst digitale Wesen seien. Unsere Gene seien selbst aus vier Basen zusammengesetzt, die durch einen Kopiermechanismus repliziert werden.[35] Statt Nullen und Einsen kommen Adenin, Guanin, Cytosin und Thymin zum Einsatz, aus denen so komplexe Wesen wie wir entstehen. So betrachtet ist digitale Technologie eigentlich sehr natürlich.

Verklagt die Innovatoren!

Woran erkennt man die disruptive Kraft von Unternehmen? An der Anzahl der Klagen, die gegen sie vor Gericht eingebracht werden. Eine disruptive Innovation hinterfragt alte Modelle und stellt den Status quo infrage, sehr zum Leidwesen der Platzhirsche, die es sich in diesem Feld bequem gemacht haben. Beispiele, die einem gleich einfallen, sind Uber, Microsoft, Facebook oder Google. Uber wurde in fast jeder Stadt, in der das Unternehmen seine Dienste anbot, von den lokalen Taxifirmen vor Gericht gezerrt. Microsoft, Facebook und Google wurden vor allem von Regierungen und Behörden angeklagt.

Das sind oft spektakuläre Prozesse und Verfahren, in denen es nicht selten um grundlegende Fragen der Rechtsauslegung geht. Ist Uber ein Taxiunternehmen? Warum wurden die vielen Regulierungen für das Personenbeförderungsgewerbe überhaupt notwendig? Und wie genau ist das mit dem Datenschutz und den Monopolen?

Sehen wir uns die Prozesse und das Vorgehen von Behörden gegen solche Disruptoren an, dann fällt auf, dass vor allem amerikanische Unternehmen, aber keine aus dem deutschsprachigen Raum belangt werden. Sind wir so viel braver? Nicht, wenn wir uns Volkswagen und den Dieselskandal oder Wirecard ansehen. Diese beiden Skandale waren Betrug und haben wenig mit disruptiver Innovation zu tun.

Ziehen wir die Anzahl der Gerichts- und Behördenverfahren gegen disruptive Start-ups als Maßstab für Innovation heran, dann kommt kaum disruptive Innovation aus unseren Breiten. Die Angst, verklagt zu werden, ist auch eine Angst vor der Zukunft.

KAPITEL 3

Past Angst – Goldmine der Absurditäten █

Technologie:
neues Zeugs,
das nicht immer
ganz so gut oder
auf mysteriöse
und unbekannte
Art funktioniert.

Donald A. Norman

Mit dieser augenzwinkernden Definition von Technologie wollte der emeritierte Kognitionswissenschaftler und Usability-Experte Donald A. Norman darauf verweisen, wie Menschen Technologien gegenüberstehen. Etwas, das uns vertraut ist, das wir als selbstverständlich betrachten und gebrauchen, hat diese Mystik nicht nur verloren, sondern wird auch gar nicht als Technologie wahrgenommen. Technologie als etwas künstlich von uns Geschaffenes, das als Ergebnis wissenschaftlicher Erkenntnis eine praktische Anwendung fand, wird Teil des Alltags, ohne dass wir über die Hürden nachdenken, die es zu überwinden galt.

Schuhe würden wir heute eher nicht zu Technologie zählen. Ein Smartphone oder Auto selbstverständlich schon. Doch ich erinnere mich, wie wir im Kindergarten lernen mussten, Schuhe zu binden. Dazu gab es sogar einen Holzrahmen mit Schnürsenkeln, an dem wir übten. Und ich weiß ganz genau, dass ich da kein Naturtalent gewesen bin. Für die ersten Höhlenmenschen, die ein Stückchen Leder an die Fußsohlen pappten, war das ein epochemachender Schritt. Und wie wenig selbstverständlich Schuhe in der Form sind, wie wir sie heute kennen, kenne ich noch aus Erzählungen meiner Urgroßeltern: Einfache russische Soldaten im Ersten und Zweiten Weltkrieg hatten nur Fußlappen um die Beine gewickelt, statt Socken in ihren Stiefeln zu tragen.

Im Großteil der Menschheitsgeschichte wurden Erfindungen nicht bloß als etwas Widernatürliches, sondern sogar als gotteslästerlich betrachtet. Das findet Widerhall in Sagen und Legenden. Der griechische Titanengott Prometheus, dessen Aufgabe es ist, die Menschen zu beschützen, bringt diesen gegen den Willen von Zeus das Feuer. Zeus' Strafe ist eines grausamen Diktators würdig: Prometheus wird verbannt, gefesselt und täglich von einem Adler besucht, der seine Leber aus dem Leib reißt und frisst.

Diese Angst davor, den Göttern die Geheimnisse entrissen zu haben oder in den natürlichen und gottgegebenen Kreislauf einzugreifen, diente und dient nach wie vor als Argument gegen den Fortschritt. Das Feuer, der Kompass, Teleskop und Mikroskop, Impfungen, Elektrizität und in moderner Zeit die Angst vor Teilchenbeschleunigern oder einer Maskentragepflicht zu Corona-Zeiten, die von fundamentalistischen Christen als Eingriff gegen das gottgeschaffene „Atmungssystem" betrachtet wird, zeigen die tiefe Skepsis und Ignoranz – und bringt Menschen dazu, teils irrationale Entscheidungen zu treffen. Neugier damals wie heute hat die Konnotation, gefährlich zu sein. Kostet bloß nicht den Apfel vom Baum der Erkenntnis. Denn das führt zu Bewusstsein und zu Änderungen, die Gefahren anziehen.

Soziale Phasenverschiebungen

In der Geschichte der Menschheit gab es bislang drei sogenannte „soziale Phasenänderungen". Der Begriff ist aus der Chemie entlehnt. Dort kennen wir beispielsweise Phasenübergänge zwischen fest, flüssig, gasförmig und Plasma. Wasser kann als Eis, als flüssiges Wasser, als Wasserdampf und als Plasma (in der Sonne) vorliegen. Jede Phase unterscheidet sich in ihren Eigenschaften und kann durch die Kombination äußerer Faktoren wie beispielsweise Temperatur und Druck, die auf den Stoff wirken, erzeugt werden.

Ähnliches spielt sich bei Übergängen von einer Phase der Menschheitsentwicklung in die nächste ab. Gewisse äußere Faktoren beeinflussen den Übergang. Die erste Phasenverschiebung war der Übergang von einer Gesellschaft aus Jägern und Sammlern zu einer sesshaften Agrarkultur. Was sich vordringlich änderte, war, was wir wann als Nahrungsmittel konsumierten. Was sich in zweiter Linie änderte, war die Notwendigkeit, Techniken zu entwickeln, um Landwirtschaft zu betreiben, Grundstücke abzugrenzen, Gesetze zu erstellen, Tiere zu domestizieren, um sie als Transport- und

Arbeitstiere einzusetzen und zum Verzehr zu halten. Die Landwirtschaft erlaubte auch die Entstehung größerer Verbände, als es für Nomaden praktisch gewesen wäre, und zwar in Form von Städten. Arbeitsteilung wurde ein weiteres Element in dieser Phase, was wiederum zu Hierarchieunterschieden führte sowie zur Einführung von Geld, Schrift und Militär.

Der zweite Phasenübergang kam mit der industriellen Revolution, die durch unsere Fähigkeit, Energie in bis dato nicht möglichem Ausmaß auszuschöpfen, geprägt war. Von Menschen, Tieren, Wasser- und Windkraft als Energiequellen gingen wir dazu über, Energie aus Kohle mittels Dampf und Elektrizität und in späterer Zeit aus dem Atom oder der Solarenergie zu nutzen. Damit steigerten wir die Produktion und es kam zu einer Abwanderung vom Land in die Städte und Fabriken. Das führte in der ersten Zeit nicht zu einer Erhöhung des Lebensstandards für alle Menschen, sondern zwang viele von einem natürlichen Lebensrhythmus zu einem, der von Maschinen vorgegeben wurde. Und damit brachte es Armut für diejenigen, die sich nicht anpassen konnten oder wollten. Langfristig führten diese Änderungen zu einem steigenden Wohlstand für alle, der auch durch notwendige Änderungen der Fertigkeiten der Menschen ermöglicht wurde. Die Schulpflicht führte die breite Masse der Bevölkerung zu Schreib- und Lesefähigkeit, was wiederum neue Möglichkeiten bot.

Der dritte Phasenübergang, in dem wir uns aktuell befinden, ist der hin zu einer autonomen Zivilisation.[1] Im Vergleich zu den vergangenen zwei Phasenübergängen sind die Treiber nichtdinglich, also nichtgreifbar. Es handelt sich dabei um Intelligenz, die wir auf Maschinen verlagern, um Information, die wir durch Maschinen erfassen und verarbeiten lassen, und um Zeit, die wir vorwiegend von der realen in den virtuellen Raum verlegen. Indem wir uns mit dem Fernseher, dem Computer oder dem Smartphone beschäftigen, verbringen wir mehr und mehr unserer Zeit in einem virtuellen Raum. Milliarden von Maschinen und Sensoren erfassen und vermessen die Welt und ergänzen unsere Sinne um zusätzliche Daten. Mit künstlicher Intel-

ligenz erweitern wir den uns zugänglichen und nutzbaren Intelligenzraum.

Jeder Phasenübergang weist unterschiedliche Eigenschaften auf
und kann zu problematischen Ergebnissen führen. Wenn Wasser zu
Eis gefriert, können Rohre bersten. Verdampfendes Wasser kann zu
Verbrühungen führen. Werden die Phasenübergänge richtig kontrolliert und eingesetzt, führen sie zu vorteilhaften Resultaten. Dampf
wird zum Antrieb von Dampfmaschinen verwendet und Eis schützt
Nahrungsmitteln vor dem Verderben.

Je nachdem, wie die Menschen diese Phasenübergänge erfahren
oder vorhersehen, tendieren sie entweder zu einer skeptischen oder
optimistischen Sicht der Entwicklung. Aus der Gnade der Spätgebo-
renen heraus erscheinen uns die ersten beiden Phasenübergänge von
den Jägern und Sammlern zur Landwirtschaft und von einer Agrar-
wirtschaft zu einer industrialisierten Zivilisation als positiv, weil wir
von den positiven Auswirkungen profitiert haben. Die negativen
Auswirkungen von arbeitslos gewordenen Webern und Kinderarbeit
in Fabriken und den damit einhergehenden sozialen Unruhen bis zur
Mitte des 19. Jahrhunderts oder die Mangelernährung der ersten
Agrarkulturen kennen wir nicht aus eigener Erfahrung, sondern nur
aus den Geschichtsbüchern.

Das führt zu dem Paradox, dass wir meinen, unsere Zeit stehe vor
den größten Umwälzungen der Menschheitsgeschichte und würde
uns einerseits die schrecklichsten Auswirkungen, andererseits die
glänzendste Zukunft bringen. Dystopie hier, Paradies da. Ein Blick in
die Geschichtsbücher zeigt, dass dem nicht so ist. Weder kam es zu
einem Zusammenbruch der Zivilisation noch führte sie uns in ein
uneingeschränktes Paradies. Auf den nächsten Seiten möchte ich von
einigen dieser vergangenen Ängste und Hoffnungen anhand von
ausgewählten Erfindungen – die uns heute selbstverständlich und
wenig kontrovers erscheinen – berichten. Wir werden somit sehen,
dass die Ängste und Hoffnungen, die Argumente für und wider vorhersehbaren Mustern folgen und unsere Diskussionen sich heute nicht
von denen unserer Vorfahren unterscheiden.

Die gute alte Zeit

Das ist es, was die Gegenwart ausmacht. Es ist ein bisschen
unbefriedigend, weil das Leben unbefriedigend ist.

Gil Pender

Was macht man als erfolgreicher Drehbuchautor, um sich beruflich
weiterzuentwickeln? Diese Frage stellte sich der Amerikaner Gil
Pender und beschloss, sich in ein anderes literarisches Fach zu bewegen und einen Roman zu schreiben. Als Vorbild hatte er sich die
1920er-Jahre genommen, die er bewunderte. Er bedauerte, sie nicht
selbst erlebt zu haben. Als ihn bei einem Aufenthalt in Paris spätabends
ein Oldtimer mitnimmt, findet er sich in einer Gesellschaft wieder,
die eine Kostümparty zu feiern scheint. Alle Teilnehmer sind in Mode
der 1920er-Jahre gekleidet. Gil realisiert, dass die Personen auf der
Party keine Geringeren als F. Scott Fitzgerald, Jean Cocteau, Josephine
Baker und andere längst verstorbene Berühmtheiten sind.

Gil ist – wie meine filmhistorisch gebildeten Leser sicherlich rasch
erkannt haben – der fiktive Charakter, den Owen Wilson in Woody
Allens Film „Midnight in Paris" aus dem Jahr 2011 spielt.[2] Der Oldtimer, den Gil bestiegen hatte, hatte ihn in einer Zeitreise in diese
Epoche zurückgebracht. Gil ist, wie leicht verständlich, völlig hin-
gerissen und kann sein Glück nicht fassen. Er lernt Picassos Geliebte
Adriana – gespielt von Marion Cotillard – kennen, die von ihrer
Epoche gelangweilt ist. Sie träumt von der „Belle Époque", in der sie
gerne Maler wie Henri de Toulouse-Lautrec oder Edgar Degas kennengelernt hätte.

Am selben Straßenrand, an dem Gil von dem Oldtimer aufgegabelt
und in die Zeit zurückversetzt worden war, wartet eine Kutsche, die
sie in die – wie nun leicht zu erraten ist – Belle Époque bringt. Dort
allerdings erfahren Adriana und Gil, dass die angebeteten Helden
wiederum einer anderen Epoche, nämlich der Renaissance, nachwei-
nen und ihre eigene erbärmlich langweilig finden.

Die Moral der Geschichte ist, dass wir diesen nostalgischen Filter der Vergangenheit überstülpen, die das meiste an Schlechtem aus dieser Epoche ausblendet und nur den Glamour durchlässt. Wir trauern einer verklärten Vergangenheit nach, die es so nie gegeben hat. Sie war selten einfacher, sie war zumeist gefährlicher und für die wenigsten Menschen gab es die Möglichkeiten, die vielen von uns heute offenstehen.

Lassen wir uns doch auf ein Gedankenexperiment ein und fragen uns, wann denn die Vergangenheit besser gewesen ist als die heutige? Und dies sollte uns leichtfallen, weil wir gerade in den Nachwehen der Covid-19-Pandemie stecken, also somit in einer Periode, die sicherlich kein Spaß ist. Vielleicht springen wir doch einfach einmal 100 Jahre zurück und landen zu Beginn der Goldenen Zwanzigerjahre.

Im Jahr 1920 befinden wir uns gerade in den Nachwehen einer noch größeren Pandemie, die 500 Millionen Menschen erfasst und geschätzte 50 Millionen Menschen dahingerafft hatte. Ein Impfstoff für die damals grassierende Spanische Grippe ist selbst 100 Jahre später nicht gefunden. Und das ist eine Epoche, in der wir jeden Tag auf den Straßen Kriegsinvaliden sehen. Menschen, die im Ersten Weltkrieg ein Bein, Auge, einen Unterkiefer, Arm und mehr verloren haben oder durch den Shell Shock – neumodern PTBS – unter Kriegstraumata litten. Ganz zu schweigen von den kriegsbedingt mangelernährten Menschen und dem Überschuss an Frauen, die wegen der vielen gefallenen Männern keine Familie gründen konnten. Dazu die große Änderung, die den Übergang von einer Monarchie in eine Demokratie gebracht hatte. Und die Wirtschaft, die von Rüstungsgütern auf zivile Produkte umstellen will, findet keine Abnehmer. Deutschland und Österreich ächzen unter den Kriegsreparationen an die Gewinner und Österreich sieht sich als den Rest, der von der Monarchie übriggeblieben ist, und als nicht lebensfähig.

Was ist, wenn wir großzügig den Zweiten Weltkrieg, der ganz sicher – auch nostalgisch verklärt – nichts Gutes an sich gehabt hatte, überspringen und 50 Jahre vorausgehen? im Jahr 1970 befinden wir uns in den Nachwehen der Studentenproteste, die USA sich mitten im Vietnamkrieg, nukleare Abrüstung wird durch die Friedensbewegung zu einem Thema und in Deutschland beginnt der RAF-Terror, der das Land mehrere Jahre in Atem hält. Knapp zwei Jahre später wird es zu einem Terroranschlag bei den Olympischen Spielen in München kommen und im Jahr 1973 der Ölpreisschock die Wirtschaft treffen. Im Jahr 1975 gibt es eine Geiselnahme von OPEC-Ministern in Wien durch den venezolanischen Terroristen Ilich Ramírez Sánchez, besser bekannt als Carlos, der Schakal.

Auf der positiven Seite lassen die Mondlandungen die Menschen von einer Zukunft im All träumen. Dieser Traum erfährt aber mit dem Explosionsdrama am Bord der siebten Mission Apollo 13 einen Dämpfer. Klar, die Tapeten von damals waren psychedelisch und Schlaghosen und lange Haare waren in, aber das war nicht unbedingt etwas, womit wir auf Dauer leben möchten. Und die Erfindung der Antibabypille hatte eine Neuverhandlung im gesellschaftlichen Umgang zwischen Männern und Frauen gebracht, die nach wie vor zu Spannungen führt. Und bevor ich es vergesse: Das Internet gab es auch noch nicht, dafür aber LSD und eine ganze Reihe neuer Rauschmittel.

Die 1970er sind also auch nicht ganz so toll, wie unsere Erinnerungen es uns weismachen wollen. Für mich allerdings schon, denn ich wurde im Jahr 1971 geboren. Wir wäre es mit 100 Jahren davor, mit dem Jahr 1870? Da war Deutschland noch in kleine Herzogtümer aufgeteilt und sollte den deutsch-französischen Krieg von 1870 bis 1871 nutzen, um mit dem Deutschen Bund zum ersten Mal ein vereinigtes Reich deutschsprachiger Staaten zu gründen. Die von den Franzosen abgepressten Reparationszahlungen führen zur Gründerzeit in Deutschland, langfristig aber zu weiteren, noch blutigeren Konflikten mit dem Nachbarn.

Transportmittel der Wahl waren nach wie vor das Pferd und die Kutsche, auch wenn die Eisenbahn und die Dampfmaschine einen rapiden Wandel losgetreten hatten. Damit gewann die industrielle Revolution an Geschwindigkeit, die eine Migration vom Land in die Städte zur Folge hatte. Viele Städte vervielfachten ihre Bevölkerungszahlen in nur wenigen Jahrzehnten und die Lebensbedingungen in den überforderten Städten unterschieden sich nicht viel vom Mittelalter. Erst zu diesem Zeitpunkt sollten die Stadtväter fundamental den Charakter ihrer Städte zu ändern beginnen.

Auch war man lieber nicht eine Frau, die vor der Entbindung stand. Die Theorien zu Viren und der Übertragung von Krankheiten befanden sich erst im Entstehen – und damit auch das Verständnis, wie wichtig Hygiene für die Gesundheit ist. Einige Ärzte wie Ignaz Semmelweis hatten erkannt, dass von Ärzten, die aus der Pathologie kamen, offenbar Krankheiten an entbindende Frauen weitergegeben wurden, sodass diese im Kindbett verstarben. Impfungen waren bereits bekannt, wurden allerdings noch mit Misstrauen beäugt.

Egal, welches Jahrzehnt in der Vergangenheit wir wählen und welches Jahrhundert oder sogar Jahrtausend wir betrachten, wenn wir – um den ehemaligen amerikanischen Präsidenten Barack Obama zu zitieren – uns auszusuchen hätten, wann wir geboren sein wollen, aber keinen Einfluss darauf hätten, ob als Mann oder Frau, in welchem Stand und in welches Land, wir würden mit hoher Wahrscheinlichkeit die heutige Zeit wählen. Und sollten wir doch – wider besseren Wissens – den Knopf für eine andere Epoche drücken, wir würden sehr bald unsere Entscheidung auf das Bitterste bereuen. Auch Gil Pender akzeptierte nach seinen Pariser Zeitreisen seine eigene Epoche als das, was sie ist: brutal wirklich, noch nicht nostalgisch verklärt und die beste aller Zeiten, die er noch beeinflussen und mitgestalten konnte.

Innovationen der Vergangenheit und damalige Reaktionen

Wie die Geburten der Lebewesen zunächst unförmig sind,
so sind alle Neuerungen, die die Geburten der Zeit sind.

Sir Francis Bacon

Anfang des 20. Jahrhunderts hatte der japanische Schriftsteller Tanizaki Jun'ichirō ein kleines Pamphlet verfasst, in dem er auf die japanische Ästhetik einging und seine Meinung in einer recht ungeordneten Weise kundtat. Gerade dieser in Japan geschätzte Stil einer nonchalanten literarischen „Unstruktur" fand bei seiner Leserschaft Anklang. Tanizaki reflektierte in „Lob des Schattens" über das langsame Verschwinden des japanischen Stils durch die seit Mitte des 19. Jahrhunderts begonnene Öffnung des Landes zum Westen hin. Für ihn war besonders der Verlust der Bauweise und der Innengestaltung japanischer Häuser beklagenswert. Er schildert seine Versuche, trotz moderner Glasfenster seinem Haus den Anschein traditioneller verkleideter Papieröffnungen zu geben – und scheitert kläglich, da er weder den japanischen noch den modernen westlichen Effekt erreicht. Auch lässt sich Tanizaki über die beste Art aus, wie die elektrischen Leitungen am wenigsten sichtbar einzubauen sind und klagt, dass moderne Glühbirnen nicht den heimeligen Schein alter Öllampen verbreiten. Das Dunkel in traditionellen japanischen Häusern zog er den lichtdurchfluteten neuen Gebäuden vor, weil diese das Geheimnisvolle bewahrten.

Auch wenn er den Lesern immer wieder versichert, dass dies der Lauf der Zeit sei, so ist seine Nostalgie für das verschwindende Alte nicht zu übersehen. Wie auch immer, er schien einen Nerv bei seinen Landsleuten getroffen haben, das Pamphlet erreichte einige Popularität.

Einige Jahre später bestellte Tanizaki einen Architekten zu sich, der ihm ein neues Haus bauen sollte. Der Architekt kam und teilte Tanizaki mit Stolz mit: „Ich habe ihr ‚Lob des Schattens' gelesen, Mr.

Tanizaki, und ich weiß ganz genau, was Sie möchten." Der überrumpelte Tanizaki antwortete: „Aber nein, ich könnte doch nie in solch einem Haus leben!"[3]

Der Komfort der Gegenwart war selbst dem Nostalgiker Tanizaki wichtiger. Die Retrospektive verklärt, die Prospektive erschreckt. Die nächsten Kapitel bringen eine Reihe von amüsanten und doch nachdenklich machenden Beispielen aus der Zeit unserer Vorväter und -mütter, die vor Neuerungen standen, die sie damals so bewegten wie uns heute künstliche Intelligenz, Selfies oder Roboter.

Sehen wir uns ein paar Innovation aus der Vergangenheit an, die wir heute wie selbstverständlich hinnehmen: den Fahrstuhl, den Mülleimer, die Impfung, den Regenschirm, den Teddybären, das Stethoskop, den Spiegel, Elektrizität und in einem Spezialkapitel die „Krankheiten", die sie verursachen.

Die Hochzeitsnacht im bewegten Raum

Für deutsche Ingenieure stellten Fahrstühle nicht die Novität dar, wie sie es in den USA Ende des 19. Jahrhunderts waren. Hierzulande wurden die angepriesenen Fahrstühle eher als „Kinderspielzeug" denn als ingenieurstechnische Herausforderung betrachtet. Schließlich waren Lifte für mehrstöckige Gebäude vergleichsweise langsam und überwanden nur geringe Höhen. In den deutschen Kohlegruben mussten die Seilaufzüge Tausende Meter unter Tage überwinden – und das ziemlich rasant. Schafften die ersten Fahrstühle in Gebäuden eine Geschwindigkeit von 1,5 Metern pro Sekunde, waren es um das Jahr 1890 zwischen drei bis fünf Meter.[4]

Kein Vergleich zu den mehr als zehnmal so schnellen Grubenliften. Diese durften aber von den Bergleuten selbst nicht benutzt werden, sondern waren ausschließlich für den Materialtransport zugelassen. Zu häufig rissen die Seile, obwohl sie regelmäßig genauestens inspiziert wurden. Diese Seilrisse in Ländern mit vielen Kohlengruben riefen andere Ängste hervor als in den USA, wo es mit Ausnahme des Gold

Rushs ab dem Jahr 1849 keine historisch lange kollektive Erinnerung an Grubenunglücke dieser Art gegeben hatte. Erst die Verwendung von Stahlseilen ab Mitte des 19. Jahrhunderts rief auch bei den Bergleuten keine Angst vor Seilrissen mehr hervor.

Deutschland zählte zu den Aufzugpionieren. So hatte der aus Jena stammende Mathematiker Erhard Weigel in seinem im Jahr 1670 errichteten siebenstöckigen Haus eine Besonderheit eingebaut. Es handelte sich um einen mit Flaschenzügen betriebenen Aufzug. Apropos Flaschen: Die brauchte man in diesem Haus nicht, er hatte sich nämlich auch eine Weinleitung direkt aus dem Keller legen lassen.

Auch die österreichische Kaiserin Maria Theresia, die von 1740 bis 1780 regierte und in ihrer Regierungszeit nicht nur 16 Kinder gebar und Kriege führte, sondern auch bei Mahlzeiten immer kräftig zugeschlagen hatte, war in ihren letzten Lebensjahren bereits durch Krankheiten so geschwächt, dass sie die Stufen der Wiener Kapuzinergruft, in der die Habsburger Kaiser begraben liegen, nicht mehr bewältigen konnte. Für sie ließ man einen kleinen Lift einbauen, der es ihr ermöglichte, in der Krypta ihrer Eltern zu beten.

Um das Jahr 1850 wurden die ersten Lifte in den USA eingebaut, um das Jahr 1870 waren alle größeren Hotels an der Ostküste mit solchen ausgestattet, und um das Jahr 1890 gehörten sie fast schon zur baulichen Standardausrüstung. Dabei veränderten sie nicht nur die Bauweise und Bauhöhe, sondern auch, was als „Beletage" in einem Gebäude galt. Bis zum Siegeszug des Aufzugs beschränkte sich die Höhe von Gebäuden auf sechs oder sieben Stockwerke, wobei die besten Wohnungen im ersten oder zweiten Stock lagen und die schlechtesten unter dem Dach. Mit dem Aufzug konnten Häuser nicht nur in die Höhe wachsen – und das um einen zentralen Aufzugsschacht, der bei Neubauten dann als Erster errichtet wurde. Auch die besten Wohnungen befanden sich ganz oben, weit weg vom Straßenlärm und Schmutz, mit Zugang zu viel Licht und gutem Ausblick.

Wegen der Angst vor einem Seilriss waren nicht nur die Baubehörden Aufzügen gegenüber skeptisch, auch die Liftbenutzer trauten der Sache nicht über den Weg. Aus Sicherheitsgründen bevorzugte man hydraulische Lifte. Bei dieser Vorrichtung sitzt die Kabine auf hydraulischen Stangen, die sie langsam in die Höhe heben. Die Nachteile dieser Konstruktion sind unter anderem, dass eine entsprechende Vertiefung im Boden für die Stangen ausgehoben werden muss, die Geschwindigkeit der Fahrkabine relativ langsam ist und nur eine geringe Zahl von Stockwerken abgedeckt werden kann.

Tatsächlich war die Angst vor einem Seilriss völlig unbegründet. Es gibt bis vor dem Ersten Weltkrieg nur einen Bericht über einen tödlichen Unfall, bei dem die Kabine abgestürzt war. Und dieser Fahrstuhl war hydraulisch betrieben worden. Im Pariser Grand Hotel starben am 24. Februar 1878 drei Personen, ausgelöst durch technisches Versagen. Ein Gussstück, mit dem die hydraulische Stange unten an der Fahrstuhlkabine befestigt war, war gebrochen. Das Gegengewicht der Kabine hatte diese nun getrennt von der hydraulischen Stange mitsamt dem Hotelverwalter, dem Liftboy und einem Hotelgast unkontrolliert in den letzten Stock befördert. Dort riss beim Zusammenprall mit der oberen Begrenzung die am Kabinendach befindliche Kabelverbindung, woraufhin die Kabine in die Tiefe stürzte und unten zerschmetterte.

Eine größere Gefahr ergab sich nicht durch die Fahrt mit der Kabine selbst, sondern beim Ein- und Aussteigen. Die heute üblichen Schiebetüren waren erst nach dem Zweiten Weltkrieg aufgekommen. Vorher waren es vor allem Gittertüren gewesen, die manuell bedient werden mussten und die Kabine sicherten. Diese Gitter konnten auch dann geöffnet werden, wenn keine Fahrstuhlkabine bereitstand. Das führte dazu, dass immer wieder Menschen in die Tiefe stürzten. So ein Unfall ereignete sich im Warenhaus „Gerngroß" auf der Mariahilferstraße in Wien, wie die *Wiener Zeitung* am 15. Mai 1916 zu berichten wusste:[5]

> Der 47-jährige Angestellte Karl Rudolf wollte den Fahrstuhl benützen, um in den zweiten Stock zu fahren. Als der Fahrstuhl zwischen dem zweiten und dritten Stocke

schwebte, stürzte Rudolf in die Tiefe des Schachtes und blieb mit schweren Verletzungen tot liegen. Es wird vermutet, daß Rudolf der Meinung war, der Fahrstuhl halte noch im zweiten Stock, während er sich bereits nach dem dritten Stock in Bewegung gesetzt hatte. Rudolf dürfte versucht haben auszusteigen und hierbei in die Tiefe gestürzt sein.

Wenn die Fahrstuhltüren die Benutzer nicht vor dem Absturz schützten, dann töteten sie diese manchmal gleich selbst. So berichtet das *Neue Wiener Journal* am 13. August 1904 von einem „schrecklichen Unfall" in Berlin, den Prinz Friedrich Leopold als Augenzeuge miterlebte:[6]

Ein entsetzlicher Fahrstuhlunfall hat sich heute Nachmittags um 4 Uhr vor den Augen des Prinzen Friedrich Leopold zugetragen. Der Prinz, der bekanntlich in den nächsten Tagen Potsdam verläßt, um nach Ostasien abzureisen, besuchte heute die Firma Tippelskirch & Comp. in der Potsdamerstraße, um eine Reiseausrüstung zu besichtigen. Darauf bestieg der Prinz mit seinem Adjutanten den Fahrstuhl, der vom Wärter in Bewegung gesetzt wurde. Der Wärter macht einen Fehltritt und geriet mit seinem Körper zwischen den Lift und die eisernen Schienen. Man brachte den Fahrstuhl sofort zum Stehen und alarmirte die Feuerwehr. Es dauerte lange Zeit bevor es gelang, den Unglücklichen aus seiner furchtbaren Lage zu befreien. Bald nach seiner Befreiung starb der Unglückliche unter den Händen der herbeigeholten Aerzte. Erst dann wurde der Prinz und der Adjutant aus dem Fahrstuhl gebracht.

Wenigstens war der Prinz unversehrt geblieben. Erst um das Jahr 1890 herum konnte mittels einer neuen Erfindung – elektrische Kontakte in den Türen und Kabinen – das Problem des unbeabsichtigten Türöffnens gelöst werden.

Weniger offensichtlich, aber doch besorgniserregend waren andere Auswirkungen, die durch diese Technologie hervorgerufen worden waren: die „Aufzugskrankheit". Im Jahr 1890 wurde dieses Syndrom im *Scientific American* zum ersten Mal vorgestellt.

> Der Aufzug in modernen großen Gebäuden hat nur einen Nachteil, nämlich die Krankheit, die er verursacht, wenn die Kabine plötzlich angehalten wird. Für Menschen mit einer empfindlichen Konstitution ist diese Krankheit oft eine so ernste Angelegenheit, dass der Aufzug für sie ein gefährlicher Segen ist. ... Der Stillstand der Aufzugskabine bringt Schwindel im Kopf und manchmal Übelkeit im Magen mit sich. Die inneren Organe wollen in der Kehle aufsteigen.

Ähnliche Beobachtungen wurden schon Jahrzehnte vorher bei der ersten Benutzung von Eisenbahnen beobachtet, bei der manche Fahrgäste an nervösen Irritationen zu leiden begonnen hatten. Selbst wenn die Benutzung von Aufzügen üblich geworden war, so doch vor allem zum Hochfahren. Den Abstieg machte man nach wie vor über das Treppenhaus – bis die ersten forschen „Abenteurer" den Aufzug auch zum „gefährlichen Runterfahren" zu benutzen begannen. So schildern in der zweiten Fallstudie in Sigmund Freuds und Josef Breuers „Studien zur Hysterie" die Autoren von einer plötzlichen neurotischen Episode bei der Patientin „Emmy v. N.":

> Auf Nachfrage erzählt sie, dass sich die Pension, in der die Kinder hier wohnen, im fünften Stock befindet und mit dem Aufzug erreichbar ist. Gestern bat sie die Kinder, den Aufzug auch für die Abfahrt zu benutzen, und wirft sich nun vor, dass der Aufzug nicht ganz zuverlässig sei. [...]

Wie auch immer, vier Jahre nach ihrer ersten Erwähnung im *Scientific American* zitierte die *Washington Post* einen Arzt aus Chicago mit den Worten:

Die Fälle von Aufzugskrankheit nehmen zu. Sie wird jetzt gut definiert. Ihre Auswirkungen finden sich in einer erhöhten Anzahl von Fällen von Gehirnfieber und gestörtem Nervensystem.

Diese zuversichtliche Bekanntgabe der Ergebnisse des Chicagoer Arzt war offenbar die letzte Erwähnung der Krankheit in amerikanischen Publikationen. Rechtzeitig mit dem Verschwinden dieses Syndroms hatte bereits ein anderes seinen Platz eingenommen – und ist geblieben: Klaustrophobie. Die Angst vor engen geschlossenen Räumen wurde das erste Mal zwischen den Jahren 1870 und 1880 erwähnt, also genau dann, als Aufzüge vermehrt zum Einsatz kamen.

Fahrstühle waren auch der Schauplatz einer Reihe von Begegnungen und Geschichten. Das Buch „Bekenntnisse des Hochstaplers Felix Krull" von Thomas Mann hat den Lift in einem Pariser Grand Hotel als zentralen Schauplatz, in dem Felix Krull als Liftboy arbeitet. Der Film „Abwärts" aus dem Jahr 1984 handelt von vier Personen, die an einem Freitagabend in einem Frankfurter Bürohochhaus im Aufzug stecken bleiben und während des stundenlangen Wartens ihre Hölle miteinander und durch sich erleben. In vielen Actionfilmen mit von Jackie Chan, Angelina Jolie oder Jason Statham gespielten Helden sind Aufzugskabinen und Liftschächte Orte dramatischer Kämpfe auf engstem und gefährlichem Raum.

Spezielle Herausforderungen stellten Aufzüge für höfische Etikette und Protokolle dar. Zuerst ist da einmal die Frage zu klären, ob man in einem Aufzug den Hut abzunehmen hat oder nicht oder wie eng man zusammensteht. Ist das noch ein öffentlicher oder mehr ein privater Raum? Die ersten Aufzüge waren wie Zimmer eingerichtet, mit einem Sofa, Kandelabern und aufwendigen Glasverzierungen. Delikater war das, wenn wir von Herrschenden sprechen. Die Hochzeit der einzigen Tochter von Kaiser Wilhelm II., Prinzessin Viktoria Luise, im Jahr 1913 war die Quelle großer Sorge. Das beste Hotel in Berlin, das Hotel Adlon am Pariser Platz, sollte 800 hochrangige Gäste aus aller Welt beherbergen. Die Komplikation kam – wie kann es anders sein? – durch den Aufzug und die Attitüden der feinen Herrschaften zustande.

So hatte der Schwager des Kaisers, Herzog Ernst Günther von Schleswig-Holstein, darauf bestanden, mit seiner Gattin im vierten Stock des Hotels untergebracht zu werden. Ein paar Tage vor der Hochzeit mussten der Herzog und die Herzogin aber in das zweite Stockwerk umziehen, weil der russische Zar dem Herzogenpaar einen Höflichkeitsbesuch abstatten wollte und es für den Zaren nicht infrage kam, den Aufzug zu benutzen. Zu viele Fragen waren und sind auch heute noch bei der Aufzugsbenutzung von Herrschenden offen. So war dem russischen Zaren nicht zuzumuten, mehrere Minuten in der Enge der Fahrstuhlkabine mit Adjutanten und anderen auszuharren. Und im zaristischen Hofprotokoll, das noch aus der Zeit Katharina der Großen stammte, fehlten natürlich Vorschriften zur Aufzugsbenutzung. Der russische Präsident Putin verwendet bis heute keinen Aufzug, weil deren Benutzung für die Leibgarde und den Sicherheitsdienst ein zu großes Risiko darstellt.

Doch auch als Schauplatz vergnüglicher und anzüglicher Geschichten dienten Aufzüge schon früh. Die Geschichte eines jungen Brautpaares schien in den Rubriken „Vermischtes" bei der Boulevardpresse um die Wende des 20. Jahrhunderts besonderen Anklang gefunden zu haben. Sie erschien im Laufe des Jahres in Dutzenden Blättern. Heute würde man sagen, „sie ging viral". Im Jahr 1909 beispielsweise druckte der *Bludenzer Anzeiger* dieses „Missgeschick" aus Berlin ab.[7] Ein frisch vermähltes Brautpaar war nach den Feierlichkeiten auf dem Weg in sein neues Zuhause, das über den damals noch unglaublichen Luxus von Nachtbeleuchtung und eines Aufzugs verfügte. Offenbar benutzten die jungen Eheleute den Fahrstuhl das erste Mal, denn der Ehemann stellte sich beim Einsteigen ungeschickt an. Ob wegen des konsumierten Alkohols, der Müdigkeit, des Wunsches nach baldiger Vollziehung der Ehe oder aus all diesen Gründen ist unklar. Jedenfalls ging genau in dem Moment die Nachtbeleuchtung aus, als sich der Fahrstuhl in Bewegung setzte. Sofort tastete der Gatte in der Dunkelheit nach dem Lichtschalter, erwischte aber den Halteknopf. Der

Aufzug kam mit einem Ruck zum Stehen, was die junge Gattin heftig erschreckte. Voller Furcht bat sie ihren Mann, doch bitte keinen weiteren Knopf mehr zu drücken. Dieser – gehorsam, wie es nur frische Ehemänner sein können – folgte dem Wunsch seiner weinenden Gemahlin. Beide schliefen im Fahrstuhl ein. Am frühen Morgen entdeckte dann der Pförtner zu seiner Überraschung die beiden fest umschlungen auf dem Fahrstuhlbänkchen und befreite sie aus der misslichen Lage, die sie „in Seligkeit schwebend" verbracht hatten.

Noch im Jahr 1945 gab es in Manhattan 15.000 Aufzugführer beiderlei Geschlechts, die am 24. September 1945 in Streik traten und damit 1.500 Bürogebäude ohne funktionierende Aufzüge hinterließen. Die Angestellten mussten lange Wege aus den obersten Stockwerken antreten. Solche Streiks richteten großen finanziellen Schaden für die Firmen in diesen Wolkenkratzern an. Noch immer gab es Liftboys und Elevator Girls, obwohl schon damals die Technologie für automatische Lifte vorhanden war. Aber immer noch war die Angst zu groß, in einem defekten Aufzug Hunderte Meter im leeren Schacht nur an einem Seil hängend ohne Liftboy verweilen zu müssen. Dabei hatte der Fachverband der Aufzugsindustrie (Elevator Industry Association) 1952 in einer Studie festgestellt, dass automatische Lifte fünfmal sicherer waren als solche mit Aufzugführer.[8]

Mitte der 1950er-Jahre wurden nach einigen weiteren Streiks die Bürogebäude schließlich vollständig auf automatische Aufzüge umgerüstet. Heute erschiene uns ein Liftboy als merkwürdig. Doch die Diskussion dürfte uns bekannt vorkommen, nur die Technologie hat sich geändert. Heute führen wir dieselben Diskussionen um die Sicherheit in von Menschen gesteuerten Autos und von autonomen Autos.

Der Präfekt, der dem Abfalleimer seinen Namen gab

Mit dem starken Wachstum der Städte in Europa, hervorgerufen durch die industrielle Revolution und die einsetzende Landflucht, standen die noch zumeist einen sehr dörflichen Charakter ausstrahlenden

Städte des frühen 19. Jahrhunderts vor neuen Herausforderungen. Wohnungen mussten errichtet und Stadtmauern abgerissen werden und durchgehend gepflasterte Straßen sollten den Staub und Matsch reduzieren und sie bei jedem Wetter befahr- und begehbar machen. Straßenmobiliar wie Laternen, Sitzbänke, öffentliche Zeit- und Wetteranzeiger oder Urinale kamen als neue städtische Elemente hinzu, die das zivilisierte und hygienische Zusammenleben großer Menschenmassen ermöglichen sollten.

Auch der Abfall und der damit einhergehende Gestank und die Seuchengefahr wurden zu einem Thema. Abfälle wurden einfach auf die Straßen oder in nahe Flüsse gekippt. Pferdekot und dessen Gestank waren in den Straßen der Stadt allgegenwärtig. Die Pferde, die als Arbeitstiere zum Einsatz kamen, lebten im Durchschnitt nicht länger als zwei Jahre. Oft kollabierten sie mitten auf der Straße und wurden dort tagelang liegen gelassen, bis sie ausgetrocknet genug waren, damit man sie fortschaffen konnte.

Eine Lösung musste her. Und die manifestierte sich unter anderem in Mülleimern, die zuerst in jedem Haus, anschließend auf öffentlichen Plätzen und in Straßen aufgestellt wurden.

Unter der Zuständigkeit des französischen Präfekten Eugène Poubelle befand sich im Jahr 1883 auch die Stadt Paris. Um die hygienischen Zustände einer wachsenden Bevölkerung zu verbessern, erließ er im selben Jahr eine Verordnung, wonach jedes Haus über einen „Kehrichtkasten" für seine Bewohner verfügen musste, in dem der Unrat abgelegt wird. Die Länge und Breite, die Farbe und das Material waren vorgeschrieben sowie, wann der Hauswart diesen vor die Haustür zu stellen hatte. Die Form dieser ersten Pariser Abfalleimer ähnelten einem überdimensionierten, abdeckbaren Blumenkasten mit zwei Tragegriffen an den Seiten, auf denen auch die Straßennummer angebracht war.

Diese an sich sehr lobenswerte Erfindung wurde allerdings– wie sollte es auch anders sein – nicht überall wohlwollend aufgenommen. So berichtet die Zeitung *Der Vorarlberger* am 22. Februar 1884, knapp zwei Monate nach Inkrafttreten der Verordnung, dass hauptsächlich eine Berufsgruppe gegen diese neue Einrichtung protestierte: die Lumpensammler.[9]

> Vom 16. Jänner ist die Abfuhr des Kehrichtes auf drei weitere Jahre verpachtet und da heißt es in den Artikeln 18 und 19 des Vertrages ausdrücklich: „Die Unternehmer haben das Recht auf die vollständige Überlassung des Kehrichtes und können daher diejenigen gerichtlich verfolgen, welche Bestandteile desselben wegschaffen." Dadurch ist das Lumpensammeln thatsächlich unter Strafe gestellt und unmöglich gemacht.

Lumpensammler waren über Jahrhunderte entscheidend für den Buchdruck. Alte Lumpen, die sich zum Tragen nicht mehr eigneten, wurden als Rohstoff für die Papierherstellung verwendet. Damit war dieser Abfall wie auch beispielsweise Pferdekot ein Rohstoff, mit dem sich die Armen ihren Unterhalt verdienen konnten. Und die geschätzten Erlöse der Lumpensammler lagen im Jahr 1883 in Paris bei fast vier Millionen Francs im Jahr.[10] Und das hatte ihnen der Präfekt nun per Verordnung weggenommen. Kein Wunder, dass es zu Anschuldigungen kam.

> Das Ergötzlichste bei der Sache ist immerhin die Entrüstung der Radikalen über den Präfekten Poubelle, der durch die Verordnung sich eines ungeheuren Amtsmißbrauches schuldig gemacht haben soll.

Auch im deutschsprachigen Raum waren Lumpensammler vielen Verordnungen unterworfen. Egal, ob Schlesien, Preußen, Danzig, Nassau oder Breslau, um nur ein paar der Polizeigesetze oder fürstlichen Verordnungen zu nennen, diese Länder regelten, was Lumpensammler wann und wo an Unrat aufsammeln und verwerten konnten. Auswärtigen Lumpensammlern wurde die Ausübung der Tätigkeit meist unter Androhung von Strafe untersagt. Zahlreiche Polizeiberichte geben Zeugnis von tatsächlichen oder vorgeblichen Übertretungen durch die Lumpensammler. *Der Wächter – Polizeianzeiger für Norddeutschland* nennt für das Jahr 1852 die Fallzahlen für Preußen:[11]

> 19,732 Krämer und Lumpensammler zogen 1852 allein in Preußen umher und 9917 Musikanten machten gewerbeweise in Wirthshäusern Musik.

Eine Zeile weiter in diesem Artikel „Die Lage der Wandergesellen" versteht man aber auch gleich, wieso Lumpensammler und herumziehendes Volk so stark reguliert wurden und unter Polizeibeobachtung standen.

> Mit unglaublicher Schnelligkeit verbreiten diese fahrenden Leute, wie das Mittelalter sie genannt haben würde, Einfälle und Bemerkungen, Nachrichten und geistige Richtungen, welche Censur und Preßpolizei in den Tagesblättern unterdrückt, über ganz Deutschland bis in die kleinste Stadt, bis in das kleinste Dorf; sie sind das für ein Land, was das Männercasino oder der Frauencaffee für die Stadt ist und die Spinnstube für das Dorf war. Wer aber achtet auf sie. Wer geht ihnen nach?

Poubelles Erlass löste als Nebeneffekt dieses „Problem". Auch wenn sich an der Verordnung zur Einrichtung von „Kehrichtkästen" und der Auftragsvergabe an ein Privatunternehmen nichts mehr rückgängig machen ließ, die „Rache" der Lumpensammler an Poubelle war eine andere: Im Jahr 1890 nahm das französische „Große Universalwörterbuch des 19. Jahrhunderts" von Larousse das Wort „Poubelle" als Bezeichnung für Mülleimer in sein Register als Eintrag auf. Bis heute heißt „poubelle" im Französischen Mülleimer.

Was Jackie Chan wirklich umhaut

Erinnern wir uns noch an diese Pandemie, die für den besseren Teil von 2020 und 2021 weltweit das Leben und die Wirtschaft über Monate lahmlegte? Genau das passiert, wenn man für eine ansteckende Krankheit keinen Impfstoff hat. Was für uns moderne Menschen Covid-19 ist, waren vor 100 Jahren die Spanische Grippe, Masern, Pocken, Tuberkulose oder Röteln. Für uns stellen diese damals oft tödlichen Krankheiten meist keine direkten Erfahrungen mehr dar, weil wir dafür Impfstoffe, Medikamente und Behandlungsmethoden entwickelt haben. Wir kennen heute in der entwickelten Welt zumeist niemanden, der durch solche Krankheiten entstellt worden war. Anfang des 20. Jahrhunderts waren Menschen, die solche Krankheiten erfahren hatten, im Alltag nicht zu übersehen.

Das führt zu einer Unterschätzung der Gefahren, die von diesen – manche von ihnen verharmlosend „Kinderkrankheiten" genannten – Viruserkrankungen ausgehen. Und damit überschätzt man die Gefahren, die von Impfungen ausgehen. Funktionierende Maßnahmen, die eine Pandemie und schwere Erkrankungen gar nicht erst ausbrechen lassen, sieht man nicht direkt. Sie zeichnen sich durch ihre Abwesenheit aus. Einzelne Fälle, die unter Millionen von Geimpften durch Impfnebenwirkungen auftreten, finden dann besondere Aufmerksamkeit in der Öffentlichkeit, die eine ganz besondere Form an Menschen hervorruft: die Impfgegner. Man glaube bloß nicht, diese seien eine Erscheinung unserer Zeit. Es gibt sie bereits so lange, wie es Impfungen gibt.

Bereits die österreichische Kaiserin Maria Theresia beschäftigte sich mit diesen Krankheiten. Sie selbst steckte sich durch den Kontakt zu ihrer an Blattern (auch als Pocken bekannt) erkrankten und dann daran verstorbenen Schwiegertochter Josepha mit dieser Krankheit an. Ohne Impfung sollte ein Drittel aller an Blattern Erkrankten nicht genesen. Maria Theresia aber gesundete, wenn nun auch durch Pockennarben entstellt. Wegen der Gefährlichkeit dieser Krankheiten, die mehrere Mitglieder der Kaiserfamilie dahingerafft hatten, bemühte sich die Regentin um ein Gegenmittel. Im Jahr 1718 hatte Lady Mary Wortley Montagu als Gattin des britischen Gesandten in der Türkei von der aus Asien stammenden „Inokulation" gehört, bei der Viren aus den Wunden von an Pocken erkrankten, aber genesenen Menschen in kleine Wundritzen gerieben wurden.[12] Vom britischen Königshaus ausgehend hatte sich die Inokulation dann von einem Kaiserhaus zum anderen weitergesprochen, auch wenn das Risiko mit zwei bis drei Prozent Erkrankungen bei den so Inokulierten im Vergleich zu heutigen Standards immer noch vergleichsweise hoch war. Als im Jahr 1796 dann dem englischen Landarzt Edward Jenner der Durchbruch mit Impfungen gelang, bei denen noch weiter abgeschwächte Viren per Injektion verabreicht wurden, begannen die Krankheiten an Schrecken zu verlieren.[13] Im Jahr 1807 führte dann Bayern als erstes Land weltweit die Impflicht ein, gefolgt von Hessen und Preußen. Kaiser Wilhelm unterzeichnete im Jahr 1874 das Reichsimpfgesetz.

Der englische Name für Impfungen „vaccinations" stammt übrigens von der Quelle der ersten Impfstoffe. Es war schon länger bekannt, dass Melkerinnen, die sich mit Kuhpocken angesteckt hatten, nicht an Pocken erkrankten. Die ungefährlichen Kuhpocken dienten dann als Grundlage für den Impfstoff. Der lateinische Name für „von der Kuh" lautet „vaccinus", und Jenner wählte „vaccination" als Bezeichnung für diese Form der Immunisierung.

Doch selbst 100 Jahre nach Einführung der Impfplicht in Bayern blieb der Widerstand groß. Die *Wiener Montags-Post* veröffentlichte am 4. November 1907 gleich auf der Titelseite einen großen Leitartikel, der unter dem bedrohlichen Titel „Ein ernstes Wort zu rechter Zeit" für die Impfgegner Partei ergriff. Nachdem eine Blatternepidemie ausgebrochen war, hatte sich der Hohn und Zorn der Abgeordneten im niederösterreichischen Landtag auf die Impfgegner ergossen. Mit dem (anonymen) Leitartikler der *Montags-Post* war da nicht zu spaßen! So schreibt er dort:[14]

> In diesem Zwecke bediente [die orthodoxe Medizin] sich
> der Presse, die – im guten Glauben an den angeblichen

Segen der Impflanzette – ihr auch diesen Liebesdienst erwies. In der „Wiener Allgemeinen Zeitung" vom 5. September d. J. wird die aufopferungsvolle Kulturarbeit der Impfgegner, also auch die der zahlreichen impfgegnerischen Ärzte und Professoren als ein „verbrecherisches Treiben" bezeichnet.

Im Namen der Impfgegnervereine Deutschlands und im Namen von Millionen von Impfgegnern protestieren wir gegen diese groben Beleidigungen der orthodoxen Medizin ganz energisch und weisen alle diese in's finstere Mittelalter gehörigen Angriffe als unberechtigt zurück.

Fast beleidigt wirkt der Leitartikler, als er das fehlende Interesse an einem Impfgegner-Pamphlet bei den ärztlichen „Impffreunden" scharf kritisiert:

Auf der Naturforscherversammlung zu Frankfurt vertrat der soeben genannte Professor Hermann seinen neugewonnenen Standpunkt als Impfgegner und bat seine Kollegen, die Ärzte, sein Buch, das er ihnen gratis zur Verfügung stelle, mitzunehmen. Von den 200 Exemplaren, die zur Mitnahme auslagen, war – ein einziges verlangt worden! Beweist denn das aber nicht sehr drastisch, daß die sogenannten Fachleute – hier mit einer einzigen Ausnahme – so viel wie gar kein Interesse an der Klarstellung der Impffrage haben, durch solche Ignoranz allerdings die heilige Pflicht eines ernsten Forschers brutal mit Füßen treten.

Die Schuldigen waren somit nicht nur die Forscher, die ihrer „heiligen Pflicht" nicht nachkämen, sondern auch noch andere, denen man auch heute das große Geschäft unterstellt, wie man in der folgenden Zeile sieht:

Die Impfung oder wie es in der anderen Sprache sehr bezeichnend heißt, das Impfgeschäft, ist nichts anderes als ein Dogma der medizinischen Hierarchie.

40 Jahre nach einer Kontroverse im Parlament hatte sich nichts geändert, wie es auch 100 Jahre nach dem Erscheinen dieses Artikels immer noch so sein sollte. Die Pharmaindustrie will Geld mit uns machen und drängt uns deshalb Medikamente und Impfstoffe auf. Zum Glück gibt es Ehrenmänner:

Wir erinnern an die Worte des uns allen als Ehrenmann bekannten Dr. med. Hofer, mit denen er vor 40 Jahren das Verhängnis des Impfzwanges von Oesterreich abwandte, an die Worte, die er im Juni 1868 im Wiener Parlamente laut und mutig in die Welt rief: „Ohne physiologische Beweise bleibt mir die Impfung eine Charlatanerie, ohne Physiologie gibt es keine Wissenschaft, und die Impfung ist, ich möchte sagen: ein wissenschaftliches Verbrechen.“

Besonders in Deutschland waren die Impfgegner zahlreich und scheinbar gut organisiert. So berichtet die *Wiener Klinische Wochenschrift* am 16. April 1896:[15]

Im 7. Decennium war die Agitation der Impfgegner besonders lebhaft, sie hat aber seither noch wesentlich zugenommen. Im Jahr 1877 betrug die Zahl der von Impfgegnern eingereichten Petitionen nur 21, im Jahre 1891 dagegen 2951 mit 90.661 Unterschriften.

Die Wochenzeitschrift vergisst nicht, auf folgende Tatsache hinzuweisen:

Bemerkenswerth ist, dass die Unterschriften grösstentheils aus den Kreisen ungebildeter oder halbgebildeter Laien stammten, dass dagegen Aerzte nur sehr spärlich darunter vertreten waren.

Gegen Impfungen aufzutreten bot sogar politische Vorteile, wie die *Grazer Tagespost* am 16. Mai 1876 berichtet:[16]

> Vom Schweizer Anti-Impfverein erhalte ich die Nachricht, daß die Glarner Landgemeinde den Impfzwang beinahe einstimmg abgeschafft habe und daß die anderen Kantone bald nachfolgen dürften. Auch in England haben die Impfgegner bei den letzten Wahlen der Quardians glänzend gesiegt; In Reighley wurden 13 Impfgegner von 15, in Dewsberg 21 Impfgegner von 25 gewählt.

Mehrere Jahrzehnte lang fanden Impfgegnerkongresse statt, der vermutlich letzte seiner Art im Jahr 1914 in Rom, auf dem ein Büchlein mit einem Verzeichnis von ausgewählten Impfgegnern aus ganz Europa zusammengetragen worden war. Gleich 1.171 Namen sind darin aufgeführt – mit der Entschuldigung des Autors, dass er nicht die vollständige Liste mit mehr als 20.000 Mitgliedern hier anführen könne.[17]

Wie man sieht, stand die Vereinsmeierei der Schweizer, Österreicher und Deutschen schon damals in voller Blüte und ist keine Erfindung unserer Zeit. Und Fake News auch nicht. Keine der drei in dieser Nachricht vom Schweizer Anti-Impfverein genannten Orte existieren in England.

Nur wenige Wochen nach dem Impfgegnerkongress in Rom lagen die Heere der europäischen Länder einander schon in den Schützengräben gegenüber und Impfungen sollten den Zoll, den dieser vier Jahre während Weltkrieg den Ländern abverlangen sollte, reduzieren. Millionen mehr Soldaten wären an Krankheiten auf den Schlachtfeldern verreckt, hätte es nicht die Impfungen gegeben. Die Spanische Grippe, die am Ende des Krieges sich auszubreiten begann, zeigte, welch verheerende Folgen eine Krankheit haben kann, wenn man keine Impfstoffe dagegen hat.

Aber vielleicht darf man Impfgegnern gar keinen Vorwurf wegen deren Abneigung machen. Es könnten andere Gründe für ihren Widerstand vorliegen, die sie vielleicht gar nicht so gerne an die große Glocke hängen möchten und deshalb andere Gründe vorschieben. Der Schauspieler Jackie Chan, der uns vor allem durch seine todesverachtenden Stunts und seinen Humor in wilden Kung-Fu-Filmen bekannt ist, verliert beim Anblick von Impfnadeln und Spritzen nicht nur seinen Humor, sondern wird sofort ohnmächtig. Ein fünfzehn Meter tiefer Fall vom Uhrturm? Kein Problem. Einen Faustschlag auf die Nase? Gib mir mehr! Eine Impfnadel? Jackie Chan muss wiederbelebt werden.[18]

Wenn es Müll auf den Regenschirm regnet

> Du hast deinen Kopf auch nur, damit es dir nicht in deinen Hals regnet.
>
> Karl Farkas als der „G'scheite" zu Ernst Waldbrunn als dem „Blöden" in einer ihrer Simpl Doppelconférencen.

Man stelle sich den Anblick vor, den der Kaufmann und Reiseschriftsteller Jonas Hanway amüsierten Londonern bot. Nach vielen Jahren in Lissabon, Russland und Persien hatte er nach einem Aufenthalt in Frankreich eine neuartige Gerätschaft mitgebracht. Einen „Parapluie", der in Anlehnung an den fernöstlichen „Parasol" nicht vor der Sonne, sondern vor Regen schützen sollte.

Der Pariser Kaufmann Jean Marius war ein anerkannter Taschenmacher und hatte bemerkt, wie regnerische Tage seinen adeligen Kundinnen die aufwendig gestalteten Perücken ruinierten.[19] Friseure und Perückenmacher galten damals als Künstler und entsprechend hoch waren die Preise, die man für eine Frisur zahlen musste. Zwar gab es bereits erste Regenschirme, diese waren aber so sperrig und schwer, dass sie kaum jemand benutzen wollte oder konnte. Marius verbesserte die Konstruktion und schuf im Jahr 1709 eine leichtgewichtige Version. Dieser weniger als ein Kilogramm schwere Schirm konnte zusammengefaltet, in drei Teile zerlegt und damit bequem getragen werden. Als Luxusartikelhersteller, der die Geschmäcker seiner Pariser Kundinnen kannte, wusste Marius, dass nur ein elegant aussehender Parapluie Anklang finden würde. Er wählte gediegene Materialien und verarbeitete sie kunstvoll und fein, sodass sie zur aktuellen Mode seiner Klientel passten. Diese Gerätschaft war dann auch der letzte Schrei in Paris, mit dem Jean Marius selbst den Sonnenkönig Ludwig XIV. als prominenten Kunden gewinnen konnte.

Die französische Entstehungsgeschichte und der Enthusiasmus der Franzosen mag erklären, warum Jonas Hanway in London ein ziemlich rauer Wind entgegenblies, als er um das Jahr 1750 das Mitbringsel aus Paris zum ersten Mal ausführte. Seine Landsleute machten sich lustig über ihn. Es war den empörten Londonern schnuppe, dass Hanway seinen Parapluie nicht aus reiner Eitelkeit benutzte, sondern um seine Perücke und seine Gesundheit zu schonen. Es half ihm allerdings, dass er ohnehin Exzentriker war und sich keinen Deut um den Spott und Hohn seiner Mitbürger kümmerte. Selbst als ihm wiederholt das für Briten wohl übelste Schimpfwort entgegenschallte, nämlich „Franzose", ging er unbeirrt mit dem Regenschirm seinen Weg. „Franzose sein" kam für echte Briten im 18. Jahrhundert einem „Weichei", „Unterhosenbügler" und „Hedonisten" gleich.

Ebenso stand der Regenschirm für einige Moralapostel seiner Zeit als ein Zeichen, dass der Träger eines solchen schlicht und einfach vulgär sei. Entweder könne man sich eine Kutsche oder Sänfte leisten oder man stehe zu seiner Armut, trage seinen Mantel und werde klitschnass. Wo kämen wir in diesem Weltbild hin, wenn sich jemand keine Kutsche leisten könnte, aber im Regen trotzdem trocken bliebe, anstatt sich eine aufrichtige und ehrliche Lungenentzündung zu holen?

Der größte Widerstand dieser „unbritischen" mobilen Gerätschaft kam von den Kutschern. Wollte man in London trockenen Fußes seiner Wege gehen, kamen nur eine zweirädrige Mietskutsche oder eine Sänfte infrage. Die Kutscher und Träger sahen ihr Geschäft bedroht, das besonders bei feuchtem Wetter anzog. So einfach woll-

Abbildung 4: Jonas Hanway (1712 – 1786) im Londoner
Regen mit Parapluie. Illustration von
Richard Caton Woodville (1825 – 1855)

ten sie sich ihr Einkommen nicht streitig machen lassen. Wann immer
sie Hanway mit seinem Regenschirm ansichtig wurden, überschütte-
ten sie ihn mit Beleidigungen und Müllresten. Ein Kutscher versuchte, ihn sogar zu überfahren, und bekam von Hanway dafür eine Tracht
Prügel mit dem vielseitig einsetzbaren Parapluie.[20]

Warum der Regenschirm ausgerechnet in Großbritannien, wo man
doch eigentlich erwarten könnte, dass aufgrund des Klimas eine
solche Erfindung mit offenen Armen aufgenommen werden müsste,
auf Ablehnung stieß, ist heute nur mehr schwer nachvollziehbar.
Nichts sieht für uns heute britischer aus als ein Gentleman mit Melone auf dem Kopf und Schirm unter dem Arm. Jeder Schauspieler
mit Baskenmütze und einem Baguette unter dem Arm geklemmt wird

sofort als Franzose erkannt. Setzt er eine Melone auf und klemmt sich einen Schirm unter den Arm, ist er Brite. So verankert sind diese Stereotypen für uns, dass wir darüber gar nicht mehr nachdenken. Doch im 18. Jahrhundert sah die Welt anders aus.

Formen des Parasols waren schon mindestens 2.000 Jahre früher in China, im alten Ägypten, bei den Griechen und Römern und auch im Aztekenreich bekannt, um vor Sonne zu schützen. Vor allem adelige Frauen benutzten ihn, um ihre weiße Haut zu bewahren. Als Brite mit dem Selbstverständnis, (bald) einen Großteil des Erdballs zu beherrschen, war das Wetter ein Bestandteil, der die „echten" Engländer und Schotten erst ausmachte und abhärtete. Die Insellage und das Wetter formten den Körper und den Geist und führten dazu, dass Briten robust, unabhängig und einfach anders waren als andere Völker. Die Verwendung eines Regenschirms bedrohte diese Körper- und Charakterbildung.

Die Regenschirmskeptiker hatten – genauer betrachtet – noch umfassendere Gründe vorzubringen. Von Wind und Wetter umgeben zu sein schien das Natürliche. Alle Anstrengungen, diese vom Körper abzuhalten und ihn vor der Natur zu isolieren, indem man wind- und wetterfeste Kleidung schuf und anzog, ließ die „Luft" außen vor. Das schien unnatürlich. Selbst damalige Krankenschwestern in Krankenhäusern weigerten sich, Frischluft durch Ventilatoren in die Patientenzimmer zu pumpen, weil die „Kontrolle von Luft" als blasphemisch galt. Eine gab zu Protokoll, dass sie „die allmächtige Luft bevorzuge, nicht die künstliche". [21] Aufmerksamen Beobachtern fällt dazu sofort der moderne Widerstand konservativer Fanatiker in den USA ein, die Schutzmasken während der Coronakrise mit der Begründung ablehnten, dass das „gottgegebene Atmungssystem" nicht behindert werden solle.

Nicht nur im regnerischen Britannien stieß der Parapluie auf Ablehnung. Waren die Gründe in London eher geschäftlicher Natur und darüber hinaus der stark im englischen Selbstverständnis verankerten Feindschaft zu den Franzosen geschuldet, so fiel es in anderen Ländern mehr unter die Kategorien „Status" und „Macht".

Während Ludwig XIV. kein Problem damit hatte, dass sein Hof und seine Untertanen sich das Gerät zunutze machten, war das in Persien ganz anders: Derselbe Jonas Hanway hatte bei einem Vorbeizug eines persischen Prinzen in einer aufwendigen Prozession diesen mit einem Parasol vor der Sonne geschützt gesehen. Hanway, der später zurück in London – trotz all der negativen Erfahrungen mit seinen Mitmenschen – ein Philanthrop werden sollte, erkannte darin früh eine Möglichkeit, den Menschen in Persien Gutes zu tun und so nebenbei ein Geschäft zu machen. Er ließ eine verkleinerte Form des Parasols anfertigen und sie unter das Volk bringen. Mit einem etwas anderen Ausgang, als er sich das erhofft hatte. Ein Parasol war im persischen Reich ein Zeichen von königlichem Status und Macht. Dass nun jeder Standeslose auch so ein Ding besitzen sollte, kam einer Majestätsbeleidigung gleich. So sehr hatte sich Hanway verschätzt, dass er überstürzt Persien verlassen musste, um einer Gefängnisstrafe zu entgehen.

Selbst heute noch kann ein Regenschirm zu politischer Aufregung führen. So echauffierten sich die konservativen Pundits in den USA, als im Jahr 2013 der amerikanische Präsident Barack Obama bei einer Ansprache im Freien sich und seinen Staatsgast, den türkischen Premier Recep Tayyip Erdoğan, von Marinesoldaten durch Regenschirme schützen ließ.[22] Das hatte dem Uniformprotokoll der Marinesoldaten widersprochen, die in Uniform keinen Regenschirm benutzen dürfen.

Ausgenommen sind interessanterweise Frauen in Uniform. In den Uniformprotokollen fast aller Armeen der Welt spiegelt sich hier ein nach wie vor gültiges Männlichkeitsverständnis wider und das deutet implizit an, dass Regenschirme unmännlich seien. Oder eben französisch, wie schon Jonas Hanway im Jahr 1750 erfahren musste. Und dabei wollen wir einmal außer Acht lassen, dass Regenschirme von Agenten immer wieder eingesetzt werden – nicht, um sich vor Regen zu schützen, sondern um unerkannt einem Staatsfeind eine Giftmischung durch die Regenschirmspitze zu verabreichen. Aber das ist eine andere Geschichte.

Wenn Teddybären Nationen bedrohen

Der Teddybär ist eng mit deutscher Wirtschaftsgeschichte verbunden. Margarete Steiff, eine ihr Leben lang an Kinderlähmung leidende Schwäbin, hatte damals für eine Frau – noch dazu für eine behinderte Frau – etwas Ungewöhnliches getan: Sie wurde Unternehmerin und schenkte den Kindern der Welt den Teddybären. Im Jahr 1902 hatte ihr Neffe Richard den ersten Teddybären entwickelt, bereits im Jahr 1907 wurden fast eine Million davon gekauft. Speziell in den USA war das Plüschtier, das seinen Namen dem amerikanischen Präsidenten Theodore „Teddy" Roosevelt, einem leidenschaftlichen Bärenjäger, verdankte, ein Riesenerfolg.

Die Zeitungen berichteten ausführlich darüber. Eine ganze Seite des *The San Francisco Sunday Call* vom 18. November 1906 widmete sich reich illustriert dem Teddybärphänomen. Viel öffentliche Aufmerksamkeit erhielt die Omnipräsenz von Teddybären in Kinderhänden. Vor allem überraschen uns aber Berichte, dass Teddybären offenbar bei erwachsenen Frauen der letzte Schrei waren.

> Sommerbesucher in einem bestimmten Pariser Hotel waren es gewohnt, ein oder zwei besonders schöne Französinnen mit Teddybären als Begleiter ins Restaurant kommen zu sehen, die an den Seiten der Damen platziert waren, während der einstige Lieblingshund, die französische Bulldogge, mit Fledermausohren oben allein seine Gefühle pflegte. Seine arme kleine Nase – oder was es davon noch gibt – ist ziemlich beleidigt, und er fragt sich, wie lange sein lächerlicher Rivale noch regieren wird.

Auch über eine der neuesten Mode nach elegant gekleidete junge Dame wird berichtet, die von einem Knuddelbären als Kompagnon begleitet wurde, der mit ernster Miene auf dem Beifahrersitz ihres elektrisch angetriebenen Columbia Victoria saß, während sie mit „äußerster Unbekümmertheit" durch den Central Park in New York preschte.

Das Mädchen sah völlig ahnungslos aus, dass sie irgendetwas Ungewöhnliches oder Erstaunliches tat, als sie an den Scharen von Fußgängern vorbeirollte und sich ihren Weg durch das Gewirr von Fahrzeugen bahnte, die sich in einer langen Prozession bewegten. Sie wurde augenblicklich zum Mittelpunkt für jedes Augenpaar, und der Gedanke, der in den Köpfen derer aufblitzte, für die dieser Anblick eine Neuheit war – hat der Teddybär nun sowohl den Platz des Pudels als auch den der Puppe eingenommen?

Was uns die offizielle Geschichtsschreibung des Steiff'schen Plüschtierimperiums verheimlicht, ist die Kontroverse, die Teddybären in den USA auslösten. So erschien in den Zeitungen des Landes ein Abdruck einer Predigt, die Pfarrer Michael G. Esper am Sonntag, dem 7. Juli 1907 in der katholischen Pfarrei St. Joseph in Michigan gehalten hatte:[23]

Rassenselbstmord, die größte Gefahr, der sich diese Nation heute gegenübersieht, wird von der Marotte gefördert und ermutigt, die guten alten Puppen unserer Kindheit durch das schreckliche Ungeheuer namens Teddybär zu ersetzen. Die eigentlichen Mutterinstinkte eines heranwachsenden Mädchens werden abgestumpft und oft zerstört, wenn dem Kind erlaubt wird, ein unnatürliches Spielzeug dieser Art mit der liebevollen Zuwendung zu überhäufen, die so schön ist, wenn sie einer Puppe zuteilwird, die ein hilfloses Kind darstellt. Mir bot sich noch nie ein ekelhafterer Anblick als das Schauspiel eines kleinen Mädchens, das diese Pseudo-Tiere streichelt, liebkost und sogar küsst. Es ist eine Schande für das amerikanische Volk, das unter der Verkümmerung des Mutterinstinkts der zukünftigen Frauen leiden wird, durch diesen Ausbund an Abscheulichkeiten, die schädlichste und abstoßendste Naturfälschung, die je begangen wurde.

Diese Predigt wurde in den nächsten Wochen in sämtlichen US-Zeitungen abgedruckt, sie ging viral.

In der *Washington Post* vom 8. Juli 1907 wurde von einem weiteren Zwischenfall mit einem Teddybären berichtet. Ein vierjähriger Knabe namens Edward N. Hackett war aus einem Fenster im dritten Stock in Brooklyn gekippt und auf eine darunterliegende Markise gefallen. Von der war er abgerollt. Weil er sich dabei die ganze Zeit an seinen Teddybären festgeklammert hatte, hielt er diesen auch noch, als er am Boden ankam. Beim Aufprall bremste das Plüschtier seinen Sturz und der kleine Edward kam unversehrt davon. Während diese gute Teddybärennachricht im Blattinneren versteckt war, befand sich auf der Titelseite derselben Ausgabe aber Espers Predigt unter der Schlagzeile: „Die Teddybär-Modeerscheinung zerstört den mütterlichen Instinkt und führt zum Rassenselbstmord!" Schon damals galt das Motto „Nur schlechte Nachrichten sind gute Nachrichten".

Und das war der Auftakt zu einer großen Kontroverse um die knuddeligen Teddybären, die als so gefährlich angesehen wurden, dass sie eine ganze Zivilisation ins Verderben stürzen können. Nur, woher kam dieser Widerstand?

Dazu muss man wissen, dass Kinder als Miniaturversionen von Erwachsenen betrachtet wurden. Es war selbstverständlich, dass man sie zur Arbeit heranzog und Spielzeug und Kinderbücher einen moralischen und erzieherischen Unterton hatten. Wir bemerken das, wenn wir alte Kinderbücher und Märchen lesen. Alles war darauf ausgelegt, Kinder auf ihre zukünftige Rolle in der Gesellschaft und Arbeitswelt vorzubereiten. Mädchen erhielten Spielzeug, das Fähigkeiten vom Bügeln, Nähen bis zum Aufziehen von Kindern vermittelte. Knaben machten sich mit dem Schießgewehr vertraut. Kinderbücher sollten erwünschte und „richtige" Verhalten aufzeigen.

Genau deshalb war ein Teddybär so kontrovers. Während Puppen Mädchen auf ihre Rolle als Mutter vorbereiteten – also somit erzieherisch „wertvoll" waren –, stellten Teddybären ein abstraktes, unnatürliches Wesen dar, das gemäß den Moralaposteln dieser Zeit auf keine gesellschaftlich nützliche Aufgabe vorbereitete. Und die jungen

Damen, die in Teddybärenbegleitung Pariser Restaurants besuchten oder einen als Beifahrer in ihren Elektroautos in New York ausführten, bestätigten nur die Befürchtungen. Gebärfähige Frauen, von denen erwartet wurde, dass sie den Fortbestand der Zivilisation sicherten, indem sie endlich heirateten und Kinder gebaren, widmeten sich lieber einem monströsen Plüschtier. Und das kam noch dazu aus Deutschland.

Wir als moderne Menschen sind selbstverständlich darüber erhaben, dank des Fortschritts schmunzeln wir nur mehr über die Rückständigkeit und den Eifer dieser Frömmler. Wer sieht heute noch Teddybären als Gefahr für den Erhalt der Rasse und Symbol des Niedergangs unserer Zivilisation?

Aber die Dämlichkeit der Teletubbies, die Gewaltorgien bei „Tom und Jerry", die Spinnereien von Pippi Langstrumpf, die einen Aufstand gegen die Erwachsenenwelt macht, Videospiele, die Kinder einsam und gewaltbereit machen, das sind heute selbstverständlich absolut berechtigte Sorgen vor dem Zusammenbruch unserer Zivilisation. Das ist etwas ganz anderes!

Von Weinfässern, Napoleon und dem Stethoskop

So wie die Melone und der Regenschirm für den Engländer und die Baskenmütze und das Baguette unter dem Arm für den Franzosen stereotypisch sind, ist es für den Arzt der weiße Kittel und das Stethoskop um den Nacken. Dieses heute nicht wegzudenkende und so einfache medizinische Gerät fand nicht von Anfang an Anklang bei der Ärzteschaft.

Selbst der weiße Kittel war bis ins 19. Jahrhundert eigentlich schwarz und üblicherweise völlig verdreckt gewesen. Die Ärzte waren stolz auf das getrocknete Blut, den Eiter und andere Verunreinigungen, die von ihrer Arbeit und ihren Heilkräften zeugten. Erst durch den österreichisch-ungarischen Arzt Ignaz Semmelweis, der erkannt hatte, dass Ärzte, die in einem berüchtigten Wiener Krankenhaus aus der

Pathologie kommend zur Geburtenstation wechselten und wegen fehlender Desinfektion zur erhöhten Sterblichkeit bei Gebärenden beitrugen. Verursacht durch den sogenannten Kindbetttod und durch die Entdeckung der Keimtheorie durch Louis Pasteur wurde man sich so langsam bewusst, dass verschmutzte schwarze Kittel ein schlechtes Zeichen für Hygiene waren.

Auf die Idee zum Stethoskop war der französischen Landarzt René Marie Théophile Hyacinthe Laënnec durch den österreichischen Arzt und Librettisten Johann Leopold Auenbrugger gekommen. Letzterer hatte die Perkussion als medizinische Technik zur Untersuchung von Lungenkrankheiten erfunden. Die Inspiration dazu erhielt er aus seiner Kindheit. Der Vater schickte den Grazer Gastwirtssohn immer in den Weinkeller und trug ihm auf, den Füllstand der Weinfässer durch Klopfen auf das Fass zu bestimmen. Daran erinnerte er sich, als er als Arzt in Wien begann, die Brustkörbe seiner Patienten abzuklopfen. Dabei gelang es ihm, die ersten Diagnosen bei Lungenkrankheiten zu stellen. Wie musikalischer und damit wienerischer kann man eine solche Untersuchungsmethode benennen, die als Perkussion Eingang in das medizinische Werk finden sollte? Kein Wunder: Auenbrugger hatte nicht nur ein Libretto für das Singspiel „Der Rauchfangkehrer" von Antonio Salieri geschrieben, sondern war im Jahr 1775 auch dessen Trauzeuge gewesen.

Die Übersetzung von Auenbruggers Behandlungsmethode aus dem Lateinischen ins Französische durch Jean-Nicolas Corvisart, niemand Geringerem als der Leibarzt Napoleons, aus dem Jahr 1808 fiel Laënnec in die Hände. Er las die Schrift Auenbruggers mit Interesse und sie kam ihm im Jahr 1816 bei der Visite einer stark übergewichtigen jungen Patientin mit Herzproblemen wieder in den Sinn. Die übliche Methode, sein Ohr an den Brustkorb zu legen und abzuhören, kam aufgrund der starken Beleibtheit und der Keuschheit der jungen Frau nicht infrage.

Er entsann sich Auenbruggers Schrift, rollte ein Blatt Papier und schnürte es zusammen. Diese Rolle legte er mit einer Öffnung an die Brust der Patientin. An das andere Ende presste er sein Ohr und konnte somit den Atemgeräuschen und dem Herzrhythmus lauschen. Das war die erste primitive, aber nützliche Version des Stethoskops, das Laënnec zuerst einmal „Pectoriloque" taufte.

Ich erinnerte mich zufällig an eine einfache und bekannte Tatsache in der Akustik ... die große Deutlichkeit, mit der wir das Kratzen einer Stecknadel an einem Ende eines Holzstücks hören, wenn wir unser Ohr an das andere Ende anlegen. Auf diese Anregung hin rollte ich sofort eine Papierrolle zu einer Art Zylinder und brachte ein Ende davon im Bereich des Herzens und das andere Ende an meinem Ohr an. Ich war nicht wenig überrascht und erfreut, als ich feststellte, dass ich dadurch die Tätigkeit des Herzens in einer Weise wahrnehmen konnte, die viel klarer und deutlicher war, als ich es je durch das unmittelbare Anbringen meines Ohres hätte tun können.

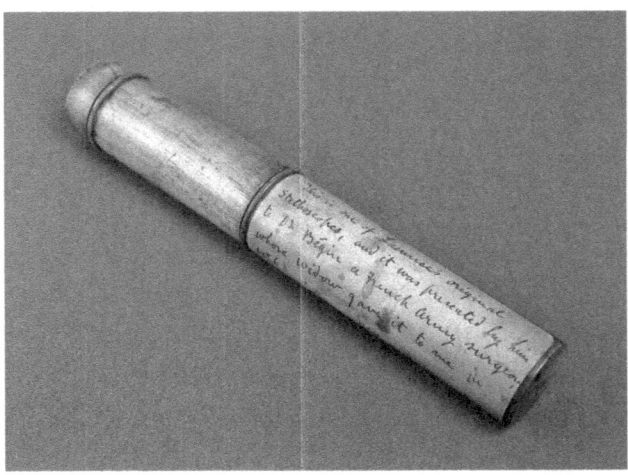

Abbildung 5: Laënnecs hölzernes Stethoskop, wie es sich im Science Museum in London befindet.

Laënnec hatte die Bedeutung seiner Erfindung erkannt und verwendete sehr viel Zeit darauf, sie weiterzuentwickeln, bis er die praktischere und heute bekannte Form des Stethoskops vor sich hatte. Sein neues medizinisches Gerät bot einige Vorteile. Neben dem Abhören des Brustkorbs erlaubte es auch seinen weiblichen Patienten, ihre Keuschheit zu bewahren. Laënnec musste nicht mehr sein Ohr auf die Brust seiner Patientinnen pressen, um Lungenuntersuchungen durchzuführen, mit dem Stethoskop hielt er sie auf Distanz. Auch konnte ein Arzt die Ansteckungsgefahr verringern, indem er nicht selbst den Patienten berühren musste. Und so nebenbei wurde damit die bisher alternativ eingesetzte Methode der Uroskopie abgelöst. Das war nichts andere als das Lesen aus einer Urinprobe durch einen „Experten". Die Harnschau galt übrigens schon bei den alten Griechen als Scharlatanerie, dank der Arbeit von Auenbrugger und Laënnec zog die physische Diagnose in den medizinischen Alltag ein.

So viele Vorteile, die diese Erfindung brachte, und so viele Probleme, die auf einen Schlag gelöst wurden, führten sicher unweigerlich zu einem Begeisterungssturm unter den Ärzten dieser Zeit? Nicht so schnell. Wir können bereits vermuten, dass dem sicher nicht so gewesen war. Doch welche Gründe waren wohl gegen den Einsatz des Stethoskops gefunden worden?

Es sollte 20 Jahre dauern, bis das Stethoskop Anklang bei der Ärzteschaft finden sollte. Die verzögerte Akzeptanz spiegelte die konservative Natur der älteren Ärzte wider, die dagegen waren, Herztöne lernen zu müssen. Sie wollten auch kein Instrument zwischen ihre „heilenden Hände" und den Patienten kommen lassen. Ein Zitat des englischen Arztes John Forbes aus dem Jahr 1821 zeigt das deutlich:

> Dass es ungeachtet seines Wertes jemals in den allgemeinen Gebrauch kommen wird, ist äußerst zweifelhaft; weil seine nutzbringende Anwendung viel Zeit erfordert und sowohl dem Patienten als auch dem Arzt einige Schwierig-

keiten bereitet; weil sein Farbton und sein Charakter fremd sind und im Gegensatz zu all unseren Gewohnheiten und Assoziationen stehen.

Forbes hatte Laënnecs Buch „De l'auscultation médiate: ou traité du diagnostic des maladies des poumons et du cœur, fondé principalement sur ce nouveau moyen d'exploration" („Von der mediatrischen Auskultation: Oder die diagnostische Behandlung von Krankheiten der Lunge und des Herzens, basierend auf dem neuen Untersuchungsgerät") aus dem Französischen ins Englische übersetzt. Diese Arbeit hätte sich Forbes vermutlich nicht angetan, wäre das Buch eine reine Abhandlung über das Stethoskop gewesen. So übersetzte er das gesamte zweibändige Werk und fühlte sich verpflichtet, in seinem Vorwort als Übersetzer seine Skepsis zum neuen Untersuchungsgerät für die Ewigkeit auszudrücken. Den Siegeszug trat das Instrument dann aber doch an. Dieser wurde vor allem durch die jungen Ärzte ermöglicht.

200 Jahre später und in die Jahre gekommen, ist das Stethoskop nach wie vor eines der wichtigsten Instrumente für die Ärzteschaft. Und das, obwohl es bereits bessere neue Instrumente gäbe, die es ersetzen könnten. KI-unterstützte Ultraschallgeräte in der Größe eines Handys, die den Herzschlag und die Lungenfunktion nicht nur hörbar machen, sondern auch die Herzkammern anzeigen und zusätzlich noch die Flüssigkeitsmenge in der Lunge errechnen, kosten verhältnismäßig wenige Tausend Euro. Trotzdem hängen die Ärzte an ihren analogen Stethoskopen.[24] Warum? Weil es finanziell einträglicher ist, die Patienten mit teuren und stationären Echokardiogrammen und Ultraschallgeräten vom Spezialisten untersuchen zu lassen. Damit fallen pro Jahr Milliarden an Mehrkosten für Versicherungen und damit für uns Patienten an. Bevor wir über die Ärzteschaft von vor 200 Jahren und deren Widerwillen schmunzeln, sollten wir uns fragen, was moderne Ärzte davon abhält, neue Technologien einzusetzen. Und die Gründe scheinen um einiges verwerflicher zu sein als diejenigen ihrer Kollegen um das Jahr 1800.

Die tragische Ironie der Geschichte ist, dass ausgerechnet er, der Erfinder des modernen Stethoskops, René Laënnec, im Alter von 45 an einer Lungenkrankheit – Tuberkulose – erkrankte und mit einer mittelalterlichen Methode, dem Aderlass, behandelt wurde. Das gab ihm, der immer unter einer angeschlagenen Gesundheit gelitten hatte, den Rest. Wie es seiner jungen, übergewichtigen Patientin ergangen war, bei der er zum ersten Mal seine spontane Erfindung ausprobiert hatte, hat uns die Chronik nicht überliefert.

Spieglein, Spieglein an der Wand

Man kann keinen unbenutzten Spiegel kaufen.

Das Bedürfnis, sich selbst betrachten zu können, wird dem eitlen Narziss aus der griechischen Mythologie zum Verhängnis. Nachdem er stolz mehrere Verehrerinnen abgewiesen und sich eine von ihnen enttäuscht das Leben genommen hat, wird Narziss von Nemesis, der Göttin des (gerechten) Zornes, dazu verdammt, sich in sein eigenes Spiegelbild zu verlieben, von dem er seinen Blick nicht mehr abwenden kann, was ihn letztendlich zu Tode bringt.

Einige Tausend Jahre vorher schon, nicht unweit davon in der heutigen Türkei, wurden vulkanische, glasartige Gesteine glattgeschliffen. Der sogenannte Obsidian ist ein Überbleibsel von rasch abgekühlter Lava, der dank seiner Kristallstruktur teils durchsichtig und, wenn geschliffen, reflektierend sein kann. In Grabesstätten im heutigen Çatalhöyük wurden mehrere dieser Obsidianspiegel als wertvolle Grabbeigaben entdeckt. Diese waren nicht größer als ein Handteller und filterten wegen ihrer natürlichen Färbung die meisten reflektierten Farben heraus. Diese primitiven Spiegel, in denen man sich selbst erkennen konnte, wurden vor allem Frauen als Grabbeigabe beigelegt.

Es ist nicht bekannt, ob die Menschen die Spiegel verwendeten, um sich selbst darin zu betrachten, ob sie bei religiösen Ritualen Verwendung fanden oder vielleicht, um die Zukunft vorherzusagen. Tatsächlich ist im Fachbuch „The Wiccan's Dictionary of Prophecy and Omens" der neureligiösen Wicca-Bewegung – so eine Art moderner Hexer- und Hexenverband – der Begriff „Katoptromantie" zu finden, der unter anderem die Weissagung und die Aufschlüsselung verborgener Geheimnisse aus der Vergangenheit aus Spiegeln beschreibt. Wie auch immer, bei der Betrachtung meines zerknautschten Morgengesichts im Spiegel entschlüsselt sich für mich immer das Geheimnis, was ich gestern gemacht haben muss, um so auszusehen, und ich kann weissagen, was ich heute sicher nicht machen werde.

Spiegel fanden sich in allen Zivilisationen. Die Römer hatten welche, bei den Olmeken im heutigen Mexiko wurden Spiegelsteine gefunden, ebenso bei den Maya, den Etruskern, den Ägyptern und bei den Bewohnern einer Pfahlbausiedlung am Neuenburgersee in der heutigen Schweiz. In China wurden vor etwa 4.000 Jahren die ersten Spiegel aus Metallen gefertigt. Selbst Jahrtausende später und nach einigen technologischen Weiterentwicklungen waren Spiegel aus Stein, Glas oder Metall vor allem klein und teuer. Mehr als sein Gesicht konnte man nicht erkennen. Sich selbst betrachten konnten sich ausschließlich Adelige mit dem notwendigen Bargeld.[25]

Um das Jahr 1400 begannen mit Zinnblech hinterlegte und mit Quecksilber beschichtete Glasspiegel aus Venedig Europa zu erobern – und das für saftige Preise. So kostete ein reichlich verzierter und in einem Silberrahmen angefertigter Spiegel mit 8.000 Pfund mehr als die Gemälde des begehrtesten Künstlers der Hochrenaissance Raffael, die es schon für Schnäppchenpreise ab 3.000 Pfund gab. Kein Wunder, dass Venedig die Fertigungstechniken der Spiegelproduktion als Staatsgeheimnis hütete und die Spiegelmacher als Künstler betrachtete und mit einigen Privilegien bedachte.[26]

> [Venedig] schützte und überwachte [die Spiegelmacher] und gewährte ihnen viele Privilegien wie das Recht, Töchter von Adligen zu heiraten.

Das konnte der Sonnenkönig Ludwig XIV. nicht ausstehen, der wohl für damalige Zeiten mit seinem französischen Hofstaat den Zenit der Eitelkeit darstellte. Er lobte eine hohe Prämie aus, wenn es gelänge, venezianische Spiegelmacher nach Frankreich zu locken. Anfang 1660 gelang das auch und mehrere Spiegelmacher zogen aus der Lagunenstadt nach Frankreich. Doch damit begann eine neue Episode des „Spiegelkriegs". Schon einige Jahre später erkrankten und verschieden gleich drei der Künstler. Die Franzosen vermuteten eine gemeine Giftattacke der eifersüchtigen Venezianer, und das nicht ganz unbegründet. Im Jahr 1547 hatten zwei abtrünnige Spiegelmacher, die nach Deutschland ziehen wollten, ein vorzeitiges Ende gefunden, und die Familienmitglieder anderer Abtrünniger waren zu Strafarbeiten verurteilt worden. Die nächsten Jahrzehnte hatte es einige Gewalt gegen Spiegelmacher und deren Familien gegeben, die aus Venedig wegziehen und ihre Betriebsgeheimnisse mitnehmen wollten.

Durch eifriges Experimentieren fanden die Franzosen schließlich den Schlüssel zur Spiegelmacherei und mit der Einweihung des Spiegelsaals in Versailles im Jahr 1684 wurde es den Venezianern klar, dass ihr gut gehütetes Geheimnis gelüftet war. Dass es dazu gekommen war, war dem französischen Finanzminister Jean-Baptiste Colbert zu verdanken, der im Jahr 1665 die königliche Spiegelmanufaktur „Manufacture Royale de Glaces de Mirroirs" eingerichtet hatte, um das Wirtschaftswachstum anzutreiben und Frankreich bei der Produktion von Luxusgütern vom Ausland unabhängig zu machen. Sobald die Produktion aufgenommen worden war, wurde der Import von venezianischen Gläsern und Spiegeln untersagt.

Die Todesursache der beiden ersten Venezianer in den Diensten des Sonnenkönigs hatte allerdings nichts mit Attentätern aus Venedig zu tun. Der Tod war vielmehr durch die giftigen Substanzen bei der Herstellung von Spiegeln bedingt, bei der unter anderem das giftige Quecksilber zum Einsatz kam. Nicht nur das Quecksilber wurde als Gift angesehen. So beschrieben Zeitgenossen bei der Einweihung des Spiegelsaals den Effekt der endlosen Reihen an Spiegeln:

In Versailles haben die Wände Augen, und die mit Spiegeln bedeckten Galerien schaffen eine beängstigende Sicht. ... Der Spiegel ersetzt die Realität durch seine eigene symmetrische Nachbildung, ein Theater der Reflexion und des Kunstgriffs.

Erst durch die vom deutschen Chemiker Justus von Liebig im Jahr 1835 erfundene Silberschicht, die auf eine Glasfläche kostengünstig aufgetragen und mit einem Schutzlack versehen werden konnte, sanken die Preise bei der Herstellung von Spiegeln und sie konnten kostengünstig großformatig hergestellt werden.

Die Erfindung des Spiegels, vor allem, wenn er so groß war, dass man sich vollständig darin betrachten konnte, war für die Menschen, die sich zum ersten Mal darin sahen, augenöffnend. Wie es uns heute geht, wenn wir unsere Stimme zum ersten Mal auf einem Tonband oder einer Videoaufnahme am Computer hören, ging es den Menschen mit ihrem Ebenbild. Die innere Vorstellung, wie man selbst aussieht, kollidiert mit dem wirklichen Bild. Es gestattet eine realistische Einschätzung und den Vergleich mit anderen, der nicht unbedingt zum eigenen Vorteil ausfallen muss.

Der aus Israel stammende Professor für Psychologie und Verhaltensforschung an der Duke University Dan Ariely berichtet von seiner Jugend, als er eine solche Erkenntnis durchleben musste. Als er seinen Wehrdienst bei den israelischen Verteidigungsstreitkräften absolvierte, war eine Kiste mit Leuchtgranaten, in deren Nähe er sich befunden hatte, in Brand geraten und explodiert. Die brennenden Trümmer hatten ihn getroffen und ihm schwere Brandverletzungen zugefügt. Er musste mehrere Jahre im Krankenhaus bleiben und einen äußerst schmerzhaften Heilungsprozess durchleben. Einige Monate nach dem Unfall, als er das erste Mal wieder auf eigenen Beinen humpeln konnte, ging er den Krankenhausflur entlang und kam an einem Spiegel vorbei. Er blickte nur kurz hinein und sah eine verstümmelte, hagere Person in Bandagen und mit halb verbranntem Gesicht. Erst einige Augenblicke später wurde ihm klar, dass er sein eigenes Spiegelbild sah. In seiner Vorstellung war er nach wie vor der junge, gutaussehende Israeli und nicht dieser Krüppel gewesen. Innerlich war er derselbe geblieben, aber sein Körper hatte eine schreckliche Transformation durchgemacht, die Einfluss auf seine Chancen beim anderen Geschlecht und letztendlich auch auf seine Berufswahl haben sollte.

Mit der Erfindung des Spiegels manifestierten sich auch andere Widerstände, speziell, wenn ein Spiegel nicht zur Ausübung religiöser Zeremonien oder zur Weissagung diente. Man begann, vom langsamen Gift zu sprechen, das die zwanghafte Betrachtung des eigenen Spiegelbilds bei manchen Menschen auslöste. Sie konnten sich davon nicht mehr lösen. Diese Menschen waren laut den Kritikern vor allem Frauen.

In den Galerien und Museen der Welt hängen Hunderte Gemälde von Frauen, die ihren Blick in ihrer Reflexion im Spiegel verloren haben. Manche gehen sogar so weit, dass sie ihr eigenes Spiegelbild küssen. Was die vorwiegend männlichen Künstler den weiblichen Subjekten in

Abbildung 6: Eitelkeit von Auguste Toulmouche, circa 1870

ihren Werken vorwarfen, traf auf die Künstler selbst klarerweise nicht zu. Wenn sich Männer im Spiegel betrachteten, dann war das rein künstlerischen Zwecken zuzuschreiben. Eitelkeit war ihnen zufolge ein Laster der Weiblichkeit. Dabei verewigten sich die Maler selbst immer wieder durch Spiegel in ihren Gemälden. In Selbstporträts als spitzbübischer Künstler, der Frauen bei der Anprobe betrachtet und sich ironisch ins Bild schummelt, oder einfach, um seine Fähigkeit als Künstler zu demonstrieren, wenn es sich um einen spiegelnden Gegenstand handelt, der das Ebenbild verzerrt darstellt. Also ein Mann vor dem Spiegel: Ironie und Kunst. Eine Frau vor dem Spiegel: Eitelkeit.

Mitte des 19. Jahrhunderts zogen Spiegel in immer mehr Haushalte ein und wurden somit für breitere Bevölkerungsschichten zum Alltagsobjekt. Und das rief, wie nicht anders zu erwarten, die Moralapostel der damaligen Zeit auf den Plan, deren Kritik sich vor allem gegen die Weiblichkeit wandte. In einer Zeitung namens *The New York Ledger* von 1890 fand sich folgender Satz in einer Abhandlung zum Spiegel:

Frauen sind eine Spezies der Selbstanhimmlung.

So findet sich in der Ausgabe des *Chicago Record* aus dem Jahr 1895 folgendes Zitat:

Die Eitelkeit wurde geboren, als der Spiegel entdeckt wurde.

Und so ging es weiter. Der Spiegel wurde als Problem, als Ablenkung, als korrumpierendes Element und als Peinlichkeit betrachtet. Was uns heute selbstverständlich und fast schon omnipräsent erscheint, etwas, woran wir keine Gedanken mehr verschwenden, war damals genauso neu wie kontrovers und wurde zum Anlass genommen, anderen Menschen zu erklären, was Sünde sei, welche moralische Gefahr durch die Eitelkeit bestehe und wer daran Schuld habe.

Mit all der – vorwiegend männlichen – Kritik wird ein wesentlicher Punkt übersehen. Frauen wurden und werden nach wie vor allem aufgrund ihres Äußeren bewertet. Trotz all des Gelabers um „innere Werte", erfahren besonders Frauen diese Diskriminierung tagein, tagaus. Ein Blick in den Spiegel ermöglicht es ihnen, selbst „ihren Wert abzuschätzen", oder anders ausgedrückt, wie sie von anderen – nämlich Männern – bewertet werden. Schon in den meisten Märchen werden Gut und Böse mit Schönheit und Hässlichkeit gleichgesetzt, ein dominierendes Narrativ unserer Kultur.

Weil die Diskussion um die Eitelkeit mit der weiten Verbreitung von Spiegeln ab Mitte 1800 einsetzte, müssen auch die Umweltbedingungen berücksichtigt werden. In den Berichten der zeitgenössischen Blätter wird immer wieder auf den Ruß und den Schmutz hingewiesen, der mit dem Einsetzen der industriellen Revolution und der Transportmittel in der Luft lag und sich wie ein Film über die Kleidung und das Gesicht legte. Durch einen raschen Blick in einen Taschenspiegel konnte man prüfen, ob der Umweltschmutz schon seinen Tribut an das Aussehen gefordert hatte.

Spiegel gab es bald in allen Formen, selbst auf Handschuhrücken waren sie angebracht. Die Eitelkeit war bei Weitem nicht auf Frauen beschränkt. Denn wie rasierten sich denn Männer und woher wussten sie, ob ihr Schnauzbart richtig gezwirbelt war? Ein Ladeninhaber in Chicago bestätigte das auf Anfrage. Im Jahr 1885 war ein Artikel mit dem Titel „Die Eitelkeit der Männer" erschienen, der in vielen Zeitungen nachgedruckt werden sollte. Der Reporter fragte den Ladeninhaber, wer denn all die Kunden seien, die diese kleinen Taschenspiegel und Pflegesets kaufen. Nicht die Frauen sind unsere besten Kunden, meinte der Inhaber, es seien Männer, egal, ob „sie Affen oder Apollon" seien, es wäre gleich.

Auch andere Gefahren gingen von Spiegeln aus, und damit sind nicht eventuelle Schnittwunden an zerbrochenen Spiegelscherben oder das laut Aberglauben damit verbundene siebenjährige Pech gemeint. Die *Chicago Tribune* vom 8. Dezember 1912 warnte in einem Beitrag mit der dramatisch klingenden Schlagzeile „Diese kleinen tödlichen Spiegel" von einer gefährlichen Begebenheit eines jungen Fräuleins namens Helen, die mit einen jungen Herrn namens Jack verabredet gewesen war. Als sie ihn auf der anderen Seite der viel-befahrenen Straße erblickt hatte, „zückte sie ihren Spiegel und Pu-derdose und begann, ihr rosa Näschen zu pudern". Weil sie das ge-dankenverloren mitten auf der Fahrbahn getan hatte, konnte sie von Glück sagen, dass der Verkehr vor ihr knapp zum Halt gekommen war. Ein Einzelfall? Nicht wirklich, laut der *Chicago Tribune*, die eifrig versicherte, dies passiere in Chicago tausendmal pro Tag.

Daran hat sich bis in die Gegenwart nichts geändert. Heute ist es weniger der Spiegel als vielmehr das Smartphone, das seinen Platz bei den Kritikern und Moralaposteln eingenommen hat. Das Selbstbild-nis hat einen neuen Namen erhalten: Selfie. Und wer kriegt wieder sein Fett ab? Frauen. Influencerinnen, YouTuberinnen, Make-up-Künstlerinnen und weibliche Instagramer sind die neuen Ziele der Eitelkeitsverdammer. Die Besessenheit vom Selbstbild, Selbstverliebt-heit und die exhibitionistische Zurschaustellung des eigenen Körpers und Ebenbildes sind Ziele der Attacken. Und wie damals schon be-fürchten Kritiker den moralischen Verfall und den Zerfall der Zivi-lisation. Doch eigentlich geht es um etwas anderes: Es geht um den weiblichen Körper und wer diesen kontrollieren darf.

Dass es ebenso viele männliche Vertreter in der Kategorie Eitelkeit gibt, geht fast schon unter. Ebenso, dass die meisten Follower der weiblichen Influencer Männer sind. Nur ist die Rolle hier umgekehrt. War Narziss noch derjenige, der seine weiblichen „Follower" abblitzen ließ, so sind die weiblichen Instagramerinnen für die männliche Gefolgschaft unerreichbar. Verspätet, aber doch trifft die männlichen Kritiker der gerechte Zorn der Nemesis.

Und es werde Licht!

Doch Petrus fand den Schalter nicht. Als er den Schalter endlich fand, da war die Birne durchgebrannt.

Otto Waalkes

Die Theaterbesucher hatten sich gerade in den Zuschauersaal begeben und warteten gespannt auf den Beginn der Vorstellung. Es wurden an diesem 8. Dezember 1881 im sieben Jahre zuvor mit Rossinis „Der Barbier von Sevilla" feierlich eröffneten Wiener Ringtheater – an der Ringstraße, auf der gerade erst die Wiener Stadtbefestigung geschliffen worden war – „Hoffmanns Erzählungen" von Jacques Offenbach gegeben. Fast alle der 1.700 Plätze waren besetzt. Hinter der Bühne wurde das Gaslicht angezündet, das wegen einer fehlerhaften Anzündungsvorrichtung nicht gleich anging. Während die Techniker den Fehler behoben, strömte weiterhin ungehindert Gas aus. Der nächste Zündfunke erwies sich als fatal. Das angesammelte Gas explodierte und setzte die Bühnentechnik in Brand, von wo sich das Feuer auf die Bühne und dann auf den Zuschauersaal ausbreitete. Gleichzeitig fiel damit das restliche Gaslicht aus und es wurde dunkel.

Erst verspätet begann man, die Zuschauer zum Verlassen des Wiener Ringtheaters aufzufordern. Doch die Türen der Ausgänge gingen nur nach innen auf und die mittlerweile verständigte Polizei war der Meinung, das Theater sei schon vollständig evakuiert worden. Deshalb hielt sie Helfer davon ab, das in Vollbrand stehende Gebäude zu betreten. Eine Verkettung weiterer unglücklicher Umstände – so wurde erst nur ein Dachbrand gemeldet und ein einziger Löschzug geschickt, der dann wiederum aus den abgedrehten Hydranten kein Wasser ziehen konnte – führte zur vollständigen Zerstörung des Theaters.

Nachdem im Inneren des Gebäudes kein Laut mehr zu hören war, vermeldete der zuständige Polizeirat: „Alles gerettet!" Erst am nächsten Tag wurde das Ausmaß der Katastrophe bekannt, als man die verkohlten Leichen im Schutt fand. Offiziell waren 384 Tote zu beklagen, inoffiziell sprach man aber von 1.000 Toten. Um die 500 Personen hatten sich durch Fenster- und Balkonsprünge ins Freie retten können. Der Großteil der Opfer war bereits innerhalb der ersten 15 bis 20 Minuten an den Rauchgasen erstickt.

Gaslaternen stellten einen großen Fortschritt in der Beleuchtungstechnik dar und hatten die Öllaternen abgelöst, die wiederum die

Kerzenbeleuchtung ersetzt hatte. Öllaternen rußten weniger als Kerzen und machten damit den Beruf der Lampenputzer hinfällig, deren Aufgabe es war, mehrmals bei einer Vorstellung die Spiegelreflektoren zu reinigen, den Docht zu kürzen – auch als „putzen" oder „schneuzen" bekannt – und abgebrannte Kerzen auszutauschen.[27] Der Auftritt der Lampenputzer in den Pausen und während der Vorstellung wurde vom Publikum unterschiedlich bewertet. Machten sie ihre Aufgabe gut, wurden sie mit Beifall überschüttet. In England hingegen wurden die „candlesnuffer" oft übel behandelt. Doch immer wieder durften sie in kleinen Rollen in den Theaterstücken selbst auftreten oder sprangen für sich unpässlich fühlende Schauspieler ein. Was sie nicht verhindern konnten, war der unangenehme Geruch der Kerzen, den die Zuschauer, speziell die in den oberen Reihen, einatmen mussten, was bei Schauspielern, Sängern und Musikern, die den Dämpfen jeden Abend ausgesetzt waren, sogar zu berufsbedingten Krankheiten führte. Lichtputzer schienen auch so eine Art Universaljob gehabt zu haben.[28]

Aus Hamburg ist bekannt, daß man die Lichtputzer „die Acteurs und Actrizen richten, puzzen und schneuzen" ließ.

Die Gasbeleuchtung wiederum machte die Öllaternen obsolet, deren Öl immer wieder nachgefüllt werden musste. Sowohl Kerzen als auch Öllaternen hatten den Nachteil, dass sie wenig geeignet waren, offenen Raum zu beleuchten. Ab dem Jahr 1807 wurden Gaslaternen im Londoner Westminster zum ersten Mal als Straßenbeleuchtung eingesetzt. Im zwischen Chemnitz und Dresden gelegenen Freiberg wurde im Jahr 1811 vom Chemiker Wilhelm August Lampadius die erste Gaslaterne in Betrieb genommen. Mit der Gaslaterne, die im Verlauf des 19. Jahrhunderts in allen Städten Einzug finden sollte, wurden nicht nur die Städte sicherer und den kriminellen Elementen ihre Arbeit erschwert, die sich nun nicht mehr so einfach verstecken, ihren Opfern auflauern und in der Dunkelheit unerkannt verschwinden konnten, es wurden auch neue Berufsgruppen geschaffen. Der Laternenanzünder wurde so zu einem anerkannten Beruf, dessen Aufgabe es war, jeden Abend in den Straßenzügen auf einer Leiter die Laternenmasten hochzuklettern, den Gashahn aufzudrehen und mit einer Dochtstange das Feuer zu entzünden. Am Morgen wurde dann das Gas wieder abgedreht. Zu den Aufgaben der Laternenanzünder gehörte es auch, dass den Laternen „von muthwilligen Frevlern und betrunkenen Leuten kein Schaden zugefügt" wurde.

Die Anforderungen an Laternenanzünder waren verhältnismäßig hoch. So schrieb Kurt Tucholsky über die Berliner Voraussetzungen, um das Laternenanzünderhandwerk zu ergreifen:

> Die Anforderungen an den Beruf sind hohe; der Mann, der sich als Aspirant vorstellt, muß über tadellose Papiere verfügen, aus politisch unbelasteter Familie stammen, eine freiwillige Übung bei einer Reichswehrbrigade mitgemacht haben und die Primareife eines Oberrealgymnasiums besitzen. Die Ausbildung erfolgt auf den Technischen Hochschulen, die Teilnahme an den dortigen Leibesübungen ist für den künftigen Verwaltungsbeamten absolut unerläßlich (Rumpfbeugen, Geschmeidigkeit des Körpers). Die Vorlesungen umfassen: Wesen und Begriff der Lichtwissenschaft; Geschichte des Beleuchtungswesens, unter besonderer Berücksichtigung des betreffenden Bundesstaates; Theorie der Lichtgebung; Ablicht und Anlicht; zur Soziologie der Beleuchtungswissenschaften. Dem Studium folgt ein Staatsexamen. Nach zehn bis zwölf Jahren Wartezeit erfolgt gewöhnlich die Ernennung zum Laternenanzünder, nach weiteren zwanzig bis dreißig Jahren die Beförderung (nicht: Ernennung) zum Chef-Laternenanzünder.

Die Einführung der Gaslaterne im öffentlichen Raum ging nicht ohne Widerstand vonseiten einer anderen Berufsgruppe, der Laternenträger, einher. Diese waren eine Art mobile Lichtquelle, die man mieten konnte, wenn man in der Dunkelheit unterwegs war. Die Pariser Laternenträger verdienten sich oft noch ein Zubrot, weil sie als Polizeispitzel tätig waren und am nächsten Morgen der Polizei alles Auffällige aus der Nacht zuvor meldeten. Die Londoner Laternenträger hingegen waren häufig der anderen Seite, also der Unterwelt zuzuordnen, und führten ihre Aufraggeber häufig auflauernden Straßenräubern zu, bevor sie sich selbst durch Löschen ihre Laterne unerkannt aus dem Staub machten.

Noch heute befinden sich Gaslaternen im Einsatz. In Berlin waren es im Jahr 2018 immer noch 30.000 Gaslaternen, auch wenn deren Tage aus Kostengründen gezählt sind und sie ersetzt werden sollen.[29] Ebenso sind in Düsseldorf, Frankfurt, Dresden, Mainz, Warschau und Prag Gaslaternen noch im Einsatz und verteilen ihr warmes Licht.

Auch in diesem Fall setzte natürlich die Kritik ein, als die Gaslaternen durch elektrisches Licht ersetzt wurden. In Buffalo und auf New Yorks Straßen wurden Mitte des 19. Jahrhunderts die ersten Kohlebogenlampen aufgestellt, die die Kreuzungen und Straßen in gleißendes Licht hüllten. Sie waren sogar so grell, dass die Nacht zum Tage wurde, die Menschen bleich aussahen und die Umgebung kalt wirkte – und Kritiker begannen den gelblichen Schein der Gaslaternen zu verherrlichen. Die Kohlebogenlampe, die nur von einer zentralen Stelle aus eingeschaltet werden konnte und keine lange Ausbildung benötigte, begann, den Beruf des Laternenanzünders zu verdrängen. Zwar mussten wöchentlich die langsam abbrennenden Kohlestäbe der Lampe nachjustiert werden, aber kamen auf 50 Gaslaternen noch ein Laternenanzünder, so konnte nun ein Elektriker gefahrlos, ohne irgendwo hinaufklettern oder jede einzelne Laterne abgehen zu müssen, diese einfach mit dem Umlegen eines Schalters ein- und ausschalten.

Die Unruhe unter den Laternenanzündern wurde durch die Gefahren des elektrischen Lichtes noch verstärkt. Am 12. März 1888 hatte ein Schneesturm in New York die Straßen unpassierbar gemacht.

Dicke Eiszapfen hatten sich auf den Stromkabeln gebildet, die in den vergangenen Jahren auf Masten und Häusern eiligst von unterschiedlichen Stromgesellschaften errichtet worden waren. Viele dieser Pioniere gingen auch gleich wieder pleite und mehr und mehr Kabel waren funktionsuntüchtig geworden und teilweise heruntergerissen, sehr zum Leidwesen der New Yorker. Der Schneesturm hatte das Seine dazu beigetragen und bis zum April fanden sich herunterhängende Kabel auf den Straßen. Am 15. April 1888 berührte ein spielender Junge eines dieser herunterhängenden Kabel. Funken sprühten, der Körper des Jungen wurde auf die Straße geschleudert und Umstehende eilten zu Hilfe. Es konnte aber nur mehr der Tod des Jungen festgestellt werden.[30] Todesfälle, die von der unsichtbaren Gefahr von Elektrizität ausgingen, häuften sich. Sechs Jahre lang waren die vielen oberirdisch angebrachten Kabel vor allem ein öffentlicher Schandfleck gewesen, nun trugen sie den Ruch tödlicher Gefahr in sich. Als weitere Unfälle publik wurden und die Presse darauf ansprang, befahl die Stadt, Stromkabel von nun an unterirdisch zu verlegen.

Schon früher hatte Elektrizität Brände verursacht und das hatte mit der anfänglich mangelnden Isolierung der Kabel zu tun. Blanke Drähte wurden unter den Tapeten und Fußböden verlegt und es genügte eine Kleinigkeit, dass es zu Kabelbränden und Stromschlägen kam. So wurde im Jahr 1883 im Anwesen von J. P. Morgan, dem Banker, der die Erfindungen von Thomas Edison finanzierte und als erster Haushalt elektrisches Licht installiert hatte, der Schreibtisch und der Teppich in der Bibliothek angesengt und es musste der Boden herausgerissen werden. Tatsächlich machte sich Edison an die Arbeit, geeignetes Isolationsmaterial für die Drähte zu entwickeln.

Die Gefahren wurden in Relation zu anderen Risiken jedoch weit übertrieben. Im Jahr 1888 starben in New York 64 Personen durch Tramwayunfälle, 55 durch Omnibusse und Wagen, 23 durch Leuchtgas und ganze fünf durch einen Stromschlag. Man sieht schon, auch an der Aufmerksamkeit gegenüber den Gefahren des Neuen hat sich bis in die heutige Zeit nichts geändert.

Doch selbst diese Geburtswehen konnten den Siegeszug des elektrischen Lichts nicht aufhalten, zu groß waren die Vorteile. Nach und nach verschwanden die Gaslaternen fast vollständig aus dem Straßenbild, auch wenn Nostalgiker die von Gaslaternen ausgehende warme Atmosphäre vermissen und sich über das „kalte" elektrische Licht beschweren. Im Jahr 1924 bedauerte die *New York Times*:[31]

Das Laternenanzünderwesen in der großen Metropole ist Opfer zu großer Fortschritte geworden.

Ähnliche Kritik hört man vor wenigen Jahren, als elektrische Lampen durch andere elektrische Lichttechnologie ausgetauscht wurden. Filme in Los Angeles zeigen oftmals eine nächtliche Panoramaaufnahme der Stadt. Die Stadt bildet den Hintergrund für einen Filmhöhepunkt im wahrsten Sinne. Das Liebespaar küsst sich das erste Mal, die wilde Verfolgungsfahrt findet dort ein Ende mit einem der Fahrzeuge den Steilhang hinunterstürzend oder ein Schusswechsel zwischen den Guten und den Bösen hinterlässt mindestens eine Leiche, wenn nicht mehrere.

Die nächtliche Atmosphäre der Stadt ist Filmfans seit Jahrzehnten durch den gelblich-goldenen Schein der städtischen Lampen vertraut. Doch dieser änderte sich um das Jahr 2013, weil die Stadtverwaltung damit begonnen hatte, die 210.000 Natriumdampflampen gegen LED-Leuchten auszutauschen. Der Vorteil für die Stadt lag auf der Hand: LED-Leuchten verbrauchen viel weniger Strom und ihr Licht ist heller. Aber ihr Licht wird auch als kälter wahrgenommen als das der Natriumdampflampen. Und damit habe sich die Ästhetik von Filmen in Los Angeles für immer verändert.[32] Für die Filmemacher selbst ist das eine Erschwernis. Obwohl das Licht der alten Natriumdampflampen monochromatisch war und die Ausleuchtung eines Filmsets erschwerte, gab es der Szene eine einzigartige Stimmung. Die neuen blau-weiß leuchtenden LED-Lampen hingegen zeigen aufgrund ihrer Eigenschaften manche Farben gar nicht oder nicht richtig an, was selbst in der Postproduktion nicht korrigiert werden kann.[33]

Man muss gar nicht an die Westküste der USA, um eine Diskussion zu Straßenlampen und deren Lichtspektrum zu führen. Die Fotos von Chris Hadfield, der von 2012 bis 2013 ein halbes Jahr als Astronaut auf der Internationalen Raumstation ISS verbrachte, zeigen das nächtliche Berlin, das durch die Lichtfarben der Straßenlampen noch sauber in Ost- und Westberlin getrennt werden kann. Während im Westen in kühlem Weiß strahlende Leuchtstoffröhren und Quecksilberdampflampen im Einsatz sind, zeigt der östliche Teil warmes gelbliches Licht, das durch die Natriumdampflampen erzeugt wird.[34]

Der Ringtheaterbrand in Wien hatte weltweite Konsequenzen. Neben der Einrichtung freiwilliger und später berufsmäßiger Feuerwehren wurden strengere Vorschriften zu Fluchttüren und brandhemmender Inneneinrichtung in Vorstellungsräumen erlassen, die solche Katastrophen in Zukunft verhindern sollten. Welche Art von Lichttechnologie man auch einführte, die Bedenken blieben dieselben und Brandgefahr war immer gegeben. Eine umgefallene Kerze, ausströmendes Gas oder ein blankes Kabel konnten die Ursachen sein. Noch etwas blieb gleich: Wann immer man in Wien von einer erfreulichen oder unerfreulichen Begebenheit in einem Theaterhaus spricht, darf dabei nicht vergessen werden zu erwähnen, welches Stück von welchem Autor oder Komponisten auf dem Plan stand. Somit wissen wir auch heute noch, dass im Ringtheater Jacques Offenbachs „Hoffmanns Erzählungen" und Rossinis „Der Barbier von Sevilla" die Aufführungen am ersten beziehungsweise am letzten Spieltag waren.

Fratzen und Krankheiten

Was ein Mann schöner ist wie ein Aff, is ein Luxus!

„Tante Jolesch" von Friedrich Torberg

Abgesehen von den Erfindern und Benutzern neuer Technologien scheint eine andere Profession von diesen ebenso zu profitieren: die

Ärzteschaft. Wir haben bereits von der Aufzugskrankheit gehört, die Fahrstuhlbenutzer bei der Einführung dieser Innovation befiel. Zuerst, wenn es nach oben ging, später, als man Aufzüge auch zum – man halte nun den Atem an – zum Herunterfahren benutzte. Die ersten Eisenbahnen sorgten für die „Eisenbahnkrankheit", die durch die hohen Geschwindigkeiten und das Rütteln der Waggons verursacht wurde.[35] Sigmund Freuds Theorie war, dass der Körper einen „Schutzschild gegen Stimuli" hatte, der bei fortwährendem Ausgesetztsein gegenüber diesem Reiz zu einer graduellen Desensibilisierung der „Bewusstseinsschicht der Haut" führe.[36]

Neben Krankheitssymptomen, die durch Bewegung zu zeitweiligem Schwindel und Erschöpfung führten, identifizierten die Ärzte noch weitere Krankheiten, die lang anhaltendere Effekte hatten – so zumindest meinten es die Experten. Wer will denen schon widersprechen? Es handelte sich dabei um „Faces", also um „Gesichter" oder korrekter „Fratzen", die durch die neue Technologie entstanden.

Das Fahrrad war eines der ersten dieser Innovationen, bei denen das beobachtet wurde. Das „bicycle face" oder Fahrradgesicht entstand durch die Geschwindigkeit, mit der tollkühne Velozipedisten durch die Gegend sausten und nicht nur ahnungslose Passanten verschreckten, sondern durch den Winddruck sich selbst der Gefahr aussetzten, ihre Gesichter zu entstellen. Der auf das Gesicht einwirkende Wind verziehe die Wangen und das Kinn, zwinge zum Zusammenkneifen der Augen, lasse die Ohren flattern und hinterlasse – sofern man nicht sorgsam genug im Geschwindigkeitsrausch sei und die Lippen zu einem Lächeln öffne – auf den Zähnen die Spuren unvorsichtiger Insekten, die dort vorzeitig ihr Ende fanden. Speziell weibliche Velozipedisten wurden davor gewarnt mit dem Hinweis, dass sie aufgrund dieser Entstellungen auf ewig alte Jungfern bleiben würden. Okay, das mit den Insekten auf den Zähnen habe ich erfunden, das mit der alten Jungfer stimmt aber so.

War das Fahrrad schon gefährlich, dann erst recht das Automobil. Das Automobilgesicht („automobile face") wurde erwartungsgemäß auch als Krankheit identifiziert und folgerichtig diese Erfindung des

Teufels verdammt. Als dann Orville und Wilbur Wright im Jahr 1908 die ersten öffentlichen Schauflüge mit ihrem Flyer in Le Mans und in Washington, D. C., durchführten und es klar wurde, dass Flugzeuge ein reales Ding sind, identifizierte noch im selben Monat der erste Arzt – ein Phrenologe, also „Schädelkundler" – das wenig überraschend so benannte „aeroplane face" („Flugzeuggesicht"), das auf charakteristische Eigenschaften von Flugzeugpionieren und damit die Weiterentwicklung der Menschheit hinweisen ließ. Die *New York Times* vom 30. August 1908 berichtete darüber mit humoristischer Skepsis:[37]

> Ein gewisser Londoner Phrenologe, der sich selbst als Entdecker des „Fahrradgesichts" und des „Automobilgesichts" bezeichnet, hat nun mithilfe einer illustrierten Arbeit das „Flugzeuggesicht" entlarvt. Er hat einige Zeit lang die Gesichtszüge der Herren WRIGHT, FARMAN, DELAGRANGE, BLERIOT und SANTOS-DUMONT betrachtet und bestimmte, allen gemeinsame Merkmale notiert und tabellarisch aufgelistet, die sich in saubere Unterscheidungen und Launen von Herz und Verstand verjüngen.

> [...] Und aus diesen Daten zieht der Phrenologe die Folgerung, dass mit dem Fortschreiten der Wissenschaft und Kunst des Fliegens alle, die ihr frönen, ein Gehirn erwarten können, das ungewöhnlich über den Augenbrauen massiert ist und durch Vernachlässigung in anderen Richtungen leidet und schrumpft [...]

> Das alles ist interessant, wenn auch nicht absolut überzeugend. Mark Twain, so meinen wir, war es, der einmal glaubte, die Gesetze der Physiognomie so festgelegt zu haben, dass er den Beruf eines jeden auf einen Blick erkennen konnte. Er wählte zwei Herren aus und erklärte nach einer sorgfältigen Untersuchung ihrer Gesichter den

einen zum Humoristen und den anderen zum Bestatter. Auf persönliche Nachfrage entdeckte er seinen Fehler. Das lächelnde und joviale Gesicht gehörte dem Bestatter, und die traurige und tränenüberströmte Visage war die des Humoristen.

Zu diesen furchtbaren Gesichtsentstellungen gesellten sich noch das „U-Bahn-Gesicht" („subway face")[38], das „Golf-Gesicht" und das „Pingpong-Gesicht"[39], das „Kino-Gesicht" („moving picture face")[40], das Gesicht, das man im Jahr 1910 aufsetzte, sofern man über ein „sehendes Telefon" verfügt,[41] und das „Radio-Gesicht", von dem Frauen im Jahr 1925 in England sprachen, weil sie sich beim konzentrierten Zuhören vor dem Radio vor „wireless wrinkles", also „drahtlosen Gesichtsfalten" fürchteten.[42]

Lustig, diese Menschen vor 100 Jahren? Wie primitiv musste die Generation unserer Ur- und Ururgroßeltern wohl gewesen sein, nicht wahr? Nicht so schnell. Schon einmal vom „duck face" gehört, also dem Gesicht, das Gerüchten zufolge vor allem junge Frauen machen, wenn sie bei einem Selfie die Lippen zuspitzen und diese dabei einem Entenschnabel ähneln? Oder schon einmal den Smartphone-Nacken beobachtet, der bei Jugendlichen bleibende Schäden vom ständigen Herunterblicken auf das Smartphone in ihren Händen hinterlässt?

Nicht nur die Angst vor der Entstellung von Gesichtern durch neue Technologien ist uns modernen Menschen von unseren Vorfahren vor 100 Jahren geblieben, auch andere Befürchtungen verlieren nicht ihren Schrecken. Der Telegraf brachte nicht nur eine Flut an Informationen in entlegene Gegenden, bei denen man fürchtete, sie würden zu einer Überreizung des Nervensystems führen und den gewohnten Tagesablauf von Menschen ändern, man verdächtigte ihn auch der Übertragung von Krankheiten. Als im Jahr 1849 eine Choleraepidemie durch die jungen Vereinigten Staaten fegte, wurde die Schuld an der so raschen Verbreitung den Telegrafenleitungen zugeschrieben und konsequenterweise nahmen die Bewohner die Sache in die eigene Hand. An vielen Orten wurden die Telegrafenleitungen umgesägt. Damit schlug man zwei Fliegen mit einer Klappe: Ärzte und Psychologen befürchteten nämlich auch, durch die immer stärker werdende Vernetzung der Menschen durch Telegrafen und durch die wachsende und damit enger zusammenlebende Bevölkerung in den Städten würde es zu einer „Übersozialisierung" und damit zu mehr Nervenleiden kommen.[43]

Wie ist das heute? Nicht anders, wie öffentliche Diskussionen beweisen. Von angeblich krankmachenden Handystrahlen, nicht nachgewiesenem „Infraschall" bei Windturbinen, der „Reisekrankheit", die Experten bei einer Fahrt in autonomen Autos vorhersagen, bis hin zum Gegenteil der „Übersozialisierung", nämlich der „Einsamkeit durch soziale Medien" reicht die moderne Palette an Ängsten. Selbst das moderne Äquivalent der angeblichen Übertragung der Choleraepidemie durch Telegrafenleitungen gibt es: die Verbreitung von Covid durch 5G-Sendemasten.[44] 200 Jahre nach den ersten Impfgegnern finden diese nach wie vor regen Zulauf, allerdings mit einem modernen Twist. Heute ist es weniger die Angst vor den Schäden einer Impfung selbst (auch die gibt es) als die Angst vor einer Regierung, die Menschen damit einen Chip – vermutlich vom Microsoft-Gründer Bill Gates gefördert – injizieren wollen, um so über ihre Aufenthaltsorte immer Bescheid zu wissen und sie aus der Ferne kontrollieren zu können.

Ein Spaßvogel nahm diese Impfskeptiker nach dem Erhalt der Covid-Impfung und dem vermeintlichen Injizieren solcher Chips auf die Schippe, indem er auf Twitter postete: „Habe nun die Covid-Impfung erhalten, aber Internetempfang ist immer noch schlecht. Was ist los?"

Wir sehen schon: Erfinder, Wissenschaftler, Technologen, Ingenieure haben kein Problem damit, technologische Probleme zu lösen. Die wahre Herausforderung ist, Menschen psychologisch darauf vorzubereiten. Und das haben sie nie gelernt.

Zombie-Ideen und Bullshit

„Mögen hätt' ich schon wollen, aber dürfen hab ich
mich nicht getraut."

Karl Valentin

Wirtschaftsnobelpreisträger Paul Krugman, der sich seit Jahren in
einer eigenen Kolumne der *New York Times* mit der Wirtschaftspolitik
der USA und anderer Staaten auseinandersetzt, brachte auf eine Frage des KI-Forschers Lex Fridman nach dem Respekt vor anderen
Meinungen das Konzept der „Zombie-Ideen" vor.[45] Zombie-Ideen und
-Argumente sind diejenigen, die durch Fakten und wissenschaftliche
Studien (längst) widerlegt sind und trotzdem wie Zombies von deren
Anhängern am Leben erhalten werden. Hier ist eine kleine Auswahl
der klar belegten Widerlegungen:

- Homöopathie funktioniert über den Placeboeffekt
  hinaus nicht.
- Die Erde ist keine Scheibe.
- Impfungen funktionieren und retten bei Weitem
  mehr Menschenleben, als sie durch Impfschäden
  zu gefährden.
- Der Klimawandel ist real und durch Menschen
  verursacht.
- Die Wirtschaftskonzepte von Ayn Rand sind Humbug.
- Der „Trickle-down-Effekt" bei Steuernachlässen für
  Reiche existiert nicht.
- Die Erde ist klar älter als 5.000 Jahre.
- Die Mondlandungen haben stattgefunden.

Eine respektvolle, wenn auch kontroverse Diskussion kann nur dann
stattfinden, wenn sie auf Fakten und der Akzeptanz wissenschaftlicher
Methoden basiert. Alles andere wäre Krugman zufolge Unsinn und

stelle nur eine Zeitverschwendung dar. Solchen Diskussionen müsse man keinen Respekt entgegenbringen.

Richard Dawkins beispielsweise, Biologe und bekannter Atheist, der die Absurdität eines Gottesbegriffs oder des Glaubens an Schöpfung sehr kämpferisch vertritt, scheut nicht davor zurück, mit Kirchenvertretern zu diskutieren. Ein amerikanischer Bischof drückte in einem Interview seinen tiefsten Respekt vor Dawkins aus, weil er in den Diskussionen durchaus die Position des anderen zu verstehen versucht. Dem Bischof gefielen diese intellektuell sehr ansprechenden Diskussionen mit Dawkins, hingegen hat er selbst ein Problem mit religiösen Eiferern seines eigenen Glaubens, denen Vernunft und Ratio fremd sei.

Einige der von Krugman genannten Zombie-Ideen kommen uns sicherlich bekannt vor und betreffen nicht nur amerikanische Vertreter dieser Ideen. Auch bei uns gibt es ein zahlreiches Angebot solcher Ideen, die uns Zeit und Kapazität nehmen, die wirklich relevanten Probleme anzupacken. Beispiele gefällig von klaren Widerlegungen?

- Elektroautos sind in der weiten Mehrheit der Fälle umweltfreundlicher als Verbrenner.
- Die Datenschutzgrundverordnung hat vor allem heimischen Unternehmen geschadet.
- Chemtrails gibt es nicht.
- Der Dieselskandal wurde nicht deshalb von den Amerikanern aufgedeckt, weil sie den deutschen Automobilherstellern schaden wollten.

Wer meint, dass sich einige dieser Zombie-Ideen nicht von Verschwörungstheorien unterscheiden lassen, liegt nicht ganz falsch. Verschwörungstheorien liefern noch Gründe in Bezug auf die Schuldigen und deren Motiven nach. Die globale Pharmaindustrie versuche, die Homöopathie zu vernichten, weil sie um ihre Milliardenerlöse fürchte. Der Klimawandel sei von schwedischen Aktivistinnen erfunden worden, um der Wirtschaft zu schaden und Jobs zu vernichten. Der Dieselskandal sei von den Amerikanern zur mutwilligen Schädigung der deutschen Autoindustrie losgetreten worden. Chemtrails werden von der Bundesregierung versprüht, um uns zu kontrollieren. Covid-19 stamme aus chinesischen Giftlaboren und sollte die Wiederwahl Trumps verhindern.

Medien, die solchen Stimmen aus falsch verstandener Sorge um eine ausgewogene Berichterstattung Raum geben oder um Leser- oder Zuschauerzahlen zu steigern, machen sich mitschuldig am Fortbestand von Zombie-Ideen.

Es ist verständlich, dass manche der Diskussionen um Zombie-Ideen für den Laien nicht leicht durchschaubar sind. Ein befreundeter Arzt zeigte mir ein während der Covid-19-Krise veröffentlichtes halbstündiges Video, in dem die ergriffenen Maßnahmen kritisiert wurden und scheinbar gut recherchierte und vertrauenswürdige Quellen herangezogen worden waren. Als Arzt an der Front der Pandemie war er beeindruckt, wie seriös und wissenschaftlich die Argumentationskette schien, hätte er es nicht besser gewusst und seinen Bullshit-Detektor eingeschaltet gelassen. Und da meinte er, wäre es ihm klar gewesen, wie leicht es sei, Laien zu beeindrucken und zu verwirren.

Der Philosoph Harry Frankfurt beschrieb Bullshit als das, was Menschen erzeugen, wenn sie versuchen, jemanden zu beeindrucken oder zu überreden, ohne sich darum zu kümmern, ob das, was sie sagen, wahr oder falsch, korrekt oder inkorrekt ist. Üblicherweise folgt solch Bullshit Brandolinis Gesetz, benannt nach dem italienischen Informatiker Alberto Brandolini, der nach der Beobachtung einer Talkshow mit dem ehemaligen italienischen Premierminister Silvio Berlusconi Folgendes sagte:[46]

> Die Menge an Energie, die benötigt wird, um Bullshit zu widerlegen, ist um eine Größenordnung größer als [die, die benötigt wird], um ihn zu produzieren.

Bullshit und Zombie-Ideen sind keine Erfindungen der Neuzeit. Francis Bacon, der als Vater der empirischen Wissenschaften angesehen wird, warf den Magiern, Wunderheilern und der Religion nicht vor, dass sie von den beobachteten Phänomenen besessen gewesen wären, sondern dass sie nicht nur nicht daran interessiert waren, diese zu verstehen oder erklärbar zu machen, sondern sie im Gegenteil sogar teilweise noch zu vernebeln, um selbst daraus einen Vorteil zu ziehen. Bacon meinte in seinen „The Refutations of Philosophies":

> Das Kennzeichen der echten Wissenschaft ist, dass ihre Erklärungen den Dingen das Geheimnisvolle nehmen. Schwindelei kleidet die Dinge so, dass sie wunderbarer erscheinen, als sie es ohne das Kleid wären.

Obwohl sich die Wissenschaften bemühen, den gegenteiligen Ansatz zu vertreten, gelingt das nicht immer. Selbst in der Wissenschaft werden die Teilgebiete mittlerweile so obskur, dass nicht einmal mehr Fachkollegen alles verstehen, was in ihrem Feld geschieht. Es überrascht nicht, dass es der Mehrheit der Bevölkerung schwerfällt, wissenschaftliche Methoden zu verstehen und Argumenten zu folgen.

Eine Anekdote eines Neurowissenschaftlers soll das verdeutlichen. Auf einem Flug saß er neben einem Rechtsanwalt, der ihn erkannt hatte. Vor zehn Jahren habe er ihn auf einem Kongress bei einem Vortrag zu den letzten Ergebnissen seines Forschungsgebiets über das Funktionieren des menschlichen Gehirns gehört. Der Anwalt fragte ihn, woran er denn jetzt forsche. Auf die Antwort des Neurowissenschaftlers, dass er nach wie vor Gehirnforschung betreibe, reagierte der Anwalt völlig perplex. Immer noch? War das etwa noch nicht gelöst? Dem Neurowissenschaftler fiel wie Schuppen von den Augen, dass der Rechtsanwalt, ein studierter und intelligenter Mann, offensichtlich nie gelernt und verstanden hatte, was wissenschaftliche Forschung umfasste und wie sie funktionierte.

Wissenschaftliche Neugierde kann auch bei Laien zu Interesse an neuen Fakten führen. Untersuchungen des Rechtsprofessors Dan Kahan mit seinem Team an der Yale University zeigten, dass weniger an Wissenschaft interessierte Versuchspersonen wenig Offenheit gegenüber Fakten zeigten, die ihrer eigenen politischen Gesinnung widersprachen.[47] Nicht das Wissen über die Art, wie Wissenschaft funktioniert, sondern die wissenschaftliche Neugierde beeinflusste die Auswahl an Informationen.

Und das ist ein Problem. Wenn die Mehrheit nicht mehr versteht, was die Aufgabe der Wissenschaft ist, was sie leistet und wie sie funktioniert, und wenn die politische Gesinnung nur die Rosinen aus den wissenschaftlichen Fakten pickt, die der eigenen Überzeugung entsprechen, wird der Wert der Wissenschaften nicht richtig erkannt und wertgeschätzt und dies kann zu demokratischen Entscheidungen und einer öffentlichen Meinung führen, die die Wissenschaften – eine der größten Errungenschaften der westlichen Welt – in ihrer Arbeit behindern oder im Extremfall abschaffen und in den Untergrund treiben.

Der an der Yale University lehrende Mediziner und Sozialwissenschaftler Nicholas A. Christakis meint, wir sollten uns weniger vor den schlechten Dingen fürchten, die die Wissenschaft in einer Gesellschaft anrichten könnte, als vielmehr davor, was eine Gesellschaft der Wissenschaft antun kann.[48] Einen Vorgeschmack darauf gab es während der Covid-19-Pandemie, als Wissenschaftler wie der deutsche Virologe Christian Drosten in der Öffentlichkeit Anfeindungen der übelsten Sorte bis hin zu Morddrohungen über sich ergehen lassen musste, nur weil er in seiner Funktion als Leiter der Berliner Charité als wissenschaftlicher Berater der Bundesregierung hinzugezogen wurde und Maßnahmen zur Eindämmung der Seuche vorschlug. Seinem US-amerikanischen Pendant, dem Immunologen Anthony Fauci, ging es nicht anders. Fauci hatte es allerdings einen Deut schwerer, weil seine eigene Regierung alles tat, um ihm zu widersprechen, und teilweise entgegengesetzte Maßnahmen ergriff.

Ohne die Wissenschaften und ein umfassendes Verständnis von deren Funktionsweise und Wert würden Gesellschaften ohne Zweifel einen Rückschritt in ihrer Entwicklung machen. Der Aberglaube würde wieder vorherrschen, Religionen würden uns wieder die Welt zu erklären versuchen und nicht auf Fakten basierende Entscheidungen würden zum Schaden der Allgemeinheit getroffen. Daraus folgende Handlungen und Vorschriften würden jenen gleichen, die wir bei Cargo-Kults beobachten.

Digitaler Cargo-Kult

Jede hinreichend fortschrittliche Technologie ist von Magie nicht zu unterscheiden.

Arthur C. Clarke

Als ich neun Jahre alt war, zog meine Familie von einem Randbezirk Wiens in die Mitte der Stadt. Anstatt uns ein Zimmer zu teilen, bekamen meine Geschwister und ich nun jeder unser eigenes Refugium. Die Wohnung war zwar größer geworden, doch aufgrund ihres Grundrisses fanden die Bücherregale und Bücher meines Vaters keinen Platz mehr im Wohnzimmer und wurden in meinem Zimmer untergebracht. Ist meine Bibliothek in den Jahrzehnten seither auf mehr als 3.000 Bände angewachsen, so beschränkte sich die Sammlung damals auf vielleicht ein Zehntel. Unter den Büchern meines Vaters zum Weltall und den Sternen befand sich auch ein Band eines Bestsellerautors, der es mit steilen Thesen und gewagten Narrativen zu einem gewissen Ruf gebracht hatte.

In seinen Werken verwob der Schweizer archäologische Funde und Legenden aus aller Welt mit moderner Technologie und spann daraus Geschichten, die beweisen sollten, dass die Erde bereits vor vielen Tausend Jahren von Außerirdischen besucht worden war und diese Kontakt mit der Menschheit aufgenommen haben mussten. Als Beweise führte der Autor beispielsweise die Anordnung von Pyramiden auf allen Kontinenten an, die ihm zufolge den Zweck gehabt haben mussten, außerirdischen Raumschiffen die Navigation zu erleichtern, oder die Abbildungen mysteriöser, menschenähnlicher Figuren, die aussahen, als hätten sie Raumanzüge getragen. Eine feuerspeiende und vertikal angeordnete Schlange auf einem antiken Bauwerk interpretierte er als Darstellung einer startenden Rakete.

Erich von Däniken, so der Name des Autors der millionenfach verkauften Werke, ließ sich nie durch wissenschaftliche Argumente in seinen Thesen beirren. Als Inspiration diente ihm der sogenannte Cargo-Kult.[49] Dieses Phänomen war zum ersten Mal einer breiteren Öffentlichkeit bekannt geworden, als während des Zweiten Weltkrieges zuerst die Japaner und dann die Amerikaner Militärbasen auf der südpazifischen Insel Tanna des Inselstaats Vanuatu eingerichtet hatten. Beide Seiten hatten zur Vorbereitung der Landung und zur Unterstützung ihrer Truppen mit Flugzeugen per Fallschirm Fracht abgeworfen, die Nahrungsmittel, medizinische Ausrüstung und Waffen umfasste. Fahrzeuge, Panzer und Flugzeuge wurden ebenso auf die Insel geschafft und Flugfelder, Unterkünfte und Verteidigungslinien eingerichtet.

Dass auf der Insel Eingeborene lebten, die noch nie mit Menschen aus anderen Kulturen Kontakt gehabt hatten, ging im Eifer des Gefechts der Weltkriegsparteien beinahe unter. Die Melanesier waren allerdings mehr als beeindruckt. Die vom Himmel fallenden Reichtümer, die unbekannten Objekte, die sie da sahen, die Maschinen und die Bräuche dieser weißhäutigen Menschen mussten ihnen wie Zauberei vorgekommen sein. Was sie da genau sahen, blieb den Melanesiern verborgen, dazu fehlte ihnen der Kontext. Was bedeuteten die Rituale der Menschen, die in die metallenen und lärmenden Riesenvögel stiegen und abhoben? Wozu dienten diese gläsernen Gestelle, die sich die Piloten auf die Nasen setzten und die Augen verbargen? Und wie ging der Hüftschwung der weiblichen Armeeangehörigen?

Als mit dem Ende des Zweiten Weltkriegs die Frachtlieferungen aufhörten, fanden sich rasch einige charismatische Inselbewohner, die den Leichtgläubigen versprachen zu wissen, was man tun müsse, um die Götter gnädig und zur Aufnahme der vom Himmel fallenden Reichtümer zu bewegen. Man musste Flaggen setzen und die Rituale der Soldaten sowie die Einrichtungen der Amerikaner mit eigenen Mitteln nachahmen.

Das ist ein sogenannter „Cargo-Kult", der seinen Namen aus dem englischen Wort für „Fracht" ableitet. Darunter versteht man den Aberglauben, dass gewisse Rituale und Nachahmungen von Gegenständen, deren Zweck man nicht versteht, die Götter oder Ahnen zur Lieferung von ebendiesen Objekten und anderen Reichtümern bewege.

Der britische Science-Fiction-Autor Arthur C. Clarke beschrieb im Eingangszitat, wie solche Gegenstände – vulgo „Technologie" – auf die weniger entwickelte Zivilisation wirken mussten: wie Zauberei.

Für unsere Vorfahren um das Jahr 1800 müsste die Begegnung mit einem Smartphone einen ähnlichen Effekt haben. Dass wir damit die Stimme einer Person auf einem anderen Kontinent hören, mit der Person sprechen und wir sie auch sehen können und mit demselben Gerät auf das gesamte Wissen der Menschheit Zugriff haben, ist absolute Magie. Ein paar Jahrzehnte früher und wir wären wegen dieses Teufelswerks auf dem Scheiterhaufen wegen Hexerei gelandet. Unsere Vorfahren 100 Jahre später um das Jahr 1900 wären davon zwar immer noch beeindruckt, aber es wäre für sie technisch bereits vorstellbar gewesen. Die ersten transatlantischen Kabel waren unter anderem von Siemens bereits verlegt worden, Rechenmaschinen bereits im Einsatz und Ton- und Filmtechnik dank Thomas Edison der letzte Schrei.

Während wir die einfältigen Melanesier belächeln und Dänikens Ideen als unterhaltsam, aber blühende Fantasie einordnen, sind wir selbst auf dem besten Weg, zu einer Gesellschaft mit reichen Biotopen an Cargo-Kulturen zu werden. Immer mehr der von uns genutzten Erfindungen und Innovationen unserer Vorfahren und Zeitgenossen verstehen wir immer weniger. Weder unsere Smartphones, unsere

Flugzeuge noch unsere Computer oder Autos begreifen wir heute noch zur Gänze, viele nicht einmal im Ansatz. Das an sich wäre nicht so schlimm, denn dazu ist die Welt und sind die vom menschlichen Erfindergeist geschaffenen Technologien zu komplex geworden. Das Problem beginnt dann, wenn es zu einer kognitiven Dissonanz zwischen diesen Technologien und unserem Streben kommt.

Es ist mehr als Ironie, wenn Fundamentalisten im Namen eines unsichtbaren und eingebildeten höheren Wesens – auch bekannt als Gott oder Allah – ihre Gesellschaft in eine vermeintlich einfachere mittelalterliche Zeit zurückbringen wollen und dazu Satellitentelefone verwenden und soziale Medien für die weltweite Rekrutierung von Unterstützern einsetzen. Dieselbe kognitive Dissonanz findet sich in unseren Reihen, wenn Menschen nicht an die Evolution, dafür aber an intelligentes Design glauben und sich trotzdem jedes Jahr brav zur Grippeimpfung anstellen.

Es stimmt schon: Göttliche Wesen verhalten sich auf genauso mysteriöse Weise wie Smartphones, Satellitentelefone und Impfstoffe. Und je weniger wir davon verstehen, desto mehr steigt die Gefahr, dass wir neue Möglichkeiten und Anforderungen nicht erkennen. Wenn wir aber nicht mehr erkennen können, woher der Fortschritt kommt, dann sehen wir ihn nicht mehr als von Menschen geschaffen, sondern als Übernatürliches an. Die kausale Verbindung zwischen Wissenschaft, Forschung und Innovation und Fortschritt geht verloren.

Uns geht es dabei wie den Melanesiern. Viele dieser neuen Technologien kommen plötzlich und ohne Vorwarnung über uns. Und deren Nutzen ist nicht immer gleich zu verstehen. Wenn die heutigen Technologien uns ausreichend Nahrung und Behausung, Licht und Wärme und Netflix gewährleisten, dann erscheinen weitere Innovationen nicht mehr die überlebenssichernden, großen Sprünge zu machen, wie sie in primitiveren und gefährlicheren Zeiten möglich schienen.

Das sind selbstverständlich Trugschlüsse. Unsere Welt ist nicht nur komplexer geworden, es fordern uns auch andere Gefahren und

Herausforderungen heraus. Die Tatsache, dass wir in weniger als einem Jahr einen Impfstoff für eine Seuche bereitstellen konnten, sagt etwas über den Fortschritt aus, vor allem wenn wir die Auswirkungen der Spanischen Grippe 100 Jahre vorher als Maßstab heranziehen. Aber selbst diese Monate erschienen uns nicht nur zu lang, es starben auch zu viele Menschen an dem Virus. Unseren Kindern wünschen wir einen Impfstoff in kürzerer Zeit, am besten schon Stunden nach dem Auftreten eines Virus. Und das erfordert weiteren Fortschritt. Dabei können wir jedoch nicht willentlich einschränken, wo Fortschritt zu geschehen hat und wo nicht, denn die Innovationen in einem Feld können Innovation in einem anderen Bereich erst ermöglichen.

Allen gemein ist der Zugang und der Glaube an Technologie und Wissenschaft. Diese nicht zu verstehen oder sogar absichtlich missverstehen zu wollen führt dann zu solchen Beschlüssen wie dem des bayerischen Landtags, der für eine neue Studie stimmte, ob sich homöopathische Mittel als Antibiotika-Ersatz eignen.[50] Und das, nachdem die Ergebnisse einer Metastudie nach der anderen die Wirkung von Homöopathie als durch die Wirklichkeit nicht belegbares Wunschdenken – als Zombie-Idee – bestätigen.

Vielleicht aber müssen wir einen anderen Weg gehen, um dem Schicksal zu entgehen, zu einem Cargo-Kult zu werden. Manche mechanischen Taschenuhren, die mich faszinieren, entblößen ihre Eingeweide durch einen gläsernen Schaudeckel. Die ineinandergreifenden Zahnräder, die Unruh, die Federn und beweglichen Teile wirken zwar kunstvoll und mysteriös, ihre Bewegungen hypnotisierend, aber sie signalisieren zugleich, dass sie von Menschen geschaffen und für mich verstehbar sind. Vielleicht ist das ein Grund, warum wir in den Ländern der Maschinenbauer und Chemiker so daran hängen: Es ist buchstäblich begreifbar.

Digitale Technologie hingegen gewährt uns diesen Einblick nicht. Immer mehr wird Technologie von uns abgeschottet, indem sie in Gehäuse ohne Schrauben vor uns versteckt wird oder Software uns den technischen Blick auf Dateisysteme vorenthält. An modernen

Autos zu manipulieren ist ohne Software unmöglich und wenn, steht die Gefahr des Garantieverlusts im Raum. Die Funktionsweise neuronaler Netze – und wie sie zu ihren Ergebnissen kommen – ist selbst für Experten kaum mehr nachvollziehbar.

Dabei hilft nicht, dass diese Undurchsichtigkeit von den Herstellern teilweise so gewollt ist. Anstatt uns vor den Wundern der Technologie staunen zu lassen, wird alles getan, um uns vor den Innereien zu bewahren, vorgeblich im Namen der Sicherheit oder Benutzerfreundlichkeit, wobei tatsächlich oft nur Eigeninteressen vorliegen und man sich nicht in die Karten schauen lassen möchte.

Digitale Technologien haben etwas Geheimnisvolles an sich. Statt mechanische Teile bewegen sich Elektronen, die unsichtbar sind. Sie sind das moderne Äquivalent des göttlichen Wirkens. Vielleicht bestärkte das die Autobauer in der Illusion, deren Software, die auf mysteriöse Weise wirkt, sei anderen so fremd, dass sie die darin verpackten Schummeleien nicht erkennen würden. Diese Illusion wurde sehr öffentlich zunichtegemacht.

Wirtschaftswachstum und Effizienzsteigerungen

Die meisten Dinge, die es wert sind,
in der Welt getan zu werden, wurden für unmöglich
erklärt, bevor sie getan wurden.

Louis D. Brandeis

Nicht immer wirken sich neue Technologien unmittelbar auf Produktionssteigerungen aus. Dampfmaschinen waren diese Ungetüme, die erst ab einer bestimmten Größe wirtschaftlich sinnvoll zu betreiben waren. Der große „Stromkrieg" zwischen Edison auf der einen und Westinghouse und Tesla auf der anderen Seite drehte sich genau darum. Es war der große Streit über AC/DC oder auf Deutsch: Gleichstrom versus Wechselstrom. Edison, der Gleichstrom als die Lösung ansah, um Strom zu den Stromabnehmern zu bringen, konnte einen Nachteil nicht umgehen. Gleichstrom konnte nicht von einer höheren auf eine niedrigere Spannung gebracht werden. Um Strom nun sicher zu transportieren, musste die Spannung niedrig gehalten werden. Das bedeutet auch, dass Gleichstrom wegen der Übertragungsverluste in den Stromleitungen nur über relativ kurze Distanzen transportiert werden konnte. Um die gesamte Stadt mit Strom zu versorgen, mussten somit flächendeckend Dampfkraftwerke installiert werden, die Abnehmer innerhalb eines Radius von ein bis zwei Kilometern bedienten. Die erste Installation elektrischer Glühbirnen in einem Privatgebäude erfolgte – wie bereits erwähnt – bei einem der größten Unterstützer von Thomas Edison, nämlich beim Bankmagnaten J. P. Morgan in New York City. Damit die Glühbirnen Strom hatten, musste in Morgans Residenz im Herzen von Manhattan eine Dampfmaschine im Keller installiert werden. Diese zeichnete sich durch ein im ganzen Gebäude vernehmbares Rumoren aus. Um 22 Uhr wurde sie deswegen bis zum Morgen abgestellt.

Nikola Teslas Lösung war Wechselstrom, der mit höheren Spannungen durch die Leitungen geschickt und vor Ort dann durch einen Transformer auf niedrigere Spannungen heruntergeregelt werden konnte. Dabei waren wegen der höheren Spannungen die Leitungsverluste vernachlässigbar und der Strom konnte über größere Distanzen verteilt werden. Es reichte eines oder wenige ausreichend dimensionierte Dampfkraftwerke, um eine ganze Stadt mit Strom zu versorgen. Und das ist bis heute so geblieben.

Dampfkraftwerke waren aber nicht nur zur Stromerzeugung, sondern vor allem zum Betrieb von Produktionsstätten im Einsatz. Dabei wurde die Kraft von einer zentralen Kraftachse auf eine Reihe von Zahnrädern, Riemen und Antriebsachsen übertragen, die dann zentral von der Dampfmaschine aus verteilt die Maschinen betrieben. Damit gab es eine natürliche Limitation durch die mechanischen Kräfte. Die Maschinen mussten möglichst nah um die Dampfmaschine angeordnet werden. Waren sie zu weit weg, wurden die mechanischen Belastungen und notwendigen Kräfte zu groß und erforderten damit entsprechend dimensionierte und somit teurere Zahnräder, Riemen und Antriebsachsen.

Mit dem Elektromotor änderte sich das vorläufig nicht. An die Stelle der Dampfmaschine wurde einfach ein entsprechend dimensionierter, großer Elektromotor eingebaut. Auch wenn damit der Lärm reduziert worden war, so kam es doch kaum zu Effizienzsteigerungen in der Produktion. Erst ab dem Jahr 1920, also 30 bis 40 Jahre später, als die alte Generation von Dampfmaschinenexperten in Rente gegangen oder verstorben war, wurde das volle Potenzial des Elektromotors erfasst – und damit die großen Produktionssteigerungen möglich.[51] Anstelle eines großen Elektromotors kamen nun über die Produktionshallen hinweg viele kleine Elektromotoren zum Einsatz. Man wandte sich vom Gruppenantrieb ab, bei dem ein Antrieb alles bewegte und die größten Energieverbrauche möglichst nahe am Motor sein mussten, hin zu Einzelantrieben, bei denen sich die Ausrichtung der Maschinen an die Notwendigkeiten des Fertigungsprozesses orientierte. Das erlaubte, den Produktionsprozess völlig neu zu denken und die Maschinen ganz anders anzuordnen. Auch fielen damit die Reibungsverluste der Hebelstangen und Keilriemen weg, die bei der zentralen Anordnung der Dampfmaschinen erheblich waren. Der Ausstoß verdoppelte oder verdreifachte sich.[52]

Forscher vom National Bureau of Economic Research untersuchten den Einfluss sogenannter immaterieller („intangible") Faktoren wie Training, neue Prozesse oder neue Standards in Bezug auf die Wirkungsentfaltung universell einsatzbarer Technologien („general purpose technologies") wie Elektrizität, Computer oder künstliche Intelligenz.[53] Sie zeigen mittels einer J-förmigen Kurve, der „J-Kurve", wie in den frühen Jahren des Einsatzes einer universell einsetzbaren Technologie zuerst keine der erwarteten bedeutsamen Produktivitätssteigerungen erreicht werden – und dass erst, sobald Investitionen in die begleitenden immateriellen Werte ihre Wirkung entfalten, massive Produktivitätssteigerungen sichtbar werden.

Mit neuen Technologien sind drei Arten von Effekten verbunden, von denen anfänglich nicht richtig verstanden wurde, wie sie erreicht werden können:

1. Produktivitätseffekt
2. Wachsender-Kuchen-Effekt
3. Sich-ändernder-Kuchen-Effekt

Der Produktivitätseffekt war beim Übergang von Dampfmaschinen auf Elektromotoren erst durch die Neuanordnung des Produktionsprozesses zur Entfaltung gekommen. Mit dieser Produktionssteigerung gab es für das Unternehmen ein Mehr an Erlösen bei gleichzeitiger Senkung der Preise für die einzelnen Produkte. Sowohl das Unternehmen als auch die Kunden profitierten davon. Der „Kuchen" war dabei gewachsen, es gab mehr für jeden zu verteilen. Gleichzeitig entstanden damit neue Berufsgruppen und Arbeitsplätze – und diese nicht nur in den Unternehmen, die den Produktionsprozess geändert hatten. Auf die nun billigeren und durch die neuen Produktionsprozesse möglichen Produkte folgten darauf aufbauende Produkte, die damit technisch und wirtschaftlich ermöglicht worden waren. Alte und nicht mehr nachgefragte Produkte und Berufe verschwanden und wurden durch zumeist neue und bessere ersetzt. Der „Kuchen" wuchs nicht nur, es war ein anderer Kuchen geworden.

Diese Effekte werden von weiteren Änderungen begleitet. Gerade in der Anfangsphase ergeben sich daraus große Änderungen für Menschen, die ihren Lebensunterhalt verlieren, und diejenigen, die in der ersten Phase dieser neuen Technologie Arbeitsplätze finden. Gleichzeitig wird der Wohlstand neu verteilt – vorerst an die Produktionsmittelbesitzer. Gute Arbeitsbedingungen und ein größerer Anteil am wachsenden Kuchen für die Beschäftigten kommen nicht automatisch, sondern müssen von diesen erkämpft werden.

Ähnliche Änderungen sehen wir heute mit dem Anstieg an freien Mitarbeitern in der Gig Economy, die zu Hungerlöhnen für ein paar gut finanzierte Start-ups und Unternehmen tätig sind und beispielsweise Essen zustellen oder Taxi fahren. Das Versagen ist hier zu einem nicht unbedenklichen Teil auch den Gewerkschaften und Regierungen zuzuschreiben, die in alten Strukturen und alten Denkmustern verhaftet sind und nur träge auf neue Technologie- und Berufstrends reagieren. So wie Behörden und Regierungen durch Lobbyarbeit mächtiger Industrien und Unternehmen unterwandert werden und es zu „state capture" oder „regulatory capture" kommt (dabei werden Gesetze und Regulierungen im Sinne der mächtigen Unternehmen verfasst und verabschiedet), kommt es bei Gewerkschaften zu einer Einverleibung der Interessen durch bestehende und von Änderungen gefährdeten Berufsgruppen, während auf Mitarbeiter in neuen (und oft prekären) Berufen nicht zugegangen wird und deren Interessen nicht oder nur zögerlich vertreten werden.

Es kommt sogar zu der paradoxen Situation, dass Menschen in der Gig Economy und immer mehr in anderen Berufen von den Unternehmen als freie Mitarbeiter deklariert werden, was dazu führt, dass sie sich als Selbstständige oder freie Unternehmer registrieren müssen und damit einer Handels- oder Wirtschaftskammer mit entsprechenden Beiträgen und Abgaben beitreten müssen, womit sie in Bezug auf Steuersätze, Arbeitszeiten, Urlaubsregelung oder Krankenversicherung gegenüber regulären Arbeitnehmern benachteiligt werden. Als wäre das noch nicht genug, werden diese zur Selbstständigkeit Gezwungenen in den Handels- oder Wirtschaftsverbänden von den dortigen Funktionären auch noch als minderqualifizierte Pseudoselbstständige und „Tagelöhner" diskriminiert und aus dieser herabschauenden Position wird auf deren Interessen nicht eingegangen.[54]

Wenig hilfreich ist, dass angefangen von Regierungsmitgliedern bis zu Gewerkschafts- und Interessensvertretern neue Technologien oft weder verstanden noch deren Auswirkungen und Geschwindigkeit erfasst werden. Somit entstehen Handlungsbedarf und Mitgefühl erst, wenn der Umbruch schon in vollem Gange oder vorbei ist.

Technologieumbrüche strukturieren sowohl die Wirtschaft um als auch das soziale Gefüge. Manch gut bezahlte Berufe, wie es sie bei den Dockarbeitern gab, oder alte Traditionsberufe wie die Weber oder

Fassbinder oder auch scheinbar moderne Berufe wie die Datatypistin verschwinden. Ganze Nachbarschaften, Städte und Regionen können innerhalb kurzer Zeit einen wirtschaftlichen Abstieg erleben.

Nach der Dampfmaschine, der Elektrizität oder dem Computer deuten die Automatisierung und KI als zwei Trends der aktuellen Zeit auf eine ähnliche Transformationskraft hin. Diesmal erwischt es die Gesellschaften und die Wirtschaft vermutlich rascher und es sind Berufsgruppen mit gutem Einkommen betroffen, die in der Gesellschaft hoch angesehen sind. Statt „Blue-Collar-Workers" wie Weber und Hafenarbeiter sind nun die „White-Collar-Workers" wie Rechtsanwälte, Programmierer oder Ärzte der Disruption ausgesetzt.

Dabei besteht die erste Phase einer solchen Transformation in massiven Investitionen, denen fast keine Erlöse gegenüberstehen. Zwischen den Jahren 2013 und 2017 wurden beispielsweise zur Entwicklung autonomer Autos 80 Milliarden Dollar investiert, ohne Erlöse zu erwirtschaften oder Produktivitätssteigerungen zu generieren.[55] Computer begannen ab den 1950er- und 1960er-Jahren als teure Großrechner in Unternehmen Einzug zu halten, aber erst als PCs und Smartphones – und später in Kombination mit dem Internet – wurden sie zu einer disruptiven Kraft.

Künstliche Intelligenz befindet sich zwar erst in den Anfangsphasen der Technologiedisruption, aber bereits heute erhalten wir eine Vorahnung von deren potenziell transformativen Kraft. Eine McKinsey-Studie aus dem Jahr 2017 sieht zwar auch mit KI und Automation eine signifikante Anzahl neuer Berufe und Arbeitsplätze im Entstehen, allerdings meinen die Studienautoren, dass die Herausforderungen mindestens so groß oder sogar größer sein könnten als bei vergangenen Transformationen.[56] Interessanterweise könnte sich die Covid-19-Krise als Beschleuniger für Effizienzsteigerungen herausstellen. Wirtschaftszweige, Behörden und sonstige Organisationen waren gezwungen, nun endgültig und vollständig auf digitale Technologien umzusteigen. Nicht das Ausscheiden ältere Mitarbeiter – wie beim Übergang von Dampfmaschinen zur Elektrizität – erlaubt die Anpassung daran, sondern eine Seuche.

Wirkten sich transformative Technologien langfristig gesehen in bessere Arbeitsplätze, mehr Wohlstand und Gesundheit für alle aus, so waren deren kurzfristigen Auswirkungen für die Betroffenen existenz- und gesundheitsgefährdend. Entscheidend für die Auswirkungen ist, wie rasch sich die Betroffenen neue Fähigkeiten aneignen können. Mitarbeiter, die sich regelmäßig weiterbilden und Lernen als lebenslange Aufgabe sehen, können sich rascher umstellen und profitieren mehr von den Änderungen. Eine Studie des MIT zu den USA und Europa zeigt, dass besser Ausgebildete seit den 1980er-Jahren reale Gehaltssteigerungen zwischen 40 und 60 Prozent hatten, während geringer Qualifizierte Gehaltsverluste erlitten.[57]

Die Giraffe des Kaisers von China

Es muss ein beeindruckendes Schauspiel gewesen sein, als an einem heißen Tag im Juli 1405 ohne Vorwarnung die Masten von mehr als 300 Schiffen mit 27.000 Mann Besatzung am Horizont auftauchten. Die Einwohner der Küstenstädte und Inseln von Champa im heutigen Vietnam, von Java im heutigen Indonesien, Ceylon im heutigen Sri Lanka und selbst bis nach Kozhikode im heutigen Indien musste die Ankunft der beeindruckenden Flotte mit ehrfürchtigem Staunen erfüllt haben. Die größten Schiffe nahmen für damalige Zeiten gigantische Ausmaße an. Sie waren 134 Meter lang und 55 Meter breit – und es gibt Schätzungen, dass sie eigentlich sogar bis zu 183 Meter an Länge gemessen haben könnten. Sie wären damit länger als und fast so breit wie ein Fußballfeld gewesen.

Lord Nelsons HMS Victory aus dem frühen 19. Jahrhundert, die während der Schlacht von Trafalgar als Flaggschiff diente und heute in Portsmouth als Museumsschiff besichtigt werden kann, war gerade einmal 69 Meter lang und 15 Meter breit. Die Santa Maria, das Flaggschiff von Christoph Kolumbus, maß ungefähr eine Länge von 29 Metern. Mit 317 Schiffen war die Flotte zweieinhalbmal so groß wie die berühmte spanische Armada aus dem Jahr 1588 mit 130 Schiffen oder viermal so groß wie die Flotten von Großbritannien, Frankreich und Spanien zusammen, die sich mit 73 Schiffen einander im Jahr 1805 in der Schlacht von Trafalgar bekämpften.

Wer waren die Seefahrer, die Anfang des 15. Jahrhunderts solche beeindruckenden Entdeckungsfahrten absolvierten und hochseetüchtigen Schiffbau meisterten? Es handelte sich um die Flotte der frühen Ming-Dynastie unter dem chinesischen Kaiser Yongle („Ewige Glückseligkeit"), der als Machtdemonstration gegen die immer wieder in China einfallenden Mongolen auch die Vorherrschaft auf See sichern und den Handel mit den umliegenden Reichen intensivieren wollte. Da im chinesischen Weltbild damals wie heute China im Zentrum der Welt liegt und das Reich erwartete, dass alle anderen die zentrale Rolle Chinas anerkannten, dienten diese Seefahrten zugleich auch als Erinnerung an die Vormachtstellung des Chinesischen Reichs.

Yongle hatte den Eunuchen Zheng He (鄭和) als Admiral der Flotte eingesetzt, der zwischen den Jahren 1405 und 1433 zu insgesamt sieben „Schatzexpeditionen" aufbrechen sollte. An Bord waren professionelle Soldaten, deren Aufgabe es war, Piraten aufzureiben und Herrschern der besuchten Länder, die nicht sofort verstanden hatten, ihre Unterwürfigkeit dem Kaiserreich entsprechend zu beweisen, ein wenig auf die Sprünge zu helfen. Auf diese Weise erweiterte China in der Ming-Dynastie seinen Einfluss und die Anzahl der tributzahlenden Länder. Diese historische Tatsache widerspricht übrigens der modernen Auslegung Chinas, dass es sich bei diesen Fahrten nur um „friedfertige Besuche" und „Gesten des guten Willens" gehandelt habe und somit vergleichbare maritime Aktivitäten der chinesischen Marine in heutiger Zeit eine Fortsetzung dieser „Friedensmissionen" seien.

Die Flotte erreichte auf ihren Expeditionen selbst die Straße von Hormus im Persischen Golf und brachte Schätze aus den besuchten Regionen zurück an den Hof. Neben Zebras, Kamelen und einem Straußenvogel wurde auch eine Giraffe an den Kaiserhof gebracht. Dazu muss man wissen, dass das Einfangen einer Giraffe kein leichtes Unterfangen war. Diese Huftiere sind ausdauernde Läufer und können dabei locker Pferde auf der Strecke lassen. Eine Giraffe mit Namen Zarafa, die der französische König Karl X. als Geschenk des ägyptischen Königs im Jahr 1827 erhielt und die jahrelang eine Sensation in Frankreich dargestellt und Modewellen ausgelöst hatte, war eines von zwei Jungtieren, die erst nach tagelangem Verfolgungsritt mit Relay-Reitern eingefangen werden konnte.[58]

Für China hatte die Giraffe jedenfalls eine mythische Bedeutung, da sie die Herrschaft des Kaisers unterstreichen sollte. Sie wurde von den Chinesen als Verkörperung des Fabelwesens Qilin angesehen. Dieses ist eine Art Wolpertinger mit Fischschuppen, Ochsenhufen, Geweih und einem Drachenkopf. Das Einhorn der Chinesen, sozusagen. Mit ein bisschen viel Fantasie und gutem Willen sieht eine Giraffe genauso auch aus. Das Erscheinen eines Qilin verhieß der Legende nach die Ankunft eines weisen Herrschers.[59] Und wenn man schon so viel Geld für eine riesige Flotte ausgibt, dann sollte solch eine Prophezeiung schon drin sein.

Die Giraffe hatte jedenfalls nicht den erhofften Effekt auf den Kaiser. Dieser war nämlich durch den Anblick des Tiers aufs Äußerste beunruhigt.[60] Eine Vorahnung vielleicht. Denn die Ankunft eines weisen Herrschers sollte sich nicht bewahrheiten. Wenige Jahre nach dem Tod von Kaiser Yongle wurden die Schatzfahrten eingestellt. Obwohl sie profitabel gewesen waren und mit der marinen Vormachtstellung Chinas im asiatischen Meeresraum zu lang anhaltenden Wirtschaftsbeziehungen geführt hatten, kam es zu einem abrupten Ende.

Für unsere Zwecke sind die Flotte an sich und die Expeditionen, die Zheng He unternahm, weniger interessant als vielmehr die Tatsache, dass von einem Tag auf den anderen China diese einstellte und über die Zeit sogar die Flotte zerstörte – übrigens so gewissenhaft, dass selbst die Konstruktionspläne der Schiffe und rund 1.470 Expeditionsberichte vernichtet wurden, damit sie nicht wieder aufgenommen werden konnten. Matrosen selbst wurden in einem kaiserlichen Edikt aus dem Jahr 1535 verhaftet und ihnen wurde unter Androhung der Todesstrafe verboten, je wieder auf hohe See zu gehen. Zugleich wurden die restlichen Schiffe der auf insgesamt 600 hochseetauglichen Schiffen ausgebauten Flotte endgültig zerstört.

China hatte sein eigenes Vermächtnis (und, wie sich noch bitter zeigen sollte, auch seine Zukunft) vernichtet und dieses vergessen. Erst als die Europäer Anfang des 20. Jahrhunderts Interesse an dieser faszinierenden Geschichte zeigten und sie zu erforschen begannen, entdeckten die Chinesen ihre eigene Geschichte wieder.

Wie es dazu gekommen war, ist nach wie vor Thema von Diskussionen zwischen Forschern. Überbordende Kosten, die lange als Grund vermutet worden waren, können es nicht gewesen sein, da die Expeditionen sogar profitabel waren. Die Eröffnung des 1.700 Kilometer langen Kaiserkanals im Jahr 1415 zog die Aufmerksamkeit ins Landesinnere. Um zu dessen Benutzung zu ermutigen, wurde der Transport von Reis und Getreide vom Süden des Landes in den Norden über das Meer verboten. Auch soll es gleichzeitig laut dem Wirtschaftsnobelpreisträger Angus Deaton Befürchtungen der Herrscherklasse vor Machtverlust gegeben haben, die den wachsenden Reichtum von Händlern und damit deren zunehmenden Einfluss kritisch beäugten.[61] Es kam zu einem Machtkampf zwischen den Bürokratenfraktionen konservativer „Kontinentalisten" und den weltoffeneren Eunuchen innerhalb der Verwaltung, den letztendlich die neokonfuzianischen Kontinentalisten für sich entschieden. Mit weitreichenden Wirkungen. Die industrielle Revolution, das Eindringen und Entwickeln neuer Ideen und Technologien, die Aufklärung, das Entstehen von Wissenschaften und die Eroberung der Welt gingen nicht von China aus. Bis zum 16. Jahrhundert war China dem Westen und dem arabischen Raum voraus, doch mit der selbstauferlegten Isolation, im Glauben, dass die Welt China nichts zeigen oder beibringen könne, begann der Abstieg des Reichs der Mitte.

Als im Jahr 1792 Lord George Macartney im Auftrag der Britischen Krone an Bord eines mit 64 Kanonen ausgestatteten Kriegsschiffs in einer Sondermission zur Aufnahme von Handel und diplomatischen Beziehungen mit China eingetroffen war, konnte er die Abfälligkeiten ihm gegenüber nicht übersehen. Er selbst vertrat ein Land mit acht Millionen Untertanen, das sich rasch entwickelte, ein Handelssystem, das die ganze Welt umspannen sollte und das vor Kurzem von seinem Status als mächtigste Nation der Erde überzeugt worden war. China in der Qing-Ära hingegen war ein Land mit 350 Millionen Einwohnern – mehr als die gesamte Bevölkerung Europas – und sogleich die größte, reichste und bevölkerungsreichste zusammenhängende politische Einheit der Welt.

Macartneys Mission sollte keinen Erfolg haben. In einem Brief an den König von England gab der chinesische Kaiser unmissverständlich zu verstehen, dass die Welt außerhalb des Reiches nichts zu bieten habe und man selbst sich nur aus Wohlwollen und großer Güte mit den „Barbaren" beschäftige:

> ... So ist seit vielen Jahren verfahren worden, obwohl unser Himmlisches Reich alle Dinge in fruchtbarer Fülle besitzt und es ihm an keinem Produkt innerhalb seiner eigenen Grenzen mangelt. Es bestand daher keine Notwendigkeit, die Produkte von Barbaren von außerhalb im Austausch gegen unsere eigenen Produkte zu importieren. Aber da Tee, Seide und Porzellan, die das Himmlische Reich produziert, für die europäischen Nationen und für Sie selbst ein absolutes Muss sind, gewähren wir als Zeichen der Gunst, dass sich ausländische Händler in Kanton niederlassen dürfen, damit Ihrem Land unser Wohlwollen zugutekommen kann.

Viel wichtiger als der Warenhandel war für die Chinesen die Aufrechterhaltung des Anscheins chinesischer Überlegenheit in allen möglichen Wissensbereichen und die Notwendigkeit, gegenüber Ausländern eine Haltung einzunehmen, die sich schierer Interessenlosigkeit näherte. So wäre für den chinesischen Kaiser die Annahme von Geschenken aus Großbritannien – darunter Porzellan aus der neu gegründeten Wedgwood Porzellanmanufaktur in Etruria – ein

Eingeständnis der Existenz von Qualitätsware aus den Werkstätten der „unzivilisierten" Welt gewesen, das zu einem „Gesichtsverlust" jeder chinesischen Porzellanmanufaktur geführt hätte.[62]

Der französische Historiker und Politiker Alain Peyrefitte fasste das in seinem im Jahr 1989 erschienenen Buch „L' empire Immobile" („Das unbewegliche Reich") im folgenden Absatz zusammen:

> Man war der festen Überzeugung, dass alle Nicht-Chinesen viel von China zu lernen hatten. China hatte wenig oder nichts anderes von ihnen zu lernen. Schlimmer noch, die Beamten am kaiserlichen Hof waren manchmal stolz darauf, ihre Ignoranz gegenüber fremden Sitten und Institutionen zur Schau zu stellen, wie etwa die Arroganz, die damit einherging, dass man sich selbst für das Zentrum des Universums hielt.

So tief war dieser Glaube verankert, dass Chinas plötzliche Erkenntnis, dass seine Ideen und seine Kultur nicht mehr hochgeschätzt wurden und sein Modell nicht mehr nachahmenswert war, zu einem tiefen psychologischen Schock führte. Dabei hatte sich das schon mit Anlauf angekündigt. Unter der Ming-Dynastie drei Jahrhunderte vorher, als die Chinesen im Jahr 1584 zum ersten Mal mit einer von Europa gezeichneten Weltkarte, der „mappa mundi" des italienischen Jesuiten Matteo Ricci, konfrontiert wurden, waren sie erstaunt, dass ihr Reich am östlichen Ende der eurasischen Landmasse lag und nicht im Zentrum. Als guter Gast machte sich der Jesuit sogleich an die Arbeit, eine Karte mehr nach dem Geschmack seiner Gastgeber mit China in der Mitte anzufertigen.[63]

Die Giraffe für den Kaiser von China mag uns wenig relevant erscheinen, aber es lassen sich durchaus Parallelen zu unserer Zeit und unserer Region ziehen. Viele Managerdelegationen machen sich auf den Weg ins Silicon Valley, um ihre Giraffe, ihr Qilin, ihr Einhorn zu finden. Um Erkenntnisse zu gewinnen, um Arbeitsweisen zu verstehen, und um das Mindset mitzunehmen.

Statt mit einer hochseetauglichen Flotte kommen sie mit dem Flugzeug, verbringen ein paar Tage im Silicon Valley und nehmen im Idealfall so viele Impulse auf, dass sie die Motivation und den Mut finden, diese in ihren eigenen Organisationen mit den eigenen Stärken zu kombinieren. Im leider auch häufig anzutreffenden Fall sehen sie nur die eigenen Vorurteile und Stereotypen bestätigt, nehmen ein oder zwei oft nur kosmetische Impulse mit – einen 3-D-Drucker und ein paar inspirierende bunte Sprüche für das Büro –, fühlen sich aber ansonsten in ihrem bisherigen Verständnis der Welt bestätigt.

Doch die eigenen Ansprüche und Erwartungen scheitern, wenn man ausschließlich die glitzernden Erwachsenenspielsachen erkennt. Ein Roboter hier, ein bunter Arbeitsraum da und dort ein bekanntes Logo, vor dem man ein Gruppenfoto macht. Tief im Herzen drin, wenn wir uns ehrlich sind, dringt dann doch die Frage durch: „Was können uns die Amis schon beibringen?" Die Frage ist richtig, aber sind wir überhaupt fähig zu erkennen, was wir sehen? Denn im Grunde sind es nicht die greifbaren Dinge, die die Welt am meisten verändern, sondern die Ideen und mentalen Konzepte, die die Dinge erschaffen und weitere Änderungen auslösen.

Die Flotte von Kaiser Yongle brachte weniger materielle Schätze ins Reich der Mitte als vielmehr revolutionäre Ideen und Ansprüche einer neuen Klasse an Wohlhabenden und Kosmopoliten. Die alte Weltordnung war im Begriff, durch neue Konzepte und ein neues Selbstverständnis von Menschen bedroht zu werden, die anderes gesehen und erlebt hatten und einen Vergleich ziehen konnten. Eine autokratische Obrigkeit, die keinen Widerspruch duldet und den Schein der Huldigung durch Vasallen und Untergebene braucht, um sich zu legitimieren, sieht ihre Macht von solchen Personen infrage gestellt.

Neue Arbeitsweisen und eine hierarchische Auflösung sind das moderne Äquivalent der Infragestellung von Obrigkeit. So wurde das Homeoffice im deutschsprachigen Raum von Unternehmen (und Behörden) bis zur Coronakrise als wenig wünschenswert betrachtet. Zu sehr fürchteten Manager und Vorgesetzte, dass Mitarbeiter das

Arbeiten von zu Hause ausnutzen und weniger arbeiten würden. Dahinter stand aber vor allem die Angst vor dem Kontrollverlust. Nur durch die physische Anwesenheit der Mitarbeiter im Büro meinte man, auch tatsächlich die Arbeitsleistung zu erhalten. Was man nicht sehen konnte, existierte somit nicht – eine Denkweise, die auch das tief verankerte Misstrauen gegen digitale Technologien in unserer Gesellschaft erklärt.

Dabei sind es weniger die sichtbaren physischen Dinge, die die größten Änderungen mit sich bringen, sondern die im ersten Moment unsichtbaren. Nicht die Schachfiguren an sich, sondern das Aufstellungsmuster und die Strategie sind die wichtigen Elemente. Nicht der Ball und 22 Spieler, sondern die Raumverteilung und die Dynamik zwischen ihnen. Dieser Blick muss aber geschult werden.

Nachdem die japanischen Autohersteller erfolgreich die Just-in-time-Produktion eingeführt hatten und das Konzept bei amerikanischen Herstellern Aufmerksamkeit erregt hatte, machte sich eine Delegation an GM-Managern auf den Weg nach Japan, um eine der modernen Fabriken zu besichtigen, die mit diesem neuen Produktionskonzept betrieben wurde. Die japanischen Gastgeber führte die Abordnung durch die Fertigungsstraßen, in denen alles aufgeräumt und sauber aussah und zwischen denen die Arbeiter herumwieselten und die Autos zusammenbauten. Im Laufe der Führung wurden die amerikanischen Manager immer ungeduldiger. Einer fragte den Gastgeber, wann sie denn endlich die „echte Fabrik" sehen würden. „Ich weiß nicht, was Sie meinen", antwortete der Toyota-Manager. „Wir sind in der einzigen Fabrik, die wir hier haben."

Die GM-Manager flogen nach Detroit zurück mit dem Eindruck, dass ihnen Toyota einen Streich gespielt hatte. Die Fabrik sah nicht nach einer Fabrik aus, wie sie die GM-Manager kannten. Wo war das Inventar? Wieso waren da so wenig Arbeiter bei der Fertigung? Die Schlussfolgerung der Amerikaner war, dass ihnen Toyota nur eine Demofabrik gezeigt hatte, in die sie Delegationen führten, ohne ihnen groß Geheimnisse verraten zu müssen, und die nur bei einem Besuch den Anschein erweckte, hier würden Autos gefertigt.

Die Japaner hatten aber nichts zu verstecken. Das Geheimnis von Just-in-time-Fertigung lag nicht in speziellen Maschinen oder Robotern, sondern unter anderem eben genau darin, dass kein Inventar mehr notwendig war, weil es auf die Lkws ausgelagert war, die zeitgerecht im Werk eintrafen. Damit konnte man auch Mitarbeiter sparen und sich kleinere Werke erlauben. Die GM-Manager standen direkt vor dem Geheimnis, sie erkannten es aber nicht. Sie konnten sich nicht aus ihrem Denkmuster lösen und daher fielen ihnen auch nicht die richtigen Fragen ein.

Für den chinesischen Kaiser war die mitgebrachte Giraffe ein beunruhigendes Signal. Sie passte nicht in das reale und mythologische Weltbild. Gleichzeitig war sie aber auch ein Hinweis, dass die Welt außerhalb des chinesischen Einflussbereichs dem Reich offenbar doch etwas beizubringen hatte. Und diese Wahrheit war für ein Land, das sich und seine Kultur als den Nabel der Welt betrachtete, beunruhigend.

Doch wie verlor ein jahrtausendealtes Reich, das eine unerhörte Anzahl an Innovationen hervorbrachte, seine Stellung in der Welt? Und welche Lehren können für uns daraus gezogen werden? Das erklärt die Geschichte des Mannes, der sich dieser Frage sein Leben lang widmen sollte.

Der Mann, der China liebte

„Alle großen Wahrheiten beginnen als Blasphemie."

George Bernard Shaw,
Annajanska, The Bolshevik Empress

Was macht ein angesehener britischer Biochemiker, wenn eines Tages eine junge, attraktive Chinesin an seine Tür klopft? Er geht mit ihr eine Affäre ein und beginnt damit eine mehrere Jahrzehnte dauernde und umfangreiche Studie zur chinesischen Wissenschaftsgeschichte, die die Welt bis dahin gesehen hatte. Die Rede ist von Joseph Needham und Lu Gwei-djen, die einander im August 1937 auf dem Campus der Cambridge University zum ersten Mal begegneten.

Die damals 33-jährige Biochemikerin Lu Gwei-djen hatte Needhams wegweisendes, drei Bände umfassendes Werk zum Wachstum von Embryonen verschlungen und sich aus Schanghai auf den Weg gemacht, um ihn zu treffen und ihm und seiner Frau Dorothy Needham, die ebenfalls eine anerkannte Biochemikerin war, eine Zusammenarbeit vorzuschlagen. Statt auf einen alten Mann mit weißem Bart, wie sie ihn sich vorgestellt hatte, traf Gwei-djen auf einen 37-jährigen attraktiven Wissenschaftler. Die Needhams führten eine unkonventionelle Ehe, in der sie Nacktbaden und freie Liebe praktizierten, zugleich aber doch religiös waren. Mit der Zustimmung seiner Frau Dorothy begann Needham eine Affäre mit Gwei-djen, die er im Jahr 1989, nach dem Tod seiner Frau, heiratete.

In ihren postkoitalen Gesprächen, die sich um alle möglichen Themen drehten, korrigierte die Chinesin ihren Liebhaber immer wieder und wies ihn auf die Errungenschaften Chinas hin. Das Papier, das Schießpulver, der Kompass, der Geldschein, die Pontonbrücke, das Porzellan, die Seide und das Klopapier sowie noch Hunderte weitere Technologien, die im Westen verwendet wurden, hatten ihren Ursprung im Reich der Mitte. Die westliche Welt um das Jahr 1937 (und bis heute) wusste vom chinesischen Ursprung dieser Erfindungen und Technologien nur wenig bis gar nichts.[64]

Das Interesse Needhams war geweckt. Er stellte sich und Gwei-djen die Frage, wenn China all diese Erfindungen gemacht hatte, warum diese Errungenschaften nicht zur Entstehung der Wissenschaften in China (und Indien) geführt hatten, dafür aber im Westen, der dann die technologische und wissenschaftliche Vorherrschaft übernommen hatte? Er begann, Chinesisch zu lernen, und verbrachte zwischen den Jahren 1943 und 1946, nach einer abenteuerlichen Reise mitten im Zweiten Weltkrieg, seine Zeit in Chongqing, um die Geschichte dieser Erfindungen zu studieren. Mit der Unterstützung seiner Universität veröffentlichte er im Jahr 1954 den ersten von ursprünglich sieben geplanten Bänden zu „Science and Civilisation in China", der Abhandlungen zur chinesischen Mathematik, zu Astronomie, Meteorologie, Magnetismus, Navigation, Maschinenbau, Uhrwerken, Flugmaschinen, Hydraulik, sowie Straßen- und Brückenbau umfasste. Selbst nach Needhams Tod im Jahr 1995 wurde die Arbeit von seinen Mitarbeitern fortgesetzt.

Über die „Needham-Frage", wie sie heute genannt wird, haben sich unzählige Forscher den Kopf zerbrochen. Warum hat China seinen jahrhundertelangen technologischen Vorsprung verspielt? Warum entstanden die Wissenschaften nicht in China? Dieselbe Frage wurde dann auf Indien und den arabischen Raum ausgedehnt, die bis Mitte des Jahrtausends den Europäern technologisch überlegen waren. Die Europäer hatten es den arabischen Gelehrten zu verdanken, dass sie die Schriften vergangener europäischer Kulturen wie jene aus Griechenland und der kurzzeitigen Blüte der dortigen Philosophen überliefert bekamen. Diese waren ins Arabische übersetzt worden und hatten solcherart das heute so bezeichnete „dunkle Mittelalter" überstanden.

Die Antworten sind vielschichtig und nicht immer befriedigend. Doch einige Schlüsse und Lehren lassen sich für uns ziehen. Ein Grund war der Erfolg des chinesischen Reichs, das Land unter einer Dynastie zu vereinen. Ein Herrscherhaus mag zwar Ruhe in das Land gebracht – unterbrochen von gelegentlichen lokalen Streitereien um die Thronnachfolge – und Stärke nach außen gegenüber den asiatischen Nachbarn demonstriert haben, es bot aber wenig andere Möglichkeiten für Erfinder, wenn sie keine Unterstützung durch das Herrscherhaus oder die Institutionen erhielten.

Lu Gwei-djens sanfte Mahnungen an den Ursprung vieler Technologien aus China und Needhams folgende Forschung dazu waren sicherlich ein Augenöffner für China und den Westen. In ihnen stecken aber zugleich zwei Emotionen: einerseits Stolz auf die eigene Kultur, andererseits verletzter Stolz, weil dieser Erfindungsreichtum und Anspruch als Technologievorreiter ein Ding der Vergangenheit waren. Der offensichtlich technologische und wissenschaftliche Vorsprung des Westens musste Lu Gwei-djen im Jahr 1937 spätestens mit ihrer Ankunft in Cambridge schmerzhaft bewusst geworden sein.

Schlussfolgerungen

Was für den Kaiser die Giraffe, waren für andere der Spiegel, der Fahrstuhl, das Stethoskop, die Elektrizität, das Smartphone oder künstliche Intelligenz. Beunruhigend, weil es wider die Natur sei, zumindest so fühlte es sich für diejenigen an, die die Erschaffung neuer Technologien miterlebten. Entgegen aller Unkenrufe und Warnungen vor dem bevorstehenden Zusammenbruch der Gesellschaft und Zivilisation, dem Untergang der Nation und der Verblödung der jungen Generation trat das Befürchtete nicht nur nicht ein, es geht sogar mehr Menschen auf dem Planeten besser als je zuvor.[65]

Die Beschäftigung der jungen Generation mit neuen Technologien bereitet sie auf zukünftig notwendige Kompetenzen und Berufsfelder vor. Unser Commodore 64, der damals der meistverkaufte Heimcomputer war und den mein Bruder und ich uns in den 1980er-Jahren teilten, führte uns an unsere späteren Berufe heran. Beide lernten wir selbstständig programmieren, und während er seinen Timeshare an Rechenzeit zum „Spielen" des Microsoft Flightsimulators verwendete und nun seit fast 30 Jahren Linienpilot ist, wurde ich Softwareentwickler und Technologiestratege.

Während sich viele Befürchtungen nicht oder nur unwesentlich bewahrheiten, ist die vorwiegende Auswirkung von Innovation fast immer positiv – auch wenn es manchmal länger dauern mag und der Nutzen nicht alle Gesellschaftsgruppen gleich trifft. Wer kommt heute ohne Spiegel aus oder denkt zuerst an Eitelkeit? Wie häufig ist die Fahrstuhlkrankheit ein Gesprächsthema im Freundeskreis? Machen Teddybären Schlagzeilen, weil sie unsere Kinder, also eigentlich die Mädchen, gebärunwillig machen? Wer denkt beim nächsten Anruf auf dem Smartphone noch an das Schicksal der Telefonfräulein?

Dass nichts so konstant ist wie eine Welt, die sich ändert, ist eine Weisheit, die jedem bekannt sein sollte. Hat man das verinnerlicht, dann ist die Zukunft schon halb bewältigt. Diejenigen, die sich mit offenem Geiste auf diese Neuerungen einließen, konnten davon profitieren.

Wie aber können wir jenen helfen, die damit Schwierigkeiten haben? Aufklärung einerseits, Anleitung andererseits. Die Unsicherheit, die Menschen vor Änderungen befällt, kann man reduzieren, indem man Alternativen vorzeichnet und sie dabei begleitet. Im weiten Meer zu navigieren verliert seinen Schrecken, sobald man auf Kompass und Sextant zurückgreifen kann. In den nächsten Kapiteln werden wir zum „Zukunftsnavigator", indem wir einiges über Navigationshilfen lernen.

Was die Chinesen erfuhren und als Demütigung ansahen, ist nicht so weit weg vom Gefühl, das wir erleben oder noch stärker erleben könnten. Von der Gründerzeit und den Innovationsvorreitern schlug es irgendwie ins Gegenteil um. Welche Lehren können wir daraus ziehen? Dieser Frage gehen wir in den nächsten Kapiteln nach.

KAPITEL 4

Past Chance – Wir konnten es einst! █

Perfektion
ist ganz
einfach. Etwas
völlig in den
Sand zu setzen
erfordert echte
Geschicklich-
keit.

Douglas Horton

Ohne Zweifel waren wir die Innovationsvorreiter. In seinem Buch „The Geography of Genius: A Search for the World's Most Creative Places from Ancient Athens to Silicon Valley" besucht Eric Weiner Orte, die die Menschheit von der Vergangenheit bis zur Gegenwart mit ihrer Kreativität beeinflusst haben, und versucht, die Rahmenbedingungen zu identifizieren, die zum Aufstieg, aber auch zum Untergang geführt hatten. Seine Reise führte ihn dabei vom alten Athen über Hangzhou in China, Florenz, Edinburgh, Kalkutta und Wien bis ins heutige Silicon Valley.

Eine ähnliche Reise wollen wir in diesem Kapitel vornehmen und Beispiele anführen, die zeigen sollen, dass es auch bei uns die Rahmenbedingungen gab und teilweise noch immer gibt, die uns immerhin zu dem Wohlstand und Fortschritt geführt haben, den wir heute genießen. Wir wollen aber auch andere Kulturen besuchen, uns mit deren Geschichte beschäftigen und daraus Lehren ziehen.

Vom Mittelalter ins Maschinenzeitalter

500 Jahre nach seinem Tod faszinieren uns noch immer die Arbeiten von Leonardo da Vinci. Er repräsentiert wie kaum ein anderer die Möglichkeiten, die Europa anders als andere Kulturkreise einem kreativen Geist bieten konnte. Waren chinesische „da Vincis" auf das Wohlwollen des Kaisers oder der Bürokratie angewiesen, bot sich in Europa ein anderes Bild. Der Kontinent, der in viele kleine konkurrierende Fürsten- und Herzogtümer und einige größere Reiche aufgespalten war, bot für Andersdenkende, Erfinder und sonstige Spinner den Vorteil, anderswo Unterschlupf finden zu können, wenn ihnen der heimische Despot das Leben schwer machte. Und mancher Herrscher nahm sie mit Handkuss auf, wenn auch oft nur, um einem

Rivalen eines auswischen zu können. Auch da Vinci bot im Verlauf seines Lebens diversen Herrschern und Gönnern seine Dienste an, was ihn von Florenz, Mailand und Rom bis nach Amboise in Frankreich führen sollte.

Die Suche nach einem neuen Dienstherrn geschah nicht immer freiwillig. Die Gunst konnte schnell kippen, wenn ein Kunstwerk, eine Erfindung oder eine Erkenntnis nicht den Vorstellungen des Gönners entsprach. Dann war es angeraten, sich rasch unter die schützende Hand eines anderen zu begeben. So war vor der industriellen Revolution die Skepsis gegenüber neuen Maschinen und Erfindungen stark verbreitet und das konnte für die Erfinder sogar gefährlich werden. William Lee, ein englischer Priester aus Nottinghamshire, hatte um das Jahr 1589 bereits eine Strickmaschine erfunden, die er Königin Elizabeth I. in London vorführte.[1] Er hatte gehofft, ein königliches Patent zu erhalten, doch als die Queen diesen Strickapparat sah, war sie wenig beeindruckt. Die Wollsocken, die Lee mit dieser Maschine fertigte, beeindruckten die Herrscherin kaum. Erst als er ihr Seidenstrümpfe vorlegte, fand dies für kurze Zeit ihre Anerkennung. Doch dann antwortete sie für damalige Zeiten unmissverständlich:

> Er zielt hoch, Meister Lee. Berücksichtige Er aber doch, was diese Erfindung mit meinen Untertanen machen würde. Es würde unweigerlich ihren Ruin bedeuten, indem sie ihnen Beschäftigung wegnimmt und sie damit zu Bettlern macht.

Weniger bekannt ist der Hintergrund für Lees Erfindung. So soll ein junges Fräulein, für das sein Herz entbrannt war, mehr Interesse an ihren Strickarbeiten als an seinen amourösen Aufmerksamkeiten gezeigt haben. Aus Rache entwickelte er die Maschine, die achtmal schneller als die ihn Verschmähende per Hand stricken konnte. Erst der französische König Heinrich IV. gewährte ihm das Patent, nicht zuletzt, um dem englischen König James I., der mittlerweile den Thron der verstorbenen Elizabeth I. bestiegen hatte, eines auszuwischen.

Sehr unsanft ging hingegen die Geschichte für Anton Möller, den Erfinder des Bandwebstuhls, aus. Nicht nur verweigerte ihm der Stadtrat seiner Heimatstadt Danzig im Jahr 1586 ein Patent auf seine Erfindung, die Stadtväter verurteilten ihn sogleich zum (heimlich durchgeführten) Tod durch Ersäufen, weil sie Angst davor hatten, eine große Zahl von Handwerkern arbeitslos zu machen.[2] Selbst 100 Jahre später standen die Stadtväter in ganz Deutschland dem Bandwebstuhl skeptisch gegenüber. So kam das Verbot in Nürnberg im Jahr 1664, in Köln im Jahr 1676 und dann im Jahr 1681 im gesamten Deutschen Reich. In den Jahren 1719 und 1720 wurde das reichsweite Verbot von Kaiser Karl VI. bestätigt. In Hamburg ging man sogar so weit, dass die Räte einen Bandwebstuhl öffentlich verbrennen ließen. Nicht alle schienen sich an das Verbot gehalten zu haben, denn die Städte, die die Verwendung von Bandwebstühlen gestattet hatten, waren zu mehr Wohlstand gelangt als die, die sie verboten hatten.

Andere die Arbeit erleichternde Erfindungen hingegen wurden mit offenen Armen willkommen geheißen. So wurde bis ins späte 18. Jahrhundert die Sichel mit kurzem Handgriff von 90 Prozent der Landarbeiter verwendet. Diese Arbeit war kreuzschädigend. Die ständig gebückte Haltung war ermüdend und wirkte sich auf die Gesundheit nachteilig aus. Erst die heute so offensichtlich scheinende Innovation, an der Sichel einen längeren Stiel anzubringen und daraus die Sense zu machen, machte nicht nur die Arbeit einfacher und schonte den Rücken der Knechte und Mägde, damit konnte man auch die Erntezeit um die Hälfte verkürzen.[3]

Es blieb nicht nur bei einer einfachen Griffverlängerung, die die Landwirtschaft als den damals wichtigsten Wirtschaftszweig der Menschheit veränderte. Es wurden neuartige Maschinen eingeführt wie im Jahr 1730 der Rotherham-Pflug von Joseph Foljambe und Disney Staniforth. Dieser war leichter und stärker als eine Vorgängerversion, die noch zwei Personen zur Bedienung benötigte. Den Rotherham-Pflug konnte eine Person bedienen. Es blieb nicht bei einer Aufgabe, die neue Maschinen vornehmen konnten. So war die „Sämaschine" (Englisch „seed drill"), die dem Agrarökonomen Jethro Tull aus dem frühen 18. Jahrhundert zugeschrieben wird, eine Mehrzweckmaschine, die eine Rille pflügte, Samen in diese Rille säte und sie dann mit Erde bedeckte. Dabei wurden 70 Prozent weniger Samen benötigt, um ein Feld zu besäen, als mit traditionellen Methoden. Andrew Meikles wiederum erfand in den späten 1780er-Jahren eine dampfbetriebene Dreschmaschine, die die Zeit, die zum Abernten eines Ackers benötigt wurde, auf einen halben Tag verkürzte – eine 90-prozentige Verbesserung gegenüber der Arbeit mit Sicheln.

Zu Beginn des 19. Jahrhunderts war eine Flutwelle an Erfindungen in der Landtechnik in vollem Gange, als die Landwirte mechanische Mähmaschinen, Heumaschinen, Rübenschneider, Windmühlen und Häckselmaschinen einführten. Mit der rasanten Verbreitung neuer Technologien in der britischen Landwirtschaft stieg die Produktivität sprunghaft an: Um das Jahr 1850 produzierten die landwirtschaftlichen Betriebe 2,5-mal so viel wie ein Jahrhundert zuvor. Das hatte Auswirkungen auf die Nahrungsmittelversorgung und Arbeitsplätze. Die Arbeit, die vorher Millionen Menschen beschäftigt hatte, konnte von ein paar Tausend Landarbeitern bewerkstelligt werden. Damit fielen die Preise für Lebensmittel und Kleidung, doch statt zu Arbeitslosigkeit führte die Mechanisierung zu einem Wirtschaftsaufschwung. War die Arbeit am Webstuhl für die Bauern und Landarbeiter vorher ein Zubrot zur Landarbeit gewesen, so gaben sie nun ihre Felder auf und wurden hauptberuflich Weber und Schneider.[4]

Wie konnten sich diese Erfindungen so rasch verbreiten? Eine andere Maschine half der Verbreitung von Wissen über Maschinen: die Druckpresse. Zum ersten Mal konnte so umfangreiche technische Literatur verfasst werden, die billig und rasch verteilt werden konnte. Fachbücher zum Dammbau, Tunnelbau, zu Leitungen, Pumpen und eben Maschinen aller Art wurden geschrieben und das Wissen darüber stieg rasant an. Jeden Schritt, den man nicht machen, jedes kleine Detail, das man nicht selbst erfinden muss, lässt einem Zeit, weitere kleine Verbesserungen vorzunehmen oder verschiedene Konzepte zu verbinden. Damit war eine sich beschleunigende Spirale in Gang gesetzt.

Neue Maschinen aber stießen regelmäßig auf Widerstand, selbst wenn sie nicht an einen Ort gebracht werden sollten, sondern nur zur Durchreise bestimmt waren. So erlebte der französische Erfinder Denis Papin im Jahr 1707 in Fulda sein Waterloo. Er war im Jahr 1696 vom Landgrafen von Hessen-Kassel angestellt worden, um dort als Ingenieur zu arbeiten. Im Jahr 1706 baute er dann für die dortige Eisenhütte einen Dampfzylinder, den er auch auf ein Schiff setzte, um es per Schaufelrad mit Dampf anzutreiben. Im besagten Jahr 1707 wollte er mit seiner Familie zurück nach London ziehen und seinen Schaufelraddampfer dazu benutzen, um auf der Fulda und der Weser von Kassel nach Bremen zu dampfen. Das Abenteuer fand dank der Mündener Schiffergilde ein Ende, die auf diesen Flüssen ein Monopol auf die Schifffahrt besaß. Selbst die Fürsprache seines Freundes und Mentors, des deutschen Physikers Gottfried Wilhelm Leibniz, der in weiser Vorahnung beim Stadtrat von Kassel vorher um freie Durchfahrt für Papin gebeten hatte, blieb wirkungslos. Die Durchfahrt wurde nicht genehmigt, doch Papin wagte es trotzdem. In Münden versuchten die Schiffer zuerst, einen örtlichen Richter zur Beschlagnahmung des Dampfboots zu bewegen. Nachdem das fruchtlos geblieben war, enterten sie es einfach und schlugen es in Stücke.[5] Papin sollte sich nicht mehr davon erholen, er starb wenige Jahre später mittellos in England.

Die widersprüchliche Art und Weise, wie Technologien aufgenommen werden, lässt sich auf mehrere Eigenschaften einer Erfindung zurückführen. Noch bis zu Galileo Galileis Zeiten haftete Maschinen etwas Magisches an. Maschinen konnten nur qualitativ bewertet werden. Es fehlte am physikalischen und mechanischen Grundwissen, um sie in Zahlen zu gießen und somit quantitativ zu erfassen. Erst damit war es möglich, effizient zu planen und zu entwickeln. Bis dahin gab es ziemliche Verwirrung, was Mechanik und was Magie war. Das Konzept, Maschinenkraft zu verwenden, um einfache Arbeitsvorgänge zu erledigen, wurde als etwas betrachtet, das die Natur „austrickste". Ein Maschinenbauer war somit eine Person, die magische Kräfte hatte. In der bereits beim Ringstraßenbrand erwähnten Oper

„Hoffmanns Erzählungen" wurde mit diesem Klischee gespielt, indem E. T. A. Hoffmann dem Erfinder Spalanzani in Anlehnung an den italienischen Universalgelehrten Lazzaro Spallanzani diese Rolle zuordnet.

Bis zu diesem Zeitpunkt wurden Maschinen vorwiegend so angepriesen, dass sie Kapital sparen konnten. Dass sie dabei Arbeit ersetzen würden, wurde aus Angst vor gewalttätigen Reaktionen unterschlagen. Das sollte sich aber ändern. Die Frage begann, sich darum zu drehen, ob die Innovation Arbeitsplätze ersetzen oder ermächtigen würde. Die Arbeit am Webstuhl war sehr arbeitsintensiv und vor allem qualifizierte Erwachsenenarbeit. Die automatischen Webstühle hingegen kamen mit einem Bruchteil der Arbeitskräfte aus und es konnten ungeschulte Frauen und Kinder eingesetzt werden, denen man viel weniger Lohn als den Männern bezahlen konnte.

Aufkratzmaschinen, mit denen man auf Stoffen wie Samt, Plüsch oder Velours senkrecht zur Oberfläche stehende Fasern – den sogenannten Flor – erzeugen konnte, erlaubten es einem Mann und zwei Jungen, die Arbeit von achtzehn Männern und sechs Jungen zu verrichten.[6] Die kleineren Hände von Frauen und Kindern ermöglichten geschickteres und rascheres Arbeiten an den automatischen Webstühlen, die dann auch für diese Arbeitskräfte dimensioniert wurden. Und diese Arbeiter waren besser zu kontrollieren und in Schach zu halten als Männer. Kinder beispielsweise erhielten nur ein Drittel oder sogar nur ein Sechstel des Lohns von Männern – und wenn es dem Fabrikbesitzer einfiel, behielt er sogar den Lohn der Kinder ein und sie mussten gegen karges Essen und eine ärmliche Unterkunft ihre schwere und monotone Arbeit verrichten. Bis zu 18 Stunden pro Tag wurden Kinder zur Arbeit eingesetzt.[7]

Es verwundert nicht, dass es so zu den Weberaufständen kam, bei denen Webstühle zerstört wurden. Auch in England wurden solche Maschinen schon im Jahr 1554 verboten, auch wenn fast ein Jahrhundert später der englische König Charles I. eine erneute Proklamation verhängte. Die Maschinen waren währenddessen trotz Verbote weiterhin eingesetzt worden.

Die Herrschenden fürchteten nicht zu Unrecht, dass Untertanen ohne Arbeit aufbegehren würden. Gerade nach der Französischen Revolution war dem Habsburger Kaiser Franz II. (1768 bis 1835) das Schicksal seiner Tante Marie-Antoinette auf der Guillotine in frischer Erinnerung. Der Gedanke, dass die Landbevölkerung in die Städte und in die Fabriken zog und sich somit rasch und konzentriert um den Herrschaftssitz organisieren konnte, bereitete ihm Unbehagen. Bis zum Jahr 1802 verweigerte er den Bau von Fabriken in Wien und sogar bis zum Jahr 1811 auch den Import von Maschinen. Zu den Entwürfen für den Bau einer Eisenbahn entgegnete er erschrocken:[8]

Nein, nein, ich werde nichts damit zu tun haben, sonst kommt noch die Revolution ins Land.

Zar Nikolaus I. (1825 bis 1855) verbot, von ähnlichen Ängsten geplagt, Industrieausstellungen im russischen Reich. Maschinen, Fabriken und Eisenbahnen wurden von den Herrschern nicht nur als revolutionäre Technologien angesehen, sondern auch als Technologien, die Revolutionen erst ermöglichten.

Der Widerstand gegenüber neuen Technologien – und waren sie noch so simpel – kam nicht nur von den Herrschenden, sondern auch von denen, die um ihre Lebensgrundlage fürchteten. Auch Zünfte oder Räte waren sehr aktiv. Der Geheime Rat in England verbot im Jahr 1623 eine nadelproduzierende Maschine und ordnete deren Zerstörung und auch die der damit hergestellten Nadeln an. König Charles I. verbot neun Jahre später den Guss von Eimern, weil das die Arbeitsplätze der nach der herkömmlichen Methode – dem Biegen und Hämmern von Blechen – arbeitenden Handwerker gefährdete. im Jahr 1620 kam es zu einem gewaltsamen Aufstand von Webern in Leiden und zwischen den Jahren 1685 und 1726 waren automatische Webstühle in Deutschland verboten.

Die kanadische Historikerin Sheilagh Ogilvie, Professorin für Wirtschaftsgeschichte an der Oxford University, untersuchte den Einfluss von Zünften auf Technologienentwicklungen. Wenn eine mächtigere oder einflussreichere Fraktion einer Zunft von der Technologie profitieren konnte, wurde diese manchmal auf Kosten der schwächeren Fraktion übernommen. Manchmal wurden Handwerksgilden von mächtigen Händlern überstimmt. Und es gab Fälle, in denen die politischen Behörden einem Erfinder ein Privileg gewährten – entweder, weil man eine direkte Zahlung für die gewährten Vorteile erhielt oder weil man einen Anteil an den Gewinnen erwartete.[9]

Zünfte blockierten den Einsatz von Pferden angetriebener Maschinen, die den Zunftmeistern Arbeit abnahmen wie in Köln, wo von Pferden angetriebene Wickelmaschinen 1498 verboten wurden, weil sie die Meister der Leinenzwirnerzunft bedrohten. Der Multi-Schiffchen-Bandwebrahmen wurde von den meisten Zünften im frühneuzeitlichen Europa erfolgreich verboten, verbreitete sich aber in den nördlichen Niederlanden nach 1604 dank der tatkräftigen Unterstützung durch Fraktionen innerhalb der niederländischen Bandwebergilden. Auch in London verbreitete er sich nach 1616, da er von einer kleinen Gruppe politisch gut vernetzter Zunftmitglieder innerhalb der Webervereinigung angenommen wurde, bevor die der Erfindung feindlichen gesinnten Mitglieder Widerstand mobilisieren konnten. Der Widerstand gegen Innovation ist das hervorstechendste Merkmal der Art und Weise, wie die Zünfte mit störenden neuen Prozessen und Produkten interagierten. Vormoderne Menschen klagten oft darüber, dass die Gilden Innovationen blockierten. Die Gilden selbst führten offen Lobbykampagnen durch, um Gildenmitglieder und Außenstehende daran zu hindern, auf neue Art und Weise zu produzieren. Städtische, fürstliche, königliche und kaiserliche Regierungen überlegten sich ständig, welche Positionen die Gilden gegen Innovationen einnehmen sollten, und entwickelten oft Gesetzesvorlagen, um das Thema zu behandeln.

Mit der Zeit kam aber ein anderer Faktor ins Spiel, der den Widerstand der Herrschenden gegen neue Technologien schwächte: Kriege. Ihnen wurde zunehmend klar, dass sie ihre Schlachten und Scharmützel nur dann gewinnen konnten, wenn sie in puncto Kriegstechnologien auf dem neuesten Stand blieben. Die Kriegsanforderungen waren unzertrennlich mit der allgemeinen Wirtschaft verbunden. Die Massen an Uniformen für die Soldaten, der Transport an die Front und der Bedarf an effizienteren Waffen erforderten den Einsatz immer neuer Technologien. Denn man konnte sich nie sicher sein, ob der Gegner nicht solche in Stellung brachte. Weil diese kleinen europäischen Länder im ständigen Konflikt miteinander lagen, entwickelten sich Feuerwaffen entsprechend rasch, mit einer kontinuierlich steigenden Schusszahl pro Minute, die Europa global gesehen schon ab Mitte des 16. Jahrhunderts in der Kriegstechnologie allen anderen Kulturen überlegen machte.[10]

Der russische Zar Peter der Große läutete als einer der ersten Herrscher eine solche Zeitenwende ein. Er machte sich in den Jahren 1597 und 1598 mit einem Tross von mehreren Hundert Höflingen „inkognito" nach Schweden, Preußen, den Niederlanden, England, Polen und Österreich auf, um Schiffsbau und andere Technologien zu studieren. Auf dieser Reise warb er eine Reihe von Handwerkern und Verwaltungsbeamten an, die er nach Russland einlud, um dort am Aufbau der neuen Hauptstadt Sankt Petersburg mitzuwirken und die russische Wirtschaft, das Militär und die Verwaltung zu modernisieren. So kamen schätzungsweise 1.100 ausländische Experten nach Russland und trugen zu einem Modernisierungsschub bei.

Dank des Zusammenspiels von Zünften, Herrschenden und mächtigen Kaufleuten und den verstärkten Anforderungen eines modernisierenden Staats kam es langsam zu einem Umdenken in Bezug auf neue Technologien. Das zeigte sich zuerst in England, wo die Weberaufstände von der Regierung brutal niedergeschlagen wurden. Die aufstrebende Seefahrernation, die dabei war, ein Weltreich zu schaffen, hatte begriffen, dass nur der technologische Fortschritt dies ermöglichen konnte. Damit wurden die erforderlichen Rahmenbedingungen festgelegt, was unter anderem bedeutete, gegen technologischen Widerstand hart durchzugreifen. Auf die Zerstörung automatischer Webstühle stand sogar die Todesstrafe und der Export von technischem Wissen ins Ausland wurde verboten. England verabschiedete dazu im Jahr 1719 ein Verbotsgesetz. Englische Bürger, die nicht innerhalb von sechs Monaten wieder nach England zurückkehrten, mussten mit dem Entzug des Eigentums und ihrer Staatsbürgerschaft rechnen.[11] Das wurde noch um ein Exportverbot für Maschinen ergänzt.[12]

Noch ein Faktor beschleunigte die Modernisierung: Regionen, deren Wirtschaften dem ausländischen Wettbewerb stärker ausgesetzt waren, reagierten darauf mit der Einführung neuer Technologien. Eine Auswertung von 4.212 Patenten, die in der Zeit von 1620 bis 1823 angemeldet wurden, zeigt, dass Gebiete in England, die stärker dem externen Wettbewerb ausgesetzt waren, mehr in die Erfindung neuer Technologien investierten.[13] Auch das Wesen der technischen Erfindung veränderte sich. Die Wirtschaftshistorikerin Christine MacLeod untersuchte 505 Patente, die in der Zeit von 1663 bis 1750 angemeldet wurden. Dabei stellte sie fest, dass die überwiegende Mehrzahl der Patentschriften sich ausschwieg, inwieweit die Technologien Arbeitnehmer ersetzen würden. 45 Prozent der Patente sprachen darüber, wie sie die Fähigkeiten der Arbeitnehmer verbessern würden. Weitere 37 Prozent hoben die Einsparung von Kapital hervor. Nur zwei Prozent der Patente erwähnten die Möglichkeit, Arbeitskräfte einzusparen. Die Wirklichkeit sprach allerdings eine andere Sprache. Zwischen den Jahren 1750 und 1800 stieg der Prozentsatz der arbeitsplatzsparenden Technologien um das Vierfache. Die Erfinder taten immer noch besser daran, arbeitsplatzsparende Fähigkeiten ihrer Technologien tunlichst zu verschweigen, weil Widerstand garantiert war.[14] Dafür hoben die Erfinder hervor, dass die Erfindung Arbeitsplätze schaffen würde – und zwar speziell solche für Frauen und Kinder, die weniger kostspielig waren als Männer. Wenn Arbeitsplätze abgeschafft wurden, dann waren es solche, die Qualifikationen oder körperliche Stärke voraussetzten.[15]

Diese mehrere Jahrzehnte dauernde Phase führte zu einer Vernichtung von Arbeitsplätzen, die ganze Bevölkerungsgruppen zur Armut verurteilte. Erst als die Webereien von einzelnen Maschinen zu immer größeren Maschinenparks in Fabriken wuchsen und es aus Kostengründen zu einer Standardisierung der Maschinen kam, drehte sich der Spieß um. War es vorher einem an einer Maschine angelernten Arbeiter nicht so einfach möglich, seine Arbeitskraft einer anderen Weberei anzubieten, weil die Maschinen zu unterschiedlich waren, so gelangten die Arbeiter mit der Standardisierung zu einem Druckmittel. Sie konnten leichter zu anderen Arbeitgebern wechseln – mit dem Ergebnis, dass die Löhne stiegen.[16] Gleichzeitig entstanden mit den größeren Webereien, den Vorboten der Industrialisierung, neue Berufe, die den reibungslosen Betrieb einer Fabrik sicherstellten. Mit der Verwaltung, im Einkauf, Vertrieb, in der Lohnabrechnung, bei der Ersatzteilbeschaffung, in der Gebäudeverwaltung oder Buchhaltung entstanden gut bezahlte und körperlich weniger beschwerliche Professionen.[17]

Diese Innovationen ersetzten nicht die Arbeitskraft, sie ergänzten sie und erweiterten die beruflichen Anforderungen. Damit stieg der Bedarf an ausgebildeten Arbeitern und Angestellten – und das Bildungssystem trat in den Vordergrund. Spätestens mit Charles Dickens' Gesellschaftsroman „Oliver Twist", der die Ausbeutung von Kinderarbeit thematisierte, wurde diese als einer (nicht nur) modernen Gesellschaft unwürdig erkannt und vor allem auch als Hindernis, um im internationalen Wirtschaftswettrennen bestehen zu können.

Die Arbeitskräfte ergänzende und erweiternde Technologien sollten im Großen und Ganzen eineinhalb Jahrhunderte dominieren. Es kam zu einem beispiellosen Wachstum in den industrialisierenden Ländern, was zu einer weitreichenden Verringerung von Armut und dem Anstieg des Lebensstandards von Nationen führte.

Seit den 1980er-Jahren sehen wir allerdings einen Übergang zu Arbeitsplätze ersetzenden Technologien, die vor allem die Mittelschicht betreffen. Die sich öffnende Schere zwischen Produktivitätsanstieg und Lohnniveau macht das deutlich. Gut bezahlte Fertigungsjobs, die

Menschen mit einem mittleren Schulabschluss offenstanden und ihnen ein gutes Auskommen ermöglichten, begannen zu verschwinden. Für die verbleibenden Fertigungsjobs werden gleichzeitig aber höher qualifizierte Arbeitnehmer eingestellt. Geringer Qualifizierte haben somit kaum Aufstiegschancen und werden in noch schlechter bezahlte Jobs gedrängt.

Eine Studie zur sogenannten Jobpolarisierung in Europa, die den Zeitraum zwischen den Jahren 1993 und 2010 betrachtet, zeigt auf, dass im Durchschnitt der Beschäftigtenanteil in mittleren Berufen um zehn Prozent sank – und das pro Jahr. Für Geringqualifizierte stieg der Anteil pro Jahr leicht an, und zwar um zwei bis drei Prozent. Am meisten profitierten die Hochqualifizierten. Deren Beschäftigtenanteil stieg pro Jahr im Durchschnitt um sieben bis acht Prozent.[18]

Das betrifft vor allem Männer und wird durch deren „Geschlechterstolz" noch verschlimmert. Während Fertigungsjobs schwinden und durch Automatisierung ersetzt werden, stieg gleichzeitig der Bedarf in Pflegeberufen. Solche Berufe werden aber als „typisch weibliche" (Englisch: „pink collar") Berufe angesehen und von Männern unter anderem deshalb kaum angenommen. Und weil es vor allem Frauen sind, die in diesen Berufen tätig sind, ist das Lohnniveau dort gering. Hier beißt sich die Katze in den Schwanz. Männer ergreifen Pflegeberufe seltener, weil sie nicht gut bezahlt sind, und weil Männer sie seltener ergreifen, bleiben sie schlecht bezahlt. Eine sich selbst verstärkende Genderdiskriminierung.

Die Entstehung der Wissenschaften

Der aufregendste Satz in der Wissenschaft, der neue Entdeckungen ankündigt, ist nicht „Heureka!", sondern „Das ist ja kurios."

Frans de Waal

Das Maschinenzeitalter, das mit der Unterstützung vieler Erfindungen und Verbesserungen spätestens mit Leonardo da Vinci seine ersten zaghaften Schritte getan hatte, kam im Gleichschritt mit der Entstehung der Wissenschaften. Und das führt uns wieder auf Needhams Frage zurück, warum diese nicht in China oder im arabischen Raum entstanden sind. Die Antwort ist erwartungsgemäß vielschichtig und nicht in allen Punkten unstrittig. Unstrittig ist allerdings, dass der Rest der Welt im 20. Jahrhundert die Wissenschaften als Methode und Philosophie vom Westen übernommen hat.

Mit der Gründung wissenschaftlicher Gesellschaften Mitte des 17. Jahrhunderts entstanden die ersten Institutionen außerhalb der Kirche und unabhängig von Einzelgönnern. Wunderkammern, die eine Sammlung an Kuriositäten mehr zum privaten Vergnügen der Mäzene darstellten, fanden sich in allen Herrscherhäusern. Der Astronom Johannes Kepler fand Inspiration von der einzigartigen Wunderkammer seines Gönners Kaiser Rudolf II. Sie bestand nicht nur aus einer Ansammlung von Objekten in Regalen und Vitrinen, sondern umfasste Ställe, Volieren und Menagerien, Gärten und Teiche, Werkstätten und Bibliotheken, die zusammengenommen eine Miniaturwelt verkörperte, in der Natur, Kunst und Wissenschaft miteinander verschmolzen waren.

Im späten 15. Jahrhundert war es in Norditalien Mode geworden, seinen sozialen Status durch Wunderkammern und Kuriositätenkabinetten zu zeigen. Leonello d'Este von Ferrara, Pietro und Francesco de' Medici in Florenz, Isabella d'Este in Mantua und Federico da Montefeltro in Urbino hatten eine. Diese Neuigkeit verbreitete sich bald nördlich der Alpen.

Was aber fehlte, war eine systematische Herangehensweise an die Sammlung, eine Katalogisierung und Klassifikation, ein Verständnis und eine Untersuchung dieser Objekte und auch das Streben nach Vollständigkeit der Sammlung und des Wissens darüber. Dazu mussten Methoden und Prinzipien entwickelt werden.

Francis Bacon beschrieb mit der Wissenschaft als Jagd (venatio) das zentrale Prinzip dieser neuen Philosophie. Diese Bildsprache hatte er vom neapolitanischen Universalgelehrten Giambattista della Porta übernommen, der diese in seinem im Jahr 1558 erschienenen Werk „Magiae naturalis sive de miraculis rerum naturalium" („Natürliche Magie") verwendet hatte. Im Jahr 1596 wurde in Venedig die kurzlebige Academia Cacciatore – die Akademie der Jäger – gegründet. Ihr folgten um die Mitte der 1660er-Jahre in Bologna die ebenso nach Jagdallegorien benannte Accademia della Traccia – Akademie der Spuren –, die sich im Jahr 1690 in die ebenso allegorische und entzückende Accademia del Inquieti – Akademie der Ruhelosen – umbenannte. Die im Jahr 1657 gegründete toskanische Accademia del Cimento – Akademie des Experiments – diente als Vorbild für die im Jahr 1660 gegründet Royal Society in London.

In Deutschland gab die Rosenkreuzer-Bewegung den Anstoß für die frühe Gründung naturphilosophisch interessierter Gesellschaften. Eine von ihnen, die „Fruchtbringende Gesellschaft" (wegen des auf dem Gesellschaftsschild abgebildeten Palmenhains auch als der Palmenorden bekannt), wurde im Jahr 1617 von einer Gruppe von Adeligen auf Schloss Hornstein bei Weimar gegründet. Sie wurde von Fürst Ludwig von Anhalt-Köthen finanziert, der sie nach dem Vorbild der im Jahr 1583 gebildeten und noch heute existierenden Florentiner Accademia della Crusca, einer Gesellschaft von Sprachwissenschaftlern und Philologen, gründete. Die Fruchtbringende Gesellschaft selbst war mit dem im Jahr 1577 gegründeten geheimnisvollen Orden der Unzertrennlichen verbunden, der sich mit Alchemie und Bergbautechnik befasste und als Vorläufer des Ordens vom Rosenkreuz selbst vorgeschlagen wurde.

Forscher führen als weiteren Grund zur Needham-Frage die Rolle von Religion in den jeweiligen Kulturkreisen an, auch wenn in Europa die katholische Kirche argwöhnisch über die Einhaltung der Kirchendoktrin wachte und Abweichler verfolgte. Diese wurden entweder wie Giordano Bruno hingerichtet, zum Schweigen gezwungen wie etwa Galileo Galilei oder massiv angefeindet, wenn auch – wie beispielsweise bei Martin Luther – letztendlich vergeblich. Tatsächlich kamen die meisten dieser Abweichler aus den Reihen der Kirche selbst, weil es lange Zeit die einzige europaweite Institution mit Zugang zu Wissen, Theorien und Methoden war.

China und der Islam: Paradigmen einer Stagnation

> Der Feind der Wissenschaft ist nicht die Religion ...
> Der wahre Feind ist die Ersetzung des Denkens, der
> Reflexion und der Neugierde durch ein Dogma.

Frans de Waal

Spätestens mit dem Einstellen der Seefahrten von Zheng Hes großer Flotte Mitte des 15. Jahrhunderts begann China seinen technologischen Vorsprung zu verlieren. Die Länder, die Hes Flotte „besucht" hatte, füllten diese von China hinterlassene Lücke, indem sie nach dem Vorbild Chinas eigene Schiffe entwickelten, Kanonen bauten und somit technologisch aufschlossen. Chinas Machthaber isolierten das eigene Land und legten ein demonstratives Desinteresse an anderen Ländern und Kulturen an den Tag. Die Höflinge waren sogar stolz darauf, nichts über andere Länder und Kulturen zu wissen. Nach deren Verständnis hatte kein Land, keine Kultur etwas, was China fehlte oder interessieren konnte. Von anderen Ländern konnte China nichts lernen. China stand wortwörtlich für die zivilisierte Welt. Alle anderen waren Barbaren und durften sich glücklich schätzen, wenn China ihnen erlaubte, dem Sohn des Himmels Tribut zu zollen.

Dies musste schon im Jahr 1792 der bereits erwähnte Lord George Macartney erfahren, als er von seiner China-Mission zur Aufnahme von Handelsbeziehungen mit einer ziemlich herablassenden Botschaft des chinesischen Kaisers zurückkehrte.

China war nicht der einzige Kulturkreis, der technologisch weiter entwickelt war als Europa. Der arabische Raum verband China mit Europa und führte regen Handel mit beiden Seiten. So ist dem Interesse aus diesem Teil der Welt zu verdanken, dass wir heute noch über die klassischen Schriften der Griechen und Römer verfügen. In einer großen Übersetzungsanstrengung waren im 9. und 10. Jahrhundert die Schriften etlicher griechischer Philosophen für die Kalifen, Sultane und reichen Geschäftsmänner von dazu kommissionierten sprachkundigen Juden und Christen ins Arabische übersetzt und somit bewahrt worden. Wenn auch nicht alle griechischen Texte übersetzt worden waren wie etliche von Platons und Aristoteles' Schriften zur rationalen Welt und dem Menschen als eigenständige Kraft im Universum, die im Widerspruch zu den Lehren über einen Gott, dessen Wille alles lenkte, standen, so gelangten trotz dieser „Auslassungen" durch den Handel und die übersetzten Klassiker neue Ideen und Ansätze in die arabische Welt.[19]

Noch bei der ersten Türkenbelagerung von Wien im Herbst 1529 war die technologische Überlegenheit des osmanischen Heeres erkennbar. Die Belagerung war nur aufgrund der Wetterlage und des bevorstehenden Winters nach drei Wochen abgebrochen worden. Bei der zweiten Belagerung im Jahr 1683 wurde schon offensichtlich, dass Europa technologisch aufgeschlossen hatte und das Osmanische Reich den Vorsprung verloren hatte. Schon im Jahr 1571 hatten venezianische Kanonengießer die bei der Seeschlacht von Lepanto erbeuteten osmanischen Kanonen als technologisch nicht mehr der Höhe der Zeit entsprechend eingestuft und schmolzen sie ein.[20]

Wie kam es zu dieser Stagnation? Und vielleicht noch interessanter: Wieso kam es nur in Europa zur Entwicklung der modernen Wissenschaften, nicht aber in China und dem arabischen Raum? Das zu verstehen könnte uns Aufschlüsse darüber geben, welche Paradigmen zu entwickeln sind, um nicht nur damals die Wissenschaften, sondern zeitgemäße Rahmenbedingungen zu schaffen, die Technologieführerschaft und Unternehmertum fördern.

Mehrere Ursachen lassen sich für China identifizieren. Das Land profitierte jahrhundertelang von einer Bevölkerungszahl, die weit höher als die anderer Länder war. Zu Zeiten von Lord Macartney lebten in China 350 Millionen Menschen, Großbritannien zählte nicht mehr als acht Millionen. Zwangsläufig ist damit die absolute Zahl von Entdeckungen und Erfindungen höher. Joseph Needham folgerte aus seinen Forschungsergebnissen, dass China in den letzten zwei Jahrtausenden im Durchschnitt 15 signifikante Erfindungen pro Jahrhundert in die Welt gebracht hatte.

Auch wenn China immer wieder in mehrere kleine Reiche zerfiel und sich wieder (gewaltsam) vereinigte, war für die meisten Einwohner nichts davon zu spüren. Das Land blieb relativ homogen und stabil. Dazu trug der effiziente Beamtenapparat bei, der von jedem neuen Herrscher und jeder Dynastie mit übernommen wurde. Damit war für eine gewisse Form der Stabilität über Jahrhunderte gesorgt. Und dies führte mit der Zeit dazu, dass sich neue Ideen nur dann durchsetzen konnten, wenn sie die Unterstützung des Kaiserhofs erhielten und keine Bedrohung für die Macht des Beamtenapparats darstellten. Zheng Hes und der in der Bugwelle seiner Flotte folgende Aufstieg einer reichen Händlerschicht gefährdete diese und führte letztendlich zur Einstellung der Flotte, der Unterdrückung einer merkantilen Klasse und zu einer selbstgewählten Isolation.

Auch in China gab es ähnlich den Zünften in Europa die sogenannten „gongsuo", die einen langen Bestand und noch mehr Macht als ihre europäischen Pendants hatten. Und diese Macht nutzten sie aus, um arbeitsplatzsparende Erfindungen von Anfang an zu unterdrücken.

Ein zeitgenössischer Beobachter berichtete noch um das Jahr 1886 von Aufständen, nachdem einige unternehmerische Chinesen dampfbetriebene Baumwollspinnereien installiert oder Ausgangsprodukte wie Messingbleche importiert hatten. Die örtlichen Baumwollpflanzer weigerten sich, die Spinnereien zu beliefern, und die Kupferschmiede, die bis dahin Messingbleche erzeugt hatten, verwüsteten das Lager des Importeurs. Die Zünfte, Behörden und die öffentliche Meinung schlugen sich sehr rasch auf die Seite der Aufständischen.[21]

Ein weiteres Element, das die Durchsetzung von Erfindungen hemmte, war die Größe des Reichs und damit die Distanzen zwischen den Städten. Das schwächte den Wettbewerb und verringerte die Notwendigkeit, sich technologische Vorteile zu verschaffen.[22] In Europa hingegen konnte ein Erfinder oder Entdecker mit seiner Idee von einem Herrscher zum nächsten und von einer Stadt in die andere ziehen und versuchen, einen Mäzen und Sponsor zu finden. In China war das letztendlich nur der Kaiser (und seine Beamten), und wenn dieser ablehnte und sich Staat und Zünfte gegen einen stellten, waren rasch alle Möglichkeiten erschöpft.

Der chinesische Beamtenapparat stellte noch einen anderen Grund für die Stagnation dar. Aufwendige Aufnahmeprüfungen, die alle paar Jahre stattfanden, sollten die besten Kandidaten als Nachwuchs für den Staatsdienst ausfindig machen. Theoretisch standen sie allen offen, praktisch nahmen die Vorbereitungen aber so viel Zeit und Geld in Anspruch, dass vor allem Privilegierte sich den Luxus leisten konnten, für die Examen zu pauken. Es zählte sicherlich zu den ambitioniertesten Ausbildungsprogrammen, die die Welt je gesehen hatte, allerdings mit gemischten Ergebnissen. Von den alle drei Jahre in den Finalrunden antretenden 10.000 bis 15.000 Prüflingen gelangten in der Regel nicht mehr als fünf Prozent in den Staatsdienst.

Auch änderten sich die Regeln und Fragen für die Examen über Jahrhunderte hinweg nicht. Verlangt wurde absolute Loyalität zum Status quo und die Aufrechterhaltung der Tradition. Damit blieben zwischen dem 13. und 20. Jahrhundert die Naturwissenschaften außen vor. Sie wurden für die Staatsexamen nicht benötigt, stattdessen lag der Schwerpunkt auf der Kontinuität des bestehenden Wertesystems. Das europäische System hingegen förderte mit den ersten Universitäten die Neugier und die Erforschung von Natur und der Rolle des Menschen.

In der Nachbetrachtung kann man diese Prüfungen als eine gewaltige Verschwendung von menschlichen Ressourcen bezeichnen, deren Rigidität zur Versteinerung der Gesellschaft führte. Der Historiker Ho Peng-ti beschrieb dies mit folgenden Worten:[23]

> Es ist nicht ungewöhnlich, dass ein Gelehrter ein Dutzend Mal oder öfter bei hochrangigen Prüfungen, die gewöhnlich im Abstand von drei Jahren stattfanden, durchgefallen ist.

Das ganze Leben solch glückloser Gelehrter wurde so in ihren Studien- und Prüfungsräumen vergeudet.

Das chinesische Rechtssystem war auf den Kaiser als oberste Instanz ausgerichtet. Keine Rechtsprechung war final, solange nicht der Kaiser entschieden hatte. Und der war oft nicht konsistent in seinen Urteilen. Damit war kein Rechtsgelehrter bemächtigt, unabhängig vom Kaiser Urteile zu fällen. Manche Rechtsstreitigkeiten zogen sich über Jahrzehnte hin, sofern sie überhaupt eingereicht werden konnten. Während europäisches Recht von Rechten der Subjekte ausgeht, ist der chinesische Begriff, der mit „Gesetz" übersetzt wurde, „fa", und dieser bedeutet „Strafe" oder bestenfalls ein Verhaltensmodell, das widerspenstigen Untertanen mit Gewalt aufgezwungen werden muss.

Eine religiösbasierte Entwicklung begann sich im arabischen Raum ab dem 11. Jahrhundert abzuzeichnen. Die Überlieferungen des Propheten Mohammed, die selbst wiederum nur aus zweiter und dritter Hand stammten und Jahrzehnte nach seinem Tod aufgezeichnet worden waren, fanden zu diesem Zeitpunkt im Koran eine Konsolidierung durch die Gelehrten. Damit wurde auch die Interpretation der Texte in strenge Bahnen gelenkt und Abweichungen davon wurden als Gotteslästerungen – und somit eine für den Abweichler lebensgefährliche Aktivität – angesehen.

Nicht nur das: Der Koran wurde nicht nur als Schrift betrachtet, die religiöse Weisheit brachte, sondern vielmehr als eine Art Universalenzyklopädie. In ihm steckte alles Wissen und alle Wahrheit – und alle Erkenntnisse, die sich nicht damit vereinbaren ließen, kamen einer Gotteslästerung gleich. „Nichts haben Wir in dem Buch ausgelassen", beschreibt die Sure 6:38. Der Gedanke, dass es natürliche Ursachen gibt, stand im direkten Gegensatz zur islamischen religiösen Philosophie, die den Willen Gottes als verantwortlich für alles sah. Folglich lehnte diese Sichtweise das Konzept der „Natur" als eine angeborene Kraft ab, die als unabhängig und unvereinbar mit der Idee eines einzigen, transzendenten und allmächtigen Agenten erschien.

Während die griechischen und hellenischen Schulen von Anfang an versuchten, die Lese- und Schreibfähigkeit zu entwickeln und das Textverständnis zu fördern, schufen die Koranschulen und die Studienzentren in Moscheen einen engen und ausschließlichen Fokus auf das Lernen des Korans durch Auswendiglernen. Und das war zumeist auch die Ausbildung, die die meisten Schüler erhielten.

Neben den philosophischen Texten der Griechen wurden auch aus dem Römischen Reich viele Texte ins Arabische übersetzt. Darunter befand sich der römische Gesetzeskanon „Corpus Juris Civilis". Aber in den Beratungen der „Fuqaha" (Legisten) und „Muftis" (Religionsgelehrten), die Form und Inhalt des islamischen Rechts festlegten, wurde nicht versucht, andere Rechtsstrukturen und Präzedenzfälle zu berücksichtigen, die in früheren Gesetzbüchern wie im römischen Recht festgelegt waren.[24]

Zugleich verbot der Islam medizinische Praktiken, die später in Europa zu neuen Erkenntnissen führen würden – darunter die Sezierung von tierischen und menschlichen Körpern, und das schon gar nicht vor Publikum, sowie die Anfertigung von detaillierten anatomischen Zeichnungen. In Europa entstand so für Ärzte aus eigener Erfahrung über die menschliche Anatomie und Krankheitsursachen ein Wissensschatz, der Ärzten im arabischen Raum nicht zugänglich war.

Selbst als aus Europa wesentlich detailliertere anatomische Zeichnungen und medizinisches Wissen im arabischen Raum bekannt geworden waren, wurde nach wie vor lediglich die aus dem ersten anatomischen Atlas „Tashrīḥ-i badan-i insān" von Mansur ibn Ilyas aus dem Jahr 1396 stammende stark vereinfachte anatomische Zeichnung als Standard für Post-mortem-Untersuchungen verwendet[25] – und zwar bis ins 19. Jahrhundert hinein. Ähnlich simplifizierte anatomische Darstellungen fanden auch im Reich der Mitte Anwendung. Mediziner und Leichenbeschauer griffen dort sogar bis ins 20. Jahrhundert auf die anatomischen Zeichnungen aus den im Jahr 1274 erschienenen „Aufzeichnungen zur Tilgung von Ungerechtigkeit" zurück.[26]

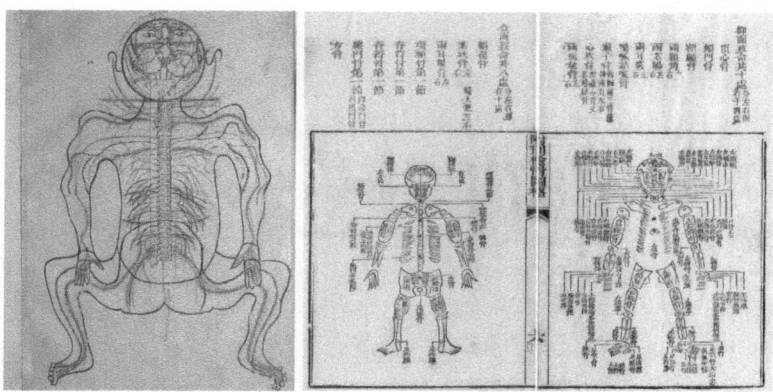

Abbildung 7: Rechts: Seite aus dem Tashrīḥi Manṣūri, circa 1450, U.S. National Library of Medicine. Links: Namen der Knochen des Menschen in Sòng Ci: „Gesammelte Aufzeichnungen zur Tilgung von Ungerechtigkeiten" (Sòng Cí: Xǐ – yuān lù jí – zhèng, Druckausgabe von 1843, herausgegeben von Ruǎn Qíxīn)

Obwohl der arabische Raum (wie auch China) fortschrittliche medizinische Praktiken eingeführt hatte, behinderten andere Faktoren die Weiterentwicklung, nämlich wie Lehranstalten rechtlich organisiert waren.[27]

In struktureller und rechtlicher Hinsicht waren die Madrasa und die Universität gegensätzliche Typen. Während die Madrasa eine fromme Stiftung nach dem Recht des religiösen und karitativen Besitzes war, deren Eigentum als heiliges und unverletzliches Treuhandvermögen beiseitegelegt wurde, waren die Universitäten Europas rechtlich autonome Körperschaften, die viele rechtliche Rechte und Privilegien hatten. Dazu gehörte die Fähigkeit, ihre eigenen internen Regeln und Vorschriften festzusetzen, das Recht, Eigentum zu kaufen und zu verkaufen, eine rechtliche Vertretung in verschiedenen Foren zu haben, Verträge zu schließen, zu klagen und verklagt zu werden, und nicht zuletzt das Recht, den Lehrplan zu ändern.

Weil das Konzept einer juristischen Person für Organisationen wie Universitäten, Zünfte, Unternehmen oder Städte fehlte, waren sie nicht nur vom Willen eines Stifters abhängig und konnten nur geringfügig davon abweichen, sie konnten damit auch keine einheitlichen und durchsetzbaren Regeln und Standards aufstellen. Einen anerkannten Nachweis eines Studienabschlusses und das Recht, Medizin oder Jura zu praktizieren und andere davon auszuschließen, konnten damit nicht eingeführt werden. Einen Ärzteverband, der das kontrollierte, gab es somit auch nicht.

Wir kommen für China und den arabischen Raum nur zu einer Schlussfolgerung: Sie hörten auf, es zu versuchen. Cleveren und ambitionierten jungen Leuten in China stand als Karrierepfad nur die Beamtenlaufbahn offen. Eine kaufmännische Klasse, die im Westen zu Reisen in ferne Länder, zu Wohlstand und Ruhm führen konnte, gab es hingegen nicht. Damit fehlten der Wettbewerb und die Nachfrage nach Verbesserungen. Der Hang zur Selbstzufriedenheit und damit Mittelmäßigkeit begannen zu dominieren.

Gerade als Europa nach Jahrhunderten der Stagnation den Blick auf die Natur und nach außen richtete, herrschte in China und dem arabischen Raum der Blick nach innen vor. Was sich hier über Jahrhunderte abspielte, geschieht heute in Jahrzehnten in umgekehrter Richtung. China begann nach dem Tiefpunkt um das Jahr 1900 und Rückschlägen mit dem großen Sprung nach vorne eine beispiellose Aufholjagd, in der im frühen 21. Jahrhundert fast die ganze Bevölkerung aus der Armut in eine Mittelklasse gehoben wurde und das Land wirtschaftlich, technologisch und militärisch zu den Spitzenreitern aufschließt.

Betrachten wir Europa im Allgemeinen und Deutschland im Speziellen, dann scheinen wir uns – mit sicherlich großzügiger, aber auch nicht von der Hand zu weisender Auslegung – in einer immer stärkeren Selbstgefälligkeit zu verlieren. Wir sind (zu Recht) stolz auf unsere Errungenschaften in den vielen Industrien, in denen wir dominieren und Weltmarktführer sind, gleichzeitig unterschätzen wir sträflich und beinahe schon vorsätzlich die Bedeutung neuer digitaler

Technologien. Zuzugeben, dass digitale – nichtdingliche – Technologien wichtiger werden als traditionelle – dingliche – Technologien, gilt da fast schon als Zugeständnis, das einem Gesichtsverlust für die eigenen Industrien gleichkäme.

Stattdessen scheinen wir Rahmenbedingungen zu schaffen, die alte Technologien und altes Denken sowie den Status quo zementieren. Die Datenschutzgrundverordnung oder großzügige Interpretationsspielräume für Emissionsgrenzwerte bei Automobilen sind Beispiele. Hinweise zum Erfolg digitaler Unternehmen im Silicon Valley und China werden mit dem Argument der Unvergleichbarkeit und dem Hinweis auf die politischen Rahmenbedingungen, die „wir so nicht haben wollen", abgewehrt – so wie der chinesische Kaiser, dem der Westen nichts bieten konnte, worüber China nicht ohnehin schon verfügte, und das in vermeintlich besserer Qualität.

Die Geschichte von der bedeutendsten Erfindung der Menschheitsgeschichte

Welche Erfindung der Menschheitsgeschichte hat die größten Auswirkungen auf unser Wohl gehabt? Der Computer? Der Pflug? Der Buchdruck? Nutella? Alles zweifelsohne würdige Kandidaten, die einen Stammplatz in der Ahnengalerie der wichtigsten Erfindungen der Menschheit verdienen. Es ist allerdings ein anderer Kandidat, der immer wieder an prominenter Stelle von Wissenschaftlern genannt wird.

Diese Geschichte beginnt mit einem flammenden Appell vor der British Association for the Advancement of Science in Bristol im Jahr 1898. Schon lange vor dem im Jahr 1972 erschienenen Bericht vom Club of Rome „Die Grenzen des Wachstums" waren Warnungen vor den Grenzen des Wachstums gängige Hilfsmittel, um den Zeitgenossen die Auswirkungen ungebremsten Wachstums drastisch vor Augen zu führen. Die Lösungen lassen sich in zwei Kategorien zusammenfassen: Entweder man unternehme etwas dagegen oder man unternehme etwas dafür.

In Bristol zeichnete der britische Physiker und Chemiker William Crookes ein düsteres Bild, indem er die rasant zunehmende Bevölkerungszahl dem Nahrungsmittelangebot gegenüberstellte. In 20 Jahren, so Crookes, würde die Nahrungsmittelnachfrage das Angebot übertreffen. Crookes sah deshalb als das vordringlichste Problem seiner Zeit, eine wirtschaftliche Methode zu finden, die die künstliche Herstellung des wichtigsten Düngemittelbestandteils Ammoniak erlaubt. Solche Warnungen waren nicht neu. Denn genau 100 Jahre zuvor hatte Crookes' Landsmann, der Ökonom Thomas Malthus, in seinem im Jahr 1798 erschienenen „Essay on the Principle of Population" zum ersten Mal vor einer Überbevölkerung gewarnt. Doch jetzt schien es umso dringlicher.

Schon um das Jahr 1840 hatte Justus von Liebig, der Begründer der organischen Chemie, erkannt, dass Phosphate und stickstoffhaltige Mineralien für das Pflanzenwachstum kritisch sind. Nun löste Crookes' vielbeachteter Appell ein Wettrennen zwischen den besten Chemikern dieser Zeit aus, ein wirtschaftliches Verfahren zu entwickeln, um den in der Erdatmosphäre allgegenwärtigen Stickstoff – knapp 78 Prozent der Atmosphäre sind Stickstoff – zu extrahieren und in Ammoniak umzuwandeln.

Auf den Monat genau dreizehn Jahre nach der Rede von Crookes in Bristol und sieben Jahre vor dem von Crookes' ausgemalten Beginn einer globalen Hungersnot war diese Herausforderung gelöst. Der in Karlsruhe lehrende Chemieprofessor Fritz Haber, der sich erst im Jahr 1904 mit der Ammoniaksynthese zu beschäftigen begann, hatte ein kaiserliches Patent (wie jede Quelle bestätigt) mit der Nummer 235.421 für sein im Jahr 1908 eingereichtes Verfahren erhalten, das die Nachfrage nach Stickstoffdüngemitteln (und Sprengstoff) befriedigen konnte. Die Arbeiten von zwei weiteren Deutschen waren wichtig, um die Ammoniaksynthese industriell hochzuziehen. Während Carl Bosch mit seinen Arbeiten zur Gaskomprimierung die Extraktion und Reaktion des Stickstoffes gelang, hatte Alwin Mittasch einen

„Thomas Edison" durchgeführt. So wie der amerikanische Erfinder 10.000 Versuche gemacht hatte, um die ideale Materialkombination für die Glühwendel seiner Glühbirne zu finden, setzte der sorbischstämmige Mittasch noch eines drauf und führte fast 20.000 Versuche mit 3.000 Eisenoxidverbindungen durch, um die geeignete Verbindung für einen Katalysator zu finden, der die chemische Reaktion zwischen Stickstoff und Wasserstoff starten sollte.

Das so benannte Haber-Bosch-Verfahren ermöglichte einen Quantensprung in der Nahrungsmittelproduktion. Es wird geschätzt, dass dieser eine Prozess die Erträge versiebenfachte. Das entspricht den von Google so genannten „Moonshots", also Projekten, die nicht eine Verbesserung um ein paar Prozentpunkte anpeilen, sondern um einen Faktor 10, also 1.000 Prozent. Google und Silicon-Valley-Firmen peilen solche Moonshots oft an, zumindest sprechen sie sehr oft davon. Wie erfolgreich sie dabei sind, davon sprechen sie weniger oft. Das Haber-Bosch-Verfahren aber ist definitiv ein gelungener Moonshot. Und mehr als 100 Jahre nach der Entwicklung ist es nach wie vor fast unverändert für 99 Prozent der weltweiten Ammoniakproduktion verantwortlich.

Dass es dazu überhaupt kommen konnte, grenzt an ein kleines deutsches Wunder. Justus von Liebig musste 100 Jahre früher sein Wissen über die modernsten Erkenntnisse der Chemie noch an der Pariser Sorbonne erwerben. Dort studierte er ab dem Jahr 1823 mehrere Jahre bei den damals führenden Chemikern und traf auch auf den deutschen Naturforscher Alexander von Humboldt. Dieser fand, wenn er nicht gerade südamerikanische Vulkane erklomm oder mit der Kutsche durch die russische Steppe bolzte, vor allem in Paris das ihn inspirierende Gelehrtenumfeld und nicht etwa in Berlin, das er als verstaubt und rückständig empfand.

Doch dann trat der deutschsprachige Raum eine bis dahin beispiellose wissenschaftliche und technische Aufholjagd an und gegen Ende des 19. Jahrhunderts hatte er sich zur treibenden Kraft der wissenschaftlichen und industriellen Welt hin entwickelt. Nicht ein Zentrum wie in Paris oder London hatte sich etabliert, sondern mehrere:

Karlsruhe, Göttingen, Jena, Berlin, Tübingen, Heidelberg, Leipzig, Zürich oder Wien wurden zu globalen Zentren der Wissenschaft, Kultur und Medizin. Andere wie Mannheim, Stuttgart oder das ganze Ruhrgebiet, um nur einige zu nennen, wurden zu Zentren bedeutender Industrieansiedelungen. Der siegreiche deutsch-französische Krieg von 1870 war ein Katalysator für einen Aufschwung, der heute noch als die „Gründerzeit" bekannt ist. Das daraus gezogene Selbstbewusstsein und die erklecklichen französischen Reparationszahlungen gaben dem Sprachraum einen lang anhaltenden Ansporn.

Das war die Zeit von Werner von Siemens, Ferdinand Porsche, Fritz Haber, Carl Bosch und einem anderen Bosch, dem Robert, von Alfred Krupp, Rudolf Diesel und Karl Rapp. Diese Entwicklungen betrafen nicht nur Wissenschaft und Industrien mit sehr praktischen und direkten Einsatzmöglichkeiten, auch andere Bereiche durchliefen eine Blütezeit. Die durch Kinderlähmung an den Rollstuhl gefesselte Schwäbin Margarete Steiff erschloss – wie bereits erwähnt – einen völligen neuen Markt mit ihren Plüschtieren und dem wohl berühmtesten Produkt, dem Teddybär, den Generationen von Kindern lieben. Sie durchbrach auch die damals gültigen Grenzen, was Frauen tun und lassen durften und was die Gesellschaft von einer behinderten und ledigen Frau nicht nur erwartete, sondern forderte.

Der Arzt Ignaz Semmelweis konnte durch seine genauen Beobachtungen auf den Säuglingsstationen seiner Zeit mit neuen Hygienevorschriften die Kindbettsterblichkeit drastisch reduzieren. Sigmund Freud bereitete mit der Psychoanalyse und Traumdeutung den Übergang dieser Disziplin vom esoterischen Schamanismus in die Psychologie vor, wie einige Jahrzehnte vorher die Alchemie sich zur nun etablierten Chemie weiterentwickelt hatte.

Um diese Zeit begann man, auch in der Kulinarik den Franzosen die Vorherrschaft streitig zu machen. Der Abkömmling einer Schweizer Mühlenbesitzerfamilie mit italienischen Wurzeln, Julius Maggi, hatte nach einer abgebrochenen Lehre und einem Aufenthalt in Budapest das Familiengeschäft übernommen. Eine erstaunliche Wendung für den Jüngsten von fünf Kindern mit einer turbulenten Schulkarriere und vielen Schulwechseln. Aber aus dem Rebellen wurde ein Erfinder mit Visionen, was das Unternehmen vom schwächelnden Mühlenbusiness zu neuen Geschäftsfeldern „pivotieren" ließ.

Dass allerdings der Übergang von Visionär zu Spinner ein kleiner ist, zeigt eine Anekdote aus dem Leben von Maggi. So wie der Tesla-Eigentümer und Gründer von PayPal, SpaceX und Boring, Elon Musk, seinen jüngsten Sohn, den seine Freundin, die kanadischen Sängerin Grimes, im Jahr 2020 gebar, auf den Namen „X Æ A-12" (nein, das ist kein Druckfehler und nein, ich weiß nicht, wie man das ausspricht) taufen wollte, ist ähnlich Kurioses von Julius Maggi überliefert. Seine Entwicklungsarbeit an Suppenkonzentraten auf Basis von Hülsenfrüchten (Leguminosen) begeisterte ihn so sehr, dass er seine neugeborene Tochter beinahe auf den Namen „Leguminosa" getauft hätte.

Die Maggi-Würze produzierte er dann ab dem Jahr 1887 nicht in der Schweiz, sondern im benachbarten Baden, unweit eines anderen Giganten der deutschen Technologiegeschichte – und einer Technologie, die eine unheimlich weitreichende Inspirationskraft hatte. Die Rede ist von Graf Ferdinand von Zeppelin, dem Erfinder der „fliegenden Zigarren". Nicht nur damals standen die gewaltigen Luftschiffe für den ungebrochenen Fortschrittsoptimismus, auch heute noch bewirken sie dasselbe Gefühl und finden Eingang in Science-Fiction-Romanen, egal, ob diese weit in der Zukunft liegen oder einen steampunkartigen Retrocharakter aufweisen.

Aus dem Zeppelin-Werk ging im Jahr 1922 der Flugzeughersteller Dornier hervor, der von in Kempten als Sohn eines Franzosen und einer Deutschen geborenen Claudius Dornier gegründet worden war. Sein Flugboottyp, der Dornier Wal, sollte in der Zwischenkriegszeit nicht nur Bedeutung beim Transport von Post über den Südatlantik gewinnen, sondern vor allem die Menschen durch den Flug des norwegischen Polarforschers Roald Amundsen zum Nordpol oder durch die Weltumrundung des deutschen Seefliegers Wolfgang von Gronau inspirieren. Heute ist Dornier wie auch Zeppelin Geschichte.

Der im Jahr 1861 in Schramberg gegründete Uhrenhersteller Junghans war zeitweise der größte Uhrenhersteller der Welt. Das war vor über 100 Jahren. Heute ist das Unternehmen mit 110 Mitarbeitern nur mehr ein Schatten seiner vergangenen Größe.

Auch extrem wichtige Erfindungen stammen aus dieser Zeit. Der in Rheinfelden im Schweizer Kanton Aargau geborene Jacob Christoph Rad bescherte uns den Würfelzucker. Was uns amüsant erscheinen mag, befreite Ehefrauen und Küchenpersonal von einer für Leib – aber nicht Leben – gefährlichen Tätigkeit. Zucker, der damals in teuren, bis zu eineinhalb Meter großen, kegelförmigen Zuckerhüten verkauft wurde, musste mit einer Reihe eigens dafür geschaffener Werkzeuge wie dem Zuckerhammer, der Zuckerhacke, dem Zuckerbrecher oder der Zuckerzange aus der harten Form herausgebrochen werden. Ähnlich wie die Kumpel im Stollen klopfte das Küchenpersonal mundgerechte Stücke aus dem „Zuckerbergwerk". Doch kam es dabei immer wieder zu Verletzungen durch Abrutschen der Werkzeuge oder durch herumfliegende Zuckersplitter – bis der erfinderische Rad Alternativen zu suchen begann, nachdem sich seine Frau bei dieser Tätigkeit verletzt hatte. In der vom ihm geleiteten Zuckerfabrik im mährischen Datschitz entwickelte er eine Würfelzuckerpresse, für die er im Jahr 1843 ein Patent erhielt. Ab sofort vertrieb er das Produkt in seiner Wahlheimat Wien als „Wiener Würfelzucker".

Oft verschwiegen wird, dass viele dieser Innovatoren mit tatkräftiger Hilfe und Inspiration ihrer Ehefrauen zu diesen Errungenschaften kamen. Bertha Benz fällt uns da sofort ein, die nicht nur mit ihrer Mitgift dem jungen Start-up-Gründer Carl Benz auf die Sprünge half und so zur ersten Risikokapitalgeberin in der Automobilindustrie wurde, sondern auch mit ihrem PR-Stunt – der Fahrt zu ihrer Mutter von Mannheim nach Pforzheim – den Verkauf der Benz-Motorwagen angekurbelt hatte und gleichzeitig auch Erfahrung mit dem Fahrzeug sammelte sowie technische Verbesserungen rückmeldete. Diese Liste ließe sich beliebig fortsetzen.

Nicht nur Einzelpersonen und Ehepaare zeigten die Leistungsfähigkeit und den Erfindungsreichtum des Landes. Wenn die richtigen Behörden, Unternehmen und Einzelpersonen zusammenarbeiten, kann Bahnbrechendes geschehen.

So zum Beispiel das, was die Geburtsstadt des Dichters Friedrich Hölderlin, Lauffen am Neckar, für das 176 Kilometer entfernte Frankfurt am Main am 25. August 1891 bereitstellte: Strom. Hier werden jetzt einige Leser und Leserinnen stocken, sich am Kopf kratzen und fragen: Was ist daran so besonders? Nun ja, im Jahr 1891 war das – wie die Amerikaner so schön sagen – ein „Big Deal". Elektrizität war damals nicht mehr die große Neuigkeit, schließlich hatte Werner von Siemens schon mehr als eine Dekade zuvor unter anderem eine elektrisch betriebene Schienenbahn vorgeführt. Doch der Teufel lag im Detail. So wie es heute die ersten Quantencomputer gibt, die einige grundlegende Aufgaben ausführen können, für deren praktischen Einsatz jedoch noch eine elendslange Palette an kniffligen Problemen zu lösen ist. Dasselbe galt damals für Elektrizität: Edison musste beispielsweise Sicherungen erfinden, Transformatoren und eine Isolation für die blanken Kabel, damit seine Glühbirne überhaupt funktionieren konnte. Ganz zu schweigen von einem Verfahren, mit dem er ein besseres Vakuum in den Glühbirnen erzeugen konnte. Er musste das gesamte System erfinden.

Die Herausforderung war, Strom über eine längere Distanz zu transportieren. Wir hörten bereits vom „Elektrizitätskrieg" zwischen Edison und Westinghouse, was in Büchern und Spielfilmen dramaturgisch verewigt wurde. Aber dass die Durchführbarkeit und Praktikabilität der Übertragung im Jahr 1891 auf der Strecke Lauffen-Frankfurt anlässlich der Internationalen Elektrotechnischen Ausstellung bewiesen worden waren und 1.000 Glühlampen für die Dauer der Ausstellung mit Strom aus dem Neckarstädtchen beleuchtet wurden, ist heute nur mehr Geschichtsfans und Lauffenern bekannt.

Der Grund, warum es dazu kam, ist einfach: Es gab ein Ziel mit einem klaren Datum und ein internationales Publikum, das es zu beeindrucken galt. Und so machten sich die Stadtväter, die lokale Zementfabrik, die damit beauftragten Ingenieure und die schweizerische Maschinenfabrik Oerlikon (heute ABB), die den Drehstromgenerator liefern sollte und gemeinsam mit AEG die Anlage baute, an die Arbeit.

Im Kaisertum Österreich wiederum wurde im Jahr 1848 eine Eisenbahnstrecke in Angriff genommen, die es für damalige Zeiten in sich hatte. Sie musste vom niederösterreichischen Gloggnitz ins steirische Mürzzuschlag eine Luftlinie von 21 Kilometern überwinden, und zwar über eine nicht unwesentliche Höhendifferenz von mehr als 400 Metern. Dieser Pass galt lange Zeit als unüberwindlich. Eine zu Anfang des 18. Jahrhunderts errichtete Passstraße mit einer Steigung von 17 Prozent erwies sich als immer weniger für den Gütertransport in den Süden der Monarchie geeignet. Im Jahr 1848 ging dann Carl Ritter von Ghega, ein in Venedig geborener österreichischer Ingenieur, das Projekt an. In nur sechs Jahren wurden 42 Kilometer an Trasse mit 14 Tunneln und 16 Viadukten errichtet, wobei die Steigung der Gleise für damalige Lokomotiven und die Lastanforderung nicht zu bewältigen waren. Trotzdem machten die Österreicher sich daran, die Semmeringbahn zu bauen, die als Meilenstein der Eisenbahngeschichte zählt.

Ghega hatte bereits ab dem Jahr 1841 mit der offiziellen Planung der Strecke und der Erkundung im Eisenbahnland Großbritannien begonnen und war zuversichtlich, dass die Lokomotivfabriken bei Eröffnung der Bahnstrecke entsprechend leistungsstarke Modelle entwickelt haben würden. Man stelle sich das heute vor: Ein Regierungsbeauftragter stellt Anforderungen an Technologieschmieden, eine Technologie zu entwickeln, die heute noch nicht existiert, und beginnt sein Großprojekt im Vertrauen darauf, dass mit der Fertigstellung diese Technologie da sein wird.

Wie ging das aus? Im Jahr 1854 standen bei Bauende und der Einweihung der heute als UNESCO-Welterbe geltenden und wirklich sehenswerten Semmeringbahn vier Modelle von ebenso vielen Lokomotivfabriken aus Deutschland, Belgien und Österreich bereit, die die Steigungen und Lastanforderungen der landschaftlich spektakulären Eisenbahnstrecke bewältigen konnten. Ein im Jahr 1851 auf einer bereits fertiggestellten Teilstrecke durchgeführter Testlauf mit teils abenteuerlichen Konstruktionen führte zu einem Entwicklungsschub beim Lokomotivbau.

Andere Leistungen, die von Teams unter widrigsten Umständen und mit teilweise zweifelhaften Motivationen geleistet wurden, umfassen Kriegstechnologien, die im oder unmittelbar vor dem Dritten Reich entwickelt worden waren: Raketen, das Düsentriebwerk oder das Raketenflugzeug. Bevor hier jemand gleich meint, dass erst ein Krieg den Erfindungsreichtum anspornt, den weise ich gerne darauf hin, dass wir einerseits nicht abschätzen können, was wegen Kriegshandlungen alles (bei uns) nicht erfunden werden konnte, wir dies andererseits bei einigen Technologien aber sehr wohl wissen. Es ist bezeichnend, dass die Atombombe und zivile Nutzung der Atomkraft in den USA und nicht in Europa und unseren heimischen Gefilden entwickelt wurde – und das, obwohl der Großteil der führenden Köpfe auf diesem Feld Europäer waren: Albert Einstein, Lise Meitner, Niels Bohr, John von Neumann, Otto Hahn, Werner Heisenberg, Fritz Straßmann, Carl Friedrich von Weizsäcker, Leó Szilárd, Enrico Fermi oder Edward Teller, um nur ein paar zu nennen.

Auch nach dem Zweiten Weltkrieg standen Unternehmen und Köpfe aus unserem Kulturraum an der Weltspitze – Heidelberger Druckmaschinen, Telefunken, Zuse, Nixdorf, Zeiss, Braun. Davor schon fanden der Jugendstil und das Bauhaus als Architekturstile weltweite Bedeutung, die Frankfurter Küche von Margarete Schütte-Lihotzky als moderne Küchenarchitektur oder die Designphilosophie von Dieter Rams, die heute von Apple weitergetragen wird.

Diese Liste ist selbstverständlich lächerlich unvollständig. Sie stellt nur einen Bruchteil der Leistungen dar, die aus unserem Sprachraum durch Einzelpersonen und Teams hervorgegangen sind. Säßen wir bei einem Gläschen Wein oder Bier in einer gemütlichen Runde zusammen, ginge uns der Gesprächsstoff zu weiteren Leistungen und Anekdoten zu den Erfindern, Künstlern, Literaten oder Pionieren bis zur Sperrstunde nicht aus.

Was ich damit klarmachen möchte, ist, dass es uns an Geisteskraft nicht fehlte, auch nicht an Ideen oder am Kapital. Wir konnten es, wir können es auch heute und es gibt nur einen Grund, warum wir es nicht mehr können sollten: fehlender Wille. Wenn wir den Willen nicht haben, dann hilft uns nicht, wie klug wir sind, auch nicht unsere Redegewandtheit, unser sorgfältiges Abwägen von Für und Wider – und dass wir es theoretisch könnten. Wenn wir den Willen zum Handeln nicht zeigen, dann ist alles andere schal.

Während wir die Jahrhundertwende vom 19. zum 20. Jahrhundert ohne Übertreibung die „deutsche Periode" – und da schließe ich die Schweiz und Österreich mit ein – nennen können, sind wir zwei Jahrzehnte im 21. Jahrhundert auf die Beobachterrolle im Kampf um die technologische und wissenschaftliche Vormacht zwischen USA und China relegiert worden. Die Spitzenplätze zu digitalen Technologien, Raumfahrt oder künstlicher Intelligenz machen diese beiden Länder ohne uns aus. Nichts beweist das besser als das Haber-Bosch-Verfahren: Fritz Habers kaiserliches Patent von 1911 mit der Nummer 235.421 ist in der digitalen Onlinesuche des deutschen (und europäischen) Patentamts weder mit aussagekräftigen Metadaten noch in der Originalschrift zu finden.[28] Man würde meinen, ein Schriftstück von solcher Bedeutung für die Menschheit wäre ein Glanzstück für einen virtuellen Schauraum dieser Bundesbehörde. Wir führten die Welt der dinglichen Dinge an, aber schaffen es nicht, selbst die bedeutendsten Patente und Schriften unserer Pioniere in die digitale Welt zu überführen. Während jedes historisch bedeutsame Schnipselchen amerikanischer Unternehmen heiliggehalten wird, während China sich dank Joseph „Lee Yu-se" Needham an seine eigene Technologiegeschichte erinnert und neue Generationen an Gründern, Erfindern oder Künstlern inspiriert werden, bleibt das vermutlich wichtigste Patent der Weltgeschichte in den Untiefen des Deutschen Patentamts verborgen.

KAPITEL 5

Present Angst – Die Gründe und Auswirkungen

> Wenn alle Stricke
> reißen, ist man zu fett
> für die Schaukel.
>
> Alex Kristan

Von den Ängsten vor Veränderungen in der Vergangenheit und den Verhaltensweisen, die Menschen an den Tag legten, um sie zu verhindern, haben wir in den vorhergehenden Kapiteln gelesen. Welche Ängste herrschen heute vor und wie beeinflussen sie in der Gegenwart den Fortschritt? Und vor allem, was können wir tun, damit wir berechtigte Ängste identifizieren und die übertriebenen Ängste relativieren können und gleichzeitig ein Mindset entwickeln, das den Chancen mehr Raum lässt?

Wir haben einen hohen Anteil an Ingenieuren pro Kopf in der Bevölkerung und sind stolz auf deutsche Technologien. Die Entwicklungen in anderen Regionen der Welt zeigen aber die Dringlichkeit einer Veränderung. Trotzdem scheint unsere Gesellschaft selbst in den letzten Jahren einen Wandel in eine Richtung vollzogen zu haben, die Unternehmertum und Technologie immer weniger als erstrebenswerte Elemente in unserer Gesellschaft gelten lassen. Sie werden fast schon als Grund allen Übels angesehen, was bei uns schiefläuft.

In nur zwei Jahrzehnten ging in Deutschland die Anzahl an Unternehmensgründern um zwei Drittel zurück und der beliebteste Karrierepfad für Universitätsabsolventen scheint eine Beamtenlaufbahn zu sein. Zählt man die immer weniger vermeintlich sicheren Jobs in Großunternehmen à la Siemens, Bosch oder Volkswagen hinzu, die fast schon den Arbeitsplätzen auf dem Niveau einer Beamtenkarriere gleichkommen, scheint es fast, als ob wir zu einer Kultur mit immer weniger Ambitionen werden.[1] Es droht uns im Zeitraffer in wenigen Jahrzehnten ein ähnliches Schicksal, wie es China in mehreren 100 Jahren durchlaufen hatte.

Start-ups hingegen zählen unter österreichischen IT-Studenten mit zwei Prozent und Wirtschaftsstudenten mit drei Prozent zu den am wenigsten attraktiven Arbeitgebern. Zwischen fünf und sieben Prozent wollen ein eigenes Unternehmen gründen, aber gleich 49 beziehungsweise 60 Prozent der Studenten wollen einen „sicheren" Job in einem internationalen Konzern.[2] Das Risiko, ein Unternehmen zu gründen, der Zeitaufwand, das gesellschaftliche Stigma, egal ob man damit Erfolg oder Misserfolg hat, und viele Rahmenbedingungen halten junge Menschen davon ab, sich etwas zu trauen.

Was bestimmt das Mindset? Welche Ängste werden vorgebracht? Welche Ablenkungsmanöver durchgeführt? Zu welchen Verhaltensweisen führen sie? Von welchen Rahmenbedingungen werden sie unterstützt und welche Megatrends treiben sie an? Wer profitiert davon? Und welche Wirkung nach außen haben sie?

Mindset

Das Mindset oder die Mentalität beschreibt ein Denk- oder Verhaltensmuster, das eine Person, Gesellschaft oder Organisation in seinen Handlungen und Neigungen beeinflussen kann. Es setzt sich aus dem Zusammenspiel von Gewohnheiten, Einstellungen, Gesinnungen, Zeitgeist, Glaubensgrundlagen oder Weltanschauungen zusammen.

Selbstbeweihräuchernde Agnoranz

Bescheidenheit ist nur Arroganz im Verborgenen.

Terry Pratchett

Neue Zeiten lassen sich oft nur schwer mit dem bestehenden Wortschatz beschreiben. Eine Zeitreisende – und sei es nur eine aus dem gar nicht so fernen Jahr 1980 – wird in die 2020er-Jahre versetzt und wäre erstaunt, wie wenig sie unsere Sprache verstehen würde. Instagram, Blockchain, zoomen, twerken, Selfie App oder Social Distancing wäre nur eine kleine Auswahl von Worten, die unserer Sprache seit dem Jahr 1980 hinzugefügt worden sind.

In den letzten Jahren machte im englischen Sprachraum das Wort „hangry" die Runde. Es ist eine Verschmelzung der Worte „hungry" (hungrig) und „angry" (zornig) und beschreibt die Stimmung einer Person, die nichts gegessen hat und deshalb schlecht gelaunt ist. „Hangry" als Wortkombination weist eine überraschende Charakteristik auf: Sie kommt mit einer Lösungsanleitung. Zornig- und Miesepetrigsein beschreibt zwar den Zustand, aber nicht die Ursache dafür. Der Hungerzorn weist auf den Missstand und den Grund hin und bietet damit einen Lösungsvorschlag. Man füttere die Person und der Zorn und der Hunger vergehen.

Wann immer ich Delegationen deutscher Manager und Unternehmer treffe und vor ihnen zu Technologiethemen und dem Mindset im Silicon Valley spreche, beobachte ich das Publikum und lausche ganz genau der Wortwahl bei Fragen und Kommentaren. Nicht selten erkenne ich dabei einen gewissen Stolz auf die eigene Leistung – und dass das eigene Land zu Recht zur Schau gestellt wird. Es gibt viele positive und fraglos nachahmenswerte Charakteristiken, die die deutschsprachigen Länder vorweisen und uns zu Wohlstand und Lebensqualität geführt haben. Mit Stolz ist das aber so eine Sache. Es kann zu einer Gratwanderung werden, die rasch in Arroganz abgleitet.

Deshalb eröffne ich meine Einführungen oft damit, die Leistungen der Menschen in der Heimat zu loben und zuzugestehen, dass wir uns nicht verstecken müssen. Gleich danach allerdings weise ich die Anwesenden darauf hin, dass sie nicht in diesem Vortrag sind oder an dieser Delegationsreise teilnehmen, weil sie meinen, die Errungenschaften ihres Landes hervorheben oder verteidigen zu müssen. Vielmehr, weil sie verstanden haben, dass sich gerade fundamentale Dinge ändern, die eigene Ansichten und Konzepte hinterfragen und zu einer Anpassung zwingen. Je früher man dies erkennt, desto schmerzfreier und rascher kann man darauf reagieren und desto eher hat man die Chance, an den Veränderungen nicht nur mitzuwirken, sondern sie auch anzuführen. Diese Einleitung schließt mit der Bitte, mit offenem Geist und Neugier die nächste Stunde oder die nächsten Tage zu durchlaufen, sich von Vorurteilen freizumachen und diese zu hinterfragen. Man möge sich die Mühe machen, nach den Stärken in Vorgehensweisen und Ansätzen, denen wir begegnen, zu fahnden. Lässt man sich auf diese Übung unter diesen Voraussetzungen ein, dann fällt es so leichter, sowohl die Stärken und Schwächen der anderen als auch die der eigenen Organisation zu erkennen. Das beste Ergebnis wäre dann, wenn sie die Stärken kombinieren und die Schwächen eliminieren und damit fitter für die Zukunft als je zuvor herausgehen.

Dem chinesischen Kaiserhof gelang das nicht. Dies führte letztendlich zum Untergang des Himmlischen Reichs. Der Abstieg hatte bereits Mitte des 15. Jahrhunderts begonnen, als die Expeditionen unter Zheng He eingestellt wurden. Das Lernen über andere Kulturen aus eigener Hand fand ein Ende. Und das sollte sich rächen. Damit kamen kaum neue Ideen ins Land. Die Schatzschifffahrten hatten in China zur Wahrnehmung geführt, dass die eigene Zivilisation den besuchten Ländern weit überlegen war. Nur: Sobald China die Fahrten eingestellt hatte, drängten die anderen Länder in das entstandene Machtvakuum und begannen, das von China Gelernte umzusetzen. Man baute die Technologien der Chinesen nach und verbesserte sie sukzessive, bis die Welt China voraus war. Bloß in China bekam man davon nichts mit.

Der Brief, den der chinesische Kaiser im Jahr 1792 Lord Macartney mitgab, spiegelt das Denken des Kaiserhofes wider: „Wir besitzen alle Dinge ... Ich habe keine Verwendung für die Produkte Ihres Landes." Und genau diese Selbstgefälligkeit, diese Hybris, trug unweigerlich zu den Problemen bei, die den langsamen Abstieg des Reichs besiegelten und die zu der Armut und Rückständigkeit führten, die China so lange kennzeichneten.

Zur Arroganz gesellte sich die Ignoranz. Die Kombination dieser zwei Eigenschaften, die „Agnoranz", ist besonders gefährlich. Sie vermittelt den Eindruck, es gäbe von anderen nichts zu lernen, und bestärkt das eigene Selbstwertgefühl, was zu Überheblichkeit führt.

Bis man mit der Wirklichkeit konfrontiert wird und man – oftmals zu spät – erkennen muss, dass man unterlegen und dem Untergang geweiht ist.

Ein Delegationsteilnehmer auf Besuch bei mir in San Francisco hatte sehr starke Meinungen zu Elektroautos. Wo immer in sozialen Medien oder bei launigen Tischrunden dieses Thema aufkam, konnte er sich mit Kritik und Sarkasmus nicht zurückhalten. Ich wusste davon nichts, als ich der Gruppe zum ersten Mal begegnete, und lud alle zu einer Probefahrt in meinem Tesla ein. Er war der Erste im Auto. Ein Tritt ins Pedal und die Beschleunigung hatte ihm nicht nur den Atem genommen, sondern auch seine Meinung komplett geändert. Er gab das am Ende der Delegationsreise vor allen Teilnehmern zu – und bestellte, sobald er wieder zu Hause war, sein eigenes Elektroauto.

Seine Ignoranz kam nicht davon, dass er sich nicht schlau darüber gemacht hatte. Ganz im Gegenteil: Er las voller Interesse viele Beiträge. Was bei ihm aber vor allem hängen blieb, waren die kritischen Faktoren dieser neuen Technologie. Er hatte sich selektive Ignoranz aufgebaut und fand mit dem Stolz auf die Automobiltechnologie des eigenen Landes keine guten Worte für diese Neuankömmlinge. Was zum Meinungsumschwung führte, war das Lernen durch eigene Erfahrung. Deshalb hatte er ja auch an der Delegationsreise teilgenommen. Der oft unterschätzte Teil einer solchen Reise ist die Möglichkeit, Erfahrungen und Meinungen aus erster Hand zu machen – ohne den Filter der heimischen und oftmals skeptischen Presse oder den der heimischen Experten, die sich oft des eigenen Rückstands nicht bewusst sind oder diesen durch abschätzige Kommentare zu den Konkurrenten schönzureden versuchen.

Sobald Ignoranz durch Wissen und Erfahrung ersetzt worden ist, ist dies das Ende jeder etwaigen und unangebrachten Arroganz. Ein schmerzhafter Prozess, zu dem nicht alle bereit sind. Manchmal dauert es mehrere Tage, bis einige Mitglieder einer Delegation „gebrochen" werden. Nicht jedem gelingt das, nicht jeder ist bereit, seine starken Meinungen und Verhaltensweisen zu ändern. Das Festhalten an Arroganz kann zu einem massiven Problem werden und ganze Wirtschaftszweige gefährden.

Ein treffendes Beispiel gab es beim Besuch von Tesla-Chef Elon Musk in Deutschland, der unter anderem den Baufortschritt der neuen Tesla-Fabrik in Berlin-Brandenburg besichtigen wollte. Das geschah während der Nachwehen der Covid-19-Pandemie, die deutsche Hersteller stark getroffen hatte. Die heimischen Hersteller und Zulieferer hatten gerade erst Ankündigungen zum Stellenabbau in der Größenordnung von fast 100.000 Mitarbeitern gemacht, während Tesla gleichzeitig von 40.000 Neueinstellungen in der neuen Fabrik sprach.

Der Vorsitzende der IG Metall Jörg Hofmann verlor keine Zeit, den Tesla-Chef zu attackieren.[3] „Tesla muss uns nicht zeigen, wie Elektroautos gehen", meinte Hofmann. „Während Tesla hochsubventioniert seine Fabrik in Brandenburg gerade erst baut, wird 200 Kilometer südlich im Zwickauer VW-Werk bereits E-Mobilität produziert, in deutlich höheren Stückzahlen." Und er legte nach: „Die interessante Frage ist: Unter welchen Bedingungen wird Tesla produzieren? Wie wir es in Deutschland kennen? Oder endet die Demokratie am Werkstor – weil keine Mitbestimmung und keine Tarifverträge geduldet werden, weil Menschen unter prekären Bedingungen arbeiten, in Polen und Rumänien eingekauft werden?"

Seit Jahren empfange ich immer wieder Wirtschaftsdelegationen aus der DACH-Region. Kein einziges Mal befand sich darunter ein Gewerkschaftsvertreter oder Betriebsratsmitglied. Das fällt den eigenen Mitgliedern auf den Kopf. Und ich sage das als jemand, der selbst aus einem gewerkschaftsnahen und sozialdemokratischen Umfeld kommt. Meine Großeltern und mein Vater waren alle Gewerkschaftsmitglieder und Arbeiter.

Wenn ich dann höre, wie pauschal amerikanischen oder chinesischen Unternehmen in Deutschland automatisch schlechte Arbeitsbedingungen unterstellt werden und einem aber der deutsche Schlachtbetrieb Tönnies partout nicht einfallen will, ist das fast schon mutwillige Agnoranz. Was der IG-Metall-Vorsitzende ausdrückt, hören wir in geänderter Form immer wieder.

Das ist nicht nur schlecht für die Wirtschaft, es kann auch fatal sein. Der in Hamburg lebende Unternehmensberater Björn Ognibeni wies in einem Kommentar im *Handelsblatt* darauf hin.[4] Er stellte die chinesischen den deutschen Maßnahmen im Kampf gegen Covid-19 gegenüber und verglich die Resultate. Es gibt keinen Zweifel, dass China (wie auch Südkorea, Taiwan und Japan) die Krise wesentlich besser für die Bevölkerung und die eigene Wirtschaft in den Griff bekommen hatte als Deutschland, Österreich, die Schweiz und der Rest Europas. Ognibeni schrieb den Artikel, noch bevor die zweite Welle Deutschland, Österreich und die Schweiz noch schlimmer erwischen sollte, während die asiatischen Länder fast nichts davon bemerkten. Anstatt verstehen zu wollen, wie die Asiaten diese Krise so rasch in den Griff bekamen, ist die reflexartige Reaktion auf die Erwähnung Chinas, dass wir weder ein undemokratisches System wie dieses Land haben noch eines einführen wollen. Allein das scheint Rechtfertigung genug zu sein, sich nicht weiter mit den Details der erfolgreichen Krisenbekämpfung auseinanderzusetzen.

Auch andere Feuilletonisten kommen zu denselben Schlussfolgerungen. In der Monatszeitschrift *Cicero* sprechen die Verfasser sogar von einem „Totalversagen" unserer Gesellschaften.[5]

Der Westen versagt im Umgang mit der Coronapandemie und stolpert von Lockdown zu Lockdown. Statt von asiatischen Ländern zu lernen, werden dortige Erfolge reflexhaft abgelehnt. Schuld ist ein folgenschweres vermeintliches Überlegenheitsgefühl.

Einer solchen Einstellung begegne ich bei Delegationen und Konferenzen mit schöner Regelmäßigkeit. Die Besonderheiten – besser: „Verrücktheiten" – des amerikanischem Rechtssystems, die Arbeitsverhältnisse mit ungeregelten Arbeitszeiten und vorgeblich fehlendem Arbeitnehmerschutz werden vorgebracht, um sich den unangenehmen Wahrheiten zu verschließen. Wenn das nicht reicht, wird sogleich auf weniger sachliche Argumentationshilfen wie die laxen Waffengesetze, das Übergewicht der Amerikaner, das schlechte Schulsystem oder ein sonstiges vermeintliches Übel der Amerikaner zurückgegriffen. Wir scheinen hier die Einstellung des Reichs der Mitte von vor 150 Jahren übernommen zu haben. Der Rest der Welt kann uns nicht das bieten, was wir wissen oder haben wollen – schon gar nicht die Asiaten. Von dieser Agnoranz müssen wir loskommen.

Der Status quo bringt uns irgendwann um

„Deine Probleme möchte ich haben!" Solch schnippische Antworten kommen einem ab und an über die Lippen, wenn man dem Gejammer über eine triviale Begebenheit zuhört, die einem Freund oder einer Verwandten passiert ist. Doch will man diese Probleme wirklich haben? Gesetzt den Fall, ich würde Ihnen alle Ihre Probleme abnehmen, Ihnen dafür aber die Probleme von jemand anderem aufhalsen, ohne dass Sie wählen könnten, wer das wäre, würden Sie sich darauf einlassen? Die wahrscheinliche Reaktion wäre ein klares Nein.

Selbst wenn wir unsere Probleme als noch so groß einschätzen, wir tauschen lieber doch nicht mit anderen. Zu unsicher ist das Ergebnis, zu bedrohlich die Möglichkeit, nachher noch schlechter dazustehen, zu gering die Einschätzung, es nachher besser zu haben.

Die italienische Harvard-Professorin und Verhaltensforscherin Francesca Gino untersuchte das Festhalten an Bestehendem, indem sie Testpersonen zuerst ein paar Minuten vorführen ließ, wie sie T-Shirts zusammenfalten sollen. Anschließend beobachtete sie, wie die Testpersonen eine Zeit lang die T-Shirts falteten. Dabei erhielten diese für jedes gefaltete T-Shirt eine kleine Summe. Je mehr T-Shirts, desto höher der Betrag, der den Testteilnehmern am Ende winkte. Jede Gruppe diente dabei als Vorbild für die nächste Gruppe an neuen Teilnehmern. Das Wissen wurde sozusagen von einer Generation an die nächste weitergegeben.

Allerdings zeigte Gino der Hälfte der Testteilnehmer eine etwas zeitaufwendigere Methode, indem sie Schritte beim Falten einfügte, die die Arbeit unnötig verkomplizierte und mehr Zeit in Anspruch nahm. Die andere Hälfte der Gruppe bekam die effiziente Methode vorgeführt. Wie sich herausstellte, kopierten 87 Prozent der ersten Gruppe die komplizierte Methode und änderten sie auch nicht ab. Die Teilnehmer in der ersten Gruppe gingen mit weniger Geld nach Hause als die Teilnehmer der effizienten Gruppe, obwohl es ihnen offen gestanden hatte, die Methode zu ändern. Von 336 Teilnehmern in der Studie stellten nur drei Personen Fragen oder brachten Bedenken zur Effizienz der Methode vor.[6]

Das ist die sogenannte „Status-quo-Verzerrung" an einem realen Beispiel. Die meisten von uns geben sich mit dem Stand der Dinge zufrieden und erneuern nichts oder ersetzen sie gar. Ja, es wird sogar gerechtfertigt, indem man es „Tradition" nennt – und die ändert man bekanntlich ja nicht. Handlungen, die einem sinnlos erscheinen, werden mit dem „Wissen der Vorfahren", die „es wohl besser gewusst haben mussten als wir" gerechtfertigt. Auch Kinder kopieren von Erwachsenen Handlungen und behalten sie bei, auch wenn sie ineffizient sind: Bei einem Versuch zeigte ein Experimentator, wie man ein Stück Spielzeug oder eine Süßigkeit aus einer durchsichtigen Plastikschachtel nimmt und dabei beispielsweise nutzlos mit einer Feder die Glaswand entlangstreicht. Während die Kinder diese Handlungen imitierten und jeden Schritt des Experimentators nachvollzogen, beschränkten sich Affen, denen man ebenfalls diese Aufgabe stellte, auf die notwendigen Schritte. Die Affen zeigten selektive Imitation und verstanden die Ziele und die Motivation besser als die Kinder.[7]

Diese Status-quo-Verzerrung basiert auf Existenzangst, der Verlustvermeidung, dem Unterlassungseffekt, aber auch dem Mangel an Information oder einer kognitiven Limitation. Man lässt lieber alles beim Alten, obwohl die Alternative besser ist. Bekanntem mit bekannten Auswirkungen – auch wenn sie schädlicher sind – gibt man oft dem Unbekanntem mit schlecht abschätzbaren Auswirkungen den Vorzug. Eine Handlung, die schlecht endet, wird kritischer angesehen als eine nicht vorgenommene Handlung, die auch zu einem schlechten Ende führt. Obwohl man bei beiden Schuldige finden kann, wiegt eine unterlassene Handlung, die vielleicht auch noch schwer zu identifizieren ist – „Was genau wurde unterlassen?" – weniger schwer.

Dank dieser kognitiven Verzerrung lässt man lieber alles beim Alten – so lange, bis Änderungen nicht mehr vermeidbar sind. Und das kann einem letztendlich alles kosten, wie Jürgen Heraeus, Aufsichtsratschef des gleichnamigen deutschen Traditionsunternehmens in einem Interview mit dem *Handelsblatt* lapidar feststellte.[8] Das Land sei „verkommen zu einer Republik von Planfeststellungsverfahren, in dem jede abwegige Meinung und jedes Partikularinteresse berücksichtigt werden muss". Heraeus analysiert trocken, dass „Tempo und Ehrgeiz, die aus Deutschland nach dem Zweiten Weltkrieg ein ökonomisches Wunder machten, jetzt eher in China zu finden" sind. Der Untergang des Landes finde auf breiter Front statt: „Wir hatten ja einmal große und international bedeutende Geldinstitute. Und natürlich gilt das vor allem für die hiesige Autoindustrie, deren drohender Niedergang wirklich das verheerendste Zeichen von allen ist." Auch wenn zehn bis fünfzehn Prozent der Menschen es auch in hochindustrialisierten Ländern nicht aus der Armut schaffen, so fasst er den Status quo mit einem Satz zusammen:

> Im Grunde hat der Wohlstand alle erreicht –
> nun muss er gehalten werden.

Die Politik tendiert dazu, die Status-quo-Interessen zu bedienen, wie sie von einflussreichen Wirtschaftszweigen und Lobbygruppen vertreten werden. Die Autoindustrie, der Bankensektor, die Kohleindustrie oder die Landwirtschaft haben zu Recht oder immer öfter einen nicht mehr zeitgerechten Einfluss auf die Politik, während die entstehenden Zukunftsbranchen vernachlässigt werden. Damit besteht die Gefahr, dass es zu einer Stagnation kommt und man sich nicht frühzeitig auf den Niedergang alter und den Aufstieg neuer Branchen fokussiert.

Das manifestiert sich bei uns dann in fehlenden Investitionen in neue Infrastruktur und in sogenannte universell einsetzbare Technologien wie dem Breitbandausbau, Mobilfunk oder der künstlichen Intelligenz.

Parvenüs nerven

Ein Professor an der Wirtschaftsuniversität schilderte Anfang der 1990er-Jahre von den Erlebnissen seiner Mutter, die in der Wiener Innenstadt ein Lingerie-Geschäft unterhalten hatte. Dort war es nicht unüblich, dass neureiche Russen Zigtausende Schilling (Tausende Euro) in wenigen Minuten für Reizwäsche hinblätterten. Nach dem Zerfall der Sowjetunion war es zu einer Umverteilung des vorher dem Volke gehörenden und nun in die Hände der gierigen Russenmafia gefallenen Vermögens gekommen. Mit einem Schlag besaßen vorherige Bonzen nun Millionen, die ausgegeben werden wollten. Wer wusste schon, wie lange einem die Zeit blieb, das Vermögen zu genießen?

Diese russischen Parvenüs mit viel Geld und schlechtem Geschmack – man erkannte sie an den teuren Jogginganzügen und Uhren – fluteten damals die westlichen Großstädte, um auf Einkaufstour zu gehen. Das vom französischen Wort „parvenir" (zu etwas gelangen) abgeleitete Wort Parvenü beschreibt einen Emporkömmling der ersten Generation, der durch Fleiß oder halbkriminelle Aktivitäten zu Reichtum gekommen ist, dem es aber mit dem neu gewonnen Status an den Umgangsformen und dem Geschmack fehlte, sich in der „feinen Gesellschaft", in der er nun verkehren konnte, angemessen zu verhalten.

Die feine Gesellschaft toleriert Parvenüs nur, weil sie Geld haben und sich damit Einfluss erkaufen können, akzeptiert sie aber nicht. Ansonsten hält man zu seinesgleichen und spart nicht an versteckten oder offenen Spitzen gegen die unkultivierten Emporkömmlinge. Auch deshalb, weil sie schmerzlich an die Herkunft der eigenen Vorfahren aus ähnlichen Milieus erinnern. Denn in unserer Geschichte sind Emporkömmlinge kein neuartiges Phänomen. Schon die aus der Gründerwelle in der zweiten Hälfte des 19. Jahrhunderts hervorgegangenen Industriellen wurden von den Adeligen als Parvenüs betrachtet. Selbst als der Kaiser manche aufgrund ihrer Leistungen in den Adelsstand erhob, beäugten die alteingesessenen Adelsfamilien diesen „neuen Adel" immer noch kritisch und schief. Wir können in der Geschichte beliebig weit zurückgehen: Parvenüs und die entsprechenden Reaktionen der alteingesessenen Familien lassen sich in allen Kulturen und Perioden finden.

Es wurde auch nicht mit Spott gespart. Sehr populär war Frau Pollack von Parnegg, die neureiche Gattin eines geadelten und getauften Wiener Industriellen. Ihr werden viele Aussprüche in den Mund gelegt, die mit ihrer angeblich häufigen Verwechslung von Fremdwörtern zu tun haben, dem immer wieder durchdringenden jüdischen Einschlag in ihrer Sprache und dem Anbiedern an die feine Gesellschaft, zu der sie nun auch gehören wollte. Besonders die kreative Verwendung falscher Fremdwörter im richtigen Augenblick zählt seither zum Repertoire eines jeden fortgeschrittenen Witzeerzählers.[9]

Eines Tages will es ein Gast Frau Pollack so richtig sagen und ruft: „Wissen Sie, was Sie sind? Sie sind ein Parvenü!"
Sagt die Frau Pollack: „Jetzt haben Sie sich aber blamiert. Was Sie gemeint haben, ist Paravent, auf Deutsch ‚der Affe'. Aber eigentlich gemeint haben Sie Parmesan!"

Die Parvenüs galten den etablierten Eliten als geldgierig, machtgeil und skrupellos und doch zugleich ob ihres Mangels an Kultur und Manieren und ihres gleichzeitigen Bestrebens nach einer ihrem neuen Stand nun angebrachten Würde als unfreiwillig komisch.

Frau Pollack erblickt in der Auslage eines Juweliers ein schönes Brillantendiadem und betritt das Geschäft, um nach dem Preis zu fragen.
„50.000 Kronen!", sagt der Juwelier.
Darauf Frau Pollack: „Schade! Mein Mann hat mir zwar plein pissoir gegeben, aber das geht über mein Bidet."

Oft bestand für sehr wohlhabende Emporkömmlinge das einzige Mittel, sich mit seinem teilweise aus zweifelhaften Quellen stammenden Reichtum in die feine Gesellschaft einzukaufen, darin, Gelder in Stiftungen und Institutionen zu wohltätigen, kulturellen oder erzieherischen Zwecken zu stecken. Die heute als Top-Universität angesehene Stanford University in Kalifornien wurde vom Eisenbahnbaron Leland Stanford gegründet, nachdem er mit oft kriminellen Methoden die westliche Seite der transkontinentalen Eisenbahnverbindung in den USA aufgebaut hatte. Der Stahltycoon Andrew Carnegie war skrupellos in seinem Geschäftsgebaren. Doch heute kennt man ihn als Stifter von Universitäten und kulturellen Einrichtungen. Eine andere Methode, sich anzubiedern, bestand darin, sich in ein in Geldnot oder im Abstieg befindliches altes Adelshaus einzuheiraten. Man denke dabei etwa an die Ehe zwischen Karl Habsburg-Lothringen und die Urenkelin von August Thyssen, Francesca Thyssen-Bornemisza, im Jahr 1993.

An den Meinungen zu Neureichen hat sich nichts geändert. Heutige Parvenüs kommen nicht mehr nur aus der eigenen Region, sondern können von der anderen Seite des Erdballs ihre Wirkung auf die eigene Region entfalten: Ein Elon Musk, der in die Domäne alteingesessener Industriellenfamilien eindringt, ein chinesischer Oligarch, der sich ein deutsches Vorzeigeunternehmen schnappt, oder ein Mark Zuckerberg, der auf einem UN-Gipfel neben der Bundeskanzlerin Angela Merkel sitzt, als ob er ein Staatschef wäre, stoßen manchem „alten deutschen Industrieadel" auf – dem „Industrieadel", dem vor mehr als 100 Jahren Ähnliches vom kaiserlichen Adel passiert war. Die Parvenüs aus dem Jahr 1900 rümpfen über die Parvenüs aus dem Jahr 2020 die Nase und lassen ihnen das angedeihen, was die Parvenüs aus dem Jahr 1800 ihren Vorfahren zuteilwerden ließen.

Auch die Argumente ähneln sich in verblüffender Weise. Das Silicon Valley ist „geldgierig", die Chinesen sind „skrupellos". Die Jeans- und T-Shirt-Kultur in Sneakers und Kapuzenpullovern und der nächtelange Konsum von Fast-Food-Pizza vor dem Computer zeugt von Kulturlosigkeit. Nur man selbst sei kultiviert und anständig, bis uns ein Diesel- oder Schlachthofskandal den Spiegel vor das Gesicht hält.

Wenn wir eines aus der Geschichte lernen, ist es Folgendes: Es wird immer Parvenüs geben und sie werden den Platz der vorherigen Wohlhabenden einnehmen. Sie zum Gespött zu machen ist eine Sache, sie zu unterschätzen aber eine ganz andere. Sie zu lange nicht ernst zu nehmen wirkt sich für das eigene Unternehmen meist fatal aus.

Stereotypen vereinfachen das Leben

Das erste domestizierte Tier war der Sündenbock.

Yanko Tsvetkov

Geben Sie es zu: Vielleicht schon im ersten Moment, als Sie dieses Buch in Händen hielten, mögen Sie entnervt gestöhnt haben: „nicht schon wieder einer, der uns aus dem Silicon Valley die Welt erklären möchte." Oder vielleicht einmal zwischendurch nach der Erkenntnis, dass der Autor Österreicher ist: „Da will uns schon wieder ein Österreicher sagen, wohin es gehen soll?" Und manche Sätze mögen Sie sich im Wiener Dialekt vorgestellt ... und etwas langsam vorgetragen haben? Witze leben von solchen Stereotypen. Sie machen das Erzählen so viel einfacher und man muss niemandem erklären, wie der andere ist. Beweis gefällig?

Ein Deutscher und ein Wiener sammeln Schnecken ein, die im Vorgarten zu einer Plage geworden sind. Nach einer Stunde ist der Korb des Deutschen voll. Der Wiener hat jedoch noch keine einzige Schnecke erwischt.

Als ihn der Deutsche völlig verwundert fragt, warum er noch keine Schnecke in seinem Korb hat, antwortet der Wiener: „Geh, I wass a ned, i drah mi um, will nach ihnen greifen, aber husch husch san sie weg."

Als Wiener sage ich aber, die Schweizer sind aus unserer „Erfahrung"
noch langsamer und viel zu ernst. Ja, auch wir pflegen unsere Stereotypen.

> Was ist der Unterschied zwischen Zürich und dem Wiener
> Zentralfriedhof?
> Zürich ist doppelt so groß, aber nur halb so lustig.

Aber auch die Deutschen sollen nochmals ihr Fett wegkriegen:

> Ein Berliner Tourist läuft durch Wien. Er fragt einen Ein-
> heimischen nach dem Weg:
> „He, Sie, Männeken, könn' Se ma sagen, wo et hier direk-
> temang zum Stephansdom jeht?"
> Der Wiener: „Aber mein liaber Freind, kennan S' des net
> a bisserl freundlicher sog'n?"
> Der Berliner schaut ihn erstaunt an und sagt dann: „Nee,
> da valoof ick mia liba!"
> Weil der Teufel nicht schläft, muss im selben Jahr der
> Wiener nach Berlin. Und weil er sich dort nicht auskennt,
> muss er nach dem Weg zum Postamt fragen. Also spricht
> er einen Berliner an:
> „Tschuidigen'S, gnä' Herr, können Sie mir sagen, wie ich
> zum Postamt komme?"
> Maschinengewehrfeuerschnell antwortet der Berliner:
> „Zwei Straßen geradeaus, scharf nach rechts, eine Stra-
> ße geradeaus, Straße überqueren, halbrechts unter dem
> Bogen durch, scharf links über die Schienen, am Zei-
> tungsstand vorbei und direkt in die Eingangshalle der
> Post rein."
> Der Wiener, nun mehr befremdet als aufgeklärt, murmelt
> trotzdem: „Tausend Dank, gnä' Herr –", worauf der Berliner
> den Wiener unterbricht, am Kragen packt und ihn anbellt:
> „Vergessen Sie den Dank! Wiederholen Sie die Anweisung!"

Dieser kleine Ausflug in die Welt der Witze und Stereotypen mag harmlos erscheinen, sie können aber zutiefst verletzen, speziell, wenn sie sich gegen Schwächere, andere Geschlechter und Minderheiten wenden.

Warum macht man keine Witze über das österreichische Bundesheer?
Es ist unfair, sich über jemanden lustig zu machen, der sich nicht wehren kann.

Tendiert man dazu, solche Stereotypen zu pflegen, kann es rasch passieren, dass man überrumpelt wird, wenn sich das Gegenüber nicht stereotypisch verhält. Ein Mitarbeiter oder Mitbewerber wird entweder über- oder unterschätzt und die eigene Reaktion kommt zu spät oder ist von vornherein falsch.

Stereotypen erweitern sich von Personengruppen zu Klischees, die eine ganze Nation beschreiben. Dabei legt jeder Bayer Wert darauf, dass die Franken ganz anders sind. Oder das Appenzell mit den Zürichern bloß nicht verwechselt werden soll. Und in Österreich sind sowieso alle gegen die Wiener.

Das für dieses Buch bedeutendere Äquivalent sind aber die Vergleiche mit den Amerikanern – genauer, dem Silicon Valley – und den Chinesen. Beide werden bedrohlich als die ehrgeizigen und geldgierigen Überflieger beschrieben, denen Datenschutz nicht am Herzen liegt, deren Verarbeitungsqualität uns nicht das Wasser reichen kann und deren Arbeitszeiten wir hier nicht haben wollen.

In einer Umfrage, zu der wir später noch im Detail kommen werden, über Erfolge und Misserfolge, die Umfrageteilnehmer zu Deutschland, den USA und China einfielen, antworteten die Teilnehmer: die „laxen Waffengesetze" in USA, die „Zwangsarbeit" in China, die dort fehlende Demokratisierung oder der „lahme Umweltschutz". Im Umkehrschluss sieht man diese bei uns in der gegenteiligen und damit inhärent positiven Ausführung. Wir haben strenge Waffengesetze, (angeblich) keine Zwangsarbeit, sind eine Demokratie und stolz auf unseren strengen Umweltschutz. Ein Umfrageteilnehmer meinte sogar ganz entrüstet:

Wir sollten uns nicht mit Ländern vergleichen, die einen niedrigeren Standard haben.

Er erklärte aber nicht, von welchen Standards er sprach, es waren aber vermutlich nur diejenigen, die er in seinem Land als höher und besser betrachtete. Er meinte aber sicher nicht den chinesischen und amerikanischen Leistungswillen, die dortige Zukunftsdenke, die Wir-schaffen-das-Mentalität, den Innovationsgeist oder das Unternehmermindset. Da vermuten wir bei den Chinesen und Amerikanern einen viel höheren Standard.

Wir sehen schon, die Stereotypen gehen in beide Richtungen. Nicht jeder Deutschsprachige hat keinen Leistungswillen oder ist nicht innovativ. Auch wenn die Gründerzahlen drastisch gesunken sind, haben wir bei uns eine Reihe von durchaus nachahmenswerten und erfolgreichen Gründern und Unternehmern.

Eine Stereotypisierung ist gefährlich. Sie insinuiert, dass jede gegenteilige Handlung somit nutzlos wäre. „Die Leute wollen eben nicht lange arbeiten!" Oder: „Wir haben nicht die Hurra-Mentalität. Wir durchdenken das Problem eben zuerst einmal, bevor wir etwas tun. Aber wenn wir es dann anpacken, dann können sich die anderen warm anziehen."

Zwischen den städtischen Bauämtern von Wien und New York läuft die Wette, welches Amt schneller den Plan eines zehnstöckigen Hochhauses anfertigt. Binnen wenigen Tagen erhalten die Wiener ein Fax aus New York: „Noch zwölf Tage und wir sind fertig."
Die Wiener antworten umgehendst: „Noch zwölf Formulare und wir fangen an!"

Harvard-Professorin Francesca Gino verweist in ihrem Buch „Rebel Talent: Why it pays to break the rules at work and in life" darauf, dass Stereotype uns helfen können,

> ... der Welt einen Sinn zu geben. Da sie aber nur Verallgemeinerungen sind, können sie auch viel Ärger verursachen. [...] Wenn man sich auf Stereotypen einlässt, lassen wir uns manchmal zu grausamen und kriminellen Handlungen hinreißen, oft ohne uns dessen bewusst zu sein. Rebellen hingegen erkennen, dass Stereotypen trügerisch sind und dass der Kampf gegen die Neigung zu Stereotypen ein klareres Bild der Realität erzeugt – und einen Wettbewerbsvorteil.

Man täusche sich dabei nicht, dass nur die anderen auf Stereotypen zurückgreifen und man selbst davor gefeit wäre. Welch unfreiwillig komischen Züge das annehmen kann, davon zeugen nicht nur ein, sondern gleich mehrere Beiträge eines Frankfurter Personalvermittlers. In einem davon beschwert sich der Gründer dieser Agentur über die „Arroganz der digitalen Elite": Deren „Ego killt Innovation".[10] In seiner Kolumne hadert der ältere Mann mit den „Schnöseln", die auf „E-Scootern" in „kurzer Hose" ankämen und „altgediente Führungskräfte" als „vom Aussterben bedrohte Dinosaurier" betrachten. Ziemlich viel an Stereotypen, die hier verwendet werden und die eher auf ein persönliches Problem des Headhunters als auf ein generelles Problem mit der heutigen Jugend hinweist. Da hilft es nicht, dass er in anderen Kolumnen mit weiteren Klischees – beispielsweise zur Suche nach qualifizierten Frauen – nur so um sich wirft.

Die Quintessenz ist: Wenn man die Schuld nur bei anderen sucht und mit Stereotypen erklärt, fehlt es zumeist selbst an genau den für sich in Anspruch genommenen „menschlichen Qualitäten".

Whataboutism lenkt ab

Sind uns die Gefahren von Stereotypen und die damit einhergehende Diskriminierung von Schwarzen, Frauen, LGBTQ-Menschen und anderen Minderheiten in den letzten Jahren besonders im Bewusstsein, ist das bei einer subtileren Form weniger der Fall. Und die hat mit dem sogenannten „Whataboutism" – auf Deutsch „Und was ist mit ...?" – zu tun. Whataboutism bezeichnet laut Wikipedia[11]

> ... eine Technik der Manipulation, durch die von unliebsamer Kritik abgelenkt wird, indem auf ähnliche oder andere wirkliche oder vermeintliche Missstände auf der Seite des Kritikers hingewiesen wird.

Die Struktur ist recht einfach zu erkennen und sieht in vielen Fällen folgendermaßen aus:

> Vorschlag: Wir könnten uns vom Silicon Valley abschauen, wie die dort ganz rasch Dinge ausprobieren.
> Kritiker: Was ist aber mit dem Betriebsrat?

Das eine (abschauen, wie man es schnell macht) hat mit dem anderen (Betriebsrat) eigentlich nichts zu tun. Es mag in einer späteren Phase, wenn überhaupt, an Relevanz gewinnen, aber aktuell ist das ein Ablenkungsmanöver. Die Sowjetunion und der Nachfolgestaat Russland haben den Whataboutism perfektioniert. Auf die Rechte von Homosexuellen wird immer gerne mit „Was aber ist mit den Kindern?" geantwortet, implizierend, dass Homosexuelle zugleich Pädophile sind. Dem österreichischen Nachrichtensprecher Armin Wolf war das im Jahr 2018 schon vor seinem Interview mit dem russischen Präsidenten Wladimir Putin bekannt. Er war entsprechend vorbereitet.[12] Auf eine Frage zu Demokratie und Protesten in Russland lenkte Putin sofort mit „Was aber ist mit der Ukraine?" ab. Die richtige Reaktion darauf ist, darauf hinzuweisen, dass man hier über Russland und nicht über die Ukraine oder über die Rechte Homosexueller und nicht über Pädophilie spreche.

Als die Entscheidung für die Errichtung der neuen Tesla Gigafactory in Berlin-Brandenburg bekannt geworden war, wurde sofort der Vergleich zu derjenigen in Schanghai gezogen, die sich vom Spatenstich im Januar 2019 bis zur ersten Auslieferung am 30. Dezember 2019 in weniger als einem Jahr gewandelt hatte: von einem grünen Acker bis zur Lieferung der ersten Autos. Auf den Hinweis, dass Deutschland nun zeigen müsse, dass es den etwas weniger aggressiven Zeitplan auch einhalten könne, kam wie aus der Pistole geschossen die Antwort: „Wir haben ja keine Zwangsarbeit wie die dort." Diese Aussage implizierte, dass man dies in Schanghai nur wegen der Zwangsarbeit (die es nachweislich nicht gab) geschafft hatte. Bei uns sei das nicht möglich, deshalb müssten wir uns nicht mit der chinesischen Vorgehensweise beschäftigen. Es gebe von Schanghai nichts zu lernen.

Für uns als Nachzügler bei den neuen Technologien führt der Whataboutism sofort zum Gefühl, dass man sich wegen der vorgebrachten und irrelevanten Kritikpunkte locker der ursprünglichen Frage entziehen kann. Das Legen einer falschen Fährte lenkt uns vom Wichtigen ab.[13] Und das heißt: kein Lernen, kein Verstehen, keine Vorbereitung, keine zeitgerechte und angemessene Reaktion. Der selbstzufriedene Bürokrat triumphiert. Der Sowjet-Bonze und der chinesische Kaiser sprechen heute deutsch.

Vorgeschobene Personengruppen

„Flyover Country" ist ein Begriff, den man in den USA gelegentlich hört.[14] Damit sind jene Regionen gemeint, die zwischen den Ballungsgebieten an der West- und Ostküste liegen. Zwischen San Francisco, Los Angeles und San Diego im Westen, New York City, Boston und Washington, D. C., im Osten befinden sich auf 4.500 Kilometer mehr als drei Dutzend Bundesstaaten, die vergleichsweise dünn besiedelt sind und in denen die Landwirtschaft dominiert. Und weil dort andere Wirtschaftszweige weniger Gewicht haben, findet der meiste Flugverkehr zwischen den Küstenmetropolen statt, während über die Landmasse dazwischen nur „drüber geflogen" wird.

Der Begriff steht somit für die von den (vermeintlich) wohlhabenderen Eliten der Küstenstaaten vernachlässigte ländliche Bevölkerung, auf deren Bedürfnisse und Werte in Washington, D. C., oder Silicon Valley nicht eingegangen wird und auf die man beim Überflug nur herablassend herunterschaut. In leicht abgewandelter Form, aber mit ähnlicher Bedeutung sind solche Vorwürfe bei uns zu hören. Die Finanzmetropole Zürich verstehe eben nicht das Appenzell. Der „Wasserkopf" Wien, der ein Fünftel der österreichischen Bevölkerung beherbergt, bringe den Bedürfnissen und Wünschen der Bundesländer zu wenig Verständnis entgegen. Und weite Teile Ostdeutschlands ticken im Vergleich zum Westen immer noch anders und würden nur bevormundet.

Geschickte Politiker und Moralunternehmer wissen diese Differenzen für ihre Zwecke zu nutzen. Und Sündenböcke sind rasch gefunden: Es sind die vermeintlichen Eliten aus den abgehobenen Städten oder dem Silicon Valley, die Maßnahmen ergreifen und Technologien entwickeln, die für die Bevölkerung abseits der Ballungsräume oder der Durchschnittsbürger, wenn schon nicht nachteilig sind, so doch wenig Nutzen brächten.

Und zugegeben, manche Kritik ist angebracht, nur bei Weitem nicht in dem Umfang, wie man sie gerne vorträgt. Bei näherer Betrachtung entpuppten sich viele auf den ersten Blick „elitäre" Technologien als äußerst nützlich für alle Bevölkerungsteile. So haben Mobiltelefone und in weiterer Folge Smartphones gerade auf dem Land die Bevölkerung mehr gesellschaftliche und wirtschaftliche Teilhabe ermöglicht. Autonome Autos, die vor allem für Städter als Vorteil gesehen werden, könnten gerade im von öffentlichen Verkehrsmitteln stiefmütterlich behandelten ländlichen Bereich einen großen Bevölkerungsteil günstig und bequem mit individueller Mobilität versorgen.

Das lehren uns Erfahrungen aus der Vergangenheit. Vor weniger als 100 Jahren waren die meisten Städte und Dörfer nur durch nichtasphaltierte Straßen verbunden, die voller Schlaglöcher waren, bei jedem Regen aufweichten und beinahe unpassierbar wurden. Das Automobil mit der Notwendigkeit eines modernen Straßennetzes verringerte die Distanzen und ermöglichte damit den Zugang zu Bildung, Gesundheitswesen, Wirtschaft und Handel.

Fällt man auf die verführerische Idee herein, dass hier die Eliten und dort die Durchschnittsbürger sich gegenüberstehen – in den USA spräche man von der „Main Street" im Gegensatz zur „Wall Street", in der sich die finanzstarken Eliten tummeln – dann tut man einem großen Teil der Bevölkerung keinen Gefallen. Man entzieht sich der Auseinandersetzung in Bezug auf mögliche Anwendungsgebiete neuer Technologien.

Drohnen, die den Eliten in Städten ohnehin „unnötige Einkäufe von Amazon" zustellen? Wie wäre es mit Drohnen in der Landwirtschaft, die gezielt mit geringerem Einsatz Obstbäume besprühen? Künstliche Intelligenz ist nur gut für Zugangskontrollen oder zur Beeinflussung von Menschen in sozialen Netzwerken? Wie wäre es mit Tumorerkennung in Krankenhäusern oder beim Artenschutz, wo eine Plattform wie Wildbook aus Fotos Bestandsaufnahmen bedrohter Wildtierpopulationen erstellen kann? Roboter bedrohen unser Leben und Arbeitsplätze? Wie wäre es mit Pflegerobotern, die in Krankenhäusern und Altersheimen den Knochenjob übernehmen und Pflegebedürftige tragen oder umdrehen? Oder die Unkraut am Feld jäten und den Stall ausmisten? Pflanzenbasierter Fleischersatz ist nur was für elitäre Veganer und Vegetarier? Wie sieht es mit der Schonung von Umweltressourcen und dem Verzicht auf Haltung und Schlachtung von Nutztieren aus, wenn man Produkte von Impossible Foods, Eat Just oder Beyond Meat mit nur einem Fünftel des CO_2-Fußabdrucks verwenden kann?

Die Moralunternehmer, die diese vermeintlichen Unterschiede gegeneinander ausspielen, offenbaren damit nicht nur ihr problematisches Verhältnis zu vermeintlichen Eliten – zu denen sie oft selbst gehören –, sondern auch eine vorgeblich sorgende, aber eigentlich herabwürdigende Meinung gegenüber den sogenannten Nicht-Eliten.

Sie behandeln diese als unmündig, spielen sich als Beschützer von deren Interessen auf und wollen uns weismachen, sie wüssten, was gut für sie wäre. Nicht gut für sie ist jedenfalls das, was die vermeintlichen Eliten machen, so die Moralunternehmer.

Das Thema ist vergleichbar mit dem Einlullen. Bezeichnet man voreilig etwas als Hype, der wieder vorübergehen wird, als „not invented here" und damit als hier nicht praktikabel, macht man es sich zu einfach. Aus diesen Gründen braucht man sich nicht damit zu beschäftigen oder es ernst zu nehmen. Am Ende schadet man gerade denen, denen man vermeintlich helfen wollte.

Identitätsstiftung durch Technologie

Benjamin Franklin Isherwood, Ingenieur und Offizier der amerikanischen Marine, ist einer der wichtigsten Erfinder in der Geschichte der USA. Er hatte als Erster dampfbetriebene Schiffe vollständig anders konstruiert. Statt ein bestehendes, hölzernes Segelschiff einfach mit einer Dampfmaschine auszustatten, wie es andere vor ihm gemacht hatten, legte er den Dampfantrieb aus und designte um diesen herum das passende Schiff. Und das aus Stahl. Ähnlich wie Tesla nicht einfach ein bestehendes Verbrennungskraftfahrzeug nahm, den Motor ausbaute und stattdessen Batterien und einen Elektromotor reinpappte, ging Isherwood den radikalen Weg. Mit Erfolg: Das so konstruierte Dampfschiff, das den Namen „Wampanoag" trug, war deutlich schneller und wendiger als ihre rein windgetriebenen und ihre umgebauten Vorgänger. Diese allen anderen Seestreitkräften überlegene Technologie musste im Jahr 1863 bei der Admiralität sicherlich Eindruck geschunden haben, oder?

Wir ahnen schon, dass dem nicht so gewesen war. Die Offiziere der Marinestreitkräfte pflegten zwar das moderne Idiom der Entscheidungsfindung einer ebenso modernen Streitkraft, nämlich das einer logischen Demonstration, des mathematischen Ausdrucks und der Erfassung quantifizierbarer Elemente – alles Elemente, die wir heute in modernen Unternehmen vom Management auch vorgegaukelt kriegen. Und deshalb kam die Admiralität folgerichtig zu diesem Ergebnis:[15]

> Wir sind der Meinung, dass aufgrund des großen Vorrats an geeignetem Holz, das derzeit in den Marinewerften vorhanden ist und das im Interesse der Wirtschaftlichkeit genutzt werden sollte, der Vertrautheit unserer östlichen Arbeiter mit dem hölzernen Schiffsbau und ihrer Abhängigkeit davon für ihren Lebensunterhalt, der Ressourcen des Landes in Bezug auf dieses Material und der Möglichkeit, hölzerne Schiffe einer begrenzten Größe zu bauen, die stabil, effizient und wirtschaftlich sein sollen, diese Möglichkeit besteht.

Was Isherwood nicht berücksichtigt hatte, war das Selbstverständnis der Marine, was ein richtiges Kriegsschiff und der ideale Matrose sei. Die Pflicht, der Spirit und die Bestimmung eines Matrosen fand keine Erfüllung darin, an Deck rumzuhängen und der Dampfmaschine zuzusehen, wie diese das Schiff vorantrieb. Ein Matrose musste Segel hissen, das Deck schrubben, die Planken scheuern, um sich die notwendige Disziplin für die eventuelle Seeschlacht anzueignen. Solch ein Dampfschiff bedrohte außerdem die Rangordnung in der Offizierswelt, da doch die Maschinisten eine Aufwertung erfahren würden.

Was es dem Dampfschiff so schwer machte, war das Selbstverständnis der Offiziere und ihre Identifizierung mit den Routinen, dem Status und den Aufgaben der Marine. Dieses Verhaltensmuster erweist sich oft als Hindernis bei der Einführung neuer Technologien.

Ein Beispiel aus der heutigen Zeit fällt unter das Stichwort „Petro-Maskulinität". Damit lässt sich der teils heftige Widerstand vieler Autofahrer, Diskussionsteilnehmer und Stammtischbesucher gegen Elektroautos erklären. Es hat mit dem Selbstbild zu tun. In Filmen, Medien und am Stammtisch definieren sich Männer und Frauen durch Fahrzeuge mit sattem Motorengeräusch, Benzingeruch und ölverschmierten Händen. Das Werken am eigenen Boliden macht das Leben erst lebenswert. Von James Dean angefangen über James Bond im Aston Martin bis hin zu Fast-&-Furious-Darstellern wie Vin Diesel in ihren Muskelautos stellen sie das Sinnbild von Männlichkeit dar. Frauen sind davon nicht ausgenommen. Ihre Weiblichkeit und ihre Akzeptanz in diesem sozialen Umfeld definieren sich ebenfalls durch Autos. Sich mit ihrem sexy Körper am Auto räkelnd oder dieses lenkend und ihr technisches Wissen machen sie in ihrer In-Group zum Mitglied. Sind es in den USA vor allem die Rancher und Handwerker mit den massiven Pick-ups, so sind es bei uns die tiefer gelegten Golf GTI oder in der Vergangenheit der Manta Manni, die einem in den Sinn kommen. Auch in höheren Schichten stehen eine Corvette, ein Ferrari oder ein Porsche als das Statussymbol für den erfolgreichen Alphamann.

Die Politwissenschaftlerin Cara Daggett, die über Energiepolitik und deren soziale Auswirkungen an der Virginia Tech in den USA forscht, hat den Begriff Petro-Maskulinität geprägt, der beschreiben soll, dass es sich beim Übergang zu alternativen Energieformen und elektrischen Antriebssträngen nicht nur um eine rein technische Disruption handelt, sondern auch um eine soziale.[16] Wenn die eigene Identität und Lebensform eng mit einer Technologie verknüpft ist, führt deren Abschaffung zu einer Identitätskrise. Nicht nur das von klein auf erworbene Wissen und die Expertise zu dieser Technologie, um im Freundeskreis akzeptiert zu werden, wird mit einem Schlag obsolet, auch das damit verbundene Prestige und die Männlichkeit. Der Zusammenhalt, der Status in der eigenen sozialen Gruppe und die sexuelle Attraktivität werden infrage gestellt.

Daggett findet außerdem einen Zusammenhang zwischen Petro-Maskulinität und der Neigung zur Akzeptanz autoritären Verhaltens. So werden aggressive und gewalttätige Reaktionen petro-maskulin sozialisierter Personen auf Bestrebungen zu einem Übergang zu nachhaltigen Energie- und Antriebsformen als gerechtfertigte Maßnahmen betrachtet. Neue Technologien, die diese Identitätsstiftung gefährden, werden somit zum Feind und unbarmherzig bekämpft.

Gewohnheit macht faul

In einer alten Geschichte, die ihren Ursprung in den Burenkriegen der Briten hatte, wurden in der Kriegsführung Ende des 19. und Anfang des 20. Jahrhunderts verstärkt leichte Kanonen eingesetzt. Diese Kanonen konnten von Lkws von einem Einsatzort zum nächsten als Anhänger gezogen werden. Allerdings war die britische Militärführung mit der Zeit, die jedes Abfeuern benötigte, unzufrieden. Deshalb wurde ein Berater – oder was eben damals unter diesem Begriff zu verstehen war – gebeten, die Abläufe zu analysieren und Verbesserungsvorschläge zu machen.[17]

Der Mann studierte die Bewegungsabläufe der Fünf-Mann-Besatzung, wie sie die Kanone belud, verschloss, aufrichtete und abfeuerte. Es fielen ihm einige Handgriffe auf, die er sich nicht erklären konnte. Er beschloss, eine Kamera mitzubringen, und fertigte Fotos der einzelnen Phasen an. Speziell eine Routine bereitete ihm bei wiederholter Betrachtung der Fotos Kopfzerbrechen. Kurz, bevor die Kanone abgefeuert werden sollte, stoppten zwei der Soldaten ihre Aktivitäten und standen für einen drei Sekunden anhaltenden Zeitraum in strammer Haltung, bis das Geschoß abgefeuert war.

Er zog einen alten Artillerieoberst zurate und zeigte ihm das Foto. Auch dieser konnte sich dieses Verhalten anfänglich nicht erklären. Erst als er die gesamte Abfolge der Bewegungsabläufe sah, leuchtete es dem Oberst ein. „Ah", sagte er, „Ich weiß es nun wieder. Sie halten die Pferde."

Die einstudierten und nach wie vor geübten Routinen beim Einsatz einer Kanone stammten noch aus der Zeit, als Pferde als Transportmittel für Kanonen eingesetzt worden waren. Die Pferde standen dann beim Gefecht neben ihrer Kanone. Damit die Tiere beim Abfeuern nicht scheuten, hielten sie zwei der Soldaten unmittelbar vor dem Kanonendonner an den Zügeln. Die Pferde waren Geschichte, aber die Routinen wurden in den Schulungen und Abläufen beibehalten.

In den ersten Automobilen baute man noch Peitschenhalter ein, so als ob man statt dem Pferd dem Motor hin und wieder eine schnalzen wollte. Doch auch in der jüngeren Vergangenheit finden sich solche Anachronismen. In den ersten Entwürfen des Audi Sportback e-tron, eines Elektrofahrzeugs, dessen Basis nicht von einem Verbrennungskraftfahrzeug übernommen, sondern neu entwickelt worden war, gab es noch verdächtig nach Auspufföffnung aussehende Elemente am Heck des Fahrzeugs. Und auch das Lämpchen zum Motorölwechsel gab es in diesem Elektroauto, das gar keinen Ölwechsel benötigt.

Gruppendenken macht blind

Der griechische Geschichtsschreiber Herodot, der Mitte des 5. Jahrhunderts vor Christi Geburt gelebt hatte, berichtete über die alten Perser, dass diese, wann immer sie zu einer Entscheidung als Gruppe kommen wollten, die Frage zuerst nüchtern betrachteten, dann entschieden, um sich danach gemeinsam zu besaufen und in diesem Zustand die Entscheidung nochmals zu überdenken.

Alfred P. Sloan, der ehemalige CEO von General Motors, nutzte eine von den alten Persern abgekupferte und leicht abgewandelte Methode, um Gruppendenken zu verhindern. Sobald sein Managementteam zu einer Entscheidung gekommen war, verkündete er:[18]

> Meine Herren, ich sehe, wir sind alle einer Meinung. Deshalb würde ich vorschlagen, wir vertagen die weitere Diskussion darüber und kommen hier am nächsten Morgen nochmals zusammen, damit wir Zeit haben, unterschiedliche Meinungen zu entwickeln. Und vielleicht genauer verstehen, was wir hier eigentlich entscheiden müssen.

Gruppen können, vor allem, wenn sie relativ homogen sind, in stabilen Zeiten sehr rasch zu Entscheidungen kommen, sobald sich das Umfeld aber ändert, versagt die Gruppe durch die zu eng gezogenen und gleichartigen Erfahrungen und Ansätze. Gruppen treffen oft

Entscheidungen, die durch das sichere Auftreten einzelner Mitglieder beeinflusst werden, was zu der Illusion vollständiger Information oder Sicherheit führt. Annahmen werden hingenommen, teilweise gar nicht erkannt oder hinterfragt. Da die Gruppe die Entscheidung trifft und die Verantwortung gemeinsam trägt und nicht der Einzelne, sehen die Mitglieder die Konsequenzen für sich als geringer an. Der Erfolg wie auch die Schuld wird auf mehrere Schultern verteilt.

John F. Kennedy inspirierte den Begriff des Gruppendenkens, als er nach der außenpolitisch äußerst blamablen gescheiterten Invasion in der Schweinebucht in Kuba nach den Ursachen forschte. Die Gruppe wurde im Eifer der Diskussion von der Kameraderie so mitgerissen, dass Zweifel unterdrückt und abweichende Meinungen ignoriert wurden. In weiterer Folge setzte Kennedy das ein, was die katholische Kirche schon vor Jahrhunderten eingeführt hatte, um der überbordenden Zahl von Selig- und Heiligsprechungen Einhalt zu gebieten: den Advocatus Diaboli. Das ist eine Person, die die Rolle des Teufelsadvokaten übernehmen sollte, um bewusst Gegenargumente vorzubringen und damit Gruppendenken zu verhindern.

Ein solches Gruppendenken kann ganze Gesellschaften und Nationen erfassen. Mir wird das immer bewusst, wenn ich mit Landsleuten, sei es mit Delegationen im Silicon Valley oder auf meinen Reisen nach Europa, zusammentreffe. Indikatoren für mich sind, wie schon eingangs erwähnt, ähnliche Reaktionen und Meinungen zu Technologien und Ansichten zu anderen Kulturen, aber auch die Auswahl und Herangehensweise an Themen in den Medien und in Sachbüchern. Vielleicht müssten wir, wie schon die alten Perser, einfach abends nochmals bei einem Bier oder Gläschen Wein die Diskussionen wiederholen und die Erkenntnisse vergleichen. Prost!

Der Ausbruch aus dem Negativitätskreis

Beim Brand einer Lagerhalle mitten in der Stadt war die Feuerwehr rasch zur Stelle. Der Brand hatte in der Halle begonnen und noch keine sichtbaren Schäden am Dach und an der Fassade hinterlassen, die Rauchentwicklung schien gering. Was genau in der Halle gelagert worden war, war noch nicht ermittelt worden. Der Einsatzleiter ging mit den Feuerwehrleuten in Schutzausrüstung auf das Dach, um besser an den Brandherd zu kommen, doch irgendetwas schien merkwürdig. War es die Hitze oder etwas anderes? Das Dach schien sich zu bewegen, mit diesem auch das Reklamegerüst. Der Einsatzleiter beorderte alle sofort zurück. Kaum waren die Feuerwehrleute unten angekommen, stürzte das Gerüst mitsamt dem Dach ein. Das ganze Gebäude schien sich nun zu bewegen. Solch ein Verhalten hatte der Einsatzleiter in seinen 20 Jahren als Feuerwehrmann noch nicht gesehen. Das war kein normaler Brand, hier betrat er Neuland. Statt mit bekannten Methoden zu versuchen, das Feuer zu löschen, zog er die Kollegen alle in sicheren Abstand ab. Sie nahmen sich die Zeit, den Brand gemeinsam zu analysieren. Wie sich später herausstellte, waren in der Halle Flüssigkeiten gelagert, die im Brandfall zwar wenig Rauch entwickelten, dafür aber große Hitze ausströmten. Das hatte die Lagerhalle zu den beobachteten Dachbewegungen und damit zum Einsturz gebracht.

Ein etabliertes Unternehmen, das sich einer Gefahr oder Änderung gegenübersieht, versucht ähnlich wie der Einsatzleiter in unserem Beispiel in einer raschen Analyse eine geeignete bewährte Methode auszuwählen und diese anzuwenden. Das funktioniert in Situationen, die sich nicht zu stark von vergangenen unterscheiden. Wenn die Situation sich als völlig anders erweist, dann ist die Herangehensweise zumeist völlig wirkungslos.

In typischen Entwicklungszyklen für ein Geschäftsmodell oder Produkt kann es manchmal sehr lange dauern, bis Feedback vom Markt und von den Kunden in das Unternehmen zurückfließt. Oft liegen mehrere Monate, manchmal sogar Jahre dazwischen. Ist das Ergebnis enttäuschend, wird die Ursache zumeist darin gefunden, dass man zu wenig vom Altbewährten eingesetzt hat. Mehr Tastatur (bei Handys), mehr PS (bei Autos), bessere Leuchtkraft (bei Fotopapier). Die ganze Organisation versucht erneut – diesmal mit größerer Anstrengung –, dieselben bekannten Methoden zu verwenden, um auf das Ereignis zu reagieren. Wenn das Ergebnis wieder zu wünschen übrig lässt, tritt große Unruhe auf. Die Dringlichkeit steigt, weil sowohl die Zeit als auch die Ressourcen nun knapp werden.

Der ehemalige Nokia-Chef Stephen Elop sandte im Februar 2011 eine interne Mitteilung an die Belegschaft, die als „Mann auf einer brennenden Plattform"-E-Mail bekannt werden sollte.[19] Darin berichtet er von dem Arbeiter auf einer Ölbohrplattform, der durch eine Explosion aus dem Schlaf gerissen wird und erkennen muss, dass die Plattform brennt und das Feuer immer näherkommt. Er kann sich entscheiden zwischen einem Sprung ins eiskalte Wasser in 30 Meter Tiefe oder dafür, nichts zu tun und von den Flammen verschlungen zu werden. Diese Analogie verwendete Elop, um Nokias Situation auf die Disruptionen im Smartphone-Markt zu beschreiben, in die sie Apple mit dem im Jahr 2007 eingeführten iPhone gebracht hatte. In dieser Mitteilung wird der Mann durch den Sprung ins Wasser gerettet und stellt fest, dass seine Verhaltensänderung ihn vor dem Tod bewahrt hat. Nokia allerdings brachte keine Verhaltensänderung mehr dazu, gerettet zu werden. Zumindest im Smartphone-Sektor ist das finnische Unternehmen heute kein Player mehr.

Eine Organisation, die sich einer neuen Situation gegenübersieht und mit bewährten, aber ungeeigneten Methoden darauf reagiert und sie wiederholt anzuwenden versucht, kommt rasch in eine Negativitäts- oder Todesspirale, aus der sie nicht mehr (rechtzeitig) herausfindet. Ameisen kann das auch passieren. Diese produzieren verschiedene Arten von Pheromonen, mit denen sie miteinander kommunizieren. Diese werden beispielsweise verwendet, um Wege zum Futter zu markieren, auf Gefahren hinzuweisen oder bestimmten Ameisen Vorrang zu gewähren. Gelegentlich kann dies unbeabsichtigt (oder von Ameisenforschern beabsichtigt) zu Wegmarkierungen führen, die im Kreise verlaufen. Den Ameisen kann es passieren, dass sie sich dessen nicht bewusst werden und in einem kreisförmigen Todesmarsch verenden.

Unsere eigene „Mehrheitsignoranz" (Englisch: „pluralistic ignorance") führt uns in diese Negativitätsspirale. Wir nehmen an, dass

Mitbewerber ähnlich wie wir denken und damit ähnliche Methoden anwenden. Kommt hinzu, dass wir uns besser oder schlechter als die Mitbewerber einschätzen, dann kann uns beides den Garaus machen. Wenn wir denken, wir seien besser, vertrauen wir zu sehr auf unsere bewährten Methoden und wenden sie, ohne darüber nachzudenken, an, bis es zu spät ist. Glauben wir, wir seien schlechter, dann versuchen wir es unter Umständen erst gar nicht. Und wenn wir als Einzelperson Zweifel haben, die anderen in unserer Gruppe jedoch überzeugt scheinen, widersprechen wir nicht.[20] Dieses Gruppendenken wird somit zu einer Mehrheitsignoranz. Die Rolle von Teufelsadvokaten entscheidet somit, ob man in die Hölle oder in den Himmel fährt.

Die fehlende Kultur des Schabernackes

Brich das Gesetz, aber sei dabei inspirierend.

Eric Weinstein

Es ist eine gemütliche Stube, in der die Freunde um einen Topf mit dampfender Flüssigkeit zusammensitzen. Die Köpfe sind rot, nicht vor Zorn, sondern vom Getränk und der Heiterkeit, die alte Geschichten aus Gymnasialzeiten bei ihnen hervorrufen. Sie erzählen sich von Streichen, die sie Lehrern und Mitschülern gespielt hatten. Nur einer von ihnen scheint nicht so locker zu sein. Johannes Pfeiffer, ein junger erfolgreicher Autor, hatte einen Hauslehrer gehabt und war nie zur Schule gegangen. Seine Freunde drängen ihn, für ein paar Wochen inkognito ein Gymnasium als Schüler zu besuchen und zumindest einen Teil dieser Erfahrung nachzuholen. Gesagt, getan. Pfeiffer schreibt sich dank der Beziehungen seiner Freunde und seines literarischen Ruhms als Schüler Hans Pfeiffer im Gymnasium in Babenberg ein. Dort wird er rasch zu einem beliebten Schüler, nicht zuletzt, weil er zum Gejohle seiner Mitschüler den Lehrern und dem Direktor gelungene Streiche spielt. Auch die Liebe kommt nicht zu kurz:

Pfeiffer verknallt sich in die siebzehnjährige Tochter des Schuldirektors.

Connaisseure unter meinen Lesern haben vermutlich gleich erraten, dass es sich um den Plot eines beliebten Spielfilms handelt. Heinz Rühmann spielte den Protagonisten Johannes/Hans Pfeiffer in „Die Feuerzangenbowle" aus dem Jahr 1944.[21] Zu dem Film und der Geschichte gäbe es einiges zu sagen.

Zu den Umständen der Dreharbeiten in den UFA-Studios in Babelsberg, die in eine Phase des Zweiten Weltkriegs fielen, als das Nazireich bereits auf den Rückzug war, und zum Film, der das Bild der „guten alten Zeit" vermittelte. Oder zur Tatsache, dass aufgrund der Filmhandlung Reichserziehungsminister Bernhard Rust den Film nicht freigeben wollte, da er mit den Schülerstreichen die Autorität der Lehrer und Obrigkeiten untergrub. Und zur Liebesgeschichte, bei der ein erwachsener Schriftsteller – als Schüler verkleidet – sich irgendwie eine Siebzehnjährige angelt und das völlig normal erscheint.

Das ist es aber nicht, was mich an dem Kultfilm, den ich immer wieder gern sehe, interessiert. Worauf ich eingehen möchte, sind die Streiche, die Hans Pfeiffer und seine Freunde den Lehrern spielen, und das damit einhergehende Mindset.

In der Studentenstadt Heidelberg, in der ich mehrere Jahre wohnte, befindet sich nach wie vor der Studentenkarzer, der heute als Museum dient. Universitäten (und Gymnasien) hatten eine eigene Gerichtsbarkeit, bei der sie Studenten, die gegen Gesetze verstießen, im Karzer ihre Zeit absitzen ließen. Meistens waren das nur wenige Tage, immerhin stammten für die längste Zeit des Bestehens der Universitäten die Studenten zumeist aus den höheren Schichten und die „feinen jungen Herren" sollten nicht mit dem „Pöbel" im Polizeigefängnis ihre Zeit absitzen. Was den Heidelberger Studentenkarzer so interessant macht, sind die Inschriften an den Wänden, die die eingesperrten gelangweilten und aufmüpfigen Studenten hinterlassen haben. Die vermutlich bekanntesten Karzer-Graffiti aus dem Jahr 1901 beschreiben das Mindset treffend:

Einer für Alle, Alle für Einen!
Weil wir als ehrliche Leute 5 auf der Strasse gefundene
Bausteine auf der Polypei ablieferten, indem wir sie mit
der Bezeichnung Fundobjekt in die Wachstube warfen,
sitzen wir hier als Märtyrer unserer Ehrlichkeit!

Streiche zu spielen erfordert einen gewissen Grad an Kreativität und Mut. Den Erfindungsreichtum zu haben, die Idee zu planen und zu organisieren, Mitstreiter zu finden, die mitarbeiten und die Disziplin haben, stillzuhalten, das Durchhaltevermögen zu zeigen, die richtigen Bedingungen abzuwarten, den Streich auch durchzuziehen und gegebenenfalls die Konsequenzen auf sich zu nehmen oder sich geschickt herauszureden, das alles sind Eigenschaften, die von Unternehmensgründern und Machern verlangt werden.

Der österreichische Kabarettist und Schauspieler Helmut Qualtinger war bekannt und berüchtigt für seine kreativen Streiche und sein Organisationstalent. Als Medizinstudent hatte er mit Kommilitonen eine Theatergruppe gegründet, die auch lange, nachdem sie die Universität verlassen hatten, noch Bestand hatte. Als 23-Jährigem gelang ihm im Jahr 1951 ein internationales Aufsehen erregender Streich, bei der er in einer Pressemitteilung auf von ihm entwendeten offiziellen Drucksorten des PEN-Clubs die Ankunft des berühmten Eskimodichters „Kobuk" in Wien ankündigte. Eine Heerschar von Reportern fand sich am Wiener Westbahnhof ein, als Qualtinger mitten im Sommer mit dickem Pelzmantel aus dem Zug stieg und auf die erste Frage nach seinem Eindruck zu Wien in breitem Wiener Dialekt antwortete „Haaß is" („Heiß ist's"). Keiner der Reporter schöpfte Verdacht und alle Zeitungen berichteten am nächsten Tage brav von Kobuks Schlittenhundroman „Heia Musch Musch", seinen Plänen, die Wiener Eisrevue nach Grönland einzuladen, von seinen Theaterstücken mit Titeln wie „Einsames Iglu", und „Verlassener Kajak" oder der satirischen Komödie „Die Republik der Pinguine". Nur eine deutsche Zeitung schöpfte Verdacht und ließ den Streich auffliegen. Die Blamage in Österreich war groß – und die Redaktionen hielten sich danach jahrelang an die Anweisung, nichts über Helmut Qualtinger zu berichten. Eric Weinstein, ein Mathematiker und Betreiber des Podcasts „The Portal", wies in einem Interview auf die Bedeutung solcher Streiche hin.[22] So sind die Studenten des Massachusetts Institute of Technology (MIT) für ihre ausgefeilten Streiche berüchtigt. Bei diesen „MIT Hacks" zeigen Studenten ihre technische Versiertheit, ihre Cleverness, aber auch ihren Humor.[23] Zumeist über Nacht werden dabei aufwendige Installationen an unmöglichen Orten durchgeführt. So stand eines Morgens eine Polizeiautoattrappe auf dem Kuppelbau des zentralen Maclaurin Buildings. Darin saß eine Puppe in Polizeiuniform mit einer Schachtel Donuts auf dem Schoß. Ein paar Jahre später stand dort eine Feuerwehrautoattrappe. Ein anderes Mal wurde diese Kuppel in den Farben des aus den Star-Wars-Filmen bekannten Roboters R2D2 verziert. 2019 spannten sie anlässlich des Kinostarts des Superheldenfilms „Avengers: Endgame" ein riesiges Tuch über die Kuppel, die sie so in den Schild von Captain America verwandelten.

Auch rivalisierende Universitäten sind vor den MIT-Streichen nicht sicher. So wurde eine Kanone aus dem amerikanischen Bürgerkrieg aus dem California Institute of Technology „befreit" und auf dem eigenen Campus aufgestellt – läppische 4.800 Kilometer entfernt. Das war die Revanche der MIT-Studenten für das Jahr zuvor, als CalTech-Studenten den im Hauptgebäude eingelassenen Schriftzug „Massachusetts Institute of Technology" mittels Banner verhängten und stattdessen „The Other Institute of Technology" zu lesen war. Während eines American-Football-Spiels zwischen Harvard und Yale im Jahr 1982 kam plötzlich bei der 46-Yard-Markierung ein Wetterballon aus dem Rasen zum Vorschein, auf dem MIT geschrieben stand. Im Boden hatten MIT-Studenten ein paar Wochen zuvor jeweils zwischen ein und fünf Uhr nachts insgesamt acht kurze Trips zum Spielfeld gemacht, unbemerkt von den Nachtwächtern eine Heliumflasche und den Ballon im Boden installiert, Strom von einem Kabel im Boden hergeleitet und dann den Rasen wieder abgedeckt. Durch eine Fernsteuerung wurde mittels einer Hydraulikpresse während des Spiels der Ballon durch die Abdeckung nach oben gedrückt und hatte so seinen Auftritt während des Spiels.[24] Dieser Schabernack erregte so viel Aufmerksamkeit in den USA, dass die Studenten sogar eine Pressekonferenz abhielten und die Vorbereitung und Durchführung der Aktion einer breiteren Öffentlichkeit erklärten.

Einige Geschichten von Studentenstreichen stammen auch von deutschsprachigen Universitäten und gingen in die Lokalgeschichte ein. So wird von der Philipps-Universität in Marburg berichtet, dass um das Jahr 1820 ein hölzerner Kastenwagen, der von Bauarbeitern in der Wettergasse über Nacht abgestellt worden war, am nächsten Tag verschwunden war. Wiedergefunden wurde er im vierten Stock des Hauses, wo ihn über Nacht sechs Studenten fein säuberlich auseinandergenommen und im vierten Stock wieder zusammengesetzt hatten.[25] Auffällig ist, dass in heimischen Gefilden die meisten Erzählungen zu Studentenstreichen aus dem 19. Jahrhundert zu stammen scheinen. Darauf kommen wir gleich nochmals zu sprechen.

Die Voraussetzung zu all diesem Schabernack sind Talente und Fähigkeiten, ohne die sie nicht durchführbar wären. Qualtinger gelang es immer wieder, Streiche zu spielen, weil er ein großartiger Stimmenimitator war und mit verstellter Stimme per Telefon Streiche vollzog. Die MIT-Studenten beweisen bei den Streichen ihre technischen Fähigkeiten. Diese Streiche werden nicht wegen des Ruhms oder des Geldes gemacht, sondern aus Lust am Streich und der Herausforderung, die sie darstellen. Zugleich sind sie sehr riskant. Am Kuppelbau in großer Höhe etwas aufzubauen ist nicht ungefährlich. Von Nachtwächtern entdeckt und sich eine Anzeige wegen Sachbeschädigung und Hausfriedensbruch einzufangen ebenso. Die Chuzpe zu haben, vor einer versammelten Schar von Reportern den Eskimodichter Kobuk zu spielen und in der Rolle zu bleiben, muss man einmal haben.

Noch eine Gemeinsamkeit haben diese Streiche: Sie beschädigen nichts und fügen keinen physischen Schaden zu. Sie zeigen die Cleverness der Schelme, richten sich gegen Autoritäten, Rivalen oder pompös selbstüberhöhte Lakaien und sind voll Humor.

Heinz Rühmanns Hans Pfeiffer richtete sich mit den Streichen gegen Autoritäten. Die MIT-Studenten gegen die Rivalen von anderen Universitäten. Helmut Qualtingers Kobuk gegen die selbstgefällige österreichische Presselandschaft. Sie demütigen nicht Wehrlose. Sie fügen keinen körperlichen Schaden zu, vielleicht ein bisschen dem fragilen Ego von Autoritäten. Der Aufwand steht in keinem Verhältnis zur Wirkung. Es wird nicht einfach nur ein Stein genommen und ein Fenster eingeschlagen, sondern acht Ausflüge auf das Spielfeld der Rivalen getätigt, um letztendlich vor den Augen der Zuschauer ferngesteuert einen Ballon aufzublasen. Das zeugt von einer mit Geld nicht aufzuwiegenden Motivation.

In den letzten Jahren stach vor allem der britische Komiker Sacha Baron Cohen als Meister des Schabernacks hervor, der in Filmen und Sendungen wie „Borat", „Da Ali G" oder „Brüno" unbedarfte Offizielle oder Passanten in seine Streiche einbezog.

In der Literatur haben Schelmenromane eine lange Tradition. Tatsächlich war der erste weltweite Bestseller ein Schelmenroman: „Der sinnreiche Junker Don Quijote von der Mancha" von Miguel de Cervantes. Aus unseren Breiten stammen „Der abenteuerliche Simplicissimus" und „Till Eulenspiegel". Die bauernschlauen Helden, eigentlich immer aus der Unterschicht stammend, erleben ihre Abenteuer, bei denen sie Schwierigkeiten auf schelmische Weise bestehen und deren Geschichte von einem Auf und Ab geprägt ist. Eine wunderbare Weiterführung eines Schelmenromans erschien im Jahr 2019 in Form eines wunderschön ausgeführten, 160-seitigen Comics unter dem deutschen Titel „Der große Indienschwindel", in der die Leser dem sympathischen Schelm Don Pablos aus Sevilla nach Südamerika zur Zeit der Konquistadoren folgen, der in mehreren überraschenden Wendungen immer größere Streiche durchführt.[26]

Wenn dich böse Buben locken, bleib zu Haus
und stopf die Socken.

Warum blühte bei uns eine solche (romantisch verklärte) Streich-kultur bis ins 19. Jahrhundert und scheint seither verschwunden zu sein? Nur selten lesen wir von cleveren Streichen an unseren Unis in den Medien. Gibt es eine Verbindung zur Gründerwelle Ende des 19. Jahrhunderts und dem heutigen belegbaren Mangel an Risikofreude und Unternehmensgründungen und einer den heutigen Vorreitern hinterherhinkenden heimischen Innovationskultur?

Der Popcorn-Effekt

Der deutsche Zukunftsforscher Lars Thomsen erklärte dank einer Parabel, wie Unternehmen auf Innovation reagieren. Er verglich das mit Popcorn. Um Popcorn zu machen, benötigt man einen großen Topf mit Glasdeckel, etwas Öl und Maiskörner. Auf dem Herd wird das Öl im Topf erwärmt, die Maiskörner kommen hinein und der Deckel wird geschlossen. In den ersten Minuten passiert nichts. Steht man davor, hat man den Eindruck, dass das nicht funktioniert. Man wartet eine weitere Minute und es geschieht immer noch nichts. Es beginnen sich die ersten Zuschauer abzuwenden. Je länger nichts geschieht, desto mehr wenden sich ab. Doch dann gibt es einen klei-nen Knall. Ein Maiskorn ist aufgeplatzt und ein Popcorn ist zu sehen. Die Zuschauer, die sich schon abgewandt haben, kommen zurück, begutachten das Popcorn und bewerten es als Ausreißer. Es würde doch nichts daraus werden. Sie wenden sich wieder ab. Das zweite Popcorn platzt. Noch so ein Ausreißer. Ein Popcorn-Hype, der bald vorübergehen würde. Doch wie auf Befehl platzen die Maiskörner der Reihe nach, ein ganzes Stakkato an „Pops" erfüllt den Raum und nach einer weiteren halben Minute sind alle Maiskörner geplatzt – und der Topf ist bis oben voll mit Popcorn. Wer zu diesem Zeitpunkt noch versucht, sich ins Popcorngeschäft reinzudrängen, ist zu spät dran.

Für Thomsen war das eine Parabel auf die Autohersteller, die elek-trische Autos oder das autonome Fahren verschliefen. Man kann sie aber zu jedem beliebigen Innovationsthema anbringen. Die Digitalisierung und Industrie 4.0 funktionieren nicht oder bringen nicht die erhofften Vorteile, deshalb kamen Unternehmen wieder davon ab. Die Projekte, die man durchführte, also die anekdotische Evidenz aus eigener Erfahrung, führten zu einem schlechten Urteil über diese Innovation oder diesen Trend. Die Maiskörner poppten nicht.

Der Designer und Informatiker Bill Buxton, der bei Microsoft Research leitender Wissenschaftler ist, wies darauf hin, dass sich jede technologische Innovation bereits lange vor ihrem Durchbruch ankündigt. Sie existiert bereits mindestens 15 Jahre, bevor sie sichtbar wird, und braucht dann weitere fünf Jahre, bis sie ihre Wirkungen entfaltet. Er nennt das die „Lange Nase der Innovation" („Long Nose of Innovation") in Anlehnung an Chris Andersons „Long Tail".[27]

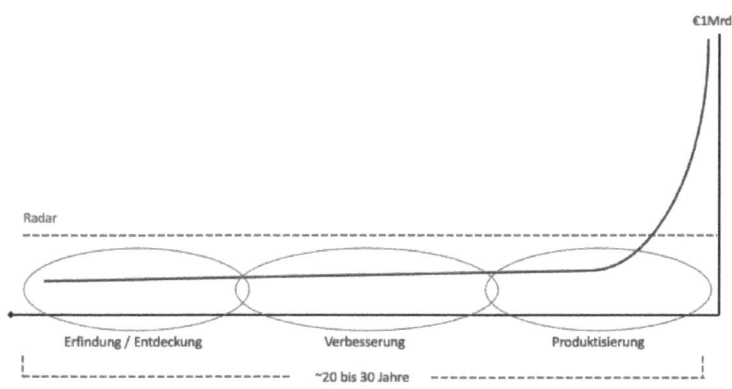

Abbildung 8: Lange Nase der Innovation

Ausdauer ist angebracht und oft sind das Problem die heutigen Führungskräfte und Fachleute. Der Übergang von der Dampfmaschine zum Elektromotor in den Produktionshallen war so ein Musterbeispiel. Ein entsprechend dimensionierter Elektromotor war zwar leiser und sauberer als eine Dampfmaschine, aber Produktionssteigerungen ergaben sich damit nicht. Erst einige Jahrzehnte später, als die Verantwortlichen und Experten weggestorben oder in Rente gegangen waren, begann der weitreichende Umbau von einem großen, zentral positionierten Elektromotor zu vielen kleinen, die eine Neuausrichtung des Fertigungsprozesses nicht nach Energiebedarf, sondern nach Prozessreihenfolge erlaubte.

Die Jahrzehnte, die es brauchte, bis diese Erkenntnis sich durchgesetzt hatte, hatten jedenfalls nicht dazu geführt, generell den Elektromotoren deren Nutzen abzusprechen. Der Popcorn-Effekt bringt uns schnell dazu, einen Trend als Hype zu klassifizieren und ihn damit zu diskreditieren. Anstatt einen langen Atem zu beweisen, ziehen wir uns bald wieder zurück und stellen durch die Art, wie wir darüber sprechen, sicher, dass auch andere Mitarbeiter im Unternehmen die Finger davon lassen.

Konditionierung durch Sprache

Denselben Delegationen, die ich im Silicon Valley empfangen darf, gebe ich immer auch ein Plüschtier. Und zwar nicht irgendeines, sondern so ziemlich das hässlichste, das ich finden kann. Dieses Plüschtier erhält dann derjenige Teilnehmer, der etwas Negatives sagt. Sätze wie „Das würde mit dem Betriebsrat nie gehen!" oder „Geben Sie das einmal unserer Rechtsabteilung. Die wird Ihnen das in der Luft zerreißen!" genügen, um stolzer Empfänger der kleinen Hässlichkeit zu werden. Die Aufgabe ist nämlich, selbst aufmerksamer zu werden, welche Worte man wählt, um auf Neuerungen oder Ungewohntes zu reagieren. Oftmals sind sich die Teilnehmer gar nicht bewusst, dass sie selbst das größte Hindernis für Innovation in ihrem Unternehmen sind. Die beiden erwähnten Sätze schließen die Diskussion ab, das Ziel ist aber, zu einer Diskussion einzuladen. „Wie könnten wir das mit dem Betriebsrat hinbekommen?" und „Wie könnte ein Vertrag aussehen, mit dem wir alle zufriedenstellen?"

Der Effekt des Plüschtiers ist ein mehrfacher: zuerst ein humoristischer. Als eine große deutsche Versicherungsgesellschaft mit 50 Personen ins Silicon Valley kam, war der CEO bemüht, seinem Managementteam und Mitarbeitern Innovation und ein offenes

Mindset im Hinblick auf Neuerungen nahezubringen. Wer erhielt als Erster das Plüschtier, weil er etwas Negatives sagte? Der CEO – unter großem Gelächter der Mitarbeiter. Der zweite Effekt ist ein besseres Zuhören, wie Fragen formuliert werden und was gefragt wird. Tatsächlich verstehen die Teilnehmer sehr rasch diese kleinen Hinweise und das Plüschtier wandert nur einige wenige Male – und das zumeist am Anfang der Reise – hin und her.

Die Sprache und die richtige Wortwahl können Neugier fördern, zu lebhaften und produktiven Diskussionen führen und inspirieren. Leider gehen wir oft sehr unvorsichtig damit um. Ist bei einem firmeninternen Innovationsprozess ein sogenanntes „Gate" mit einem „Gatekeeper" definiert, dann habe ich nicht den freundlichen winkenden Gastgeber im Sinne, sondern einen Türsteher, dessen Aufgabe es ist, die Leute (in diesem Fall die Idee) möglichst nicht hineinzulassen. Benenne ich dieselbe Rolle aber in „Innovation Scout" um, dann habe ich jemanden, der aktiv auf der Suche nach Innovationen ist und sich darum bemüht.

Unsere Gesellschaft verwendet viele solcher Worte und Phrasen, die darauf hinweisen, dass Innovation, Offenheit gegenüber Neuem oder Ausprobieren unerwünscht sind. Wir reden von „Fehlerkultur" und meinen damit eine Kultur, die Fehler um jeden Preis zu verhindern versucht. Der Rückschaufehler („Hindsight Bias"), mit dem Schlaumeier sich nach einem gescheiterten Projekt brüsten, „es gewusst zu haben, dass das eine blöde Idee war", wird ohne großes Nachdenken ungefragt vorgebracht. Stattdessen sollten wir in einem Kulturkreis der Dichter und Denker von einer Lern- oder vielleicht Vertrauenskultur sprechen.

Die Stanford-Professorin Carol Dweck zeigt beim Fixed und Growth Mindset, wie wichtig Sprache ist, um jemanden in der geistigen Entwicklung zu fördern. Preist man ein Kind für seine Intelligenz („Das hast du gut gemacht. Du musst ja sehr schlau sein!"), wird es jede Aufgabe als einen Test seiner Intelligenz sehen. Scheitert es bei der Aufgabe, dann ist die Schlussfolgerung, dass es nicht intelligent ist. Die Folge ist, dass es nur Aufgaben anpacken wird, die einfach und somit lösbar sind. Es wird auch den Eindruck erhalten, dass Intelligenz etwas nicht Änderbares ist und damit Lernanstrengungen vergeblich sind. Das Kind eignet sich ein fixes Mindset an.

Lobt man das Kind hingegen für den Prozess und Gedankengang, dann wird das Kind verstehen, dass es ausprobieren kann. Wenn es scheitert, wird es erklären können, was es daraus gelernt hat. Dieses Kind eignet sich ein Growth Mindset an, das Gehirn kann wie ein Muskel trainiert werden.

Dieselben Reaktionen gibt es bei Mitarbeitern. Sieht das Management sie als die tausend kleinen Helferlein an, die nur das auszuführen haben, was die Genies an der Unternehmensspitze vorgeben, dann wird das ein Unternehmen, das ein Fixed Mindset entwickelt. Es wird auf Änderungen in seinem Umfeld nur schwer reagieren können. Werden die einzelnen Mitarbeiter vom Management hingegen als zukünftige Leader gesehen und behandelt, dann wird ein Growth Mindset in der Organisation kultiviert. Eines, das auf Neuerungen viel flexibler reagieren kann.

Truthiness, Mathiness und Scienciness

Das Merriam-Webster-Wörterbuch für die englische Sprache fragte Onlinebenutzer in einer Abstimmung nach dem Begriff des Jahres 2005. Und der Gewinner war ein Begriff, den der amerikanische Comedian Stephen Colbert in seinem satirischen Colbert-Report gleich bei seinem ersten Auftritt eingeführt hatte: „truthiness" oder salopp übersetzt „die Ungefähr-so-Wahrheit". Nicht „Halbwahrheit", denn bei der wäre immer noch die Hälfte wahr, sondern

> die Qualität einer scheinbaren, gemäß der eigenen Intuition, Meinung oder Wahrnehmung wahren Wahrheit ohne Berücksichtigung von Logik, faktenbasierten Beweisen oder Ähnlichem.

Auch wenn Colbert, der mittlerweile die Nachfolge von David Letterman als Gastgeber der „The Late Show" übernommen hat, im Colbert-Report einen rechtskonservativen Pundit verkörperte und in diesem Charakter eine „Truthiness" nach der anderen verbreitete, so ist dieses Werkzeug nicht das Monopol einer einzigen politischen Strömung oder das Monopol der Politik. Auch Unternehmen, Religionen oder gesellschaftliche Bewegungen sind die Anwender dieser Taktik.

Schwerer durchschaubar wird Truthiness, wenn sie von „Mathiness" oder „Scienciness" begleitet wird. Zur Unterstützung ihrer Truthiness führen die Pundits Formeln oder wissenschaftliche Beweise an, die bei näherer Betrachtung weder mathematischen noch wissenschaftlichen Kriterien standhalten. In ihrem Buch „Calling Bullshit: The Art of Skepticism in a Data-Driven World" stellen die beiden Forscher Carl T. Bergstrom und Jevin D. West von der Washington University Beispiele vor, die mathematisch präzise und wissenschaftlich schlüssig klingen, in Wirklichkeit aber nicht einmal den Mindeststandards genügen. Das Problem ist allerdings, dass die breite Masse mit mathematischen oder wissenschaftlichen Prinzipien kaum vertraut ist und damit diese Täuschung nicht durchschaut. Kommt sie von Experten mit beeindruckenden Titeln, fällt es Laien schwer, dagegen zu argumentieren.

In der Welt der Future Angst tummeln sich unter Moralunternehmern und Anhängern der alten Welt sehr viele dieser Experten und Autoritäten, die ihre Truthiness in wohlklingende Worte hüllen: Politiker und Automobilmanager, die jahrelang steif und fest behaupteten, dass Tesla bald pleitegehen würde oder der Diesel noch lange nicht ausgereizt sei. Philosophen, die Technologie als das Grundübel für den gesellschaftlichen Niedergang betrachten. Parteien, die den Klimawandel oder die Coronapandemie als Lüge darstellen, die darauf abzielt, ihnen ihre Freiheiten zu nehmen. Wirtschaftsbosse, die Steuernachlässe für ihre Unternehmen und die Reichen bewerben, weil sie nach wie vor den längst als Zombie-Idee bewiesenen „Trickle-down-Effekt" propagieren. Scheinbar unabhängige Studien, die den positiven oder negativen Effekt einer neuen Technologie oder eines Medikaments beweisen sollen, aber von genau der Industrie finanziert wurden, die am meisten von dem Ergebnis profitieren würde.

Man sieht schon, es wird einem nicht leicht gemacht, die verbreitete Truthiness als das zu durchschauen, was sie ist: eine Unwahrheit mit dem Ziel, vorsätzlich zu täuschen. Die Gefahr liegt darin, dass die tatsächliche Lage zu spät erkannt wird und man durch das Sicheinlullen-lassen keine Chance auf Mitsprache oder einen Führungsanspruch bei Neuentwicklungen mehr hat. Für Elektroautos gibt es keinen Bedarf und sie würden sich nicht durchsetzen? Seit man weiß, dass dem nicht so ist, ist panische Hektik im Lande ausgebrochen, weil man dabei ist, sich die wichtigste heimische Industrie aus der Hand nehmen zu lassen. Wir haben die meisten Patente beim automatisierten Fahren? Während wir diese Autos vom Hörensagen kennen, fahren in den USA und China bereits fahrerlose Autos im kommerziellen Robotaxidienst herum. Wir sind in künstlicher Intelligenz auch Weltspitze? In einer Nische, ja, aber 85 Prozent der Top-KI-Experten arbeiten in den USA für amerikanische Firmen.

Der falsche Fokus

Das Erste, was sie sagen, ist: „Die Frage ist falsch."

Elon Musk

Was haben Spaltmaße, der Datenschutz, das Trolley-Problem und der Infraschall gemein? Sie alle werden unweigerlich bei Diskussionen um neue Technologien als Themen eingeworfen. So könne der kalifornische Elektroautohersteller Tesla den einheimischen Autobauern das Wasser nicht reichen, weil die Spaltmaße im Speziellen und die Verarbeitungsqualität im Allgemeinen von Teslas zu schlecht sei. Videokonferenzwerkzeuge und die Corona-Tracking-Apps der

Bundesregierung verletzen den Datenschutz. Ein autonomes Auto wird nie entscheiden können und dürfen, wen es töten soll, wenn es unvermittelt und zu spät plötzlich links die Oma und rechts das Baby sieht. Und Windturbinen in meiner Nachbarschaft verschandeln nicht nur durch ihr Aussehen die Umwelt, sondern ihr „Infraschall" beeinträchtigt außerdem die Anwohner.

Einige dieser Argumente zeichnen sich durch mehrere Eigenschaften aus: Sie sind entweder irrelevant, weil sie so selten oder gar nicht vorkommen (Trolley-Problem bei autonomen Autos) oder sie sind nicht nachweisbar (Infraschall bei Windturbinen). Oder es sind Dinge, die man selber sehr gut kann, die aber im Großen und Ganzen für die Tauglichkeit einer Technologie kaum eine Rolle spielen (Spaltmaße bei Autos) oder deren Gefahr übertrieben wird (Datenschutz). Der Wirtschaftsnobelpreisträger und Psychologe Daniel Kahneman nennt das die „Fokussierungsillusion":[28]

> Nichts im Leben ist so wichtig, wie man denkt, wenn man darüber nachdenkt.

Kahnemans ursprüngliche Forschung war daran interessiert zu untersuchen, wie wir alle Entscheidungen über Lebensqualität treffen. Er entdeckte, dass wir zwar im Allgemeinen vernünftig sind, uns aber oft verwirren lassen, nicht so sehr durch unsere Emotionen, sondern durch eine „kognitive Verzerrung, die auftritt, wenn Menschen einem Aspekt eines Ereignisses zu viel Bedeutung beimessen, was zu einem Fehler bei der genauen Vorhersage des Nutzens eines zukünftigen Ergebnisses führt".

Im konkreten Fall müssen wir so mehr Aufmerksamkeit einer leichten Tendenz unserer Gesellschaften schenken, dass wir einer Fokussierungsillusion unterliegen, wenn wir neue Technologien betrachten. Wir übersehen damit rasch deren eigentlichen Nutzen. So ersetzen Windturbinen Atom- oder Kohlekraftwerke. Autonome Autos sollen dazu dienen, einen Großteil der Unfälle zu reduzieren und umweltfreundlich zu fahren. Elektroautos von Tesla werden nicht wegen der Spaltmaße gekauft, sondern weil sie umweltfreundlicher sind und ein anderes Fahrgefühl erlauben. Und Datenschutz in der Form, wie er heute in Deutschland praktiziert wird, verhindert den Datennutzen. Unser falscher Fokus ist wie der Blick auf den Wald, den wir vor lauter Bäumen nicht mehr sehen.

Induktive Einstellung

> Es kann mich doch niemand daran hindern, jeden Tag klüger zu werden.

Konrad Adenauer

Wer schon einmal Diskussionen mit Menschen geführt hat, deren politische Einstellung von der eigenen stark abweicht, hat es sicherlich bemerkt. Wie kann diese Person nur diesen Überzeugungen anhängen und diesen Politikern glauben? Unser Gegenüber denkt sich vermutlich dasselbe über uns.

In unserem Leben halten wir oft an gewissen Überzeugungen fest, die sich bei näherer Betrachtung und etwas mehr Erfahrung rasch als falsch erweisen können. Wir sehen aber nicht genauer hin, weil wir Angst davor haben, dass sie unser emotionales Gleichgewicht aus dem Lot werfen könnten. Manchmal macht es Sinn, an diesen Überzeugungen festzuhalten und dieser Illusion zu folgen. Im realen Leben – und damit meine ich im Berufsumfeld als Ingenieurin, als Wissenschaftler, als Ärztin, als Politiker, als Managerin oder als Lehrer – benötigen wir eine andere Art von Einstellung zu Überzeugungen. Wir müssen bereit sein, sie ständig zu hinterfragen, sobald es Anzeichen von widersprüchlichen Fakten und Erfahrungen gibt.

Diese Bereitschaft ist als die „induktive Einstellung" (Englisch: „inductive attitude") bekannt. Sie hilft, unsere Überzeugung, unsere Vorstellung, unseren Glauben an neue Fakten und Erfahrungen anzupassen, und das so effizient wie möglich. Das erfordert einerseits intellektuellen Mut und intellektuelle Aufrichtigkeit, andererseits aber auch die Fähigkeit, Überzeugungen nicht sprunghaft und ohne guten Grund zu ändern.

Neue Fakten und neue Erfahrungen sprechen zu lassen und lieb gewonnene Überzeugungen zu ändern, erfordert intellektuelle Reife. Das kann schmerzhaft sein, weil damit oft ein vermeintlicher Gesichtsverlust verbunden ist. Man lag nun damit falsch, wo also hat man sonst noch unrecht? In der Wissenschaft ist die induktive Einstellung eine notwendige Voraussetzung, um neue Erkenntnisse zu gewinnen und bessere Modelle der Welt zu schaffen. Aber auch in der Wirtschaft, der Politik und dem Privatleben sollten wir mehr davon akzeptieren.

Nur auf diese Weise können wir von einzelnen Beobachtungen auf allgemeine Prinzipien schließen und umgekehrt von allgemeinen Prinzipien einzelne und konkrete Beobachtungen vorhersagen.

Denken in Phasenwechseln

Disruptive Innovation ist wie ein Phasenwechsel. Gewohntes wird abgeschafft, Neues nimmt den Platz ein. Damit treten auch neue Regeln und Charakteristiken in Kraft wie schon bei chemischen Verbindungen. Ein Liter Wasser in flüssiger Form dehnt sich auf 22,4 Liter im gasförmigen Zustand aus. Der Phasenwechsel hat Nebenwirkungen. Wasser fließt durch Rohre, aber Eis zerbricht nicht nur Rohre, sondern es versenkt auch Schiffe. Der Schlüssel, um von den Wundern des Phasenwechsels zu profitieren, liegt darin, die neuen Regeln zu entdecken, neue Werkzeuge zu entwickeln und uns von intuitiven Reaktionen zu befreien, die auf früheren Erfahrungen beruhen und uns in die falsche Richtung führen.

Als Thomas Edison Ende des 19. Jahrhunderts dem Vorstand von Western Union und Reportern seine Erfindungen rund um den Telegrafen vorstellte, die statt der Morsesignale Buchstaben und sogar Zeichnungen übermitteln konnten, waren sie erstaunt, wie es denn möglich sei, diesen Code in andere Zeichen umzuwandeln. Sie dachten alle in Morsesignalen und versuchten, die neue Technologie mit der alten zu verstehen. Telefonie wurde zunächst als Übertragungsmedium betrachtet, bei der eine Sprachnachricht von einem Telefonisten wieder in schriftliche Form gebracht werden musste, wie Telegrafisten Morsesignale in Text umschrieben. Erst langsam dämmerte es den Erfindern, dass man auch miteinander telefonieren konnte, ohne etwas niederschreiben zu müssen. Edison selbst betrachtete seinen Phonographen als Diktiergerät und tat sich lange schwer zu verstehen, dass Musikhören eine sinnvolle Anwendung dafür sein kann.

An den Schwierigkeiten, einen Phasenwechsel zu verstehen, hat sich bis heute nichts geändert. Heutige Straßenplaner denken angesichts der schon absehbaren Ankunft von autonomen Autos, dass sie beispielsweise Ampelanlagen mit Sensoren für die Kommunikation mit den autonomen Autos ausstatten müssen, um den Verkehrsfluss besser steuern zu können. Dabei übersehen sie, dass Ampeln nur Menschen zur Kommunikation dienen und autonome Autos Ampeln nicht mehr benötigen. Davon sind einerseits die Hersteller von Ampeln und Straßenschildern betroffen, weil ihr Produkt überflüssig wird, während gleichzeitig Straßenverwalter und Gemeinden diesen Budgetposten werden einsparen können. Andererseits erlauben dann digitale Straßenkarten eine flexiblere Anpassung von Geschwindigkeitsbeschränkungen oder Fahrverboten, ohne Ordnungshüter auf den Weg zu schicken oder neue Schilder montieren zu müssen.

Als New York und andere Städte Liftboys in den Wolkenkratzern abschafften, mussten die Büroangestellten sich nicht mehr hetzen und die Arbeit vorzeitig beenden, um den letzten „Lift" aus dem 70. Stock ins Erdgeschoß zu erreichen, nur weil die Liftboys bald Feierabend hatten und kein Lift mehr ging.

Die Beispiele können beliebig weitergeführt werden. Uns sollen sie als Hinweis dienen, dass ein Phasenwechsel zwar negative Nebenwirkungen haben kann und bestimmte Dinge angepasst werden

müssen oder gar überflüssig werden, uns aber zugleich auch Neues
erlaubt und uns mehr und bessere Möglichkeiten verschafft, sofern
wir die Chance ergreifen.

Zynismus

Kratze an einem Zyniker, und du wirst einen enttäuschten
Idealisten finden.

George Carlin

Mich betrübt eine Erkenntnis, die vielleicht mit meinem Alter zu tun
hat. Ich habe nämlich den Eindruck gewonnen, dass Zynismus die
Oberhand gewinnt. Diese Denkweise, die ohne Rücksicht auf die
Empfindungen anderer vor allem in Form von beißendem Spott auf
Altes und Neues reagiert und als Motiv der anderen nur Gier und
andere üble Motive sieht, entfaltet eine destruktive Kraft. Das, worüber der Zyniker seinen Spott ergießt, wird dann zu einer selbst-
erfüllenden Prophezeiung – und das Ziel des Zynikers fühlt sich wie
gelähmt.

Zum Zyniker wird man aus Enttäuschung und weil man sich bedroht fühlt. Zynismus wird zum Schutzschild. Der Zyniker zeigt sich
indifferent in Bezug auf eine Bedrohung, gegen die er sich machtlos
wähnt und die ihn beunruhigt. Dabei hält sie ihn nicht nur davon ab,
zu handeln und die Bedrohung in eine Chance zu verwandeln, sie
lähmt auch sein Umfeld. Er fühlt sich immer wohler in seinem Zynismus, denn der verschafft ihm eine Aura der Weisheit.

Diogenes, der erste Zyniker, entsagte allem Materiellen oder –
korrekter gesagt – wurde nach der Verbannung aus seiner Heimatstadt dazu gezwungen. Er schätzte diese Entsagung als ein Mittel,
keinen Zwängen zu unterliegen und niemandem gerecht werden zu
müssen. Zynismus macht es einem einfach, sich aus der Verantwortung zu stehlen und andere für ihre Bemühungen zu verspotten,

weil man ihnen automatisch unterstellt, aus selbstsüchtigen Motiven zu handeln.

Der amerikanische Komiker und Late-Night-Host Stephen Colbert fasste die Gefahr des Zynismus für das Glück und die Zukunft der Menschen in diesen Worten zusammen, denen nichts hinzuzufügen ist:

Denken Sie daran: Sie können nicht gleichzeitig jung und weise sein. Junge Menschen, die vorgeben, weise zu sein, sind meist nur Zyniker. Zynismus tarnt sich als Weisheit, aber er ist das Gegenteil davon. Denn Zyniker lernen nichts. Zynismus ist nämlich eine selbst auferlegte Blindheit, eine Ablehnung der Welt, weil wir Angst haben, sie könnte uns verletzen oder enttäuschen. Zyniker sagen immer „Nein". Aber „Ja" zu sagen ist der Anfang der Dinge. Indem wir „Ja" sagen, wachsen die Dinge. „Ja" zu sagen führt zu Wissen. „Ja" ist für junge Menschen. Also sagen Sie „Ja", solange Sie die Kraft dazu haben.

Vertrauen ist gut, Kontrolle ist besser

Frank Gehry wollte es mit 80 Jahren noch einmal wissen: Kann der im Jahr 1929 geborene amerikanischer Stararchitekt ein Bürogebäude designen, das ein erst im Jahr 2004 gegründetes Internetunternehmen, das nach nur fünf Jahren bereits ein Milliardenunternehmen war, gebührend repräsentiert und seine jungen Mitarbeiter anspricht? Das Ergebnis war das in Menlo Park in Kalifornien gelegene neue Gebäude von Facebook, das sogenannte MPK 20, das sich gänzlich von dem auf der anderen Straßenseite gelegenen Campus mit einer losen Aneinanderreihung kleiner Gebäude unterschied. Gehrys Design kulminierte in ein fast einen Kilometer langes Gebäude, das im Erdgeschoss Garagen, im ersten Stock dann einen durchgängig zusammenhängenden Bürokomplex und auf dem 36.000 Quadratmeter großen Dach Spazierwege, mehrere Ladestationen und 350 Bäume aufwies.

Einige Jahre nach der Eröffnung der Facebook-Zentrale führte Peter Goldsborough, ein damals dort arbeitender Freund, mich und die zwei Dutzend Köpfe umfassende Delegation aus Geschäftsführern deutscher Mittelstandsunternehmen durch das Gebäude. Auf gewundenen Pfaden gingen wir die gesamte Länge des Gebäudes ab, vorbei an Arbeitsplätzen für 2.800 Mitarbeiter, Besprechungsräumen und Fitnesscentern. Auf vielen Arbeitsplätzen hingen Luftballons zur Feier von Geburtstagen, Babys oder Jubiläen. Es ging überhaupt sehr bunt und chaotisch zu, der Ort sprühte vor Kreativität.

Alle 20 Meter gab es ein kleines Kaffeehaus, eine Cupcake-Station, eine Salatbar, einen Sandwichshop, eine Eisdiele, einen Hotdog-Stand oder eine größere Kantine. Diese sind während des Arbeitstages fast durchgehend mit Personal besetzt und alles ist für die Mitarbeiter gratis. Kein Wunder, dass in den ersten Monaten bei Facebook die Mitarbeiter ein paar Pfunde zulegen.

Peter – halb Amerikaner, halb Österreicher – war gerade erst 22 Jahre jung, als er uns empfing. Er ist eines dieser Genies, die schon in jungen Jahren durch ihre Programmiertätigkeit Aufmerksamkeit erregt hatten. Kein Wunder, dass Facebook Interesse an ihm gehabt hatte. Dass hier ein so junger Mitarbeiter eine Delegation von Geschäftsführern durch das Unternehmen führen kann, ohne groß seine Manager um Erlaubnis zu fragen, überraschte die Teilnehmer. Ein Jahr zuvor wunderten sich die Teilnehmer einer anderen Delegation aus Deutschland, dass uns eine 27-jährige deutsche Facebook-Mitarbeiterin durch den Campus führte. Hier begann schon die Selbstreflexion, ob sie, die Geschäftsführer, ihren eigenen Mitarbeitern ausreichend Vertrauen entgegenbrachten, eine, sagen wir, japanische oder amerikanische Delegation durch das eigene Unternehmen zu führen und dabei gut zu repräsentieren.

Bei Peters Führung verloren immer einige Teilnehmer den Anschluss, weil sie die Ausstattung und das Design fotografisch festhielten und bei ihrer Rückkehr sogleich in ihren eigenen Unternehmen umsetzen wollten. Nach der Führung bemerkte ich bei einigen Teilnehmern, dass sie trotz aller Begeisterung auch irgendwie skeptisch blieben. Einer meinte, das sei doch „alles Verschwendung". Auf Nachfrage meinte er, dass beispielsweise die Fitnesscenter beleuchtet und beheizt gewesen seien, sich aber dort niemand aufgehalten habe. Unsere Besuchszeit vor dem Mittagessen erklärte, warum wir dort niemanden antrafen, trotzdem bestand er darauf, dass das Energieverschwendung sei. Ein anderer warf ein, dass all die kulinarischen Stationen auch so verschwenderisch seien.

Wie sich herausstellte, konnten sich diese Geschäftsführer nicht vorstellen, solche Einrichtungen im eigenen Unternehmen zu installieren, weil ihre Mitarbeiter diese „schamlos ausnutzen" würden. Aus ihrer Sicht würden die Angestellten den ganzen Tag ihre Zeit nur mehr bei Cupcakes, Kaffee, Eiscreme und am Hotdog-Stand verbringen und gar nichts mehr schaffen. Das mag manchen durch schlechte Erfahrungen in der Vergangenheit geprägt haben, aber wie viele gute Erfahrungen hat man dabei übersehen?

Damit wurde klar, worauf die Beunruhigung begründet war. Sie hatten zu ihren eigenen Mitarbeitern kein Vertrauen. Weder wäre es bei ihnen vorstellbar, dass eine junge Mitarbeiterin einfach so und selbstständig eine ausländische Delegation empfangen und das Unternehmen „anständig" repräsentieren könne, noch würden sie den Mitarbeiter vertrauen, dass sie die Gratisangebote nicht übermäßig in Anspruch nehmen.

Dieses Misstrauen durchdringt dann auch alle Bereiche. Die Diskussionen um Homeoffice zogen sich seit Jahren durch das Land. Letztendlich wollten die meisten Chefs aber immer, dass die Mitarbeiter ins Büro kommen. Mit Corona ging das plötzlich nicht mehr und Homeoffice war die einzige Möglichkeit, den Laden während des Lockdowns am Laufen zu halten. War vorher die Befürchtung gewesen, die Mitarbeiter würden zu Hause weniger arbeiten, stellt sich heraus, dass sie teilweise sogar mehr arbeiteten. Nicht alles klappt zu Hause allein besser, aber die Befürchtungen speisten sich vor allem aus Ängsten vor einem Kontrollverlust des Managements.

Dass es auch bei uns geht, weiß ich aus eigener Erfahrung. SAP hatte fast schon seit Anfang viele Gratisangebote: Kaffee und Tee zum Mittagessen, Firmenwagen mit Winterreifen und Reinigung. Natürlich gab es vereinzelt Leute, die über die Stränge schlugen, was in firmeneigenen Klatschforen emsig diskutiert wurde, aber der überwiegende Teil der Mitarbeiter hat das nicht ausgenutzt. Ein Mitarbeiter schlug Mitte der 1990er-Jahre sogar vor, ob man bei den Firmentelefonen nicht eine Vorwahl einrichten kann, damit private Telefonate separat ausgewiesen und abgerechnet werden könnten. Dietmar Hopp, SAP-Mitgründer und damaliger SAP-Finanzchef, verwarf diese Idee mit den Worten: „Ihr arbeitet so viel, da will ich wegen ein paar Mark an Privatgesprächen nicht noch mehr Bürokratie einführen." Die Botschaft an die Belegschaft war klar: „Ich vertraue euch."

Dieses Vertrauen im Kleinen führt zu Vertrauen auch im Großen. Das ermuntert, dass man Ideen vorbringen und Problem ansprechen kann. Und genau dieses Unternehmensklima fördert Innovation auf allen Ebenen.

Das mangelnde Vertrauen in die eigenen Mitarbeiter ruft unweigerlich die Frage hervor, welcher Manager denn Mitarbeiter einstelle, denen man nicht vertrauen kann? Da ich eine gute Pointe nicht auslassen kann, steigerte ich diese Frage hin zu: „Wer ist denn der Scheißmanager, der bei euch solche vertrauensunwürdigen Leute einstellt?" Allein diese natürlich unbeantwortet gebliebene Frage war für viele der teilnehmenden Geschäftsführer schon die Reise wert gewesen.

Formalitäten

Wieder was dazugelernt! Wie man den Papst anredet, wusste ich dank Elmayer schon, seit ich Tanzschüler war. „Eure Heiligkeit" lautet sie. Wie aber verabschiedet man sich in einem Brief an den Papst? Na?

Mit „Mit freundlichen Grüßen" oder „Gruß an die Gattin"
ist es nicht getan.

Laut Auskunft der Protokollstelle des Bonner Kanzleram-
tes ist eine Option nichts weniger als:

„Um den Segen Eurer Heiligkeit fleht <Unterzeichner>."[29]

Du wirst es schon gemerkt haben, dass ich meine Leserinnen und
Leser beinhart duze. Keine Sorge, du bist nicht allein, fühle dich also
nicht zu geschmeichelt, dass ich mit dir das vertrauliche Du verwende. Wann immer ich eine E-Mail eines Konferenzveranstalters oder
einer Geschäftsführerin in meinem Eingang sehe, eine Delegation
von Managern oder Digitalevangelisten im Silicon Valley empfange
oder mich auf einen Kaffee zum Plausch mit einer Professorin treffe,
duze ich sie alle. Selbst vor Politikern mache ich keinen Halt. Vielleicht
würde ich beim Papst eine Ausnahme machen, wer weiß.

Tatsächlich bemerken das viele und oft sehe ich Erleichterung in
ihren Gesichtern, weil es die Kommunikation erleichtert. Keine Formalitäten, mit denen man sich herumschlagen muss, keine langatmigen
Anreden und Floskeln, keine Sensibilitäten, um die herumzutänzeln
ist. Es schafft von vornherein eine entspannte Atmosphäre, die zu
einem Aus-sich-Herausgehen einlädt, zu dem Gefühl, es kann alles
an Ideen vorgebracht und diskutiert werden. Man muss sich nicht in
Acht nehmen, nur weil das Gegenüber einen großartigen Titel auf der
Visitenkarte hat oder eine wichtige Rolle einnimmt. Und genau das
ist der Sinn der Übung.

Ich selbst komme aus einer im öffentlichen Leben recht formalen
Stadt, in der es „Küss die Hand, Frau Doktor" und „Habe die Ehre,
Herr Generaldirektor" aus allen Ecken hallt. Wer wen zuerst begrüßt,
wie man seinen Hut zieht und hält, auf welcher Seite des Bürgerstei-
ges man als Herr die Dame begleitet, die Tür aufhält, den Tisch
richtig deckt und das Besteck korrekt benutzt, all das lernt man
schon als Teenager in einer der Wiener Tanzschulen. Der österreichische Knigge ist dabei der Elmayer, eine Tanzschule in Wien,
die vom k. u. k. Rittmeister Willibald Elmayer-Vestenbrugg im Jahr

1919 gegründet worden war und in der neben einer gediegenen Tanzausbildung für die Wiener Bälle auch das Erlernen des guten Benimms auf dem Programm steht. Die jungen Herren, die allesamt im Anzug und mit Krawatte und vor allem mit weißen Handschuhen erscheinen müssen, sind verpflichtet, vor Beginn der Tanzstunde die erste Dame im Saal aufzufordern und mit ihr so lange zu promenieren und sie zu unterhalten, bis der Tanzunterricht beginnt. Man verabschiedet sich bei der Dame übrigens mit einem Handkuss. Die weißen Handschuhe der jungen Herren sollen verhindern, dass die schwitzenden Hände das Kleid der jungen Damen verunreinigen – und hitzig kann es schon einmal werden, wenn der Linkswalzer immer schneller oder eine Polonaise mit Galopp geprobt wird. Mit anderen Worten: Die Wiener Tanzschulen lehren, wie man nicht nur das Tanzparkett meistert, sondern auch das Parkett der feinen Gesellschaft, in der sich die jungen Leute bald als Geschäftsführer und Ärztinnen bewegen werden.

Die Titelsucht der Österreicher und im Speziellen der Wiener verschont auch die Universitäten nicht. Die korrekte Anrede ist nicht nur ein Zeichen von Wissen um den Status des anderen. Bevor man einen falschen Titel oder eine falsche Anrede verwendet, „graduiert" man im Zweifelsfall die Person, sprich, es wird der ranghöhere Titel angewandt. So redet der Ober im Kaffeehaus den Studenten mit „Herr Doktor" an, auch wenn sich der Student erst im zweiten Semester befindet, oder der „Herr Ingenieur" wird flugs zum „Herrn Diplom-Ingenieur". Auch gibt es die Promotion am Standesamt, wenn ein junges Fräulein einen jungen Herrn Doktor ehelicht. Sie kann dann erwarten, dass ab sofort die Umgebung sie auch als Frau Doktor anreden wird, obwohl sie vielleicht selbst eine Diplom-Ingenieurin ist. Es ist jedenfalls sehr kompliziert und man kann rasch ins Fettnäpfchen treten, wie die folgende Anekdote zeigt:

> Ein Rektor einer Universität wird korrekt mit „Eure Magnifizenz" angesprochen, genauso, wie man den Papst nicht als „Herr Papst", sondern als „Eure Heiligkeit" anspricht.

Das Wissen um diese formalen Dinge ist nicht unwesentlich, vor allem, wenn man etwas vom Angesprochenen will.

Ein Student der Universität Wien wollte nach der Vorlesung des Rektors, der ja auch nach wie vor Professor ist und damit seiner Lehrtätigkeit nachkommt, noch eine Frage stellen. Er bemühte sich aus den Hörsaalreihen nach vorne zum Lehrpult und rief: „Ich hätte noch eine Frage, Herr Professor!"
Der solcherart Angesprochene drehte sich um und erwiderte indigniert: „Das nächste Mal sagen Sie wohl gleich „Franz" zu mir!"

So amüsant das für Außenstehende sein mag, dieser ständige Eiertanz kostet sehr viel mentale Energie und vor allem lässt er einen vorsichtig werden, was man wegen Status und Titel Angemessenes sagt. Und vor allem, wer was sagt. Das blockiert den Austausch innovativer Ideen, die, wie wir wissen, anfänglich immer etwas durchgeknallt klingen. Einen Motor auf eine Kutsche montieren und damit durch den Berg fahren? Vor 200 Jahren eine durchgeknallte Idee, heute völlig üblich, dass wir die U-Bahn, den Zug oder das Auto in Tunneln benutzen.

Formalitäten können insofern den Fluss der kreativen Säfte in Gruppen inhibieren, in denen es Standes- und Rangunterschiede gibt. Klingt diese Idee blöd vor dem Chef? Was sagt meine Managerin zu meinem spontanen Ausruf beim Brainstorming? Man beginnt sich zu kontrollieren und enthält damit den anderen wichtige Ideen und Zündfunken vor, auf denen weitere Ideen aufgebaut werden können.

Insofern war mein Wechsel von der akademischen Welt zu einem deutschen Unternehmen, das einen amerikanischen Führungsstil pflegte, eine Offenbarung. Bei SAP hatten die Gründer schon Mitte der 1990er-Jahre generell das „Du" und die Anrede auf Vornamensbasis eingeführt. Das führte so weit, dass ich selbst Jahre nach meinem Beginn bei SAP nicht wusste, dass dieser Kollege habilitiert war, die andere Kollegin sogar zweifacher Doktor und jener in einem früheren Leben einen Wissenschaftspreis gewonnen hatte. Es war auch nicht wichtig. Wichtiger war, dass im Hier und Jetzt die Kollegen zugänglich und bereit waren, Informationen auszutauschen und an Ideen zu feilen, egal, ob eine junge Praktikantin oder ein trotteliger Neuling wie ich hereinkam und ihre Aufmerksamkeit suchte.

Ideen kann man von überallher erhalten. Die besten Impulse kommen oft nicht von Experten, sondern von Fachfremden, die aufgrund ihrer Unkenntnis oder eben der Kenntnis anderer Disziplinen einen neuen Blickwinkel auf ein Problem einbringen. Um das zu erlauben, ist es daher angebracht, sich der Inhibitionsfaktoren bewusst zu werden und sie gleich gänzlich zu beseitigen. Statt Titel und Rang lieber das Du auf gleicher Augenhöhe. Und das ist mein Mantra.

Wie schwer das manchen fällt, sehe ich gelegentlich bei Diskussionen in sozialen Medien, in denen manche Mitglieder entgegen dem Usus der Plattformen krampfhaft am formalen Sie festhalten. Oft kommt dies, wenn in einer Diskussion die sachlichen Argumente ausgehen. Das geschah mehrmals in einer Diskussion auf LinkedIn um das bucheröffnende Thema „Alexa hört ja immer zu". Dort versuchten mindestens zwei Geschäftsführer, ihren Argumenten mehr Gewicht zu verleihen, indem sie auf dem Sie beharrten, sich selbst in den Sachargumenten aber um Kopf und Kragen redeten. Widerrede waren sie nicht gewohnt.[30]

In anderen Ländern ging man schon vor Jahren den radikalen Schritt, das formale Sie abzuschaffen und stattdessen ein egalitäres Du zu verwenden. Länder wie Italien, Schweden, Dänemark, Norwegen oder die Niederlande sind sehr informell, nicht so die Franzosen. Auch in den USA oder Australien gibt es nur das You, aber keine formale Version. Selbst wenn man sich duzt, heißt das noch lange nicht, dass man keinen Respekt zeigt oder zeigen soll.[31] Ganz im Gegenteil. Gerade bei Innovationen sollte der Respekt vor den Ideen und Meinungen der anderen im Team hochgehalten werden. Mein Plädoyer ist hier, eine kreative Innovationskultur zu schaffen, die man durch einen kleinen Schritt erleichtern kann: indem man sich respektvoll duzt. Dass dabei nicht jeder Geduzte und Gesiezte den gleichen Respekt verdient, soll folgende Anekdote beweisen:

Ein gerade frisch ernannter österreichischer Minister trifft zum ersten Mal in den Amtsräumen seines neuen Herrschaftsbereichs ein. Die Ministerialbeamten stehen Spalier und warten ungeduldig auf ihn. Unter den Beamten befinden sich mehrere alte Schulkollegen aus Gymnasialzeiten des Ministers, die sich eine freundschaftliche Zusammenarbeit mit ihm erhoffen. Als der Minister eintrifft, tritt der ranghöchste Beamte, ebenso ein ehemaliger Schulkollege des Ministers, auf ihn zu und begrüßt ihn herzlich mit „Servus, lieber Minister und lieber Freund. Wir sind stolz darauf, dass du nun unser Chef bist und heißen dich herzlich willkommen!"
Aus der Miene des so Angesprochenen ist deutlich zu lesen, dass er mit dieser informellen Begrüßung nicht einverstanden ist. Er adressiert alle Anwesenden von oben herab und mit dem formalen Sie. Als er fertig gesprochen hat, wendet sich nochmals der ranghöchste Beamte an ihn: „Lieber Herr Minister, lassen Sie mich noch einmal das vertraute Du verwenden: Du Arschloch!"

Ängste und Ablenkungsmanöver

Angst ist ein guter Ratgeber. So meinte es einst Intel-Gründer Andy Grove und so meinen es heute die Google-Gründer Larry Page und Sergey Brin. Doch sie hatten eine bestimmte Art von Angst oder, korrekter gesagt, „Paranoia" im Sinn. Die Angst, dass sie ein unterschätztes Start-up überholen und disruptieren könnte. Und damit haben die Genannten alle Erfahrung. Immerhin waren Intel und Google einmal die Start-ups, die die Großen ihrer Zeit an den Abgrund brachten. Diese gesunde Form der Paranoia lässt die Google-Gründer ständig aktiv nach solchen Start-ups und nach Ideen suchen, die sich disruptiv auf das eigene Geschäft auswirken könnten.

In diesem Kapitel reden wir aber von einer anderen Art von Angst, nämlich der vor Veränderung, die eher zur Paralyse führt und zu Reaktionen, die auf alte, bewährte Denk- und Handlungsmuster vertrauen. Die Angst manifestiert sich hier am Festhalten des Vertrauten und nicht am Ergreifen der neuen Möglichkeiten.

Änderungsangst und Unsicherheitsvermeidung

Wer regelmäßig mit der Bahn fährt, hat diese Situation sicherlich schon einmal erlebt. Ein Zug, der für ein bestimmtes Gleis angekündigt war, muss aus welchen Gründen auch immer auf einem anderen einfahren. Unruhe entsteht, die wartenden Fahrgäste bewegen sich zum anderen Bahnsteig. Einigen allerdings bereitet die Fahrplanänderung größeres Unbehagen. Mehrmals fragen sie nach, weisen darauf hin, dass auf ihrem Fahrplan ein anderes Gleis steht und sie sich vorher nochmals versichert hätten.

Bei einer Fahrt von Friedrichshafen nach Stuttgart war vor dem Erreichen einer Station genau das im Zug vom Schaffner angekündigt worden. Ein Fahrgast unterhält sich minutenlang mit anderen über diese Änderung. Selbst als sie aussteigt, fragt sie noch andere Bahnfahrer. Sie ist offensichtlich erregt ob der unerwarteten Änderung. Ein Einzelfall? Nicht ganz.

Vor einigen Jahren hatte ich das Vergnügen, eine sehr nette und engagierte Gruppe an Landtagsabgeordneten aus einem deutschen Bundesland als Gast im Silicon Valley herumzuführen. Die Besuche führten uns zu unterschiedlichen Unternehmen und wir begegneten interessanten Persönlichkeiten. Bei diesen Delegationsreisen versuche ich immer wieder, die Gäste bestimmte neue Erfahrungen machen zu lassen. Eine davon war damals, mit einem Uber zu fahren. Dazu wird auf den normalerweise extra arrangierten Bus verzichtet und die Gruppe auf Uber-Fahrzeuge verteilt. Sie müssen im Vorfeld die Ridesharing-App installieren und, wenn es soweit ist, bestellen die Teilnehmer ihr Uber oder Lyft für die Fahrt zurück ins Hotel oder zu einem anderen Besuchspunkt. Keine große Sache – möchte man meinen. Was üblicherweise kein Problem darstellt, da die Teilnehmer sich gutgelaunt auf dieses „Abenteuer" einlassen, war hier nicht der Fall. Den Organisatoren der Gruppe war das Entsetzen in die Augen geschrieben, als ich beiläufig erwähnte, wir würden den Bus nun wegschicken und alle mit dem Uber nach Hause fahren lassen. Mit nervösen Handbewegungen und einem „Nein, nein, nein!" wurde gegen diese Idee angekämpft.

Sind wir Angsthasen? Mehr oder weniger als andere Länder? Der niederländische Kulturwissenschaftler und Sozialpsychologe Geert Hofstede untersuchte Faktoren, die nationale und regionale Kulturen voneinander unterschieden. Eine Dimension war die der Unsicherheitsvermeidung, den er mit einem entsprechenden Index („Uncertainty Avoidance Index") misst. Daran lässt sich erkennen, wie eine Gesellschaft durch Regeln, Pläne und Sicherheitsmaßnahmen diese Unsicherheit auf ein Minimum zu reduzieren versucht. Trotzdem sind Hofstede zufolge gerade Mitglieder von Kulturen, die durch viele Regeln, Pläne und Sicherheitsmaßnahmen gezeichnet sind, nervöser und emotionaler.[32] Aber auch die Lang- und Kurzfristigkeit des Planungshorizonts („Long-Term Orientation") einer Gesellschaft oder eines Unternehmens, die beispielsweise die Sparsamkeit oder die Häufigkeit des Auftretens von Egoismus beeinflussen können, sind durch diese Unsicherheitsvermeidung beeinflusst.

Der Soziologe und Gesellschaftstheoretiker Niklas Luhmann sah hier die Entwicklung einer Gesellschaft, deren Umfeld durch stetig zunehmende Komplexität geprägt ist, von einer segmentaren über eine stratifikatorisch-hierarchischen hin zu einer funktional differenzierten. Auf gut Deutsch: eine Entwicklung, die von Stämmen über soziale Schichten zu Gruppen von Spezialisten führte.[33] Die Komplexitätszunahme ist etwas von einer Gesellschaft typischerweise nicht explizit Gewünschtes oder Angestrebtes. Sie versucht, sie zu vermeiden. Sie wird als Irritation der „natürlichen Ordnung" betrachtet, die Unsicherheit schafft. Populisten bauen genau darauf auf. Sie präsentieren mit einfachen Worten simple Lösungen für komplexe Zusammenhänge und versprechen eine Rückkehr zu einer vermeintlich einfacheren Welt. Doch simple Lösungen gibt es nicht und Komplexität in einer modernen Gesellschaft ist – sofern nicht katastrophale Ereignisse eintreten – nicht reduzierbar.

Komplexitätszunahme bedeutet auch, dass ein stetiges Ausloten des Gleichgewichts zwischen den bestehenden und neu entstehenden funktional differenzierten Gruppen gefordert ist.

Ob und wie offen wir Änderungen willkommen heißen, hängt stark mit unserer kollektiven Geschichte und dem Verständnis der eigenen Situation ab. Um das Jahr 1500 waren die meisten Europäer einfache Landarbeiter mit wenig Aussicht auf eine Verbesserung der Lebenssituation für sich selbst oder ihre Kinder und Kindeskinder. Auch schien eine Rückkehr zur Vergangenheit damals nur wenig attraktiv. Die Vorfahren hatten noch schlechter gelebt.

Was aber damals begann, war das Zeitalter der Entdeckungen. Die Entdeckung neuer Kontinente, Welten und Völker und vielleicht auch Reichtümer mutete attraktiver an als das bekannte Joch. Auch wenn die Chancen für den Einzelnen, zu Reichtum zu gelangen, fast bei null lagen, war die Aussicht auf Abenteuer und Erfahrungen besser, als weiterhin dieselbe anspruchslose Tätigkeit wie schon die eigenen Vorfahren auszuüben. Was hatte man schon zu verlieren? Während sich China und der arabische Raum einzuigeln begannen, Entdeckungsreisen einstellten und abweichende Meinungen immer rigoroser bestraften, begann in Europa das Zeitalter der Entdeckungen und Eroberungen.[34]

Diese gesellschaftlichen Entwicklungen in Europa waren keine Folge neu entwickelter Maschinen und Technologien. Diese entstanden unbeabsichtigt aus den gesellschaftlichen Änderungen. Hatte die europäische Seefahrt lange Zeit nur entlang von Küsten und innerhalb des recht überschaubaren Mittelmeers stattgefunden, so entstand mit der Entdeckungslust die Notwendigkeit nach neuen Technologien, die die Navigation über Weltmeere erlaubten. Eine Reihe von Erfindungen wie das Teleskop, der Kompass, der Sextant, aber auch, dass Zitrusfrüchte gegen den bei Seeleuten so gefürchteten Skorbut halfen, führten zu mehr Möglichkeiten und steigerten die Nachfrage nach neuen Technologien. Gesellschaftlicher Wandel erfordert neue Technologien, die wiederum zu weiteren Änderungen in der Gesellschaft führen. Ein Wechselspiel, das niemand kontrollieren oder auf Dauer verhindern kann. Die Technologien tauchten nicht aus dem Nichts auf. Sie trafen bereits auf eine Gesellschaft im Wandel, die – ohne es oft zu wissen – nach solchen Technologien verlangte.

Daran hat sich bis heute nichts geändert. Man kann sich leichter den Verlust von Bekanntem vorstellen als den Gewinn von noch Unbekanntem. Deshalb bevorzugen wir es, den Status quo zu erhalten. Diese Einstellung wird problematisch, wenn die Daten und Beobachtungen immer mehr dagegensprechen. Ein bestimmtes Mindset ist nötig, das eine solche Änderungsbereitschaft zulässt.

Ansteckender Angstvirus

Kinder waren nie gut darin, auf die Älteren zu hören, obgleich es ihnen nie misslang, sie zu imitieren.

James Baldwin

Die Status-quo-Verzerrung und die Änderungsängste kommen nicht von ungefähr. Ängste sind ansteckend wie ein Virus. Sie vermehren sich in der Bevölkerung. Wie echte Viren bleiben sie im Körper – also in der Gesamtbevölkerung – erhalten und verschwinden nie ganz. Kleine Verunsicherungen können zu einem erneuten Ausbruch führen.

Die soziale Ansteckungsgefahr ist tatsächlich ein Forschungsgebiet. Wie sich Paniken, Hysterien, Verschwörungstheorien und Ängste verbreiten, stieß nicht erst in jüngster Zeit auf das Interesse von Forschern. Von der Tulpenmanie in Holland um das Jahr 1636, der Tanzwut im 14. und 15. Jahrhundert, die im Rhein-Mosel-Maas-

Gebiet und in Straßburg um sich griff, der Lachepidemie im Jahr 1962 in Tansania bis hin zur Hysterie um die vermeintlichen Fälle von Satanismus in Kindertagesstätten in den USA Mitte der 1980er-Jahre sind viele merkwürdigen Epidemien bekannt, deren Ursachen weniger im tatsächlichen Virenbefall als in einer sozialen Ansteckung lagen. Die Epidemie spielte sich im Kopf ab, was aber ernsthafte physische, persönliche und auch ökonomische Auswirkungen haben konnte. Heute betrachten Forscher die Kursschwankungen an Börsen als Hotspot von solchen wiederholten sozialen Ansteckungen.

Die Ängste vor Neuem in unseren Breiten haben mehrere Ursachen. Eine hat sicherlich mit der transgenerationalen Weitergabe zu tun.[35] Ängste werden von einer Generation auf die nächste(n) übertragen. Tatsächlich sind es mindestens drei Generationen und sie umfassen dabei einen Zeitraum von 100 Jahren. So leben wir tatsächlich noch immer mit und in den Nachwirkungen des Ersten und Zweiten Weltkriegs. Holocaustopfer übertragen ihre Ängste auf ihre Kinder und Kindeskinder. Werte, Befürchtungen und Motivationen prägen die Handlungsweisen der davon betroffenen Generationen.

Nicht nur die Opfer und deren nachfolgenden Generationen, sondern auch die der Täter und Mitläufer zeigen dieses Verhalten. Um es salopp zu sagen: Nach der Gründerzeit, in der vieles möglich war und die den Gesellschaften zum Wohlstand verhalf, „traute" man sich in zwei Versuchen – sprich: Weltkriegen – „Außergewöhnliches": Eroberungskriege, die zu einem zweimaligen völligen Zusammenbruch der Staatsstrukturen und Lebensgrundlagen führten. Die Generation meiner Urgroßeltern und Großeltern durchlief die Auswirkungen von zwei Weltkriegen, die Existenzängste über mehrere Generationen verbreitete. Brav schaffen, brav Häuschen bauen, nicht aufmucken, einen sicheren Job finden. Das sind die Werte, die die Wiederaufbaugeneration an die nachfolgenden weitergab. Und das hat bis heute Auswirkungen.

Angst ist ein sehr mächtiger sozialer Virus, gegen den niemand immun ist. Unsere DNA ist darauf getrimmt, Ängsten hohe Aufmerksamkeit zu schenken, denn in der Vergangenheit haben sie unser

Überleben gesichert. Sie verliehen einem das Gefühl, eine unsichere und unbekannte Situation unter Kontrolle zu bringen, was meistens nicht der Fall war. Die Reaktionen auf Ängste vor Unbekanntem sind wie ein Immunsystem, das mit einem neuartigen Virus konfrontiert wird und überreagiert. So ist in unserer Gesellschaft die Angst, bei einem Terroranschlag zu sterben, oft höher als die Angst, bei einem Verkehrsunfall ums Leben zu kommen, obwohl bei letzterem die Wahrscheinlichkeit viel höher liegt. Die Dissonanz in der medialen Aufmerksamkeit zwischen Alltäglichem und Ungewöhnlichem schlägt hier durch. Ein Autounfall mit Verkehrstoten findet in der Berichterstattung nur beiläufige Erwähnung, ein Terroranschlag hingegen ziert die Titelseiten.

Triggern irrationale Ängste ebensolche Handlungsweisen oder sogar Krankheitssymptome, dann werden sie zu einem Problem. Der amerikanische Mediziner Walter Kennedy schlug im Jahr 1961 den Begriff „Noceboeffekt" für Krankheitssymptome vor, die auf rein psychologische Ursachen zurückzuführen sind. Im Gegensatz zum Placeboeffekt, bei dem Testpersonen nachweisbare Verbesserungen bei den Krankheitssymptomen erleben, obwohl sie nur ein unwirksames Heilmittel ohne den Heilstoff verabreicht bekamen, führt der Noceboeffekt zu einer Entstehung oder Verschlechterung von Krankheitssymptomen.

Diesen Noceboeffekt haben wir bereits bei der Fahrstuhlkrankheit kennengelernt. Während es sich hier um einen harmlosen Effekt handelte, wirkt sich der bei anderen teilweise sogar äußerst lebensbedrohlich aus. Bulimie – die Ess-Brech-Sucht – ist solch eine Krankheit. Das Windturbinensyndrom und der in Deutschland besonders oft als Argument dagegen angeführte Infraschall ist ein anderes.[36]

Diese Hysterien, die Ängste hervorrufen und sich in Handlungen gegen Technologien manifestieren, wirken also zweifach: einerseits in der Angst vor neuen Technologien, die man nicht verwenden und sogar verhindern will, andererseits im transgenerationalen Trauma, bei dem man schon gar nicht in Berufe und Unternehmen gehen will, die solche Technologien hervorbringen könnten. Die mediale Berichterstattung bestätigt diese Zweifel nur. Auf diese Weise gelangen wir zu einem Bild in den Medien, Konferenzen, Politik, Öffentlichkeit und Gesellschaft, die durch Skepsis vor Wissenschaft und neuen Technologien geprägt ist. Moralunternehmer dominieren den Diskurs, weil sie an die Ängste appellieren. Es fällt uns schwer, dagegen immun zu bleiben. Wie soll man die Gefahren als Laie wirklich einschätzen, wenn so viele (vermeintliche) Experten in der Öffentlichkeit davor warnen?

Karrierewechsel mit der Schokoladenmama

In der Schweiz könnte ich nicht leben. Das hat nichts mit der wunderbaren Landschaft oder den netten Menschen zu tun. Der Grund ist viel banaler: Schokolade. Das Land hat die Kunst der Schokoladeherstellung auf ein Niveau gebracht, dass es mir schwer machen würde, mich in Disziplin zu üben. Ich würde einfach viel zu viel von dem süßen Zeug in mich hineinfuttern und wohl glücklich, aber doch zu früh das Zeitliche segnen.

Während ich – vergeblich – versuche, zu Schokolade Abstand zu halten, hat die Französin Catherine Bréard genau das Gegenteil gemacht. Sie stürzte sich voll in das Schokoladenbusiness. Als junge Ehefrau und Mutter bereitete sie mit einer Leidenschaft, die sie von ihrer eigenen Mutter und Großmutter geerbt hatte, für ihren Sohn Alix Schokoladenmousse zu, wann immer sie konnte. Er nannte sie dafür seine „Schokoladenmama". Doch wie so oft kommt das Leben dazwischen und ihr Beruf im Arbeitsamt ließ ihr keine Zeit für Frivolitäten wie Schokoladenmousse – bis ihr Sohn, mittlerweile erwachsen und aus beruflichen Gründen nach Japan gezogen, seine Mutter bei einem Heimatbesuch zum Abschied um Folgendes bat: „Versprich mir, dass du eines Tages deine Leidenschaft ausleben wirst."[37]

Das gab der kleinen, quirligen Catherine, durch deren dicke Brillen lebenslustige Augen strahlen, zu denken. Sie entschied sich spontan, teilte ihrer Chefin mit, dass sie, inzwischen kurz vor dem Ruhestand, sich beruflich verändern möchte, kündigte und bewarb sich mit 58 Jahren an der berühmten École Cordon-Bleu in Paris. Sie wurde zugelassen und schrieb sich sogleich in den Konditoreilehrgang ein. Um sieben Uhr früh war sie die Erste im Kochstudio und um 21 Uhr die Letzte, die es verließ. Sie hatte den Spaß ihres Lebens. Es fühlte sich nicht wie Arbeit an. Zwei Jahre später und mit einem Abschlussdiplom in den Händen meldete sie sich in Paris zu einem Schokoladenmoussewettbewerb an – ja, kein Scherz, solch einen Wettbewerb gibt es. Und warum haben nur Franzosen solch tolle Wettbewerbe? Ergebnis? Sie belegte unter 50 Kandidaten den ersten Platz. In der Schokoladenmoussejury befanden sich die großen Pariser Konditoren Guillaume Gomez vom Palais de l'Elysée und Gilles Marchal, vormals Chefkonditor im Bristol und im Maison du Chocolat.

Mit 61 Jahren, wo andere schon auf den Sprung in die Rente sind, sollte für Catherine aber erst die zweite Karriere beginnen. Ihr Alix – wie man es vom Sohn der Schokoladenmama erwarten darf – hatte eine Studie zu Schokoladenmousse in Japan gemacht und war zu dem Schluss gekommen, dass die Japaner sich nach nichts mehr als nach einer guten Schokoladenmousse sehnten. Er bekniete seine Mutter und seinen Vater, in Frankreich alles aufzugeben und nach Tokio zu ziehen. Und die beiden – gute Eltern, die sie sind – folgten dem Wunsch des Sohnemanns. Sie verkauften in Paris all ihre Habe, steckten sämtliche Ersparnisse in dieses Abenteuer und mit Sack und Pack, vor allem aber mit Töpfen und Küchenutensilien für bestes Mousse, zogen die beiden nach Tokio und stürzten sich in das Unbekannte. Hatten die Japaner wirklich solchen Gusto auf Schokoladenmousse?

Diese Frage wurde rasch mit „Ja" beantwortet. Zuerst stimmte Catherine ihr Rezept auf den Geschmack der Japaner ab, die etwas weniger Zucker in der Mousse bevorzugten. Im Jahr 2018 mietete sie sich in einem eleganten Lebensmittelkaufhaus einen kleinen Stand. Die Kaufhausbetreiber schätzten, dass sie pro Tag vermutlich um die 50 kleine Becher mit Schokoladenmousse verkaufen würde. Zur Sicherheit bereitete die Schokoladenmama aber 100 Becher vor. Nach nur drei Stunden waren alle verkauft. Das ging eine Woche lang so. Nach wenigen Wochen lag ihr Absatz bei 300 bis 400 Bechern pro Tag. Sie kam mit der Schokoladenmoussefertigung kaum nach. Das Kaufhaus bot ihr einen größeren Stand an und andere Delikatessenläden und Luxushotels gaben Bestellungen für die süße Ware auf.

Dieser Erfolg und die ungewöhnliche Geschichte haben Fernsehsender und Presse aus Japan und Frankreich angezogen, die alle „Maman au chocolat" interviewen wollten. Sie selbst arbeitet mit ihrem Ehemann Philippe an der Eröffnung einer eigenen Schokoladenmoussefilialkette und einer Erweiterung ihres Angebots. 60 ist das neue 30.

Catherines Geschichte ist ungewöhnlich und inspirierend zugleich. Und es drängt sich die Frage auf, warum sie uns ungewöhnlich und inspirierend erscheint? Kennen wir aus unserem Umfeld Personen, die eine ähnlich drastische, aber doch ehrgeizige und aufstrebende Änderung ihrer Lebensumstände vorgenommen haben? Jemanden, der einen überraschenden zweiten Karriereweg mit 40 begann?

Ganz konkret kenne ich eine Frau, die nach zwei Kindern und verschiedenen ausgeübten Berufen (unter anderem zwei Jahre als Polizistin) im Alter von 34 Jahren ein Medizinstudium begann und seither nach dem Abschluss als praktische Ärztin ordiniert. Eine andere Bekannte nahm erst ihr Medizinstudium nach einigen Jahren als Apothekerin auf. Und ein weiterer Bekannter war zuerst Physiotherapeut, bis er dann noch ein Medizinstudium abschloss und nun seit mehr als einem Jahrzehnt in der Notaufnahme arbeitet.

Diese Karrierewege meiner amerikanischen Freunde erschienen mir, als ich sie zum ersten Mal hörte, ungewöhnlich. In Europa wird eine solche Karriereänderung oft als Unbeständigkeit ausgelegt. Eine 34-Jährige würde vermutlich gar nicht an einer deutschsprachigen Uni zum Medizinstudium zugelassen, ohne sich ständig Vorwürfe anhören zu müssen, sie nehme den jungen Leuten den Studienplatz weg. Mit diesem gesellschaftlichen Stigma wagt man gar nicht, daran zu denken, sich so drastisch beruflich zu ändern und nochmals mehrere Jahre zu studieren.

Tatsächlich lernte ich, dass das in den USA nicht so ungewöhnlich ist. Ungewöhnlich scheint dort eher, dass man sein Leben lang im selben Beruf oder jahrzehntelang bei derselben Firma bleibt. Genauer betrachtet sollte das sogar die Regel sein: Berufe wechseln, sich umorientieren. Die Berufswahl heute findet in einem Alter statt, in dem junge Menschen noch wenig von der Welt erfahren haben. Welche Interessen sie haben und welche Berufe und Aufgaben es gibt, haben sich noch nicht klar manifestiert. Wir zwingen 14-Jährige und vier oder fünf Jahre später die Abiturienten, berufliche Entscheidungen zu treffen, die sie unmöglich voll informiert treffen können. Ist man einmal in einer Ausbildung, einem Lehrgang oder einem Studium drin, wird es mit jedem Jahr schwerer, den eingeschlagenen Weg zu verlassen.

Im Teenageralter gibt es kaum Gelegenheiten, Berufe und Interessen zu testen, viele entscheiden sich deshalb für Berufe, die sie aus ihrem familiären Umfeld oder ihrem Freundeskreis kennen, ohne die Bandbreite der beruflichen Welt wirklich zu kennen. Selbst die seit Jahren im Berufsleben Stehenden tun sich schwer mit der Beschreibung von Jobtiteln, wie Ali Mahlodji, der Gründer der Berufsinformationsplattform Whatchado, bei seinen Vorträgen von Unternehmen erfährt.[38] Mitarbeiter und Manager können nicht ohne Probleme erklären, welche Aufgaben die eigenen Stellenausschreibungen beinhalten. Key Account Manager? IT-Controller? SEO-Spezialist? Experte für künstliche Intelligenz? Gamification Designer?

Wenn das schon Erwachsenen mit Berufserfahrung schwerfällt, wie können junge Menschen dann die Berufswelt besser verstehen? Deshalb hat der im Iran geborene und in Wien aufgewachsene Mahlodji seine Plattform Whatchado gegründet, auf der er mit seinem Team Tausende Videos bereitstellt, in denen vom Straßenbahnfahrer bis zum Bundespräsidenten Berufe vorgestellt werden. Erklärt werden sie von den Menschen in diesen Berufen selbst, die Fragen zu sich selbst, ihrem Werdegang, ihren Interessen und den Aufgabenbereichen in ihren Berufen beantworten. Auch wenn man damit selbst keine eigene Erfahrung sammelt, wird jungen Menschen ein Eindruck vermittelt, welche Bandbreite an Berufen und Aufgaben es gibt. Sie sind damit besser gerüstet, Entscheidungen über ihre Berufslaufbahn zu treffen.

Mahlodjis Plattform ist ein Ergebnis seiner eigenen Erfahrung. Nachdem er in der Oberstufe ohne Abschluss das Gymnasium verließ, übte er die nächsten Jahre 40 verschiedene Jobs aus. Von der Reinigungskraft bei McDonald's bis hin zum SAP-Berater im Anzug und mit Firmenwagen fand sich darunter jede Art von Job. Erst das plötzliche Ableben seines Vaters zwang ihn zum Innehalten und Insichgehen. Was seinem Vater zugestoßen war, konnte auch ihm jederzeit passieren, ohne dass er wirklich das gemacht hatte, wofür sein Herz schlug. Er kündigte und nur mit einer Videokamera ausgestattet machte er sich mit einem Freund auf, um Menschen zu ihrem Beruf und Leben zu interviewen. Nur wenige Videos und Tage nach dem Hochladen auf einer billig produzierten Plattform erhielten sie den ersten Anruf von einem Unternehmer, dem die Idee gefallen hatte und der anfragte, ob er nicht Lust habe, seine Mitarbeiter zu interviewen – und was es denn kosten würde. Ein Geschäftsmodell war geboren.

David Epstein, dem Autor von „Es lebe der Generalist! Warum gerade sie in einer spezialisierten Welt erfolgreicher sind", hat diese Frage auch beschäftigt. Warum erlauben wir jungen Menschen am Anfang ihrer Berufslaufbahn nicht, unterschiedliche Berufe kennenzulernen? Ganz im Gegenteil: Es wird sogar erwartet, dass man sich sehr früh entscheidet und dann ein Leben lang dieser Entscheidung treu bleibt. Epstein vergleicht das mit der Erwartung der Gesellschaft an junge Menschen, dass sie mit der ersten Jugendliebe ein Leben lang zusammenbleiben. Die Person, die man ehelicht, ist in der absoluten Mehrheit der Fälle aber nicht die erste Jugendliebe.

Was die Berufswahl betrifft, scheint die Gesellschaft viel kritischer. Eine mehrjährige Lehre oder ein Studium zu absolvieren und dann einen anderen Beruf zu wählen oder – du liebe Güte – etwa ein Startup zu gründen, wo man doch mit dem Studium so einen schönen, sicheren und angesehenen Job bei Bosch, im Ministerium oder bei

Siemens gehabt hätte, sei nur dieser Extravaganz der jungen Leute zuzuschreiben, die nie harte Zeiten durchleben mussten. Kein Krieg, kein Hunger, keine Pandemie und nur Flausen im Kopf. Wie tief das verankert ist, erlebe ich bei meinen eigenen Maturatreffen. Dort wiederholt sich jedes Mal eine Szene mit einem meiner Lehrer. Er hatte Kinder in unserem Alter und auf die Frage, wie es ihnen denn gehe, beklagt er immer wieder den beruflichen Werdegang seiner ältesten Tochter. Nein, sie ist kein drogenabhängiger Junkie geworden oder sitzt im Knast ihre Strafe nach einigen Raubüberfällen und Morden ab. Viel schlimmer! Sie hatte Astronomie studiert und auf einem Auslandsaufenthalt an einem schwedischen Observatorium einen jungen Mann kennengelernt, den sie dann auch ehelichte. Als Astronomen wollten sie und ihr Angetrauter nach ihrem Abschluss nicht mehr arbeiten und begannen beide ein zweites Studium. Sie wurde Gymnasiallehrerin und trat somit in die Fußstapfen des Vaters. Dieser allerdings bejammert selbst 20 Jahre später noch immer diese „Verschwendung" ihres ersten Studiums.

Das Gespräch mit meinem ehemaligen Lehrer nimmt immer denselben Verlauf. Ich erzähle ihm dann meinen eigenen Berufsverlauf mit Studium der Technischen Chemie und dem der Handelswissenschaften, durch die ich zuerst als Softwareentwickler, Datamodeller und Technologiestratege bei SAP gearbeitet hatte. Nun bin ich seit fast einem Jahrzehnt als Technologietrendforscher und Buchautor selbstständig. Allein schon die Aufgaben und Arbeitsinhalte meiner eigenen Jobtitel sind schwer zu erklären. Und als promovierter Chemiker in der Softwareindustrie zu arbeiten und dann Autor zu werden, passt in kein klassisches Schema, möchte man meinen.

Doch das hat mit Spezialistentum und Generalisten zu tun und der Art, wie sich bei uns Berufe über die Jahrhunderte entwickelt und in Berufsverbänden, Zünften und Gewerkschaften organisiert haben. Zu dieser Geschichte und den Auswirkungen gehe ich im Kapitel zu Institutionen näher ein.

Triggerwarnungen und Cancel Culture

An amerikanischen Universitäten ist es üblich, dass Künstler, Musiker und Kabarettisten zu Aufführungen eingeladen werden. Da die Studierenden oft horrende Studiengebühren zahlen müssen, müssen die Unis schon mehr als nur ein gutes Studienprogramm bieten. In den vergangenen Jahren haben sich viele der bekannten Comedians aber geweigert, an amerikanischen Universitäten aufzutreten. Chris Rock, einer der bekanntesten, ist wegen seines derben Humors berüchtigt, der auf die Spannungen zwischen den unterschiedlichen Bevölkerungsteilen mit oft unflätiger Sprache eingeht. Er meinte in einem Interview mit dem Magazin *New York*, dass er nicht mehr länger an Universitäten auftrete, weil die heutigen Studierenden „zu konservativ" seien. Sie seien nicht so sehr konservativ in ihren politischen Ansichten, aber viel zu eifrig, bloß ja niemanden „zu beleidigen".[39]
Auch andere Comedians wie Jerry Seinfeld berichten Ähnliches: ein Witz, der jemandem im Publikum aufstößt – und es besteht die Gefahr, dass alle weiteren Auftritte gecancelt werden. Ein Handyvideo mit dem beleidigenden Inhalt aus dem Kontext gerissen ist rasch auf YouTube oder Instagram gestellt und hat alle Möglichkeiten, sich viral zu verbreiten. Jedem Studenten und jedem Comedian ist das bewusst – und dann beginnt die Selbstzensur.

Die Frage, die sich stellt, ist, ob solche eine „Cancel Culture" den kreativen und inspirierenden Diskurs und Ausdruck an den wissenschaftlichen Institutionen des Landes hemmt.

Leute wie der Mathematiker Eric Weinstein bejahen das. Er sieht eine Gefahr für – in diesem Fall die amerikanischen – Universitäten, Wissenschaften und die Wirtschaft, die solche rohe Kraft von Kreativität unterdrücken. Er beschränkt sich dabei nicht nur auf Kreativität im Sinne von technologischen Entwicklungen, sondern meint auch die Qualität und die Bandbreite der erlaubten und vorgebrachten Meinungen im öffentlichen, universitären und wissenschaftlichen Diskurs. Er kritisiert die Überhandnahme von politischer Korrektheit, von sogenannten Triggerwarnungen, mit denen Studenten oder

Schüler vor unerwünschten, möglicherweise traumatischen Erinnerungen gewarnt werden. Kritik übt er auch an der „Kündigungskultur" („Cancel Culture"), die sich auf die populäre Praxis bezieht, Persönlichkeiten des öffentlichen Lebens und Unternehmen die Unterstützung zu entziehen (aufzukündigen), nachdem sie gerade oder in der Vergangenheit etwas getan oder gesagt haben, was heutzutage als anstößig oder beleidigend angesehen wird. Die Kündigungskultur wird im Allgemeinen so diskutiert, dass sie in sozialen Medien in Form von Gruppenbeschämung durchgeführt wird.

So wurden in den USA in den letzten Jahren an immer mehr Universitäten kontroverse Sprecher nach heftigen Protesten der Studierenden wieder ausgeladen. Selbst die Behandlung von Wörtern wie „Neger" in Fächern, in denen sie etymologisch diskutiert wurden, führte nach Beschwerden von Studenten zu Suspendierungen von Lehrpersonal.[40] Ich spreche dabei nicht von Lehrpersonal, das augenscheinlich rassistisches und sonstiges zweifelhaftes Gedankengut vertraten, sondern von einer Diskussion über die Herkunft und Beleuchtung eines Worts und die Bedeutungswandlung im Lauf der Zeit. Im deutschsprachigen Raum wurde dieses Phänomen nach einer öffentlichen Kontroverse um die österreichische Kabarettistin Lisa Eckhart der breiteren Allgemeinheit bekannt. Sie war zuerst bei einem Hamburger Literaturfestival eingeladen worden, um kurz darauf wegen Drohungen „aus der Nachbarschaft" wieder ausgeladen zu werden.[41]

Die Ursachen für Triggerwarnungen und Kündigungskultur hat sicherlich mit demografischen Änderungen zu tun. So haben Paare immer später das erste Kind – und vor allem haben sie weniger Kinder. Weniger Kinder zu haben bedeutet auch, dass jedes einzelne „wertvoller" scheint, und je älter die Eltern bei der Geburt ihres ersten Kindes sind, desto weniger wahrscheinlich ist es, dass sie weitere Kinder haben (können). Wenn dann auch noch eine Ein-Kind-Politik wie in China hinzukommt, wachsen diese „kleinen Kaiser" auf, die von den Eltern vor allem ge- und beschützt werden. Der Begriff „Helikoptereltern" beschreibt Eltern, die ständig über ihrer Brut

„fliegen" und sie nicht aus den Augen lassen. Das führt dazu, dass Kinder nicht mehr allein in den Hinterhof oder Park zum Spielen gelassen werden, nicht mehr allein zur Schule gehen dürfen, sondern von Erwachsenen begleitet oder mit dem Auto gebracht werden. Selbst von Eltern wird berichtet, die bei Lehrern gegen schlechte Noten protestieren und sogar Professoren von Universitäten und Manager kennen Eltern, die wegen der Noten oder des schlechten Feedbacks beim jährlichen Mitarbeitergespräch vorsprechen und für eine Gehaltserhöhung intervenieren.

Kinder lernen somit nicht mehr, mit Konflikten oder kritischen Situationen umzugehen, und können die dafür notwendigen sozialen Umgangsformen und Lösungsmechanismen nicht erwerben. Es sind stattdessen die Eltern, die ihnen Hindernisse aus dem Weg räumen, den Konflikt bereinigen und sie vor einem Misserfolg bewahren.

Die Gefahr ist dabei eine mehrfache: Auf der einen Seite werden kontroverse Meinungen und Standpunkte nicht mehr zugelassen – und Vertreter dieser Meinungen automatisch als Feind betrachtet. Damit gibt es auch keine Auseinandersetzung mit anderen Meinungen und keine Reflexion über die Gültigkeit oder Unzulänglichkeit der eigenen Meinung. Auf der anderen Seite entwickelt man nur eine unzureichende Diskussionsfähigkeit, weil man sich praktisch nie mit anderen, der eigenen Meinung entgegengesetzten Argumenten und Sichtweisen in einer zivilisierten und von Respekt geprägten Form auseinandersetzt.

In vielen Disziplinen ist das problematisch. Auseinandersetzungen zu gesellschaftlichen, politischen, wissenschaftlichen oder kulturellen Themen finden somit nur in einer beschränkten Form mit vermeintlich gesellschaftlich „korrekten" oder „akzeptierten" Meinungen statt. Und damit sind nicht die schon erwähnten Diskussionen zu Zombie-Fragen gemeint, die wir wohlbemerkt wirklich ignorieren können.

Das führt so weit, dass man die andere Meinung und Herangehensweise nicht nur nicht gelten lässt, sondern die eigene über alles andere stellt. Und das kennen wir aus der Vergangenheit, in der die eigene Kultur, Rasse und Bevölkerung als anderen gegenüber überlegen betrachtet wurde. Die Art und Weise, wie diese Überheblichkeit heute vorgebracht wird, ist nicht unbedingt subtil, wie ein *Spiegel*-Beitrag zu Tesla und dem unterschiedlichen Verständnis der Unternehmens- und Arbeitskultur zeigt. Dort wird in vielen Worten die amerikanische Firmenkultur im Allgemeinen und die von Tesla im Speziellen als wahnsinnig bezeichnet, während die deutsche in rosigen Bildern als sinngemäß „gerechter" beschrieben wird. Der Artikel erklärt aber nicht, warum es doch so viele Deutsche zu diesem amerikanischen Konzern drängt.[42] Das ist das Ergebnis, wenn alternative Herangehensweisen und die andere Kultur ohne Hinterfragung und Erfahrung als der eigenen unterlegen betrachtet wird.

Vielleicht hat diese Tendenz, die Chris Rock oder Jerry Seinfeld in den USA bemerken, auch bei uns Einzug gehalten und ist ein Grund dafür, dass die bereits besprochene Kultur des Studentenstreichs ausgestorben scheint. Oder vielleicht ist das der erste Schritt, unangenehme Tatsachen zu verbergen und alle glauben zu machen, es wäre alles gut. Das führt uns zum nächsten Thema: dem Einlullen.

Ambitioniertes Einlullen

Intelligenz ohne Ambition ist ein Vogel ohne Flügel.

Salvadore Dali

Die Straßen waren leer, die Arbeit ruhte und die Menschen waren in den Synagogen, um Jom Kippur, den höchsten jüdischen Feiertag, zu begehen, als Unruhe unter der Gläubigen entstand. Soldaten mit Einrückungsbefehlen liefen durch die Reihen der Versammelten, um die Reservisten zur sofortigen Meldung bei den Mobilmachungsdepots abzukommandieren. Innerhalb weniger Stunden waren Zigtausende Israelis von einem Versöhnungsfest in den Krieg gewechselt.

Israelische Freunde berichteten mir von den Erzählungen ihrer Eltern, wie existenzgefährlich der Jom-Kippur-Krieg gewesen war, der am 6. Oktober 1973 von den syrischen und ägyptischen Armeen in einem koordinierten Angriff begonnen wurde. Im Gegensatz zum Sechstagekrieg im Jahr 1967, den die israelischen Verteidigungskräfte gegen schlecht ausgebildete und wenig motivierte syrische, jordanische und ägyptische Truppen gewannen und durch den sie feindliches Staatsgebiet besetzten, war die Situation sechs Jahre später eine andere.

Hatte man im Jahr 1967 noch mit der eigenen Luftwaffe einen großen Teil der feindlichen Luftstreitkräfte vernichtet und die Lufthoheit als effektiven Schutzschirm über den eigenen Bodentruppen behaupten können, kamen nun Luftabwehrraketen aus sowjetischer Produktion bei den Syrern und Ägyptern zum Einsatz, die die Wirksamkeit der israelischen Kampfflugzeuge empfindlich verringerte. Auch waren die Angreifer wesentlich besser ausgerüstet und um einiges besser geschult und motiviert als im Sechstagekrieg. Die Lage war so ernst, dass das israelische Kabinett um die Ministerpräsidentin Golda Meir am 8. Oktober sogar die Scharfmachung von 13 Atombomben und deren Vorbereitung auf Raketen befahl, da die Möglichkeit einer militärischen Niederlage im Raum stand.

Der Überraschungsangriff an Jom Kippur ging letztendlich vor allem deshalb halbwegs glimpflich für Israel aus, weil die Mobilmachung und die Truppenbewegungen wegen der am Feiertag leeren Straßen und die Einberufung einer großen Zahl von Reservisten, die sich in den Synagogen – also an leicht zugänglichen und auffindbaren Orten – befanden, rasch erfolgen konnten.

Es geht in dieser Geschichte allerdings nicht um die Heldentaten von Armeen und die großartigen Taktiken und Strategien der Generäle und Politiker. Wir wollen den Fokus auf ein paar offensichtliche Fehler richten. Der eine war der Irrglaube der eigenen militärischen Unverwundbarkeit und Überlegenheit, vor allem nach den Erfolgen im Sechstagekrieg. Der andere war die Missachtung deutlicher Signale zu Truppenaufmärschen in Grenznähe durch den Geheimdienst und das Kabinett. Zwar hatte der jordanische König Hussein Tage zuvor bei einem Besuch in Tel Aviv Golda Meir vor einem bevorstehenden Angriff gewarnt, doch auch Eli Zeira, Chef der israelischen

Aufklärung, maß der Warnung Husseins und der seiner eigenen Spezialisten keine Bedeutung zu.[43] Er hatte sogar eine Doktrin entwickelt, die mit den Signalen und Warnungen nichts anfangen konnte, weil sie diametral dem eigenen Wunschdenken entgegenstanden:[44]

> [Zeira] war einer der Architekten dessen, was als „das Konzept" bekannt war. Einfach ausgedrückt legte das Konzept zunächst fest, dass die Araber nicht vorbereitet waren auf einen totalen Krieg mit Israel. Obwohl sie die Fähigkeit besaßen, einen begrenzten Krieg zu führen, wussten sie genau, dass Israel sich nicht an die Spielregeln halten würde und dass ein begrenzter Krieg schnell zu einem allgemeinen Krieg eskalieren würde. Zweitens sah das Konzept von Zeira vor, dass, wenn es einen Krieg geben sollte, dieser kurz sein sollte. Die dritte Annahme war, dass in einem allgemeinen Krieg die Araber schnell besiegt werden würden.

Aus solchen Doktrinen, die die eigene Unbezwingbarkeit und moralische Überlegenheit festschrieben, wurden manchmal Legenden. Aber fast immer führten sie zur Niederlage oder zum Untergang der eigenen Organisation oder des eigenen Landes. Wer keine Stadtmauern braucht und die Körper der Soldaten von Sparta als die „Stadtmauern" beschreibt, braucht sich nicht wundern, wenn irgendwann einmal ein Gegner diese überwältigt. Wer mit viel Geld eine starre Verteidigungslinie, in die die Lehren aus dem vergangenen Stellungskrieg eingeflossen sind, errichtet, und meint, das sei alles, was benötigt werde, braucht sich nicht wundern, wenn der Gegner mit der neuen Taktik eines Bewegungskriegs kommt und die alte Doktrin hinwegfegt.

Ein ehemaliger Chef eines großen Softwarekonzerns, der extrem stolz auf die eigene Strategie zu Mobiltelefonen war und sich über den neuen Wettbewerber mit einer ganz neuen Herangehensweise lustig machte, versteht sich heute, mehr als ein Jahrzehnt später, wo sein

Unternehmen nicht mehr am Futtertrog der Smartphoneindustrie sitzt, in seinen damaligen Aussagen missverstanden.[45] Das Management eines Herstellers von Sofortbildkameras war sich seiner Innovationskraft und den mehreren 100 Millionen Dollar schweren Forschungsprojekten so sicher, dass sie selbst nach zahllosen vergeblichen und teuren Projekten an ihrer Strategie festhielten, bis das Unternehmen Konkurs anmelden musste.[46]

Solche Beispiele ziehen sich durch Jahrtausende der Militärgeschichte und Unternehmenshistorie. Die Betonung der eigenen Stärken bei gleichzeitiger Hervorhebung der Schwächen der Gegner und Mitbewerber wiegen eine Organisation in falsche Sicherheit. Die wahrgenommenen Schwächen des neuen Gegners in Bereichen, in denen man selbst Stärken hat, verstellen den Blick auf geänderte Rahmenbedingungen und neue Gebiete, in denen man sich nicht auskennt und dessen Bedeutung man deswegen nicht erkennt.

Hier sind Beispiele aus jüngster Zeit, die mit dem wichtigsten deutschen Industriezweig und der Quelle großen Stolzes für das Land zu tun haben: der Automobilindustrie. Nicht nur wurde in Deutschland das Auto erfunden und von Bertha Benz – einer Frau nebenbei bemerkt – so richtig in Schwung gebracht, deutsche Automobilhersteller sind der Primus unter den internationalen Autobauern. Wie wir wissen, ist die Automobilwelt im Umbruch. Selbstfahrende Autos, Elektroantrieb, Sharingsysteme und Connectivity nehmen traditionelle Autos von mehreren Seiten in die Zange. Zum ersten Mal seit der Erfindung des Automobils vor mehr als 130 Jahren ist ein Wandel im Gange, der die Unternehmen, die Manager und Ingenieure vor große Herausforderungen stellt. Der Übergang geschieht von einer vorwiegend mechanischen, dinglichen zu einer überwiegend digitalen, nichtdinglichen Maschine. Und damit kämpfen die Unternehmen, die sich vor allem mit der mechanischen, dinglichen Phase auskennen. Die Schwächen, die man beim kalifornischen Neueinsteiger Tesla sofort erkennt, sind diejenigen, die man selbst meistert. Verarbeitungsqualität, Spaltmaße, Massenproduktion. Bei den digitalen Komponenten, also Elektronik und Software, kennt man sich nicht so gut aus. Also spielt man sie herunter, weil man deren Bedeutung gar nicht erkennt.

Erschwerend kommt hinzu, dass man sich dieser Schwächen gar nicht bewusst ist, sondern meint, die eigenen Konzepte wären besser, lägen bereits in der Schublade und ein initialer Rückstand sei relativ einfach aufzuholen, „wenn man nur wolle" und „so richtig loslege". Hier sind drei Beispiele, wie die Industrievertreter mir gegenüber ihre Einschätzungen vertraten.

Szene 1: Die Vorstände und Geschäftsführer mehrerer bayerischer Betriebe sind eine Woche im Silicon Valley unterwegs und ich treffe sie am Abend nach einem für sie bereits voll ausgefüllten Besuchstag, der viele Eindrücke hinterließ. Mein Vortrag ist nach dem Hauptgang angesetzt und ich kann vorher noch mit meinen Tischnachbarn plaudern. Ein Vertreter der bayerischen Handelskammer schildert seine Eindrücke zu den automobilen Trends und versichert mir, dass die bayerischen Automobilfirmen „sehr gut aufgestellt" seien. Als ich mit meinem Vortrag beginne und mit Videos die Aktivitäten von Startups und Internet-Giganten zum autonomen Fahren erläutere, die Datensammlungsaktivitäten und bereits ausgelieferten digitalen Funktionen von Tesla-Fahrzeugen demonstriere sowie die Prognosen beim elektrischen und autonomen Fahren bespreche, versinkt er in seinem Sitz.

Szene 2: Ein anderes Bundesland ist ebenfalls auf Erkundungsmission im Silicon Valley, diesmal das schöne Rheinland-Pfalz unter Führung des Vizeministerpräsidenten. Beim Abendessen vertieft man sich ins Gespräch. Unweigerlich kommt man auf das „Feindbild Nummer 1" zu sprechen: Tesla. „Tesla geht ohnehin bald pleite", ist die einhellige Meinung der Teilnehmer.

Szene 3: Wochen nach einem Vortrag über die Automobilindustrie bei einem deutschen Automobilhersteller telefoniere ich mit einem der Manager. Er fragt mich, ob ich wisse, welche drei meiner Aussagen in der Kaffeepause – lange nachdem ich die Veranstaltung schon wieder verlassen hatte – am intensivsten von den Managern diskutiert worden waren. Ich muss verneinen. Er zählt sie mir auf:

1. Der Albtraum Tesla wird nicht pleitegehen (ich hatte dazu eine Reihe von Gründen angeführt).

2. A-Player spielen mit A-Playern (das Unternehmen, das als A-Player beim Automobilbau gilt, aber weit davon entfernt ist, in der Softwareentwicklung in der Top-Liga zu spielen, hatte sich erst mit einem anderen Hersteller aus der Automobilbranche zusammengeschlossen, um Software zu machen, anstelle sich mit den besten Softwareunternehmen in der Liga zusammenzutun).

3. Nicht das eigene Unternehmen wird jemanden kaufen (und damit die Technologielücke schließen), sondern es wird froh sein müssen, wenn es gekauft wird (beispielsweise von einem der finanzstarken und im Softwarebereich führenden Unternehmen aus dem Silicon Valley oder China).

Mich überraschte vor allem der erste Punkt. Zu einem Zeitpunkt, als Tesla an der Börse bereits mehr wert war als alle drei deutschen Automobilhersteller zusammen, klammern sich die Unternehmen weiterhin an die Hoffnung, dass der unangenehme Mitbewerber bald untergehen werde. Im gleichen Atemzug schwang die Hoffnung mit, dass sich damit bald alles wieder „normalisieren" würde und man sich wieder auf den „guten alten Verbrennungsmotor" konzentrieren könne.

Dieses Einlullen geschieht in vielen Industrien, in denen die deutschsprachigen Länder stark sind. Fatal wird das in denjenigen Wirtschaftszweigen, in denen man global eine Vorreiterstellung hat und sich gut gerüstet sieht. Doch selbst in Technologiezweigen, in denen wir offensichtlich hinterherhinken, rechnen und reden wir uns vieles schön. Der deutsche KI-Forscher Richard Socher, der bei Salesforce in San Francisco arbeitete und nun sein eigenes KI-Start-up gegründet hat, versetzte dieser Meinung schon einen Dämpfer.[47] Es ist schon richtig, dass sich beispielsweise mit Sepp Hochreiter und Jürgen Schmidhuber zwei Deutsche mit dem neuronalen Langzeitspeicher (LSTM) ein wesentliches Konzept des Maschinenlernens in der künstlichen Intelligenz geschaffen haben, aber ohne Big Data, Rechenleistung und Forschungsausgaben konzentrieren sich 80 Prozent der KI-Forschung und Anwendungsentwicklung aktuell auf die USA und China und die dortigen finanzstarken Technologieunternehmen und Universitäten.

Das oft unbewusste Einlullen der eigenen Mitarbeiter, Unternehmen und Branchen zum tatsächlichen Stand der Technologie und wer die Top-Unternehmen sind, lässt das Erwachen sehr unangenehm werden. Um das zu vermeiden, ist neben gebührender Demut auch immer ein Blick über den Tellerrand notwendig. Es gilt bei digitalen Technologien nicht nur, die Forschung im eigenen oder benachbarten Land zu beobachten, sondern vor allem in Ländern mit finanzkräftigen Digitalunternehmen. Und das nicht nur in der eigenen Branche, sondern in angrenzenden oder sogar entfernten Industrien. Disruptionen tendieren dazu, unverhofft von Außenseitern vorangetrieben zu werden – und einen kalt zu erwischen.

Es genügt nicht, gelegentlich einen Beitrag in der *Frankfurter Allgemeinen Zeitung* oder auf *Spiegel Online* zu lesen, sondern man muss zu den Quellen gehen, also selbst wissenschaftliche Veröffentlichungen im Auge behalten und Konferenzen und die Unternehmen vor Ort besuchen, und das auch in der Originalsprache. Das ist mit Englisch weniger das Problem, aber auf Chinesisch für uns sehr wohl. Wir dürfen das nicht unterschätzen. So übersetzen chinesische Forscher Studien und Vorträge aus dem Englischen ins Chinesische und diese Übersetzungen zirkulieren, während nur ein Bruchteil der veröffentlichten Forschungsergebnisse aus dem Chinesischen den Weg in eine andere Sprache findet.[48]

Was wir brauchen, ist weniger Einlullen und etwas mehr Paranoia. Nicht die krankhafte Form, die uns so paralysiert, dass sie alles zerstört, was wir eigentlich zu beschützen und erhalten versuchen, sondern eine gesündere Form. Der aus Ungarn stammende und bereits verstorbene Mitgründer von Intel, Andy Grove, beschrieb diese in seinem Bestseller „Nur die Paranoiden überleben: Strategische Wendepunkte vorzeitig erkennen" aus dem Jahr 1996. Der Albtraum eines jeden Firmenchefs ist ein abrupter Wechsel im Wirtschafts- und Technologieumfeld, den man nicht vorhergesehen hat. Wie kann man diese Änderungen frühzeitiger erkennen, messen und deren Bedeutung bewerten und welche Maßnahmen muss man setzen, um sich anzupassen und nicht unterzugehen? Ein kleiner Hinweis: Etwas als Hype oder vorübergehenden Schwachsinn zu bezeichnen oder die Charaktereigenschaften eines Firmengründers in Zweifel zu ziehen, ist nicht zielführend. Denn das wiegt uns in falsche Sicherheit. Man macht sich angreifbar, weil man die Neuerungen und die neuen Mitbewerber nicht ernst nimmt. Wer Elon Musk als unseriös einstuft, weil er einmal in einem Podcast mit Joe Rogan einen Joint geraucht hat, kann sich da schon an die Nase fassen.

Verlieren wir Fähigkeiten mit jeder neuen Technologie?

Vor einigen Jahren machte eine in mehrfacher Sicht berührende Geschichte die Runde. Eine Gruppe Hamburger Senioren trifft sich allwöchentlich, um Briefe, Schriftstücke und Dokumente aus der Sütterlin- in die lateinische Schrift zu übertragen.[49] Sütterlin war eine von Preußen im Jahr 1911 in Auftrag gegebene und im Jahr 1915 im Schulunterricht eingeführte Schrift, die bis zum Jahr 1941 unterrichtet wurde und die Kurrentschrift abgelöst hatte. Das Problem, das die Rentner lösten, war die Entzifferung der für viele heute nicht mehr lesbaren Schrift und die Transkription in eine moderne lesbare Schreibweise. Auf diese Weise konnten Forscher, Studenten und Privatpersonen wieder historische Dokumente lesen.

Wer Sütterlin beherrscht, kann dieses Wissen leicht auf andere nicht mehr gebräuchliche Schriften wie die Kurrent- oder die Kanzleischrift anwenden und diese lesen. Das älteste Dokument, das die Hamburger Seniorengruppe von Sütterlinspezialisten übersetzte, war eine Vermögensaufstellung aus dem Jahr 1550. Andere Texte waren weniger leicht zu verdauen – wie die Briefe eines Propaganda-Offiziers der Nationalsozialisten, die sein Sohn aus den USA an die Senioren-gruppe geschickt hatte.

Bedauern wir, dass wir heute nicht mehr Sütterlin lesen und schreiben können? Oder Kurrentschrift? Oder dass wir stocken, wenn wir ein Buch in Frakturschrift in der Hand halten? Die meisten werden es wohl verneinen, aber einige bedauern es. Wir würden Fähigkeiten verlieren und damit ärmer werden in unserem Können. Selbst die härtesten Verfechter werden es wohl nicht bedauern, dass die Keilschrift auf Lehmtafeln nicht mehr beherrscht wird. Auch damals beherrschten sie nur die professionellen Schreiber. Das Volk war des Lesens und Schreibens nicht kundig.

Die Stenografie blickt auf eine lange Geschichte zurück. Sie lässt sich auf den römischen Staatsmann Cicero im alten Rom zurückfüh-ren, der diese Schrift für die Erfassung von Reden entwickeln ließ. Abgewandelte Formen waren bis in die zweite Hälfte des 20. Jahr-hunderts in den Büros beim Diktat oder im Parlament gebräuchlich. Dann wurde sie durch Maschinenstenografie ersetzt. Heute haben wir ganz andere Aufzeichnungsgeräte, die gleich die automatisierte Spracherkennung erlauben.

Wir könnten eine Reihe weiterer Fähigkeiten aufzählen, die dank neuer Technologien obsolet geworden sind. Wer kann noch die Telefon-nummern all seiner Freunde oder Verwandten auswendig aufsagen? Wer noch einen Stadtplan lesen? Wer noch ein Pferd satteln und zäumen?

Haben wir damit Fähigkeiten verloren und sind wir moderne Men-schen damit weniger intelligent und überlebensfähig als unsere Vor-fahren? Der amerikanische Evolutionsbiologe Jared Diamond stellte die These auf, dass die Menschen vor 10.000 Jahren einen höheren Intelligenzquotienten gehabt haben mussten, weil sie alles selbst machen mussten: jagen, eine Unterkunft bauen, Tiere häuten und das Fleisch zerlegen, Feuer machen, Kräuter erkennen und sammeln oder einen Pfeil abfeuern und einen Speer werfen. Nur, wenn das so wäre, dann setzen wir doch einen unserer Vorfahren in ein Auto oder in ein modernes Firmenbüro und schauen einmal, wie gut er das Auto steuern oder in den Untiefen der Firmenpolitik navigieren kann.

Wir verlieren nicht Fähigkeiten, wir lernen sie nicht. Das heißt nicht, dass diese Fähigkeiten verloren sind. Wir können sie wieder lernen, wir haben die Anleitungen dazu. Nur, um in der Zeit zu funktionieren, in der wir uns befinden, sind dank der von uns geschaffenen Technologien andere Fähigkeiten wichtiger geworden. Feuer müssen wir nicht mehr durch das Schlagen von Feuersteinen entfachen, sondern wir nehmen ein Streichholz dazu oder ein Feuerzeug. Stenografieren müssen wir nicht mehr, da die Spracherkennung automatisch für uns transkribiert und wir uns anderen Aufgaben zuwenden können.

Doch immer wieder wird neuere Technologie unterstellt, dass sie zum Untergang der Zivilisation beiträgt und wegen ihr wichtige Fähigkeiten verschwinden. Eine Reportage aus der *Los Angeles Daily News* aus dem Jahr 1990 berichtet vom 13-jährigen Brian, der der Journalistin erklärt, wie er sein Hotdog in ein Brot klemmt, in ein Tuch einwickelt und dann in der Mikrowelle erhitzt. Der Zeitungsartikel beklagt daraufhin, dass die heutige Jugend sich Essenszubereitung ohne Mikrowelle nicht mehr vorstellen kann und damit wichtige Fähigkeiten wie beispielsweise die Zubereitung eines Hotdogs auf einem Grill verloren gingen. Abgesehen davon, dass man einen 13-Jährigen vielleicht gar nicht unbeaufsichtigt an einem Grill hantieren lassen möchte, erledigt die Mikrowelle doch genau die Aufgabe, die sie soll: Das Essen wurde erwärmt. Wo ist das Problem?

Doch die Klagen gehen weiter. Klettverschlüsse würden das Lernen des Bindens von Schnürsenkeln verhindern. Die Handschrift würde verloren gehen, weil man keine Telefonnotizen mehr machen müsse, da der Anrufbeantworter die Sprachnachricht aufnimmt. Und durch die Eisenbahn verlernten wir den Gebrauch unserer Beine. Die Liste an Klagen und Warnungen ließe sich beliebig fortsetzen.

Wir verlieren keine Fähigkeiten. Unsere Fähigkeiten verändern sich mit den Technologien. Auch können wir mehr mit weniger erreichen, damit ist der Vorwurf, neue Technologien machen uns fauler, entkräftet. Weil die Bauern nun einen Stiel an der Sichel hatten, konnten sie doppelt so schnell ein Feld abernten und dabei den Rücken schonen.

Sind sie damit fauler geworden? Haben sie damit die Fähigkeit verloren, eine Sichel zu schwingen? Wohl kaum.

Es gibt allerdings doch einige Fähigkeiten, die wir verloren haben, diese aber weniger, weil neue Technologie sie ersetzten, sondern weil es politische und soziale Umbrüche gegeben hatte, sodass das Wissen darüber verloren ging. So wissen wir heute nicht mehr genau, wie der berühmte, schon vor 2.000 Jahren bekannte Damaszener Stahl mit seinem charakteristischen Wellenmuster auf einer Messerklinge und seiner Qualität hergestellt wurde. Eine Anleitung hatte niemand niedergeschrieben, weder in Keilschrift noch in Sütterlin. Die einzige Angst, die wir aus diesem Grund haben sollten, ist die, dass wir Fähigkeiten und Technologien nicht ausreichend für die Nachwelt dokumentieren.

Ethikdiskussionen

Das Land der Dichter und Denker und generell Europa kann stolz auf die Diskurse sein, die uns spätestens mit der Aufklärung beginnend und dem Aufkommen der Wissenschaften formale Ansätze und Werkzeuge gab, wie wir uns selbst und die Welt, in der wir leben, betrachten. Beginnend mit den griechischen Philosophen finden wir mit Kant, Nietzsche, Voltaire, Schopenhauer, Wittgenstein, Heidegger, Adorno, Popper, Habermas oder Sloterdijk eine ungebrochene Fortsetzung dieser Entwicklung.

Je mehr der Eindruck entsteht, dass immer mehr neue Technologien und Änderungen unser Leben beeinflussen und je mehr diese Technologien eine gewisse Autonomie zeigen, desto kontroverser wird über die ethischen Konsequenzen debattiert. Der wenig überraschende Fokus liegt dabei auf den Problemen, die solche Änderungen mit sich bringen. Vor allem erleben sie eine neue Dringlichkeit, da wir nun von immer mehr Technologien umgeben sind, die selbstständig Entscheidungen treffen können: der Airbag, der entscheidet, wann er sich auslöst. Der Dialyseapparat, der für uns das Blut filtert und entscheidet, wann es fertig ist. Die Ampelsteuerung, die auf den Verkehrsfluss reagiert. All das sind Entscheidungen, die wir heute schon an Maschinen abgegeben haben und die bei fehlerhaft funktionierender Technologie zu Schäden und Beeinträchtigungen, ja, sogar zum Tod führen können.

Dabei sind Schäden oder Beeinträchtigungen nicht immer etwas Negatives. Überwachung beispielsweise schränkt zwar die Privatsphäre ein, aber das größere Ziel könnte Sicherheit für alle sein, vorausgesetzt, die Eingriffe in die Privatsphäre stehen in einem Verhältnis zur erreichten Sicherheit. Die Sicherheitskontrollen an den Flughäfen beeinträchtigen uns sicherlich durch den Aufwand, den wir damit haben, andererseits ist es in unserem eigenen Interesse, dass keine Bombe oder ein Terrorist mit einer Waffe an Bord gelangt und uns alle gefährdet. Tatsächlich nehmen wir mit mehr oder weniger Zähneknirschen Beeinträchtigungen in Kauf, wenn sie dem allgemeinen Wohl dienen.

Ausgangssperren während einer Pandemie haben dramatische Auswirkungen auf unsere Bewegungsfreiheit, die Möglichkeit, einem Beruf nachzugehen und den Lebensunterhalt zu verdienen, und auf unsere psychische Gesundheit, wenn wir unser soziales Leben einschränken müssen. Die Alternative ist aber schlimmer: Wir oder unsere Liebsten könnten an der Seuche erkranken und sterben.

In diesen Beispielen entspricht der Schaden oder die Beeinträchtigung mehr einem „Kompromiss". Wirklicher Schaden tritt aber bei einem Flugzeugabsturz auf – und von denen gab es eine ganze Menge, auch schon, bevor es Menschen gelungen war, sich in die Lüfte zu erheben. Viele Flugpioniere verstarben mit ihren unausgereiften Flugvehikeln wie beispielsweise Otto Lilienthal. Und selbst als Flugzeuge schon lange ein (fast) alltägliches Reisemittel waren, fielen diese immer wieder vom Himmel – mit oft Hunderten Toten. Das nahm man in Kauf. Doch jede neue Absturzursache war Anlass, das Fliegen noch sicherer zu machen, mit dem Ergebnis, dass heute im Linienverkehr Abstürze zu etwas Ungewöhnlichem geworden sind.

Auch Medikamente und Impfstoffe können nicht entwickelt werden, ohne (kontrolliert) Schaden anzurichten. Zu komplex ist die

Funktionsweise des menschlichen Körpers, sodass unerwartete Nebenwirkungen mit hohem Schadenspotenzial auftreten können. Deshalb dauert es so lange, bis ein neuer Wirkstoff für den Gebrauch zugelassen wird, und selbst nach einer Zulassung können manche Effekte erst Jahre später sichtbar werden. Das wird und soll uns allerdings nicht vor der Entwicklung und Einführung neuer Medikamente abhalten.

Leider wird die Ethikdiskussion um Technologie zu sehr nach dem Vorbeugeprinzip geführt. Sie konzentriert sich auf die Gefahren neuer Technologien, ohne die positiven Auswirkungen und die Motivation, die überhaupt zur Entwicklung dieser Technologien geführt haben, ausreichend zu berücksichtigen. Gleichzeitig erwarten die Menschen, dass die Technik bei ethischen Entscheidungen perfekter ist, als sie es selbst jemals sein werden. Eigentlich aber wollen wir den Menschen immer im Loop haben, der Mensch soll also das letzte Wort haben. Doch auch diese Sichtweise hat seine Schwächen.

Man erinnere sich an den Germanwings-Flug 9525. Der Kopilot Andreas Lubitz ließ den Flieger absichtlich in den Bergen zerschellen und tötete damit 150 Menschen. Er programmierte das Flugzeug auf eine Höhe, auf der es unweigerlich mit den Bergen kollidieren musste, und ignorierte die Warnungen des Systems. Hier hätte eine ethische Technologie den Menschen ganz klar überstimmen müssen. Doch so war das System nicht programmiert. Wir betrachten Technologie-Ethik heute vorwiegend aus der Sicht, was die Maschine falsch machen könnte und welche ethisch „richtigen" Entscheidungen getroffen werden sollten – an sich schon eine in vielen Fällen gar nicht so einfache oder sogar unlösbare Aufgabe. Wir betrachten sie aber kaum aus der Perspektive, dass eine ethische Technologie uns von unethischem Handeln abhält.

Oder nehmen wir die Ethikdiskussionen um autonome Autos. Absolute Sicherheit kann nicht erwartet und absolute Schadensfreiheit niemals garantiert werden. Es wird immer eine Restwahrscheinlichkeit – wie gering auch immer – geben, dass es zu einem Versagen der Technologie und damit einem Schaden kommt. Die Frage ist, wie viel wir tolerieren wollen. Hätten wir darauf gewartet, Flugzeuge erst dann für die Allgemeinheit freizugeben, wenn sie so perfekt gewesen wären wie heute, hätten wir sie immer noch nicht. Der Grund, warum sie heute so sicher sind, hat mit ihrer „blutigen" Geschichte zu tun. Jeder Unfall war ein Schritt, der uns ein weiteres neues, unbekanntes Problem aufzeigte und uns erlaubte, eine weitere Verbesserung einzuführen.

Schiffe, mit denen sich Menschen seit Jahrtausenden über Wasserflächen bewegen, sinken auch heute noch – allerdings viel seltener als vor 100 oder 1.000 Jahren. Aber hält uns das davon ab, auf Kreuzfahrten zu gehen, Fähren zu benutzen, ein Wochenende mit dem Tretboot am Badeteich zu verbringen oder gar Güter mit Containerschiffen um die ganze Welt zu transportieren?

Ähnlich sollten wir mit neuen Technologien umgehen, unter Berücksichtigung aller Sicherheitsbedenken, aber nicht in der Erwartung, wir könnten eine 100-prozentige Sicherheit von Beginn an einfordern. Je länger wir nämlich eine vielversprechende und Schaden minimierende Technologie nicht einführen, desto mehr machen wir uns schuldig, dass mit einer veralteten Technologie Menschen heute sterben. Autonome Autos, die sicherer fahren und denen wir die Betriebszulassung verweigern, weil wir unrealistisch hohe Sicherheitsanforderungen stellen, erlauben es aktuell, dass Menschen durch betrunkene, müde, unaufmerksame, abgelenkte, unfähige oder zornige Fahrer zu Schaden kommen.

Wir könnten einen Impfstoff noch weiter testen, bis wir statt zehn Impfgeschädigten pro Million Geimpfter nur mehr fünf oder einen haben, während gleichzeitig Hunderte Menschen täglich an einer Seuche oder Krankheit sterben.

Welchen Schaden oder welche Beeinträchtigung wir akzeptieren, um einen bestimmten Vorteil durch eine neue Technologie zu erhalten, müssen wir als Gesellschaft in informierter Weise abwägen. Das soll uns aber nicht lähmen. Wenn wir erkennen und akzeptieren, dass unser Leben nicht von der Wiege bis zur Bahre absolut versicherbar ist, fällt uns eine solche Entscheidung leichter. Und sie verhindert, dass wir uns immer wieder zu einem „blame-game" verleiten lassen, also der Suche nach Schuldigen statt nach Technologieverbesserung aufgrund dieser Erkenntnisse.

Institutionen

Europa ist heute eine regulatorische Supermacht, aber wie Gesellschaften und Leben organisiert werden, beeinflusst es nicht mehr durch aus diesem Kontinent hervorgegangene Unternehmen, wie beispielsweise Amerika mit Google oder Facebook vormacht.

Die Ängste und das Verhalten Einzelner können in der Masse massive Auswirkungen haben. Eine motivierte Gruppe an Extremisten kann mit Flugzeugen in Wolkenkratzer fliegen, eine fröhliche Nation eine tolle Fußballweltmeisterschaft abhalten und andere Länder positive Aspekte des Veranstalterlandes entdecken lassen. So wie Einzelne von Ängsten und Verhaltensweisen beeinflusst werden, geschieht das auch mit Institutionen. Wie Länder, Unternehmen, Vereine oder Institutionen aufgestellt sind, zementieren oder gestalten diese oft noch in Regeln, Traditionen, Protokollen, Gesetzen, Hierarchien oder einer Kultur. In diesem Kapitel werfen wir einen genaueren Blick darauf, wie Future Angst von Institutionen propagiert wird.

Von Zünften, Spezialisten und verrückten Hobbys

Zwischen den Jahren 1629 und 1631 war Italien im Griff einer Seuche, die eine Million Menschen – ein Viertel der damaligen Bevölkerung – das Leben kosten sollte. Die Beulenpest, die in Mailand ihren Ausgang genommen hatte, brachte den Infizierten zuerst grippeartige Symptome mit Fieber, Kopfschmerzen und Erbrechen. Einige Tage nach der Ansteckung schwollen die Lymphknoten an und es entstanden Beulen, die dann mit Eitererguss aufbrachen. Selbst heute können nur Antibiotika helfen und es gibt nach wie vor keinen vorbeugenden Impfstoff dafür. Die Beulenpest endet für 30 bis 90 Prozent der Infizierten tödlich. Auch in Venedig wurde ein Drittel der Einwohner dahingerafft. Es verwundert daher nicht, dass mit all dem Leid und Sterben die Lebenden sich in Weltuntergangsstimmung befanden. Musik war eine der wenigen Arten, Zuflucht und Trost zu finden. Und gerade Venedig besaß einen musikalischen Schatz, der aus einem Waisenhaus hervorgegangen war. Bei den Gottesdiensten von vier zusammengehörenden Sozialeinrichtungen, die als „Ospedali" bekannt waren, spielten die „Figlie del coro", ein Orchester- und Musikensemble, das sich aus Mädchen und Frauen zusammensetzte, die als Waisen aufgenommen oder von ihren Eltern in die Obhut der Ospedali gegeben worden waren. An die Aufnahme der Mädchen (und Knaben) waren keinerlei Bedingungen oder Fragen geknüpft.

Die Figlie del coro spielten bei den Gottesdiensten und es war nicht zulässig, den auf der Galerie spielenden Musikerinnen nach Ende des Auftritts zu applaudieren. Stattdessen hustete das Publikum, raschelte mit der Kleidung, schabte mit den Füßen am Boden und blies sich lautstark die Nasen, um ihrer Bewunderung Ausdruck zu vermitteln. Im Würgegriff der Beulenpest hatten die Menschen Abwechslung bitter nötig und die Besucherzahlen bei den Messen stiegen an, wann immer die Figlie del coro als Musikbegleitung angekündigt waren. Deren Popularität spiegelte sich im Klingelbeutel wider, der zur Freude der Geistlichkeit vor Spenden überquoll.

Die Musikerinnen erlangten einen Ruf, der weit über Venedig hinausging. Der Genfer Schriftsteller und Komponist Jean-Jacques Rousseau, die damalige englische Korrespondentin Louise Miller oder der österreichische Kaiser kamen, um Konzerten der Figlie beizuwohnen. Antonio Vivaldi war fast 40 Jahre lang für Kompositionen für die Mädchen zuständig. Ein französischer Besucher der Konzerte berichtete im Jahr 1765, dass die Zuhörermassen so zahlreich waren, dass die Menschen außen an den Fenstern der überfüllten

Kirchen hingen und Gondeln voll mit Musikliebhabern vor der Kirche angeleint waren.[50]

Was den prominenten Besuchern auffiel, war, wie oft die Musikerinnen die Instrumente wechselten. So wohnte der englische Komponist und Musikhistoriker Charles Burney, der ein umfassendes Werk zur Geschichte der Musik schreiben sollte, einem zweistündigen Privatkonzert der Figlie bei. Er notierte in seinen Aufzeichnungen:[51]

> Es war wirklich merkwürdig, jeden Teil dieses ausgezeichneten Konzerts zu sehen und zu hören, dass von weiblichen [Musikerinnen] Violinen, Hautbois [Oboen], Tenor, Bases, Cembali, Waldhörner und sogar Doppelbases gespielt wurde. [Erstaunlich ist vor allem,] dass diese jungen Leute häufig die Instrumente wechseln.

Es war damals wie auch heute unüblich, dass Musiker (und Musikerinnen) mehrere Instrumente in gleicher Perfektion beherrschten. Und doch gelangten die Figlie del coro gerade damit zu ihrer einzigartigen Meisterschaft der Instrumente. Sie experimentierten mit unterschiedlichen Instrumenten. Musikinstrumentenbauer ließen die Figlie Varianten von (vollständig neu erfundenen) Instrumenten austesten.

Was hat es denn mit der vielgerühmten Spezialisierung nun auf sich, wenn diese Beispiele davon scheinbar abraten? Gleich einmal vorneweg: Expertise und Spezialistentum werden damit nicht diskreditiert und Generalisten damit nicht automatisch die besseren Menschen. Es kommt – wie immer – auf den Kontext an. Und das führt uns aus Venedig in die USA.

Andrew J. Ouderkirk, ehemaliger Chefwissenschaftler bei 3M, beschäftigte sich mit seinen Kollegen mit der Frage, welche Art von Erfindern bei 3M die größten Beiträge leisten. Dabei kristallisierten sich zwei Profile heraus: einerseits der hochspezialisierte Erfinder, der sich intensiv mit einer Technologiedomäne auseinandersetzt, andererseits der Generalist, der in keiner Domäne ein führender

Experte ist, aber in verschiedensten Disziplinen gearbeitet hat. Ouderkirk untersuchte den kommerziellen Erfolg der eingereichten Patente und fand keinen Unterschied zwischen diesen beiden Gruppen. Die erfolgreichen Spezialisten hatten oft sehr lange an technisch schwierigen Problemen gearbeitet und dabei einen langen Atem gezeigt. Auch konnten sie mögliche Schwierigkeiten gut antizipieren. Den Generalisten hingegen wurde die Arbeit in einer Disziplin rasch langweilig. Ihr wertvoller Beitrag lag darin, Technologien und Methoden aus einer Disziplin in eine andere zu überführen und dort anzuwenden.

Die Arbeit von Spezialisten überragt alle anderen, wenn die Regeln und Prozeduren klar sind und das Umfeld stabil ist. In einem solch „freundlichen" Umfeld, in dem Leistungen aus der Vergangenheit durch einfache Wiederholung der vertrauten Vorgehensweise repliziert werden können, liefern Spezialisten ausgezeichnete Ergebnisse. Erfolgreiche Unternehmen, in deren Industrie wenig Veränderungen vorgehen, können mit eingespielten Prozessen sehr effizient auf ähnliche Herausforderungen reagieren und ihre Teams an Spezialisten darauf ansetzen.

Das Spezialistentum erfuhr seinen Höhepunkt Mitte der 1980er-Jahre, meint Ouderkirk. Die Unternehmen beschäftigten Heerscharen an Spezialisten. Der „Company Man" war nichts anderes als ein Spezialist. Seither jedoch sanken die Zahlen der Spezialisten in Unternehmen teilweise dramatisch und die Ursache könnte in der Beschleunigung von Veränderungen im Umfeld liegen und der zunehmenden Mehrdeutigkeit von Informationen. Hier kommen die Generalisten ins Spiel, die mit Ambivalenz besser umgehen und Analogien ziehen können.

Diese Tendenz stellt eine Abwendung vom Spezialistentum dar, das Ende des 19. Jahrhunderts in den USA ihren Lauf genommen hatte. Bis dahin hatte das christliche Ideal eines Menschen darin bestanden, dass Arbeitsleben und Interessen im Privatleben gut ausbalanciert waren. Doch um das Jahr 1900 wurde das dank der neuen Managementtheorien und Arbeitswissenschaften – worunter der bekannteste Vertreter Frederick Winslow Taylor war – als hinderlich angesehen. Es wurde zum Mantra erhoben, dass nur eine ganz enge Spezialisierung der Schlüssel zum beruflichen Erfolg sei.[52] Die Einführung des Fließbands bei der Ford Motor Company war das sichtbarste Zeichen dieser Entwicklung. Henry Ford heuerte Taylor an, um die Produktionseffizienz zu steigern.

Gleichzeitig mit dem Taylorismus begann das Phänomen der Langeweile Menschen zu befallen, die ihren Lebensunterhalt mit eintönigen und repetitiven Tätigkeiten verdienen mussten. Das war kein Zufall. Die Spezialisierung bei Ford war so stark heruntergebrochen, dass im Jahr 1914, im zweiten vollen Betriebsjahr des Fließbands, rund 13.000 Ford-Mitarbeiter 260.720 Autos produzieren konnten. Alle anderen Automobilunternehmen zusammengenommen beschäftigten fünfmal so viele Mitarbeiter, übertrafen aber die Gesamtproduktion von Ford nur um etwa zehn Prozent. Die Spezialisierung am Fließband hatte ihren Preis: Die Mitarbeiterfluktuation war so hoch, dass fast alle zwei Monate jede Stelle nachbesetzt werden musste. Pro Jahr musste Ford 52.000 Arbeiter einstellen, um 13.000 Arbeitsplätze dauerhaft zu besetzen. Auch dass Ford mit fünf Dollar den damals mehr als doppelten üblichen Tageslohn bezahlte und verschiedene Sozialleistungen anbot, half nur bedingt.[53]

Der deutsche Psychologe Thomas Götz, Professor an der Universität Wien, teilt Langeweile in fünf Kategorien auf: zuerst die indifferente Langeweile, bei der man ruhig und entspannt ist. Die apathische Langeweile, bei der man sich Sorgen machen sollte, da sie ein Zeichen von Depression sein kann. Die kalibrierende Langeweile, bei der die Gedanken wandern und die dem Tagträumen ähnelt. Bei der suchenden Langeweile ist man aktiv auf der Suche nach einer interessanteren Aktivität. Die reaktante Langeweile tritt dann auf, wenn man beispielsweise in einer langweiligen Besprechung steckt und einfach nicht hinauskann.[54]

Um die Langeweile der unvermeidlichen monotonen Arbeit zu rechtfertigen und sogar stolz darauf zu sein, entwickelte die Arbeiterschaft – und das nicht nur bei Ford – ein eigenes Selbstverständnis.

Wie die Soziologin und Harvard-Professorin Michèle Lamont aufzeigt, eigneten sich (männliche) Arbeiter die Identität des „disziplinierten Selbst" an. Immerhin benötigte es einiges an Selbstdisziplin, jeden Tag zur selben Zeit aufzustehen, in die Fabrik zu gehen und tagein, tagaus dieselben monotonen Tätigkeiten auszuführen.[55]

Im deutschsprachigen Raum dominiert ein System, das aus den mittelalterlichen Zünften hervorgegangen ist und Spezialisierung bereits in jungem Alter hochhält. Mit vierzehn können sich Jugendliche – abhängig auch von ihrer schulischen Leistung – entscheiden, ob sie einen Lehrberuf antreten oder den Weg einer höheren Ausbildung annehmen. Während letztere einfach ihren eingeschlagenen Weg fortsetzen und nicht viel nachdenken müssen, haben es die Auszubildenden schwerer. Welcher Lehrberuf soll gewählt werden?

Vor 300 Jahren schien die Sache einfacher. Es gab ein paar Dutzend Lehrberufe, mit denen die Jugendlichen mehr oder wenig direkt Erfahrung gesammelt haben. Hatte man das Glück und fand sich ein Lehrberuf, dann begann man als Lehrling und suchte sich nach bestandener Gesellen- und Meisterprüfung einen Ort, an dem die Stelle eines Meisters frei war. In diesem Beruf verblieb man dann bis zu seinem Lebensende – mit demselben Wissen, das man in der Lehrzeit vermittelt bekommen hatte. Alle anderen blieben Tagelöhner und wenig qualifizierte Hilfsarbeiter auf Bauernhöfen oder im Sold der Obrigkeit. Die Zünfte kamen auf mit dem Ziel, ihre Berufsstände zu schützen. Auch wenn damit zum Teil eine große Meisterschaft verbunden war, war damit auch ein Element der Bewahrung inkludiert. Zünfte waren sehr konservativ und versuchten, Innovation zu verhindern.

Mit dem Einsetzen der industriellen Revolution sollte sich das ändern. Manche Berufe wurden von Maschinen übernommen und verschwanden oder wandelten sich in ihrem Aufgabenspektrum, andere wiederum entstanden aus den Erfordernissen neuartiger Maschinen und Organisationsformen.

Heute gibt es in Deutschland knapp über 300 Ausbildungsberufe, nur mehr die Hälfte der Berufe von vor 50 Jahren.[56] In Österreich gibt es um die 200 Lehrberufe.[57] In der Schweiz finden sich vom Abdichter zum Zinnpfeifenmacher etwa 250 Lehrberufe.[58] Diese jahrhundertelang praktizierte frühe Spezialisierung hat zweifelsohne ihre Vorteile. Um die Lehrausbildung selbst und deren Qualität beneiden uns andere Länder. Die Unterschiede in der Verarbeitungsqualität heimischer Produkte im Vergleich zu denen aus Übersee sind Gegenstand zahlloser Anekdoten und des berechtigten heimischen Stolzes, aber auch die Grundlage für unseren heutigen Wohlstand.

Wie allerdings schon die Fans der Figlie del coro oder Ouderkirk bei seinen Erfindern bei 3M erkannten, ist eine Spezialisierung selbst in stabilen Zeiten und einem sich wenig verändernden Umfeld nicht der ausschließlich zu empfehlende Weg. Und je mehr sich die Disziplinen und das Umfeld verändern, desto problematischer kann das Spezialistentum werden. Die mit dem 18. Jahrhundert zuerst langsam und dann immer schneller einsetzende Automatisierung fegte immerhin ganze Berufsstände hinweg. Wer kennt heute noch jemanden, der die Berufe Weber, Fassbinder, Wagner oder Schriftsetzer gelernt hat?

In den 1960er-Jahren meinte der spätere Wirtschaftsnobelpreisträger Theodore Schultz, dass eine frühe Spezialisierung zwar zu einer erhöhten Arbeitsproduktivität führte, gleichzeitig aber ganze Generationen den erstbesten Beruf ergreifen würden, ohne andere Berufe ausprobieren zu können. Der Wirtschaftswissenschaftler und Harvard-Professor Ofer Malamud untersuchte die Auswirkungen von früherer und späterer Spezialisierung. Dabei sah er sich die Lebensläufe von englischen und walisischen Studenten an, die bereits vor der Universitätsausbildung eine spezialisierte Berufsausbildung wählen mussten. Seine Hypothese war: Wenn eine höhere Ausbildung dazu diente, ein besserer Spezialist zu werden, würden die Studenten mit einem späteren Berufswechsel sehr viel bei dieser Investition verlieren und somit eher in ihren spezialisierten Berufen verbleiben. Diente ein Studium hingegen zum Ausprobieren von anderen Berufen und damit zur Entdeckung der eigentlichen Interessen, würden Studenten nach dem Studium eher einen anderen Beruf ergreifen als den, den sie in der frühen Phase wählen mussten. Malamud entdeckte, dass genau das Letztere geschah. Nach dem Studium starteten die englischen und walisischen Absolventen in gänzlich anderen Berufen als denen, die sie vor dem Studium schon gewählt hatten. Auch wechselten sie häufiger Berufe als schottische Studenten, die sich nicht früh spezialisiert hatten. Trotz der fehlenden Spezialkenntnisse verdienten die schottischen Absolventen rasch mehr als ihre Landsleute aus dem Süden, weil ihnen ihre breitere Ausbildung und spätere Berufswahl zu mehr Flexibilität in ihren Jobs verhalf.[59]

Zu frühe Spezialisierung führt zu höheren Kosten, weil Lernen fälschlicherweise nur mit dem Lernen von Fähigkeiten gleichgesetzt wird, nicht aber mit dem Lernen über sich selbst. Sich in diesem jungen Alter die Zeit zu nehmen, um herauszufinden, was man im Leben machen kann und will, ist somit kein Luxus einer verwöhnten Jugend, sondern ein zentrales Element einer gut gewählten Ausbildung zum Vorteil einer gesunden Gesellschaft. Doch nach wie vor beurteilen wir junge Menschen nach der Geschwindigkeit ihrer Berufswahl. Jemand, der zwischen vielen Berufen wechselt, wird als unbeständiger beschrieben, als jemand, „der nicht weiß, was er will". Behandelten wir die Berufswahl ähnlich wie die Partnerwahl, dann würden wir die junge Generation nicht bereits im Teenageralter zu so einer Lebensentscheidung zwingen.

Und warum auch? Es ist doch bekannt, dass sich unsere Wünsche, Vorstellungen und Motivationen ändern. Wer hat im hohen Alter noch denselben Kleidungsstil wie in der Schule oder denselben Haarschnitt? Bei Tattoos können viele miterleben, wie sich die Beziehung dazu mit der Zeit ändert und nicht nur, weil der Körper mit dem Alter verfällt und das Hautkunstwerk nicht mehr so cool aussieht wie in unserer körperlichen Blütezeit. Wir wissen das und doch denken wir, dass unsere künftigen Wünsche, Vorstellungen und Motivationen gleich bleiben. Der Psychologe Dan Gilbert nannte das die „Ende-der-Geschichte-Illusion", der wir anhängen.[60] Fragt man Personen, wie stark sie sich in der Vergangenheit persönlich weiterentwickelt haben, gestehen die meisten große Veränderungen ein. Fragt man sie nach ihrer Zukunft, dann erwarten dieselben Personen kaum große Veränderungen. Diese Diskrepanz hat mit der Unsicherheit der Veränderungen in der Zukunft zu tun. Die Personen schätzen sie deshalb als weniger groß ein.

Da es gerade im Alter zwischen 18 und den Endzwanzigern die größten Persönlichkeitsänderungen gibt, scheint es etwas kühn, Menschen zu einer Spezialisierung vor oder während dieses Alters zu zwingen. Speziell, wenn man die Arbeit und Berufe betrachtet, die es zu meiner eigenen Gymnasialzeit gab und die seither entstanden sind. Von Online-Marketern, Experten für autonome Fahrzeuge, SEO-Spezialisten, Gamification Designern, UX-Spezialisten, App-Entwicklern und Lifestyle-Coaches hatte in den 1980er-Jahren niemand gehört.

In einem späteren Lebensabschnitt den Beruf zu wechseln, wie es die Schokoladenmama Catherine Bréard tat, sollte nicht als Aufgeben oder Scheitern betrachtet werden, sondern als konsequenter Schritt, wenn man aufgehört hat, in seinem Beruf zu lernen, und bereit ist, das nächste Kapitel mit neuem Lernen zu beginnen. Tatsächlich sollten diejenigen, die in ihren gewählten Berufen verbleiben und trotz ihrer Frustrationen und ihres Unbehagens nicht wechseln, als gescheiterte Existenzen behandelt werden. Und diese benötigen unsere Hilfe für den ersten Schritt.

Selbst wenn wir uns spezialisieren, bedeutet das nicht, alle anderen Interessen zurückzustellen. So fand der Psychologieprofessor Robert Root-Bernstein mit seinem Forscherteam an der Michigan State University in einer breit angelegten Studie zu Nobelpreisträgern zwischen den Jahren 1901 und 2005 heraus, dass die Laureaten 22-mal häufiger als Amateurschauspieler, Tänzer, Zauberer oder andere Arten von Darstellern zu sehen sind. Herausragende und bekannte Wissenschaftler der Royal Society, National Academy of Science oder Six Sigma betätigen sich viel häufiger als andere Wissenschaftler als Musiker, Bildhauer, Maler, Grafiker, Holzarbeiter, Mechaniker, Elektronikbastler, Glasbläser, Dichter oder Schriftsteller von Belletristik und Sachbüchern.[61] Richard Feynman, Nobelpreisträger für Physik und eine auch dem breiten Publikum auch heute noch bekannte Persönlichkeit, betätigte sich zu Lebzeiten als Maler und war Trommler in einer Jazzband, mit der er regelmäßig in Nachtclubs und Bars auftrat.

Die spanischen Wirtschaftsprofessoren Eduardo Melero und Neus Palomeras untermauerten Ouderkirks Idee. Sie analysierten technische Patente von 32.000 Arbeitsgruppen in 880 verschiedenen Organisationen, kartierten jeden einzelnen Erfinder und die Teams, zwischen denen sie wechselten, und sahen sich die Auswirkungen jeder Erfindung an. Die Forscher beurteilten dann die Ungewissheit in jedem Technologiebereich: So hatte ein Bereich mit hoher Ungewissheit eine Menge Patente, die sich als völlig nutzlos erwiesen, aber einige sehr erfolgreiche Hits. Technologiebereiche mit weniger Ungewissheit zeichneten sich durch eine lineare Progression mit mehr offensichtlichen nächsten Schritten und mehr Patenten aus, die mäßig nützlich waren. In Bereichen mit geringer Unsicherheit war es wahrscheinlicher, dass Teams von Spezialisten nützliche Patente verfassten, aber sich kaum die großen Hits darunter befanden. In Bereichen mit hoher Unsicherheit war es wahrscheinlicher, dass Teams, die Personen umfassten, die an einer Vielzahl von Technologien gearbeitet hatten, einen großen Erfolg erzielten.

Was wie in den Worten von Santiago Ramón y Cajal, spanischer Nobelpreisträger für Medizin, für die Multitalente „aus der Ferne aussieht wie eine Zerstreuung und Verschwendung ihrer Energien, ist in Wirklichkeit etwas, womit sie diese lenken und stärken".

Steve Jobs hat im Jahr 2005 in seiner Commencement Speech, also einer Rede an die Abschlussklasse des Jahrgangs an der Stanford University, seine Studienzeit geschildert. Bekanntermaßen hat er sein Studium nie beendet, ja, eigentlich nie wirklich ernsthaft begonnen und damit war er selbst sehr früh mit sich ins Reine gekommen. Deshalb fand er auch nichts dabei, einfach irgendwelche Kurse zu besuchen, die interessant klangen. Eine davon war eine Kalligrafieklasse, in der er etwas über Schriftzeichen lernte. Wobei er damals dachte, er könne daraus wohl nie einen Nutzen bis auf das Wissen über ästhetische Formen ziehen. Später sollte ihm genau dieses Wissen dabei helfen, auf dem ersten Apple-Computer schöne Schriftsätze zu haben, die uns heute alle so vertraut sind und selbstverständlich erscheinen.

Die Möglichkeit, aus einem reichen Erfahrungsschatz zu schöpfen, gestattet es uns, mehr Analogien heranzuziehen. Analogien helfen, Probleme aus einer anderen Perspektive zu sehen. Der Psychologe Kevin Dunbar beobachtete an Teams in Forschungslabors, wie sie an wissenschaftliche Herausforderungen herangingen und dabei auftretende Probleme lösten. Die erfolgreichsten Forschungsteams tendierten bei unerwarteten Ergebnissen dazu, diese – selbstverständlich erst, nachdem sie sich vergewissert hatten, dass die Apparaturen und Messgeräte ordentlich funktionierten – nicht gleich als Messfehler abzutun, sondern ihre eigenen Hypothesen und Theorien zu hinterfragen. Sie taten das auch, indem sie viele Analogien heranzogen, um das Problem aus unterschiedlichen Blickwinkeln zu betrachten. Die erfolgreichen Teams setzten sich aus Mitgliedern mit unterschiedlichsten Backgrounds zusammen, die durch die Breite der Expertise viele Analogien in die Diskussionen besteuern konnten.

Anhand eines Beispiels wurde das Dunbar, der bei den Besprechungen als stiller Beobachter dabei war, besonders klar. Zwei von vier untersuchten Stanford-Forschungsteams, die nach neuen Behandlungsmethoden gegen Viruserkrankungen forschten, stießen auf dieselbe Problematik. Proteine, die sie messen wollten, blieben an einem Filter hängen, was ihre Analyse erschwerte. Während das eine Labor sich rein aus E.coli-Spezialisten zusammensetzte, befanden sich im anderen Chemiker, Physiker, Biologen, Genetiker und Medizinstudenten. Das letztere Labor machte eine Analogie, die vom Mediziner vorgebracht wurde, und konnte noch im Meeting eine Lösung finden. Das andere Team, das rein aus E.coli-Spezialisten bestand, musste wochenlang experimentieren, um auf eine

Lösung zu kommen. Dunbar selbst, der die Lösung wusste, durfte nicht eingreifen, um seine Studie nicht zu verfälschen.[62] Dunbar meinte dazu:

> Wenn alle Mitglieder des Labors über das gleiche Wissen verfügen, dann wird, wenn ein Problem auftaucht, eine Gruppe gleichgesinnter Personen nicht mehr Informationen liefern, um Analogien herzustellen, als eine einzelne Person.

Die Charakteristiken, die Ouderkirk und sein Team bei 3M erfolgreichen und wiederholten Innovatoren vom Generalistentyp zuschreiben, umfassen unter anderem:

- Eine hohe Ambiguitätstoleranz
- Ein Systemdenken
- Ein zusätzliches technisches Wissen aus peripheren Bereichen
- Eine Neuausrichtung dessen, was bereits verfügbar ist
- eine Versiertheit, wie analoge Bereiche für die Suche nach Inputs für den Erfindungsprozess genutzt werden können
- Die Fähigkeit, unterschiedliche Informationen auf neue Art und Weise zu verbinden
- Die Synthese von Informationen aus vielen verschiedenen Quellen
- Die Fähigkeit zwischen den Ideen hin- und herzuwechseln
- Ein breites Spektrum von Interessen
- Das Lesen von mehr (und umfassender) Literatur als andere Technologen und Vorweisen eines breiteren Spektrums an externen Interessen
- Den Willen, einen signifikanten Lernaufwand in mehreren Bereichen auf sich zu nehmen

- Die Notwendigkeit, auch mit verschiedenen fachtechnisch versierten Personen außerhalb ihres eigenen Bereichs zu kommunizieren

Wernher von Braun, der die Entwicklung der Raketentechnologie für die Mondlandungen der USA in den 1960er-Jahren leitete, umging den sehr strikten und formalen Prozess der NASA mit den sogenannten „Montagsnotizen", einem informellen, individuellen Austausch von Informationen zwischen den Ingenieuren, in denen er zu abweichenden und fachgrenzenübergreifenden Meinungen ermutigen wollte. Jeder Ingenieur war eingeladen, eine Seite von Notizen zu hervorstechenden Herausforderungen beizutragen. Von Braun fügte dann handschriftliche Notizen hinzu und ließ die Notizensammlung zirkulieren. Damit erhielten alle Ingenieure, egal, welcher Arbeitsgruppe sie angehörten, einen Überblick über die Arbeiten der anderen und konnten Ideen zusteuern.

Die Fähigkeit des Menschen, evolutionsgeschichtlich betrachtet ein Spezialist für nichts zu sein, gereicht uns zum Vorteil. Als Menschen sind wir Generalisten, die sich an Lebensräume anpassen können, aber flexibel genug sind, sich bei Klimawandel auf die neuen Bedingungen umzustellen. Die letzten Jahrtausende waren geprägt von Klimaänderungen. Eiszeiten führten zu Trockenzeiten. Klimafreundliche Zonen von vor 2.000 Jahren sind heute Wüstengebiete. Lebewesen, die perfekt in ihre Nische passten, bekamen Probleme, wenn diese Nische verschwand. Die Änderungen geschahen zu rasch, als dass sie sich evolutionsbiologisch hätten anpassen können. Es war besser, anpassungsfähig zu sein als angepasst zu werden.

Von der Leibeigenschaft zum Company Man

Zwischen den Jahren 1346 und 1353 beschleunigte ein tödliches Ereignis den Trend, die Leibeigenschaft in immer mehr Teilen des westlichen Europas auf den Abfallhaufen der Weltgeschichte zu werfen. „Beschleunigung" ist dabei relativ, weil es immer noch mehrere Jahrhunderte dauern sollte, bis diese Form der Sklaverei in ganz Europa vollständig abgeschafft worden war. Zuerst einmal langsam. Leibeigene waren die Menschen, die auf einem Gebiet unter einem Adeligen lebten und diesem zu Frondiensten verpflichtet waren. Typischerweise mussten sie einen Teil ihrer Zeit für Arbeiten zugunsten des örtlichen Herrschenden ableisten. Hinzu kamen weitere Pflichten und Verbote. Leibeigene durften nur mit Genehmigung ihrer jeweiligen Herren heiraten oder das Herrschaftsgebiet verlassen. Kinder von leibeigenen Frauen wurden automatisch zu Leibeigenen.

Ab dem 13. Jahrhundert begannen die ersten Regionen, die Leibeigenschaft aufzuheben. Die Stadt Bologna schaffte im Jahr 1256 die Leibeigenschaft ab. In Schottland war sie im 14. Jahrhundert Geschichte geworden, in England dann zwischen dem 15. und 16. Jahrhundert.

Der Auslöser dort war die vermutlich tödlichste Seuche bis zu diesem Zeitpunkt gewesen. Der Schwarze Tod hatte zwischen den Jahren 1346 und 1353 geschätzte 25 Millionen Europäer dahingerafft. Gleich ein Drittel bis zur Hälfte der damaligen Bevölkerung war der Seuche zum Opfer gefallen, wobei es regional starke Unterschiede gab. So starben in manchen Regionen bis zu 80 Prozent der Bevölkerung, während andere fast gänzlich verschont blieben.

Während uns modernen Menschen die Covid-19-Pandemie als ein außergewöhnliches Ereignis erscheint, waren Seuchen in Zeiten vor Schutzimpfungen und vor der wissenschaftlichen Disziplin der Virologie für die Menschen etwas, das sie verfolgte und auf mysteriöse Weise wirkte. Immer wieder traten lokal oder überregional Seuchenherde auf, deren Auftreten als Gottes Strafe für die Sünder oder als Werk des Teufels angesehen wurde.

Die Seuchen betrafen vor allem die armen Bevölkerungsteile wie eben Leibeigene, die ausgezehrt und abgearbeitet waren und schon in normalen Zeiten an unterschiedlichen Krankheiten litten. Das verstärkte das Selbstverständnis der Privilegierten, die oftmals ungeschoren davonkamen. Weil sie verschont worden waren, musste

Gott sie lieben, während die Toten von Gott bestraft worden waren. Es scheint wenig verwunderlich, dass die Adeligen ihre Privilegien als von Gott gegeben sahen. Das begann sich mit dem Schwarzen Tod zu ändern. So viele der Leibeigenen hatten ihr Leben verloren, sodass es zu einem Arbeitskräftemangel kam. Die Adeligen begannen, sich um die wenigen Leibeigenen zu streiten, und versuchten, sich diese gegenseitig abzuwerben, indem sie ihnen Privilegien versprachen wie die Aufhebung der Leibeigenschaft oder eine fairere Behandlung. Einige der ehemaligen Leibeigenen nutzten die Chance, wurden selbst Unternehmer und Kaufleute und zogen in die Städte.

Damit war ein auf lange Sicht irreversibler Prozess gestartet worden. Dass Leibeigenschaft nicht etwas von Gott Gewolltes, sondern von Menschen Aufgezwungenes ist, stärkte den Wunsch von Leibeigenen in ganz Europa, frei zu werden. Das war kein leichter und geradliniger Übergang und führte zu blutigen Freiheitskriegen und unter anderem auch zu der schrecklichen Ausbeutung von Menschen in Afrika, Asien und Amerika in Form der Sklavenarbeit durch Europäer.

Zwischen dem 17. und 19. Jahrhundert verschwand die Leibeigenschaft dann aber endgültig in ganz Europa, sie trat aber in einer gewandelten Form auf. Mit der Aufhebung der Leibeigenschaft und dem Einsetzen der industriellen Revolution verließen große Teile der Landbevölkerung ihre Regionen und zogen in Städte, um in Fabriken zu arbeiten. Die Fabrikbesitzer und Bergwerksbetreiber wurden zu den neuen Herren, die auf einen großen Pool an billigen, oft minderqualifizierten Arbeitskräften zurückgreifen konnten. Dort wurden sie in Schichten geschunden, die sechs Tage die Woche zwischen zwölf und vierzehn Stunden dauerten. Erst Ende des 19. Jahrhunderts begann sich die Situation mit der Gründung der Arbeiterbewegung zu verbessern.

Die Arbeiterklasse sollte in der zweiten Hälfte des 20. Jahrhunderts vom sogenannten „Company Man" abgelöst werden. Wie Soldaten trugen sie Anzug, weißes Hemd und Krawatte. IBM war ein Musterbeispiel dieser Zeit, in der dunkle Hose, weißes Hemd, eine dunkle

Krawatte und Stifte in der Brusttasche die Firmenkultur prägten. Wer heute durch den Finanzdistrikt der Londoner City oder der Frankfurter Innenstadt geht, kann die uniformierten Anzugträger aus unmittelbarer Nähe erleben.

In Japan war und wird der Company Man als der ideale Schwiegersohn angesehen, galt doch im gegenseitigen Einverständnis zwischen Unternehmen und Angestellten, dass die für Europäer unverständlichen 14-Stunden-Arbeitstage eine lebenslange Anstellung und Rente garantieren würden. Der Company Man widmet sein Leben der Firma, die Firma garantiert ihm einen sicheren Arbeitsplatz. Dieses Modell ist brüchig geworden. Nicht nur leidet Japan seit den 1990er-Jahren an einer Wirtschaftskrise, die neben einer alternden Bevölkerung noch eine Reihe weiterer Gründe hat. Auch wurde das uniforme Auftreten im Westen spätestens ab den 1980er-Jahren als nicht mehr angebracht für die Herausforderungen in einer modernen Wirtschaft betrachtet. Die Notwendigkeit nach Diversität, Ausbildung oder ethnischer und kultureller Herkunft bei den Mitarbeitern lässt sich nicht mehr mit uniformer Kleidung vereinbaren. Der langsame Übergang von Spezialisten zu Generalisten trug ebenso dazu bei.

Ende gut, alles gut? Nicht so schnell. Nassim Nicholas Taleb, Autor der Bücher „Der Schwarze Schwan" und „Skin in the Game", sieht aktuell den „Companies Man" als denjenigen, der den „Company Man" abgelöst hat. Mit dem Verschwinden der Beschäftigung auf Lebenszeit in einem Unternehmen empfiehlt es sich, innerhalb der Industrie oder in Unternehmen mit ähnlichen Prozessen verwendbar zu bleiben. Als Companies Man – und damit ist auch die Companies Woman gemeint – muss man den ungeschriebenen und erwarteten Anforderungen und Verhaltensweisen innerhalb der Industrie Folge leisten. Bei seinem letzten Arbeitgeber aus Zorn die Brücken abzufackeln spricht sich herum und hat als Konsequenz, dass in der gesamten Industrie potenzielle Arbeitgeber damit verschreckt werden. Man wird – zumindest in dieser Industrie – nicht mehr verwendbar oder nur mehr zu Bedingungen, die weit unter den gewohnten liegen. Je weniger Auswahl an Firmen es in diesem Wirtschaftszweig gibt und je kleiner das Land ist, desto drastischer können die Auswirkungen für den Einzelnen sein.

Die Companies Men umfassen nicht nur Vollzeitangestellte, sondern auch verstärkt Menschen in der Gig Economy. Die Tendenz, dass gerade Plattformen zu Mono- oder Duopolen führen, fördert diese Tatsache. Verliert man einmal als Fahrer bei Uber seine Stelle, bleibt einem in den USA gerade einmal noch Lyft. In Deutschland gibt es die Taxigesellschaften, die wieder ganz anders funktionieren. Arbeitnehmer sind nicht die Einzigen, die zu Companies Men werden können. Auch scheinbar bessergestellte Besitzer von Ressourcen kann es erwischen. Bietet jemand auf Airbnb eine Wohnung oder ein Haus an, ist man der Plattform ausgeliefert, weil es andere Plattformen mit dieser Reichweite und Benutzerzahl einfach nicht gibt.

Fast sieben Jahrhunderte nach dem Schwarzen Tod wütete wiederum eine Seuche unter uns. Wenn sie auch nicht die Todesrate wie unter unseren Vorfahren erreicht, hat sie doch eine andere Spur der Verwüstung gezogen. Die globale Wirtschaft kam zum Stillstand und ihr fielen Hunderttausende Unternehmen zum Opfer, darunter auch diejenigen Plattformen, die von der Bewegung der Menschen lebten wie eben Uber oder Airbnb. Weil aber gleichzeitig viele Menschen ihre Arbeitsplätze verloren, drängten viele in Gig-Economy-Jobs.

Insofern unterscheidet sich die Pandemie der Neuzeit von jener im 14. Jahrhundert. Gewannen damals Arbeitskräfte plötzlich an Wert, weil sie so rar geworden waren, so sind Arbeitskräfte heute die großen Verlierer. Dank des technologischen Fortschritts haben Unternehmen die Wahl, verstärkter auf Automatisierung zu setzen. Manche Arbeitsplätze, die während der Covid-19-Pandemie gestrichen wurden, sind unwiederbringlich verloren.

Bits und Atome

Als Kind war ich der stolze Besitzer mehrerer Bände einer Jugend-sachbuchreihe namens „Was ist was", die angefangen von Dinosau-riern über die Wikinger und die Ägypter auch technische Themen wie Raumfahrt, Flugzeuge oder den Magnetismus umfasste. Erklärt wurden dabei die allgemeinen Funktionsprinzipien der Technologien, deren Entwicklung und auch mögliche zukünftige Anwendungen. So fanden sich im Buch zum Automobil beispielsweise fliegende Autos, Überschallflugzeuge für Reisende und klarerweise der Raum-fahrttourismus.

Ich konnte mir schon sehr gut vorstellen, was in wenigen Jahren zu erwarten wäre. Doch wenn ich mich so umschaue, dann gibt es 40 Jahre später immer noch keine fliegenden Autos oder die Raumfahrt für Otto Normalverbraucher. Und bei Überschallflugzeugen sind wir mit der Außerdienststellung der Concorde sogar einen Schritt zurück-gegangen.

Ein Sachbuch für Jungen aus den frühen 1960er-Jahren, das mein Vater besessen hatte, hatte bereits ähnliche Vorhersagen gemacht. Und wenn wir heute von bald verfügbaren Technologien sprechen, werden wieder diese Themen erwähnt: Überschallreisen, Raumfahrt und fliegende Autos. Diese Liste an zukünftigen Technologien könn-ten wir beliebig fortführen, sie scheinen immer nur ein oder zwei Jahrzehnte vor der Verwirklichung zu stehen, aber der Zeithorizont kommt nicht näher. Was genau geschieht hier?

Mein Urgroßvater wurde im Jahr 1900 geboren und hat zu seinen Lebzeiten den Wechsel von Pferd auf Auto, von den ersten Flug-versuchen der Wright-Brüder bis zur Mondlandung, vom Telegrafen zum Internet, von mit der Kavallerie geführten Kriegen hin zu Atom-waffen gesehen – allesamt dramatische Änderungen. Die Geschwin-digkeit des technologischen Fortschritts – im Guten wie im Schlech-ten – musste für ihn atemberaubend gewirkt haben.

Nicht, dass vielen von uns die heutigen Fortschritte langsamer vorkämen. Es gibt aber einen Unterschied: Wir erleben heute vor allem einen eher unsichtbar scheinenden Fortschritt, der durch die Digitalisierung getrieben wird, während die physischen und somit sichtbaren Dinge sich wenig zu ändern scheinen.

So wurde beispielsweise der Rekord für den schnellsten bemannten Flug mit 7.274 Stundenkilometern bereits im Jahr 1967 mit der North American X-15 aufgestellt.[63] 50 Jahre nach der Einführung der Boeing 747 fliegt dieser Flugzeugtyp immer noch, während das Überschallflugzeug Concorde eingestellt wurde und selbst der viel später eingeführte Airbus 380 schon wieder vor dem Aus steht. Auf deutschen Eisenbahnstrecken fuhr man mit dem experimentellen Schienenzeppelin schon vor dem Zweiten Weltkrieg mehr als 200 Stundenkilometer, doch erst 60 Jahre später konnte man endlich im regulären Verkehr in Deutschland solche Geschwindigkeiten fahren.

Der deutsch-amerikanische Investor Peter Thiel wies darauf hin, dass Innovation heutzutage vor allem im digitalen Bereich geschieht. „Bits", also das Digitale, seien nur wenig reguliert. „Atome", also das Physische, hingegen unterliegen sehr hohen Auflagen und vielen Regulierungen.[64]

Nehmen wir dazu ein Beispiel aus der Medizin. Eine Studie aus dem Jahr 2012 verglich die Zeitspanne, die zwischen dem Antrag auf Zulassung eines neuen medizinischen Geräts oder Implantats und der tatsächlichen Verfügbarkeit für die Patienten verging.[65] Dabei lag diese durchschnittlich bei 15,3 Monaten in den USA, 18 Monaten in Großbritannien, 26,3 Monaten in Frankreich, 30,8 Monaten in Italien und 71,3 Monaten in Deutschland. Der Grund liegt im Zulassungsprozess der einzelnen Länder. Zuerst muss man in der EU für kommerzielle Produkte die Sicherheitsplakette Conformité Européenne (CE) erhalten, bevor dann die einzelnen Länder über die Vergütung durch die Versicherungen entscheiden.

Mit anderen Worten: Die Gemächlichkeit bei der Einführung neuer Produkte hat nichts mit langsamen Innovationszyklen zu tun, sondern mit dem regulatorischen Aufwand, den die Behörden verlangen, um zu klären, wer wie viel wann bezahlt. Nicht ganz unschuldig sind alteingesessene Industrien und Branchen, die ihre Pfründe absichern und auf ihrem Gebiet disruptierende Innovationen verhindern wollen, sowie Unternehmen, die keine Notwendigkeit für Innovation sehen.

Das Patentsystem, das ursprünglich dem Erfinder die Früchte seiner Arbeit zukommen lassen sollte, wird immer mehr zu einer Waffe gegen Erfindungen und Konkurrenten. Josh Lerner, Wirtschaftswissenschaftler an der Harvard Business School, untersuchte für 60 Länder die Auswirkungen von 177 Verschärfungen des Patentschutzes über 100 Jahre und kam zum Ergebnis, dass damit Innovation nicht gefördert worden war.[66] Ganz im Gegenteil, die strikteren Auflagen für die Patentanmeldung haben die Erfinder eher wertvolle Zeit gekostet, die sie besser in ihre Forschungsarbeit hätten stecken können.

Generell kämpft das Patentsystem mit einem populären Mythos: nämlich, dass dem einzelnen Genie in seinem Labor in einem Heureka-Moment das Geschenk der Erfindung zufällt. Tatsächlich ist Innovation ein unvorhersehbarer Teamsport. 21 Personen haben unabhängig voneinander die Glühbirne erfunden. Schon im Jahr 1922 fanden zwei Forscher der Columbia University mehr als 140 Beispiele von unabhängig stattfindenden Innovationen und Entdeckungen, die meisten innerhalb weniger Tage und Wochen.[67] Die Idee liegt sozusagen in der Luft, die Bausteine, aus denen sie sich zusammensetzt, sind für alle vorhanden.

Die Früchte dieser Teamarbeit fallen den Erfindern in vielen Fällen erst nach Tausenden von Experimenten zu. Edison und sein Team in Menlo Park testeten 10.000 Materialien und Kombinationen, um zu einer marktreifen Glühbirne zu gelangen. Das aber bedeutet, dass man nicht lange planen und eine detaillierte Anforderungsliste spezifizieren, sondern in kurzen Zyklen entwickeln und testen soll. Als Ergebnis dieser Tests können Verbesserungen rascher eingebracht werden. Dieser Kreislauf ist beliebig weiterführbar, damit fällt auch ein weiterer Mythos unter den Tisch, nämlich, dass man das perfekte Produkt bauen kann.

Philip George, Direktor of New Mobility beim chinesisch-amerikanischen Automobilzulieferer Yanfeng, erklärte mir, wie sich seine

Gruppe in der Arbeitsweise und im Mindset umstellen musste, als sie Aufträge von Tesla erhielten. Yanfeng liefert für Tesla unter anderem die Mittelkonsole. In traditionellen Automobilunternehmen beträgt die Entwicklungszeit mehrere Jahre und ist einmal die Produktion aufgenommen, ändert sich mehrere Jahre daran nichts. Nicht so bei Tesla. Georges Team erhielt teilweise zweimal im Monat Änderungswünsche von dem Elektroautohersteller, die in die aktuelle Fertigung einfließen mussten. Zwei Teslabesitzer, die ihr Auto im Abstand von einem Jahr gekauft haben und dieses vergleichen, können Hunderte Änderungen finden, die zwischenzeitlich eingeflossen waren. Um auf Teslas Wünsche rasch reagieren zu können, verzichtete Yanfeng auf eine traditionelle Struktur. Anstatt ein eigenes Büro nahe der Tesla-Fabrik einzurichten, mietete sich Georges Team im Plug and Play Tech Center in Sunnyvale ein. Dort sitzt es nun in diesem Accelerator unter Hunderten Start-ups und ist damit ständig der Dynamik und den Ideen der jungen Unternehmen ausgesetzt, was auf das Team abfärbt.

Ähnliches berichtete die ehemalige Stuttgarter Tesla-Store-Chefin. Die heimischen Autobauer kamen regelmäßig zu ihr, weil sie ein Tesla Model 3 aus einer bestimmten Fertigungswoche finden wollten. Sie wollten das Fahrzeug erwerben, zerlegen und die Änderungen analysieren. Wöchentliche Änderungen im Automobilbau sind in der Branche ungewöhnlich. Aber genau das folgt agilen Prinzipien, wie sie bei der Softwareentwicklung üblich sind. Kleine Teams orientieren sich früh am Kunden und holen laufend Feedback ein, das in die Entwicklung oder sogar in die laufende Produktion einfließt. Beim traditionellen Ansatz hingegen wird ein Benutzer erst sehr spät miteinbezogen. Die Entwickler schreiben zuerst einmal lange Anforderungslisten und Spezifikationen. Diese werden dann nach eigenen Einschätzungen priorisiert und in kleinere Arbeitsschritte heruntergebrochen. Beim Funktionsumfang haben oft auch Anforderungen einzelner, aber sehr lautstarker Kunden hohe Priorität, auch wenn die Funktion dem Großteil der Kunden keinen Nutzen bietet. Und Ingenieure tendieren dazu, die im Hintergrund ablaufenden technischen Prozesse auf den Benutzeroberflächen widerzuspiegeln. Für jedes kleine Ding gibt es ein Knöpfchen. TV-Fernsteuerungen oder Auto-Cockpits sind Beispiele von „Featuritis", der Krankheit, jede noch so kleine Funktion einzubauen. Wenn das Produkt dann endlich beim Kunden ankommt und dieser verwirrt ist, ist nicht der Ingenieur schuld daran, sondern der Kunde „hat es einfach nicht verstanden".

Agile Prinzipien waren lange eine Domäne der Softwareentwicklung und es gab gute Gründe, warum es für Hardware nicht oder nur schwer adaptierbar ist. Atome sind stärker reguliert und je später eine Änderung vorgenommen wird, desto teurer wird es. Ein defektes Bauteil zu Beginn der Entwicklung zu ersetzen ist vergleichsweise günstig. Bei einem Produkt, das bereits in Kundenhänden ist, ist ein Austausch aufwendig und teuer und bereitet dem Kunden Unannehmlichkeiten. Ganz zu schweigen davon, dass es zu einem Sicherheitsproblem kommen könnte.

Doch mit Apple, Tesla, SpaceX oder Volvo greifen mehrere bekannte Hardwareproduzenten in unterschiedlichen Industrien auf agile Entwicklungsmethoden zurück. Damit haben sich die Innovationszyklen in diesen Unternehmen beschleunigt.

Stephen Denning analysiert in seinem Buch „The Age of Agile: How Smart Companies Are Transforming the Way Work Gets Done" die Gründe, warum traditionelle Unternehmen Schwierigkeiten mit dem Umstieg auf agile Prinzipien haben und sich dort die Innovationszyklen sogar eher verlangsamen:[68]

Tatsächlich sind diese Hardwarehersteller immer noch weitgehend im Griff des traditionellen Management-Denkens und sie haben, von bemerkenswerten Ausnahmen abgesehen, die agilen Managementprinzipien – mit Schwerpunkt auf Kunden, selbstorganisierenden Teams und Netzwerken – weniger aktiv umgesetzt. Viele von ihnen haben immer noch den alten Fokus auf Aktionäre, Bürokratie und Hierarchie. Sollten wir überrascht sein, dass Unternehmen, die auf diese Weise geführt werden, bei der Innovation langsamer vorankommen? [...] Damit der Wandel stattfinden kann, brauchen wir eine andere Art der Führung in diesen Firmen. Bei Tesla und SpaceX denkt und handelt Elon Musk wie ein Ingenieur, der die Ärmel hochkrempelt und sich auf den Stand bringt, wie die Dinge erledigt werden. Er verbringt nicht seine ganze Zeit damit, sich Finanzprognosen anzuschauen, Kennzahlen zu studieren oder die Hände seiner Aufsichtsratsmitglieder zu halten. Stattdessen konzentriert er sich auf die Produkte und die Mission des Unternehmens. Im Gegensatz zu den meisten CEOs sagt er, dass er 80 Prozent seiner Zeit mit „Engineering" verbringt.

Beispiel gefällig? Man muss sich dazu nur die Präsentation der Strategie für das Jahr 2020 von Daimler ansehen und sie mit dem zwei Wochen vorher abgehaltenen Tesla-Batterietag vergleichen. Während die Präsentation von Daimler-CEO Ola Källenius viel Zeit auf die Kostenstruktur des Unternehmens, die Einsparungen, den Cashflow, dem ROI, die Profitabilität, die Gewinnmarge, die Ergebnisse der vergangenen Quartale sowie die Pläne bezüglich zukünftiger Steigerung der Gewinnmargen verwendete, sprachen Teslas Elon Musk und sein Batterieentwicklungschef vor allem über die Technologie, deren Fortschritte und den Produktionsprozess.

Da unsere Wirtschaft von Unternehmen aus dem Maschinenbau oder der Chemie dominiert wird, stellt das Festhalten an nicht mehr zeitgemäßen Entwicklungs- und Produktionsmethoden eine ernste Gefahr für unseren Wohlstand und die Technologieführerschaft dar.

Megatrends

Trends sind Veränderungen, die beobachtbar sind und einen zeitlich stetigen Verlauf vermuten lassen. Megatrends sind solche in großem Maßstab, die mit lang anhaltenden und tiefgreifenden Veränderungen vor sich gehen. Die folgenden ausgewählten Megatrends sind welche, die sich aktuell negativ auf den technologischen Fortschritt in unserem Kulturkreis auswirken. Aber: Es handelt sich dabei um keine harten, also unumkehrbaren Trends, sondern um weiche, die von uns geändert werden können – wenn wir nur wollen. Und warum wir das wollen sollten, bespreche ich nun anhand der Megatrends selbst.

Überalterung und Risikoangst

Alljährlich zum Muttertag findet auf dem Campus der Stanford University ein mehrtägiger Powwow statt. Der Stanford-Powwow ist ein Treffen von Indianerstämmen, die im Westen der USA von Washington und Idaho im Norden bis nach Arizona und Kalifornien im Süden leben. Zwischen ausladendem Eukalyptus und noch jungen Mammutbäumen schlagen die Stammesmitglieder ihre Zelte auf und drei Tage lang ist in der Umgebung von Palo Alto und Menlo Park das Trommeln der Feierlichkeiten zu vernehmen. Reihen von Essensständen bieten traditionelle Speisen der amerikanischen Ureinwohner feil: von Mais und Bisonfleisch bis hin zu indianischen Tacos und Thai Kebab. Man geht auch hier mit der Zeit.

Im Zentrum des Veranstaltungsgeländes befindet sich ein mit Stroh ausgelegter, kreisförmiger Tanzplatz, um den sich mit Zelten überdachte Sitzplätze für die einzelnen Stämme befinden, dazwischen auch eine kleine, nicht überdachte Tribüne für Zuschauer. Auf diesem Tanzplatz finden nach dem großen Einzug der angereisten Indianerstämme, bei dem sie ihre farbenfrohe und ausladend geschmückte traditionelle Bekleidung präsentieren, die Tanzwettbewerbe statt. Zu rhythmischem Trommeln und Gesängen stampfen die Teilnehmer in gebeugter Haltung innerhalb der Arena und versuchen sich dabei in ihrer Bestimmtheit und Würde zu übertrumpfen. Die Tänzerinnen und Tänzer treten nach Alter getrennt an. Die Kinder – die „jungen Füchse" – haben noch das ungestüme Jugendliche an sich und werden von den Eltern und Erwachsenen am Rand lautstark angefeuert. Die jungen Erwachsenen – die „Krieger" – demonstrieren ihre Entschlossenheit und körperliche Gewandtheit. Die älteren Herrschaften – die „Silberhaare" – bewegen sich mit angemessenen Bewegungen und der Weisheit des Alters unter der im Mai üblicherweise in Kalifornien schon starken Sonne.

Über die Jahre haben die Teilnehmerzahlen unter den Jüngeren abgenommen, während bei den Älteren heute mehr antreten. Die Ursachen sind mannigfaltig, aber auch hier bemerkt man den demografischen Wandel. Die Gesellschaft wird älter. Frauen haben im Durchschnitt weniger Kinder und die Menschen leben länger. Und das Phänomen gibt es weltweit.

Ganz extrem ist das in Japan zu beobachten. Dort erreichte die Zahl der über 100-Jährigen zum ersten Mal über 70.000, von denen 88,1 Prozent Frauen waren.[69] Noch im Jahr 1989 gab es nur 3.078 100-Jährige. Längere Lebenserwartungen sind im ersten Moment nicht schlecht, doch wenn sie gepaart sind mit sinkenden Geburtenraten, altert eine Gesellschaft sehr rasch und die Bevölkerungszahl schrumpft.

Die Geburtenraten sinken seit Jahrzehnten. Mit dem Zugang zu Verhütungsmitteln und Ausbildung für Frauen sinkt in jedem Land die durchschnittliche Anzahl der Kinder pro Frau. Damit in einem Land ohne Einwanderung nur durch Geburten die Einwohnerzahl gehalten werden kann, muss die Geburtenrate bei 2,1 Kindern pro Frau liegen. Heute liegen die Geburtenraten aller EU-Länder unter diesem Wert, wie auch ungefähr die Hälfte der weltweiten Bevölkerung in Ländern mit einer darunter liegenden Geburtenrate lebt, so die Zahlen der Weltbank.[70]

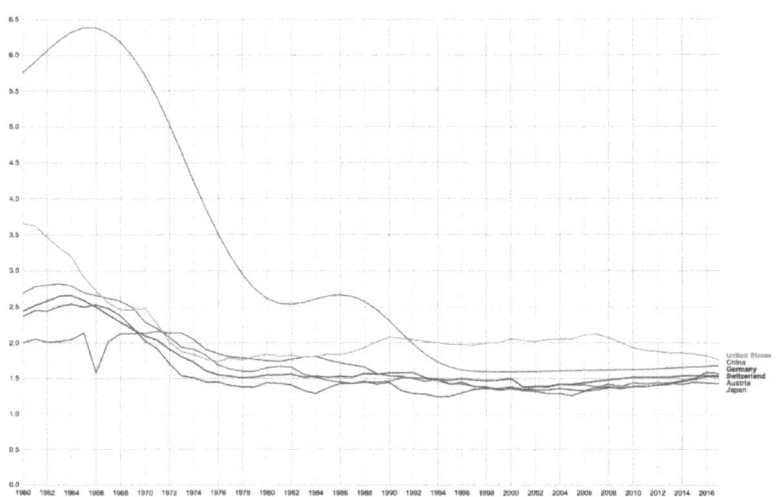

Abbildung 9: Geburtenrate, Quelle: Weltbank

Land	1960	2017
China	5,76	1,68
Deutschland	2,37	1,57
Japan	2,00	1,43
Österreich	2,69	1,53
Schweiz	2,44	1,54
USA	3,65	1,77

Tabelle 1: Geburtenraten pro Frau für ausgewählte Länder, Quelle: Weltbank

Eine alternde Bevölkerung verbunden mit sinkenden und zum Bevölkerungserhalt nicht ausreichenden Geburtenraten birgt große Herausforderungen. Immer weniger junge Menschen im berufstätigen Alter sind für eine immer größere Zahl an älteren Menschen zuständig, deren Auskommen finanziert werden muss. Das hat Einfluss auf die Wirtschaftsleistung, denn eine ältere Gesellschaft braucht andere Dienstleistungen und Produkte. Ohne Gegenmaßnahmen droht die Wirtschaftsleistung zu sinken und erschwert damit die Finanzierung der alternden Gesellschaft. Ein höherer Anteil an älteren Menschen in einer Gesellschaft hat aber auch ganz konkrete Auswirkungen auf die Wirtschaftsdynamik eines Landes.

Ein Forschungsteam um Nicole Maestas, Harvard-Professorin für Gesundheit, stellte fest, dass ein 10-prozentiger Anstieg der Über-60-Jährigen zu einer Verringerung der Wirtschaftsleistung um 5,5 Prozent in derselben Region führt – und das trotz aller Investitionen und Wirtschaftsförderungsmaßnahmen. Zwei Drittel des Effekts sind durch ein geringeres Wachstum der Arbeitsproduktivität in allen Altersgruppen bedingt, das andere Drittel durch das geringere Wachstum an neuen Arbeitsplätzen.[71]

Das wirkt sich auf die Psyche der jungen Menschen aus. Der deutsche *Spiegel*-Korrespondent Wieland Wagner, der selbst mit einer Japanerin verheiratet ist und mit Unterbrechungen bereits über ein Jahrzehnt in Japan wohnt, bemerkte etwas, was die Zahlen der Weltbank nicht erfassen:

Was mich indes fast noch mehr berührte: Selbst viele Junge sahen alt und müde aus.[72]

Angesichts der Geburtenraten dürfte Schätzungen zufolge die Bevölkerung Japans um das Jahr 2049 von 127 Millionen auf unter 100 Millionen schrumpfen.[73] Die Auswirkungen sind schon heute nicht zu übersehen. Ganze Landstriche und Stadtteile veröden, Pflegepersonal in den Altersheimen ist nicht zu kriegen, die Anforderungen einer Bevölkerung mit Millionen von demenzkranken Alten führt bereits zu einem Pflegesystem, das am Rande des Kollapses steht. Die Stimmung im Land ist geprägt von Hoffnungs- und Perspektivlosigkeit.[74]

Auch China steht vor einem Bevölkerungskollaps. Die im Jahr 1979 eingeführte und seit 2003 sukzessive gelockerte Ein-Kind-Politik hat

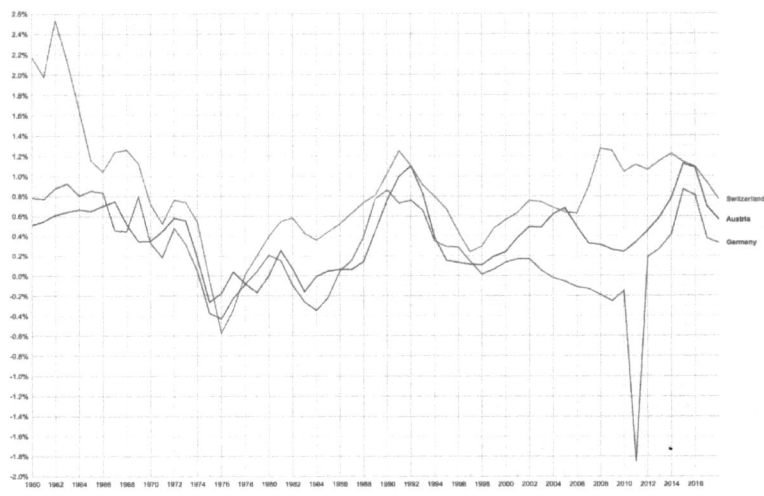

Abbildung 10: Bevölkerungswachstumsrate, Quelle: Weltbank

zwar das Bevölkerungswachstum verlangsamt, aber eine Reihe von Nachfolgeproblemen gebracht. So wuchsen zwei Generationen von Einzelkindern – die sogenannten „kleinen Kaiser" auf, die von Eltern und Großeltern verwöhnt und verhätschelt wurden. Vor allem auf dem Land führte die Ein-Kind-Politik zu einem Femizid unter weiblichen Neugeborenen, sodass heute ein Überhang von über 100 Millionen Männern besteht. Auf 100 Mädchen kommen 117 Jungen unter den Neugeborenen. Das sind alles künftige Männer, die keine Frau finden und keinen Nachwuchs zeugen können, was langfristig zu sozialen Unruhen führen könnte.

Selbst die teilweise Aufhebung der Ein-Kind-Politik hat nicht zu dem erhofften Babyboom geführt. So hatten im Jahr 2014 die Behörden um die 20 Millionen Geburten erwartet, tatsächlich wurden aber nur 16,9 Millionen Babys geboren.[75] Im Jahr 2020 lag diese Zahl nur mehr bei 10,04 Millionen registrierten Neugeborenen, fast 15 Prozent weniger als noch im Jahr 2019. Allerdings liegen die offiziellen Geburtenzahlen um etwa 20 Prozent unter den Registrierungen, da chinesische Eltern Neugeborene oft erst verspätet registrieren. Zum

Vergleich: Die USA und die EU mit gemeinsamen 850 Millionen Einwohnern kamen im Jahr 2020 auf knapp über neun Millionen Geburten.[76] Setzt sich dieser Trend fort, dann wird – ähnlich wie in Japan – Chinas Bevölkerung drastisch schrumpfen, von heute knapp 1,4 Milliarden bis zum Jahr 2060 auf unter eine Milliarde.

Ohne Zuwanderung würden auch Deutschland, Österreich und die Schweiz diese Probleme bekommen. Alle drei Länder haben laut Daten der Weltbank seit 1960 einen durchschnittlichen Bevölkerungszuwachs zwischen 0,4 bis 0,8 Prozent pro Jahr zu verzeichnen.

Je älter Menschen durchschnittlich werden, desto länger bleiben sie in Positionen, in denen sie jüngeren Generationen den Zugang verwehren können. Das bringt Vor- und Nachteile. Erfahrene Menschen, die Situationen besser einschätzen können und vielleicht weniger hitzköpfig sind als junge Leute, verleihen der Gesellschaft Stabilität und schützen sie vor nachteiligen Konsequenzen. Gleichzeitig behindern sie die Anerkennung neuer Theorien und die Adaption neuer Technologien in Zeiten, die immer schnelleren Änderungen unterworfen sind und Anpassungen erforderlich machen. Und junge Menschen können erst sehr viel später selbst Führungserfahrung sammeln.

Wenn wir heute von den jungen Generationen sprechen, die Sharingmodellen offen gegenüberstehen, statt des Besitzes eines eigenen Autos lieber Uber verwenden und Wohnraum eher mieten als besitzen, hat das weniger mit einer freien Wahl als mit fehlenden Möglichkeiten zu tun.

Stand für die Kriegs- und Nachkriegsgeneration noch die materielle Sicherheit im Vordergrund, so bemerken (und beklagen) Arbeitgeber heute die ab den 1980er-Jahren Geborenen als diejenigen, die man weniger mit Gehalt und Sonderleistungen ködern kann als eher mit dem Sinn der Arbeit.[77] Dabei hat die wahrgenommene Verschiebung von materiellen Werten auf immaterielle mehr mit den Gelegenheiten zu tun als mit einer freien Wahl. Ein Wirtschaftssystem, in dem die Zahl der Festanstellungen schrumpft und die freien Berufe zunehmen, bedeutet ein weniger stabiles und vorher berechenbares Einkommen als bei einem Angestelltengehalt.

Zwischen den Jahren 1992 und 2019 stieg die Zahl der Selbstständigen in freien Beruf auf das Dreifache von 514.000 auf 1.432.000.[78] Zu den größten Berufsgruppen zählten 2019 Kulturschaffende mit etwa 332.000 Selbstständigen, 430.000 in medizinischen und Heilberufen und um die 440.000 in rechts-, steuer- und wirtschaftsberatenden Berufen.[79] Gleichzeitig sank aber die Zahl der Gründer in Deutschland. Gab es im Jahr 2001 noch 1.548.000 Gründer, so fiel diese Zahl 2018 mit 547.000 auf ein Drittel. Als Gründer werden Personen bezeichnet, die „eine gewerbliche oder freiberufliche Selbstständigkeit im Voll- oder Nebenerwerb begonnen haben".[80] Interessanterweise waren laut dem KfW-Gründungsmonitor von den 605.000 Gründungen im Jahr 2019 an die 160.000 von Migrantinnen und Migranten, ein überproportionaler Anteil von 26 Prozent.[81] Das kann damit zu tun haben, dass Migranten am heimischen Arbeitsmarkt systematisch benachteiligt werden, vielleicht nicht die geforderte oder anerkannte Qualifikation vorweisen können oder generell aufgrund ihrer Lebensgeschichte risikofreudiger sind und eine Unternehmensgründung im Vergleich zu einer Flucht in einem Schlauchboot über das Mittelmeer als geringes Risiko angesehen wird.

Mit weniger sicherem Einkommen als die Generation davor und mit dem Anstieg von Wohnungspreisen sind die jungen Generationen weniger in der Lage, Eigentum zu erwerben als zuvor. Wohnungseigentum oder gar ein Häuschen in München, Hamburg, Zürich oder Wien für sich zu erwerben ist für den Großteil längst aus dem Bereich des Möglichen entschwunden.

Einer der Gründe sind immer älter werdende Generationen, die diese Ressourcen auch länger belegen. Wohlstand und Immobilien konzentrieren sich in einem kleiner werdenden Anteil der Bevölkerung. Die Schere zwischen Produktionssteigerung und Einkommenswachstum geht seit Jahrzehnten auseinander. Davon profitieren die Besitzer dieser Ressourcen. Und dieser Wohlstand tendiert in Europa dazu, über Jahrhunderte in denselben Familien zu bleiben, wie MIT-Professor Alex Pentland feststellte.[82] Egal, ob wir in Deutschland, Österreich, Schweiz bleiben oder nach Frankreich, Italien oder England schauen – wenn wir durch die Liste der wohlhabendsten Familien gehen, finden wir einen signifikanten Anteil an Namen, deren Vorfahren schon vor Jahrhunderten ihren Wohlstand angehäuft haben und politischen Einfluss hatten.

Rang	Land	Durchschnittsalter in Jahren
1	Monaco	55,4
2	Japan	48,6
4	Deutschland	47,8
14	Österreich	44,5
33	Schweiz	42,7
40	Kanada	41,8
61	USA	38,5
62	China	38,4
121	Israel	30,4
141	Indien	28,7

Tabelle 2: Median Alter der Bevölkerungen verschiedener Länder,
Quelle: CIA World Factbook

Darin unterscheiden sich die Vereinigten Staaten von Europa. Dort funktioniert ein solches Wohlstandsvererbungs- und Klassensystem weniger gut. Hatte man ein glückliches Händchen, ging es einem selbst und den eigenen Kindern gut, die Enkel aber mussten mit hoher Wahrscheinlichkeit schon wieder selber ihren Lebensunterhalt verdienen.

Das CIA World Factbook listet unter 228 Ländern Japan mit einem Median-Alter von 48,6 Jahren hinter Monaco an zweiter Stelle. Deutschland liegt mit 47,8 Jahren bereits an vierter Stelle, Österreich an 14. Stelle mit 44,5 Jahren und die Schweiz an 33. Stelle mit 42,7 Jahren. Sowohl die USA als auch China liegen mit 38,5 und 38,4 Jahren fast ein Jahrzehnt unter dem Median von Deutschland.[83]

Immer weniger junge Menschen müssen für immer mehr ältere aufkommen. Das bedeutet auch, mehr junge Menschen werden in der Altenpflege benötigt und fehlen damit anderen Teilen der Wirtschaft. Das wird teilweise kompensiert, indem die Menschen bis ins hohe Alter arbeiten und mehr Branchen automatisiert werden. Trotzdem fiel in Japan der Anstieg des Lebensstandards hinter andere Länder zurück und führte zu Deflation.[84] Länder wie Deutschland, Kanada oder die USA lösten das bislang, indem sie vermehrt junge Immigranten aufnehmen. Das ist aber keine Dauerlösung, da auch in Entwicklungsländern die Geburtenraten stark fallen.

Mit steigendem Altersdurchschnitt haben ältere Personen, die noch dazu zuverlässiger an die Wahlurne gehen, bei politischen Entscheidungen ein höheres Gewicht. Damit werden mehr und mehr Ressourcen auf die Bedürfnisse einer älteren Bevölkerungsschicht verwendet als auf eine junge. Wieland Wagner berichtet aus Japan, dass Bewohner einer Wohnhaussiedlung, die vor Jahrzehnten für junge Familien konzeptioniert worden war, heute vorwiegend aus alten Leuten besteht. Obwohl alle sich mehr junge Leute als Nachbarn wünschten, stimmten sie doch gegen die Eröffnung eines Kindergartens in der Anlage, weil der zu erwartende Kinderlärm ihre Ruhe gestört hätte.[85]

Diese Verschiebung des Einflusses auf ältere Bevölkerungsschichten ist etwas, was den *New-York-Times-Magazine-* und *The-New-Yorker*-Journalisten David Berreby beunruhigt.[86]

Politisch mache ich mir Sorgen über die Folgen einer Verschiebung der Macht und des Einflusses weg von den Jüngeren hin zu den Menschen mittleren Alters und den Alten. In der Demokratie gibt es Macht in Zahlen, und wenn die Zahlen die Älteren stärken, dann fürchte ich, dass ihre Sorgen (um das zu behalten, was sie haben, um die Vergangenheit so zu bewahren, wie sie sie sich vorstellen, um das Unerprobte und Unbekannte zu vermeiden) die der Jüngeren zu überwältigen beginnen. Das ist noch nie zuvor geschehen, sodass wir nicht genau wissen können, welche Folgen das haben wird. Aber ich bezweifle, dass sie gut sind.

Der amerikanische Ökonom Daron Acemoğlu vom MIT meint, dass Nationen, deren Bevölkerung immer älter wird, nur durch höhere Investitionen in Patente, Algorithmen oder Robotik ein Wirtschaftswachstum sicherstellen können.[87] Dem widerspricht die schon zuvor zitierte Harvard-Professorin Nicole Maestas. Egal, wie viel man investiert, das Wirtschaftswachstum sinkt proportional zum Anstieg der älteren Bevölkerungsschichten.

Die fehlende Generation von Unternehmern

Obwohl wir mehr Selbstständige unter den jungen Menschen haben, zeichnen die Umfragen ein anderes Bild. Für viele ist der Schritt in die Selbstständigkeit kein freiwilliger, es ist ein aus Mangel an Auswahl erzwungener. Selbstständigkeit ist in vielen Fällen geprägt von einer prekären finanziellen Situation, von größerem Arbeitspensum und geringerer gesellschaftlicher Wertschätzung, die sich in einer Selbstständige benachteiligenden Gesetzgebung und selbst in den eigenen Vertretungen zu offener Verachtung führen kann. So waren während der Coronakrise Freiberufler und Selbstständige bei den Härtefallfonds oft nicht berücksichtigt, fielen wegen wenig durchdachter Antragskriterien durch die Finanzhilfe und sahen sich generell gegenüber Großunternehmen mit entsprechendem Lobbyapparat benachteiligt. Freiberufler, zu denen auch viele Künstler zählen, gelten als die großen finanziellen Verlierer der Krise. Erst ein halbes Jahr nach dem ersten Lockdown, der zur Schließung von Veranstaltungslokalen für Konzerte, Schauspiel oder Konferenzen führte, dachten die Bundesregierungen der deutschsprachigen Länder überhaupt einmal an diese Berufsgruppen. Angestellte und Arbeiter konnten dank Kurzarbeitergeld und Arbeitsplatzgarantien relativ entspannt durch die Krise navigieren, während Freiberufler um ihre finanzielle Existenz kämpften und den Kampf oft verloren.

Da hilft auch nicht, welche Meinung vor einigen Jahren in Österreich der stellvertretende Wirtschaftskammerpräsident zu sogenannten Ein-Personen-Unternehmen (EPU) kundtat. Für ihn waren EPUs Scheinselbstständige und keine Unternehmer, sondern eine „Art der Arbeitslosenentsorgung und Tagelöhner".[88] Ähnliche Einstellungen zu Selbstständigen drücken deutsche Politiker aus. Während der Coronakrise wurden aus den Hilfspaketen der Bundesregierung Selbstständige und Kreative nicht oder nur widerwillig bedacht. Niedersachsens Ministerpräsident Stephan Weil elaborierte sein Missfallen gegenüber Hilfen für Soloselbstständige mit den Worten:[89]

Schließlich ist die Bundeskasse auch die Kasse der gesamten Solidargemeinschaft. Außerdem fällt in der Krise auf, dass Selbstständige bislang keine Arbeitslosenversicherung haben. Arbeitslosigkeit war in deren Welt bislang kaum vorgesehen und führt nun gerade bei Soloselbstständigen zu großen Problemen. Nun muss der Staat mit Transferleistungen einspringen. Die Lehre muss sein: Wir brauchen eine entsprechende Versicherungspflicht für Selbstständige.

Nicht etwa, dass Selbstständige und Kreative bislang keine Steuern gezahlt hätten, ganz im Gegenteil. Dass es keine Arbeitslosenversicherung für sie gebe, sei nun ihre Schuld und nicht die der Regierung, die es versäumte, eine einzurichten. Für Politiker wie Weil sind Selbstständige etwas Suspektes, während das Einzige, was seine Aufmerksamkeit verdient, Angestellte sind. Deren Arbeitgeber erhielten teils exorbitante Beträge. Die Lufthansa beispielsweise wurde mit Milliardenbeträgen während der Coronakrise bedacht, entließ aber Mitarbeiter trotz Pro-Kopf-Hilfen von 100.000 Euro und mehr.[90]

Das Heidelberger Institut für Markt- und Sozialforschung veröffentlicht alle vier Jahre die Sinus-Jugendstudie, die sich die aktuelle

Grundeinstellung der 14- bis 17-Jährigen ansieht.[91] Die jüngste Studie aus dem Jahr 2020 konstatiert zwar den Vormarsch von Leistung und Selbstverantwortung weg von einer hedonistischen Mentalität, allerdings sahen die Jugendlichen das im Rahmen von sicherem Einkommen und stabilen Lebensverhältnissen. Stress, Status, Erfolg und Aufstieg waren ihnen weniger wichtig.

Während der Coronakrise galten – wie bereits erwähnt – Freiberufler und Selbstständige als die großen Verlierer. Kein Wunder, dass das Ergebnis des Young Professionals Barometers 2020 vom Marktforschungsinstitut Trendence bei der Bereitwilligkeit junger Akademiker, den Job zu wechseln oder sich überhaupt selbstständig zu machen, rapide sank, und das trotz einer gleichzeitig gewachsenen Unzufriedenheit mit dem eigenen Arbeitgeber.[92] Die Tageszeitung *Die Welt* sieht angesichts solcher Umfrageergebnisse Deutschland auf dem Weg, eine Generation von Beamten heranzuzüchten.[93]

> In Zeiten wie diesen erscheint ihnen so etwas wie Selbstständigkeit geradezu gefährlich. Unsere potenziellen Innovationshoffnungen studieren gerade oder gehen noch zur Schule. Und wenn es schlecht läuft, züchten wir uns mit ihnen gerade eine Generation von risikoscheuen Angestellten und Beamten heran – mit denen im weltweiten Konkurrenzkampf kein Sieg möglich ist.

Der amerikanische Unternehmer und Investor Jason Calacanis meinte, wir ziehen hier vor allem Reisbauern auf, die brav ihr Reisfeld anlegen und geregelten Arbeitszeiten nachgingen, aber mehr nicht. Uns fehlten jedoch die Ninjas, die etwas wagen würden.

Ein Ablegen der Beamtenmentalität und Rückkehr zum Tüftlertum ist eine politische und gesellschaftliche Herausforderung. Junge Gründer finden sich vor der eigenen Verwandtschaft, dem Bekanntenkreis und in der Öffentlichkeit in einer ständigen Rechtfertigungsnotwendigkeit, warum sie das tun, anstatt doch einen „ordentlichen" Beruf auszuüben. Erste Reaktion von Moralunternehmern auf Vorschläge wie jenem von Frank Thelen, dass wir von Elon Musk von Tesla und Jeff Bezos von Amazon etwas lernen sollten, ist, dass es falsch und schädlich wäre, sich diese als Vorbild zu nehmen. Der Deutsche Gewerkschaftsbund versucht aktiv den Wirtschaftsunterricht in einzelnen Bundesländern zu verhindern. Hier liegt die Schuld bei uns allen, wenn wir den Anschluss an die Zukunft verlieren, weil wir den jungen Generationen die Lust und das Interesse an Gründungen gründlich vermiest haben.[94]

Selbst die Institutionen, die dazu geschaffen wurden und mit viel Steuergeld unterstützt werden, Firmengründungen zu fördern, arbeiten vor allem für ihre eigenen Interessen und gegen Firmengründer. So ist die Fraunhofer-Gesellschaft zwar gegründet worden, um eine „anwendungsorientierte Forschung zum unmittelbaren Nutzen für Unternehmen und zum Vorteil der Gesellschaft durchzuführen" und damit auch Forscher zu ermutigen, ihre Erfindungen und Entdeckungen in Unternehmensgründungen zu kommerzialisieren, doch ist das – glaubt man den Aussagen der Gründer – nicht die gelebte Praxis.[95] So zahle Fraunhofer beispielsweise für einen 22-Prozent-Anteil an einem Unternehmen wie dem Laser-Start-up OQmented nur 8.000 Euro, verlange Lizenzgebühren in sechsstelliger Höher schon in der finanziell für Start-ups schwierigen Anfangsphase und behalte die Patente ein.

Da verwundert es nicht, dass Fraunhofer im Vergleich zu internationalen Institutionen unterdurchschnittlich erfolgreich ist bei Ausgründungen. Während die ETH Zürich auf drei Ausgründungen pro 1.000 Mitarbeiter kommt und das MIT in Boston auf zwei, schafft es die Fraunhofer-Gesellschaft auf 0,9.[96] Mit der Gängelung der Gründer bleiben auch die Investoren weg. Welcher Investor gibt sein Geld schon einem Start-up, wenn die Gründer dank der Fraunhofer-Gesellschaft fast nichts mehr zu sagen haben, dafür aber an Fraunhofer Lizenzzahlungen für die Erfindung der Gründer zahlen müssen? Tatsächlich disqualifizieren sich solche Start-ups dank der Knebelverträge oft auch für internationale Programme wie den German Accelerator vom Bundesministerium für Wirtschaft und Energie, der deutsche Start-ups im Silicon Valley, Boston, New York oder Singapur bei der Markterschließung finanziert und die Aufstellung von Folgefinanzierungen unterstützt. Internationale Investoren ziehen sich augenblicklich von vielversprechenden Start-ups zurück, sobald sie von der Struktur der Fraunhofer-Gesellschaft erfahren. Damit entfernen wir uns immer mehr von den Errungenschaften der Gründerzeit, als heimische Tüftler, Erfinder und Risikobereite die Unternehmen schufen, die heute noch zu den wichtigsten Arbeitgebern zählen. Wir werden immer mehr zu Arbeitnehmern von jenen Jobs, die uns ausländische Unternehmen als Krumen noch zukommen lassen. Ein Google-Office in München oder Zürich, um den lokalen Markt abzudecken, ist ja schön, aber die wahren technologisch fortschrittlichen Entwicklungen finden dann doch eher in der Zentrale in Mountain View, Cupertino oder Shenzhen statt.

Die unerkannte Bedeutung der immateriellen Wirtschaft

Die Singularity University hat ihren Sitz in einem ehemaligen Militärstützpunkt mitten im Silicon Valley. Dem Moffett Airfield in Mountain View ist das NASA Ames Research Center angegliedert, wo neben dem größten Windkanal der Welt, in dem man locker ein Spaceshuttle im Maßstab 1:1 testen konnte, und einem Flugsimulator, der über eine auswechselbare Kabine mit Helikopter-, Spaceshuttle- oder Kampfflugzeugcockpits verfügt, auch die historische Zeppelinhalle Hangar One steht, die mittlerweile zum Wahrzeichen des Silicon Valleys geworden ist.

Dazwischen liegt in einigen ehemaligen Bürogebäuden aus der Mitte des vergangenen Jahrhunderts die Singularity University, die sich mit der Zukunft beschäftigt, vor allem mit Technologietrends, die mindestens eine Milliarde Menschen betreffen wird. Die sechs seit mindestens zwei Jahrhunderten anhaltenden Megatrends, die die Singularity University dabei identifiziert hat, sind die Dematerialisierung (wir verwenden auf Produkte immer weniger physisches Material), die Demokratisierung (immer mehr Menschen können mitentscheiden), die Demonetisierung (von Gold über Bargeld zu digitalen Währungen), die Dezentralisierung (wir verteilen digitale und physische Prozesse immer mehr um den Globus), die Devaluierung (zahlreiche Waren und Dienstleistungen kosten immer weniger im Vergleich zu unserem Einkommen) und die Digitalisierung. Der Netscape-Gründer und jetzige Venture-Capitalist Marc Andreessen hat Letzteres schon vor Jahren als „Software is eating the world" bezeichnet.

Diese sechs Megatrends wirken zusammen. Im Jahr 2000 ein Unternehmen zu gründen war im Vergleich zu heute ein kostspieliges Unterfangen. Wenn man einmal die notariellen und sonstigen offiziellen Gebühren weglässt und rein die Büroausstattung berechnet, dann fielen Ausgaben für Computerserver, Softwarepakete wie Microsoft Office, Erstellung einer Website und Büroarbeitsplätze an. Heute braucht man keine Server mehr anschaffen und installieren, man geht in die Cloud und viele Anbieter haben Gratisangebote. Office-Pakete muss sich auch niemand mehr anschaffen, dank Google Docs und ähnlichen Gratissoftwarepaketen. Für den Websiteauftritt müssen nicht mehr teure Programmierer eingestellt werden, man greift auf viele freie oder günstige Webhostingfirmen zurück, die jede Menge an freien Websitevorlagen anbieten.

Statt mehrere Tausend Euros auszugeben, kann heute eine Einzelunternehmerin mit wenigen Hunderten Euro loslegen und hat dabei eine größere ihr zur Verfügung stehende Auswahl an Leistungen. Dauerte es früher Wochen und Monate, bis das Unternehmen aus technischer Sicht stand, geht das heute in wenigen Stunden. Die Ausnahme bilden die nach wie vor archaisch anmutenden Behördenwege, die immer noch Monate dauern, aber das ist eine andere Geschichte.

Was die Singularity University erkannt hat, findet bislang kaum Widerhall in den Wirtschaftsstatistiken und ökonomischen Kennzahlen. Dort herrschen die dinglichen Werte vor. Eine Unternehmensbilanz listet die Unternehmenswerte auf, die neben physischen, also dinglichen Werten von Anlagen, Grundstücken, Fuhrpark oder dem Inventar auch immaterielle Güter umfasst. Bei Letzteren ist recht streng geregelt, in welchem Wert sie angeführt werden dürfen. Gekaufte Softwarelizenzen sind mit dem Kaufpreis anzuführen, selbsterstellte Software mit dem Personalaufwand. Bei der Bewertung von eigenen Patenten, optimierten Prozessen, gesammelten Daten, bei dem Wert der eigenen Firmenmarke, dem eines neuronalen Netzwerks oder Algorithmus lassen uns allerdings die Wirtschafts- und Rechtswissenschaften schmählich im Stich. Sie erscheinen in den Kennzahlen nicht oder nur zu einem Bruchteil des wahren Werts.

Ein Open-Source-Softwarepaket ist im ersten Moment ganz schlecht für die offiziellen ökonomischen Kennzahlen wie etwa ein Bruttonationaleinkommen. Es wird bei einfacher Betrachtung keine Software verkauft. Damit gibt es keine Erlöse und dafür fallen auch keine Steuern an. Es wird kein in einfache Zahlen erfasster Wert geschaffen. Konkurrenten, die ähnliche Software verkaufen, erleiden Umsatzeinbußen, was wiederum das Bruttonationaleinkommen und die Steuererlöse drückt.

Ähnlich ließe sich beim Fahrradverkauf argumentieren. Jemand, der ein Fahrrad dem Autokauf vorzieht, gibt nur einen Bruchteil seines Geldes aus und die Differenz fehlt in den offiziellen Kennzahlen. Nicht nur das: Ein Fahrradbesitzer kauft auch kein Benzin, er ist sportlicher und in der Regel gesünder, benötigt weniger Medikamente und hat weniger Arztbesuche. Reparaturen am Fahrrad sind deutlich billiger als die bei einem Auto und Unfälle richten weniger Schaden an, der damit auch nicht volkswirtschaftlich in diese Kennzahlen einfließt. Mit anderen Worten: Fahrradfahren ist schädlich für die Volkswirtschaft. Es gibt nur eine Fortbewegungsart, die volkswirtschaftlich noch schlimmer ist: Gehen. Solche Personen kaufen nicht einmal ein Fahrrad!

Wir sehen schon, solche Wirtschaftskennzahlen erfassen nicht nur viele Werte gar nicht oder nur unzureichend, sie fokussieren sich aktiv auf die falschen Kennzahlen. Produkte und Dienstleistungen, die die Ursache oder das Ergebnis von Wohlstandszerstörung sind, werden als positiver Faktor gerechnet. Nicht nur werden Kosten dieser Aktivitäten nicht oder als positives Element berücksichtigt, sie tendieren dazu, soziale und ökologische Kosten zu externalisieren.

Die Abwässer oder Abgase, die ich nicht reinige, wobei ich damit Kosten spare und die Umwelt belaste, wirken sich positiv auf meine Unternehmensbilanz aus, aber negativ auf die Umwelt und die davon betroffene Bevölkerung. Das ist pervers. Aber nicht nur die volkswirtschaftliche Betrachtung geht in die falsche Richtung, auch Kennzahlen auf Märkten und innerhalb von Unternehmen tendieren zu solch einem Zerrbild.

Blockbuster war mit global 84.000 Mitarbeitern und 9.000 Filialen die größte Videoverleihkette der Welt. In den Filialen konnten anfänglich Videokassetten, später DVDs und Blu-Rays ausgeliehen werden. Für jeden Tag Verspätung fielen Gebühren an. Im Jahr 2000 wurden so beispielsweise 800 Millionen Dollar nur durch solche Verspätungsgebühren in die Kassen von Blockbuster gespült.[97] Doch dann trat ein Wettbewerber auf, den wir nur allzu gut kennen. Netflix hatte keine Filialen, sondern nur eine Website und versandte die DVDs. Verspätungsgebühren gab es keine. Man behielt die DVD, bis man sie retournierte, und erhielt sogleich die nächsten Filme auf der Filmliste, die man auf der Website angelegt hatte.

Bereits dieser halb digitale, halb physische Service von Netflix begann Blockbuster zu schaffen zu machen. Wozu noch in einen Laden kommen, wenn ich neue Filme ohnehin in Tagesfrist im Postfach hatte? Und Filmfreunde standen nicht unter Druck, den Film sofort ansehen zu müssen, um Verspätungsgebühren zu vermeiden.

Erst mit reichlicher Verzögerung begann Blockbuster, die Gefahr ernst zu nehmen und darauf zu reagieren, indem es selbst einen Postversand von Filmen anbot, und nach anfänglichen Erfolgen, die Netflix zu schaffen machten, führte eine Kontroverse mit dem Großinvestor Carl Icahn, der das neue digitale Geschäftsmodell nicht verstanden hatte, dazu, dass Blockbuster den neuen Onlineservice ausgliedern und verkaufen musste und ihm obendrein noch als Giftpille die Schulden anhängte. im Jahr 2010 musste das Unternehmen dann auch folgerichtig Konkurs anmelden. Der Management- und Investorenfokus war lange geprägt durch die Bilanzwerte. Filialen und physische Medien standen dort mit satten Werten zu Buche. Die Filialen mussten an frequentierten und leicht zugänglichen Standorten sein, die entsprechend kosteten. Netflix hingegen hatte zentrale Lager, die an billigen Standorten sein konnten, und das Management konnte sich vor allem auf die digitale Sphäre fokussieren. Die Website selbst, das Vorschlagsystem für Filme und die Optimierung des Postversands standen im Vordergrund. Sobald Blockbuster einen solchen Versand eingeführt hatte, musste das Management seine Aufmerksamkeit teilen: einerseits auf die neue, unvertraute, nichtdingliche digitale Sphäre sowie auf die vertraute dingliche Welt der Filialen. In den Bilanzen wurden allerdings vor allem die dinglichen Werte angeführt, die nichtdinglichen fielen dort nur durch Kosten, aber nicht durch Werte auf.

Blockbuster ist gerade einmal vor einem Jahrzehnt verschwunden, und doch fühlt es sich wie eine Ewigkeit an, speziell, wenn man weiß, dass auch Netflix sich seitdem gewandelt hat, nun ein Streaminganbieter und eines der größten Filmstudios der Welt ist und den Postversand schon vor einigen Jahren aufgegeben hat.

Trotzdem ist dieses Beispiel hochaktuell. Man sieht nicht nur, wie sich die von der Singularity University identifizierten Megatrends hier auswirken, es lassen sich auch ziemlich leicht Vergleiche zu anderen Industrien anstellen. Die Automobilindustrie steht aktuell vor einem solchen Übergang von einem vor allem durch dingliche Produkte geprägten Geschäft zu einem durch und durch digitalen, nichtdinglichen. Auch hier sehen wir, wie das Management dieser Unternehmen sich ausgesprochen schwertut, die digitale Welt zu verstehen, deren Wert und somit Bedeutung zu beziffern und sich immer wieder auf die ihnen vertraute physische Welt zurückzieht.

Man nehme ein Beispiel aus der jüngsten Vergangenheit. Das *Handelsblatt* berichtete von einer Rückrufaktion beim VW Golf 8. In der Software des gesetzlich vorgeschriebenen Notrufassistenten war man auf einen Fehler gestoßen, der ihn nicht richtig funktionieren ließ.[38] Wie korrigiert man einen Softwarefehler bei einem Smartphone? Man macht einen Termin im Telefonladen seines Vertrauens aus, wartet dann am vereinbarten Tag im Laden, bis man an die Reihe kommt, händigt dem Techniker sein Smartphone aus und wartet dann zwei Stunden, bis die Software aufgespielt und getestet wurde. Das ist natürlich Unsinn! Wir erhalten einfach ein Update über das Internet, ein sogenanntes Over-the-Air-Update (OTA-Update), und nach wenigen Minuten sind wir auf dem neuesten Stand.

Nicht so beim VW Golf 8. Dort mussten die betroffenen Fahrzeuge zurück in die Werkstatt und die neu produzierten Golf 8 konnten nicht gleich ausgeliefert werden. Die mangelhafte Wertschätzung von digitalen Services in der Automobilindustrie macht sich durch hohe Wartungskosten und schlechte Kundenbewertungen bemerkbar. Als Smartphone- und Teslabesitzer ist mir das unverständlich. Alle zwei bis vier Wochen erhalte ich ein neues Software-Update auf mein Auto, das nicht nur Fehler korrigiert, sondern neue Funktionen nachliefert. Vom Hundemodus, der die Temperatur im für einen im Auto zurückgelassenen Hund angenehm hält, bis zu neuen autonomen Fahrfunktionen war da schon alles dabei. Mein Tesla gewinnt mit solchen kostenlosen Software-Updates sogar an Wert.

Dass wir uns so schwertun, die neue digitale Welt zu verstehen und wertzuschätzen, ist auch teilweise auf ein Versagen der Wirtschaftswissenschaften und der Gesetzgebung zurückzuführen, die bislang nur wenig Anhaltspunkte geben, wie digitale Werte bewertet werden sollen, angefangen von Algorithmen und Daten, neuronalen Netzwerken bis hin zu einer Over-the-Air-Update-Infrastruktur – und wo die Gesetzgebung diese heute in Bilanzen und rechtlichen Bewertungen außen vor lässt.

In ihrem Buch „Capitalism without Capital: the Rise of the Intangible Economy" beschreiben die beiden Wirtschaftswissenschaftler Jonathan Haskel und Stian Westlake eine Szene aus dem 11. Jahrhundert, die sich unter William I. der Eroberer in dem kleinen englischen Kaff Stansted abgespielt hatte. Für die Erfassung seines Besitzstands in das Grundbuch – als „Doomsday Book" bekannt geworden – sandte er Vögte und Handelsdiener, mit anderen Worten, Buchhalter und Sachverständige, aus, die Inventar machten. Sie zählten Schweine, Kühe und Menschen, vermaßen das Land und erfassten die Gebäude und deren Zweck und Dimensionen. Daraus ließ sich ein Wert errechnen, den Stansted dem Normannenkönig bot. Knapp 900 Jahre später im Jahr 2012 spielte sich eine ähnliche Szene ab, als die britische Regierung die British Airports Authority (BAA) auflöste, um mehr Wettbewerb zuzulassen. Dabei wurde der Flughafen Stansted von Buchhaltern und Sachverständigen begangen, um mit Laptop und Kameras ausgestattet den Wert des Rollfelds, der Flughafengebäude, der Garagen, des Flughafenhotels und der Fuhrparks zu erfassen und zu bewerten. Was sie nicht erfassten, war der Wert eines effektiven Eincheckprozesses oder der Flugverkehrsplanung – oder der Markenwert des bei London gelegenen und damit in direktem Wettbewerb mit mehreren anderen Flughäfen stehenden Stansted Airport.

Die Schwierigkeiten, diese immateriellen Werte zu bemessen, hat mit mehreren Faktoren zu tun. Zuerst einmal sind diese Dinge kaum wenig sichtbar. Wie bei guten Manieren werden sie nur dann sichtbar, wenn sie nicht vorhanden sind. Damit fallen sie bei Bewertungen nicht auf beziehungsweise ist ein Vergleich mit Prozessen in vergleichbaren Unternehmen nur schwer. Solche immateriellen Prozesse sind oft auch sehr spezifisch auf ein Unternehmen zugeschnitten und sind ohne das Wissen der Mitarbeiter nicht in anderen Unternehmen einsetzbar. Damit lässt sich nur schwer ein Marktwert berechnen. Während es für ein Gebäude oder eine Maschine einen Markt gibt, der die Bewertung zulässt, gibt es den für Patente, Prozesse und Daten nicht, und selbst wenn, divergieren die Ansichten über deren Wert.

Haskel und Westlake schreiben immateriellen Gütern auch vier Eigenschaften zu, in denen sie sich von materiellen Gütern unterscheiden. Sie sind „sunk", erzeugen „spillovers", sind „scalable" und haben „synergies". Wenn ein Unternehmen eine Maschine kauft, kann man sie später auch wieder verkaufen, die Kosten also zurückholen.

Bei immateriellen Gütern sind die Kosten „versenkt". Die Ausgaben für Mitarbeitertraining sind einfach weg, der Mitarbeiter kann nicht verkauft werden. Ebenso kann ich ein Schloss an der Fabriktür anbringen und sicherstellen, dass nur ich die Maschine benutzen und davon profitieren kann. Ein cleveres Design für ein Produkt wird recht rasch von anderen kopiert werden und es ist aufwendig, wenn nicht gar unmöglich, dieses zu schützen. Das ist der sogenannte „Spillover-Effekt". Immaterielle Güter sind meistens recht einfach skalierbar. Software kann beliebig oft fast ohne zusätzliche Kosten kopiert werden. Und dann entfalten sie ihren Wert oft nur in Synergie mit anderen Bestandteilen. Ein Elektroauto, das in Verbindung mit einem Supercharger-Netzwerk und regelmäßigen Over-the-Air-Updates angeboten wird, ist selbst bei gleichem Preis wertvoller als ein reines Elektroauto. Nur: Um wie viel mehr ist es wert?

Man erkennt schon anhand dieser einfachen Beispiele, warum sich die Wirtschaftswissenschaften und die Gesetzgebung so schwertun, Richtlinien für die Bewertung von immateriellen Gütern in den Unternehmensbilanzen oder im Bruttonationalprodukt vorzuschlagen. Damit bleiben sie unsichtbar und die Bedeutung der immateriellen Wirtschaft bleibt im Verborgenen. Angesichts einer Entwicklung, bei der Investitionen in immaterielle Güter in den USA und im UK bereits seit Jahren höher als die materiellen Investitionen sind und im EU-Durchschnitt heute das gleiche Niveau erreicht haben, führt diese Nichtbeachtung immaterieller Werte zu einer immer stärker von der Realität entfernten Wirtschaftspolitik.[99] Obwohl diese Produkte und Dienstleistungen von allen verwendet werden, oft, ohne dass die Benutzer es wissen, sind sie so betrachtet nicht nur nicht „schlecht" für die Volkswirtschaft, sie werden auch nicht wahr- und ernst genommen. Und das führt dazu, dass Manager und Politiker diese in ihrer Bedeutung nicht erkennen und damit Maßnahmen beschließen, die dann tatsächlich der eigenen Wirtschaftsleistung schaden.[100] Und das haben digitale Produkte mit anderen, scheinbar unsichtbaren Dienstleistungen gemein wie Pflegedienste, Kinderaufsicht und Erziehung, die Frauen gratis oder massiv unterbezahlt übernehmen.

Diese Erkenntnis ist keine neue und sie erfuhr nicht erst Aufmerksamkeit durch die digitale Revolution oder die Covid-19-Pandemie und die Frage, welche Berufe eigentlich systemrelevant sind. Bereits im März 1968, nicht lange, bevor er ermordet wurde, sagte der amerikanische Präsidentschaftskandidat Robert Kennedy in einer Rede an der Kansas University:

> Unser Bruttonationalprodukt ... misst Luftverschmutzung und Zigarettenwerbung und Krankenwagen, die das Gemetzel auf unseren Straßen aufräumen ... Es misst die Zerstörung der Mammutbäume und den Verlust unserer Bewunderung durch unsere chaotische Ausbreitung ... Doch misst das Bruttonationalprodukt nicht die Gesundheit unserer Kinder, die Qualität ihrer Ausbildung oder die Freude an ihrem Spiel. Es inkludiert nicht die Schönheit unserer Gedichte ... oder die Intelligenz unserer öffentlichen Debatten oder die Integrität unserer öffentlichen Repräsentanten ... Es misst kurzerhand alles, bis auf all das, was das Leben wertvoll macht.

Wie schätzen wir nun den Wert der Dienstleistung, die uns Wikipedia gratis gibt? Vermutlich könnten wir ihn auf mehrere Milliarden Euro pro Jahr beziffern, wenn wir uns nur auf eine Bewertungsweise geeinigt hätten. Tatsächlich aber taucht sie weder im BIP auf noch weist Wikipedia Einkünfte aus. Ähnlich sieht es mit Open-Source-Software aus, mit Inhalten, die uns auf YouTube, Blogs und vielen anderen Plattformen von Schaffenden gratis zur Verfügung gestellt werden. Diese Produkte und Dienstleistungen werden vom BIP nicht erfasst, sind nicht in Unternehmensbilanzen ausgewiesen und werden in keiner Steuererklärung aufgelistet.

Erik Brynjolfsson, Direktor des Stanford Digital Economy Lab am Institute for Human-Center AI und Co-Autor von „The Second Machine Age", versucht mit seinen Kollegen, diese Werte für das BNP zu erfassen.[101] Dazu führten sie eine Onlineumfrage durch, bei der die

Teilnehmer angeben mussten, wie viel sie bereit wären, für Wikipedia monatlich zu bezahlen, wenn es nicht gratis zur Verfügung stünde.

Die Aussage dabei ist, dass man nicht nur den bezahlten Preis heranziehen sollte, sondern den geschaffenen Wert.[102] Und dieser kann sich daraus berechnen, wie oft die Benutzer im Monat Wikipedia benutzen und wie viel Zeit sie gespart haben, wenn sie dieselbe Suche auf traditionelle Weise durch einen Bibliotheksbesuch durchgeführt hätten. Die Differenz multipliziert mit einem Stundensatz und hochgerechnet auf alle Benutzer gibt einen möglichen Ansatzpunkt für den tatsächlichen Wert von Wikipedia. Solch eine Zahl würde Politikern und Regulatoren die Augen öffnen und als bessere Grundlage für die Erlassung von Vorschriften, Gesetzen und Fördermaßnahmen dienen.

Wachsender Abstand zwischen Kultur und Technologie

Genau betrachtet ist es absurd, wie wir Anfang des 21. Jahrhunderts nach wie vor die Ideen des 19. Jahrhunderts als Ursachen und Lösungsansätze für unsere moderne Zeit heranziehen. Dabei müssen wir gar nicht ins 19. Jahrhundert zurückgehen. Wir konnten in den gar nicht so fernen 1970er-Jahren überhaupt nicht die sozialen Änderungen vorhersehen, die uns die Globalisierung, Reisemöglichkeiten oder moderne Kommunikationstechnologien bescherten. Plattformen wie Wikipedia, Google, Amazon, Airbnb, Uber, Twitter oder Facebook konnte man sich im Jahr 1970 gar nicht vorstellen und erst recht nicht deren Einfluss auf Demokratie, Gesellschaft, Politik oder Umwelt. Wer konnte mit dem Start von Sputnik eine Dating-App wie Tinder vorhersagen, die mit Satelliten und GPS möglich wurde? Oder sich vorstellen, dass Tausende Menschen freiwillig und ohne Bezahlung Open-Source-Software erstellen, auf die sich Benutzer und Firmen weltweit verlassen?

Genauso wenig, wie Leonardo da Vinci an der Schwelle vom Mittelalter zur Renaissance die Entstehung der Wissenschaften vorhersehen konnte oder Johannes Gutenberg sich ausmalen konnte, dass es dank seiner Erfindung der Druckerpresse zu Revolutionen, Religionskriegen und Kirchenspaltung kommen würde, genauso wenig können wir heute vorhersehen, was beispielsweise künstliche Intelligenz im Jahr 2050 aus uns gemacht haben wird oder welche heute noch unbekannte Technologie welche Änderungen im Jahr 2030 nach sich ziehen wird. Dabei wächst die Kluft zwischen den immer schneller werdenden technologischen Änderungen und der sich langsamer anpassenden Kultur. Eine der Ursachen ist, dass wir die Vergangenheit viel ernster nehmen und uns intensiv mit ihr auseinandersetzen, an die Zukunft aber kaum Gedanken verschwenden und sie herunterspielen.

Viele heutige Entscheidungsträger besuchten die Schule in den 1960er- und 1970er-Jahren, mancher aktuelle Präsident wurden noch in den 1940er-Jahren geboren. Sie hatten Lehrbücher, die auf damals 20 Jahre altem Wissen basierten. So kommt es, dass wir Probleme des 21. Jahrhunderts mit Lösungsansätzen und Modellen des 19. und frühen 20. Jahrhunderts erklären und anpacken. Traditionelle Unternehmen verwerden, wie wir gelernt haben, alte und damit langsame und unzureichende Innovationsmodelle statt agiler Methoden. Gewerkschaften beziehen sich auf die Schriften von Karl Marx, um nach wie vor den Arbeitskampf zu führen und die Klassenunterschiede hervorzuheben. Staaten besteuern – und verteuern damit – menschliche Arbeit und die „guten Dinge" anstatt vielleicht Roboterarbeit und die „schlechten Dinge" wie Emissionen, Energieverbrauch oder Umweltverschmutzung. Wie bereits erwähnt werden vor allem materielle Güter, nicht aber die immer wichtiger werdenden immateriellen Güter beachtet.

So gern wir alte Burgen und Schlösser besuchen, wohnen wollten wir darin nicht mehr. Dampfeisenbahnen sind gut für eine Sonderfahrt, genügen aber nicht mehr unseren modernen Anforderungen an Umweltschutz und Transport. Niemand geht zum Arzt und fühlt sich mit einem Aderlass durch Blutegel medizinisch gut betreut.

Was wir von Technologie oder Medizin verlangen, nämlich, dass wir Zugang zu den neuesten Errungenschaften haben können, wird für Kultur – im Sinne von gesellschaftlicher, philosophischer, führungskultureller, ausbildungsmäßiger oder politischer Kultur – paradoxerweise nicht verlangt. Wir vertrauen immer noch Ansätzen, die 100 Jahre und älter sind. Die Moralunternehmer, die uns angesichts des Wandels vor dem Untergang des Abendlandes warnen, wollen uns mit Methoden des 19. Jahrhunderts aus dem 21. Jahrhundert ins vermeintlich bessere 20. Jahrhundert zurückbringen. Wie in anderen Disziplinen kam es zu einer Spezialisierung, die zu Silos führt. Leonardo da Vincis To-do-Listen zeigten sein Interesse an vielen Bereichen – von Kunst, Medizin, Mathematik, Architektur, Metallkunde bis hin zur Biologie. Selbst Johann Wolfgang von Goethe war nicht nur der Dichter. Er machte sich an die Farbenlehre und stellte dafür ein eigenes System auf. Mit seinem Zeitgenossen, dem Entdecker, Forscher und Weltreisenden Alexander von Humboldt, führte er wochenlange Diskussionen in seinem Haus in Weimar. Und Humboldt selbst half sein multidisziplinäres Interesse bei seiner gesamtheitlichen Betrachtung der Umwelt, um den Einfluss von menschlichen Eingriffen in die Natur und deren Auswirkungen auf Boden, Vegetation, Tierwelt und das Klima zu beschreiben.

Dieses gesamtheitliche, multidisziplinäre Interesse wird heute nur vorgetäuscht. Ich habe mir die Mühe gemacht, die Bücher und Vorträge der im deutschen Sprachraum so gehätschelten und herumgereichten „Vordenker" und „profiliertesten Intellektuellen" (wie man es bei Selbstbeschreibungen so oft liest) zu lesen und anzuhören, und es ziehen sich mehrere rote Fäden durch die Werke. Man macht sich nur wenig Mühe zu verbergen, dass man sich nicht eingehend mit der Materie beschäftigt hat. So fehlen bei künstlicher Intelligenz, Robotik, Gentechnik oder autonomen Autos, um nur einige Beispiele zu nennen, das Wissen über die Grundlagen und den Stand der Dinge. Teilweise ist man sogar stolz auf die eigene Unkenntnis. Man brandmarkt diese Technologien von vornherein als unmoralisch und unethisch, die dahinterstehenden Experten als naiv und die Unternehmen als kapitalistisch und meint, gute Gründe vorbringen zu können, die eine eingehendere Beschäftigung mit der Materie erübrigt.

Weil der multidisziplinäre Ansatz und das Interesse eines Humboldt, Leonardo oder Goethe fehlt, halten politische, gesellschaftliche, gewerkschaftliche oder philosophische Ansätze nicht mit der Geschwindigkeit der technologischen Entwicklung Schritt. Die Fragen, die KI und Roboter aufwerfen, werden mit 100 Jahre alten Ansätzen falsch oder wenig hilfreich beantwortet. Zugespitzt ausgedrückt ist das so, als wolle man die Übertragungsraten am Smartphone durch die Züchtung besserer Pferde für die Postkutschen erhöhen.

Wir stehen somit vor der Herausforderung, dass jeder Einzelne, der hier seinen Beitrag leisten will, sich offen und interessiert in andere Disziplinen einarbeiten muss. Und das bedeutet auch, dass jeder bereit sein muss, gleichzeitig als Lehrmeister seiner Disziplin für die fachfremden Interessierten zu dienen. Die größten Fortschritte zum Wohl der Menschen gab es immer dann, wenn Experten aus verschiedenen Disziplinen zusammenarbeiteten. Daran hat sich bis heute nichts geändert.

Profiteure

Wer profitiert von all diesen Fortschritten? Stellt man diese Frage, dann wird als erste Antwort „die geldgierigen Unternehmen" gegeben. Das stimmt – zumindest teilweise. Damit Geld zu verdienen ist ein Grund, weshalb Unternehmen existieren. Eine Gruppe von Personen unter Einsatz von Kapital, Gütern und Wissen kann durch diese Organisationsform die Kosten reduzieren, um uns Dienstleistungen und Produkte bereitzustellen. Müssten wir das alles selber machen, wäre das ziemlich ineffizient. Dass jedoch nur die Unternehmen davon profitieren, ist eine zu enge Sichtweise.

Von einem Supermarkt profitieren sicherlich die Supermarktbesitzer, aber ohne Supermarkt fiele es uns schwerer, Lebensmittel zu beschaffen. Wir sind somit auch Nutznießer dieses Unternehmens. Wer von uns als Endbenutzer hat jemals direkt einen Euro an Google bezahlt? Wohl kaum jemand, denn die Suchmaschine, YouTube,

Google Office, Gmail und viele andere Dienste stehen uns gratis zur Verfügung. Genauso ist es mit Facebook, Twitter, Instagram, Whats-App, Clubhouse, TikTok oder Wikipedia. Wie schwer die Entscheidungsträger sich damit tun, die Geschäftsmodelle zu verstehen, sah man bei der Anhörung von Facebook-Chef Mark Zuckerberg vor dem US-Senat, als ihn der republikanische Senator Orrin Hatch verwundert fragte, wie denn Facebook überhaupt Geld verdienen würde.[103]

Neben den Unternehmen und uns, den Kunden, gibt es aber noch andere Typen von Profiteuren, allerdings in einer etwas anderen Form, als wir im ersten Moment denken.

Trolle und Gegentrollerei

Einmal kam Gott der Allmächtige zu Adam und Eva. Sie begrüßten ihn herzlich und zeigten ihm alles, was sie in ihrem Haus hatten. Sie zeigten ihm auch ihre Kinder und er fand sie sehr vielversprechend. Er fragte Eva, ob sie nicht mehr Kinder hätten als die, die sie ihm gezeigt hatte. Sie sagte Nein. Es war aber so, dass Eva einige der Kinder noch nicht gewaschen hatte und sich deshalb schämte und nicht wollte, dass Gott sie sähe, und aus dem Grund versteckte sie sie. Das wusste Gott, und er sagt: „Was vor mir verborgen wird, soll den Menschen verborgen sein." Diese Kinder wurden jetzt unsichtbar für die Menschen und wohnten in Bergen und Hügeln, Felsen und Steinen. Von ihnen stammten die Elfen ab, die Menschen aber stammen von den Kindern Evas ab, die sie Gott zeigte. Die Menschen können nie die Elfen sehen, es sei denn, diese wollen es selber, denn sie können die Menschen sehen und sich den Menschen sichtbar machen.[104]

Dieses Märchen aus Island schildert uns, wie diese unberechenbaren Wesen der Elfen und Zwerge, Feen, Trolle und Wald-, Wiesen- und Berggeister in die Welt kamen. Solche Fabelwesen spielen in der nordischen Mythologie eine bedeutende Rolle und wir hätten sie fast schon vergessen, wenn sie nicht im Internet aufgetaucht wären. Trolle werden als groß und plump oder zwergenhaft, mit großer Nase, hässlichem Aussehen und schmutzig dargestellt, stiften zumeist Chaos und Verwirrung und hinterlassen dabei erheblichen Schaden. In Island gibt es sogar eine Trollbeauftragte – eigentlich Elfenbeauftragte –, die an das Bauamt der Stadt Reykjavík angegliedert ist und die Aufgabe hat, bei Bauvorhaben sicherzustellen, dass dabei keine Trolle gestört werden. Angesichts des Chaos und Schadens, den sie anrichten können, sicherlich eine kluge Entscheidung.[105]

Solch ein Amt würde man sich im Internet und im realen Leben wünschen, denn Trolle sind nicht an aufrichtigen und ehrlichen Diskussionen interessiert. Es werden Halbwahrheiten und Verschwörungstheorien vorgebracht und wiederholt, Meinungen ohne Faktenbasis vertreten, und – wenn alles nicht mehr hilft – wird auf Ad-hominem-Attacken ausgewichen.

Nicht nur politische Themen, selbst relativ einfache Diskussionen zu Technologiethemen kippen ebenso rasch ins Unsachliche. Und die Meinungen offenbaren zumeist mangelnde Erfahrung und mangelndes Wissen, doch das realisieren die Trolle meistens nicht. Das Beispiel des bereits erwähnten Delegationsteilnehmers, der gegen Elektroautos wetterte und dann geläutert war, als er das erste Mal in einem drinsaß und die Beschleunigung in Aktion erlebte, zeigt das deutlich. Ihm hatte einfach die Erfahrung mit der neuen Technologie gefehlt.

Leider sind nicht alle Trolle daran interessiert, selbst Erfahrungen zu machen. Sie halten an liebgewonnenen Vorurteilen und Argumentationsketten fest. Tatsachen oder Fakten kennt man nur vom Hörensagen und viele machen sich nicht die Mühe, sie zu recherchieren. Selbst wenn ihnen welche vorgehalten werden, tun sie dies als Propaganda oder Fake News ab. Und sie äußern sich zu jedem erdenklichen Thema, wie man an den Coronaleugnern erkennen konnte.

Dabei gibt es zumindest bei Themen, mit denen ich mich intensiver auseinandersetze, eine recht einfache Methode, sie zu blamieren. Zu jeder Behauptung, die sie machen, bitte ich sie um eine Quelle, also einen Link, ein Buch oder eine Studie, aus der sie ihre Zahlen und Fakten haben. In all den Jahren, die ich in Foren als Teilnehmer und Administrator unterwegs bin oder auf Konferenzen und am Stammtisch in Gesprächen vertieft bin – und ich verwende die Teilnahme an diesen Foren für ein Stimmungsbild und zur Informationssammlung für meine Arbeit – erhielt ich noch nie (keine Ausnahme) auch nur einen Link, und schon gar nicht auf eine seriöse Quelle, der diese Behauptungen untermauerte. Es wurde ausgewichen, das Thema gewechselt, mir wurde der Ball zurückgespielt („Wenn du so klug bist, dann kennst du diese Links doch eh schon!") – oder ich wurde persönlich attackiert. Ganz Frustrierte werfen mir dann vor, mit mir sei es schwierig zu diskutieren. Dabei ist das Diskutieren mit mir ganz einfach. Stellt man mir gegenüber eine Behauptung auf oder bringt eine starke Meinung vor, dann gibt es sicherlich unterstützende Daten und Fakten. Und da ich dazulernen will, würde ich mir die selbst gerne ansehen.

Ich gebe zu, es ist eine gewisse Lust dabei, sich in solche Diskussionen zu stürzen. Ich trolle die Trolle. Und ich denke, das ist eine wichtige Aufgabe, die viel zu wenig Leute machen, womit sie den agnoranten, aber lauten Stimmen die – wie in Österreich vor allem rechte Politiker es auszudrücken pflegen – „Lufthoheit über den Stammtischen" gewähren.

Diese und andere rhetorische Kniffe hat schon Arthur Schopenhauer in seiner „Eristischen Dialektik oder Die Kunst, Recht zu behalten" erläutert. Im Gegensatz zum angelsächsischen Sprachraum wird bei uns selten eine formale Ausbildung zu Vortrags- und Diskussionstechniken angeboten. Fehlt einem die Grundlage, fällt es schwer, die Taktiken von Trollen in Diskussionen zu durchschauen.

Bei einer Form der Trollerei werden wir allerdings nie eine Chance haben. Die englische Königin Elizabeth II. ist Meisterin in der Kunst der Broschentrollerei. Die subtile Auswahl von Broschen, die sie bei

Staatsbesuchen von Präsidenten anlegt, scheint – so jedenfalls die Meinung der britischen Öffentlichkeit – ihre wahre Meinung zu signalisieren. So trug sie etwa beim Besuch vom damaligen US-Präsidenten Donald Trump eine Brosche, die ihr die Obamas geschenkt hatten.[106]

Technokraten

Haben wir zu viele Technokraten an den Spitzen unserer Behörden und in den Parlamenten? Fragt man die Menschen auf der Straße, dann wäre die Antwort wohl ein klares Ja. Uns kommen da vor allem die EU-Vorschriften zur Gurkenkrümmung (oder war es die Krümmung von Bananen?) in den Sinn, die vor Jahren hitzige Debatten auslösten.

Also ja, es gibt zu viele Technokraten, die unser Leben bestimmen und sich überall einmischen, oder? Seinem Zorn auf die Regulierungswut der EU und die damit verbundene Beeinträchtigung seines Lebensstils wollte ein Brexit-Befürworter in einem Video Ausdruck verleihen, indem er eine EU-Fahne mit dem Feuerzeug abfackeln wollte.[107] Sechs Minuten lang bemüht er sich, das immer wieder erlöschende Feuer neu zu entfachen. Der Fahnenhersteller hatte die Flagge leider gemäß den Brandschutzvorschriften der „Technokraten" produziert und so die „Freiheit" des Brexit-Fans eingeschränkt, diese aus Protest abzufackeln.

Wenn wir uns allerdings die Mühe machen, die Zusammensetzung der Bundesregierung oder des Bundestages anzusehen und die gelernten beziehungsweise studierten Berufe unserer Politiker, ergibt sich ein völlig anderes Bild.[108] Unter 709 Abgeordneten im Deutschen Bundestag gibt es gerade einmal 29 Naturwissenschaftler und 25 Ingenieure. Vierzehn sind Mediziner, dafür aber sind 152 Juristen (20 Prozent der Abgeordneten) unter den Volksvertretern. Absolventen der MINT-Berufe (Mathematik, Ingenieurwesen, Naturwissenschaften, Technologie) machen somit acht Prozent der Abgeordneten aus.

Scheinen das schon wenige „Technokraten" zu sein, dann sind sie in der Bundesregierung noch mehr die Exoten. Von 14 Mitgliedern ist nur eine Person Absolventin eines MINT-Fachs: die Bundeskanzlerin selbst. In anderen Ländern sieht es nicht besser aus. Die österreichische Regierung hatte im Kabinett „Kurz I" (die von Sebastian Kurz geführte Koalition zwischen ÖVP und FPÖ von 2017 bis 2019) gerade einmal eine Absolventin eines MINT-Fachs (die damalige Wissenschaftsministerin) und im Kabinett „Kurz II" (die Koalition zwischen ÖVP und den Grünen seit dem Jahr 2019) unter 15 Regierungsmitgliedern keinen einzigen MINT-Absolventen. Auch im US-Senat gibt es unter 100 Senatoren keinen einzigen STEAM-Absolventen (Science, Technology, Engineering, Arts, Mathematics).

Der promovierte Physiker und Unternehmer Andrew Yang, der sich im Jahr 2020 als Präsidentschaftskandidat der Demokraten beteiligt hatte, wählte in Anspielung auf Donald Trumps Wahlspruch „MAGA: Make America Great Again" sein eigenes Kürzel: „MATH: Make America Think Hard".

Angesichts der verpatzten Cookie-Regulierung, des Uploadfilters und des Datenschutzgesetzes leiden wir nicht unter den Konsequenzen von zu vielen Technokraten, also von Personen, die von Mathematik, Technologie, Naturwissenschaften und Ingenieurwesen eine Ahnung haben, sondern dass viel zu wenige davon in den Regierungen und Behörden sitzen. Wie, nebenbei bemerkt, auch viel zu wenige Künstler und Kreative dort vertreten sind.

Von der falschen Mücke zum falschen Elefanten

It's all about merit until merit has tits.

Naomi Wu 机械妖姬

In den Anfängen der Wirtschaftswissenschaften im 18. Jahrhundert wurde der Ethikbegriff des Utilitarismus eingeführt, der den Zweck und Nutzen einer Maßnahme für die Betroffenen in den Fokus bringt. Der Begriff beschreibt, vereinfacht gesagt, dass eine Maßnahme, die einen Nutzen beziehungsweise mehr „Glück" für eine Mehrheit von Betroffenen bringt, höher zu gewichten ist als die möglichen negativen Auswirkungen für eine Minderheit.

Nehmen wir das bekannte Trolley-Problem, bei dem eine Tramway unkontrolliert eine steile Straße runterrollt. Der Beobachter sieht, dass am unteren Ende der Schienen fünf Personen Arbeiten an den Schienen durchführen. Vor dieser Personengruppe befindet sich eine Weiche und am Ende dieses Schienenstrangs arbeitet eine Person. Der Beobachter ist zu weit weg, um die Arbeiter zu warnen. Vor dem Beobachter befindet sich allerdings ein Hebel, mit dem die Weiche umgestellt werden kann. Die Frage an das Publikum ist nun: Würde ich als Beobachter die Weiche umstellen und damit den Tod des einen Arbeiters in Kauf nehmen oder würde ich nichts unternehmen und damit fünf Personen in den sicheren Tod schicken?

Aus rationaler, utilitaristischer Sicht würden wir antworten, dass wir den Hebel umlegen würden und somit statt fünf Personen nur eine Person töten würden. Dieses Dilemma ist aber etwas komplexer, denn wenn ich tatsächlich den Hebel umlege, dann bin ich direkt für den Tod der einen Person verantwortlich. Unternehme ich hingegen nichts, dann sterben fünf Personen, aber es lag nicht in meiner Verantwortung.

Dieses ethische Dilemma gibt es in vielen Varianten, unter anderem in einer, in der man stattdessen einen dicken Mann vor den Waggon schubst oder ihn per Stange zum Stolpern bringt, sodass er vor den Waggon fällt, diesen stoppt, dabei aber selbst ums Leben kommt. Wie sich herausstellt, würde kaum jemand den Mann selbst vor den Waggon schubsen, einige mehr würden ihn mit einer Stange zum Stolpern bringen, womit sie „einen Grad von der eigenen Aktion und deren Auswirkung entfernt" sind.

In jüngster Zeit hat dieses Gedankenexperiment, und nichts anderes ist das Trolley-Problem, vermehrt öffentliches Interesse erregt, weil es bei Laien als wichtiges Beispiel für die Entwicklung von selbstfahrenden Autos betrachtet wird. Ein selbstfahrendes Auto fährt um die Ecke, sieht ein Kind auf der linken und eine Oma auf der rechten Seite der Fahrbahn. Das Fahrzeug ist zu rasch unterwegs und kann nicht rechtzeitig bremsen. Wen der beiden soll das Auto nun töten? Dieses Dilemma ist aus theoretischer Sicht sicherlich interessant, für den praktischen Einsatz aber völlig irrelevant. Niemand von uns hat je in der Fahrschule dieses Szenario geübt oder wurde danach bei der Fahrprüfung gefragt. Der Grund ist simpel: Solch eine Situation kommt so selten vor, dass wir daran keinen Gedanken verschwenden sollten. Wir machen eine Mücke zum Elefanten, und noch dazu die falsche Mücke zum falschen Elefanten. Denn dieses Trolley-Problem soll die Gefahren anhand von ethischen Problemen neuer Technologien belegen, deren Bedeutung künstlich aufblasen und den von den Ingenieuren vermeintlich angestrebten Utilitarismus als menschenverachtende Philosophie darstellen und damit auch die Ingenieure, die an der Entwicklung solcher Technologien beteiligt sind, diskreditieren.

Dabei leiden wir heute nicht an zu viel Utilitarismus, sondern eher an zu wenig davon. Wie sonst erklären wir uns, dass eine nicht unerhebliche Zahl an Maßnahmen, Gesetzen und Regulierungen von Behörden, Gesetzgebern oder Unternehmen nur einem kleinen Bevölkerungsteil zugutekommt, aber der Mehrheit keinen Nutzen bringt oder ihr sogar Schaden zufügt?

Beispiele gefällig? Im Dieselskandal sind bislang eher die Kunden benachteiligt worden, aber nicht entschädigt. Die – vorsichtig gesagt – „laxe" Umsetzung von Gesundheitsvorschriften während der Coronapandemie in einem deutschen Schlachtbetrieb hat zur Infizierung eines signifikanten Teils der Belegschaft und zu einem Lockdown der gesamten Stadt geführt. Warum erhält die Lufthansa Milliardenbeträge, während systemrelevante Angestellte oder Künstler und Selbstständige in teils prekären finanziellen Situationen mit einem Butterbrot oder unfreundlichen Worten abgespeist werden?

Der Einfluss von Lobbyisten führt oft zu Resultaten, die vor allem Einzelinteressen einer Industrie oder eines Unternehmens dienen und die Bevölkerung benachteiligen. Die Hälfte der Bevölkerung, nämlich

Frauen, wird bewusst oder unbewusst benachteiligt, angefangen bei Gehaltsunterschieden bei gleicher Qualifikation oder der Pflege von Familienmitgliedern, der Kinderbetreuung bis hin zu Haushaltsarbeiten, die in Rentenberechnungen keinen Einfluss finden, oder der Schneeräumung. Wieso Schneeräumung? Caroline Criado-Perez schildert das in ihrem Buch „Invisible Women":[109]

In der schwedischen Stadt Karlskoga untersuchte die Stadtverwaltung typisches Bewegungsverhalten nach Geschlechtern getrennt. Männer haben dabei meist ein recht einfaches Muster: Sie pendeln zweimal täglich in die Stadt und wieder zurück. Die Bewegungsmuster von Frauen sind tendenziell komplizierter. Frauen leisten weltweit 79 Prozent der unbezahlten Betreuungsarbeit und das wirkt sich auf ihre Reisebedürfnisse aus. Ein typisches weibliches Bewegungsmuster in der Stadt beinhaltet zum Beispiel, dass sie ihre Kinder in der Schule absetzen, bevor sie zur Arbeit gehen, einen älteren Verwandten zum Arzt bringen und auf dem Heimweg den Lebensmitteleinkauf erledigen. Dies wird als „trip-chaining" bezeichnet, ein Bewegungsverhalten aus mehreren kleinen, miteinander verbundenen Fahrten, das bei Frauen auf der ganzen Welt beobachtet wurde.

Was all diese Unterschiede in Karlskoga bedeuteten, war, dass der scheinbar geschlechtsneutrale Schneeräumungsplan in Wirklichkeit gar nicht geschlechtsneutral war, sodass die Stadträte die Reihenfolge der Schneeräumung änderten, um Fußgängern und Benutzern öffentlicher Verkehrsmittel Vorrang zu geben. Schließlich, so wurde argumentiert, würde es nicht mehr Geld kosten, und ein Auto durch fünf Zentimeter Schnee zu fahren ist einfacher, als einen Buggy (oder einen Rollstuhl oder ein Fahrrad) durch fünf Zentimeter Schnee zu schieben.

Tatsächlich führte die Änderung des Schneeräumungsplans zu Vorteilen für die gesamte Bevölkerung. Gerade im Winter mit Schnee und Eis auf den Gehwegen vervielfachte sich sonst immer die Zahl der Stürze und damit Beinbrüche, was zu Krankenhausaufenthalten und dem Ausfall von Frauen als Betreuer für Kinder und Pflegebedürftige führte. Die Kosten dafür trug die gesamte Bevölkerung. Die kostenneutrale Änderung des Schneeräumungsplans senkte die Zahl der Stürze und damit auch die gesellschaftlichen Kosten.

Wenn die Benachteiligung von Frauen noch kein Argument für eine erneute Betrachtung von Utilitarismus ist, dann schauen wir uns Hartz-IV-Bezieher an. Das System ist in einer Weise konstruiert, dass es die Bezieher unter den Generalverdacht stellt, arbeitsscheue Personen zu sein, die sich somit auf ungerechtfertigte Weise staatliche Leistungen erschwindeln. Das System gängelt und entwürdigt dabei ausgerechnet die verletzlichsten und am meisten hilfsbedürftigen Teile der Bevölkerung. Es ist unbestritten, dass ein kleiner Prozentsatz der Bezieher tatsächlich das System ausnutzt und missbraucht, das stimmt aber niemals für die breite Mehrheit der Bezieher. Trotzdem behandelt das System alle durch dieselbe misstrauische Brille und reagiert entsprechend. Das entspricht einem staatlich sanktionierten institutionellen Mobbing.

Besonders perfide wird die Situation, wenn Armut oder das Erleiden eines Härtefalles nicht als strukturelles Problem oder institutionell begründete Benachteiligung gesehen wird, sondern als moralisches Problem. Hilfesuchende hätten sich ihre Situation selbst wegen ihres Lebenswandels zuzuschreiben. „Nicht genug gelernt, nicht genug gearbeitet, nicht genug gespart, stattdessen dem Laster gefrönt und über den eigenen Verhältnissen gelebt" sind einige der Vorwürfe, die man diesen Menschen macht. Das war die Sichtweise der regierenden Schicht über viele Jahrhunderte, um die privilegierte Position mit eigener moralischer Überlegenheit und damit einhergehendem göttlichen Wohlwollen zu rechtfertigen.

Das Problem der Armut wurde nur dann angepackt, wenn die eigene Macht auf dem Spiel stand. Die Obrigkeiten der Stadt Venedig nahmen sich der Armut an und legten Sozialprogramme vor, weil sie Angst vor Aufständen in der kleinen Lagunenstadt hatten. Doch auch heute noch, in einer Zeit, in der die meisten Staaten Sozialprogramme haben, wird Armut nach wie vor von einem unübersehbaren Teil als moralisches Problem betrachtet – die Betroffenen seien selber daran schuld. Die Schlussfolgerung daraus ist, dass diese Menschen Hilfe nicht verdienen beziehungsweise sie sich zu erschwindeln versuchen. Diese Verteilung von Steuergeldern wird als „Schmarotzertum" angesehen, während Steuernachlässe oder Unternehmensförderungen „wohlverdient" sind. Diese Haltung kommt von einem prinzipiellen Misstrauen gegenüber den Absichten anderer. Die meisten Investoren brachten der Idee von Airbnb, freie Zimmer in Privatwohnungen zur kurzzeitigen Vermietung anzubieten, Zweifel entgegen – mit dem Argument, dass niemand Fremde in seiner Wohnung übernachten lassen würde. Aber heute, nach einem der fulminantesten Börsengänge während einer Pandemie, weiß man, dass Menschen sehr wohl Fremde in ihre Wohnung lassen und hier sogar ein großartiger Service bereitgestellt wird.

Der Historiker Rutger Bregman führte in seinem Buch „Humankind: A Hopeful History" Beispiele an, wie Menschen entgegen der landläufigen Meinung anderen zu helfen bereit sind und dass die Welt sehr viel weniger schlecht ist, als man glauben möchte. Bregman zeigt das nicht anhand obskurer Beispiele, die er mit der Lupe suchen musste, nein, er nimmt sich prominente Kriminalfälle, Studien oder Vorfälle vor, die in der Vergangenheit unsere Meinung zum Übel von Menschen geprägt haben und zeigt, dass die Wahrheit tatsächlich eine andere war. Er interviewte Forscher, die die Aufzeichnungen und Forschungsunterlagen des berüchtigten Stanford-Prison-Experiments von Philip Zimbardo, der Versuche von Stanley Milgram, bei denen Probanden einer nicht sichtbaren Person immer höhere elektrische Schocks verabreichen mussten, oder des bereits erwähnten Fredric Wertham, der vor den Gefahren von Comics auf Kinder gewarnt hatte, neu untersuchten.[110]

Zur Überraschung der Forscher zeichneten die Originalunterlagen, Filme und Audioaufzeichnungen ein vollständig gegenteiliges Bild von den Aussagen der ursprünglichen Forscher. Die die Gefängniswärter darstellenden Studenten beim Stanford-Prison-Experiment wurden offensichtlich von Zimbardo unter Drohungen angestachelt, sich gegenüber den als Gefangenen agierenden Studenten gewalttätig zu verhalten. Aus eigenem Ansporn hatten sie das zum Frust Zimbardos tagelang nicht gemacht. Im Milgram-Experiment unterschlug der Forscher die Tatsache, dass die überwiegende Mehrheit der Teilnehmer schon sehr früh mit der Verabreichung von Stromstößen aufgehört hatte. Aufzeichnungen dieser Teilnehmer ließ Milgram unter den Tisch fallen und berücksichtigte sie nicht in seiner Studie. Auch Werthams Unterlagen zeigten teilweise gefälschte und erfundene Aussagen sowie einen einzigen Fall eines Jungen, der – nachdem ihm Wertham die Aussagen in den Mund gelegt hatte – zugab, dass er durch Comics zu seinem schlechten Verhalten angespornt worden war.

Und das sind nicht die einzigen Beispiele. In William Goldings Roman „Herr der Fliegen" strandet eine Gruppe von Jungen auf einer einsamen Insel und versucht zu überleben. Sehr rasch verfällt die Gruppe in mehrere rivalisierende Gruppen, die gegeneinander kämpfen. Diese Geschichte wurde und wird als Bestätigung für die Zerbrechlichkeit von Zivilisation und Anstand herangezogen. Dabei bewies eine reale Geschichte genau das Gegenteil. Im Jahr 1965 entwendete eine Gruppe von sechs Schulfreunden im Alter von 13 bis 16 Jahren im südpazifischen Tonga ein Fischerboot, weil ihnen die Schule zu langweilig gewesen war und sie einen Tag lang etwas unternehmen wollten. Dabei kam ein Sturm auf. Sie trieben ab und wurden auf einer unbewohnten abgelegenen Insel schiffbrüchig. Insgesamt fünfzehn Monate mussten sie dort ausharren, bis ein zufällig dort vorbeikommender Fischer sie entdeckte und nach Hause brachte.[111] Die reale und fiktive Geschichte stehen im scharfen Kontrast zueinander. In der wirklichen Welt arbeiteten die Jungen fünfzehn Monate zusammen, hatten einen straff geregelten Tagesablauf, um für eine Behausung und Nahrung zu sorgen, sich körperlich fit zu halten und gesellig zu sein. Bei Konflikten hatten sie sogar bestimmte Regeln eingeführt, um diese zu entschärfen. Keine Rede von Verfall der Zivilisation.

Selbst das Beispiel eines aufsehenerregenden Mords in New York City im März 1964, der den berühmten „Zuschauereffekt" als verhaltenswissenschaftlichen Begriff prägen sollte, war bei genauerer Betrachtung Humbug.[112] Die 28-jährige Catherine Susan Genovese, bekannt als „Kitty", war in ihrer Straße vor ihrer Haustür erstochen worden. Obwohl sie laut geschrien hatte und die Nachbarn aus den umliegenden Häusern aus den Fenstern geschaut hatten, kam kein einziger zu Hilfe oder rief die Polizei. Dieser Mordfall wurde als Anschauungsbeispiel für den Verfall der Gesellschaft gesehen. Nur dass auch das nicht stimmte. Tatsächlich hatten mehrere Anwohner die Polizei gerufen, die Türnachbarn des Opfers waren hinausgelaufen und das Opfer starb in den Armen der Nachbarin. Wie sich herausstellte, war ein nicht unwesentlicher Teil der „Wahrheit" verzerrt worden durch das Interesse der Medien und Stadtpolitik an Beweisen für die moralische Verkommenheit von New Yorkern in diesem Stadtteil und die angeblich ausufernden Verbrechen.

Und nicht nur Bregman stellt unsere Intuition infrage, indem er aufzeigt, dass die meisten Menschen doch gut sind und, ohne Gegenleistung zu erwarten, anderen helfen. Auch Hans Roslings „Factfulness" oder Steven Pinkers „Gewalt: Eine neue Geschichte der Menschheit" belegen mit vielen Daten, dass die Welt besser wird. Immer weniger Menschen werden Opfer von Gewalttaten, die Sterblichkeitsraten sinken und die Lebenserwartungen steigen weltweit, Armut, Hunger und Krankheiten sind auf dem historisch niedrigsten Stand der Menschheitsgeschichte.

Und trotzdem lauschen wir den Moralunternehmern, die bereits heute die Welt vor dem Abgrund sehen und meinen, sie sei so schlecht wie nie zuvor – entgegen allen Fakten und Daten. Und weil sie ihre Warnungen mit Zitaten von Philosophen wie Kant, der zu Lebzeiten nie aus seinem Städtchen Königsberg hinauskam, Nietzsche, der ganz eigene Probleme mit sich selbst und der Welt hatte, oder Heidegger, der Nazisympathisant gewesen war, würzen, klingen die Warnungen der Moralunternehmer als philosophisch untermauert. Nonsens! Lassen wir uns nicht irreführen von falschen Fakten und starken Meinungen, die Moralunternehmer vorbringen. Sie blasen eine Mücke zum Elefanten auf und meistens erkennen wir, dass es sich um gar keine Mücke handelt, die auch nie zu einem Elefanten werden kann.

NIMBY – Not in my backyard!

Anfang der 1990er-Jahre gingen zwei Schweizer Sozialwissenschaftler von Tür zu Tür in einem Schweizer Kanton und befragten die Einwohner, ob sie mit der Errichtung einer Deponie für Nuklearabfall aus den heimischen Atomkraftwerken in ihrer Region einverstanden wären.[113] Die Schweiz stand vor einem landesweiten Referendum, die Medien hatten in den vergangenen Monaten ausführlich über die Auswirkungen gesprochen, die Bevölkerung war zu diesem Thema gut informiert. Von den befragten Einwohnern waren 50 Prozent damit einverstanden, dass die Deponie bei ihnen errichtet werden sollte. Eine überraschend hohe Zahl.

Die beiden Wissenschaftler stellten den Einwohnern gleich darauf noch eine weitere, leicht veränderte Frage, nämlich, was sie dazu sagen würden, wenn die Einwohner als Entschädigung für die Errichtung der Deponie in ihrer Region jährlich einen Betrag in der Höhe eines 1,5-monatigen Durchschnittseinkommens erhalten würden. Die Antworten auf diese Frage waren doch etwas überraschend. Nur mehr 25 Prozent der Befragten waren bereit, die Deponie bei sich zu sehen.

Was war hier passiert? Die Hälfte der Befragten, die ohne Entschädigung zu der Deponie in ihrem Hinterhof Ja gesagt hatten, sagten Nein, sobald eine nicht geringe Entschädigung angeboten worden war. Würde man nicht eigentlich das Gegenteil erwarten?

Dazu muss man verstehen, wie Anreizsysteme funktionieren und in welcher Rolle sich die Befragten sahen. Mit der ersten Frage, bei der es keine Entschädigung gab, sahen sich die Schweizer als Bürger, die wie ihre Landsleute von Atomkraft profitierten und die Energieautarkie ihres Landes sicherstellten. Da irgendwo der Atommüll endgelagert werden musste, sahen sich diese Befragten in der Verpflichtung, als Schweizer Staatsbürger diese Last für das Wohl des Lands auf sich zu nehmen.

Mit der zweiten Frage änderte sich das. Die Befragten kamen mit der angebotenen Geldentschädigung in den Konflikt, sich entscheiden zu müssen, ob sie als Schweizer Staatsbürger mit Verpflichtungen oder als Individuum mit Eigeninteressen antworten sollten. Die meisten begannen die Frage aus der Perspektive des Individuums zu betrachten. Da sahen sie folgerichtig die Entschädigung als ungenügend. Das monetäre Angebot hatte die moralische Verpflichtung der Befragten untergraben.[114]

Dieser Effekt ist in der Verhaltensökonomik sehr gut erforscht und stellt die Regel, nicht die Ausnahme, dar. Extrinsische Belohnungen in Form von Boni, Dienstwagen, Goldsternchen und Ähnlichem haben negative Auswirkungen auf die Qualität der Leistung.

Sahen sich die Schweizer Einwohner vor 30 Jahren noch in der staatsbürgerlichen Verpflichtung, so scheint das heute immer weniger der Fall zu sein. Und ich spreche nicht vom gefährlichen Atommüll, sondern von eigentlich willkommenen Technologien, die nicht nur den Befragten selbst direkt zugutekommen, sondern auch der Umwelt. Umweltfreundlicher Strom aus Windrädern wird verhindert, weil der angebliche Infraschall und die Umweltverschandelung als unzumutbare Nachteile angeführt werden.[115] Geplante Stromtrassen, die Strom vom windreichen Norden in den Süden Deutschlands bringen sollen, werden zu Tode geklagt. 5G-Masten, die schnelleren Mobilfunk und flotteres Internet bringen, schaden angeblich wegen ihrer Strahlung. Die Tesla-Fabrik im strukturschwachen Berlin-Grünheide sieht sich mit Demonstrationen konfrontiert und Nutzwälder werden da von den Demonstranten großzügig zu Naturschutzgebieten uminterpretiert. Und gegen den Fehmarnbelttunnel zwischen Dänemark und Deutschland wurden von deutscher Seite 12.600 Eiwendungen eingebracht. Die Dänen sahen das lockerer: von ihnen gab es insgesamt 43 Einwendungen.

Wie inkonsequent man dabei ist und sich die Argumente je nach Bedarf zurechtlegt, sieht man an anderen Reaktionen. Gegen das Dieselfahrverbot und die coronabedingten Verbote geht man auch auf die Straßen und demonstriert, obwohl Diesel und Corona nachweislich der Gesundheit schaden. Die Gelbwesten in Frankreich sind erbost wegen der Rücknahme der Dieselsubventionen und verwüsten aus Protest die Städte. Gleich nach der Demonstration steigt man dann aber auf seine ums Eck geparkte Harley, wie ich es in Straßburg erlebt habe.

Dieses Phänomen hat einen Namen, es heißt NIMBY, „not in my backyard" und kommt dem Floriani-Prinzip gleich. Überall, nur bloß nicht in meinem Hinterhof. Gleichzeitig will man aber davon profitieren: das ruhig gelegene Häuschen im Grünen mit direktem U-Bahn-Anschluss und der Autobahnauffahrt gleich daneben zum Pendeln und Einkaufen.

Es gibt sicherlich gute Gründe für und wider diese Projekte und Vorhaben, doch haben die öffentlichen Diskussionen darum schon lange den sachlichen Boden verlassen. Beide Seiten haben die Verpflichtung, aufzuklären und sich zu informieren. Doch das NIMBY-Phänomen könnte auch mit dem Misstrauen zu tun haben, das schon das Edelman Trust Barometer zeigt.[116] Gerade in Deutschland ist das Misstrauen gegenüber Behörden, Unternehmen und Medien sehr hoch – in einem Kulturkreis, aus dem zwei menschenverachtende Regime und Ideologien stammen, wenig verwunderlich und irgendwie verständlich. Und die vergangenen Jahre mit Wirtschaftsskandalen um Dieselschummeleien und Wirecard bestätigten die Bevölkerung nur in ihrem Misstrauen. Auch die mangelnde Einsicht der Verantwortlichen, der laxen Aufsichtsbehörden und scheinbar unwilligen Strafverfolgung helfen da wenig weiter.

Signalwirkung

Bau der Cheopspyramide: 20 Jahre
Bau des Berliner Flughafens BER: 14 Jahre, 2 Monate
Entschlüsselung des menschlichen Genoms: 13 Jahre
Belagerung von Troja: 10 Jahre
Die Mondlandung: 8 Jahre, 2 Monate[117]

Kleptomanie oder Schlamperei scheinen 180 Länder und Regionen dieser Erde zu vereinen. Jedenfalls, sofern wir den Zahlen Glauben schenken wollen, die aufzählen, welche Geschenke an Mondgesteinen seither verschwunden und nicht auffindbar sind. Mit den Apollo-11- und -17-Mondlandemissionen brachten amerikanische Astronauten Dutzende Kilogramm an Mondgestein mit. Dieses Gestein sollte nicht nur Wissenschaftlern in den USA bereitgestellt werden oder hinter Tresormauern verschwinden, sondern auch anderen Ländern übergeben werden.

So beschloss die amerikanische Regierung unter Präsident Nixon, im Rahmen einer „Good Will Tour" Proben vom Mondgestein in einer Plakette als Geschenk an die 50 US-Bundesstaaten und vier Überseeterritorien sowie an 135 Länder weltweit als Geschenk zu offerieren.[118] Insgesamt 270 solcher Plaketten mit Mondproben wurden verschenkt. Kaum geschehen, waren viele von ihnen auch schon unauffindbar. Aktuellen Schätzungen zufolge sind 180 von diesen 270 „verschwunden".[119]

Zur Good Will Tour der Amerikaner, deren Botschaft die Einheit aller Menschen und Länder betonen sollte, wurde dabei auch die „Friendship 7"-Kapsel auf Weltreise geschickt, mit der John Glenn als erster Amerikaner die Erde umrundet hatte. In 30 Städten weltweit trat John Glenn auf. Er besuchte dabei unter anderem Mexiko-Stadt, London, Tokio oder Accra, die Hauptstadt von Ghana. Auch zwei „Spacemobile" mit Informationsmaterial zum Weltraumprogramm wurden von der NASA nach Afrika, Asien, Lateinamerika und Europa geschickt.

Mit der erfolgreichen Mondlandung, die der Höhepunkt des Raumfahrtprogramms war, machten die Amerikaner der Welt eines klar: Die USA waren wirtschaftlich, militärisch und technologisch das führende Land der Erde. Auch wenn mit dem immer verlustreicheren Vietnamkrieg sich schon Brüche in diesem Narrativ zeigten, signalisierte die Nation mit der Mondlandung und der Good Will Tour der Welt ihre Vorherrschaft. Und das war eine deutlich sichtbarere Form als ein trockener Vergleich von Wirtschaftsstatistiken.

Damals war die Beschaffung von zuverlässiger Information aus den Staaten des Warschauer Pakts sehr schwierig und selbst die wenigen vorliegenden Daten erwiesen sich als unzuverlässig. Präsident Eisenhower konnte in den 1950er-Jahren noch so sehr darauf verweisen, dass amerikanische Autos besser waren als russische oder die Landwirtschaft produktiver, in der Außenwirkung war das wirkungslos. Von der besseren Qualität amerikanischer Autos war man nur überzeugt, wenn man sich selbst eines leisten konnte. Aber das Radiosignal von Sputnik konnten alle hören, egal, wo sie sich befanden. Und auch wenn Eisenhower vorrechnete, wie viele Satelliten seit dem Sputnik-Start die Amerikaner und die Sowjets ins All geschossen hatten und dass die Amerikaner nicht nur mehr oben hatten, sondern diese immer noch funktionstüchtig waren, den USA haftete der Makel an, dass sie nicht die Ersten im All gewesen waren. Ein Satellit im All, dessen Radiosignal ich hören kann, zählt mehr als jede Statistik.

Was im 19. und frühen 20. Jahrhundert als Prestige bezeichnet wurde, nennt die Wirtschaftspsychologie heute „Signalisieren". Dieser Begriff kommt ursprünglich aus den Wirtschaftswissenschaften und der Biologie, in der beispielsweise Männchen ein besonders herausstechendes Federkleid oder großes Geweih mit vielen Enden besitzen. Das kann zwar im Alltag ein Hindernis sein, aber signalisiert einem paarungswilligen Weibchen, dass das Männchen solch gute Gene hat, dass es sich diesen Luxus leisten kann.

Ein weiteres Beispiel ist die Gazelle, die nicht flieht, wenn sie einen Löwen sieht, sondern auf und ab springt, als wolle sie sagen: „Ätsch, du kannst mich nicht fangen." Das Ergebnis ist, dass der Löwe ihr

Glauben schenkt und sich stattdessen den schwachen oder jungen Tieren zuwendet, die ihre Verletzlichkeit dadurch signalisieren, dass sie fliehen.

Im wirtschaftlichen und politischen Umfeld signalisiert beispielsweise ein Raumfahrtprogramm, dass die Volkswirtschaft eines Landes sich diese Ausgaben leisten kann, auch wenn sie nicht unmittelbar praktische Auswirkungen auf das Land haben. So haben die USA in der Blütezeit des Apollo-Programms zwischen 1960 und 1973 28 Milliarden Dollar ausgegeben, was heute inflationsbereinigt 288,1 Milliarden Dollar (269 Milliarden Euro) entspräche. Für alle NASA-Programme wurden in dieser Zeit 49,4 Milliarden Dollar ausgegeben, was inflationsangepasst heute 482 Milliarden Dollar (451 Milliarden Euro) wären.[120] Damit wurden in diesem Zeitraum drei Prozent der amerikanischen Steuereinnahmen für die Raumfahrt ausgegeben.

Dass man sich das leisten konnte, war ein deutliches Signal. Mit so einem potenten Land Wirtschaftsbeziehungen aufzunehmen, könne nur von Vorteil sein. Auch hochqualifizierte Arbeitnehmer, Forscher und Studenten nahmen diese Signale wahr und strömten zu Arbeitgebern, Forschungseinrichtungen und Hochschulen, die in solch potenten Ländern an diesen Programmen direkt oder indirekt beteiligt waren oder die Früchte dieser Anstrengungen genießen konnten.

Das moderne Gegenstück ist, wenn Elon Musk heute bei seinen Vorträgen eine Rakete oder einen Cybertruck hinter sich auf die Bühne stellt. Es ist ein „impression amplifier", ein Objekt, das den Eindruck verstärkt und hilft, Menschen schneller von Ideen zu überzeugen. Auch Joe Biden hat sich von der NASA ein Stückchen Mondgestein für sein Oval Office ausgeborgt. Schon Bill Clinton hatte eine Mondprobe im Oval Office, das er immer dann zückte, wenn er sich mit anderen Politikern und Wirtschaftsvertretern nicht einigen konnte. Er brauchte das Gestein nur hervorholen und darauf hinweisen, dass diese Probe das Ergebnis ist, wenn man zusammenarbeitet und an einem Strang zieht. Der Mond war in Reichweite gekommen und es funktionierte laut Clinton jedes Mal, doch noch zu einem Ergebnis zu gelangen.

Wir haben zwar kein den Amerikanern vergleichbares Raumfahrtprogramm, dafür aber das KaDeWe, das „Kaufhaus des Westens". Es diente noch im geteilten Berlin als Symbol des freien Westens, der nicht an einer Mangelwirtschaft wie der Osten litt. Die Signalwirkung verfehlte nicht seine Wirkung. Nach der Öffnung der Grenzen stürmten die DDR-Bürger regelrecht das KaDeWe, um zumindest in den optischen Genuss der westdeutschen Wirtschaftsleistung zu kommen.

In einer Studie von japanischen Wissenschaftlern wurde bereits im Jahr 1963 ein sogenannter „nationaler Prestigeindex" vorgeschlagen, der sich aus ökonomischen, kulturellen, politischen, internationalen, physischen und militärischen Kriterien sowie dem nationalen Charakter und der Einstellung zusammensetzte.[121] Ein Zeichen für unsere Länder war immer ein Gütesiegel wie das „Made in Germany". Deutschland oder die Schweiz galten als Primus und dienten als Vorbild für viele andere Länder. Das allerdings immer weniger, nicht zuletzt dank der deutlich sichtbaren Schwäche der deutschen Vorzeigeindustrie, dem Automobilbau.[122]

Doch dieses Vertrauen in Gütesiegel und „German Engineering" haben in den letzten Jahren gelitten und an Ansehen verloren.[123] So stürzte Deutschland Ende 2019 im globalen Edelman Trust Barometer ab und liegt nun international gesehen im Bereich der Länder, denen misstraut wird, und zwar hinter Kolumbien, der Türkei, Brasilien oder Italien. Für diese Studie wurden jeweils zwischen 200 und 500 Bürger zwischen 18 und 64 Jahren in 27 Ländern befragt.[124]

Auch die Deutschen selbst glauben nicht an sich. Dieselbe Studie ergab, dass nur 26 Prozent der allgemeinen und 38 Prozent der informierten Öffentlichkeit daran glauben, dass sie und ihre Familien in fünf Jahren eine bessere Zukunft in Aussicht haben werden. Kein Wunder, dass das Misstrauen sich durch alle Ebenen des öffentlichen Lebens zieht. So misstrauen Deutsche allen Bereichen der Wirtschaft, Behörden, Medien, der Europäischen Union und selbst den Nichtregierungsorganisationen, während in China, Mexiko oder Singapur die Bevölkerung denselben Organisationen vertraut. Das sollte für uns nicht nur eine Überraschung sein, sondern auch ein Weckruf.

Wenn wir uns zurücklehnen, die Augen schließen und überlegen, welche Technologien oder welche wissenschaftlichen Durchbrüche der letzten Jahre aus unserem Land kamen und große oder überregionale Bedeutung hatten, welche würden uns einfallen? Wären das dieselben, die Bürger anderer Länder aufzählen würden, stellte man ihnen die Frage zu unserem Land?

Und umgekehrt, welche gescheiterten Projekte aus der Heimat fallen uns ein? Und vielleicht die noch fiesere Frage: Wie schnell und rasch und wie viele gescheiterte Projekte fallen uns im Vergleich zu den gelungenen ein?

Mir ist schon klar, dass eine solche Aufzählung nicht einfach ist oder zwischen Regionen und Ländern unterschieden werden kann. Forscherteams und globale Unternehmen sind schon von Grund auf sehr international zusammengesetzt. Federführende Mitarbeiter in amerikanischen Spitzenunternehmen oder chinesischen Start-ups stammen aus den deutschsprachigen Ländern. Zählen deren Erfolge nun auch für uns?

Ende 2019 habe ich mir in einer nicht repräsentativen Umfrage unter meinen Newsletter-Abonnenten Antworten dazu eingeholt. Es waren ganze sechs Fragen, die ich stellte und in einem freien Textfeld beantwortet werden konnten. Die Struktur war ganz einfach: Ich fragte nach Erfolgen und Misserfolgen in einem Land, die einem sofort in den Sinn kämen. Die Länder, zu denen ich das wissen wollte, waren die USA, China und Deutschland beziehungsweise die deutschsprachigen Länder. Hier ist ein Beispiel solch einer Frage zu den Erfolgen:

Was sind herausragende technologische/wirtschaftliche/ politische/ökologische/wissenschaftliche oder ähnliche Leistungen bzw. Erfolge in jüngster Zeit, die Ihnen sofort in den Sinn kommen, wenn Sie an Deutschland (oder deutschsprachige Länder) denken? Sie können gerne auch mehrere aufzählen.

Und als Gegenstück dazu die Frage zu den Misserfolgen:

Was sind herausragende technologische/wirtschaftliche/
politische/ökologische/wissenschaftliche oder ähnliche
Misserfolge in jüngster Zeit, die Ihnen sofort in den Sinn
kommen, wenn Sie an Deutschland (oder deutschsprachige Länder) denken? Sie können gerne auch mehrere
aufzählen.

Dabei ließ ich den Zeitraum mit der Wortwahl „in jüngster Zeit"
bewusst offen und wollte die Umfrageteilnehmer frei assoziieren
lassen. Naheliegenderweise waren damals tagesaktuelle Themen auch
immer wieder in den Antworten zu finden wie auch ein leichter Fokus
auf Themenschwerpunkten, wegen denen die Teilnehmer meine
Newsletter abonniert hatten. Trotzdem lassen uns die Antworten
einen Finger auf den Puls der Zeit legen. Was also fiel den mehr als
50 Umfrageteilnehmern spontan ein?

USA
Zu den meistgenannten Errungenschaften zählten interessanterweise
Unternehmen. Tesla, SpaceX, Google und Apple zählten zu den am
häufigsten erwähnten. Bei den Technologien dominierten autonome
Autos, die Elektromobilität und künstliche Intelligenz. Vor allem Elon
Musk und Steve Jobs wurden als herausstechende Persönlichkeiten
aufgezählt, aber auch das Mindset im Silicon Valley, die Offenheit
und Flexibilität, das schnelle Ausprobieren statt langes Nachdenken
und Ausdiskutieren und das in den USA weitverbreitete Unternehmertum.

Auf der Seite der meistgenannten Misserfolge der USA stand ganz
klar Donald Trump als damaliger Präsident. Aber auch der Ausstieg
aus dem Pariser Klimaschutzabkommen und generell der Umweltschutz,
die Leugnung der globalen Klimaänderung und solch Prozesse wie das
Fracking. Als Unternehmen wurden vor allem Facebook und Google
negativ erwähnt, aber auch das amerikanische Gesundheitssystem.

China

Zu den Erfolgen Chinas fiel den Teilnehmern eine ganze Reihe ein. Ganz oben in der Liste waren das uneingeschränkte Vorantreiben von Elektromobilität und der Aufbau von dazugehörigen Produktionskapazitäten mit Batteriefabriken. Auch, wie rasch man mit dem Aufbau von Expertise und Anwendungen zu künstlicher Intelligenz voranschreitet, Großprojekte in Afrika oder die neue Seidenstraße „One Belt, One Road" forciert und generell sich in nur wenigen Jahrzehnten von einem rückständigen Armenhaus zu einer technologischen und wirtschaftlichen Supermacht mit einer modernen Infrastruktur von Eisenbahnen, Straßen und Mobilfunknetzwerken entwickelt hatte, nötigte vielen Respekt ab. Und die Befragten erkennen auch klar die Tatsache an, dass sich China von einer Kultur des Kopierens und Übernehmens von Ideen und Technologien zu einer entwickelt, in der viele neue und einzigartige Ideen und Innovationen entstehen. Diese werden angeführt von Unternehmen wie Alibaba, Tencent und Huawei, deren Namen mittlerweile auch bei uns geläufig sind.

Dagegen stehen generell demokratiefeindliche Handlungen wie die Repressalien gegen Hongkong und Minderheiten wie den Uiguren, eine totalitäre Überwachung, die sich ganz prominent im „Social Score" manifestiert, mit dem jeder Bürger nach seinem Verhalten bewertet und gegebenenfalls von staatlichen und privaten Leistungen ausgeschlossen wird. Auch die chinesischen Umweltprobleme durch Kohlekraftwerke und die Wasserverschmutzung waren ein häufig genanntes Thema.

Deutschland/Österreich/Schweiz

Was fällt uns zu den Erfolgen hierzulande spontan ein? Am weitaus häufigsten wurde die Energiewende genannt, mit Abstand gefolgt von der „Fridays for Future"-Bewegung, die hier eine zahlreiche Anhängerschaft findet. Gleichauf mit dem Stolz auf heimische Maschinen war die Aussage „es fällt mir nichts ein" anzutreffen. Die am häufigsten genannten Unternehmen waren SAP, genauso oft genannt wie der Stolz, dass man die Tesla Gigafactory an Land gezogen hatte.

Wie nicht anders zu erwarten dominieren der Berliner Flughafen BER, der Dieselskandal, die Tatsache, dass die deutsche Automobilindustrie den Anschluss in der Branche verloren hat, und der Rechtsruck und Rechtspopulismus die Misserfolge bei den Umfrageteilnehmern. Auch die Infrastruktur, was Internet und Breitbandausbau, das Mobilfunknetz und Bahn betrifft, macht Sorgen. Frustration rufen endlose Diskussionen und langsame Entscheidungsfindungen sowie die mangelnde Innovationskraft hervor. Interessanterweise wurden die Datenschutzgrundverordnung und der Brexit gleich häufig als deutscher Misserfolg genannt.

Man stelle sich nun vor, Top-Talente wie eine junge KI-Forscherin, ein Datenanalyst, ein Entwickler autonomer Autos oder eine Robotikerin, die etwas bewegen möchten und gerade die einmalige Chance ergreifen wollen, einen wirklichen Impact zu machen, halten ein Jobangebot aus allen drei Ländern in den Händen. Nehmen wir außerdem an, die Unternehmen in den USA, China und Deutschland sind vergleichbar und die Gehälter und Sonderleistungen auch, welches Land würden vermutlich die meisten dieser Top-Talente wählen? Verlassen wir uns auf die Erkenntnisse unserer Umfrage, dann sind vermutlich Deutschland, Österreich oder die Schweiz in der Mehrheit der Fälle wohl nicht die erste Wahl.

Die Satirezeitung *Der Postillion* nimmt es mit Humor. In einem Artikel mit der Schlagzeile „Lego startet neue Serie ‚Gescheiterte deutsche Großprojekte'" werden die angeblich angebotenen Lego-Basissets BER und S21 angepriesen, deren Baupläne unbrauchbar seien und bei denen wichtige Bauteile fehlen würden. Auch auf Details würde geachtet werden: Die beigelegten Lego-Bauarbeiter hätten alle zwei linke Hände.[125]

Nicht überall hatte die Signalisierung der Mondlandungen den gewünschten Effekt. Auf den Schlachtfeldern – eigentlich den Schlachtdschungeln – in Vietnam war der Vietcong weniger beeindruckt. Trotz all der materiellen Überlegenheit der US-Truppen verpassten die Vietnamesen den Amerikanern letztendlich eine peinliche Niederlage.

Die Amerikaner nahmen das Spacemobil und die Friendship 7 Capsule auf die Good Will Tour mit. Was würden wir mitnehmen, wenn wir einmal Schokolade und Lederhosen außer Acht lassen?

Der überhebliche Minderwertigkeitskomplex

Technologievorreiter und damit global auch wirtschaftlich erfolgreich zu sein sind zwei Paar Schuhe. Als gebürtiger Österreicher ist mir das besonders bewusst. Wächst man nämlich im Alpenland auf, dann wird man den Eindruck nicht los, dass eigentlich alles, was jemals erfunden wurde, zuerst in Österreich erfunden worden war. Aus manchen dieser Erfindungen wurden Innovationen, die von Unternehmen erfolgreich auf den Markt gebracht wurden. Für andere ließen sich keine Investoren oder Kunden finden. Beispiele sind die Schiffsschraube von Josef Ressl, die Nähmaschine von Josef Madersperger oder die Schreibmaschine von Peter Mitterhofer. Und die Geschichte ist immer dieselbe. Leider fanden sich keine Geldgeber, Kunden und Mitstreiter, stattdessen „stahlen" irgendwelche Amerikaner oder Engländer diese Erfindungen und die heimischen Erfinder mussten verkannt und bitterarm in ihren Erdlöchern verhungern.

Selbst für jede andere Erfindung lassen sich meist noch so obskure Beispiele finden, dass ein Genie einmal jemandem einen Gedankenblitz zugeflüstert und bei der Umsetzung dem anderen großzügig den Vortritt gelassen habe. Selbst bei Erfindungen, die nachweislich später kamen, wie die Flugmaschine von Igo Etrich – besser bekannt als die Etrich Taube – oder bei der Frage, wer wirklich das erste fahrtüchtige Auto gebaut hatte, wo in Österreich nach wie vor dem vorwiegend in Wien lebenden Deutschen Siegfried Marcus nachgeweint wird.

Man mag nun zwar über uns Österreicher schmunzeln, aber ähnliche Erfahrungen machen Deutschsprachige im Silicon Valley mit heimischen Delegationsteilnehmern oder auf Konferenzen in Europa. So werde ich immer wieder auf dieses deutsche Start-up, jenes Forschungsergebnis oder folgendes Unternehmen mit überlegener Technologie hingewiesen. Und in vielen Fällen stimmen diese Hinweise auch. Es ist wirklich beeindruckend, was unsere Unternehmen auf die Beine stellen, und kaum jemand außerhalb des nahen Umfelds weiß darüber Bescheid. Doch gar nicht so selten überschätzt man die Bedeutung der eigenen Unternehmen, oft aus Unwissen über den tatsächlichen Stand der Technik. Da werden dann Erfolge in einer kleinen Nische gleichgesetzt mit der gesamten Disziplin.

So spricht der gebürtige Dresdner und KI-Experte Richard Socher, der beim in San Francisco beheimateten Enterprise-Softwareunternehmen Salesforce als Chefwissenschaftler tätig war, ohne ein Blatt vor den Mund zu nehmen davon, dass wir uns bei der deutschen Forschung zu künstlicher Intelligenz noch so schön in die Weltspitze reden können, wir belegten eindeutig die hinteren Ränge und unsere Beiträge dazu seien minimal.[126] Vereinzelt gebe es zwar Beiträge von Bedeutung wie beispielsweise die von Sepp Hochreiter und Jürgen Schmidhuber heute weitverbreitete Long-Short-Term-Memory-Technik von 1997, aber danach wird es bereits dünn. So hat die KI-Szene in Israel mehr Start-ups und Unternehmen mit einem breiteren Anwendungsspektrum zu bieten als ganz Deutschland, und das bei einem Zehntel der Einwohner.

Ein Freund, der im diplomatischen Dienst arbeitet, erklärte mir diesen verletzten Stolz anhand seiner Erfahrung in Mexiko und den USA. In Mexiko, wo die deutschsprachige diplomatische Gemeinschaft eng zusammenarbeitet, sei man gegenüber dem Gastgeberland „großzügig" und „wohlwollend", weil man sich in Bezug auf Kultur, Technologie und Zivilisation „überlegen" fühle. Man fühle sich in seinem Selbstverständnis nicht bedroht. Anders sei das in den USA. Hier sei man fasziniert, zugleich aber auch erschrocken, weil so vieles anders und komplexer sei. Eine gewisse Rückständigkeit im Vergleich zur Heimat sei nicht zu übersehen: Der Müll auf den Straßen, die archaische Infrastruktur mit reparaturbedürftigen Straßen und Stromleitungen auf Holzmasten oder die Tatsache, dass man im Land der Hochfinanz nach wie vor mit Papierschecks arbeite. Und dann schießen dort private Unternehmen Raketen ins All, überrollen uns Google, Facebook, Tesla und Co mit Technologien, die wir nicht verstehen, vor denen wir Angst haben und die unser Selbstverständnis herausfordern. Was die letzten zwei bis drei Jahrzehnte gezeigt haben, ist, dass wir auf diese technologische Welle keine Antworten haben, oder wenn, dann solche, die die Technologien zu verhindern versuchen.

Laut meinem Bekannten schwanken wir zwischen Bewunderung für die Amerikaner – auch wenn das die wenigsten zugeben würden – und einem Minderwertigkeitsgefühl. Und hier beginnt die verstärkte Suche nach eigenen Leistungen, die dann teilweise zu Recht, dann aber wieder zu Unrecht überhöht werden, und der Versuch, das Haar in der amerikanischen Suppe zu finden. Die Spaltmaße! Die Waffengesetze! Der Datenschutz! Das Gelaber!

Diese Argumente kommen von Landsleuten, die sich als weltoffen und neuen Ideen gegenüber aufgeschlossen betrachten. Und das ist das Bedenkliche. Sie stammen von Menschen, die in ihren Unternehmen und Organisationen für Innovationen zuständig sind.

So verständlich diese Reaktionen sind, diese Taktik, dieser Glaube an die eigene Überlegenheit ist gefährlich. Damit verschließt man sich dem Verständnis, wie es dazu gekommen ist. Man redet die nicht von uns kommenden Technologien und Trends schlecht und überhöht eigene Technologien. Man lullt sich selbst ein und sieht keinen Lern- und Handlungsbedarf. Wie einst der chinesische Kaiserhof der Qing-Dynastie glaubte, Europa habe nichts, was China interessieren könnte, sind auch wir in der Gefahr, uns ähnlich töricht zu verhalten. Wie das für China ausging, wissen wir.

Hier ein jüngstes Beispiel, wie über eigene Leistung berichtet wird. *Die Welt* veröffentlichte im Sommer 2020 den Artikel „Durchbruch der Mini-Satelliten – Was Deutschland besser kann als Elon Musk" über den Start von vier Kleinstsatelliten auf einer russischen Sojusrakete, die vom Würzburger Zentrum für Telematik (ZfT) und der Gesellschaft S4 (Smart Small Satellite Systems) entwickelt worden sind. Die Besonderheit liegt darin, dass diese schuhkartongroßen Satelliten selbstgelenkt in Formation fliegen können und durch ihre Anordnung eine dreidimensionale Erfassung von Wetterdaten oder Aschewolken von Vulkanausbrüchen vornehmen können.[127]

So weit, so gut. Allerdings ist die Schlagzeile selbst irreführend, wie auch eine Vermutung gleich im ersten Absatz des Beitrags. Dort stand nämlich: „Das dürfte sogar den SpaceX-Chef Musk neidisch machen." Zuerst wollen wir uns in Erinnerung rufen, dass Elon Musk mit seiner von ihm gegründeten Firma SpaceX Raketen entwickelt hat, die nach wenigen Jahren die Raumstation ISS mit Gütern und Astronauten beliefern kann, und dass seine Raketenstufen zuverlässig wieder landen können und damit wiederverwertbar sind – eine Leistung, die NASA-Ingenieure bis vor wenigen Jahren noch für unmöglich gehalten hatten – und er zum Zeitpunkt des Erscheinens des *Welt*-Beitrags nicht nur einige Dutzend kommerzielle und militärische Satelliten in die Erdumlaufbahn gebracht hat, sondern auch die ersten 700 von fast 12.000 Kleinsatelliten für das Projekt Starlink – dem Internet aus dem All.[128] Bei jedem Start einer SpaceX-Rakete werden weitere 60 Minisatelliten ins All geschossen. Dass der Gründer eines eigenen Raketensystems, der in wenigen Jahren mehr Satelliten ins All gebracht hat als die Raumfahrtbehörden mehrerer Staaten zusammen in ihrer gesamten Geschichte, nun neidisch nach Würzburg schaut, ist kaum vorstellbar. Entweder hat er selbst auch bereits die Möglichkeiten, die unsere Würzburger vorweisen, oder er kauft sich einfach die Technologie dazu, wenn er sie braucht.

Dieser Beitrag vermittelt Leserinnen und Lesern den falschen Eindruck, dass Deutschland eine weit größere und bedeutendere Rolle in der Weltraumtechnik spielt, als faktisch belegbar ist. Wir beginnen am besten mit Demut, denn die Verkennung der tatsächlichen Verhältnisse und die gezeigte Selbstzufriedenheit hat ernste Konsequenzen für das Land.

IKEA-Effekt

Der Minderwertigkeitskomplex erklärt nur einen Teil dieser Wahrnehmung. Hinzu kommt eine kognitive Verzerrung, die als „IKEA-Effekt" in die Psychologie Eingang gefunden hat.[129] Wir kennen das:

IKEA-Möbel zusammenschrauben ist wie Lego für Erwachsene. Je nach Geschicklichkeit geht das langsamer oder rascher vonstatten. Für die meister von uns ruft das Ergebnis Stolz hervor. Wir schätzen also das mühsam selbst Zusammengebaute höherwertig ein, als andere das machen würden. Dan Ariely von der Duke University führte dazu Experimente durch. Er ließ in einer Reihe von Tests Probanden Origami falten, Legosets zusammensetzen oder IKEA-Möbel zusammenschrauben. Dabei wurde genau den Anleitungen gefolgt. Es gab keinerlei Möglichkeiten, eigene Kreativität in die Schöpfung zu integrieren. Der Akt war rein das Zusammenbauen oder Falten des Objekts.

Im Anschluss wurden zwei Gruppen von Probanden gebeten, ein Angebot für das Objekt abzugeben. Die eine Gruppe bestand aus denjenigen, die die Objekte zusammengesetzt hatten. Die andere aus solchen, die nicht daran beteiligt waren und die Objekte zum ersten Mal sahen. Es stellte sich heraus, dass die erste Gruppe fast doppelt so viel für das eigene Objekt bot als die Unbeteiligten.[130]

Beim IKEA-Effekt messen wir also dem selbst Hergestellten einen höheren Wert bei als etwas, das wir schon fertig erhalten. Dies erklärt, warum wir „unseren" Unternehmen und Produkten mehr Bedeutung und Wert zuweisen, als sie tatsächlich haben.

Ausflüchte:
Die Guten, die Hässlichen und die Unehrlichen

Egal, wo wir vermeintlich oder tatsächlich zurückliegen, es finden sich immer schöne Ausflüchte, die oberflächlich betrachtet logisch klingen, denen bei einer kleinen Recherche aber sehr rasch die Luft ausgeht wie einem lecken Reifen.

Eine solche prominente und gern kolportierte Geschichte, warum es so wenig Start-ups oder innovative Ideen aus Deutschland zu geben scheint oder warum sie kaum bekannt seien, wird mit dem Fokus auf den Abnehmer der Lösungen erklärt. So sei die Mehrheit der deutschen

Start-ups vor allem im B2B-Bereich zu finden. Die Kunden sind somit nicht die Endanwender, sondern Firmen, die beispielsweise eine KI-Schnittstelle verwenden, die es ihnen erlaubt, den Wartungszustand einer Maschine besser zu überwachen. Weil amerikanische oder chinesische Start-ups mehr im B2C-Bereich unterwegs sind und Produkte für Endanwender anbieten, man denke an TikTok, Smartphones, Uber oder eine Suchmaschine, seien diese in der Wahrnehmung der Öffentlichkeit viel präsenter und vermitteln somit den falschen Eindruck, sie seien viel innovativer als wir.

Statistiken zu B2B- und B2C-Start-ups bestätigen dies allerdings nicht. Gemäß der zum Start-up- und Technologie-Magazin *Tech-Crunch* gehörenden Crunchbase werden für Deutschland 2.550 Start-ups aufgelistet.[131] Davon werden 367 (14 Prozent) als B2B-Start-ups angeführt. Für die USA werden 2.488 B2B-Start-ups angeführt, also 6,8-mal so viel. Bei einer Bevölkerungszahl, die viermal so groß ist wie in Deutschland, sind das 1,5-mal so viele B2B-Start-ups, die die USA vorzuweisen haben. Statista weist 61 Prozent aller globalen Super-Start-up-Unternehmen noch unter einer Milliarde Dollar Bewertung als B2B-Start-ups aus. In Deutschland liegen wir mit 14 Prozent Anteil weit unter dem globalen Anteil an üblichen B2B-Start-ups.[132]

Auch wenn B2B-Start-ups vor allem an Firmen ihre Produkte verkaufen, so sind sie doch vergleichsweise prominent. Slack, Box oder Alibaba sind einschlägig bekannte Markennamen. Der Verweis, dass B2B-Unternehmen aufgrund der Natur ihres Geschäfts bei der Öffentlichkeit wenig bekannt seien, erweist sich als Ausflucht, wenn unzählige Gegenbeispiele angeführt werden können.

Solche wenig hinterfragten und unaufhörlich perpetuierten Mythen helfen uns nicht, der Wahrheit ins Auge zu sehen. Wir reden uns schöner, als wir sind. Doch der Barbesucher, der sich seine Begleitung mit jedem Glas Bier schöner säuft, wacht verkatert auf. Statt jede Kritik, jede uns schlecht aussehen lassende Information mit uns gefälligen Statistiken zu kontern, sollten wir den kritischen Input dankbar aufnehmen, analysieren und entgegensteuern.

Braindrain aus dem Land der Unmöglichkeiten

Die Signale, die wir aussenden, mögen zwar auf den ersten Blick gut aussehen, erweisen sich aber nicht als zukunftsweisend. Während Sicherheit, Stabilität und Wohlstand zweifelsohne wichtige Voraussetzungen sind, müssen sie immer wieder aufs Neue verdient werden. Wenn Stabilität dazu dient, Neues zu verhindern, dann wird die Stabilität nicht lange anhalten. Der Änderungsdruck wird zu groß, geschützte Branchen können sich immer weniger „halten". Die Bergbauindustrie in den 1980er-Jahren war so ein Beispiel. Die Automobilindustrie heute ein anderes.

Wir bieten Top-Talenten aus anderen Ländern mit diesen Signalen ein Bild, das Neues verhindert oder nur mit vielen Hindernissen erlaubt. Die Anziehungskraft des Landes auf solche Talente ist nur eine Seite der Medaille. Die andere ist, ob wir überhaupt die Talente im Land selbst halten können. Die Zahlen sprechen dagegen.

Aus deutschsprachigen Ländern stammende Top-Talente verlassen uns, weil sie woanders bessere Bedingungen vorfinden. In einem Gastkommentar in der *Welt* analysiert Gunnar Heinsohn die jüngsten Ergebnisse zur Konkurrenzfähigkeit Deutschlands und stellt eine Analyse der möglichen Entwicklung anhand von Resultaten bei den letzten globalen Mathematik-Schüler-Wettbewerben an.[133] Wurde Deutschland im Jahr 2007 noch Zwölfter, war es im Jahr 2011 nur mehr der 16. Platz. Die Abwärtsspirale war auch in anderen Bereichen zu sehen. War man bei der Mathematikolympiade im Jahr 2010 Neunter, reichte es im Jahr 2019 nur mehr für den 32. Platz.

Bei der digitalen Wettbewerbsfähigkeit fiel man vom achten Platz im Jahr 2014 auf den 20. im Jahr 2018 unter 29 Nationen. Selbst im Jahr 2020 lag man mit Rang 18 einen Platz hinter Österreich. Die Schweiz hingegen mischt in Sachen digitaler Wettbewerbsfähigkeit ganz vorne mit. Mit Platz 6 musste man sich nur den USA auf Platz 1, Singapur, Dänemark, Schweden und Hongkong geschlagen geben.[134]

Der Stolz auf die eigenen Ausbildungsstätten ist – mit einigen löblichen Ausnahmen – übertrieben. Die Zahlen sprechen eine deutlich andere Sprache. Auch das Umfeld, um ein unternehmensfreundliches Klima zu schaffen, lässt zu wünschen übrig. Das Scheitern von innovativen Ideen wie dem Transrapid oder dem Cargolifter oder das Aus von StreetScooter sind in den Worten von Prof. Günther Schuh von der RWTH Aachen ein „Armutszeugnis für Deutschland".[135]

> Wenn wir uns nämlich doch einmal trauen, ein unmögliches Projekt zu starten, dann fehlt uns schnell das Geld und wir fallen in die Hände derjenigen, die Deutschland nach den Sparkassenregeln führen: „Investitionen so klein wie möglich, Ertrag muss sicher sein und der Break-even morgen."

Die „Sparkassenmentalität" spiegelt sich im Ambitionsniveau heimischer Projekte wider. Wenn in Deutschland von selbstfahrenden Autos gesprochen wird, nennt man das „automatisiertes" Fahren. In den USA wird immer nur vom „autonomen" Fahren gesprochen. Ein kleiner, aber feiner Unterschied. In der Tesla-Fabrik hängt über dem Besuchereingang bei den Fabrikführungen das Missions-Statement: Tesla will „den Übergang zu nachhaltigen Energiequellen beschleunigen". Deutsche Automobilhersteller wollen die vorgegebenen Abgasgrenzwerte erreichen, nicht weniger, aber auch nicht mehr. Dass man Anfang 2021 ein Gesetz im Bundestag verabschiedete, das es in Deutschland erlauben sollte, autonome Autos zu betreiben – wenn auch nur auf genau vorbestimmten Streckenabschnitten – wurde von Andreas Scheuer, Bundesminister für Verkehr, gefeiert. „Damit würde Deutschland der erste Staat weltweit, der Fahrzeuge ohne Fahrer aus der Forschung in den Alltag holt."[136] Das ist eine maßlose Übertreibung, denn man hat damit nicht mehr als einen Schiedsrichter, der die Regeln gut kennt, aber noch keine Teams. Bei einer Weltmeisterschaft wird jedoch nicht der beste Schiedsrichter Weltmeister, sondern die beste Fußballmannschaft. Und da sieht es in Deutschland sehr dürftig aus. Während in den USA fünf Dutzend Unternehmen autonome Autos auf öffentlichen Straßen testeten, gibt es in Deutschland gerade einmal ein heimisches Start-up, ein paar aus Frankreich und an einer Hand abzuzählen die traditionellen Hersteller – im Land, das das Auto erfunden hat.

Nun soll laut Medienberichten zumindest der Transrapid wieder zum Leben erweckt werden. Allerdings in einer Form, die nur mehr wenig an den Vorgänger erinnert. Die neue Magnetschwebebahn soll nicht wie das Original 500 Stundenkilometer erreichen, sondern mit vergleichsweise gemütlichen 150 Stundenkilometern dahinzuckeln.[137]

Dabei müsste man – wie die Amerikaner sagen – auf die Sterne zielen, um auf dem Mond zu landen. Wir zielen nur bis ans Ende der Straße und kommen deshalb nur ein paar Meter voran. Statt Visionen zu haben und wirkliche Innovationen anzustreben, befriedigen wir nur die Vorgaben des Gesetzgebers. Gesetze und Regulierungen der EU und unserer Regierungen tendieren jedoch dazu, nur ja keine Visionen aufkommen zu lassen. Die Datenschutzgrundverordnung beispielsweise verhindert nicht nur, dass eine Datenbasis für aktuelle innovative Technologien geschaffen wird, sie verhindert auch zukünftige.

Dazu ein Beispiel aus dem kanadischen Ottawa. Dort wollte die Verwaltung wissen, welche Stadtteile der Gentrifizierung unterworfen sind, also, in welche ärmeren Stadtteile junge und wohlhabendere Menschen ziehen und somit sozial schlechtergestellte Bevölkerungsteile verdrängen. Die Stadtverwaltung hatte dazu gewisse Vorstellungen, wollte es aber genauer wissen. Forscher der Ottawa University trainierten ein Maschinenlernsystem mit Aufnahmen von Google Streetview aus dem Zeitraum zwischen den Jahren 2007 und 2016. Google-Streetview-Fahrzeuge fahren seit Jahren regelmäßig durch die Städte und Regionen, um 360-Grad-Aufnahmen der Umgebung zu machen und sie dann auf Google Maps einzubinden. Damit konnten die Forscher Veränderungen in den einzelnen Straßenzügen erkennen. Das Maschinenlernsystem wurde darauf trainiert, die Marken und das Alter von geparkten Autos zu erkennen, ebenso wie neue Hausanstriche oder den Wartungszustand von Vorgärten. Sobald die künstliche Intelligenz die Fotos aus unterschiedlichen Jahren gegenüberstellte, konnte sie die Veränderung der Straßenzüge präzise anzeigen. Damit erhielt die Stadtverwaltung von Ottawa ein viel genaueres Bild über die Gentrifizierung und die Orte, an denen Maßnahmen durchzuführen seien, um ärmeren Teilen der Bevölkerung zu helfen.[138] Diese Herangehensweise und Forschung wäre in Deutschland aufgrund der Datenschutzbestimmungen gänzlich unmöglich.

Dass manche Vorstände zu Komplizen der Behörden werden, wurde im Anschluss an einer Pressekonferenz des Siemensvorstands klar, der im November 2019 zu einer öffentlich ausgetragenen Kontroverse führte. Der Physiker und Siemens-COO Roland Busch, der als Nachfolger von Siemens-CEO Joe Kaeser gehandelt wurde und zu diesem Zeitpunkt sein Stellvertreter war, hatte nach einem Treffen mit Elon Musk diesen als „wahren Visionär unserer Zeit" beschrieben.[139] Kaeser war pikiert, wie seinem Tweet zu entnehmen ist.[140]

Amüsante Meinungsbildung in unserem Land: Wenn ein deutscher Vorstands-Chef proaktiv sein Unternehmen auf die Zukunft ausrichtet, gilt er als „pathetisch" oder „philosophisch". Wenn ein kiffender Kollege in USA von Peterchens Mondfahrt spricht, ist er ein bestaunter Visionär.

Ironischerweise bemerkt er aber dann doch Anfang 2021, dass Deutschland angesichts der sehr sichtbar gewordenen (digitalen) Defizite während der Covid-Krise, „in wesentlichen Fragen am Anspruch gescheitert sei, eine Technologienation ersten Ranges zu sein".[141] Dass er selber daran schuld sein könnte als Chef eines der prominentesten Technologieunternehmen des Landes, kommt ihm dabei nicht in den Sinn. Solche abfälligen Kommentare über einen der unbestritten interessantesten Unternehmer unserer Zeit kommen von jemandem, der nie ein Unternehmen gegründet hat und immer im selben Unternehmen arbeitete. Anstatt sich Elon Musk als Maßstab zu nehmen, schlüpft so mancher Manager in die Rolle der beleidigten Leberwurst. Der Mangel an Selbstreflexion ist erstaunlich und mit ein Grund für das Versagen der deutschen Technologieelite.

Gleichzeitig zeigen andere Länder, was möglich ist. Mit der Landung der beiden Mondfahrzeuge namens „Jadehasen" der chinesischen Raumfahrtbehörden sowohl auf der Vorder- als auch Rückseite des Monds erlebten Millionen von Chinesen einen Inspirationsschub und sahen, was in dem Land möglich ist.[142] Diese weithin sichtbaren und inspirierenden Missionen signalisieren technologisches Können und wirtschaftliche Potenz.

Negativspirale

Solche Änderungen und Signalwirkungen bleiben in deutschen Vorständen nicht unbeachtet. Dass Apple im Jahr 2019 mit 1,4 Billionen Dollar zum ersten Mal mehr wert war als alle 30 im Deutschen Aktienindex DAX gelisteten Unternehmen zusammen, sich seither der Abstand noch vergrößert hat und sowohl Microsoft als auch Amazon sich zu Apple gesellten, wird mit Verständnislosigkeit aufgenommen.

An uns zieht eine neue Industrieära einfach so vorbei, die auf Software, Daten und künstlicher Intelligenz basiert. Rational betrachtet scheint man zu verstehen, dass diese neue Welt anders funktioniert und neue Paradigmen verlangt, doch intuitiv hängt man an den Dingen, die man angreifen kann. Und dieses Gefühl wird von den Führungsetagen nach unten indirekt kommuniziert. An den Führungsspitzen deutscher Unternehmen stehen heute vorwiegend Personen, die aus traditionellen Unternehmensbereichen kommen: aus Maschinenbau, Chemie, Pharmazie, Versicherung, Finanz oder dem Handel. Digitales Wissen ist dünn gesät.

Wie es eine Anekdote aus der Atomindustrie zeigte, in der die Planungsaufsicht aus der Politik nur wenig technisches Wissen hatte und deshalb die vorgelegten Pläne zur Anlagensicherheit nach kurzen Diskussionen genehmigte, dafür aber stundenlang die Ausstattung der Konferenzräume und der Betriebsküche diskutierte, so ähnlich kann man sich die Diskussionen um Digitalisierung vorstellen.

Das führt zu einer Negativspirale in den Anstrengungen, auf den Digitalisierungstrend aufzuspringen. Mitarbeiter in diesen Bereichen fühlen sich unverstanden und unbeachtet, mit dem Resultat, dass sie den Arbeitgeber wechseln. Damit geht Wissen und Zeit verloren, während der traditionelle Bereich verstärkt Aufmerksamkeit auf sich zieht, vor allem dann, wenn der bisherige Geldbringer zu straucheln beginnt.

Solche negativen Signale kommen aus allen Industriebereichen und den Behörden, die die Digitalisierung ebenso wenig verstehen. Im Jahr 2020, als die Länder im Griff der Covid-Pandemie standen, hieß es, dass Lehrer eine Dienst-E-Mail erhalten und nicht wie bisher ihre private E-Mail verwenden sollen.[143] Man muss sich das auf der Zunge zergehen lassen: Die Diskussionen drehten sich vor allem um Sicherheit und den Datenschutz dieser Dienst-E-Mails, nicht um die Tatsache, dass Lehrkräften im Jahr 2020 noch immer keine dienstlichen E-Mail-Adressen haben. Vermutlich waren sie bislang zu sehr damit beschäftigt, wie die Schulkantinen ausgestattet werden sollen und welche Kreide sich besser für die Tafel eignet.

Es sind all diese Kleinigkeiten, die jungen Talenten in der digitalen Branche, in der Wirtschaft und in öffentlichen Stellen das deutliche Signal vermitteln, man wolle und schätze sie nicht. Wer kann, wandert aus oder ergreift gar nicht erst solche Berufe.

KAPITEL 6

Future Chances – Zukunftsmaßnahmen ■

Als Jackie Chan das erste Mal Steven Spielberg traf, wurde er von diesem sofort um ein Autogramm gebeten. Nachdem er ihm das Autogramm geflissentlich gegeben hatte, fragte der Kung-Fu-Star den großen Hollywoodregisseur nach den Spezialeffekten. „Wie haben Sie die Menschen und Dinosaurier Seite an Seite so lebensecht gemacht?"

„Oh, das war ganz einfach", sagte Spielberg, „Ich drücke nur einige Knöpfe – Knopf hier, Knopf da, Knopf drüben, Knopf dort. Aber was ist mit Ihren Filmen? Wie schaffen Sie all diese gefährlichen Stunts, wo Sie über Dächer und Klippen springen?"

Jackie Chan antwortet, „Oh, das ist sogar noch einfacher. Es ist einfach nur Rollen, Action, Springen, Schnitt, Krankenhaus."

Τhe Big Island ist – aus der Perspektive der Erde betrachtet – wenig mehr als ein Fliegenschiss im Pazifik. Ungefähr fünf Flugstunden westlich von San Francisco erstreckt sich eine Inselkette über 250 Kilometer, Tausende Kilometer entfernt vom nächsten Festland. Hawaii, wie die mehr als 100 Inseln und Atolle genannt werden, ist erst seit etwas über 60 Jahren ein US-Bundesstaat. Während die meisten der Inseln über wunderschöne Sandstrände verfügen und beliebte Urlaubsziele der Kontinentalamerikaner sind, hat Big Island nur sehr kleine Sandstrände. Die Mehrheit der Küste besteht aus rauen Klippen von erstarrter Lava. Die Inselgruppe ist vulkanischen Ursprungs mit nach wie vor aktiven Vulkanen. Den Sockel des Vulkans Kilauea besuchten wir einmal bei unserem Hawaii-Urlaub.

Der Vulkan dominiert den südöstlichen Teil der Insel und entlang des Hangs sieht man schwarze Furchen im ansonsten grünen Bewuchs. Dort floss und fließt die Lava aus dem Vulkantrichter hinab, um dann im Meer unter Zischen und Dampf zu erstarren. Als wir im Jahr 2004 die Rundstraße um die Insel fuhren, war sie auf mehreren Kilometern unterbrochen, weil Monate zuvor meterhohe Lavaströme sich ihren Weg über sie gebahnt hatten. Wir ließen unser Auto wie alle anderen Touristen am Straßenrand stehen und kletterten auf die erstarrte Lava, um näher an die „Action" zu kommen, also dorthin, wo man glühende Lavaströme sehen konnte. Wir passierten ein Stoppschild, das aus der erstarrten Lava auf Kniehöhe herausragte, und eine halbe Stunde bewegten wir uns über die wurstartige, silbergrau erkaltete Lava, die unter unseren Schuhen metallisch knirschte. Mit einer kleinen Gruppe anderer Touristen standen wir einen Meter entfernt um den kleinen Lavastrom, der sich vor uns langsam seinen Weg bahnte. Fotos wurden gemacht, dem Knacken der erstarrenden Kruste gelauscht. Und unser Blick über die graue Landschaft ging immer wieder zur Küste, wo der Lavastrom beim Auftreffen auf das Meerwasser sein Ende fand.

Ein Geologe hätte seine Freude daran gehabt, weniger aber die Geodäten. Die Küste von Hawaii ist einem ständigen Wandel unterworfen, der ein fortwährendes Nachmessen des Küstenverlaufs notwendig macht. Die Straße muss alle paar Jahre aufs Neue ausgebuddelt und befahrbar gemacht werden und die Hänge mit ihren schwarzen Todeszonen bieten bald wieder fruchtbaren Platz für den Vormarsch der Vegetation.

Wirtschaft und Wissenschaften sind ein ähnlich aktiver „Vulkan", die kontinuierlich Innovationen speien. Sie überrollen die bisherigen Berufe, zwingen sie in eine andere Richtung und schaffen völlig neue Jobprofile. Arbeitswissenschaftler und Ökonomen – die „Geodäten" der Joblandschaft – haben es weniger einfach, als nur die Landschaft einfach neu vermessen zu müssen. Gelegentlich müssen sie neue Instrumente schaffen, um die neue Joblandschaft erfassen und verstehen zu können.

Ende 2020 zeigte der Kilauea wieder verstärkte Aktivität. Der Vulkantrichter begann sich mit flüssiger Lava zu füllen, die über den Verlauf der nächsten Wochen um etliche Meter anstieg. Und die Vulkanforscher sind sehr aufmerksam. Sie beobachten die kleinste Rauchentwicklung, den Durchbruch von flüssiger Lava durch die Oberfläche, den Anstieg des Vulkansees, messen Erdbewegungen und schätzen mögliche Gefahrenpotenziale für die Umwelt ein. Mit diesem Wissen werden Vulkanausbrüche leichter zu managen. Das war nicht immer so. Der Legende zufolge zog man sich den Zorn der hawaiianischen Vulkangöttin Pele auf sich, wenn man Vulkangestein aus Hawaii entfernte.

Ähnlich war es mit Innovation. Diese galt viele Jahrhunderte lang als Überlistung der Götter beziehungsweise der Natur, deren Zorn man auf sich ziehen konnte. Im 19. und 20. Jahrhundert hat sich das geändert. Wir glauben an die Macht und das Versprechen menschlicher Erfindungen und haben keine Angst mehr davor, irgendwelche göttlich gesetzten Grenzen zu überschreiten. Ganz im Gegenteil, wir glauben, dass es unser Recht sei und notwendig ist, innovativ zu sein und Neues zu schaffen.

In der amerikanischen Unabhängigkeitserklärung befinden sich die drei Begriffe „Life, Liberty and the pursuit of Happiness" als unveräußerliche Rechte der Menschen. Menschliches Gedeihen („human flourishing") sollte das Ziel sein, nicht das Einschränken und Behindern. Wie wichtig das für uns ist, zeigte sich in der Covid-Pandemie, in der wir uns einigen Einschränkungen unterwerfen mussten, aber zugleich auch zeigen konnten, dass menschliches Gedeihen beispielsweise mit der Schaffung von Impfstoffen und gegenseitiger Unterstützung zusammenhängt. Und wenn wir gefordert sind, dann können wir es doch, und wie! Der erste Covid-Impfstoff kam aus Deutschland von Forschern, die türkischen Migrationshintergrund hatten.

In den nächsten Abschnitten sehen wir uns Elemente an, die uns dabei unterstützen können, die Zukunft mit weniger Angst zu betrachten und die Chancen und Möglichkeiten zu ergreifen. Zuerst behandeln wir wieder das Mindset sowie Einstellungen, die uns heute zurückhalten. Dann gehen wir auf Einrichtungen und Institutionen ein, die uns dabei unterstützen können. Dabei sehen wir uns auch die Best Practices der heutigen Innovationsvorreiter an. Institutionen werden von Menschen geleitet und mit Leben gefüllt und Ideen und deren Umsetzung kommen von Menschen. Deshalb widmen wir auch der menschlichen Seite der Innovation Aufmerksamkeit. Und zum Abschluss dieses Kapitels sprechen wir über erprobte Rahmenbedingungen, die dem Fortschritt förderlich sind.

Mindset

Ist das der Weg in die Zukunft? Wenn es nicht der Weg in die Zukunft ist, wen interessiert es dann?

Elon Musk

Wir haben uns bereits in vorangegangenen Kapiteln mit unterschiedlichen Mindsets auseinandergesetzt, die uns zu modernen Innovationsnachzüglern gemacht haben. Die gute Nachricht ist, dass ein Mindset nichts Festgelegtes und Dauerhaftes ist. Es kann geändert werden. Wir sind nicht auf ewig auf angeblich typische Charaktereigenschaften als „Schweizer", als „Österreicher" oder als „Deutsche" festgelegt.

Carol Dweck beschrieb das „Fixed Mindset" und das „Growth Mindset".[1] Talente, Eigenschaften, Fähigkeiten sind nicht unabänderlich, sie sind wandelbar. Das Gehirn ist wie ein Muskel, der trainiert werden und wachsen kann. Wenn wir intuitiv ängstlich auf Neues reagieren, können wir gegensteuern, indem wir zunächst verstehen, warum unsere Reaktion von Angst geprägt ist, und dann Mittel finden und anwenden, diese zu überwinden.

Ein Blick über die Landesgrenzen kann wertvolle Impulse geben. Speziell von den skandinavischen und baltischen Ländern kann man viel lernen, gehen doch dort die Regierungen und die Bevölkerung wesentlich aufgeweckter und unaufgeregter an neue Technologien heran. Das kleine Estland steht schon seit Jahren an der Spitze, was die Technologieadaption bei Behörden betrifft. Die schwedische Regierung unterstützte in den 1990er-Jahren jeden Kauf eines Computers durch Steuernachlässe, mit dem Ergebnis, dass in Stockholm – eine Stadt mit 975.000 Einwohnern – allein 22.000 Technologiefirmen angesiedelt sind und der häufigste Beruf Programmierer ist.[2] Finnland wiederum hat sich das Ziel gesetzt, ein Prozent der Bevölkerung darin zu schulen, was künstliche Intelligenz überhaupt ist. Das Land beauftragte die Universität Helsinki, den Onlinekurs „Elements of AI" zu erstellen, den sich alle Bürger kostenlos ansehen konnten.[3] Mit Erfolg: In nur vier Monaten war das Ziel erreicht.[4]

Das gilt für den Einzelnen, aber auch für Unternehmen und selbst das ganze Land. In den folgenden Abschnitten werden wir uns nun einige solcher Mittel ansehen.

Das Gegenteil der Erwartungen

Wer potenzielle Fehler ignoriert,
wird sie zwangsläufig machen.

Joe Miller

Viele Besucher waren skeptisch. Anstatt hineinzugehen, blieben sie beim Eingang stehen und warfen einen zaghaften Blick in den mit Fackeln erleuchteten Schacht. Selbst die darin aufspielende Musikkapelle konnte sie nicht weiter locken. Nur einige wenige wagten, die knapp 400 Meter durch den Tunnel zu gehen, um auf der anderen Seite der Themse hervorzukommen.

So berichtete die *London Times* am 25. März 1843 über die Eröffnung des ersten Tunnels, der eine Entlastung für die hoffnungslos vom Verkehr verstopften Londoner Brücken über die Themse bringen sollte. In der Mitte des 19. Jahrhunderts war der technische Fortschritt so weit, dass man den Tunnelbau beherrschte, doch in den Köpfen der Menschen war noch ein wenig die Angst vor dem Unterirdischen verankert. Es herrschte nicht so sehr die Angst vor dem Einsturz des Tunnels, sondern der Aberglaube, dass unter der Erde irgendetwas Bedrohliches lauerte. Immerhin befand sich dort die Hölle, die der Teufel als sein Domizil bewohnte, nicht wahr? Es half auch nicht gerade, dass der Tunnel unter der Themse feucht und modrig roch, Wasser von der Decke tropfte und die Beleuchtung etwas schummrig wirkte.

Es war weniger die Angst vor dem Unbekannten als die Angst vor dem vermeintlichen Bekannten, die die Londoner vor der Erkundung des ersten Tunnels zögern ließ. Wie auch immer, diesem Tunnel folgten weitere und heute verschwenden wir kaum mehr einen Gedanken daran, wenn wir uns in eine U-Bahn hinabbegeben und in Tunnel Städte, Länder und selbst Meere unterqueren.

Kein Wunder also, dass mit dieser Skepsis auch bei der Bevölkerung in anderen Städten zu rechnen war. In Boston war man mit der im

Jahr 1863 eröffneten ersten Londoner U-Bahn vertraut, die damals kein schönes Erlebnis bot. Kohlebefeuert, dampfbetrieben, mit lauten quietschenden Geräuschen in feuchten und dunklen Tunneln war eine Fahrt eine gesundheitsgefährdende Angelegenheit gewesen. Ein Reporter verglich die Fahrt mit dem „Zahnziehen beim Zahnarzt" und seinen Hustenanfall, nachdem er die U-Bahn genommen hatte, mit der Erfahrung „eines Jungen nach seiner ersten Zigarre". Dieser Eindruck prägte andere U-Bahnprojekte und es sollte mehrere Jahrzehnte dauern, bis die erste U-Bahn in einer anderen Stadt eröffnet wurde.

Als am 28. März 1895 ein Dutzend dick eingemummte und mit Schubkarre und Schaufeln ausgerüstete Arbeiter auf das Erscheinen des Bostoner Bürgermeisters zum Spatenstich des ersten amerikanischen U-Bahntunnels warteten, erhielten sie die Nachricht, dass dieser zu beschäftigt sei und er stattdessen seinen Vertreter schickte. Nicht nur der Bürgermeister dieser wichtigen amerikanischen Stadt war gegen das Projekt, auch ein Landesvertreter namens Jeremiah J. McCarthy. Dieser erklärte dem *Boston Globe*, ein Tunnel sei Humbug, würde unnütz viel Geld verschlingen, außerdem sei er feucht, dunkel und vor allem ungesund. Auch glaubte er, dass die Menschen eine U-Bahn nicht verwenden werden, wenn Oberflächentransportalternativen angeboten würden, und der Tunnel nur dann Sinn mache, wenn es keinen anderen Weg gäbe, den Fluss zu überqueren.[5]

Deshalb beauftragten die Bostoner Ingenieure das MIT, die Luftqualität und sonstiges „Böses" im Untergrund zu messen und zu verbessern. Als man dann sechs Monate nach Grabungsbeginn auch noch auf Knochen in unmarkierten Gräbern stieß, die von mehreren Hundert Soldaten aus dem amerikanischen Unabhängigkeitskrieg stammten, wussten die Verantwortlichen, dass sie ihre Öffentlichkeitsarbeit verstärken mussten.

Nachdem der Tunnel fertiggestellt worden war, wurden der Gouverneur von Massachusetts mit anderen Würdenträgern die Stufen in das Dunkel hinabgeführt. Man sah nichts und konnte nur die Schritte der Honoratioren hören, wie sie sich langsam fortbewegten.

Als sie unten waren, legte jemand den Lichtschalter um und es wurde Licht. Vor ihren Augen wurde ein trockener, geruchloser und gut belüfteter, heller Tunnel sichtbar, nicht das feuchte, nasse, kalte Dunkel, das sich alle vorgestellt hatten.

Die Ängste der Menschen vor dunklen Tunneln hatte den Projektverantwortlichen eine Blaupause geliefert, wie mit diesen Befürchtungen und dem Aberglauben umzugehen sei: indem sie genau das Gegenteil der Erwartungen lieferten. Nicht die vorgestellte Wirklichkeit wurde erfüllt, sondern eine alternative, moderne Wirklichkeit geschaffen.

Die Future Angst, die mit beinahe jeder neuen Technologie einherzugehen scheint, kann auch uns als Vorlage dienen, wie wir sie besiegen können. Vor selbstfahrenden Autos, künstlicher Intelligenz und Robotern, die uns töten und die Kontrolle über uns Menschen übernehmen werden. Vor dem Hyperloop, der vielleicht das Trommelfell zerplatzen und Unfälle geradezu provozieren wird. Vor digitalen Werkzeugen, die uns zu Süchtigen machen und verdummen lassen. Vor genmanipulierten Pflanzen und künstlicher Nahrung, die uns mit neuen Krankheiten töten werden. Vor implantierten Chips, die uns manipulieren. Und vor Windrädern, die nicht nur Vögel töten, sondern uns mit Infraschall krank machen.

Und das sind wiederkehrende Motive. So fasste am 23. November 1889 das Fachmagazin *The Electrical World* die Zeitungsmeldungen über tote Vögel, die mit der Freiheitsstatue kollidiert waren, zusammen. Besonders grausam hatten die Leser die Berichte über geröstete Vögel empfunden, die durch das Hängenbleiben in der elektrischen Beleuchtung der Statue getötet worden waren.[6] Das erinnert an die Berichte zu Vogelmassakern bei heutigen Windrädern.

Wie nahmen die Bostoner ihre erste U-Bahn auf? Am ersten Betriebstag der neuen elektrischen Bostoner U-Bahn, am 1. September 1897, fuhren 100.000 Menschen damit.[7] Und nur wenige Tage nach der Eröffnung berichtete ein Zeitungsartikel von den Staus vor den Drehkreuzen zur U-Bahn. Der Titel des Artikels? „Keine Neuheit mehr!"

Ängste und Befürchtungen können überwunden werden, wenn man den Menschen das genaue Gegenteil ihrer Erwartungen liefert. Und das sollte ein Designprinzip bei Innovation werden.

Wie Tic Tac aggressiv machen

Ohne Begriffe gibt es kein Denken. Ohne Analogien gibt es keine Begriffe!

Douglas Hofstadter

Eine Top-Skiläuferin mit vielen Siegen im Super G und einem Weltcupsieg hatte ein Problem. Seit einem schweren Sturz, bei dem sie sich verletzt hatte, fand sie den Anschluss nicht mehr. Wo sie vor dem Sturz nochmals nachsetzte, zögerte sie jetzt. Es fehlten ihr zwar nur Zehntelsekunden, aber die entschieden zwischen dem Platz auf dem Podest und ferner liefen. Der Salzburger Mentaltrainer Manuel Horeth erzählt diese Geschichte bei einer Veranstaltung in Rom.[8] Die körperlichen Verletzungen der Skiläuferin waren zwar verheilt, aber es war etwas anderes noch nicht in Ordnung. Unbewusst hatte sie bei jedem Sprung zusammengezuckt, anstelle sich aggressiv hineinzulehnen. Dadurch verlor sie auf jeder Strecke die Zehntelsekunden, die ihr den Sieg kosteten. Und hier konnte Horeth ansetzen. Er wies die Spitzenathletin an, vor jedem Sprung dieselbe Routine durchzugehen und sich bewusst hineinzulehnen.

Was der Mentaltrainer hier machte, ist eine Konditionierung. Wie schon bei den Pawlowschen Hunden, deren Speichel beim Klingeln einer Glocke zu fließen begann, hilft er Sportlern, das Beste aus sich herauszuholen, indem er ihnen mittels eines Stimulus hilft, eine mentale Grenze zu überwinden und eine Verhaltensweise auszulösen, die ihnen im Wettkampf helfen soll.

Einem Fußballerspieler eines Bundesligaklubs verhalf Horeth von einem Moment auf den anderen, einen aggressiven Antritt machen zu können. Auch dabei nutzte er einen Stimulus. Bevor der Spieler loslegte, wies ihn Horeth an, eine Tic-Tac-Schachtel hervorzuholen, ein Tic Tac in den Mund zu stecken und auf Aggression umzuschalten. So als ob er einen mentalen Schalter bei sich umlegte.

Auch in der Berufswelt, in der wir uns nicht steile, schneebedeckte Hänge mit 100 Stundenkilometern hinunterstürzen oder vor 60.000 Zuschauern mit 21 anderen Alphamännchen einer Lederkugel nachjagen müssen, beeinflusst der mentale Zustand nicht nur, wie wir unsere Leistung erbringen, sondern vor allem auch, ob wir überhaupt damit anfangen.

Die Frage einer Zuschauerin „Woher soll nur all der Strom kommen?" bei einem meiner Vorträge zur Elektromobilität stellt so eine mentale Hürde dar. Reflexartig denken wir zuerst an die Grenzen und die Unmöglichkeit des Vorhabens. Wir scheitern schon beim Gedanken daran und geben sprichwörtlich auf, bevor wir angefangen haben, die Aufgabe durchzudenken. Wir tappen in unsere eigene mentale Falle.

Im Englischen gibt es den Begriff „Priming", was so viel wie „mentale Vorbereitung" bedeutet. Priming ist in unserem Fall der Future Angst sozusagen unser mentales Tic Tac, das uns hilft, aus der angstbehafteten, Hoffnungslosigkeit ausstrahlenden und geschlossenen Frage beziehungsweise Feststellung eine nach Möglichkeiten suchende, offene Frage zu machen. Bevor ich auf eine Frage oder Feststellung direkt antworte, gehe ich einen Schritt zurück, nehme mir ein paar Sekunden Zeit und stelle mir einige Gegenfragen. Von welchen Ausgangspunkten kommt diese Frage oder Behauptung? Welches Motiv, welcher Appell steckt dahinter? Was könnte damit wirklich gemeint sein?

Hier sind ein paar Beispiele von Fragen und Feststellungen, die uns gleich von Beginn an zum Scheitern konditionieren.

1. Autonomes Fahren ruft komplizierte Probleme und Fragestellungen hervor. Wie geht solch ein Fahrzeug mit einem Fußgänger oder Radfahrer um, der das Weiterfahren blockiert?

2. Woher soll nur all der Strom [für Elektroautos] herkommen?
3. Da muss zuerst einmal eine rechtliche Anpassung
erfolgen und das wird dauern.
4. Das wird mit dem Betriebsrat nicht vereinbar sein.
5. Geben Sie das einmal der Rechtsabteilung, die wird
Ihnen das in der Luft zerfetzen!

Die erste Frage mag zwar ergebnisoffen klingen, es schwingt in ihr allerdings ganz stark mit, dass es für das autonome Auto irgendwie unmöglich sei. Wie ändern wir diesen Satz, damit die Frage nicht geschlossen, sondern offen ist?

Statt „Wie geht solch ein Fahrzeug mit einem Fußgänger/Radfahrer um, der ein Fortkommen blockiert?" fragen wir lieber: „Was kann solch ein Fahrzeug machen, wenn es von einem Fußgänger/Radfahrer beim Fortkommen blockiert wird?" Oder wir fragen: „Was macht ein menschlicher Fahrer heute, wenn er von einem Fußgänger/Radfahrer am Fortkommen blockiert wird?"

Die zweite Frage wollen wir in ähnlicher Weise betrachten und analysieren. Wie viel Strom braucht ein Elektroauto? Wie viel Strom bräuchten wir, wenn wir im ganzen Land alle Autos gegen Elektroautos austauschen? Wie erzeugen wir heute Strom? Wie transportieren wir Strom? Und dann folgen wir mit der kontrafaktischen Frage: Brauchen Diesel und Benziner auch Strom? Natürlich, denn Flüssigtreibstoffe fallen nicht vom Himmel, sondern müssen gefördert, transportiert und raffiniert werden. Wie viel Strom geht dabei drauf und woher kommt dieser?

Wie sich bei dieser Analyse herausstellt, braucht ein Verbrennungskraftfahrzeug 2,8-mal so viel Energie wie ein Elektroauto und damit verschiebt sich der Charakter der Frage dramatisch. Wie können wir rascher von Verbrennungskraftfahrzeugen hin zu energiesparenden Elektroautos umsteigen?

Auch das dritte Beispiel, eine Feststellung oder Behauptung, beendet in der Form die Diskussion. Sie deutet an, da könne nichts beschleunigt oder geändert werden. Sobald man sich aber damit auseinandersetzt und fragt, welche Gesetze oder Regulierungen es gäbe, welche Ausnahmen vorhanden sind beziehungsweise ob etwas technisch geändert werden könne, damit man nicht unter dieses Gesetz falle, oder was gemacht werden müsste, um einen Änderungsprozess anzustoßen, befindet man sich auf dem richtigen Weg. Meist stellt sich heraus, dass es Lösungen gibt oder dass die im ersten Moment angenommenen Hindernisse keine sind.

Die vierte und fünfte Feststellung beenden ebenfalls jede Diskussion. Besser ist es, die Sätze als Fragen zu formulieren. Wie können wir die Zustimmung des Betriebsrats erhalten? Was müssen wir am Vertrag ändern, dass auch die Rechtsabteilung ihr Okay dazu gibt?

Welch radikale Auswirkungen sogar ein unbewusstes mentales Tic Tac haben kann, zeigt die Geschichten des amerikanischen Mathematikers George Dantzig. Im Jahr 1939 war er Doktorand an der Berkeley University. Kurz nach Beginn eines Kurses schrieb Professor Jerzy Neyman – der selbst Mathematiker und Statistiker war – zwei berühmte ungelöste Probleme der Statistik an die Tafel. Dantzig kam verspätet in den Kurs und nahm an, dass es sich bei den beiden Problemen um eine Hausaufgabe handelte. Er betrachtete die Probleme „als etwas schwieriger als gewöhnlich", aber ein paar Tage nach dem Unterricht reichte er die Lösungen für beide Probleme ein, immer noch in der Annahme, dass es sich um überfällige Hausaufgaben handelte! Einige Wochen später besuchte Neyman Dantzig und sagte ihm, dass er zwei der berühmtesten ungelösten Probleme in der Statistik gelöst habe. Da war jemand, dem niemand gesagt hatte, es wäre unmöglich, deshalb tat er es einfach.

Das Zertrümmern von Annahmen

Bei meinen Vorträgen erkenne ich Zuhörer, die mit dem Inhalt meiner Aussagen nicht einverstanden sind, sehr leicht an ihrer Körperhaltung und an ihren Gesichtsausdrücken. Verschränkte Arme sind ein Element, unruhiges Herumrutschen auf dem Stuhl ein anderes. Die Gesichtsausdrücke sprechen eine eigene Sprache. Rollende Augen, abschätziges Wegdrehen des Kopfes, gezwungenes Ausatmen. Hin und wieder kommt es sogar zu empörten Zwischenrufen, wenn es die Person nicht mehr aushält.

Dazu muss ich eine Geschichte von einem Delegationsbesuch im Silicon Valley schildern. Unter den fünfzehn Teilnehmern befanden sich sechs erfahrene Berater, die nach zwei Jahrzehnten bei Top-Beratungsunternehmen ein eigenes Start-up gründen wollten. Nach einem Jahr Vorbereitungsarbeit an ihrem Start-up wollten sie im Silicon Valley innovative Impulse erhalten. Ihre Erwartung war, dass sie eine Art „Blaupause für Innovation" an die Hand kriegen und etwas über künftige Trends erfahren, was ihnen für ihr Start-up hilfreich wäre.

Nach dem ersten Tag, der mit vier Terminen gefüllt gewesen war, zeigten sie sich bereits unzufrieden. Einen der vier Termine fanden sie nicht in Ordnung, weil er ihrer Meinung nach nichts mit ihrer Thematik zu tun hatte. Mit den anderen drei waren sie vollauf zufrieden gewesen. Trotzdem verlangten sie eine Anpassung des Plans für die Woche. Immerhin seien sie Berater, könnten sehr rasch Informationen aufnehmen und seien hier, um möglichst viel und schnell zu lernen.

Der Plan konnte auf so kurzfristige Weise nicht vollständig geändert werden, auch weil wir nicht nur die sechs Berater, sondern eine Reihe von Teilnehmern mit anderen Interessen in der Gruppe hatten. Trotzdem ergänzten wir spontan einige Termine. Es spielte sich aber eine interessante Dynamik ab. Als die Berater am ersten Tag erlebten, dass sie, statt Antworten auf ihre Fragen zu erhalten, zuerst immer wieder grundlegende Fragen über ihr eigenes Start-up von unseren Gastgebern gestellt bekamen, wurde es mit jeder Wiederholung für sie schmerzhaft klar, dass sie beim Aufbau ihres Start-ups von Annahmen ausgegangen waren, die sie nie überprüft und infrage gestellt hatten. Jeder unserer Gastgeber hatte ihnen nämlich eine ähnliche Frage gestellt: „Habt ihr mit potenziellen Kunden über euer Produkt gesprochen?" Das kann man beim ersten Mal noch ignorieren, wenn diese

Frage aber wiederholt von verschiedenen Menschen kommt und jeder von ihnen die eigene Herangehensweise erklärt und Kundenbefragung und Tests mit Benutzern ein integraler Bestandteil der Unternehmensgründung sind, dann werden die Unzulänglichkeiten der eigenen Herangehensweise schmerzhaft deutlich. Das Ergebnis war Unzufriedenheit, die sich gegen die Organisatoren der Tourwoche richtete.

Mittlerweile habe ich einen Begriff dafür. Ich bezeichne dies als „das Brechen der Delegation". Bei diesem Brechen werden die eigenen Annahmen und Beweggründe hinterfragt. Für manche ist das eine sehr schmerzvolle Erfahrung. Ein Weltbild bricht zusammen. Wie bei „Mensch ärgere dich nicht" müssen sie an den Start zurück. Solche Delegationsteilnehmer profitieren am meisten davon.

Den besagten Beratern war letztlich nach den vielen Interaktionen mit den Gastgebern am Ende der Woche diese Erkenntnis anzusehen. Sie waren, wie ich es nenne, „im Silicon Valley angekommen". Nicht zuletzt, weil wir am vorletzten Abend spontan von einem erfahrenen Manager, den wir zufällig auf einer Veranstaltung kennengelernt hatten, für den nächsten Morgen zu sich ins Haus eingeladen worden waren. Er schilderte uns zuerst seine Erfahrungen und lauschte dann den Vorstellungen aller Teilnehmer zu ihren eigenen Unternehmen und Ideen und gab Feedback. Für das Start-up der sechs Berater war es allerdings zu spät. Ein Jahr später begruben sie das Projekt, hatten aber wertvolle Erfahrungen über sich selbst gemacht.

Was wir hier erlebt hatten, war, dass wir in Momenten der Änderung zuerst versuchen, diese Herausforderungen mit bekannten Methoden und Ansätzen zu lösen. Annahmen werden dabei nicht hinterfragt, ja, meist ist gar nicht klar, dass man Annahmen getroffen hat. Selbst wenn die Ansätze dann erfolglos sind, ist für viele die Schlussfolgerung nicht, nach anderen Methoden und Ansätzen zu suchen und diese zu probieren, sondern viel mehr die vertrauten anzuwenden. Je spezialisierter man dabei ist, mit desto weniger Methoden und Ansätzen aus anderen Bereichen ist man vertraut und kann daher nicht auf sie zurückgreifen. Wenn mein einziges Werkzeug ein Hammer ist, sieht jedes Problem wie ein Nagel aus.

Mehr Mut zu Optimismus

„Wer lang sudert, wird ned pudert." Wiener Dialektspruch,
übersetzt: „Wer nur jammert, wird nicht gevögelt."

In der gesamten Menschheitsgeschichte hat es nie genug von den
guten Dingen gegeben. Nicht genug Nahrung, nicht genug Bildung,
nicht genug Wohnraum, nicht genug Freizeit. Es gab immer Utopisten,
die von dem Tag träumten, an dem es genug für alle gäbe und die
Knappheit ein Ende fände. Paradoxerweise sahen diese Träumer nie
die Technologie als Mittel zur Beendigung der Knappheit, sondern
fanden ihr Heil in der Weiterentwicklung der menschlichen Natur.
Doch diese hat sich hartnäckig dem Fortschritt widersetzt, während
Technologie uns der Utopie zielstrebig nähergebracht hat.

Seien wir ehrlich: Man kann ja nur zum Pessimisten werden. Schon
wieder Stau in der Früh. Die Kaffeemaschine im Büro ist defekt. Wieder eine Demonstration irgendwo. Ein neuer Politskandal wurde
aufgedeckt. Jetzt kleckere ich auch noch Kaffee auf das Hemd. Meine
Blumen am Balkon wollen nicht so wachsen, wie ich es gerne hätte.
Das Pech verfolgt mich. Was interessiert mich schon, dass der Strom
wie immer zuverlässig fließt, mein Duschwasser wohltemperiert, mein
Frühstückscroissant knusprig ist, die Straßen sicher sind, die Internetverbindung tadellos funktioniert, die Lehrerinnen meine Kinder gut
unterrichten, wir gesund sind, meine Kollegen alle nett sind und wir
seit einem dreiviertel Jahrhundert keinen Krieg in unserem Land haben
und es uns gut geht? Das ist doch selbstverständlich, nicht wahr?

Jemand, der sich als Optimist outet, wirkt verdächtig. Wie kann
diese Person nur so positiv in die Zukunft schauen, wenn die Welt so
schlecht ist und ohnehin bald alles den Bach runtergehen wird? Ein
Optimist ist somit immer naiv, um nicht zu sagen, geistig minder-
bemittelt. Wer hingegen die Gefahren und Risiken erkennt, ist zweifelsohne schlau.

Das Recht auf „Pursuit of Happiness" in der amerikanischen Unabhängigkeitserklärung ist dem protestantischen Arbeitsethos stets

suspekt gewesen. Arbeit, die Spaß macht, ist keine Arbeit. Richtige Arbeit muss den Rücken krumm machen, der Schweiß muss in Bächen fließen und die Pein muss uns ins Gesicht geschrieben sein. Hedonie und Freude am Leben zeugen von einem falschen Weltbild. Kein Wunder, dass der Optimismus in Deutschland wie ein verdorrtes Pflänzchen wirkt, das wir kräftig mit Skepsis, Zynismus und Weltuntergangsstimmung düngen.

Bill Gates hat da schon recht, wenn er uns auf die Frage, wie er seinen Optimismus bewahrt, wo es doch so viele Sorgen um die schädigenden Auswirkungen von Technologien gebe, zu mehr Optimismus auffordert:[9]

Bedenken Sie, wie lange die Menschen heute leben, wie sich die Sterblichkeit von Kindern unter fünf Jahren verringerte, wie die schlechte Behandlung von Frauen abnimmt. Weltweit ist die Ungleichheit geringer: Die ärmeren Länder werden schneller reicher als die reicheren Länder. Der Großteil der Menschheit lebt heute in Ländern mit mittlerem Einkommen. Vor fünfzig Jahren gab es nur sehr wenige Länder mit mittlerem Einkommen. Dann ist da noch die Fähigkeit der Wissenschaft, Probleme zu lösen. Bei Herzkrankheiten und Krebs haben wir große Fortschritte gemacht; auch bei einigen der eher chronischen Krankheiten wie Depression und Diabetes ... Selbst bei Fettleibigkeit gewinnen wir einige grundlegende Erkenntnisse über das Mikrobiom und die beteiligten Signalmechanismen.

Also, ja, ich bin optimistisch. Es stört mich, dass die meisten Menschen das nicht sind. [...] In meinem eigenen Leben habe ich großes Glück gehabt. Aber selbst wenn man meine persönliche Erfahrung herausrechnet, glaube ich, dass es im Großen und Ganzen besser ist, heute geboren zu werden als je zuvor, und es wird besser sein, in 20 Jahren geboren zu werden als heute.

Hans Rosling schildert, wie viele Zuhörer nach seinen Vorträgen zu Factfulness ihn regelmäßig darauf ansprachen, dass seine Daten und Fakten alle falsch sein müssen. Die Welt werde nicht besser, er habe da etwas falsch interpretiert oder täusche sein Publikum vorsätzlich. Selbst gute Nachrichten werden sofort als schlecht interpretiert.

Ein amerikanischer Twitter-Benutzer hatte darüber berichtet, was er dem rechtskonservativen TV-Sender *Fox News* nie verzeihen würde. Seine Großeltern hätten das letzte Jahrzehnt vor ihrem Ableben nur mehr diesem Fernsehsender konsumiert und der Wandel im Charakter seiner Oma und seines Opas wären greifbar gewesen. Sie lebten ständig in Angst vor allen möglichen Gefahren, die *Fox News* tagein, tagaus thematisierte. Diese früher liebevollen und von vielen Freunden umgebenen Großeltern hatten sich zu isolieren begonnen. Die Gespräche mit der Familie drehten sich immer öfter nur um Feindbilder und Gefahren. Sie hatten alle Freunde verloren und letztendlich verstarben sie völlig verbittert und verängstigt. Dass es dazu gekommen war, das warf der Twitter-Benutzer dem Fernsehsender vor.

Wir sollten die notwendigen Schritte von einem pessimistischen zu einem optimistischeren Weltbild tun, um zu verhindern, dass wir uns gegenüber Europa und der Welt in eine Außenseiterposition begeben, wenn wieder einmal „die Deutschen" nur über ihre Hysterie bezüglich Datenschutz und Angst vor Neuem mit den Nachbarn reden wollen.

Innovation und Führungsstil

Innovation trennt die Anführer von den Mitläufern.

Steve Jobs

Inwiefern beeinflusst der Führungsstil Innovation? Dieser Frage gingen Jeff Dyer, Hal Gregersen und Clayton Christensen nach. Dabei entdeckten sie mehrere Muster, die innovative Unternehmensleitungen zeigten:[10]

Innovative Unternehmer verbringen 50 Prozent mehr Zeit mit Entdeckungsaktivitäten wie Hinterfragen, Beobachten, Experimentieren und Netzwerken als nicht-innovative CEOs. Sie suchen aktiv nach Dingen, die verbesserungswürdig sind.

Solche Unternehmensleitungen verbringen einen ganzen Tag pro Woche mehr mit Entdeckungsaktivitäten. Traditionelle Manager hingegen fokussieren sich auf Ausführungsaktivitäten: Analyse, Planung, detailorientierte Implementierung und disziplinierte Durchführung. Innovative Unternehmen werden fast immer von innovativen CEOs geführt. Wenn Innovation gefordert ist, müssen die Top-Manager kreativ werden.

Elon Musk ist berüchtigt dafür, jedes Detail genau zu kennen und sich einzubringen. Das ist bei der thematischen Bandbreite seiner Unternehmen eine ziemliche Leistung. Mitarbeiter, die sich nicht entsprechend tief in die Materie eingearbeitet haben, riskieren, sich seinen Zorn zuzuziehen. Larry Page und Sergey Brin sind aktiv in die Entwicklung neuer Technologien involviert. Steve Jobs hinterfragte jedes noch so kleine Detail. Das führte so weit, dass er mit seiner Familie zwei Wochen lang die Vor- und Nachteile verschiedener Waschmaschinentypen abwog. Sollten sie eine amerikanische Marke wählen, die schnell wusch, aber dabei laut war und viel Strom und Wasser verbrauchte, oder eine aus deutscher Fertigung, die leise und umweltschonend war, dafür aber dreimal so viel Zeit brauchte?

Auch verwenden solche Unternehmensleitungen Begriffe, die auf das Bedürfnis, den Status quo ändern zu wollen, hinweisen. Steve Jobs sprach immer wieder davon, „eine Delle ins Universum machen zu wollen". Larry Page sagte, er sei hier, um „die Welt zu ändern". Was in Europa nur ein Lächeln über die Weltverbesserer hervorruft, ist ein Zeichen von Kreativität.

Die Einstellung „solange das Werkel läuft, fass es nicht an" mag bei uns üblich sein, einem Innovator aber darf man das nicht sagen.

Diese sehen immer einen Weg, Dinge zu verbessern. Für sie ist immer etwas kaputt, auch wenn es für die meisten von uns so aussieht, als ob eigentlich alles in Ordnung wäre. Walter Isaacson schildert in seiner Steve-Jobs-Biografie eine Begebenheit mit Oracle-Gründer Larry Ellison, der ein guter Freund von Jobs gewesen war. Jobs ließ sich einen Privatjet liefern, wie er ihn bei Ellison gesehen hatte. Allerdings mit einigen kleinen, aber wesentlichen Änderungen. Während in Ellisons Jet jeweils ein Auf- und ein Zu-Knopf für eine Schiebetür angebracht war, hatte Jobs nur einen Knopf. Obwohl die Türöffner perfekt funktionierten, erkannte er, dass von zwei Knöpfen einer zu viel ist. Ist die Tür auf, brauche ich keinen Auf-Knopf. Ist sie zu, brauche ich keinen Zu-Knopf. Ein Knopf reicht also, um diese Aufgabe zu erfüllen. So muss man nicht erst herausfinden, welcher Knopf der richtige ist, und kann auch nicht den falschen Knopf drücken.

Gründer als Unternehmensleiter haben es in dieser Hinsicht generell leichter. Sie haben das Unternehmen gestartet und aufgebaut und können riskantere Änderungen durchsetzen als von einem Aufsichtsrat berufene Manager, die nie selbst ein Unternehmen gegründet haben. Wie sehr das ihnen zugetraut wird, sieht man bei Gründern, die die Unternehmensleitung aufgaben (Larry Page und Sergey Brin) oder aufgeben mussten (Steve Jobs, Jack Dorsey) und später wieder übernahmen. Sie alle setzten wichtige Richtungsänderungen durch, indem sie sich und das Unternehmen wieder auf Innovation und somit Entdeckungsaktivitäten fokussierten.

In Österreich spricht man von den Hofräten Hinsichtl und Rücksichtl. Diese zaudern in ihrer Vorgehens- und Ausdrucksweise so sehr, weil sie meinen, die Interessen und Befindlichkeiten von so vielen Beteiligten berücksichtigen zu müssen, dass am Ende nur der kleinste gemeinsame Nenner herauskommt, nämlich derjenige, bei dem die wenigsten etwas auszusetzen haben. Und das bedeutet oft, dass gar nichts gemacht wird.

Kung Fu Panda und der Name des Rivalen

Wenn wir an Muhammad Ali denken, dann haben wir das Bild eines legendären Boxers vor unserem geistigen Auge, einer, der mit einer betörenden Fußarbeit seine Gegner umtanzte und sie mit herabhängenden Armen geradezu provozierte, um sie in seine schnellen Faustkombinationen laufen zu lassen. Seine große Klappe und frechen Sprüche taten ein Übriges, sodass er zum Liebling der Medien und des Publikums wurde. Doch zur Legende wird man nicht mit einer großen Klappe. Dazu benötigt man eine Herausforderung oder Gegner, die groß genug sind, um die Legendenbildung zuzulassen.

Bei Ali denken wir auch an Joe Frazier, Sonny Liston oder George Foreman, Gegner, die Ali im Kampf um den Weltmeistertitel alles boten, nur keinen Spaziergang. Diese Gegner machten Ali erst zu der Legende, die er heute ist. Auch Earvin „Magic" Johnson, einer der NBA-Basketballlegenden bei den LA Lakers, stach durch seine Rivalität mit Larry Bird von den Boston Celtics hervor. Über Jahre hinweg trafen sie immer wieder aufeinander, stachelten sich gegenseitig zu immer besseren Leistungen an und transformierten dabei die NBA. Obwohl die beiden auf dem Spielfeld Rivalen waren, waren sie privat die besten Freunde. Einer konnte ohne den anderen nicht existieren. Der Gedanke, dass Larry Bird einen besseren Rebound schaffte als er, motivierte Johnson, noch härter zu trainieren – und umgekehrt. Wie sehr die beiden einander benötigten, sah man, als Magic Johnson im Jahr 1991 als Aktiver zurücktrat. Ein Jahr später gab auch Larry Bird seinen Rücktritt bekannt, er hatte seinen ebenbürtigen Rivalen verloren.

Wie sehr solche Art von Rivalität notwendig ist, zeigt der Kampf um den Titel der Ultimate Fighting Championship von 2017 zwischen Floyd Mayweather und Conor McGregor.[11] Die Enthüllung, dass nach dem Kampf der Gewinner Mayweather in seiner Residenz in Beverly Hills zwei gleich große Porträts von sich und seinem Gegner nebeneinander an die Wand hängte, überraschte viele Fans.[12] Ohne einen solchen herausfordernden Gegner zählte ein solcher Sieg nicht viel und das honorierte Mayweather, dem das nur allzu bewusst war.

Selbst „Bösewichte" in Filmen wollen keine Siege, die einem in den Schoß fallen. In der Komödie „Das große Rennen rund um die Welt" verkörpern Tony Curtis als Leslie Gallant III. und Jack Lemmon als durchtriebener Professor Fate zwei Abenteurer, die mit ihren Automobilen an einer Wettfahrt von New York quer durch die USA über Asien nach Paris teilnehmen.[13] In der rasanten Komödie kommt es zu allerlei Verwicklungen und turbulenten Zwischenfällen unter den Teilnehmern, wobei Tony Curtis mit seiner unterwegs aufgegabelten Konkurrentin, der emanzipierten Maggie Dubois, gespielt von Nathalie Wood, immer wieder heftig aneinandergerät. Knapp vor der Ziellinie unter dem Eiffelturm liegen Leslie und Maggie vorne, als sie sich ihre Liebe gestehen und den Wagen anhalten, um sich zu küssen. Professor Fate saust an ihnen triumphierend vorbei und holt sich den Sieg. Doch sobald er den Siegerkranz um den Hals trägt, ändert sich seine triumphierende Miene zu Zorn. Er beschimpft Leslie Gallant, dass er ihm den Sieg geschenkt habe, und auf solch einen Sieg pfeife er. An Ort und Stelle fordert er Leslie zu einer Neuauflage des Wettrennens heraus, damit er sich den Sieg nun „ehrlich" verdienen kann.

Ein geschenkter Sieg ist kein Sieg. Einer gegen einen zu schwachen Gegner befriedigt nicht. Man muss den Gegner respektieren können, um seine eigene Leistung zu würdigen und darauf stolz zu sein. Der Gegner, die Herausforderung muss einen Namen haben. Im Animationsfilm „Kung Fu Panda" aus dem Jahr 2008 fällt bei einem Kampf zwischen dem bösen Kung-Fu-Krieger Tai Lung – einem Tiger – und den Furiosen Fünf unbeabsichtigt der Name des sogenannten „Drachenkriegers", den Tai Lung besiegen muss, um die mysteriöse Drachenrolle in seinen Besitz zu kriegen. Als Tai Lung den Namen hört, legt sich ein befriedigtes Lächeln um seine Lippen und er sagt zu sich selbst: „Po! Das ist also sein Name! Unser Kampf wird zur Legende werden!"

Solche Rivalität hat somit einen freundlicheren Charakter als die feindselige, die wir üblicherweise darunter verstehen. Lange Zeit machten sich heimische Automobilbauer über den nordamerikanischen Rivalen Tesla lustig. Weder nahm man ihn ernst, noch ließ man sich von ihm inspirieren. Selbst mit jedem Jahr, das ins Land zog, und mit jedem neuen Schlag, den man erhielt, nahm man den Gegner immer noch nicht ernsthaft als Rivalen wahr. Doch selbst als er nicht mehr zu ignorieren ist, wird er noch immer nicht ernst genommen. Stattdessen wird man wehleidig, schiebt die Schuld für das eigene Versagen auf alle anderen, auf unfaire Vorteile, die der Gegner erhalte, und sieht sich benachteiligt. Der Gegner wird nicht als Quelle der Inspiration gesehen, sondern als Problem, das nicht weggehen will.

Bei Tesla begann das mit dem Schmunzeln über Elektroautos, deren Reichweite, die Fertigungsqualität der Autos und die übertrieben klingenden Versprechungen und Ankündigungen. Man selbst machte einfach so weiter, fand beim Rivalen nichts, was man von ihm lernen konnte. Nachdem der kleine Rivale zum Giganten wurde und einen immer mehr in Bedrängnis brachte, änderte man die Taktik. Man lenkte ab, sprach von den Erfolgen, die nur dank der Zwangsarbeit in China, den unverschämten Förderungen in den USA oder von dem Bundesland Brandenburg kämen und weist auf die vermuteten schlechten Arbeitsbedingungen hin, die amerikanische Unternehmen „bekanntermaßen" hätten. Man findet mit scharfen Augen alle Fehler beim Gegner, ist aber blind, wenn es um seine Stärken geht.

Hilft das nicht, attackiert man die Person. Elon Musk sei naiv, großmäulig, ein sklaventreibender Manager, ein Betrüger, der keine Ahnung hat, ein Marihuana-Raucher und überhaupt. Als der deutsche Unternehmer und Risikokapitalgeber Frank Thelen, der Öffentlichkeit vor allem bekannt durch seine Rolle als Jurymitglied in der Start-up-Show „Die Höhle der Löwen", meinte, „Kinder sollten lernen, wie Elon Musk und Jeff Bezos zu denken", brach eine Welle der Kritik über ihn herein.[14] Diese Personen seien keine Vorbilder und so wollten wir nicht sein.

In diesen Aussagen manifestiert sich nicht Rivalität, sondern in gewisser Weise der Neid und das Wissen, dass man es nie so weit bringen würde. Nicht etwa, weil man nicht das Talent oder Können hat, sondern schlicht und einfach wegen des mangelnden Willens, den Hintern hochzukriegen, große Visionen zu haben und sie versuchen umzusetzen. Und wenn es hier nicht möglich ist, dann dorthin zu gehen, wo das Ökosystem es fördert. Immerhin ist jemand wie Elon Musk aus Südafrika, einem Land, in dem die Ausgangsposition doch etwas anders ist als in Europa, dorthin gegangen, wo es ihm möglich gewesen ist.

Man richtet sich an Rivalen auf. Die USA und Russland wären nie so rasch und erfolgreich ins Weltall gestartet, wenn es diese Rivalität nicht gegeben hätte. Daimler und BMW standen in Rivalität zueinander, die so lange dauerte, bis man sich einrichtete und Absprachen machte, bei denen man sich nicht wehtat. Und da begann der Stillstand, der zu Selbstgefälligkeit führte, bis ein Rivale aus dem Nichts auftrat und vorbeisauste. Wir suchen uns gar keine würdigen Rivalen mehr, um an ihnen zu wachsen.

Wenn unsere Messlatten die Abgasnormen und Emissionsgesetze sind, dann geschieht uns der Sturz in die Bedeutungslosigkeit zu Recht. Wir müssen wieder würdige Rivalen identifizieren und so den Ansporn erleben. Wir müssen endlich von der Wehleidigkeit wegkommen.

Echtes und falsches Scheitern

Einen Anführer erkennt man an der Anzahl der Pfeile
in seinem Hintern.

Judah Folkman

Niemand will scheitern. Vor allem nicht öffentlich. Die einzige Art, niemals zu scheitern, ist, nie etwas zu tun. Doch dann ist man im Leben gescheitert. Denn was wäre das Leben, ohne etwas zu tun? Scheitern ist auch eine Erfahrung, die einem nachhaltiger eine Lektion erteilt als die größten Erfolge. Im Englischen bereiten sich viele auf ein Growth Mindset vor, indem sie das englische Wort für Scheitern „fail" als Akronym für „First Attempt In Learning" („Erster Versuch beim Lernen") ansehen.

Scheitern kann man klug und dämlich. Man scheitert klug, wenn man möglichst rasch scheitert, um rasch zu lernen, und das mit kleinen Schritten und ohne großen Zeit- und Ressourcenaufwand, der die ganze Organisation bedroht. Und wenn man gescheitert ist, soll man daraus lernen. Kein Post mortem zu machen und die Gründe für das Scheitern zu analysieren käme einer doppelten Verschwendung der Ressourcen gleich.

Es gibt sogar Methoden, die ein Scheitern schon im Vorhinein simulieren. Das Pre mortem ist beispielsweise eine Zukunftsmethode, bei der man von einem Projekt, das noch nicht gestartet wurde, annimmt, es sei bereits gescheitert. Das Team, das dem zukünftigen Projekt zugeteilt ist, geht von dieser Annahme aus und analysiert die Ursachen. Damit können schon vor Projektstart falsche Annahmen und Voraussetzungen korrigiert, kritischen Elementen für den Erfolg des Projekts Aufmerksamkeit gewidmet und Hindernisse aus dem Weg geräumt werden.

Es gibt aber auch noch den Unterschied zwischen echtem und falschem Scheitern. Safi Bahcall führt in seinem Buch „Loonshots" ein spektakuläres Beispiel eines „false fail" an: das vermeintliche Scheitern eines der ersten erfolgreichen sozialen Netzwerke überhaupt. Die verbreitete Annahme damals war, dass soziale Medien nicht erfolgreich seien, weil die Benutzer daran rasch das Interesse verlieren würden. Friendster gelang es dabei nicht, die Benutzer an sich zu binden. Doch eigentlich war es etwas anderes, was die Benutzer verschreckte:

> [Die Risikokapitalgeber] Peter Thiel und Ken Howery von Founders Fund wandten sich [...] hinter den Kulissen von Friendster an ihre Freunde. Sie untersuchten, warum die Nutzer die Seite verließen. Wie andere Nutzer wussten Thiel und Howery, dass Friendster oft abstürzte. Sie wussten auch, dass das Team hinter Friendster wichtige Ratschläge zur Skalierung der Seite erhalten und ignoriert hatte – wie man ein System, das für ein paar Tausend

Nutzer gebaut wurde, in eines verwandelt, das Millionen von Nutzern unterstützen kann. Sie baten um eine Kopie von Friendsters Daten zur Benutzerbindung und erhielten diese. Sie waren verblüfft, wie lange die Nutzer trotz der ärgerlichen Abstürze auf der Seite blieben.
Sie kamen zu dem Schluss, dass die Nutzer nicht abwanderten, weil soziale Netzwerke schwache Geschäftsmodelle waren, wie zum Beispiel Bekleidungsmarken. Sie verließen sie wegen eines Softwarefehlers. Es war ein False Fail.
Thiel stellte Zuckerberg einen Scheck über 500.000 Dollar aus. Acht Jahre später verkaufte er den Großteil seiner Anteile an Facebook für rund eine Milliarde Dollar.

So wie jeder Sensor anfällig für sogenannte „false positives" ist, also Dinge anzeigt, die nicht vorhanden sind, so drängen sich manchmal falsche Gründe für das Scheitern eines Projekts auf. Und deshalb ist es wichtig, die Gründe für ein Scheitern mit offenem Mindset zu analysieren. Die schwächsten Teams sind diejenigen, die ihre Fehler und Misserfolge nicht analysieren und sich damit einer Lernerfahrung entziehen. Teams, die ein Ergebnis-Mindset zeigen, analysieren, warum ein Projekt oder eine Strategie gescheitert ist. Es kann sich dabei um fehlende Funktionalität des Produkts, einen zu hohen Preis, eine ungeeignete Methode, fehlende Daten oder ein zu geringes Werbebudget handeln. Das kann rasch, muss aber nicht zu Schuldzuweisungen führen und der Absolution von eigenen Entscheidungen.

Ein Team, das ein System-Mindset aufweist, geht noch eine Ebene tiefer. Es untersucht den hinter dem gescheiterten Projekt stehenden Entscheidungsprozess und was zu diesen Entscheidungen geführt hat. Stammten die Daten aus den richtigen Quellen? Wie kamen wir zu diesen Funktionen, die die Kunden letztendlich nicht brauchten? Hätten wir vorhersehen können, wie die Reaktion der Konkurrenz auf unser Preismodell sein wird?

Man sieht schon, Scheitern ist eine Kunst, die gelernt sein will und von der man lernen sollte. Jedes Scheitern liefert der Organisation wertvolle Informationen, die, richtig eingesetzt, das Unternehmen erst wirklich erfolgreich machen können.

Entzückende Orangen und magische Apps

Anaheim im Orange County in Kalifornien wurde im Jahr 1857 von zwei deutschen Einwanderern gegründet. Charles Kohler, ein Geigenspieler, und John Frohling, ein Flötist, waren im Jahr 1850 mit der German Concert Society nach San Francisco gekommen, gerade als der Goldrausch losgelegt hatte. Sie erwarben mit mehreren deutschen Familien das Gebiet um den Santa Ana River und gaben der Stadt ihren deutsch klingenden Namen. Mit dem Musizieren hörten die beiden rasch auf. Sie hatten sich für den Weinbau zu begeistern begonnen. Obwohl sie keine Ahnung davon hatten, begann das Geschäft zu florieren und Anaheim wurde zum ersten Zentrum der amerikanischen Weinproduktion. Doch nicht für lange. Das Feuerbakterium (Xylella fastidiosa) löste die Pierce'sche Krankheit aus und raffte die Rebstöcke dahin.[15]

Das hätte das Ende für Anaheim bedeuten können. Doch es sollte sich eine andere Frucht als Helfer erweisen: die Orange. Das Klima und der Boden eigneten sich hervorragend für die noch von den Spaniern nach Kalifornien gebrachte Frucht, die zur wichtigsten Wirtschaftsquelle für Kalifornien wurde. Sie wurde dank der Eisenbahn und neuartiger Kühlwagen in alle anderen Bundesstaaten geliefert und entzückte ihre Kunden. Zwölf Millionen Kisten mit Orangen wurden in den Osten transportiert – und das Orange County erhielt so seinen Namen. Im Jahr 1908 druckten die kalifornischen Orangenbauern das Wort „Sunkist" auf die Kisten, eine weltweit bekannte Marke war geboren.

Knapp 100 Jahre nach der Gründung der Stadt sollte Anaheim zur Quelle eines anderen Entzückens für die Amerikaner und Menschen aus aller Welt werden. Walt Disney eröffnete im Jahr 1955 sein Disneyland, mit dem er bis heute kleine und große Menschen verzaubert. Vor vielen Jahren hatte ich in meiner Rolle als Innovationsstratege den Leiter von Disneys IT-Abteilung zu einem Vortrag bei SAP eingeladen. Apple hatte gerade das iPad auf den Markt gebracht und Disney eine der ersten Apps dafür fertiggestellt. Und als er uns die App, die technischen Herausforderungen und generell Disneys Strategie erläuterte, ließ er einen Kommentar fallen, der die ganze Disney-Philosophie zum Ausdruck brachte. Sinngemäß sagte er:

> Wenn wir etwas machen, dann arbeiten wir nicht nur einfach eine Spezifikationsliste ab. Wir treten immer einen Schritt zurück und überlegen: How can we add the magic?

„Magic", das Magische, das Verzaubernde, wenn ein Benutzer oder ein Kunde es sieht und erfährt, soll es die Augen zum Leuchten bringen, das Kind in der Frau und im Manne hervorbringen. Für jedes Disney-Produkt suchen die Imagineers – Disneys interne Innovationstruppe, benannt mit einem Kunstwort aus Imagination (Vorstellung) und Engineering (Technik) – nach dem gewissen Etwas, das den Funken entzündet, etwas, das Kunden ein „Aaahhhh" entlockt.

Hester Hilbrecht, Gründerin des Berliner User-Experience-Studios „Mermaid Studios", benutzte einen ähnlichen Ausdruck, als sie mir die Philosophie ihres Unternehmens schilderte:[16]

> Wir trachten immer danach, in die Anwendungen für meine Kunden auch dieses „Delight" hineinzubringen.

So wie das Sublime einer Sendung wie Carl Sagans „Cosmos", der Science-Fiction-Serie „Raumschiff Enterprise" oder eine Weltausstellung die nächsten Generationen inspiriert, wecken das Magische und das Delight die Vorstellungskraft und Inspiration.

Der Computer-Animateur Warren Trezevant, der siebzehn Jahre beim Animationsfilmstudio Pixar – bekannt für „Toy Story", „Cars", oder „Findet Nemo" – arbeitete, glaubt, dass die meisten magischen Momente das Ergebnis des tiefen Eintauchens des Einzelnen in die Darstellung waren. Wenn Menschen mit Technologie konfrontiert wurden und sie als magisch empfanden, dann deshalb, weil andere viel Zeit und Energie darauf verwendet hatten, sie so erscheinen zu lassen.[17]

> Das ist etwas, das ich sowohl bei Burning Man [ein alljährlich stattfindendes Künstler- und Musikfestival in der Black Rock Wüste von Nevada, Anm.] als auch bei der Anwendung von Tricks gelernt habe ... Animation ist Magie ... Es ist eine Illusion, die man jemandem präsentiert, so wie die Technik eine Illusion darstellt.

Uns selbst fehlt es nicht am Können, das Magische und das Entzückende in unsere Produkte und Services zu bringen. Wir machen es nur einfach zu selten oder begnügen uns mit altbewährten Rezepten. Aus unseren Reihen kam ein Dieter Rams, der mit seinen Designs dieses Entzücken entfachte. Autodesign ist nach wie vor etwas, das bei erwachsenen Männern und Frauen ein Glänzen in die Augen bringt. Der Bauhaus-Architekturstil fasziniert heute, 100 Jahre nach seiner Entstehung, immer noch. Doch scheinen diese Kaliber an Designern und Ingenieuren seltener zu werden oder in von Finanzkennzahlen getriebenen Unternehmen nicht mehr die Chance zu erhalten, sich auszutoben und ihr Potenzial zu entfalten.

Mein erster Job in Deutschland war im Jahr 1998 ein sehr kurzes Intermezzo bei einer Softwarefirma in Aschaffenburg. Mein Entwicklerkollege führte mich in die Software und den Code ein und öffnete das Anmeldefenster. Darauf war ein rotierender Erdball zu sehen, eine damals recht populäre animierte GIF-Grafik. Solche animierten Grafiken gab es zuhauf. Als Softwareentwickler musste man sie nur aus einem Dateiordner in das Fenster einfügen und fertig war die Animation. Mein Kollege zeigte auf den rotierenden Erdball und erzählte mir, dass er bei einer Vorführung vor seinen Managern als erste Frage die nach dem Zeit- und Kostenaufwand für die Erstellung der „unnötigen" Grafik in das Anmeldefenster erhalten hatte.

Hier wurde Delight mit dem Sparstift gestrichen und so sahen alle Softwareprodukte dieser Firma aus. Langweilig, benutzerunfreundlich, uninspiriert. Mit anderen Worten: deutsch. Dieser Mangel an Inspiration in den Produkten und an inspirierten Kunden manifestiert sich auch in einer anderen Disziplin: bei Vorträgen auf Veranstaltungen und Konferenzen. Im Vergleich zu Vorträgen und Reden aus dem angelsächsischen Raum wirken diese immer uninspiriert und langweilig. Wir können hier viel lernen.

Perpetuierung von Scheißjobs

> Der größte Fehler, den ein Ingenieur machen kann? Eine Sache zu optimieren, die es nicht geben sollte.

> Elon Musk

Eine fehlende Zukunftsforschung und Technologiefolgenabschätzung fallen vor allem auf den kleinen Mann und die kleine Frau zurück. Ganze Berufsgruppen, die Generationen von Familien Unterhalt boten, sind verschwunden oder verschwinden gerade. Und das ist mit einem lachenden und einem weinenden Auge zu sehen. Viele der Berufe waren gesundheitsschädlich, monoton, manche waren schlecht bezahlt oder brachten Produkte hervor, die mehr schädlich denn förderlich waren.

Das Ruhrgebiet war eine Hochburg der Stahlindustrie und des Bergbaus. Heute ist davon nicht mehr viel zu sehen. Die letzte Zeche schloss Ende 2018 und Thyssenkrupp ist nur mehr ein Schatten seiner selbst.[18] Dabei hatte die Bundesregierung in den 1980er-Jahren alles getan, um Arbeitsplatzverluste im Bergbau zu vermeiden. Im Jahr 1989 schüttete sie 17,5 Milliarden D-Mark durch direkte und indirekte Zahlungen für die 139.000 Bergleute aus. Jede einzelne Stelle wurde mit 125.899 D-Mark pro Jahr bezuschusst, mehr, als die Bergleute selbst verdienten. Insgesamt hat bislang die Steinkohle zwischen 200 und 300 Milliarden Euro an staatlicher Unterstützung verschlungen.[19] Der Effekt? Es gibt heute keine Zechen und damit auch keine Bergleute in Deutschland mehr.

Auch eine andere Branche verschwand aus heimischen Gefilden, die keine so großzügigen Subventionen wie der Bergbau erhielt, aber noch bedeutender war: die Textilindustrie. Die Produktion von Kleidern und Schuhen trug im Jahr 1950 mit 10,2 Prozent zur deutschen Wirtschaftsleistung bei, die Kohle nur 6,5 Prozent. Warum fiel der Untergang der Textilindustrie nicht auf? Weil sie nicht in einer Region geballt, sondern über das ganze Land verstreut war. Und natürlich, weil es sich um Frauenberufe handelte und deren Einkommen im Gegensatz zu männlich dominierten Branchen wie dem Bergbau als „weniger wichtig" galt (und immer noch gilt). Der Mann war der Ernährer der Familie. Er musste einen ordentlichen Lohn verdienen. Die Jobs der weiblichen Angestellten sind ja eher nur „Hobbys".

Ähnliches sehen wir heute wieder. Taxi- und Lkw-Fahrer oder Fertigungsjobs sind vor allem von Männern ergriffene Berufe und stehen vor einer Disruption. Autonome Autos werden in Deutschland allein mehr als eine halbe Million Lkw-Fahrer und nochmals die halbe Zahl an Taxifahrern und Chauffeuren überflüssig machen. Und nur weil wir wegen digitaler Transformation, Robotern und künstlicher Intelligenz das Verschwinden von Berufen vorhersagen, die vorwiegend von Männern ausgeübt werden, kommt überhaupt die Diskussion um das bedingungslose Grundeinkommen auf. Dass Frauen schon sehr lange minder- oder sogar unbezahlte Jobs in der Kindererziehung und Kranken- und Altenpflege ausüben, war nie ein Grund, darüber nachzudenken.

Die Politiker versprechen immer den Erhalt von Jobs. Dabei muss man sich fragen, welche Jobs sie damit meinen. Sind es die bisherigen und eigentlich schlechten Jobs ihrer Wähler oder ihre eigenen? Denn ehrlich gesagt, ein Bergarbeiter hatte einen Scheißjob. Unter Tage, gefährlich, dreckig, gesundheitsgefährdend – und das alles für ein minderwertiges Produkt, das unseren Planeten vergiftet. Lkw-Fahrer? Stressig, gefährlich, ungesund und man verbringt viel Zeit weg von der Familie. Kein Traumjob, der an erster Stelle der Wunschliste steht, sondern zumeist dann gewählt wird, wenn andere Optionen wegfallen. Der Beruf des Hafenarbeiters war trotz des Einsatzes von Maschinen und Hebevorrichtungen schwer, kreuzbrechend und gefährlich. Und die Arbeit fand Tag und Nacht bei jedem Wetter statt. Im Jahr 1950 gab es 2.208 schwere Unfälle auf den New Yorker Docks. In Marseille wurden zwischen 1947 und 1957 insgesamt 47 Hafenarbeiter getötet. Jeder zweite Hafenarbeiter erlitt pro Jahr in Manchester eine Verletzung und jeder sechste musste sogar ins Krankenhaus.[20]

Sehen wir uns viele der verschwundenen Berufe an, dann sind sie aus heutiger Sicht beschwerlich, ungesund und schlecht bezahlt gewesen. Berufe, die seitdem entstanden sind und mit dem steigenden Technologiefortschritt notwendig wurden, stellten generell einen Fortschritt dar. Berufe in der Solarindustrie sind wesentlich weniger gefährlich und gesundheitsschädigend und definitiv umweltfreundlicher als die ehemaligen Bergbaujobs.

Wir sollten immer besonders skeptisch sein, wenn Politiker oder Industrievertreter von „ehrlichen Jobs" sprechen. Gemeint ist damit weniger, dass man sein Geld ehrlich verdient, sondern dass das Einzige, was an dem Job attraktiv ist, darin besteht, dass man nicht stehlen gehen muss. Und das ist eine äußerst dürftige Motivation, eine Profession anzupreisen. Ganze Berufsgruppen konnten ihre Scheißjobs nur deshalb ertragen, weil sie auf die Kameradschaft der Kollegen und Kolleginnen zählen und sich damit ihre Würde bewahren konnten. Andere schufen sich Routinen, um die Monotonie zu überstehen, wie der Soziologe Donald F. Roy in seiner berühmten „Banana Time"-Studie zu erforschen begann. In dieser Studie beobachtete Roy als ein in die monotone Arbeit einer Textildruckerei eingebetteter Mitarbeiter, wie die Arbeiter ihren Tag durch kleine Pausen strukturierten und sich dabei jeden Tag dieselbe Szene zwischen zwei Kollegen abspielte: Einer der Arbeiter begann den anderen zu necken und ihm eine Banane aus der Lunchbox zu stehlen und aufzuessen. Den „bestohlenen" Mitarbeiter hinderte das nicht, jeden Tag aufs Neue eine Banane mitzubringen, die er selber nie verzehrte.[21]

Das moderne Äquivalent zu Scheißjobs im Arbeitermilieu sind die „Bullshit-Jobs" im Angestelltenbereich. Der Anthropologe David Graeber, Autor des Bestsellers „Bullshit Jobs: Vom wahren Sinn der Arbeit" definiert diese als „eine Beschäftigungsform, die so völlig sinnlos, unnötig oder schädlich ist, dass selbst der Arbeitnehmer ihre Existenz nicht rechtfertigen kann". Damit sind nicht Jobs gemeint, die niemand machen will, sondern solche, die eigentlich niemand braucht.

Statt solche Jobs als „ehrlich" zu verherrlichen und heiligzusprechen, sollten Politiker, Entscheidungsträger und Gewerkschafter den Betroffenen keinen Honig ums Maul schmieren oder Jobsicherungsversprechen geben, die sie nicht halten können. Sie sollten Alternativen aufzeigen und Maßnahmen in die Wege leiten, um den vorhersehbaren Verlust dieser Jobs für die heute dort Berufstätigen zu erleichtern und sie darauf vorzubereiten. Diese Vorgehensweise wäre schonender für die Steuerzahler (siehe die erwähnten Steinkohlesubventionen), würde zu weniger Streiks führen und die Betroffenen gezielt an neue Jobs heranführen, wenn die Gelder für Fort- und Weiterbildungsmaßnahmen eingesetzt werden. Und vor allem würde man die Würde der Mitbürger bewahren und sie nicht für dämlich halten.

Aufbrechen des Status quo

Henry Ford hatte mit dem Förderband eine Innovation eingeführt, die die Produktion von Automobilen revolutionierte. Genauer gesagt war es einer seiner Top-Ingenieure gewesen, Ford war ursprünglich dagegen gewesen. Das war nur eine von vielen Innovationen, die Ford in seinem Unternehmen einführte und den Status quo aufbrach. Überdurchschnittliche Bezahlung, Werkswohnungen und ähnliche Vergünstigungen führten dazu, dass Ford in den 1920er-Jahren den amerikanischen Automarkt dominierte. Sechs Jahrzehnte später stand Ford allerdings vor dem finanziellen Kollaps. Interne Streitigkeiten, die scharfe Konkurrenz der Japaner und langweilige Fahrzeugmodelle hatten Ford zugesetzt. Man brauchte dringend ein neues Modell, eines, das sich zu einem Bestseller entwickeln und die Firma vor dem Untergang bewahren würde. Das war der Moment, in dem alle gültigen Normen über Bord geworfen wurden. Die mit der Entwicklung beauftragten Manager machten sich auf die Suche nach Projektmitarbeitern, die den Status quo nicht länger hinnehmen wollten. Sie brachten die unterschiedlichen Teams, die in getrennten Gebäuden saßen und nur durch das Versenden von Anforderungslisten und Arbeitsaufträgen miteinander kommunizierten, in ein Gebäude und setzten sie nebeneinander. Das Ergebnis war der Ford Taurus, der sich zum Bestseller entwickeln sollte und so nebenbei die Art, wie Autos produziert wurden und Teams zusammenarbeiteten, revolutionierte.[22]

Das Aufbrechen des Status quo ist etwas, was auch die amerikanische Regierung in überraschend regelmäßiger Weise schafft. Der Ausbruch aus der Wirtschaftskrise der 1930er-Jahre gelang, als man zum ersten Mal mit Werkzeugen wie dem Bruttonationalprodukt ein Gefühl für die Wirkung von Regierungsmaßnahmen und Investitionen erhielt. Folgerichtig wurden mit dem New Deal alte Weisheiten über Bord geworfen und neben etlichen Reformen auch diverse Infrastrukturprogramme angestoßen: vom Dammbau für die Elektrizitätsversorgung bis hin zum Straßenbau. Nach dem Zweiten Weltkrieg wurde der „Servicemen's Readjustment Act" – besser bekannt als die G. I. Bill – verabschiedet, was den Soldaten so Zugang zu einer höheren Ausbildung ermöglichte. In den 1950er-Jahren begann der Bau der Interstate Highways, ein flächendeckendes Autobahnsystem. In weiterer Folge kamen dann auch das Apollo-Programm und die DARPA, die auch heute noch neue Industrien in Billionengröße hervorbringt.

Die heutigen Herausforderungen sind nicht nur die Erneuerung der mittlerweile in die Jahre gekommenen Infrastruktur, der Ausbau neuer Kommunikationsinfrastruktur wie des 5-G-Netzwerks, sondern auch verstärkte Investitionen in sogenannte Soft Skills wie die Ausbildung der Menschen in neuen Technologien wie künstlicher Intelligenz oder neuen Design- oder Gesundheitstrends. Staatliche Investitionen ziehen automatisch private Investitionen nach sich, weil damit Unsicherheiten aus dem System genommen werden und staatliche Investitionen als initialer Anlass für die Verbreitung solcher Technologien dienen.

Elektroautos dümpelten in Deutschland so lange herum, bis die Bundesregierung sich entschloss, diese kräftig zu fördern. Und das gab den Autobauern, aber auch Ladestationsbetreibern die Sicherheit, dass ihre eigenen dazu notwendigen massiven Investitionen sich auch rentieren würden.

Diese Leadership-Rolle nehmen unsere Regierungen weniger stark ein. Sie regulieren zwar viel, führen aber nur wenig. Sie lassen sich eher führen, stets darauf bedacht, bloß niemanden zu verprellen. Zu sehr hören die Politiker auf traditionelle Industrien, die den Status quo aufrechterhalten wollen und kein Interesse daran haben, sich mit neuen Technologien oder Herausforderungen auseinandersetzen zu müssen. Eine Krise bietet immer die Chance, den Status quo aufzubrechen. Die Widerstände aus Schulen, Behörden oder Wirtschaftssektoren zum Beispiel gegen die Digitalisierung brachen mit der Krise zusammen. Homeoffice, digitale Behördenformulare oder Fernunterricht waren die einzige Möglichkeit, den Betrieb aufrechtzuerhalten. Diese Chance darf nun nicht verpasst werden und Investitionen, die die Dynamik beibehalten und Fakten schaffen, sollten nun getätigt werden.

Institutionen

Und weil wir gerade vom Aufbrechen des Status quo sprachen. Private und staatliche Einrichtungen können dabei eine wichtige Rolle spielen, vor allem diejenigen, die das richtige Mindset mitbringen. Hier betrachten wir nun einige davon.

Wettbewerbe als Kristallisationspunkte von Innovationen

Lasst uns nicht den Aufwand, sondern das Ergebnis belohnen.

Sebastian Thrun

Napoleon Bonaparte ist uns heute vor allem als französischer Kaiser und Feldherr bekannt, der einige Jahrzehnte lang Europa mit seinen militärischen Feldzügen und seiner unerschütterlichen Energie in Atem gehalten und so nebenbei das Machtgefüge auf dem Kontinent ziemlich durcheinandergewirbelt hatte. Die in die Weste gesteckte rechte Hand des Korsen gilt heute noch als sein Markenzeichen. Passagen aus seinen Briefen an seine Geliebten, seine Bonmots und Vorlieben werden immer wieder gerne zitiert. Die Bewunderung durch seine Landsleute und seiner ehemaligen Gegner hält auch 200 Jahre nach seinem Tod unvermindert an.

Weniger bekannt ist, dass er unter anderem dank des Ägyptenfeldzugs und der großzügigen Förderungen der französischen Wissenschaft Frankreich ermöglichte, einen Spitzenrang einzunehmen. So wurde der berühmte Rosettastein gefunden, der zum ersten Mal in der modernen Zeit die Übersetzung ägyptischer Hieroglyphen erlaubte. Die mehr als 100 mit dem französischen Heer mitgereisten Wissenschaftler sollten im Auftrag Napoleons an einer großen Enzyklopädie der wissenschaftlichen Ergebnisse arbeiten und den Ruhm Frankreichs auch abseits der Schlachtfelder zementieren.

Napoleons Interesse an Wissenschaft beschränkte sich auf die französische Seite. Auf den in Paris lebenden deutschen Naturforscher und Abenteurer Alexander von Humboldt blickte er skeptisch und neidvoll, weil es dieser geschafft hatte, mit seinen naturwissenschaftlichen Publikationen mehr Aufmerksamkeit zu erreichen als die erwähnte Hundertschaft an französischen Forschern, die sich vor allem darum stritten, wem mehr Ruhm zustünde. Dass Bonaparte Humboldt

nicht einfach aus Paris vertrieb, war der französischen Wissenschafts-
elite, namentlich dem Einspruch des Präsidenten der Académie
française, zu verdanken, die es als große Ehre und Ruhm für Frankreich
betrachtete, den berühmtesten Forscher der Zeit im Land zu haben.

Fast gänzlich vergessen ist, dass Napoleon mit seinen Feldzügen
eine Reihe von Innovationen ins Leben rief, die die Versorgung seiner
Truppen erleichtern sollten. So schrieb die französische Armee unter
seinem Kommando Wettbewerbe aus, die beispielsweise Lebensmittel
haltbar machen und einen Butterersatz hervorbringen sollten.

Bis zu dieser Zeit war es üblich gewesen, dass die Heere durch die
Bevölkerung vor Ort versorgt wurden, was zumeist nicht ohne Plün-
derungen vonstattenging. Angesichts der Größe von Napoleons Armeen war das aber kein nachhaltiges Konzept. Wie also können Lebensmittel über weite Strecken transportiert werden, ohne dass sie
dabei ungenießbar wurden? Die Frage war insofern wichtig, weil
Napoleon mehr Soldaten durch Lebensmittelvergiftung verlor also
durch gegnerische Kugeln. Im Jahr 1810 erhielt der Konditor und
Meisterkoch Nicolas Appert vom französischen Innenminister einen
Preis von 12.000 Goldfrancs für die Lösung dieses Problems. Jahrelang
hatte er herumgetüftelt, gekocht, abgekühlt und den Inhalt in Glasflaschen abgefüllt, bis die französische Marine das Verfahren als
militärtauglich befand.[23] Zeitgleich hatte der britische Kaufmann
Peter Durand die Konservendose als geeigneteres Behältnis anstelle
der Glasflaschen patentieren lassen.[24] Reisende konnten sich nun leicht
mit haltbaren Nahrungsmitteln eindecken und versorgen.

Napoleon III. stand seinem Onkel in nichts nach. Er sorgte sich um
einen billigen Butterersatz für die Versorgung seiner Truppen und
der Armen. Sie sollte haltbar und vor allem billig sein. Der französische Chemiker Hippolyte Mège-Mouriès baute auf einer früheren
Idee seines Berufsgenossen Michel Eugène Chevreul auf, der sogenannten Margarinsäure. Nach einigen Versuchen mit unterschiedlichen Zutaten erhielt er schließlich im Jahr 1869 den Preis von Napoleon III. Die Beschreibung der Zutaten ist für Margarineliebhaber
und -hasser gleichermaßen schwer verdaulich. Rindertalg, Salz,

Sulfat von Soda, Magensäfte eines Schweins und ein wenig Sahne werden erhitzt und zu einer butterähnlichen Substanz vermischt. Diese glich allerdings eher einem Gelee und hatte wenig Ähnlichkeit mit dem, was wir heute als Margarine bezeichnen.

Solche staatlichen Wettbewerbe lassen sich in der Geschichte schon viel früher finden. So schrieben die Stadtväter von Florenz Wettbewerbe aus, die Kunst und Architektur betrafen. Waren sie mit den eingereichten Vorschlägen nicht zufrieden, dann warteten sie schon einmal ein paar Jahre und weitere Einreichungen ab, bis sie der Meinung waren, dass unter diesen Vorschlägen einer endlich gewagt genug und damit Florenz würdig sei.[25]

Mit den Anforderungen der Seefahrt, bei der man sich in Europa jahrhundertelang nur auf das Mittelmeer oder auf küstennahe Fahrten konzentrierte und die mit der Entdeckung von Amerika nun zu einem regelmäßigen Verkehr über den Atlantik führte, stieg die Notwendigkeit nach einer guten und zuverlässigen Bestimmung des Längengrads. Die geografische Breite war seit Längerem mit der Messung des Vertikalwinkels zwischen Sonne und Polarstern präzise möglich, die geografische Länge allerdings bereitete Kopfzerbrechen. Durch den Verlust von vier britischen Kriegsschiffen vor Sizilien im Jahr 1707, bei dem 2.000 Mann Besatzung im Sturm ums Leben kamen, was unter anderem auf die Schwierigkeiten einer exakten Positionsbestimmung zurückzuführen war, wurde das Problem so dringlich, dass sich das englische Parlament genötigt sah, im Jahr 1714 mit dem „Longitude Act" einen Preis für eine Lösung auszuschreiben – oder präziser gesagt, eine Reihe von Preisen, deren Preisgeldhöhe sich an der Genauigkeit der Längengradbestimmung orientierte. Erst ein halbes Jahrhundert später löste der Tischler John Harrison mit seiner präzisen Uhr, die durch Seegang, Temperatur und Luftfeuchtigkeit nur minimal beeinflusst wurde, dieses Problem ausreichend genug. Obwohl er seine Erfindung bereits im Jahr 1762 einreichte, erhielt er erst elf Jahre später das Preisgeld nach diversen Streitereien mit der parlamentarischen Längenkommission. Erst aufgrund eines Erlasses von König Georg III. wurde ihm der Preis schließlich zugesprochen.[26]

Solche Preise und Wettbewerbe gibt es bereits seit den Anfängen der USA. Der US-Zensus, der in der amerikanischen Verfassung verpflichtend festgeschrieben und alle zehn Jahre durchzuführen ist, war der Beginn von Hollerith, einem Unternehmen, das später zu IBM werden sollte.

Waren im Jahr 1790 beim ersten Zensus noch knapp vier Millionen Amerikaner zu zählen, so waren es 90 Jahre später bereits mehr als 50 Millionen.[27] Mit den herkömmlichen Zähl- und Rechenmethoden hätte bei einem projizierten Wachstum wie in der Vergangenheit die Auswertung der Zensusdaten bald mehr als zehn Jahre in Anspruch genommen und die Resultate hätten somit erst nach dem Beginn des nächsten Zensus zur Verfügung gestanden. Dabei sind Zensusdaten für die Planung von Infrastrukturprojekten und dem Verteilungsschlüssel von Bundesgeldern notwendig. Wo gibt es besonders viel Bevölkerungswachstum, wo die meisten Kinder und Alten? Wie viele Menschen wohnen in den einzelnen Haushalten? Das Jahr 2020 war wieder so ein Zensusjahr in den USA und auch ich füllte brav das Onlineformular aus.

Was heute der Computer macht, wurde damals händisch durchgeführt. Kein Wunder also, dass die Regierung angesichts des Bevölkerungswachstums rascher reagieren wollte, als es durch die Zensusdatenmenge und antiquierten Auszählmethoden möglich war. Also musste ein Wettbewerb her, denn wie man rascher auszählen konnte, wusste niemand.

Vorhang auf für Herman Hollerith, ein Kind deutscher Einwanderer aus Großfischlingen in der Pfalz. [28] Der junge Herman beteiligte sich an dem Wettbewerb, indem er eine Zähllösung vorschlug, bei der man mittels Lochkarte den Status der gut zwei Dutzend Fragen des US-Zensus zählen konnte.[29] Er hatte bereits ein Patent zur Datenspeicherung eingereicht, für das der studierte Bergwerksingenieur im Jahr 1880 – im zarten Alter von 20 Jahren – einen Doktorabschluss erhalten hatte und ein paar Jahre später auch ein Patent. Im Jahr 1890 wurde seine Maschine dann zum ersten Mal bei einem Zensus eingesetzt. Hatte die Auszählung der Zensusdaten für das Jahr 1880 noch acht Jahre gedauert, so konnte sie für den 1890er-Zensus auf sechs Jahre verringert werden, und das, obwohl die Einwohnerzahl von knapp 50 Millionen auf über 62 Millionen angewachsen war.

Aus der im Jahr 1896 gegründeten Tabulating Machine Company wurde nach dem zwischenzeitlichen Zusammenschluss mit anderen frühen Kalkulatorfirmen im Jahr 1924 die International Business Machines Corporation, oder, wie wir sie heute kennen, IBM.

Solche von staatlicher Seite ausgeschriebenen Wettbewerbe sind in den USA auch heute noch eine gängige Form, Innovation zu fördern. So verlängerte der amerikanische Präsident Obama 2010 ein von seinem Vorgänger George W. Bush 2007 verabschiedetes Gesetz, das auf öffentliche Wettbewerbe setzt, um umfassende Probleme zu lösen. Der America COMPETES Reauthorization Act reguliert solche Wettbewerbe, bei denen verschiedene Behörden bereits die Initiative ergriffen haben. So gab es schon erste Wettbewerbe vom State Department zu Waffenkontrollen, der Umweltschutzbehörde EPA zu tragbaren Luftgütemessgeräten, des National Cancer Institute für eine Krebsaufklärungswebsite oder des Air Force Research Lab für die Versorgung von Krisengebieten mit großen Hilfspaketen aus der Luft.[30]

Wie schon um das Jahr 1840 die Lokomotiven bei der Semmeringbahn stehen auch im 21. Jahrhundert erneut die Vehikel im Zentrum der Aufmerksamkeit für ein neues Transportsystem. Im Süden Kaliforniens steht in Hawthorne eine Teströhre mit einer Länge von einer Meile (1,6 Kilometern) für den sogenannten Hyperloop. Dieses von Tesla- und SpaceX-Chef Elon Musk im Jahr 2012 vorgeschlagene Hochgeschwindigkeitstransportsystem, das einer Röhrenpost für Menschen ähnelt, hält seit dem Jahr 2015 alle ein bis zwei Jahre einen Geschwindigkeitstest in Form eines Wettbewerbs ab. Die Teilnehmer bewerben sich mit einer Fahrgastzelle und müssen beweisen, dass sie diese im Tunnel beschleunigen, auf eine Spitzengeschwindigkeit bringen und wieder abbremsen können. Der Wettbewerb zieht Teilnehmer aus allen Ländern an. Beim ersten Durchgang gab es über 700 Teams. Viermal in Folge gewann dabei ein Team der TU München den Preis für die höchste erreichte Geschwindigkeit.

Warum kommen die Studenten der TU München ins ferne Kalifornien, statt auf der heimischen Transrapid-Teststrecke ihren neuesten Magnetschwebebahnzug zu testen? Ach ja, der Transrapid hat es in Deutschland nie zur Produktreife gebracht.

Beim Hyperloop hat nicht eine Regierungsbehörde den Preis ausgelobt, sondern ein privates Unternehmen. So war die erste erfolgreiche Alleinüberquerung eines Nonstop-Transatlantikflugs durch Charles Lindbergh mit der Spirit of St. Louis durch den wohlhabenden Pariser Hotelbesitzer Raymond Orteig mit einem Preisgeld in Höhe von 25.000 Dollar ausgelobt worden. Aus dem sogenannten Orteig-Preis ging dann der X-Prize hervor. Einer der laufenden X-Prize-Wettbewerbe ist der Google Lunar X-Prize, bei dem eine Sonde auf den Mond geschossen werden soll. Den X-Prize um den ersten privaten suborbitalen Flug gewann im Jahr 2004 SpaceShipOne. Auch der Netflix-Preis, den der in Los Gatos beheimatete Streamingdienst im Jahr 2006 ausschrieb und bei dem es um bessere Vorschlagsalgorithmen für Filme ging, war so ein privater Wettbewerb, der Interessierte aus aller Welt anzog. Die jüngste Ankündigung zu einem Preis kommt wieder von Elon Musk. Er schrieb Anfang 2021 ein Preisgeld von 100 Millionen Dollar für die Entwicklung der besten Technologie zur Abscheidung von CO_2 aus der Erdatmosphäre aus.[31]

Was diese Wettbewerbe alle gemeinsam hatten, war, dass sie nicht den Aufwand, sondern das Ergebnis belohnten. Sebastian Thrun, der Gewinner der DARPA Grand Challenge zu autonomen Autos, sieht hier den großen Unterschied zwischen den USA und Europa. Während europäische Staaten in Programmen wie „Horizon 2020" die Gelder vor dem Projektbeginn auszahlen und umfangreiche Projektanträge verlangen, anhand dessen Expertengruppen abschätzen, ob sie erfolgreich sein könnten, machen es sich die Amerikaner scheinbar einfach. Sie geben das Ziel vor, stellen gewisse Rahmenbedingungen auf und kündigen einen Termin an, an dem die einzelnen Ansätze getestet werden.

Während bei Ausschreibungen um solche Fördergelder wie im Horizon 2020 die Ziele recht vage gehalten und Vorschläge zu Anwendungszwecken von den Teilnehmern erwartet werden, haben die DARPA oder X-Prize Foundation genauere Vorstellungen. Dabei gibt es einen unerwarteten Nebeneffekt. Zu den EU-Projekten gibt es mittlerweile ganze Heerscharen an Beratungsunternehmen, die sich auf Projekteinreichungen spezialisiert haben und bei diesen Projekten fleißig Stunden abrechnen können. Auch wenn die EU-Programme versuchen, in den Projektausschreibungen Meilensteine und Ergebnisse vorzugeben und zu überprüfen, sind Gründe, warum die Projektgruppen letztendlich zu keinen verwertbaren Ergebnissen gekommen waren, immer leichter zu finden, als tatsächlich zu Ergebnissen zu kommen. Die Zusammensetzung der Projektgruppen, die eine Partnerschaft zwischen Universitäten und Unternehmen – möglichst innereuropäische Landesgrenzen überschreitend – verlangen, sind der beste Weg, die Zielkonflikte der Teammitglieder zu verstärken und eine mögliche Produktisierung der Ergebnisse zu verhindern.

Ein Wettbewerb hingegen belohnt nicht den Aufwand, also verrechenbare Stunden für Berater und Ingenieure, sondern einzig und allein das Ergebnis. Geld und Ressourcen für den Start gibt es selten, die muss man sich aus anderen Quellen beschaffen. Das Preisgeld, das im Vergleich zu den von den einzelnen Teams eingesetzten Mitteln oft vernachlässigbar gering ist, dient einzig und allein als Motivator. Wichtiger ist, mit der Teilnahme oder sogar dem Sieg angeben zu können und am Ende des Wettbewerbs ein mögliches Produkt für einen neuen Markt zu haben, auch wenn man nicht gewonnen haben sollte. Aus den Teilnehmerfeldern der DARPA Grand Challenge entstanden gleich mehrere Unternehmen, die nun wichtige Rollen bei der Entwicklung autonomer Autos spielen.

Somit hat solch ein ausgelobter Preis den eleganten Vorteil, dass er automatisch „Stundenabrechner" rausfiltert, weil ein Ergebnis in einer neuen Domäne viel zu riskant und unkalkulierbar ist, und gleichzeitig Menschen und Gruppen mit auf den ersten Blick verrückt erscheinenden Ansätzen und mit viel Motivation Chancen bietet. Selbst ein Drittplatzierter gewinnt, weil sich für diese Teams oft herausstellt, dass sie nun eine lebensfähige Idee für ein Start-up haben.

Man zieht damit auch Köpfe an, die man für traditionelle Forschungsprojekte nicht gewinnen kann: Rebellen, Durchgeknallte und Querdenker.

So ist das Internet aus dem nach der Vorgängerorganisation ARPA benanntem ARPANet entstanden, eine Technologie, die heute für mehrere Billionen Dollar Wertschöpfung verantwortlich ist und aus dem Nichts geschaffen wurde. Auch die DARPA Grand Challenge von 2004 und 2005 hat mit einem Preisgeld von einer Million Dollar begonnen. Seither haben Hunderte Unternehmen mehr als 100 Milliarden Dollar ausgegeben, um Technologien für selbstfahrende Fahrzeuge zu entwickeln. Dieser Markt wird allein auf mehrere Billionen Dollar geschätzt.

Um das zu rekapitulieren: Mit einem Aufwand von einer Million Dollar Preisgeld und ein paar weiteren Millionen Kosten für die Durchführung des Wettbewerbs haben die Amerikaner in den letzten Jahrzehnten zumindest zwei Technologien geschaffen, die neue Märkte in der Größenordnung von jeweils mehreren Billionen Dollar entstehen ließen. Die eine Million an Preisgeld hat sich um einen Millionen-Faktor wohl mehr als rentiert.

Wenn wir das mit dem Aufwand und den Erträgen der Horizon-2020-Projekte und ähnlicher Programme vergleichen, können wir vermutlich froh sein, wenn wir dort ohne Verluste aussteigen. Hunderte Millionen haben sie gekostet, doch entstanden dadurch bislang keine Billionen-Euro-Industrien – und es sind auch keine in Sicht. Das Einzige, was sie bewirken, ist, bestehende Industrien zu begünstigen. Bei den Behörden, die diese Fördergelder zu vergeben haben, schwingt immer die Angst mit, dass die Gelder an Projekte ausgeschüttet werden, die scheitern. Dieses Risiko ist bei disruptiven Innovationen viel höher, weil es keine Vergleichsmöglichkeiten gibt. Inkrementelle Innovationen, die schrittweise Verbesserungen bringen, sind besser einschätzbar und die Erfolgsrate ist höher. Allerdings sind die Gewinne daraus geringer als bei erfolgreichen disruptiven Innovationen, die besagte Billion-Euro-Industrien hervorbringen können.

Und die Amerikaner lassen nicht nach. Unter Präsident Obama wurde die ARPA-E – E für Energie – eingerichtet, die hochriskante, aber potenziell hochinnovative Energietechnologien fördern sollte. Die DARPA selbst hatte bis zum Jahr 2015 die Robotics Challenge am Laufen.[32] Aktuell sind die DARPA Subterranean Challenge und die DARPA Launch Challenge offen.[33] Die DARPA führt drei Gründe an, warum sie gelegentlich Preise als Form der Ausschreibungen wählt:

1. Preise ermutigen zum Denken über den Tellerrand hinaus: Im Gegensatz zu Stipendien und Aufträgen, die in der Hoffnung vergeben werden, dass der Empfänger erfolgreich sein wird, ermöglichen es Preise einem Geldgeber, ein ehrgeiziges Ziel zu setzen, ohne voraussagen zu müssen, welcher Kandidat oder Ansatz am ehesten Erfolg verspricht, und machen so Platz für neuartige Ansätze, deren Verfolgung sonst zu riskant erscheinen könnte.
2. Preise ermutigen zu breiter Beteiligung, denn sie ziehen ein breites Spektrum potenzieller Problemlöser an und nicht nur die üblichen Experten auf einem bestimmten Gebiet. Das könnte den entscheidenden Unterschied machen!
3. Die Methode ist äußerst wirtschaftlich: Die Preisgelder werden nur dann ausgezahlt, wenn jemand erfolgreich ist. In vielen Fällen übersteigt der Zeit- und Geldaufwand, den mehrere Teams beim Wettbewerb um einen Preis investieren, die Größe des Preisgelds selbst.

Seit Herbst 2019 hat auch Deutschland eine Bundesagentur, die sich als Vorbild die DARPA genommen hat. Die Agentur für Sprunginnovation, die im Auftrag des Bundesministeriums für Bildung und Forschung und des Bundesministeriums für Wirtschaft und Energie disruptive Technologien fördern soll, erhielt ein Budget von einer Milliarde Euro, die auf zehn Jahre verteilt ausgeschüttet werden.[34]

Von der Agentur sollen sowohl Wettbewerbe ausgeschrieben als auch Fördergelder vergeben werden. Die ersten drei Pilotwettbewerbe umfassten die Entwicklung energieeffizienter KI-Chips, die Entwicklung einer kostengünstigen und langlebigen Batterie sowie eines Organersatzes aus dem Labor.

Da ein solches Verfahren zum ersten Mal vom Bund veranstaltet wird, werden noch verschiedene Herangehensweisen getestet. So wurden beim Batterieprojekt Forschungsgelder an ausgewählte Projekte vergeben, beim Organersatzwettbewerb wurde ein Preisgeld festgesetzt, das sich bei näherer Betrachtung aber wiederum als Forschungsgeld erwies, für das die Gewinner erst nochmals einen Antrag stellen mussten.[35] Beim KI-Chip-Wettbewerb war weder Forschungsgeld noch ein Preis ausgesetzt, sondern nur eine „Begleitung der Ergebnisse durch die Industrie". Eine ziemlich vage Versprechung.

Auch scheinen sich die Wettbewerbe nur an Forschungseinrichtungen und Universitäten zu richten, es gibt keine Anzeichen, dass wie bei DARPA-Wettbewerben üblich Außenseiter ermutigt werden, teilzunehmen. Um ein Beispiel für die Bedeutung dieses Faktums zu nennen, müssen wir uns nur die DARPA Grand Challenge aus dem Jahr 2004 zu autonomen Autos ansehen. Neben einer Reihe von Universitäten beteiligte sich unter anderem auch ein Hersteller von Audioausstattung. Der Firmengründer hatte die Idee, für die Aufgabe, Autos fahrerlos fahren zu lassen, Laserstrahlen, wie sie in CD-Spielern zum Einsatz kommen, umzufunktionieren, und damit ein dreidimensionales Abbild der Umwelt mit Abstandsmessungen zu schaffen, woran sich das Fahrzeug orientieren konnte. Diese Firma hieß Velodyne und ist heute der wichtigste Hersteller dieser Laserscanner – LiDAR – für die junge Industrie.

Eine Wettbewerbsvariante entwickelte der mit dem Nobelpreis ausgezeichnete Wirtschaftswissenschaftler Michael Kremer. Das „Advance market commitment" verfeinerte den Innovationsanreiz. Im Jahr 2007 stellte die Gates Foundation 1,5 Milliarden Dollar an Preisgeldern zur Verfügung, um einen Impfstoff gegen Pneumokokken-

Bakterien für den Einsatz in Entwicklungsländern zu finden, in denen kein Pharmaunternehmen damit Geld verdienen könnte. Doch anstatt nur einen Pauschalbetrag als Preisgeld auszuloben, wurde den Teilnehmern versichert, dass sie im Erfolgsfall einen Vertrag gewinnen würden, durch den sie über zehn Jahre eine erkleckliche Summe ausgezahlt bekämen. Mit dem Preisgeld wurde die Summe, die das Pharmaunternehmen für jeden verkauften Impfstoff erhielt, effektiv aufgestockt. Das Ergebnis des Wettbewerbs waren drei Impfstoffe zu einem Preis von zwei Dollar pro Dosis, die 150 Millionen Kindern verabreicht wurden und 700.000 Leben retteten.[36]

Dass wir es können, zeigte sich – wie schon erwähnt – in der Covid-Pandemie. Hier begann ein Wettrennen um den ersten Impfstoff. Das Ziel war klar, auch, dass es ein „Preisgeld" in Form von Absatzmöglichkeiten geben wird. Und wer war der Erste? BioNTech, ein deutsches Unternehmen mit Gründern, die aus der Türkei stammten.

Die Intelligenz des Militärs

Die DARPA ist eine amerikanische Behörde, die militärische Forschungsprogramme fördert. Im Jahr 2020 betrug das Budget für Forschung und Entwicklung des amerikanischen Verteidigungsministeriums (U. S. Department of Defense) sagenhafte 64,5 Milliarden Dollar (circa 53 Milliarden Euro).[37] Das sind 41,4 Prozent des gesamten staatlichen amerikanischen Forschungsbudgets von 155,8 Milliarden Dollar (128,6 Milliarden Euro). An zweiter Stelle lag das Ministerium für Gesundheitspflege und Soziale Dienste mit 40,8 Milliarden Dollar (circa 33,7 Milliarden Euro), ein Anteil von 26 Prozent. Die Ausgaben Deutschlands für Wehrforschung, Entwicklung und Technologie wurden 2019 mit 1,477 Milliarden Euro angegeben, davon waren 440 Millionen Euro für Forschung und Technologie und 496 Millionen Euro für die Entwicklung und Erprobung reserviert.[38] Pro Kopf sind die staatlichen militärischen Forschungsausgaben in den USA fast neunmal so hoch wie in Deutschland.

Das staatliche Forschungs- und Entwicklungsbudget Deutschlands für Hochschulen sowie staatliche und private Institutionen ohne Erwerbszweck lag im Jahr 2018 bei circa 27 Milliarden Euro (insgesamt bei 32,6 Milliarden Euro, von denen 17 bis 18 Prozent aus der Wirtschaft oder dem Ausland stammen).[39] Damit ist das vom Bund und den Ländern bereitgestellte F&E-Budget um ein Drittel niedriger pro Kopf als in den USA. Ergänzt werden die Forschungsgelder durch EU-Forschungsprogramme wie Horizon 2020, das 80 Milliarden Euro umfasst. Trotzdem liegen die staatlichen Forschungsgelder weit unter denen, die amerikanische Forscher von der US-Regierung erhalten.

Unter die Forschungsausgaben des amerikanischen Militärs fallen, wie nicht anders zu erwarten, Projekte, die direkt mit der Entwicklung von Rüstungstechnologien zu tun haben. Daraus entstehen gar nicht so selten Anwendungen für den zivilen Gebrauch. So ist das zivil genutzte GPS-System für Navigationssysteme sicherlich eines der bekannteren Technologien, die aus der Militärforschung hervorgingen. Autonome Autos, die ursprünglich auf Anfrage des US-Senats zum Schutz von Soldaten vor Straßenbomben mit der DARPA Grand Challenge einen Entwicklungsschub erhielten, ebenso.

Und weil das Forschungsbudget des Militärs diesen bedeutenden Anteil hat, kommen auch sehr viele im ersten Moment „unmilitärisch" scheinende Forschungsprojekte in den Genuss von Forschungsgeldern aus den Militärschatullen. Nicht immer zur Freude von Politikern. So veröffentlichte der ehemalige republikanische Senator Jeff Flake alljährlich eine Liste von seiner Meinung nach wertlosen Forschungsprojekten, die nichts anders als eine Steuerverschwendung darstellten. Ein Projekt der Biologin Sheila Patek an der Duke University fand Senator Flake besonders lächerlich.[40] Es handelte sich um Untersuchungen zu Fangschreckenkrebsen (Englisch: „mantis shrimp"). Patek und ihr Forschungsteam ließen diese zum Boxen gegeneinander antreten. Dem Senator stieß dieser „Shrimp-Boxclub" sauer auf. Als Patek erfuhr, dass ihr Projekt auf der Liste der unnötigen Forschungsprojekte Einzug gehalten hatte, nahm sie Kontakt zu Flake auf und erläuterte ihm die Bedeutung der Untersuchung für das Militär. Die Schläge der Krebse passieren im Wasser mit so hoher Geschwindigkeit, dass sie Schalen von Wasserschnecken oder Muscheln leicht zertrümmern können. Die Geschwindigkeit der Krebsfäuste ist dabei so hoch und der Aufschlag so hart, dass lokal das Wasser zu kochen beginnt. Das Opfer sieht den Angriff weder kommen noch hat es eine Chance. Ganz anders hingegen beim Kampf gegen einen Artgenossen. Den Schalen der Fangschreckenkrebse macht ein solcher Schlag nichts aus. Und damit stellt sich die Frage, welche Materialbeschaffenheit und Struktur das Exoskelett der Krebse aufweist und wie sich diese Erkenntnisse auf das Militär übertragen ließen.

Man sieht schon, manchmal muss man in einem nicht unbedingt dem Militär nahestehenden Forschungsgebiet nur die richtigen Worte finden, um ein Stück vom verlockenden Kuchen des üppig gefüllten Forschungsbudgets des Verteidigungsministeriums zu erhalten. Oft aber sind die Forschungsbereiche ohnehin überlappend. Eine höhere Batteriekapazität für Elektroautos kommt nicht nur der Automobilindustrie und deren Kunden zugute, es erlaubt auch neue militärische Fahrzeugkategorien, für die nicht erst mit großem Aufwand Treibstoff in entlegene Militärbasen geschafft werden muss.

Auch im Deutschen Reich hat das Militär mit der Entwicklung des Düsenantriebs oder der Raketen Technologie geschaffen, die sowohl militärische als auch zivile Einsatzgebiete haben. Heute fehlt uns in vielen europäischen Ländern dieses militärische Forschungsbudget. Mit Ausnahme der Franzosen gibt es kaum Länder mit signifikanten militärischen Forschungsausgaben. Dagegen habe ich nichts. Ich denke, wir können mit ziviler Forschung ebenso viel erreichen, allerdings müssen einige Voraussetzungen geschaffen werden, die wir uns vom Militär abschauen könnten.

Zunächst einmal würde man sich wünschen, dass es entsprechende staatliche Forschungsbudgets gibt, die in Europa anteilig in der Höhe des amerikanischen Verteidigungsministeriums liegen. Die fehlenden Forschungsmittel aus diesem Bereich werden nämlich nicht durch andere Bereiche kompensiert.

Zweitens sollten wir uns vom Militär abschauen, wie Anforderungen an Forschungsprojekte gestellt und durchgesetzt werden. Der Grund dafür liegt in einer spezifischen Charakteristik von Verteidigungsministerien: Sie sind die einzigen Behörden, die international im direkten Wettbewerb miteinander liegen. Wer seinen Job gut macht, kann sein Land besser verteidigen oder Macht besser projizieren. Andere Behörden haben diesen Druck nicht. Sie sind ein Monopol und müssen sich nicht um ihre „Kundschaft" bemühen. Und egal, was sie machen, ihr Budget bleibt (zumeist) garantiert. Als Behördenmitarbeiter muss ich nicht freundlicher werden, um Arbeitslose zu vermitteln, oder überlegen, wie Gesundheitsdaten statt mit Fax digital übermittelt werden können. Solche Ziele sind verhältnismäßig seltener und weniger dringlich als im freien Wettbewerb – mit Ausnahme des Militärs.

Damit haben militärische Forschungsprojekte klare Ziele: Fliege höher, fahre schneller, tauche tiefer, sei leiser, triff präziser, mache unsichtbarer. Daraus können zumeist bessere Kennzahlen definiert werden, die zu übertreffen sind und an denen die Forschungsleistung gemessen werden kann. Allerdings gibt es auch einen ausreichenden Anteil an geförderten Forschungsprojekten, die solche Kennzahlen nicht definieren und liefern können.

Drittens darf man nicht unterschätzen, wie diese militärischen Forschungsprojekte zu Netzwerken und Unternehmensgründungen führen. Die israelischen Verteidigungskräfte IDF sind ein gutes Beispiel dafür. Die regelmäßigen Übungen, zu denen israelische Männer und Frauen mehrmals jährlich und je nach Einheit sogar wöchentlich einberufen werden, führen zu Kontakten zwischen Menschen aus unterschiedlichen Teilen der israelischen Gesellschaft, aus denen oft private und geschäftliche Beziehungen hervorgehen. Manche Abteilungen wie die Eliteeinheit „Unit 8200" der Fernmelde- und elektronischen Aufklärung des Militärnachrichtendienstes brachte ganze Generationen an Gründern bedeutender israelischer IT-Unternehmen hervor.[41]

Das soll nicht als Plädoyer für mehr Militärausgaben oder militärische Forschungsgelder missverstanden werden. Dass es während bewaffneter Konflikte zu Innovationen wie dem Radar oder dem Düsentriebwerk kommt, ist nicht den Kriegen selbst zuzuschreiben. Es ist vielleicht mehr überraschend, dass es trotz einer Kriegssituation dazu kommen konnte. Wie viele Innovationen durch Kriege verhindert wurden, weil durch Kriegshandlungen kluge und kreative Menschen ums Leben kamen oder Infrastruktur zerstört wurde, werden wir vermutlich nie erfahren. Der Blick auf die Struktur militärischer Forschungsprogramme in Friedenszeiten soll vielmehr ein Anreiz sein, die erfolgreichen Elemente zu verstehen und für die zivile Forschung zu adaptieren. Dieser Blick fehlt uns mangels Gelegenheit.

Loonshots: Etwas verrückte Mondschüsse

> Die Krise besteht gerade darin, dass das Alte stirbt und das Neue nicht geboren werden kann; in diesem Interregnum treten die unterschiedlichsten Krankheitssymptome auf.

> Antonio Gramsci

Vannevar Bush ist ein selbst unter Innovationsexperten fast gänzlich Unbekannter und doch war er verantwortlich dafür, den Grundstein für die immer noch gegebene amerikanische Technologiedominanz gelegt zu haben.[42] Es begann unter denkbar schwierigen Umständen. Im Jahr 1940 war der MIT-Professor Berater von Präsident Roosevelt und erkannte, dass angesichts des Eroberungsfeldzugs des Naziregimes eine radikal andere Vorgehensweise auf diese Bedrohung notwendig war. Bush wollte sicherstellen, dass die USA der Initiator und nicht das Opfer einer technologischen Innovation sein sollten. Dazu pflegte er eine Kultur und etablierte ein System innerhalb der US-Behörden, die rasche und radikale Durchbrüche erlaubten.

So waren beispielsweise in den Kampfflugzeugen die ersten Radare bereits installiert worden, nur benutzten die Besatzungen sie kaum. Bush verlangte, dass die Piloten sich mit den Radartechnikern zusammensetzen und erklären sollten, wieso sie die Radartechnologie nicht einsetzten. Die Gründe hatten nichts mit der Technologie selbst, sondern mit der komplexen Handhabung zu tun. Während eines Kampfeinsatzes hatten die Besatzungen keine Zeit, die vielen Schalter und Drehknöpfe zu bedienen. Mit anderen Worten: Die Benutzeroberfläche – das UI-Design – war einfach grottenschlecht. Die Radartechniker entwickelten daraufhin das Radarsichtgerät, eine runde Anzeige mit einer sich im Kreis drehenden Linie, auf der dann andere Flugzeuge sichtbar wurden. Diese Änderung erwies sich als eine der kriegsentscheidenden Innovationen.

Aus diesen Aktivitäten ging in weiterer Folge das Office of Scientific Research and Development (OSRD) hervor, das einer bunt zusammengewürfelten Truppe aus Wissenschaftlern, Ingenieuren und Erfindern von Universitäten und privaten Forschungseinrichtungen die Gelegenheit gab, verrückte Dinge auszuprobieren. Dinge, für die das Militär nicht bereit war, Geld und Zeit zu verschwenden. Bush selbst hatte – befähigt durch die direkte Unterstützung des amerikanischen Präsidenten – direkten Zugang zu den unwilligen Generälen und Militärs, die sich dank ihres obersten Befehlshabers mit diesem verrückten „Professor" auseinandersetzen und Rede und Antwort stehen mussten. Das Ergebnis war die Radarerkennung von U-Booten, die damit die deutsche U-Bootwaffe wirkungslos werden ließ und durch die die Gegner von Jägern zu Gejagten wurde. Aber auch die Entwicklung und der Einsatz von Penizillin, Wirkstoffe gegen Malaria und Tetanus oder die Transfusion von Blutplasma stammten aus dieser Organisation, was Todesfälle unter verwundeten Soldaten auf ein Zwanzigstel der Zahlen im Ersten Weltkrieg senkte.

Aus Bushs Organisation stammten somit diese „verrückten Moonshots" – oder, um mit dem englischen Begriff für Verrückte „lunatic" zu spielen, die sogenannten „Loonshots". Moonshots sind Entwicklungsprojekte, die nicht eine Verbesserung um ein paar Prozentpunkte anpeilen, sondern um mindestens einen Faktor 10, also eine 1.000-prozentige Verbesserung. Ein Loonshot bezieht sich auf eine Idee, von der die meisten Wissenschaftler oder Wirtschaftsführer glauben, dass sie nicht funktionieren wird oder, wenn doch, dass sie keine (kommerzielle) Rolle spielen wird. Ein Loonshot stellt die konventionelle Weisheit infrage.

Gemäß Safi Bahcall, Physiker und Autor des Buches „Loonshots: How to Nurture the Crazy Ideas That Win Wars, Cure Diseases, and Transform Industries", unterscheidet man zwischen zwei Arten von Loonshots: dem Produkt- und dem Strategie-Typus.

Der „P-Type Loonshot" ist vergleichsweise einfach zu erkennen: ein Düsentriebwerk statt des Propellerantriebs, eine Magnetschwebebahn, ein Smartphone mit Touchscreen statt eines Handys mit Tastatur, ein Gratisbetriebssystem wie Android für mobile Geräte statt der bisherigen Eigenentwicklungen der Hersteller und das Telefon, das von der Geschäftswelt anfänglich als reine Spielerei abgetan worden war. All diese im ersten Moment verrückt erscheinenden Änderungen sind leicht zu erkennen, nur deren Wirkung wird nicht ernst genommen.

Der „S-Type Loonshot" hingegen ist nicht so einfach zu erkennen. Er macht langsame Fortschritte, ist (fast) nicht sichtbar und wird auch nicht angekündigt. Googles Suchmaschine war zwar ein deutlich sichtbarer P-Type Loonshot, aber die dann langsam über die Jahre vorgenommenen Änderungen wie das auktionsbasierte Werkzeug für Werbeeinschaltungen, die Ergänzung um Übersetzungswerkzeuge oder die Anpassung der persönlichen Suchergebnisse an Suchpräferenzen durch Maschinenlernen und Algorithmen führten in zwei Jahrzehnten zum Untergang alternativer Suchmaschinenanbieter.

Android war genauso ein P-Type, aber es löste eine Reihe strategischer Entscheidungen in der gesamten Industrie aus, die die Vorherrschaft bei mobilen Betriebssystemen brachte. Auch ein Supermarkt-Riese wie Walmart zwang Schritt für Schritt mit seiner Größe, seiner Einkaufsmacht und skalierender Logistik in drei Jahrzehnten kleinere Supermärkte in die Knie, nur um jetzt durch Amazon dasselbe Schicksal zu erleiden.

Aus Vannevar Bushs Office of Scientific Research and Development entstand im Jahr 1958 die Advanced Research Projects Agency (ARPA), später umbenannt in die Defense Advanced Research Projects Agency (DARPA). DARPA ist so nichts anderes als eine Loonshot-Fabrik. Viele ehemalige Beteiligte des OSRD und der DARPA wurden Leiter von Forschungsgruppen an ähnlichen Forschungsabteilungen von Universitäten und Firmen wie Facebook, Google, Microsoft, IBM, Draper Laboratory oder den MIT Lincoln Labs. Mit anderen Worten: Das Loonshot-System der Regierung infiltrierte und befruchtete die Privatwirtschaft und den akademischen Bereich. Diese Spillover-Effekte machten die USA zu dem, was sie heute sind: eine technologische und innovative Supermacht.

Kann die neue Agentur für Sprunginnovation in Deutschland solch eine Rolle übernehmen? Möglicherweise. Vielleicht bräuchten wir aber eine Agentur für Silly-Walk-Innovationen, um einen Faktor an Durchgeknalltheit ins System zu bringen.

Venture-Capital

Bitte sagen Sie dem Wolf of Wall Street, dass die Taube von San Francisco gerade sein Mittagessen verzehrt!

Sam Daftarian[43]

Risikokapital ist eine der wichtigsten Geldquellen für Start-up-Gründer, die auf dem traditionellen Kapitalmarkt üblicherweise keine Chance haben. Das hat mit der Natur von Start-ups zu tun. Die Produkte, Dienstleistungen und Geschäftsmodelle sind unerprobt, ja, selbst die Märkte oftmals nicht existent, denn sie müssen erst geschaffen werden. Im Jahr 2009 gab es keinen Markt für Elektroautos. Es war völlig unklar, ob Bedarf bestand und wie die dazugehörige Infrastruktur aussehen soll. Soziale Medien waren im Jahr 2005 unbekannt und der Erfolg von Facebook, Twitter oder LinkedIn nicht vorhersehbar. Wer würde diese nutzen oder sogar dafür zahlen? Wenige Sekunden an Musikvideos auf TikTok, wer würde solch eine

App verwenden wollen? Oder Clubhouse? IBM-Chef Thomas Watson schätzte im Jahr 1953 den Bedarf an Computern weltweit auf fünf Stück. Tatsächlich gingen bei IBM im selben Jahr 18 Bestellungen ein.

Wird man bei Banken mit solchen Ideen vorstellig, wird den hoffnungsfrohen Gründern gleich klar, dass das eine Schnapsidee gewesen ist. Nicht die Idee selbst, sondern jene, zur Bank zu gehen. Banken verlangen Sicherheiten. Für einen Friseurladen oder beim Wohnungsbau sind diese Parameter bekannt und ein Kredit ist in der Regel kein Problem. Nicht so bei Start-ups.

Diese Finanzierungslücke füllen Venture-Capitalists und Fonds, die wissen, dass ein Teil der Ideen nicht erfolgreich sein wird, aber diejenigen, die sich durchsetzen, bedeuten die Verzinsung des gesamten eingesetzten Kapitals. Das Investieren in solch riskante Unternehmen ist keine einfache Sache und erfordert in gewissen Phasen andere Kennzahlen, um den Erfolg zu messen. Da das nicht jeder kann und nicht jeder die Zeit hat, sich damit ausführlich auseinanderzusetzen, gibt es Venture-Capital-Fonds, die diese Aufgabe übernehmen. Die Investoren sind zumeist wohlhabende Individuen, Unternehmen, Stiftungen und Institutionen. Mit der Verabschiedung des Gesetzes über die Einkommenssicherung von Arbeitnehmern im Ruhestand (Employee Retirement Income Security Act, ERISA) im Jahr 1974 war es Pensionsfonds in den USA nicht gestattet, ihre Gelder in riskante Anlagen zu investieren.[44] Mit der Lockerung dieser strengen Bestimmungen durch das amerikanische Arbeitsministerium im Jahr 1978 konnte ein geringer Prozentsatz der verwalteten Mittel in riskante Anlagen investiert werden. Damit wurde eine Lawine losgetreten. Schon 1978 stiegen die Anlagen in Risikokapital durch die Pensionsfonds von 39 Millionen auf 590 Millionen Dollar.[45]

Heute sind Pensionsfonds aus der amerikanischen Venture-Capital-Szene nicht mehr wegzudenken. 2019 wurden insgesamt 136,5 Milliarden Dollar an Venture-Capital in den USA investiert, davon flossen 37,1 Prozent in das Silicon Valley.[46] Gemäß den Zahlen der National Venture Capital Association sind von den Investoren von US-Venture-Capital-Fonds 37 Prozent Pensionsfonds, 23 Prozent

Unternehmen, 16 Prozent Stiftungen, zwölf Prozent Familien und Institutionen und zwölf Prozent andere.[47] Neben den Venture-Capital-Fonds gibt es auch sogenannte Corporate-VC-Fonds, wo Unternehmen eigene Investitionen in Start-ups tätigen. Im Jahr 2019 erfolgten 50,1 Prozent aller Investmentdeals mit Beteiligung eines Corporate VCs, das entsprach 1.691 Investitionen mit einem Volumen von 61,5 Milliarden Dollar. Sapphire Ventures ist ein von SAP gegründeter Corporate-VC-Fonds. Insgesamt erhielten in den USA 2019 knapp 8.300 Unternehmen Risikokapital.

Auch wenn 136,5 Milliarden Dollar an Venture-Capital in den USA für das Jahr 2019 nach viel Geld aussehen, so wird von der Venture-Capital-Industrie geschätzt, dass bis zu einer Billion Dollar Bedarf an Venture-Capital pro Jahr bestünde. Die Investitionen betrugen 20,7 Prozent des US-Bruttoinlandsprodukts, insgesamt 4,436 Billionen Dollar.[48] Damit lag der Venture-Capital-Anteil an den Gesamtinvestitionen bei 3,1 Prozent.

Für Deutschland lag im Jahr 2019 das Bruttoinlandsprodukt bei 3.449 Milliarden Euro. Die Bruttoinvestitionen lagen bei 734,68 Milliarden Euro, ein Anteil von 21,3 Prozent des BIP.[49] Mit 5,7 Milliarden Euro Venture-Capital-Investitionen lag somit der Anteil an den Gesamtinvestitionen bei knapp einem Viertel der USA, also bei 0,8 Prozent.[50]

In der Schweiz erreichte das BIP im Jahr 2019 einen Wert von 726,92 Milliarden Schweizer Franken (678,68 Milliarden Euro).[51] Die Investitionen lagen bei 164 Milliarden Franken (153,19 Milliarden Euro), davon wurden 2,3 Milliarden Franken (2,15 Milliarden Euro) als Venture-Capital investiert.[52] Ein Rekordwert, der im Vergleich zum Vorjahr um 87 Prozent gestiegen war und somit 1,4 Prozent Anteil an den Gesamtinvestitionen beträgt.

Österreichs BIP wiederum lag im Jahr 2019 bei 397,6 Milliarden Euro, die Investitionen bei 101,7 Milliarden.[53] Die Start-up-Investitionen lagen laut der Austrian Private Equity and Venture Capital Organisation bei vergleichsweise mickrigen 218 Millionen Euro, das sind 0,2 Prozent der Gesamtinvestitionen.[54]

Land	BIP 2019 [Mrd. Euro]	Gesamt-investitionen [Mrd. Euro]	Anteil Gesamt-investitionen an BIP in %	Risiko-kapital [Mrd. Euro]	Anteil Risikokapital an Gesamt-investitionen in %
USA	18.210	3.770	20,7	115,98	3,1
Deutschland	3.449	734,68	21,3	5,7	0,8
Österreich	397,6	101,7	25,6	0,218	0,2
Schweiz	678,68	153,19	22,6	2,15	1,4

Tabelle 3: Bruttoinlandsprodukt, Gesamtinvestitionen und Risikokapital ausgewählter Länder für 2019

Wie aus den Zahlen zu erkennen ist, gibt es für unsere Länder Luft nach oben, wenn man sie mit den USA vergleicht. Auch zwischen den Ländern gibt es große Unterschiede. So kommt die Schweiz mit einem Zehntel der Bevölkerung Deutschlands auf mehr als ein Drittel der Risikokapitalinvestitionen, die Deutschland vornimmt. Österreich hingegen geht den umgekehrten Weg. Mit einem Zehntel der Bevölkerung Deutschlands beträgt die Risikokapitalsumme nur ein Sechsundzwanzigstel.

Vergleicht man die US-Bevölkerung mit 328,2 Millionen mit den drei Ländern (100,4 Millionen), dann sollten wir eine Venture-Capital-Summe von 35,5 Milliarden Euro aufbringen, wollten wir mit den USA gleichziehen. Tatsächlich kommen wir mit 22,7 Prozent auf weniger als ein Viertel, als die USA anteilig aufwenden.

Wie können wir diese Lücke schließen? Indem wir zumindest zwei Dinge fördern beziehungsweise erst ermöglichen. Auf der einen Seite die Möglichkeit für Unternehmen schaffen, dass sie mittels Corporate-Venture-Capital-Fonds verstärkt Risikokapital investieren können, und auf der anderen, dass ähnlich wie in den USA Pensionsfonds einen Prozentsatz ihrer Gelder in riskantere Anlagen investieren können.

Damit würde eine heute wichtige Lücke beim Aufbau von Start-ups geschlossen. Während Angel-Investments und erste größere Wagniskapitalrunden bis 10 Millionen Euro heute in Europa keine Seltenheit mehr sind, sind größere Investitionsrunden, die 50 oder 500 Millionen oder sogar mehrere Milliarden an Wagniskapital benötigen, weiterhin fast ausschließlich in den USA möglich.

Eine Änderung trat im Jahr 2021 bereits in Kraft: Die Europäische Union hat einen eigenen Fonds angelegt, den European Innovation Council Fund, der die Lücke in den Finanzierungen für Sprunginnovationen und damit auch den technologischen Abstand zu den USA und Asien schließen soll.[55] Die EU wird durch den Fonds selbst zum Investor und Anteilseigner an den Unternehmen.

Der Fonds wird Zuschüsse und Kapitalbeteiligungen kombinieren, um Unternehmen in Technologiebereichen wie Gesundheit, Nachhaltigkeit und Fertigung in der Frühphase zu finanzieren. Die Beteiligungen sollen zwischen zehn und 25 Prozent eines Unternehmens liegen mit Investitionsvolumina von bis zu 15 Millionen Euro. Dadurch sollen die Risiken verringert und Risikokapitalgeber und Fonds zur Beteiligung ermutigt werden. Dieses Modell kommt dem Yozma (dem hebräischen Wort für Initiative) der israelischen Regierung nahe, das seit 1993 private Investitionen in Technologie-Start-ups verdoppelt und dabei Anteile am Unternehmen nimmt. Das israelische Programm wird heute von der Israel Innovation Authority weitergeführt.

Technology Got Talent

Wäre der öffentlich geführte Diskurs zu Zukunftstechnologien ein Maßstab für das heimische Technologieverständnis, dann wäre von einer Nation, die ihr German Engineering feiert, nicht viel übrig. Ich kritisiere nicht, dass ethische oder moralische Fragen im Zusammenhang mit dem Aufkommen neuer Technologien gestellt werden müssen, sondern die Verhältnismäßigkeit und den Schwerpunkt der öffentlichen Aufmerksamkeit.

Ich selbst erlebe das bei den Fragen, die aus dem Publikum kommen oder von Journalisten gestellt werden. Bei einer Podiumsdiskussion ließ uns der Moderator die Fragen eine Woche vor der Veranstaltung zukommen, damit wir uns vorbereiten konnten. Sieben der zehn Fragen fokussierten die Gefahren und Risiken der neuen Technologien. Keine ging darauf ein, welche Chancen sich ergäben und wie wir diese Technologien zu unserem Nutzen anwenden könnten.

Weil eben der öffentliche Diskurs davon dominiert wird, herrscht eine grundsätzliche Skepsis vor, man interessiert sich eher für Gefahren und Risiken, was wiederum noch mehr Skepsis und Ablehnung erzeugt. Ein Teufelskreis, der für diejenigen, die an diesen Technologien arbeiten, ziemlich ermüdend sein kann. Wie schon Frauen ständig Energie aufwenden müssen, um im Berufsleben Vorwürfe gegen unweibliches oder unprofessionelles Verhalten von vornherein abzuwehren und sich trotzdem im Job durchzusetzen, saugt man auch Innovatoren, Ingenieuren, Start-up-Gründern oder generell Menschen mit kreativen und ungewöhnlichen Ideen diese Energie aus dem Leibe, wie es die Dementoren im Harry-Potter-Universum machen.

Daran tragen viele Pseudointellektuelle und Moralunternehmer Teilschuld, die mit der ewig gleichen Leier vom bevorstehenden Kollaps unserer Zivilisation im Medien- und Konferenzzirkus auftreten. Dem gegenüber steht ein Publikum, das nicht weiß, wie es sich mit diesen Themen auseinandersetzen soll und was denn nun wirklich die Konsequenzen, positiv wie negativ, sein könnten. Selbst viele Ingenieure verfallen den geschmeidigen Worten der Moralunternehmer, ohne deren Aussagen in einem größeren Kontext zu reflektieren. Leider hat das in unseren Breiten auch damit zu tun, dass sich die intellektuelle Elite aus dem öffentlichen Diskurs zurückgezogen hat. Viele Akademiker beschränken sich auf ihr Spezialgebiet, ohne sich mit dessen größerer Bedeutung öffentlich auseinanderzusetzen.

Hier ist ein Beispiel, wie solch ein Diskurs von Moralunternehmern dominiert wird. Für ein Interview mit einem Fernsehsender sandte mir die Redakteurin unter anderem diese Frage zu:

Gerade Europa ist ja bekannt dafür, sich auch viele ethische Fragen rund um das autonome Fahren zu stellen. Der bekannte deutsche Philosoph Richard David Precht schreibt in seinem neuen Buch, dass „Entscheidungen über Leben und Tod niemals an Maschinen abgegeben werden dürfen". Das sei auch nicht mit dem Grundrecht der Menschenwürde vereinbar. Wie siehst du das?

Es wird hier eine falsche Fährte gelegt. Dies erweckt den Anschein, als wäre diese Frage neu und noch nicht beantwortet. Aktuell wird sie im Kontext der künstlichen Intelligenz immer wieder vorgebracht. Tatsächlich haben wir bereits heute diese Entscheidung in vielen Fällen an Maschinen abgegeben. Der Airbag entscheidet, ob er auslöst oder nicht – und damit über Leben und Tod. Dem Autopiloten in Flugzeugen, den Beatmungsmaschinen im Krankenhaus, dem Herzschrittmacher, dem Bremsassistenten in modernen Autos und jetzt sogar selbstfahrenden Autos haben wie die Aufgabe überlassen, diese Entscheidungen für uns zu treffen. Besser, schneller und präziser, als wir das könnten. Airbags treffen diese Entscheidungen für uns heute bereits millionenfach.

Solch ein Diskurs hat immer Auswirkungen auf Entscheidungsträger. Die von Argwohn geprägten Ansichten und Meinungen beeinflussen Politiker, Gesetzgeber, Regulierungsbehörden und Entscheidungsträger in Unternehmen und Organisationen. Teilweise werden als Reaktion darauf eigene Kommissionen eingesetzt und Studien in Auftrag gegeben, deren Ausgangspunkt bereits ein skeptischer ist. So hatte die Bundesregierung im Jahr 2016 – noch bevor es öffentliche Tests und Erfahrungswerte gab – eine Ethikkommission für automatisiertes und vernetztes Fahren eingerichtet, nicht etwa eine Kommission (oder gar einen Wettbewerb ausgeschrieben), die herausfinden sollte, welche rechtlichen Rahmenbedingungen geschaffen, welche Förderungen bereitgestellt oder welche Institutionen und Experten hinzugezogen werden sollten, um die Entwicklung und den Einsatz dieser Technologie zu unterstützen und zu beschleunigen.

Das ist nicht die Reaktion eines Lands, das eine Technologieführerschaft hat oder anstrebt, sondern die eines Lands, das Technologietrends zu spät erkennt und dann vor allem mit defensiven Reflexen darauf antwortet, die die heimischen Forscher und Unternehmen einschränkt, Maßnahmen mit allen möglichen Argumenten schönredet und sich dafür auch noch selbst beglückwünscht. Das Datenschutzgesetz ist so ein Paradebeispiel.

Ganz anders gingen die Amerikaner vor, als sie proaktiv mehrere im Zweiten Weltkrieg aus der Not geschaffene Einrichtungen im Jahr 1955 zusammenführten und dann im Jahr 1972 das sogenannte Office of Technology Assessment (OTA) schufen.

Eine ähnliche Einrichtung hat übrigens der Deutsche Bundestag: das Büro für Technikfolgenabschätzung (TAB).[56] Haben Sie schon einmal davon gehört? Etwa eine Studie des Büros gelesen? Wenn Ihre Antwort Nein lautet, dann erkennen wir bereits einen Teil des Problems. Das Büro, das als Vorbild das amerikanische OTA hatte, dient zur Beratung der Bundestagsabgeordneten, aber nicht wirklich, um die Bevölkerung zu Technologietrends und deren Potenziale aufzuklären. Im Jahr 1990 gegründet, brachte das TAB zwischen 1991 und 2020 pro Jahr zwischen zwei und zehn Studien – sogenannte „TAB-Berichte" – heraus. Ergänzend gibt es Kurzberichte und eine Reihe weiterer Formate, die von obskuren bis zu öffentlich breit diskutierten Themen reichen. Auffällig ist aber auch, wie viele Themen nicht erfasst wurden und welche Themen eines Berichts würdig waren. So sind für „Das Potenzial algenbasierter Rohstoffe für den Lkw-Verkehr" gleich fünf Autoren angeführt oder es fand die „Fernerkundung: Anwendungspotenziale in Afrika" die interessierte Aufmerksamkeit der Abgeordneten, aber zu künstlicher Intelligenz oder autonomen Fahrzeugen gibt es bis Stand Anfang 2021 keine Technikfolgenabschätzungen. Andere Berichte sind wiederum hoffnungslos veraltet wie beispielsweise der im Jahr 2012 erschienene Bericht zur „Zukunft der Automobilindustrie", der unter anderem Strom als Antriebsform inkludierte.

Hier stellt sich die Frage, nach welchen Kriterien Themen ausgewählt und Technikfolgenabschätzungen durchgeführt werden. Nichts gegen algenbasierte Rohstoffe im Lkw-Verkehr oder die Fernerkundung in Afrika, wenn diese Themen unter Hunderten Berichten auch erfasst würden. Aber bei gezählten 190 Berichten in 30 Jahren, also knapp sechs pro Jahr, scheint die Themenrelevanz nicht immer im Vordergrund zu stehen.

Eine solche Einrichtung wie das Büro für Technikfolgenabschätzung sollte vom Bundestag, von Behörden, Entscheidungsträgern und der Öffentlichkeit mehr genutzt werden und auch mehr Befugnisse erhalten. Es sollte selbstständig und ohne Auftrag Trends aufgreifen und beobachten, Zukunftsforschung betreiben und als neutrales Gegengewicht zu vermehrt erscheinenden Studien dienen, die von Industrien und Interessengruppen finanziert werden. Ein wesentlicher Nachteil privat geförderter Studien liegt darin, dass sie einerseits zu Ergebnissen tendieren, die den Status quo der eigenen Industrie aufrechterhalten sollen, oder dass sie von Beratungsunternehmen stammen, die ihre potenziellen Auftraggeber in falscher Sicherheit wiegen, um sie nicht vor den Kopf zu stoßen. So kamen in den letzten Jahren Studien zu nachweislich falschen Ergebnissen, die alternative Technologien schlechter oder den Verlauf der Technikentwicklung als langsamer darstellten, als bereits abzusehen war.

Bedenkt man, dass solche Studien als Entscheidungsgrundlage für langfristige Maßnahmen, Investitionen und Gesetzesvorlagen dienen, kann man sich leicht ausrechnen, welchen Schaden die Gesellschaft, die Wirtschaft und der Staat erleiden, wenn falsche Maßnahmen ergriffen werden, weil die Datengrundlagen und Studien von falschen Angaben ausgingen und wenig wahrscheinliche Schlussfolgerungen trafen.

So finanzierten Energiewirtschaft und Automobilindustrie jahrelang Studien, die alternative Energieformen und Fahrzeugantriebe schlecht rechneten oder Voraussetzungen von staatlicher Seite erforderten wie Breitbandausbau, Ausstattung von Verkehrsinfrastruktur mit Connectivity oder Ladestationsnetzwerke. Ohne diese machte die Entwicklung der eigenen Technologie keinen Sinn und könnte nicht in Angriff genommen werden. Mit dem Endeffekt, dass die heimische Automobilindustrie den Anschluss an diese Zukunftstechnologien verloren hat. Der Rückstand bei Elektroautos oder dem autonomen Fahren zur Konkurrenz aus den USA und China liegt bei mindestens fünf Jahren.

Die Dringlichkeit steigt, wenn wir beachten, dass die Herausforderungen, vor denen wir stehen, immer größer werden. Während wir exponentiell fortschreitende Technologie erleben, wächst die Kluft zu einer sich zu langsam entwickelnden Kultur. Wir stehen nicht nur als Land, sondern als Menschheit vor unzähligen Bedrohungen, die wir nur schleppend anpacken.

Wir haben Mühe, die Probleme des 21. Jahrhunderts mit den Methoden der Zukunftsforschung des 20. vorherzusehen und zu lösen. In unseren Breiten hat sich wegen des Fehlens einer institutionalisierten, modernen Technikfolgenabschätzung und Trendforschung mittlerweile eine „Staatsschuld" angehäuft, die eine andere ist als die durch Budgetdefizite geschaffene. Jede nicht erhaltene Straße, jeder nicht erhaltene Kanal, jede Krankheit, die nicht vorbeugend bekämpft wird, weil man kurzfristig sparen möchte, kommt mittel- und langfristig viel teurer. So auch hier. Erkennt man die Trends im Bereich Digitalisierung, alternativer Fahrzeugantriebe, künstlicher Intelligenz oder Gentechnologie nicht oder in ihrer Bedeutung nicht richtig, zögert man mit Maßnahmen. Dann gibt es keine Umschulungen gefährdeter Berufsgruppen, keinen Ausbau von Infrastruktur und Behörden für die digitale Transformation, keinen Energieumstieg und keine Regulierungen, die ein Testen autonomer Autos oder gentechnische Versuche erlauben. Und wenn, dann so spät, dass die Technologievorreiter in anderen Ländern sitzen, bei uns Arbeitsplätze verschwinden und keine Alternativen entstehen können. Das rächt sich dann, wenn eine Krise sie plötzlich erfordert. Die Covid-Krise führte die jahrelangen Vernachlässigungen beim Ausbau einer digitalen Infrastruktur für Behörden und Schulen deutlich vor Augen – mit dem Effekt, dass staatliche Grundaufgaben wie Bildung nicht bereitgestellt werden können.

Eine Ironie am Rande ist, dass der von den Konservativen geführte US-Senat im Jahr 1995 das Office of Technology Assessment unter Mehrheitsführer Newt Gingrich auflöste – derselbe, der beim Impeachmentverfahren gegen Präsident Bill Clinton federführend war, obwohl er gleichzeitig selbst eine Affäre hatte. Das hatte keine Auswirkung auf die Innovationsregion Silicon Valley, die damals erst so richtig im Entstehen war, allerdings auf Arbeitsplätze in den USA. Produktionsjobs sind seit damals in den USA in großer Zahl verschwunden und die gesellschaftlichen Auswirkungen zeichnen sich nicht zuletzt ab in der immer größer werdenden Polarisierung des Lands seit der Wahl von Donald Trump zum Präsidenten und der zunehmenden Polarisierung der amerikanischen Gesellschaft.

Der rote Knopf

Der wichtigste Auslöser für die breite Akzeptanz der digitalen Transformation waren nicht die unzähligen Konferenzen, die seit Jahren die Veranstaltungskalender der Manager und Entscheidungsträger füllen, auch nicht die Initiativen der Bundesregierung, sondern etwas ganz Kleines: ein Virus. Jahrelang hatte man schlau darüber gesprochen, sich die Wichtigkeit digitaler Werkzeuge und eines digitalen Mindsets gegenseitig bestätigt, nur gemacht wurde wenig. Mit digitaler Transformation in Deutschland war es so ähnlich wie mit Sex bei Teenagern: Jeder spricht darüber, aber keiner hat es gemacht.

Erst als der Lockdown – notwendig geworden durch das Covid-Virus – in fast allen Ländern der Erde begann und es nicht klar war, wie lange das gesamte öffentliche Leben zum Erliegen kommen würde, wurde allen bewusst, was digitale Transformation genau bedeutet: den Betrieb seines Unternehmens aufrechterhalten oder zusperren und pleitegehen. Die Kinder über Videokonferenzwerkzeuge die Schule weiter besuchen lassen oder ein ganzes Schuljahr verlieren. Online Lebensmittel und -notwendiges bestellen oder elendiglich verhungern und in die Steinzeit zurückfallen.

Monate später hat jedes noch so kleine Restaurant und Laden-geschäft eine eigene Website. Etwas, das viele vorher nicht als not-wendig erachtet hatten. Fast jeder Behördengang ist nun vollständig online durchführbar. Prozesse, die vorher unbedingt eine physische Unterschrift benötigten oder ausschließlich per ausgedruckten und ausgefüllten Formularen möglich waren, sind nun über eine Website oder per App möglich. Bei digitalen Unterschriften wurde immer die rechtliche Gültigkeit ins Spiel gebracht. Nicht mehr. War der Arzt-besuch mittels Tablet und Videolink als unsicher betrachtet worden und standen die ärztliche Verschwiegenheit und der Schutz von Pa-tientendaten im Weg, gab es mit einem Mal keine andere Möglichkeit, als mit digitalen Werkzeugen eine medizinische Grundversorgung der Bevölkerung sicherzustellen.

War hier der Auslöser ein überraschend eintretendes Ereignis, das zur Anpassung und raschen, manche meinen sogar, „überstürzten" Annahme von Technologien und Verhaltensänderungen zwingt, können Auslöser auch einen anderen Charakter haben.

Die Terroranschläge auf das World Trade Center in New York City im Jahr 2001 waren das erste große Internetereignis. Es war mit einem Schlag klar geworden, welchen Wert dieses neue Medium hat. Die Wahl von Donald Trump zum US-Präsidenten machte bewusst, wie bedeutsam soziale Medien sind. Der Sputnik-Schock war ein durch ein anderes Land hervorgerufener Auslöser, der die Amerikaner dazu bewegte, ihr eigenes Raumfahrtprogramm zu beginnen. John F. Ken-nedy gab sogar ein Ziel vor, um das Land auf diese Aufgabe zu fokus-sieren: Bevor das Jahrzehnt vorüber ist, soll ein Mensch auf dem Mond gelandet und wieder sicher auf die Erde gebracht worden sein. Das Manhattan-Projekt im Zweiten Weltkrieg wurde durch den Brief einer Gruppe von Wissenschaftlern, darunter niemand Geringerem als Albert Einstein, ausgelöst. Und der Schiffscontainer erlebte seinen Siegeszug durch den Vietnamkrieg, der nur durch große Material-bewegungen für das US-Militär auf Dauer möglich geworden war.

Ein moderner Sputnik-Schock war für China der Sieg von AlphaGo gegen den koreanischen Go-Weltmeister Lee Sedol. Als diese künstliche Intelligenz im März 2016 den menschlichen Champion mit 4:1 klar besiegte, war das der Trigger für die chinesische Regierung, als Ziel auszugeben, bis zum Jahr 2030 zur führenden Nation in der künstlichen Intelligenz zu werden. Man beließ es nicht bei Worten. 124 Milliarden Dollar wurden dazu in die Hand genommen und an Universitäten und Unternehmen verteilt, um KI-Experten auszubilden und KI-Technologien zu entwickeln.

Wie man sieht, reicht ein Auslöser allein nicht. Es müssen – wie bei den USA oder China zu sehen – klare Ziele definiert und Ressourcen gebündelt werden, um diese zu erreichen. Dazu gehört auch viel Überzeugungsarbeit, damit alle Beteiligten die richtige Richtung einschlagen. Die Vorgabe der Bundesregierung, dass es bis zum Jahr 2020 eine Million Elektroautos auf deutschen Straßen geben soll, wurde weit verfehlt. Es wurden keine richtigen Ressourcen gebündelt oder Maßnahmen dafür ergriffen. Dazu fehlte auch der Wille vieler Schlüsselspieler, an dem Ziel mitzuarbeiten.

Ebenso kann die falsche Interpretation von Informationen zu einem Verpuffen des Triggers führen, oft mit fatalen Konsequenzen. Ein Unternehmen, das geänderte Marktbedingungen falsch interpretiert oder die neuen Produkte alter und neuer Mitbewerber als unbedeutend kategorisiert, kann sang- und klanglos untergehen.

Der Umstieg auf neue Technologien und Verhaltensweisen kann auch durch den Eingriff des Gesetzgebers erfolgen. Eine Emissionsgrenze zwingt Unternehmen, bessere oder sogar alternative Technologien zu entwickeln.

All die bisher genannten Trigger sind eher Zwangsmaßnahmen. Ein Gesetz, ein kriegerischer oder wirtschaftlicher Konflikt, eine Ausnahmesituation oder ein aggressiver Mitbewerber lassen einem keine andere Wahl als zu reagieren, will man überleben. So sehr eine solche Situation manchmal das Beste aus uns Menschen herausholen kann, es ist nicht die einzige Art von Auslöser, die uns zu Großartigem antreiben kann.

Die von DARPA und X-Price ausgeschriebenen Wettbewerbe sind Beispiele für positive Auslöser. So gelten die von der heute als DARPA bekannten Behörde für Forschungsprojekte des amerikanischen Verteidigungsministeriums als Auslöser für die Entwicklung des Internets, des Global Positioning Systems GPS und von autonomen Autos. Die von X-Price ausgeschriebenen Wettbewerbe führten zu der Entwicklung von einem „Tricorder", einem von der Fernsehserie „Raumschiff Enterprise" inspirierten Messgerät, das mehrere medizinische Daten erfassen kann, oder von Raumschiffen, die suborbitale Flüge ausführen können. Auch andere Organisationen wie Zeitungen oder reiche Gönner schrieben gelegentlich Wettbewerbe aus.

Der Bau der Semmeringbahn um das Jahr 1840 und 180 Jahre später die Entwicklung des Hyperloops stellten und stellen eine praxisnahe und zeitlich klar vorgegebene Herausforderung für die besten Köpfe ihrer Zeit in Unternehmen und Universitäten dar. Das Ergebnis: Vier Lokomotiven waren bei der Fertigstellung der Semmeringbahn verfügbar und Studenten der TU München haben bei den letzten Hyperloop-Wettbewerben gezeigt, welch tolle Ingenieure an deutschen Universitäten ausgebildet werden.

Inzwischen dürfte klar sein, worauf ich hinauswill. Wir brauchen dringend mehr solcher Trigger. Das erfordert Politiker, Unternehmer oder Family Offices, die Begeisterung dafür zeigen und wecken können. Was ist schon ein Preisgeld von einer Million Euro für die Henkel-Erben oder die SAP? Das Risiko, das diese Unternehmen oder ein Bundesland bei einer Million Euro Auslobung eingehen, ist gering. Der Preis wird nur für das Ergebnis fällig und nicht für den Aufwand. Und wenn daraus wie beim Internet oder bei autonomen Autos dann auch noch Industrien entstehen, die Märkte in Milliarden- oder sogar Billionen-Euro-Höhe erschaffen, ist das nicht nur tolle PR, sondern auch für die Zukunft des Lands und der Menschen eine gute Investition gewesen.

Personen

> Es ist weit besser, Großes zu wagen, glorreiche Triumphe zu
> erringen, auch wenn sie von Misserfolgen überschattet sind,
> als sich in die Reihe jener armen Geister zu stellen, die
> weder viel genießen noch viel leiden, weil sie in der grauen
> Dämmerung leben, die weder Sieg noch Niederlage kennt.
>
> Theodore Roosevelt

Innovation, Technologie und Fortschritt sind zutiefst menschlich. Sie
sind nicht gegen Menschen, sondern werden von Menschen für Menschen
geschaffen. Ich erwähnte viele Personen, die Außerordentliches
geschaffen haben, und das dazu erforderliche Mindset und den Ta-
tendrang, den sie an den Tag legten. Es wird Zeit, sich etwas intensiver
mit unserem Umgang mit diesen Menschen auseinanderzusetzen.

Leider, und da muss ich schon vorwarnen, werden wir in diesem
Kapitel nur wenigen Frauen begegnen. Der Grund ist nicht, dass es
zu wenig talentierte, einfallsreiche oder ambitionierte Frauen gibt.
Unsere Gesellschaft und die Rahmenbedingungen hindern nach
wie vor Frauen daran, zu ebensolchen Erfolgen zu gelangen. Und das
beginnt damit, dass Daten, die für Frauen relevant sind, gar nicht erst
erfasst werden und damit der Grad an Diskriminierung gar nicht
sichtbar wird. Die Geschichte von der Schneeräumung im schwedischen Karlskoga war so eine.[57] Ich beschreibe dazu auch einige
dieser Gründe im Detail, wie die Gesellschaft Frauen daran nicht nur
hindert, sondern sie sogar dafür bestraft.

Ganz normale Helden

Als vor einigen Jahren der amerikanische Unternehmensgründer und
Investor Peter Thiel an der Stanford University eine Lehrveranstaltung
zur Gründung von Start-ups abhielt, waren so viele Anmeldungen

eingegangen, dass die Universität beschloss, den Vortrag per Video in weitere Hörsäle zu übertragen, damit alle Studierenden Platz finden konnten. Der deutschstämmige Milliardär Thiel, der wegen seiner kontroversen Meinungen und politischen Einstellung bekannte Mitgründer von PayPal sowie Investor in Unternehmen wie Facebook, Palantir oder LinkedIn, zieht definitiv ein an seinen Gedankengängen interessiertes Publikum an.

Ähnliches spielt sich im Silicon Valley ab, wenn bekannte Unternehmensgründer wie Reid Hoffman, Mitgründer von PayPal und LinkedIn, Facebooks Mark Zuckerberg oder Teslas Elon Musk auftreten. Die Zuhörer sind begierig, mehr zu neuen Produkten und Visionen zu hören und zu Einsichten zur Unternehmensführung zu gelangen. Entrepreneure wie die genannten sind Vorbilder für den – wenn schon nicht amerikanischen – so doch den Silicon-Valley-Traum, sein „eigenes Ding" zu machen, „die Welt zu verändern" und es zu schaffen. Selbst wenn es sich nur um die Buchpräsentation des Autors einer Biografie dieser Unternehmer handelt, ist es empfehlenswert, sich rasch anzumelden, sofern man live dabei sein will. Als Ashlee Vance, der eine Biografie über Elon Musk geschrieben hatte, zu einer solchen Vortragsrunde in Redwood City war, waren die aufgelegten vielen Hundert Tickets rasch vergriffen.

Noch extremer ist die Situation in China. Wann immer ein bekannter und inspirierender Unternehmer wie Jack Ma von Alibaba oder Robin Li von Baidu auftritt, kommt das fast der Hysterie um die Beatles oder YouTube-Influencer in Einkaufszentren gleich. Wenn ich es schon nicht mit religiöser Bewunderung vergleichen möchte, so werden sie irgendwie doch als „Helden" verehrt.

Wir kennen Helden heute hauptsächlich aus der Popkultur. In den letzten Jahren wurden wir beinahe schon mit Superheldenfilmen überflutet – mit jedem noch so obskuren Marvel- oder DC-Helden, dass es beinahe schon zu viel ist. Dabei haben Superhelden bei genauerer Betrachtung nicht wirklich etwas mit echten Helden gemeinsam. Superman, der unverletzlich und unsterblich ist, setzt sich nicht wirklich einer Gefahr aus, wenn er wieder einmal die Menschheit vor dem nächsten Superbösewicht bewahrt. Es ist von ihm zu erwarten, dass er uns rettet, weil es für ihn kein Risiko darstellt. Moralisch verwerflich wäre, wenn er es verweigern würde. Es bedeutet für Superhelden auch keinen Aufwand. Alles ist leicht für sie, auch wenn sie grimassierend zeigen, wie sehr sie sich anstrengen. Selbst die Handlungen unsterblicher Götter sind keine Heldentaten. Griechische oder nordische Götter werden von niemandem als mutig bezeichnet. Was haben sie schon zu verlieren?

Der Umgang mit dem Heldenbegriff ist für uns ein denkbar schwieriger. Heldensagen und Wagner-Opern mit ihren bombastischen Darstellungen und teils bedenklichen Moralvorstellungen sind spätestens seit dem Ende des Zweiten Weltkriegs mit kritischen Annotationen zu konsumieren. Wenn wir heute jemanden den Begriff „Held" zuerkennen, reduzieren wir das auf zwei Kategorien: Unter die erste fallen Lebensretter, die unter Einsatz ihres Lebens jemandem halfen. Unter die zweite Kategorie fallen Sportler. Bei jedem gewonnenen Finale oder Spiel, bei dem die eigene Mannschaft oder ein Athlet das Glück unter großer Aufopferung zu ihren oder seinen Gunsten drehen konnte, fällt in den Kommentaren unweigerlich den Begriff „Held".

Wenn Roger Federer wieder einmal ein Tennisduell gewann, die deutsche Nationalmannschaft einen Rückstand wettmachte oder Niki Lauda in glühender Hitze Alain Prost und Ayrton Senna im Grand Prix niederrang, übertrafen und übertreffen sich Sportreporter bei der Verleihung des Attributs „heldenhaft". Die Steigerung von „Held" ist dann nur mehr der „Naturbursch", der beispielsweise nach einem schweren Sturz in der Olympiaabfahrt ein paar Tage später einfach so im Super G die Goldmedaille gewinnt.

Anders ist die Situation in den USA, wo man einen eher ungezwungenen Zugang zum Heldenbegriff hat. Feuerwehrleuten, Polizisten, Soldaten und medizinischem Personal sowie systemrelevanten Beschäftigten während einer Pandemie verleiht die Öffentlichkeit ebenso rasch den Titel „Held".

Während Sporthelden in heimischen Gefilden verehrt werden, ist das mit Wissenschaftlern, Ingenieuren und Unternehmern ganz anders. Sofern man nicht zumindest einen Nobelpreis gewinnt, während einer nationalen oder globalen Krise die Regierung öffentlichkeitswirksam berät, eine versunkene Stadt entdeckt oder mit einer Unternehmensgründung Milliarden an der Börse einstreicht, kennt man sie nicht. Bei der Berichterstattung über die BioNTech-Gründer Özlem Türeci und Uğur Şahin, die den ersten zugelassenen Covid-Impfstoff auf den Markt brachten und damit verantwortlich sind, dass Hunderttausende Menschen leben und nicht an dem Virus sterben mussten, stießen wir da in den Medien je auf die Titulierung „Helden"?

Wie wenig man Wissenschaftler, Vorreiter oder Unternehmer kennt, erhellte eine *ZDF*-Fernsehreihe mit dem Titel „Deutschlands große Clans", die die Geschichte der Gründer und Gründerfamilien bekannter deutscher Unternehmen erzählte. Haribo, Henkel, Otto, Tchibo, Mäurer & Wirtz oder Fielmann sind einige der jedem Deutschen bekannten Unternehmen, doch über die Ursprünge und deren Gründer weiß die Allgemeinheit recht wenig. Dabei sollten wir das. Bei uns beschränkt sich das Wissen zu solchen Unternehmen meist auf deren Skandale, Erbstreitigkeiten und – sofern das Unternehmen alt genug ist – auf deren Verwicklung mit dem Naziregime.

In der Öffentlichkeit hinterlässt das einen schalen Geschmack. Erschwerend kommt hinzu, dass viele der Gründer und Gründerfamilien die Öffentlichkeit scheuen, ja, von ihnen teilweise nicht einmal öffentlich zugängliche Bilder existieren. So wie der Chef des britischen Auslandsgeheimdienstes MI6 nie namentlich in der Öffentlichkeit bekannt war, werden manche Gründer und Erben, wenn schon nicht als Staats-, so doch als Firmengeheimnis gehandelt.

Aber wir sollten viel mehr über sie wissen, jedoch nicht, weil wir deren Privatleben ausspionieren wollen. Nein, wir sollten über das unternehmerische Handeln, die Motivation, die dahinterstehenden Philosophien und die Lehren der Firmengründer und Firmeneigner mehr hören. Wir wollen mehr über deren Ideen, den Ehrgeiz, die Denkansätze, die gescheiterten Versuche oder die Behandlung von Mitarbeitern lernen. All das kann jungen Gründerinnen und Gründern als Inspiration dienen.

Als Frank Thelen in einem Beitrag – wie bereits erwähnt – meinte, „Kinder sollten lernen, wie Elon Musk und Jeff Bezos zu denken", brach eine Welle der Kritik über ihn herein.[58] Von Indoktrinierung und Ausbeutung wurde gesprochen, vom Machtstreben und der Geldgier der Chefs von Tesla und Amazon, von den schlechten Arbeitsbedingungen und dass „ein Kiffer wie Elon Musk kein Vorbild sei". Diese Kritik an Bezos und Musk hat sicherlich in gewissem Maß ihre Berechtigung, aber die Gründer haben auch Hunderttausende Arbeitsplätze geschaffen und stellen ganze Sparten mit neuen Technologien und Geschäftsmodellen erfolgreich auf den Kopf. Trotz aller Kritik sollten wir und unsere Kinder mehr darüber wissen wollen. Etwas verstehen zu wollen und daraus zu lernen bedeutet nicht, dass man alles kritiklos hinnimmt.

Die Tatsache, dass man der deutschen Öffentlichkeit nicht mehr erklären muss, wer Elon Musk und Jeff Bezos sind, spricht schon für sich. Nicht nur haben sie auch bei uns einen gewissen Bekanntheitsgrad erreicht, man interessiert sich auch für sie. Jedes Magazin, das einen der beiden auf das Cover setzt, kann bei den Verkaufszahlen mit einem Sprung nach oben rechnen.

So sehr die deutsche Öffentlichkeit von Zuckerberg, Musk, Bezos und Co fasziniert ist, so wenig scheint sie an den eigenen Gründern und Machern interessiert zu sein. Wie die *ZDF*-Serie unbeabsichtigt schmerzhaft offenbart, gibt es von den meisten der Porträtierten nicht einmal ausreichend Filmmaterial, geschweige denn aufgezeichnete Interviews und Konversationen zu Wirtschaftsfragen und Managementphilosophien. Auch an Hochschulen ist das Interesse, diese erfolgreichen Unternehmer – wie es Stanford unter anderem mit Peter Thiel macht – zur Lehre und zu regelmäßigen Gastvorträgen zu gewinnen, minimal. Jede amerikanische Universität, die etwas auf sich hält, hat eine Graduierungszeremonie, bei der eine Persönlichkeit aus Wirtschaft, Kultur oder Politik eine Rede, die sogenannte „Commencement Speech", hält.

Steve Jobs, der eine solche Rede im Jahr 2005 in Stanford hielt, führte vor, wie man noch weiter gehen kann. Schon als junger und noch unbekannter Gründer bat er Robert Noyce, Mitgründer von Fairchild Semiconductor und Intel, sein Mentor zu werden. Ein erfahrener, älterer Gründer nimmt einen jungen für eine Weile unter seine Fittiche und steht ihm oder ihr mit Rat zur Seite. Jobs wiederum „paid it forward", indem er später selbst Facebooks Mark Zuckerberg und Googles Larry Page – obwohl er sich damals in einem hitzigen Rechtsstreit mit Google wegen der Smartphone-Betriebssystemsoftware befand – als Mentor zur Verfügung stellte. Ein Mentor ist kein bezahlter Berater, sondern ein unbezahlter, erfahrener „Freund", der seine Erfahrung weitergibt.

Die Bedeutung ist nicht zu unterschätzen. Wissen und Erfahrungen werden so weitergereicht und bleiben im Ökosystem erhalten. Der Zugang zu erfolgreichen Wirtschaftstreibenden erlaubt der nächsten Generation, von den Erfahrungen der älteren zu lernen und sich zum Wohl der Gesellschaft Inspiration zu holen. Solche Beziehungen sind nicht auf Unternehmer beschränkt. Auch in der Politik, Kunst, Kultur, Wissenschaft oder im Recht kann das gesamte System von den Erfahrungen langfristig profitieren.

Jeder und jede Einzelne von uns sollte sich die Frage stellen: Wer sind meine Mentoren und für wen bin ich Mentor? Und nicht vergessen: Darüber sollten wir dann auch öffentlich sprechen, damit anderen klar wird, dass Mentor-sein und Mentoren-haben etwas Positives für uns alle ist.

Videos von Steve Jobs und Elon Musk, in denen sie ihre Meinungen, Erfahrungen und Weltsichten erklären, werden millionenfach angesehen, geteilt und kommentiert – und ihre Aussagen finden sich als Zitate in der Wirtschaftsliteratur wieder. Während die meisten, die sich für neue Technologien interessieren und die Trends verfolgen, wissen, was der Tesla-Chef Elon Musk, der verstorbene Astrophysiker Stephen Hawkings oder Facebook-Gründer Mark Zuckerberg zu künstlicher Intelligenz zu sagen haben, müssen wir schon scharf nachdenken, ob wir jemals etwas von Hasso Plattner oder Dietmar Hopp dazu gehört haben. Die beiden sind nicht irgendwer, sie sind immerhin die Mitgründer von Deutschlands wertvollstem Unternehmen SAP. Ihre Meinung wäre allein aus diesem Grund schon interessant. Nur: Haben sie nie etwas dazu gesagt? Wurden sie nie dazu gefragt? Hat nie jemand darüber berichtet?

Man würde meinen, die Biografien, Gründungsgeschichten und Managementphilosophien von Porsche und Piëch, Daimler und Benz, Riegel, Otto, Dassler, Steiff oder Bosch, um nur ein paar zu nennen, wären Allgemeingut und zierten die physischen oder virtuellen Bücherregale von Junggründern. Und dass deren „Origin Stories" auf den Geschichtslehrplänen jeder deutschsprachigen TU oder Wirtschaftsuniversität stünden.

Leider ist dem nicht so. Und damit fehlt das Wissen zu Pionieren, Gründern und Vorbildern, das der nächsten Generation so nicht vermittelt wird und als Quelle der Inspiration dienen kann. Hat man nie von den heimischen Granden gehört, dann schaut man über den großen Teich in die USA und holt sich die Vorbilder von dort. Nicht, dass das falsch wäre, ganz im Gegenteil. Doch heimische Unternehmer bringen noch etwas anderes mit: die eigene Kultur. Amerikanische Geschäftspraktiken sind nicht eins zu eins in Europa umzusetzen. Hamburger Kaufmannsstand, Kölner Medienverständnis, Berliner Rebellion, Züricher Seriosität oder der Wiener Charme fügen dem Wirtschaftsleben typische und sympathische Eigenschaften hinzu.

Das Interesse an den Gründern deutscher Wirtschaftsunternehmen böte mehrere Vorteile. Da wäre einerseits die klare Anerkennung und Wertschätzung der Leistung und des Risikos, ein Unternehmen zu gründen und erfolgreich zu machen. Auf der anderen Seite diene ein ehrliches Interesse an deren Erfahrungen einem Fortbestand heimischer Wirtschaftskultur. Und dass aus der eigenen Gegend, dem eigenen Umfeld, unter den heimischen Rahmenbedingungen solche Leistungen möglich waren, kann inspirieren. Der einfache Reflex, die Rahmenbedingungen in den USA als auf Deutschland nicht oder nur beschränkt übertragbar wegzudiskutieren, wäre mit bekannten heimischen Beispielen sofort widerlegbar und ein Ansporn, es doch zu versuchen. Diese Entschuldigung gälte dann nicht mehr.

SAP war selbst Anfang der 2000er-Jahre in der Öffentlichkeit noch fast völlig unbekannt, obwohl fast alle im DAX gelisteten Unternehmen SAPs Geschäftssoftware verwendeten und das Unternehmen bereits drei Jahrzehnte auf dem Buckel hatte. Heute ist das anders, immerhin ist SAP das wertvollste deutsche und einzige Digitalunternehmen von Weltbedeutung. Selbst wenn sich die Markenbekanntheit gewandelt hat, so ist ein anderes Detail für das geringe Interesse an und Wertschätzung für Unternehmensgründer illustrierend: Es gibt im Jahr 2021 nach wie vor keine in Buchform erschienene Biografie von beispielsweise Hasso Plattner oder Dietmar Hopp, den vermutlich interessantesten und einflussreichsten SAP-Gründern, Investoren und Mäzenen.

Der Volkswirt und *Handelsblatt*-Journalist Hans-Jürgen Jakobs weist auf diesen Umstand ebenfalls in einer Kolumne hin, in der er fordert: „Deutschland braucht mehr Manager vom Schlage eines Dietmar Hopp."[59] Dabei ist Hopp nicht nur Manager. Er war Unternehmensgründer, und die sind von ganz anderem Schlag als Manager. Auch tritt er als Mäzen und Investor auf und bringt so sein Geld wieder unter die nächste Generation von Unternehmern sowie in Forschung, Sport und Kultur. Ähnliches macht auch Hasso Plattner, der mit dem Hasso-Plattner-Institut in Potsdam auch gleich eine ganze Universität gegründet hat und andere Universitäten wie Stanford großzügig unterstützt. Was fast untergeht, ist, dass Plattner dort auch selbst unterrichtet. Die SAP-Gründer sind aus dieser Sicht die „amerikanischsten" Unternehmer aus heimischen Gefilden.

Auch wenn nicht alle Aktivitäten der Gründer kritik- oder widerspruchslos betrachtet werden sollten, so ist deren Leistung doch anzuerkennen. Eine (späte) Wertschätzung ist dabei nur ein Aspekt einer veröffentlichten Biografie. Sie dient, wie bereits erwähnt, als Inspiration für die nächsten Generationen an Unternehmern. Worin sich die SAP-Geschichte von anderen deutschen Unternehmen unterscheidet, ist, dass SAP kein Familienunternehmen ist und nie war. Diese Geschichte gäbe es zu erzählen und sie wäre für Deutschland von Bedeutung.

Ich habe die SAP nicht nur als Beispiel hergenommen, weil es mir dank eigener langjähriger Arbeitserfahrung besonders vertraut ist, sondern weil es das einzige digitale Unternehmen aus unserem Sprachraum ist und zugleich das wertvollste börsennotierte Unternehmen Deutschlands. Die Diskrepanz in der öffentlichen Wahrnehmung und der Bedeutung ist signifikant und sollte korrigiert werden. Doch es gibt eine Reihe von anderen Vorbildern, die inspirierend für künftige Unternehmer und Erfinder sind. Tilo Bonow, Chef der PR-Agentur PIABO, ist ein klarer Befürworter von Storys, die Unternehmen erzählen müssen.[60] Dazu gehören auch die der Gründerteams. Doch sei in Deutschland das Interesse daran gering, was unverständlich ist. Bonow führt als Beispiel die Teams der TU München an, die mehrmals in Folge den Wettbewerb in Kalifornien von Elon Musk um den schnellsten Hyperloop-Pod gegen die Konkurrenz aus aller Welt gewonnen haben. Wie reagiert man in Deutschland darauf, fragt Tilo Bonow? Die Antwort:

> Dann kriegen die einen Artikel und das war es. In Amerika würden die durch alle Talkshows durchgejagt werden.

Ich hatte das Glück, eines der Teams nach deren Sieg kennenzulernen. Sie hatten alle ein kleines Start-up-Haus in Palo Alto bezogen, in dem sie sich vorbereitet hatten und die letzten Tage vor der Rückreise entspannten. Ich war erstaunt, wie zugänglich die Menschen waren, aber auch, wie wenig los war. Ich hätte erwartet, dass nach so einer Leistung die Medienvertreter und Techfirmen aus Deutschland bei ihnen Schlange stehen würden für Interviews und Kooperationsgespräche.

Letzteres ist woanders nicht so ungewöhnlich. Bei der DARPA Grand Challenge zur Entwicklung autonomer Autos mischten sich die Google-Gründer Sergey Brin und Larry Page unter die Teams und beobachteten genau die Ereignisse. Die Hälfte der Teams war von Universitäten gestellt, die mit Forschern und Studenten selbstfahrende Autos ins Rennen gebracht hatten. Nach den Wettbewerben stellte Google Dutzende der Teilnehmer für das Projekt „Chauffeur" ein, das heute als die Selbstfahrtechnologietochter Waymo bekannt und bereits heute Dutzende Milliarden wert ist. Auch Deep Blue, der Schachcomputer von IBM, der im Jahr 1997 den Schachweltmeister Garri Kasparow besiegte, begann als Studentenprojekt. Einige Doktoranden an der Carnegie Mellon University in Pittsburgh begannen rein zum Spaß, ein Schachprogramm zu entwickeln. IBM bekam Wind davon und stellte das Team ein, allerdings unter einer Voraussetzung, die sich die Dissertanten ausgehandelt hatten: Ihre Aufgabe bei IBM würde es sein, die „ultimative Schachmaschine" zu bauen.[61]

Wo sind also die deutschen Maschinenbauer, Automobilbauer und Bahntechnikhersteller, die bei der TU um die Studenten werben? Wir hatten Dornier, Junkers und Zeppelin und die haben uns inspiriert. Wann immer ein Zeppelin vorbeischwebte, liefen die Menschen zusammen und kletterten auf Dächer, um es besser sehen zu können. Die „Zeppelinspende des deutschen Volkes" brachte Ferdinand von Zeppelin nach der Zerstörung seines ersten Luftschiffs die damals unglaubliche Summe von sechs Millionen Mark ein. Die Spenden waren aus ganz Deutschland eingetroffen, um einen neuen Zeppelin zu bauen, so sehr hatte der Graf die Bevölkerung inspiriert. Als Ferdinand von Zeppelin im Jahr 1917 verstarb, gaben ihm die Fürsten und Herzöge des Deutschen Reichs das letzte Geleit.

100 Jahre später wird relativ wenig Interesse gezeigt an denen, die in ihre Fußstapfen getreten sind – wie an Daniel Wiegand von Lilium und dessen Arbeit an einem neuen elektrischen Fluggerät oder eben an den Studenten der TU München mit ihrem Pod für den Hyperloop. Äußerst schade, denn letztendlich erinnert man sich nicht an den Kritiker, und der zählt auch nicht, worauf der amerikanische Präsident Theodore Roosevelt im Jahr 1910 in einer Rede an der Pariser Sorbonne Université hinwies. Die Ehre steht demjenigen zu, der sich in die Arena gewagt und es versucht hat:

> Nicht der Kritiker zählt; nicht derjenige, der darauf aufmerksam macht, wie der Starke fällt oder wo der, der anpackt, es besser hätte machen können. Die Anerkennung

gebührt dem, der tatsächlich in der Arena steht, dessen Gesicht staubig und verschwitzt und voller Blut ist; der sich wacker bemüht; der sich irrt, der wieder und wieder scheitert, weil es kein Bemühen ohne Fehler und Schwächen gibt; aber der sich tatsächlich bemüht, Taten zu vollbringen; der großartige Begeisterung, großartige Hingabe kennt; der seine Kraft auf eine ehrenwerte Sache verwendet; der im besten Falle am Ende den Triumph einer großen Leistung kennt und der, im schlimmsten Falle, sollte er scheitern, zumindest bei einem kühnen Versuch scheitert, sodass sein Platz nie bei den kalten und furchtsamen Seelen ist, die weder Sieg noch Niederlage kennen.

Die Kunst der großen Wette

Eine Million Leute gehen in eine Bar im Silicon Valley. Keiner kauft etwas. Die Bar erklärt sich zum Riesenerfolg.[62]

Es war während des Zweiten Weltkriegs, als Edwin Land, Chef und Mitgründer der im Jahr 1932 gegründeten Land-Wheelwright Laboratories, mit seiner Familie auf Urlaub in Santa Fe im US-Bundesstaat New Mexico weilte. Land war privat und beruflich in Fotografie vernarrt. Als er ein Foto seiner dreijährigen Tochter machte, lief sie zu ihm und wollte das Bild betrachten. Lands Antwort, dass das Foto erst entwickelt werden müsse, befriedigte die Tochter nicht. „Warum kann ich es nicht sofort sehen?"[63]

Diese nur scheinbar naive Frage brachte Land zum Nachdenken und nach vielen Jahren Forschung, gescheiterten Versuchen, viel investiertem Geld und noch mehr an Frust konnte Land im Jahr 1972, satte 29 Jahre nach dem Urlaub in Santa Fe, endlich seinen Vorstandsmitgliedern die Sofortbildkamera vorstellen. Wie sicherlich bereits erraten, spreche ich hier von Polaroid. Land konnte sich als Eigentümer und Chef des 1937 auf Polaroid umbenannten Unternehmens die Zeit nehmen, an dieser Technologie zu tüfteln, auch wenn er nicht sicher sein konnte, ob für so ein Produkt überhaupt ein Markt bestünde. Den einzigen Kunden, den er im Auge hatte, war seine Tochter gewesen.

Doch Land hatte ein unerfülltes Bedürfnis und damit einen Markt erkannt, den ihm Marktforschungsstudien so nie offenbart hatten. 1977, im Jahr der Einführung, verkaufte Polaroid sechs Millionen Kameras, die jahrzehntelang ein Verkaufsschlager bleiben sollten und sogar Kult wurden.

Diese Kunst der „Big Bet" – der „großen Wette" – bei der (fast) alles auf eine Karte für eine verrückte Idee gesetzt wird, ist, was sie ist: riskant und durchgeknallt, und wenn sie gelingt, wusste später jeder, dass diese Idee ohnehin offensichtlich war und nur Erfolg haben konnte. Gründer und Firmenchefs wie Edwin Land, Steve Jobs oder Elon Musk gefallen sich dann auch darin, zu behaupten, sie hätten keinerlei Marktforschung betrieben. Elon Musk meinte bei einem Interview bei einer Veranstaltung der U. S. Air Force: „Ich mache überhaupt keine Marktforschung."[64]

Doch das ist natürlich so nicht richtig. Sicherlich geben sie keine Studie in Auftrag, die Marktbedürfnisse zu erfassen versucht. Wenn man fast 30 Jahre an einer Sofortbildkamera forscht, kann man die Motivation wohl nur durch die Bestätigung potenzieller Kunden, die Interesse daran bekunden, beibehalten. Auch Apple-Gründer Steve Jobs, der vollmundig meinte, „Kunden wissen nicht, was sie wollen", betrieb sehr wohl Marktforschung, aber auf seine Art. Immer wieder mischte er sich unter Kunden in seinem Apple Store auf der University Avenue in Palo Alto, ließ sich vorführen, wie sie die Geräte bedienten, welche Fragen sie hatten, und hörte vor allem genau hin, wonach sie fragten. Auch hatte sein Designteam um Jonathan Ive durch Interaktionen mit Kunden ein gutes Gefühl dafür gekriegt, dass beispielsweise ein Gerät wie das iPhone von den Kunden gewünscht wurde. Entsprechend taktisch ging das Team vor, um Jobs, der anfänglich skeptisch war, davon zu überzeugen.[65]

Tesla-Chef Elon Musk wiederum ist für seine Tweets bekannt, in denen er aktiv Eingaben seiner Nutzer lauscht. Allein der Cybertruck, ein futuristisch und ungewohnt aussehender elektrischer Pick-up-Truck, mag niemals aus einer Kundenbefragung hervorgekommen sein, aber dafür ließ er Tausende Tweets von potenziellen Kunden mit Funktionswünschen aufnehmen. Innerhalb weniger Tage lässt Musk gelegentlich Änderungen an der Software für bereits ausgelieferte Fahrzeuge vornehmen, wenn ein Kunde eine für Musk sinnvoll erscheinende Funktion vorschlägt.

Mit anderen Worten: Die oben Genannten – und es gibt noch viel mehr von ihnen – machen zwar keine formalen Marktstudien im klassischen Sinn und sie verlassen sich in Zeiten von Big Data für diesen Zweck nicht ausschließlich auf die Daten, die ihnen vorliegen. Aber sie sind durch andere Kanäle eng mit dem Puls der Zeit verbunden und vertrauen ihrem Gespür, dass sie an „etwas dran sind", das eine Markt ändernde oder Markt schaffende Charakteristik hat. „Der Kunde weiß nicht immer, was er will", wurde schon zu Henry Fords Zeiten zum geflügelten Wort.

Das geht nicht immer gut. Amazon-Chef Jeff Bezos versuchte, in den Smartphone-Markt mit einem eigenen Gerät einzudringen. Doch das „Fire Phone" verkaufte sich so schlecht, dass Amazon bis heute keine Verkaufszahlen offengelegt hat.[66] Ein Mitarbeiter wurde zitiert, dass Bezos so viel intervenierte, dass am Ende das Fire Phone für die Ansprüche eines einzigen Kunden entwickelt worden war: Jeff Bezos selbst.

Waren die bisher genannten Beispiele aber wirklich große Wetten, die mit viel Risiko verbunden waren? Eine Idee, für die es bisher keinen Markt, keine Kunden und kein Geschäftsmodell gibt, haben viele Start-ups. Doch die allermeisten scheitern daran. Diese erwähnten Ideen waren auch von einem großen Ressourceneinsatz geprägt, den Unternehmen wie Polaroid, Apple, Amazon und Tesla aber stemmen konnten, weil sie mit anderen Produkten erfolgreich sind und ihr Geld verdienten. Herzinfarktfördernd wird es dann, wenn dabei das Unternehmen selbst auf dem Spiel steht oder der finanzielle Ruin des Gründers droht. Und da ist der momentane Meister aller Klassen in der Kunst der großen Wette Elon Musk.

Nachdem er mit dem Verkauf des von ihm mitgegründeten Bezahl-dienstleister PayPal mehrere Hundert Millionen verdient hatte, steckte er fast alles in drei Unternehmen: in ein Elektroauto-Start-up namens Tesla, in das von ihm gegründete Raumfahrtunternehmen SpaceX und in den Solarzellen- und Batteriespeicherproduzenten SolarCity – alles Unternehmen, die in Märkten operieren, die es bis dahin entweder nicht gab oder in denen vermeintlich keine Chance bestand. Und tatsächlich stand Musk sowohl mit Tesla als auch SpaceX mehrere Male kurz vor dem Aus. Die ersten drei SpaceX-Raketenstarts waren fehlgeschlagen und einen vierten Absturz konnte das Unternehmen finanziell nicht mehr überleben. Der vierte Start gelang und der Rest ist Geschichte. Mindestens zweimal stand Tesla vor der Pleite und erst das eigene letzte Geld und Investoren, die in buchstäblich letzter Minute nochmals Geld nachschossen, retteten das Unternehmen.

Dieses „Alles oder nichts" ist nichts für Deutsche. Man fände dafür kein Verständnis in einem Kulturkreis, in dem vorab alles geplant und versichert sein will. Man kann sich heute nicht einmal mehr für Kleinstinvestitionen erwärmen, wie der deutsche Start-up-Investor Frank Thelen gegenüber Christoph Keese schilderte.[67] Er würde immer wieder von Eigentümerfamilien großer deutscher Unternehmen eingeladen, seinen Investitionsfonds für Hightech-Start-ups, „Freigeist Capital", vorzustellen und zu erläutern, wie Investitionen in Start-ups funktionierten. Doch fast gar keine Family Offices würden tatsächlich investieren, obwohl es sich für sie um vergleichsweise geringe Beträge und somit wenig Risiko handelt. Nicht nur die Kunst der großen Wette wird bei uns nicht beherrscht, nicht einmal eine kleine Wette wird eingegangen.

Die Gründe sind mannigfaltig. Zuerst einmal sind Family Offices keine Unternehmer. Sie sind Manager des geerbten Familienvermögens und -unternehmens. Manager wiederum sind nicht auf ihre Position gekommen, weil sie viel Risiko eingegangen sind, sondern weil sie das am besten vermieden haben. Unternehmer nehmen ein persönliches Risiko auf sich, sie stecken mit all ihrem Vermögen drin. Die Erben haben vor allem Angst, dass ihre Generation das von den Gründern aufgebaute Unternehmen verliert und somit „versagt" hat. Diese Angst kann eine Familie vor dem Handeln lähmen, sie kann sie aber auch erst recht aktivieren und das Beste aus ihnen hervorholen.

Abhängig von der Geschichte der Unternehmerfamilie dominieren gewisse Führungsstile. Gab es Nahtoderlebnisse des Unternehmens? Wie verstehen sich die Familienmitglieder und wie groß sind die Konflikte und Meinungsverschiedenheiten zwischen ihnen? Wie erfolgreich ist das Unternehmen? Geht momentan alles gut oder sieht man Wolken heraufziehen? Selbst wenn ein Family Office handeln möchte, kann es sein, dass ihnen das Wissen zu solchen Wetten fehlt. Ein Hightech-Start-up ist anfänglich mit anderen Kennzahlen zu bewerten. Wenn der Markt, das Produkt, die Dienstleistung und das Geschäftsmodell nicht bekannt sind, kann nicht sofort ein ROI und Profitabilität eingefordert werden. Stattdessen muss dem Start-up Zeit gelassen werden, diese zu identifizieren. Die dazu benötigten Wirtschaftskennzahlen und Vorgehensweisen werden an unseren Wirtschaftsuniversitäten aber nicht gelehrt.

Die kleinen Wetten sind einfach. Inkrementelle Verbesserungen an bestehenden Produkten wie etwa eine andere Geschmacksrichtung bei einer Suppe oder fünf Prozent weniger Verbrauch von Klebstoff bei diesem Produktionsprozess zeigen bei dieser Art von Änderungen unmittelbare Ergebnisse. In einen völlig neuen Markt mit einem neuen Produkt einzudringen oder gar die alte Produktpalette zu verwerfen und durch eine neue zu ersetzen, erscheint als Wahnsinn.

Tatsächlich sehen wir aktuell ein bekanntes deutsches Familienunternehmen eine solch große Wette eingehen: Volkswagen. Nach einigem Hin und Her und nicht unwesentlich motiviert durch einen großen und milliardenschweren Skandal hat sich das noch immer von der Gründerfamilie beherrschte Unternehmen dazu entschlossen, konsequent ihr Produkt von Verbrennungskraftmotoren auf Elektromobilität umzustellen. Das geht nicht ohne Reibung in einem sehr politischen Unternehmen mit mehr als einer halben Million Mitarbeiter. Wie auch immer diese Wette ausgehen wird, Volkswagen und die anderen großen deutschen Hersteller werden damit auf jeden Fall in die Lehrbücher eingehen, so wie Polaroid es in mehrfacher Hinsicht ergangen ist. Dieselbe große Wette, die so gut mit der Polaroidkamera funktioniert hatte, scheiterte nämlich kläglich mit „Polavision", einer zweieinhalbminütigen, selbst entwickelnden Videokassette. War die Sofortbildkamera noch in einen unbesetzten, neuen Markt eingedrungen, so sah sich Polavision mit den aufkommenden Videokameras einer übermächtigen und technologisch fortschrittlicheren Konkurrenz ausgesetzt.

Wer inspiriert die Inspirierenden?

Rachel Molly Gruber war eine österreichstämmige New Yorkerin, die einem der populärsten amerikanischen Astronomen und Astrophysiker das Leben schenken sollte: Carl Sagan. Mit seiner Fernsehserie „Cosmos", die in den 1980er-Jahren in über 60 Ländern ausgestrahlt und von mindestens 500 Millionen Menschen gesehen worden war, erweckte er in Generationen von Kindern das Interesse an den Wissenschaften und am Weltraum. Sagan war unter anderem verantwortlich für die Inhalte der „Goldenen Schallplatten" („Golden Records"), die auf den Weltraumsonden Voyager 1 und Voyager 2 mitsamt Schallplattenspielern und Bedienungsanleitung für Außerirdische angebracht worden waren. Seine Frau Ann Druyan stellte die Inhalte zusammen, die von Erdgeräuschen, Tierstimmen, Musik bis zu Anns Gedankenströmen eine Reihe von Tönen unserer Welt umfassen, mit dem Zweck und der winzig kleinen Chance, dass irgendwann einmal eine außerirdische Intelligenz diese Botschaft der Menschen wird anhören können.

Von Sagan stammte auch die Idee, die Kamera der Voyager-1-Sonde nach dem Ende der Hauptmissionen aus mehr als sechs Milliarden Kilometer Entfernung noch einmal in Richtung Erde zu richten. Das entstandene Foto mit der Erde als schwach schimmernden, blassblauen „Fleck" – dem „Pale Blue Dot" – in der Ferne, nicht mehr als ein Pixel groß, umgeben von Dunkelheit und Kälte des Alls, sollte zu einem ikonischen Zeugnis dafür werden, wie klein und zerbrechlich unsere Heimat ist und wie allein wir da draußen sind. Solcherart inspirierte Sagan Generationen von Wissenschaftlern und Forschern. Was er nicht vorhersagen konnte, war, wie wichtig das für seine Familie einmal werden sollte.

Knapp zwei Jahrzehnte nach Sagans Tod arbeiteten Druyan und Samuel Sagan, der jüngste Sohn der beiden, an einer Fortsetzung der Fernsehserie „Cosmos". Beim Schneiden der Sendung fühlte Samuel plötzlich heftiges Kopfweh und Übelkeit. Seine Mutter brachte ihn sofort in die Notaufnahme, wo die Ärzte eine Gehirnblutung feststellten. Es war klar, dass nur eine Operation helfen konnte. Der behandelnde Arzt Nestor Gonzalez stimmte sich in den nächsten Tagen bis zum Eingriff mehrmals mit den beiden ab. Es war eine ernste Situation. Die Möglichkeit, dass Samuel die Operation nicht überleben würde, stand bedrohlich im Raum. Während einer der Besprechungen fragte Dr. Gonzalez Samuel, was er beruflich mache. Als er sagte, er sei Produzent der Serie „Cosmos", klickte es bei Gonzalez:

> „Oh, verzeihen Sie, ich habe bislang nicht die Verbindung hergestellt. Sind Sie etwa mit Carl Sagan verwandt?"
> „Ich bin sein jüngster Sohn", antwortete Samuel.

Und dann sprudelte es aus Dr. Gonzalez heraus:

> „Das ist der Grund, warum ich hier bin. Wenn man in einem armen Land wie Kolumbien aufwächst und jemand inspiriert einen dazu, sein Leben den Wissenschaften zu widmen, wie es Carl Sagan, den ich im Fernsehen sah, für mich getan hat, dann ist Medizin der einzige Pfad, der jemandem wie mir offensteht."

Die Inspiration, die Samuels Vater Menschen gegeben hatte, kam über einen langen Umweg als Hilfe zurück. Ein Mann, den Sagan durch seine Fernsehserie dazu inspiriert hatte, Arzt zu werden, behandelte eine lebensgefährliche Erkrankung seines Sohns, lange nachdem Carl Sagan selbst verstorben war.[68]

Wer oder was aber hatte Carl Sagan inspiriert, seinen beruflichen Werdegang zu wählen? Es sollte laut seines Biografen Keay Davidson sein Besuch bei der New York World's Fair als Viereinhalbjähriger gewesen sein.[69] Dort wurden – wie bei vielen anderen Weltausstellungen davor und danach – fantastische Dioramen über die Zukunft der Welt gezeigt, aber auch Einblicke in die Welt der Wissenschaft wie eine Taschenlampe, die auf eine fotoelektrische Zelle schien und damit knackende Geräusche verursachte, oder eine Stimmgabel, deren Ton auf einem Oszilloskop als Welle dargestellt wurde. Dieses „Wunder", wie aus Licht ein Geräusch und aus Ton ein Bild wurde, legte schon früh den Grundstein für Sagans Interesse an den Wissenschaften.

Internationale Weltausstellungen stellten mehr als ein Jahrhundert lang die Quelle für Inspiration dar. In einer Welt, in der Reisen für die breiten Massen nicht selbstverständlich waren, kam die Welt zu den Menschen und brachte ihnen Errungenschaften der Architektur und Technik näher. In eigens für die Ausstellungen errichteten Bauwerken wie dem Eiffelturm in Paris, dem Atomium in Brüssel oder der Space Needle in Seattle, die heute als markante Sehenswürdigkeiten dieser Städte gelten, wurden technische Meisterleistungen und Erfindungen zum ersten Mal publikumswirksam präsentiert. Darunter fanden sich die Espressomaschine, Zündhölzer, der Kühlschrank, der Lippenstift oder der Briefmarkenautomat. Für Besucher ergab sich der Eindruck, dass alles möglich war.

Wir müssen nicht über den großen Teich schauen, um ähnliche Inspirationen bei uns zu finden. Ein Blick zum Bodensee genügt. Graf Ferdinand von Zeppelin verursachte Menschenaufläufe, wann immer eines seiner Luftschiffe am Himmel auftauchte. Sie sind ein sichtbares Symbol für die Verwirklichung von Träumen. Zeppelin, lange Zeit als Spinner abgetan, wurde zum Vorbild einer Generation von Ingenieuren. Seine Zeppelinwerke waren die Brutstätte einer Reihe von Unternehmen, die von Mitarbeitern gegründet worden waren. Sein Erbe lebt immer noch im Automobilzulieferer ZF weiter.

Wir mögen zwar viel von Weltausstellungen, Dokumentarserien und Personen gesprochen haben, die der Architektur oder den Wissenschaften zur Inspiration gedient haben, doch ebenso wichtig sind diese in Kunst und Kultur, den Geisteswissenschaften oder der Medizin. Oft sind diese Bereiche miteinander verwoben und gewinnen durch ihre Nähe und Zusammenarbeit. SpaceX-Chef Musk sprach in einem Podcast der *New York Times* über die Raumanzüge, die Astronauten seiner Dragon-Raumkapsel getragen hatten.[70] Diese sind nicht vergleichbar mit den sehr sperrigen und aufgebläht wirkenden Raumanzügen, die uns von Shuttle-Starts und Mondspaziergängen bekannt sind. Die neue Generation ist eng anliegend, körperbetont, erlaubt einiges mehr an Bewegungsfreiheit dank neuer Materialien und ähnelt der fiktiven Weltraummode einer Science-Fiction-Serie.

Musk meinte dazu, wenn man schon mit einem neuen Raumschiff mit modernen Bedienelementen in den Weltraum fliegt, dann „sehe man besser auch so aus" („you gotta look the part"). Schneidig aussehende Kleidung hat schon viele Menschen Berufe ergreifen lassen, weil sie auch so flott gekleidet sein und „etwas darstellen" wollten. Mode- und Textildesignerinnen oder Schneider sehen darin eine Möglichkeit, sich zu verwirklichen.

Wie sieht es aktuell bei uns aus? Wo lässt man sich in der eigenen Region inspirieren? Ist das in Las Vegas die Consumer Electronic Show, so war das bei uns die Cebit, zumindest für digitale Technologien. Doch diese Messe wurde im Jahr 2018 eingestellt. Wo lassen wir uns nun inspirieren? Vielleicht durch eine Fernsehserie? Hatten wir eine wissenschaftsbasierte, inspirierende Science-Fiction-Serie in den letzten Jahrzehnten à la „Raumschiff Enterprise" oder „Raumschiff Orion" oder eine Sendung vom Kaliber von Carl Sagans „Cosmos", die eine Reihe von jungen Wissenschaftlern inspiriert hat, in diese Fächer zu gehen? Es fällt mir schwer, da etwas aufzuzählen.

Inspiration ist etwas Zerbrechliches und sollte gehätschelt und gepflegt werden. Denn aus ihr gehen zwei Eigenschaften hervor, die andere Menschen sich gut fühlen lassen. Es handelt sich um das Entzücken und die Feinsinnigkeit, zwei Charakteristiken, die im protestantischen Sinne allerdings schon fast einer Sünde gleichkommen. Wie werden wir die heutigen Generationen von Kindern für die Zukunft inspirieren? Die Beantwortung dieser Frage könnte sich als die wichtigste für die Zukunft unseres Kulturkreises herauskristallisieren.

Genderdiversität

> Frauen gehören überall dorthin, wo Entscheidungen getroffen werden.
>
> Ruth Bader Ginsburg

Ich glaube es ja kaum, dass wir im zweiten Jahrzehnt des 21. Jahrhunderts immer noch auf den Frauenanteil in allen Belangen der Gesellschaft hinweisen müssen. Die Vorstandsetagen deutscher Unternehmen sind nämlich auch im Jahr 2021 ein fast exklusives Spielfeld für Männer.[71] Zwar hat sich der Anteil der Top-100-Unternehmen von lächerlichen 0,2 Prozent im Jahr 2006 auf 11,6 Prozent fast versechzigfacht, das täuscht allerdings nicht über die Tatsache hinweg, dass 88,4 Prozent der Vorstände nach wie vor Männer sind. Inkludiert man die nächsten 100 Unternehmen in die Liste, lag der Frauenanteil im Jahr 2006 bei 1,2 Prozent und stieg um den Faktor 9 auf 10,4 Prozent im Jahr 2019. Auch in Schweizer Großunternehmen lag der Frauenanteil im Jahr 2018 bei läppischen 8,8 Prozent.[72] Ganz schlecht sieht es in Österreich aus. Gerade 14 von 191 Vorständen in börsennotierten Unternehmen waren im Jahr 2020 Frauen, ein Anteil von sage und schreibe 7,3 Prozent und ein Rückgang von den 7,7 Prozent im Vorjahr.[73]

Etwas besser, wenn auch nur unwesentlich, schneiden die DAX-Unternehmen ab, bei denen von 174 Vorstandsmitgliedern 25 Frauen, also 14,4 Prozent, waren. Am 1. April 2020 – und das ist kein Aprilscherz – hatten von den 30 DAX-Unternehmen aber auch neun überhaupt keine Frau im Vorstand. Die Liste umfasst Adidas, Bayer AG, Deutsche Wohnen AG, E.on, HeidelbergCement, Infineon, MTU,

RWE und Siemens.[74] In österreichischen Unternehmen sieht es dabei besonders arg aus: 45 von 58 Unternehmen ohne Frauenanteil im Vorstand. Als ob Frauen keine Sportmode kaufen, Medikamente benötigen, Energie konsumieren oder wohnen.

In einer Krise würde man erwarten, dass Chancen ergriffen werden und mit alternativen Ansätzen versucht wird, auf die Änderungen besser zu reagieren. Dem ist – zumindest in deutschen Vorstands-etagen – nicht so. Während der Covid-Krise sank der ohnehin schon beklagenswerte Anteil an weiblichen Führungskräften weiter. Die deutsch-schwedische AllBright Stiftung untersuchte die Vorstands-diversität von jeweils 30 Unternehmen in mehreren Ländern, die in den dortigen Leitindizes vertreten sind. Von den sechs untersuchten Ländern lagen die USA mit 28,6 Prozent vorn, gefolgt von Schweden mit 24,9 Prozent, Großbritannien mit 24,5, Frankreich mit 22,2. Auch Polen lag mit 15,6 Prozent vor Deutschland mit 12,8 Prozent. Als einziges Land sank in Deutschland der Anteil an Frauen in Vorstands-etagen. Als einziges der sechs untersuchten Länder hat Deutschland in keinem einzigen DAX-Unternehmen mehr als 30 Prozent Frauen-anteil. Die 160 börsennotierten Unternehmen werden hier von 603 Männern, aber gerade einmal 68 Frauen geführt.[75]

Auch in politischen Institutionen gibt es noch Nachholbedarf, wenn auch die Situation deutlich besser als in Unternehmenskreisen ist. So hatten im Jahr 2019 sowohl der Schweizer Bundesrat als auch der Nationalrat einen Frauenanteil von 42 Prozent, kein Vergleich zu den knapp zehn Prozent im Jahr 1983.[76]

Wir könnten nun alle möglichen gesellschaftlichen Institutionen zerpflücken und analysieren, es ändert sich an der Aussage aber nichts: Frauen, die die Mehrheit der Bevölkerung stellen, sind in allen Le-bensbereichen unterrepräsentiert. Wo immer Entscheidungen getrof-fen werden, werden sie übergangen. Nicht nur das, sie werden vor-sätzlich rausgedrängt.

Eileen Taylor, die zwischen 2009 und 2013 Global Head of Diver-sity bei der Deutschen Bank war, bemerkte zu Beginn in ihrer neuen Rolle, dass interne Daten hohe Abgangsraten von weiblichen Managern zeigten. Taylors erste Vermutung war gewesen, dass die Frauen wegen der Work-Life-Balance das Unternehmen verlassen würden. Als sie aber näher hinschaute, die Frauen interviewte und sich anschließend die Karrieren der ehemaligen Deutsche-Bank-Mitarbeiterinnen ansah, war etwas ganz anderes der Grund. Die Frauen hatten die Deutsche Bank wegen besserer Positionen in anderen Unternehmen verlassen, berufliche Aufstiege, die ihnen bei der Deutschen Bank nicht offenstanden.[77]

Die Gründe sind mannigfaltig. So zeigten Studien, dass dieses Phänomen in Gruppen sehr häufig auftritt. Frauen tragen dieselbe, wenn nicht sogar mehr Last wie Männer, nur erhalten Letztere dafür mehr Aufmerksamkeit. Wenn Männer Ideen vorbringen, wirkt sich das positiv auf ihre Leistungsevaluierung durch ihre Vorgesetzten aus, bei Frauen fast nicht. Wenn männliche Vorgesetzte das Wort ergreifen, statt zu schweigen, steigt die Bewertung ihrer Kompetenz um zehn Prozent. Legen Frauen dasselbe Verhalten an den Tag, dann leidet darunter ihre Bewertung: Sie sinkt um 14 Prozentpunkte.[78]

Sind die Frauen in einer Gruppe die Minderheit, werden sie regelmäßig unterbrochen, es wird über sie hinweg gesprochen oder sie werden sogar bestraft. Männer dominieren Konversationen in allen Aspekten des offiziellen Lebens. Je mehr Macht Männer haben, desto mehr reden sie, ganz im Gegensatz zu Frauen.[79] Nicht nur sprechen Männer mehr, ihr Verhalten wird belohnt. Zeigen Männer Zorn am Arbeitsplatz, wird das als Zeichen von Kompetenz, Respekt und Autorität interpretiert, bei Frauen dagegen als unangebrachtes Verhalten und Inkompetenz.[80]

Diese Erfahrungen, die Frauen machen, und wie sie bewertet werden, hemmen sie in ihrem Verhalten und, noch viel tragischer, in ihrer Leistung. Die kognitive Energie, die Frauen aufwenden müssen, um gegen diese Bewertungen vorzugehen, fehlt ihnen für die Arbeit.[81] Und das hat Auswirkung auf ihr Selbstvertrauen, ihre Erwartungen und ihr Verhalten. Der Sozialpsychologe Claude Steele von der Stanford University bezeichnet das als „Stereotyp-Bedrohung", die als Konsequenz das Ersticken von Beiträgen von Frauen und deren Minderleistung zur Folge hat, ausgelöst durch die Angst vor einer Voreingenommenheit durch andere. Ein Beispiel ist das gängige Vorurteil, das in der Gesellschaft in Bezug auf Frauen und Mathematik oder Wissenschaft herrscht. Ich selbst beobachte das bei meinen Nichten, die in der Schule die Besten in ihrer Klasse in Mathematik waren, aber dann irgendwann die Botschaft erhalten haben müssen, sei es von Lehrern, Eltern oder Mitschülern, dass Mathematik nichts für Mädchen sei. Und prompt begannen ihre Leistungen darunter zu leiden. Dabei zähle ich in meinem Bekanntenkreis Frauen zu den besten Mathematikerinnen und Wissenschaftlerinnen.

Gleichwohl ist niemand von der Stereotyp-Bedrohung gefeit. Wir alle gehören zu Gruppen und nehmen Rollen ein, die von bestimmten Erwartungen geprägt sind. Personen in und außerhalb der Gruppe bewerten uns dabei. Die Erwartung einer Bewertung kann uns peinlich bewusst werden und uns in unserem Verhalten und damit in unserer Leistung limitieren. Ein Politiker weiß genau, dass jedes Wort von Journalisten und den Wählern auf die Waagschale gelegt wird. Deshalb klingen dann Politikeraussagen und -reden oft sehr hohl und nichtssagend.

Dabei sollten jeder Investor und Aktionär den Aufsichtsrat schon aus Eigeninteresse bedrängen, mehr Frauen ins Top-Management zu bringen. Nicht, weil es in der Öffentlichkeit gut aussieht oder man den ökonomischen Gutmenschen raushängen lassen will, sondern weil es um das einzig Wahre geht: das Bare. Studien über Studien zeigen, dass der Unternehmensgewinn und die Börsenbewertung mit dem Frauenanteil korreliert. Amerikanische Forscher analysierten die Daten von 1.500 S&P-Unternehmen über einen fünfzehnjährigen Zeitraum und fanden heraus, dass mit einem größeren Frauenanteil in den Vorständen und damit einer vergrößerten Diversität die Unternehmensperformance verbessert wird, vor allem, weil die Unternehmensstrategie eher in Richtung Innovation ausgerichtet wird und damit sowohl kurzfristige Leistungssteigerungen erzielt werden als auch langfristig die Unternehmen bessere Überlebenschancen haben.[82]

Eine andere Studie, in der 500 britische Unternehmen für den Zeitraum von 2007 bis 2016 analysiert wurden, belegt den besseren Einsatz von Humankapital und unternehmenseigenem Wissen, die bessere Ausnutzung von Innovationsanstrengungen sowie den effizienteren Einsatz von Finanzkapital, der mit dem Anteil der weiblichen Vorstandsmitglieder positiv korreliert.[83]

Zwar mag ein Großteil der Daten dieser Diversitätsstudien nur die Korrelation aufzeigen und nicht so sehr Diversität als die Ursache der Leistungssteigerungen bestimmen, Laborexperimente deuten allerdings schon auf eine Kausalität hin. So erwiesen sich homogene Gruppen als anfälliger für Engstirnigkeit und Gruppendenken, während diverse Gruppen sich sowohl in einem kooperativen als auch in einem konkurrierenden Umfeld innovativer zeigten, als Team stärker waren und bessere Entscheidungen trafen.[84]

Mit anderen Worten: Jeder Investor und jede Investorin, die ihr Geld vermehrt sehen wollen und auf ihre Investitionskompetenz stolz sind, sollten Himmel und Hölle in Bewegung setzen, um den Frauenanteil in den eigenen Unternehmen zu erhöhen. Zumindest einen Fortschritt gibt es: Die deutsche Regierungskoalition einigte sich Ende 2020 darauf, eine Frauenquote in deutschen Vorständen vorzuschreiben. In Vorständen börsennotierter und paritätisch mitbestimmter Unternehmen mit mehr als drei Mitgliedern muss demnach künftig ein Mitglied eine Frau sein.[85]

Schattenvorstand: Andere Perspektiven durch Altersdiversität

Von Schattenregierungen, die sich im Hintergrund für den Fall der Abwahl der Regierung bereithalten, hören wir immer wieder. Oppositionen rüsten sich so für die rasche Übernahme von Regierungsgeschäften. Ein Schattenvorstand (oder auch „Spiegelvorstand") ist ein weniger bekanntes Konzept, dessen Ziel es nicht ist, sich für den Fall der Fälle bereitzuhalten, den Unternehmensvorstand zu ersetzen.

Vielmehr handelt es sich um ein beratendes Organ, das sich in unserem Fall aus jüngeren Mitarbeitern ohne Führungsaufgabe zusammensetzt und dem Vorstand helfen soll, neue Perspektiven aus jüngeren Kundenschichten zu gewinnen. Unternehmen wie Prada und Gucci, die als Firmen in der Modebranche viel rascher auf sich ändernde Trends reagieren müssen, setzen solche Schattenvorstände seit einigen Jahren ein.[86] Prada beispielsweise verpasste den Trend, dass immer mehr junge Modeinteressierte sich von Influencern in ihrer Garderobenauswahl inspirieren ließen. Auch die französische Hotelkette Accor spürte den Druck durch die digitale Zimmervermittlungsplattform Airbnb, die vor allem bei den jungen und reisefreudigen Generationen beliebt ist. Ein Schattenvorstand aus Millennials führte bei Prada und Accor zu neuen Ideen und einem Umschwung. Gerade in Zeiten, in denen sich viele Unternehmen die digitale Transformation auf die Fahne schreiben, aber gleichzeitig in der Umsetzung scheitern, können junge und digital affine Mitarbeiter praktische und unmittelbare Einsichten gewähren, die Vorständen oft nicht bekannt sind.

Beim finnischen Papier- und Verpackungsmittelhersteller Stora Enso schlug der Schattenvorstand (firmenintern „Pfadfinder" genannt) einen alternativen Weg vor, wie Aufgaben und Projekte verteilt werden. Statt sie an Experten zu delegieren, wurden Aufgaben, die hausinterne Fachleute nicht lösen konnten, an fachfremde Kollegen verteilt. Wie schon bei der Innovationsplattform InnoCentive stellte sich heraus, dass Fachfremde eine frische Perspektive mitbrachten und alternative Lösungswege fanden.[87]

Solche Schattenvorstände unterscheiden sich von externen Beratern und Managementteams und haben mehrere andere Vorteile. Es handelt sich bei den Mitgliedern wirklich um andere Generationen mit anderen Visionen, Wünschen und anderem Konsumverhalten. Die Mitglieder sollen dabei nicht notwendigerweise nur aus dem Pool der „High Potentials" kommen, sondern die Diversität der Belegschaft repräsentieren.[88] Für die Mitglieder eines Schattenvorstands ist das die Gelegenheit, zu zeigen, was sie können, und die Möglichkeit, direkten Einfluss auf den Erfolg des Unternehmens zu haben. Gleichzeitig greift das Unternehmen auf unterschiedliche Erfahrungen und Sichtweisen in der eigenen Belegschaft zurück und kann sich damit zukunftsorientierter aufstellen. All das, ohne hohe externe Beratungshonorare zahlen zu müssen.

Ein Blick auf andere Perspektiven funktioniert auch in die andere Richtung. Millennials oder Generation-Z-Angehörige haben meist genauso wenig Ahnung, wie ältere Generationen ticken. Wie für die „Boomer"-Generation TikTok ein neues Phänomen ist und in der Bedeutung unterschätzt worden sein mag, so unterschätzen Generation X und Z die Reichweite von Plattformen wie Facebook für die ältere Generation.

Soft Skills für spannende Storys

Im Jahr 2015 saß ein Mann in einem Auto und fuhr durch das sonnige Austin in Texas. Im ersten Moment nichts Ungewöhnliches. Doch bei genauerem Hinsehen handelte es sich dabei um Steve Mahan, einen Mann, der normalerweise ein Auto nur dann benutzt, wenn er einen Fahrer hat. Mahan ist nämlich blind. Hier saß er allerdings auf dem Fahrersitz – also genauer: dort, wo normalerweise der Fahrer säße und sich die Pedale und das Lenkrad befänden. Das Auto war ein Testfahrzeug von Google, das selbstfahrend war und keinen Fahrer brauchte. In ähnlichen Videos von Google sieht man unterschiedliche Menschen in diesem niedlichen Fahrzeug mit den Kulleraugen fahren: ein älteres Ehepaar, das sich aneinanderschmiegt, zwei Teenager mit Skateboards und eine Mutter, die mit den Füßen ihres Babys spielt, das auf dem Fahrersitz liegt.[89]

Hier erzählt eine Firma in wenigen Bildern eine Geschichte und erklärt uns anschaulich und sofort leicht verständlich, warum autonome Autos entwickelt werden. Ganz anders sieht die Vorstellung dieser Technologie von einem anderen Unternehmen aus. Auf dem Audi Summit 2017 in Barcelona stellte der deutsche Hersteller den neuen Audi A8 vor. Die Stimme zum Video preist eine ganze Reihe an Funktionen mit einem Stakkato an technischen Begriffen an, die den Betrachter ratlos und überfordert zurücklässt.[90] Kein einziger Grund wird genannt, warum diese Funktionalität wichtig wäre. Es wird keine Geschichte erzählt.

Das ist erstaunlich in einem Sprachraum, der weltberühmt für seine Geschichten und seine Dichter und Denker ist: die Wiege des Buchdrucks, die Brüder Grimm und deren Märchensammlung, Wilhelm Busch, den wir als ersten modernen Comiczeichner bezeichnen können, Literaturnobelpreisträger wie Thomas Mann, Elfriede Jelinek, Günter Grass, Peter Handke, Heinrich Böll oder Hermann Hesse, um nur einige zu nennen – all das sind Beweise für die reiche Tradition, die Geschichten bei uns spielen. Aber diese Tradition des Storytellings wird vergessen, wenn es darum geht, Menschen den Fortschritt nahezubringen.

Und das ist eines von vielen Soft Skills, also Fähigkeiten im Umgang und in der Kommunikation mit anderen Menschen, deren Wert gerade bei Ingenieuren und Forschern und selbst bei Produktmanagern oder Vertrieblern verkannt wird. Alexander von Humboldt war nicht nur ein Entdeckungsreisender und Naturforscher, er war auch ein ausgezeichneter Erzähler, dessen Bücher Standardwerke in jedem Haushalt waren und dessen Vorträge regelrecht gestürmt wurden. Carl Sagan war nicht nur ein Astrophysiker, ihm gelang es als Schriftsteller und Fernsehmoderator, Menschen die Wunder der Natur und unseres Seins zu vermitteln und sie zu inspirieren.

Wir müssen besser darin werden, den Wert rhetorischer Fähigkeiten für Vorträge und Fernsehauftritte zu erkennen, und vielleicht einem Redeklub wie den Toastmasters beitreten. Ich selbst war jahrelang als Mitglied und in offiziellen Positionen bei den SAP Toastmasters in Palo Alto tätig und habe dabei in vielen der wöchentlichen Meetings und Veranstaltungen gelernt, wie man sich präsentiert, wie man auf den Punkt kommt, wie man eine Geschichte erzählt und dabei eine Botschaft vermittelt, aber auch, wie man zuhört, Verbesserungsvorschläge macht, Kritik überbringt und entgegennimmt und wie man einen solchen Klub führt und mit anderen Klubs und

Organisationen zusammenarbeitet. Menschen, die Technologien entwickeln, seien es Forscher, Immunologen, Mediziner, Batterieexperten, Gentechniker, KI-Forscher, Datenanalysten oder Physiker oder Menschen, die das Wohl der Gesellschaft im Sinne haben wie Politiker, Aktivisten, Non-Profit-Mitarbeiter oder Start-ups, sie alle müssen diesen Soft Skills mehr Aufmerksamkeit schenken und sie als das erkennen, was sie sind. Die beste Absicht, die beste Technologie zum Wohle der Menschen wird sich nicht durchsetzen können, wenn wir den Zweck und den Nutzen nicht vermitteln können.

Jeder, der je mit amerikanischen Marketingleuten oder Verkäufern zu tun hatte oder die Leichtigkeit des Smalltalks zu schätzen gelernt hat, weiß, wie viel wir von den Amerikanern in dieser Hinsicht lernen können. Die USA selbst sind ein einziges Narrativ, das Menschen Hoffnung und Ansporn gibt. Nicht umsonst wirkt sich die geografische Nähe von Hollywood und des Silicon Valleys zu beiderseitigem Vorteil aus. Schon Walt Disney war einer der ersten Kunden von Hewlett-Packard; das Stanford Research Institute suchte für Disney den Standort in Anaheim für Disneyland aus; Autodesk entwickelte für James Cameron die 3-D-Aufnahmesoftware für den Film Avatar; und Pixar, das aus dem Star-Wars-Imperium von George Lucas hervorgegangen war, wurde später von Steve Jobs übernommen. Die enge Zusammenarbeit mit Hollywood hat das Silicon Valley gelehrt, wie man um die eigenen Technologien Stories erzählt.

Soft Skills sollten wir verstärkt als unabdingliche Fähigkeiten für das 21. Jahrhundert bei Auszubildenden und in den Lehrplänen priorisieren.

Vom Venture Capital zum Innovationskapital

> Erstens: Verschaffen Sie sich den Ruf, ein kreatives Genie zu sein. Zweitens: Umgeben Sie sich mit Partnern, die besser sind als Sie selbst. Drittens: Lassen Sie sie einfach machen.
>
> David Ogilvy

Stellen wir uns vor, wir wären Chef einer Automobilfirma und hätten den Einfall, ein neues Auto vorzustellen, das gegen alle Normen vergleichbarer Fahrzeuge verstößt. Es hätte einige verrückte Eigenschaften wie kleine Raketendüsen, um es noch schneller zu beschleunigen. Oder Panzerglas für die Scheiben der Familienkutsche. Oder es gäbe ein albernes Furzgeräusch beim Betätigen des Blinkers. Wie schnell wären wir unseren Job los?

Kenner werden wissen, dass genau diese Funktionen in Autos tatsächlich angekündigt oder sogar schon eingebaut wurden. Die Furzgeräusche kann jeder Tesla machen. Die Raketendüsen hatte der Tesla-Chef als Idee für den Roadster-Zweisitzer. Und das Panzerglas im kommenden Cybertruck soll zur Standardausstattung zählen.

Nur wieso kann Elon Musk solche Ideen vorbringen und die Menschen glauben ihm, während wir mit nassen Fetzen vertrieben würden? INSEAD-Professor Nathan Furr und Wirtschaftswissenschaftler Jeff Dyer benennen, was uns fehlt und was Elon Musk hat: „Innovationskapital".[91] Das Innovationskapital setzt sich laut den Autoren aus vier Faktoren zusammen:

- Wer ist die Person?
- Wen kennt die Person?
- Was hat die Person in der Vergangenheit getan?
- Wie gut kann die Person auf ihre Ideen aufmerksam machen?

Wer wie Elon Musk eine Firma wie PayPal gegründet und erfolgreich gemacht hat und in Folge weitere erfolgreiche Unternehmen wie Tesla, SpaceX, Boring oder Neuralink gründete, dem trauen wir eher zu, neue und im ersten Moment unrealisierbar scheinende Ideen umzusetzen. Durch seine Arbeiten und Erfolge ist Elon Musk nicht nur bekannt, dank seiner 43 Millionen Twitter-Follower und Medienkontakte, die jedes seiner Worte willig weiterverbreiten, erreicht er mit seinen Ideen auch viele Menschen und zieht damit Menschen an, die die Fähigkeiten haben, sie mit ihm umzusetzen, aber auch Menschen, die Gelder bereitstellen – und letztendlich macht dies potenzielle Kunden auf das Produkt aufmerksam.

Niemand wird mit Innovationskapital geboren. Es ist etwas, das im Laufe der Zeit durch überlegtes Handeln angesammelt wird. Wie Furr und Dyer bemerken, gelingt es Musk, durch sogenannte „impression amplifier" Menschen schneller von seinen Ideen zu überzeugen. Dabei stellt er schon einmal bei einem Vortrag vor dem National Air and Space Museum in Washington, D. C., eine SpaceX-Rakete auf oder bringt den Cybertruck auf die Bühne, den er dann mit Hammer und Metallkugel bearbeitet, um zu zeigen, wie unzerstörbar er ist. Selbst wenn das schiefgeht – wie es beim Cybertruck geschah –, stört das nicht, denn es generiert noch viel mehr an Berichterstattung. Und es ist völlig klar, dass ein Tesla Model X das Vehikel ist, das die Astronauten für die Dragon-Kapsel zur Rakete des Weltraumbahnhofs bringt. Auch dass er als Last bei einem Testflug der neuesten Rakete nicht einfach nur einen Betonblock in den Laderaum packte, sondern sein persönliches altes Tesla-Roadster-Modell mitsamt einer Testpuppe in einem der neuartigen Raumanzüge und im All dann per angebrachter Kamera den Erdaufgang live überträgt, ist nur mehr das i-Tüpfelchen.

Jede einzelne dieser Ideen wäre in normalen Firmenstrukturen schon einen frühen Tod gestorben, nicht so bei Musk. Und genau das trägt wiederum zu seinem Ruf als Macher bei, der selbst die verrücktesten Ideen umsetzen kann. Er zeigt uns damit, was möglich ist und wo wir uns selbst einschränken.[92] Als Spinner oder als Genie angesehen zu werden bestimmt das angehäufte Innovationskapital.

Rahmenbedingungen

Im amerikanischen Fernsehen lief elf Jahre lang in knapp 400 halbstündigen Sendungen ein Malkurs mit dem Maler und Moderator Bob Ross. Er führte dabei vor, wie auch Anfänger mit einfachen Pinselstrichen rasch ein Gemälde auf die Leinwand kriegen. Hin und wieder misslang aber auch dem Meister ein Schwung mit dem Pinsel, den er dann als „happy little accident" bezeichnete und einfach mit in sein Werk einbaute.

Auch in der Gesetzgebung und bei Regulierungen kommt es gelegentlich zu „glücklichen kleinen Unfällen", die übersehen werden oder als unbedeutend gelten, aber sich mit der Zeit als wesentliche Voraussetzungen für den Fortschritt erweisen. Von einigen dieser „happy little accidents" sprechen wir in diesem Kapitel.

Wie Kalifornien das Dürfen auch rechtlich erlaubt

Auch wenn der Physiker William Shockley ein brillanter Wissenschaftler gewesen war, der der Menschheit den Halbleiter und Transistor brachte, so endete seine Brillanz bei der Führung von Menschen. Im selben Jahr, in dem er den Nobelpreis für Physik gewann, hatte er Shockley Semiconductor in Mountain View, unweit der heutigen Google-Zentrale, gegründet. Und 1956 war auch das Jahr, in dem er eine Reihe von jungen Ingenieuren und Wissenschaftlern zur Arbeit in seinem Unternehmen gewinnen konnte, um Halbleiter zur Marktreife zu bringen.

In gewisser Weise gelang ihm das auch, allerdings nicht so, wie er sich das vorgestellt hatte. Nur ein Jahr später, 1957, verließen acht Mitarbeiter Shockley im Streit, weil sie mit seinem Führungsstil nicht einverstanden gewesen waren. Shockley war, unverblümt gesprochen, als Manager ein Arschloch gewesen. Die acht Ingenieure, die ihr verhärmter, ehemaliger Chef als „Die Verräterischen Acht" bezeichnete, gründeten Fairchild Semiconductor, das selbst zu einer frühen Erfolgsgeschichte der Computerhistorie wurde und den Grundstein für das heutige Silicon Valley legte.

Zu den acht Gründern gehörten Robert Noyce und Gordon Moore, wobei Letzterer bekannt ist für sein „Moore'sches Gesetz", das eine Verdoppelung der Transistoranzahl alle zwei Jahre proklamierte. Die beiden sollten später gemeinsam mit ihrem Mitarbeiter Andy Grove den Chipkonzern Intel gründen. Der in Wien geborene Eugene Kleiner gehörte auch dazu. Er musste als Jude vor den Nationalsozialisten fliehen und sollte später die Venture-Capital-Firma Kleiner Perkins gründen, deren Investments wiederum Start-ups wie Genentech, Sun Microsystems, Sybase, Compaq, Amazon, AOL, Intuit, Citrix, Netscape, Google, Twitter, Spotify oder Uber ermöglichen würden. Das Trio um Sheldon Roberts, Jay Last und den Schweizer Jean Hoerni gründete später eine Vorläuferfirma des heutigen Industriekonglomerats Teledyne. Und Julius Blank sollte die Computerchipfirma Xicor gründen.

Aus dem einen Unternehmen waren in nur wenigen Jahren an die 65 Firmen entstanden, ohne die die Computergeschichte nicht vorstellbar gewesen wäre.[93] Insgesamt sind bislang mindestens 2.000 Unternehmen auf Fairchild Semiconductor zurückzuführen.[94] Und nicht nur das: Die Fairchild-Gründer streuten so auch ihre ingenieursgetriebene Philosophie, die sich auch schon bei William Hewlett und David Packard – Gründer von Hewlett-Packard – manifestiert hatte, auch wenn sie so vermutlich nie explizit ausgesprochen worden war. Wenn ein Ingenieur eine Idee hat, aus der ein Unternehmen gegründet werden kann, dann unterstützen wir ihn beim Aufbau, indem wir nicht nur die ersten Investoren, sondern auch die ersten Kunden werden. Die großzügige Art, in der die Menschen im Silicon Valley Informationen und Hilfe miteinander teilen, macht bis heute das Erfolgsgeheimnis der innovativsten Region der Welt aus.

Dabei geholfen hat ein beabsichtigter „Fehler" im Rechtsverständnis. Kalifornische Arbeitsgerichte sind sehr strikt in der Zulassung von Wettbewerbsklauseln für Arbeitgeber. Anders als in Deutschland, Österreich oder der Schweiz, wo eine Konkurrenzklausel einem kündigenden Arbeitnehmer schon einmal ein bis drei Jahre verbieten kann, bei der Konkurrenz anzufangen oder selbst ein Unternehmen im selben Wirtschaftsbereich zu gründen, erlauben kalifornische Gerichte solche Klauseln nicht. Der California Civil Code von 1872 verbietet solche Einschränkungen. Die Gerichte interpretieren diese Klauseln als zu restriktiv. Sie nehmen Arbeitnehmern die Möglichkeit, ihren Lebensunterhalt zu verdienen, und könnten somit zu einer Belastung für das kalifornische Sozialsystem werden.[95] Hinzu kommt, dass die Arbeitsverträge in den USA sogenannte „at will"-Verträge sind, in denen sowohl der Arbeitnehmer als auch der Arbeitgeber ohne Angabe von Gründen von heute auf morgen ohne Kündigungsfrist kündigen können. Selbst wenn in unseren Breiten in der Praxis der vorherige Arbeitgeber teilweise Gehalt für den Verbotszeitraum fortzahlen muss oder das Arbeitsgericht eingeschaltet werden kann, behindern der damit verbundene Aufwand und die Unsicherheit des Ausgangs doch die Freiheit des Arbeitnehmers.

Allerdings sehen wir in den USA einen Trend gegen diese Freizügigkeit. Immer mehr Staaten akzeptieren Wettbewerbsklauseln aufgrund von Lobbydruck. Michigan hatte ein ähnliches Gesetz wie Kalifornien, das Konkurrenzklauseln verbot. Damit kam es in Detroit zum Entstehen der Automobilindustrie mit Ford, GM, Chrysler und Automobilzulieferern, die von dem regen Austausch von Mitarbeitern durch Innovation und wirtschaftlichen Erfolg profitierten. Doch im Jahr 1983 wurde der Michigan Antitrust Reform Act eingeführt, der Konkurrenzklauseln erlaubte – mit dem bekannten Effekt, dass die amerikanische Autoindustrie ihren Abstieg begann.

Die Auswirkungen eines Verbots von Konkurrenzklauseln auf die Wirtschaft sind enorm. Jede neue Technologie, jedes neue Geschäftsmodell, jede Innovation wird schon bald nicht nur vom ersten sich damit beschäftigenden Unternehmen vorangetrieben, sondern auch von vielen neu gegründeten. So sind aus dem ersten Unternehmen, das sich ernsthaft mit der Entwicklung selbstfahrender Autos auseinandersetzt, mittlerweile Dutzende neue Firmen entstanden. Aus der Google-Schwesterfirma Waymo entstanden durch ehemalige Mitarbeiter unter anderem Aurora, Kodiak Robotics oder Otto. Und viele ehemalige Waymo-Mitarbeiter sind heute bei Dutzenden Startups beschäftigt, die Technologien dafür entwickeln.

Damit wird sichergestellt, dass eine vielversprechende oder riskante Entwicklung nicht durch eine Person – einen Manager in einem Unternehmen – eingestellt werden kann. Selbst wenn ein Unternehmen die Arbeit daran einstellt, mehrere andere Unternehmen konkurrieren weiterhin mit unterschiedlichen Ansätzen um die Marktreife. Auch wenn das erste Unternehmen, das diese Idee aufgenommen hatte, dies als „Ideenklau" bezeichnen und so als erlittenen Schaden interpretieren mag, gesamtwirtschaftlich betrachtet ist das positiv. Das Ergebnis lässt sich im Status von Kalifornien als einer eigenen Wirtschaftsmacht erkennen – und wie dieser Bundesstaat Innovation in die Welt bringt.

Es wäre für uns an der Zeit, die wirtschaftlichen Auswirkungen von Konkurrenzverboten zu berechnen. Wie hoch ist der „Schaden" für das betroffene Unternehmen? Wie hoch ist die Belastung des Sozialsystems durch einen dank Wettbewerbsklausel zur Arbeitslosigkeit verdammten ehemaligen Mitarbeiter? Und wie hoch ist die steuerliche und wirtschaftliche Lücke, die durch die aktive Verhinderung neuer Unternehmen entsteht, die aus solch einem Wissenstransfer Technologien zu marktreifen Produkten entwickelt?

William Shockley verblieb übrigens auch nicht lange in seinem eigenen Unternehmen. Er war zunehmend dominant und paranoid geworden. Nur wenige Jahre nach dem Abgang der Fairchild-Acht wurde auch er seines Direktorenpostens enthoben und zog sich auf eine Stanford-Professur zurück, wo er dann emeritiert im Jahr 1989 entfremdet von Familie und Freunden verstarb.

Kopplung oder Die Geografie von Genius

Wir verbinden mit Orten Erinnerungen oder Mythen und schreiben ihnen bestimmte Eigenschaften zu. Wem fallen zu Sparta nicht gleich die gestählten Körper von Kriegern ein, zu Athen die Wiege der Demokratie und Philosophie und Buenos Aires (oder Montevideo) der Tango? Paris wird gerne mit dem Moulin Rouge und Savoir-vivre gleichgesetzt, Wien mit Musik, Alexandria mit der Bibliothek, Babylon mit dem Sprachwirrwarr und dem Turm. Silicon Valley ist die Innovationshauptstadt, London für die einen das Finanzzentrum, für andere der Schauplatz von Detektivgeschichten um Sherlock Holmes und von Agatha Christie oder Ausgangspunkt von Harry Potters magischen Geschichten. Und so wie in Deutschland Augsburg viele mit der Puppenkiste verbinden, denkt man in Frankreich bei Lyon an die Guignols.

Diese Aufzählung ließe sich beliebig fortsetzen und jeder von uns hat seine eigenen Assoziationen mit Orten. Tatsächlich hat diese Verortung eine tiefere Bedeutung. Die Kopplung eines geografischen Punkts mit bestimmten Industrien, Disziplinen und Konzepten spielt zumeist zeitlich beschränkt eine wichtige Rolle für deren Funktionieren und Erfolg.

Malcolm Gladwell definiert in seinem Buch „Die Kunst, nicht aneinander vorbeizureden" (Englisch: „Talking to Strangers") Kopplung als die Idee, dass Verhaltensweisen mit bestimmten Umständen und Rahmenbedingungen verknüpft sind. Als Beispiel führt er Selbstmorde an, die durch Rahmenbedingungen erleichtert oder vermieden werden können. Die Auffanggitter bei der Golden Gate Bridge in San Francisco sind so ein Beispiel. Die bei Touristen so beliebte Brücke gilt als Magnet für suizidale Menschen. Seit ihrer Eröffnung im Jahr 1937 begingen über 1.500 Menschen Selbstmord, indem sie von der Brücke sprangen.

Oder betrachten wir die Selbstmorde in britischen Haushalten unter Zuhilfenahme des Gasofens. Bis Anfang der 1960er-Jahre benutzten die Gaswerke aus der Kohlevergasung gewonnenes Stadtgas. Durch seinen Kohlenmonoxidgehalt erstickt man beim Einatmen und Selbstmörder konnten einfach das Gas aufdrehen und sich so umbringen. Erst als die Gaswerke sukzessive auf das ungiftige, dafür aber explosive Erdgas umstellten, sank die Zahl der Selbstmorde durch Ersticken auf null.

Mit Orten verknüpfen wir auch eine Kopplung bestimmter Verhaltensweisen mit den Umständen und Rahmenbedingungen. Gladwell zitiert das Beispiel eines Straßenzugs in Chicago, in dem nur drei bis fünf Prozent der Bevölkerung wohnten, in dem aber 50 Prozent aller Verbrechen verübt worden waren. Indem die Polizei dort massive Präsenz zeigte, sank die Verbrechensrate. Gleichzeitig konnte keine Zunahme der Verbrechensrate in anderen Stadtteilen beobachtet werden. Die Verbrechen waren an den Ort gebunden. Ähnliches wurde in Jersey City festgestellt. Ein Straßenzug, der ein halbes Dutzend Häuserblöcke umfasste, war ein Hotspot für illegale Prostitution. Nachdem das lokale Polizeirevier die ungewöhnlich hohe Zahl von zehn Polizeibeamten dort patrouillieren ließ, gab es deutlich weniger Prostitution. Die Sexarbeiter waren auch nicht einfach in andere Stadtteile abgewandert, sondern hatten sich andere Jobs gesucht. Sie wechselten eher die Profession als den Ort.

In fast allen Städten Europas finden sich Straßennamen, die während einer bestimmten Periode auf die dort ansässigen Berufsgruppen hinwiesen. Naglergasse, Bäckerstraße, Hufschmiedgasse, Reeperbahn, Wollzeile, Färbergasse, Diamantengrund. Schon damals siedelten sich einander ergänzende Berufsgruppen in der Nachbarschaft an. Die Wege für die Produktionsprozesse wurden möglichst kleingehalten. Aufgrund von günstigen Umständen entstanden so Industrien, die über die Region hinaus bekannt wurden. Dijon für Senf, Antwerpen für Diamantenhandel, Nürnberg für Spielzeug und so weiter.

Moderne Äquivalente finden wir in Tel Aviv, Shenzhen, Berlin und im Silicon Valley wieder. Letzteres beispielsweise umfasst nach üblicher Definition die Region zwischen San Francisco im Norden und San José im Süden. Die beiden Städte haben zusammengenommen weniger als zwei Millionen Einwohner und zwischen den knapp 80 Kilometern leben eineinhalb Millionen Menschen. Zählt man das nördlich der Golden Gate Bridge gelegene Marin County hinzu, die sogenannte East Bay mit Berkeley, Oakland und Fremont sowie das an der Küste gelegene Santa Cruz, kommen wir in diesem Ballungsraum auf zehn bis zwölf Millionen Einwohner. In knapp einer Fahrstunde können wir von einem Ende zum anderen gelangen. Und genau in dieser Region findet sich die vollständige Infrastruktur im Bereich Elektronik, Software und Pharmazeutik. Und da Elektronik und Software Industrien sind, die alle anderen Industrien und Lebensräume durchdringen, flanschen sich diese an das Silicon Valley an, um den neuesten Trends nahe zu sein.

Spricht man vom Silicon Valley, dann erstrahlt diese Region in einem geradezu mythischen Licht. Als ob dort magische Dinge passieren. Und weil es im Sonnenstaat Kalifornien liegt, stellt man es sich rasch als magisches Innovationsparadies vor. Jeder, der es dann besucht, wird enttäuscht, zumindest teilweise. Ein Paradies ist es nämlich nicht, zu kaputt sind die Straßen, zu alt die Strommasten, zu verstopft die Highways. Aber genau das ist eine der Voraussetzungen für Innovation.

Schon bei den alten Griechen, deren Blütezeit der Philosophie eigentlich nicht mehr als 60 Jahre umfasste, war Athen nicht das Paradies gewesen. Die Wohlhabenden und die Armen lebten in recht ähnlichen Umständen. Fast alle, von Ärzten bis zu Handwerkern, bezogen das gleiche Gehalt. Die Griechen misstrauten privatem Wohlstand und Reichtum. Die Werke von Aischylos sind gespickt mit Geschichten über das Elend, das der Reichtum mit sich bringt. Die Athener hatten sogar gesetzliche Grenzen für die Beträge festgesetzt, die man für ein Begräbnis ausgeben durfte. Armut im alten Athen war keine Schande, Reichtum sehr wohl.[96]

Umso mehr Geld gaben die Athener für öffentliche Projekte wie den Parthenon, den Tempel für die Stadtgöttin Pallas Athena, aus. Ihr wollte man doch nicht in karger Anspruchslosigkeit huldigen, sondern sie gnädig stimmen. Dieser Kontrast und die ideal scheinende Mischung zwischen Genügsamkeit und Wohlstand bot Inspiration und Motivation, nach Neuem zu suchen und sich Neuem zu öffnen. Geld war in Athen im Überfluss vorhanden. Durch den Attischen Seebund, den die Griechen zur Abwehr der Perser gegründet hatten, flossen die Verteidigungsgelder aus der griechischen Hemisphäre in Athen zusammen. Und je mächtiger die Führungsrolle der Athener wurde, desto ungehemmter gab man die Bündnisgelder für nichtmilitärische Zwecke aus. Das wirkte wie ein Magnet auf Künstler, Handwerker, Architekten, Ingenieure und eben auch Philosophen.

Während die Athener stets in diesem Spannungsfeld lebten und immer weiter nach dem Besseren suchten, waren die Ägypter der

Meinung, das Ideal bereits erreicht zu haben. Es machte keinen Sinn, nach größerer Perfektion zu streben. Sie wurden selbstgefällig.

Wie schon bei den alten Athenern stand auch im Silicon Valley das Militär am Anfang der Technologiehistorie. Der Beschluss des amerikanischen Militärs nach dem Ersten Weltkrieg, an der Westküste den ersten Stützpunkt zu bauen, veranlasste die lokalen Handelskammern, ein Grundstück zu kaufen und es dem Militär gratis anzubieten. Daraus wurde das Moffett Airfield, auf dem sich heute die Singularity University und die amerikanische Raumfahrtagentur NASA befinden. Die Militärausgaben und der Hunger nach Militärtechnologie, die die Standortwahl mit sich brachten, zogen talentierte und risikofreudige Menschen an. Je mehr es davon gab, desto stärker wurde die Sogwirkung.

Nicht, dass Kalifornien nicht ausreichend risikofreudige Einwohner gehabt hätte. Der Goldrausch im Jahr 1848 hatte schon viele Abenteurer ins Land geschwemmt, manche allerdings mit nur wenig sonstigen Talenten. Dieses Abenteurertum, dieses Pionierwesen mit all seinen Gegensätzen hat sich das Silicon Valley bis heute erhalten. Zürich, Hamburg, München, Wien und viele unserer Städte und Regionen sind eigentlich „zu schön" für Innovation. Es funktioniert alles zu gut, selbst wenn wir uns gerne über die vermeintlichen Probleme echauffieren. Doch sie anzupacken und Lösungen zu entwickeln, dafür scheinen sie dann noch nicht dringlich oder wichtig genug.

Infrastruktur

Wofür unser Sprachraum heute bekannt ist, unterscheidet sich gewaltig von der Gesellschaft von vor 200 Jahren. Damals waren es eher der schläfrige deutsche Michel, die widerspenstigen Revoluzzer in den Bergen oder die Wiener, die mehr musizierten und tanzten als anderes taten. Dass „German Engineering" heute weltweit Ansehen genießt, war weder vorhersehbar noch natürlich vorgegeben. Mit dem Einsatz der Dampfmaschine für andere Zwecke als zur Entwässerung von Schächten im Bergbau begann sich das langsam und dann sehr rasch zu ändern.

Die erste Dampfeisenbahn im Deutschen Reich nahm am 7. Dezember 1835 zwischen Nürnberg und Fürth ihren Betrieb auf. Sechs Kilometer lang war die Strecke. Im Jahr 1838 war Österreich dran mit einer 13 Kilometer langen Strecke zwischen Floridsdorf und Deutsch-Wagram. Erst im Jahr 1847 eröffnete die Schweiz ihre erste Bahnstrecke zwischen Zürich und Baden, die „Spanisch-Brötli-Bahn", weil zuvor zwei Kantone – wie so oft – ihr Veto gegen die Strecke zwischen Zürich und Basel eingelegt hatten. Zwei Jahrzehnte später waren es bereits 6.000 Kilometer an Gleisen innerhalb des deutschen Reichs. Im Jahr 1870 umfasste das Gleisnetz 19.000, 15 Jahre später 37.572 und um das Jahr 1900 dann 50.000 Kilometer.[97]

Diese Infrastruktur hatte dramatische Auswirkungen auf die Gesellschaft und die Wirtschaft. Sie ermöglichte den Handel in bisher nicht gekanntem Umfang, der günstiger und schneller zugleich war. Die Distanzen zwischen Rohstoffförderung, Produktionsstätten und Verkaufsstellen wurden schneller überwunden. Plötzlich konnten Waren im gesamten Reichsgebiet angeboten werden und innerdeutsche Grenzen, Zölle oder unterschiedliche Währungen und Gewichtsmaße begannen immer weniger Sinn zu machen.

230.000 Menschen arbeiteten im Jahr 1870 in der Eisenbahnbranche. Dieser „Metalldrache" – wie die britischen Schauspielerin Fanny Kemble die Lokomotive in einem Augenzeugenbericht aus dem Jahr 1830 nannte – brachte neue Berufe hervor, in denen neue Kompetenzen gebraucht wurden.[98] Die Eisenbahn legte den Grundstein für eine massive Ausweitung des Bergbaus, der Stahlherstellung und für das Aufkommen des Maschinenbaus.

Die Anforderungen der Eisenbahn erforderten Innovationen in anderen Industrien und ermöglichten die Entstehung neuer Wirtschaftszweige. Nicht zum ersten Mal zeigte sich, dass Infrastruktur eine Voraussetzung für unseren Wohlstand ist und ein Katalysator für Innovation. Aus landwirtschaftlich geprägten Kleinstaaten wurden in wenigen Jahrzehnten Technologiehochburgen.

Mit der Eisenbahn kamen der Telegraf und das Telefon, gefolgt von befestigten Straßen, Rundfunk und Internet. Jede Technologie schuf und ermöglichte neue Wirtschafts- und Berufszweige, die so nicht vorhersehbar waren.

Das Äquivalent der Eisenbahn sind heute ein leistungsfähiges Breitbandinternet und flächendeckendes Mobilfunknetzwerk, das speziell in Deutschland leistungsschwach und lückenhaft ist. Von staatlicher Seite ist wenig Wille zu verspüren, Investitionen zu tätigen, obwohl man damit bereits zur Lachnummer Europas wurde. So hat Wirtschaftsminister Peter Altmaier eingestehen müssen, dass er bei einer Autofahrt schon gar nicht mehr mit seinen europäischen Amtskollegen telefoniere, weil die Verbindung immer abbreche und das schon peinlich wäre.[99]

Der österreichische Schriftsteller Karl-Markus Gauß brachte den Gefühlszustand der Deutschen und ihre Infrastruktur in einer Kolumne in der *Süddeutschen Zeitung* zum Ausdruck:[100]

> Die Bundesrepublik lebt nicht über ihre Verhältnisse, sondern wirtschaftet unter ihren Möglichkeiten.

Er entlieh für seine Schlussfolgerung den Titel einer Anthologie mit literarischen Texten über Galizien:

> Als Titel wählten wir „Das reiche Land der armen Leute", weil das alte Galizien reich an Bodenschätzen und landwirtschaftlichen Nutzflächen, aber seine Bevölkerung dennoch bettelarm war. Mit Deutschland, kommt mir vor, verhält es sich heute umgekehrt, es ist ein „armes Land der reichen Leute" geworden, denn das reichste Deutschland, das es jemals gegeben hat, lässt seine Infrastruktur vor den Augen aller verfallen, wie man es sich zu schlechteren Zeiten nicht hätte vorstellen können.

Und auch von Privatunternehmen wird wenig Bereitschaft gezeigt, mehr zu tun. So hat die Deutsche Telekom im Jahr 2019 bei Umsatzerlösen von 80,5 Milliarden Euro sage und schreibe 45,5 Millionen Euro in die Forschung gesteckt, eine Verringerung der Ausgaben von 2018 und 2017 mit ohnehin schon lächerlichen jeweils 57,7 Millionen Euro.[101] Im Vergleich dazu hat Facebook bei einem Umsatz von 70,7 Milliarden Dollar (60,5 Milliarden Euro) Forschungsausgaben von 13,6 Milliarden Dollar (11,4 Milliarden Euro), die im Vergleich zum Vorjahr um mehr als 32 Prozent gesteigert wurden.[102]

Erst die Coronakrise hat Bewegung in Infrastrukturinvestitionen gebracht. Mit dem Lockdown, erzwungenem Homeoffice und Homeschooling für Millionen Menschen zeigte sich, welche Systemrelevanz stabile Breitbandanschlüsse und Mobilfunknetzwerke für die Aufrechterhaltung von Gesellschaft und Wirtschaft haben. Im Konjunkturpaket der Deutschen Bundesregierung wurden drei Milliarden Euro für die Umsetzung des Onlinezugangsgesetzes vorgesehen.[103] Fünf Milliarden Euro sollen für den Ausbau eines 5G-Netzes bis zum Jahr 2025 bereitgestellt werden.[104]

Dabei sollten Investitionen in Infrastrukturprojekte eigentlich keiner Diskussion bedürfen. Jeder investierte Dollar bringt laut Berechnungen des Economic Policy Institute zusätzliche 1,50 Dollar an Bruttonationalprodukt, und das schon im Jahr nach der erfolgten Investition. Und dieses Niveau wird die nächste Dekade gehalten. Für jede Milliarde Dollar an Infrastrukturinvestitionen entstehen 18.000 neue Jobs.[105] Auch die EU schätzt, dass sowohl kurz- als auch langfristig Infrastrukturausgaben positive Auswirkungen auf das Bruttonationalprodukt der Länder haben.[106]

In den letzten Jahren erwies sich weniger eine mangelnde Investitionsfreude als Hindernis für Infrastrukturprojekte als vielmehr wachsender Widerstand durch widerborstige Anwohner und Gegner sowie durch Behördenverfahren, die immer aufwendigere Auflagen und Prozesse erfordern oder von phlegmatischen Behörden begleitet werden. Gerichtsverfahren dauern Jahre, bis es zu Entscheidungen kommt. Die gewalttätigen Proteste gegen Stuttgart 21 oder Grundstücksbesetzungen in Berlin-Grünheide auf dem Gelände der neuen Tesla-Fabrik sind nur zwei dieser Beispiele.

Wie es anders gehen kann, zeigte – wie schon erwähnt – der 18 Kilometer lange Fehmarnbelttunnel zwischen der dänischen Insel Lolland und der deutschen Insel Fehmarn, der die Reisezeit zwischen Kopenhagen und Hamburg halbieren soll.[107] Zwar dauerte das Planfeststellungsverfahren fast sieben Jahre, doch das nachfolgende Verfahren nur acht Wochen. Zum Vergleich: Allein das nachfolgende Verfahren bei der Elbvertiefung dauerte acht Jahre. Diese Projekte im Vergleich zum BER und der Gigafactory führen uns drastisch vor Augen, wie sehr wir mit Normen und Regulierungen mittlerweile über das Ziel schießen. René Höltschi, Wirtschaftskorrespondent der *Neuen Zürcher Zeitung*, fasst die deutschen Neigungen folgendermaßen zusammen:[108]

> Hinzu kommen zwei deutsche Neigungen, an denen sich auch Tesla abarbeitet. Die eine ist die verbreitete Skepsis in der Bevölkerung gegenüber Großprojekten. Hunderte bis Tausende von Einsprachen sind üblich. [...] Die andere ist ein Hang zu Gründlichkeit und Bürokratie.

Hier manifestiert sich das Misstrauen der Deutschen, wie es schon im Edelman Trust Barometer aufschien.[109] Dass die Unternehmen dann keine andere Wahl sehen, als auf Basis vorläufiger Bewilligungen und auf eigenes Risiko noch vor den Anhörungen zu bauen, um Zeitpläne einzuhalten, verstärkt in einem Teufelskreis wiederum das gegenseitige Misstrauen.

Aus diesem Grund verabschiedete die Deutsche Bundesregierung Mitte 2020 das Investitionsbeschleunigungsgesetz, das kürzere Verwaltungsgerichtsverfahren oder sogar den gesetzlichen Sofortvollzug ermöglichen soll. Aufschiebende Wirkungen von Widersprüchen und Anfechtungsklagen fielen für überregional wichtige Infrastrukturvorhaben dann weg.[110]

Ausbildung und Weiterbildung

Die Wiener Schuldirektorin und Kinderbuchautorin Saskia Hula brachte es auf den Punkt:[111]

> Bisher hat immer der Mut gefehlt, Schule einmal ganz anders zu denken. Jetzt bleibt einem gar nichts anderes übrig.

Vergleicht man die Lehrpläne und die Struktur, wie Schule organisiert ist, mit der von vor 200 Jahren, wird man nicht sehr viele Unterschiede erkennen. Wie und welche Fächer unterrichtet werden, das hat sich seit Einführung der Schulpflicht kaum verändert. Immer noch steht ein Lehrer oder eine Lehrerin vorn an einer Tafel und macht Frontalunterricht. Klar, Prügelstrafe oder den Karzer gibt es nicht mehr, ein Fortschritt wurde also schon gemacht. Doch je nach Region und Bevölkerungszusammensetzung unterscheiden sich Schulen mehr in den Ressourcen als in Bezug auf die Lehrpläne von denen 100 Jahre zuvor.

Gut ausgestattete Schulen nutzen öfters digitale Werkzeuge oder machen interdisziplinäre Projekte. Das fällt bei Schulen, die weniger gut ausgestattet sind – oft Brennpunktschulen mit vielen Kindern aus Einwandererfamilien –, unter den Tisch. Zu wenig Lehrerpersonal, zu wenig Ressourcen, zu viele Kinder in einem Klassenzimmer bei gleichzeitiger Erwartung, dass man sich sklavisch an den Lehrplänen orientiert ohne Rücksicht auf die Zustände in den Schulen.

Operieren Schulen unter normalen Bedingungen schon am Rande ihrer Möglichkeiten, so trifft sie die Coronaviruskrise mit besonders harter Wucht. Plötzlich wird vom Lehrkörper verlangt, den Unterricht aus der Distanz aufrechtzuerhalten. Allein gelassen mussten die Schulen sehen, wie sie solch einen Unterricht überhaupt abhalten können. Vielen fehlt die technische Ausrüstung. Kein Internet, keine Tablets oder Computer, die jedes Kind benötigen würde. Keine Lehrpläne, Unterrichtsmaterialien oder Plattformen, die das ermöglichen würden.

Teilweise ist das die Schuld der mangelhaften Ausstattung und der geringen Wertschätzung von Schule durch die Gesellschaft selbst, teilweise auch die Schuld von Lehrkörpern und Eltern, die gerade im deutschsprachigen Raum den Einzug von Technologie ins Klassenzimmer mit Teufelswerk gleichsetzten. Überraschend viele Lehrer legten keinen Wert auf einen eigenen Computer, mit dem sie sich auf den Unterricht vorbereiten können. Damit kommen Learning Management Systeme (LMS) oder Onlineklassen nicht in dem Maße zum Einsatz, wie sie es eigentlich in einer modernen Schule sollten.

Seit 2020 ist nun jede Schule dazu gezwungen, sich auf einen digitalen Unterricht einzustellen. Die Lernkurve ist dabei sehr steil, weniger für die Schüler als mehr für den Lehrkörper. Videokonferenzwerkzeuge und deren Verwendung im Klassenzimmer stellen die Lehrer vor einige Herausforderungen. Das Hochladen von Dokumenten auf einen Dropbox-Share oder in ein LMS scheint für manche einen eigenen Hochschulabschluss zu erfordern.

Das alles sollte uns zu denken geben, wie schon Saskia Hula ansprach. Wir müssen die Gelegenheit nutzen, Schule neu zu denken. Und das umfasst nicht nur den Lehrplan und wie und was unterrichtet wird, sondern auch, von wem. Können wir erwarten, dass Schüler von Lehrkräften auf die Zukunft vorbereitet werden, deren Qualifizierung im Bereich digitale Technologien mangelhaft ist und deren Erfahrungen außerhalb des staatlichen Ausbildungssystems zu wünschen übrig lässt?

Auch lehren wir Kinder nach wie vor – wie schon vor 200 Jahren –, wie sie einen Job annehmen und behalten können, nicht aber, wie sie Jobs mit neuen Jobprofilen schaffen können. Kein Wunder, dass wir heute in einem Schulsystem operieren, aus dem viele Kinder desillusioniert und wenig motiviert für ihr Leben und ihre Zukunft herauskommen.[112] Der bereits erwähnte ehemalige Facebook-Mitarbeiter Peter Goldsborough schildert die Kriterien, auf die Facebook bei der Einstellung neuer Mitarbeiter Wert legt. Es zählt dabei weniger, welche Ausbildung der Kandidat hat und was er weiß, als vielmehr, wie schnell er etwas Neues lernen kann. Die Technologie ändert sich so rasch, dass in der Schule und auf der Universität erworbenes Wissen rasch veraltet. Wie merkt man, ob jemand schnell dazulernt? Wenn ein Kandidat die Antwort zum Thema nicht weiß, aber schnell zum Kern des Problems vordringt, steigen seine Chancen. Oder man gibt den Kandidaten eine Art Hausaufgabe, die sie zu Hause lösen sollen.[113] Damit testet Facebook die „Kapazität" zum Lernen und Problemlösen. Diese Fähigkeit sieht doch etwas anders aus, als wenn man sich immer darauf verlassen kann, dass die Lerninhalte gut aufbereitet vorgegeben werden, man sich aber nie selbst darum kümmern muss. Wie schafft man es, sich selbst zum Lernen zu motivieren? Indem man zuerst einmal etwas findet, was man gerne macht. Hier trennt sich auch schon die Spreu vom Weizen. Die einen beschäftigen sich damit und die anderen zielen darauf hin, kontinuierlich besser zu werden.

All die Jahre wurden Versuche und Vorschläge für entsprechende Anpassungen des Lehrplans und hinsichtlich der Art der Wissensvermittlung mit den fadenscheinigsten Gründen abgelehnt. Doch jetzt sieht man, dass es so nicht weitergehen kann, ja, gar nicht weitergehen darf. Wir müssen den zukünftigen Generationen Werkzeuge an die Hand geben, sodass sie selber lernen können. Sie werden ihre Arbeitsstellen nicht bis zur Rente behalten. Lebenslanges Lernen wird zur Pflicht, da sie alle fünf Jahre ein neues Jobprofil haben werden oder geschaffen haben.

Dasselbe gilt für höhere Bildungsstätten. Wir müssen lernen, schneller auf Änderungen zu reagieren und entsprechende Angebote zu entwickeln. Erst 30 Jahre, nachdem vereinzelt die ersten Programmierkurse an Schulen als Wahlfach angeboten wurden (so beispielsweise in meinem Gymnasium ab circa 1985), wurde Programmieren ein fester Bestandteil des Lehrplans. Abgesehen davon, dass Kameras, soziale Medien, Smartphones, Verkehrssteuerungen, Autos, Animationsfilme, Medizintechnik, Roboter und eigentlich alle uns umgebenden Technologien von Millionen Zeilen von Softwarecode betrieben werden, wollen wir die jungen Generationen nicht nur zu Konsumenten, sondern auch zu Schöpfern dieser Technologien ausbilden. Allein die Tatsache, dass zuständige Kultusminister und Lehrplanverantwortliche das immer noch hinterfragen, ohne selbst je programmiert zu haben, ist, als ob Analphabeten über den Wert einer Bibliothek streiten. Auch wenn die meisten nachher ihre erlernten Programmierkünste nicht praktisch anwenden werden, so hilft das doch beim Verständnis zum Funktionieren der modernen Welt. Auch lesen oder schreiben oder rechnen werden nicht alle Schüler in ihrem weiteren Leben auf einem Niveau, das an das von Schriftstellern oder Mathematikprofessoren heranreicht, trotzdem sehen wir diese als Grundkenntnisse an, die heutige Menschen lernen und auf einem bestimmten Niveau beherrschen sollten.

Leider kommt es dann wieder zu gut gemeinten, aber trotzdem falschen Entscheidungen. Das Schulministerium von Nordrhein-Westfalen erwarb Anfang 2021 für 2,6 Millionen Euro Lizenzen für den Online-Brockhaus.[114] Abgesehen davon, dass alle überrascht waren, dass es den Brockhaus noch gibt, wurde auf die kostenfreien Angebote einer Wikipedia oder des Kinderlexikons „Klexikons" nicht eingegangen. Statt auf eine offene Enzyklopädie zurückzugreifen, wurde eine proprietäre gewählt, die den Schülern nach Schulabgang nicht mehr zur Verfügung steht. Auch hier werden Schüler statt zu aktiven Schöpfern, wie das die Beitragsoptionen in der Wikipedia ermöglicht, zu passiven Konsumenten eines geschlossenen Brockhaus erzogen. Und: Offenbar hat man die Schüler selbst nicht in die Entscheidungsfindung einbezogen. Das ist so ähnlich, als ob man im Jahr 2021 einen Kassettenrekorder für den Musikunterricht anschafft, aber niemand der Erwachsenen die Jugendlichen gefragt hat, was denn eigentlich TikTok sei.

Was in Hochschulen schon lange Usus ist, nämlich im Berufsleben stehende externe Lektoren in den Unterricht neben dem akademischen Personal zu integrieren, sollte zur Bereicherung und Erweiterung des modernen Schulunterrichts werden. Damit könnten die Lehrpläne durch praktische Einblicke und Perspektiven von außerhalb des Ausbildungssystems verhältnismäßig rasch und günstig modernisiert werden, was den Lehrkörper selbst entlasten würde. Das bedeutet zwar, Ressourcen bereitzustellen, diese sind aber wesentlich geringer als die Kosten für die Gesellschaft, wenn die Bürger für die moderne Welt nicht ausreichende und international nicht wettbewerbsfähige Kenntnisse haben.

Es wird neue Chancen für Aus- und Weiterbildungsangebote geben. Viele Menschen, die in der erzwungenen Quarantäne sind, werden mit neuen Skills herauskommen. Die Auszeit, die ihnen geschenkt wurde, lässt sie über ihr eigenes Leben und ihre Motivation reflektieren. Es wird sich dabei zeigen, wie wichtig solche bislang eher ambivalent gesehenen Auszeiten oder Sabbaticals sind.

Wie andere Länder das im Hochschulbereich machen, zeigt das Beispiel asiatischer Universitäten. Diese haben in den letzten Jahren verstärkt in die MINT-Fächer investiert und konnten somit international aufschließen und den Rückstand zu führenden amerikanischen Universitäten aufholen.[115] Man stelle das der in Deutschland herrschenden und immer stärker werdenden Technologieskepsis gegenüber.

Der Bildungsbürger und der Technologie-Komet

Als ich in die USA gezogen war, scherzte ich immer, dass der Unterschied zwischen Amerikanern und uns sich beim Plaudern über Kinofilme in einer launigen Atmosphäre unter Freunden enthüllen würde. Angesprochen auf den aktuellen Blockbuster, konnten Amerikaner sofort alle Details zu den Schauspielern, deren aktuelle Affären oder Skandale schildern oder ganze Filmzitate aufsagen und Szenen nachspielen. Deutsche hingegen würden über die Hintergrundgeschichte des Films, das dem Film zugrunde liegende Buch und den Werdegang des Regisseurs sprechen.

Wir sind zu Recht stolz auf unser Ausbildungssystem, das ein verhältnismäßig hohes Bildungsniveau garantiert. In den USA ist das etwas anders. Zugang zu guter Bildung ist je nach Bundesstaat und vor allem je nachdem, welcher Minderheit man angehört, ein Glücksspiel. Man sollte also meinen, dass ein Kulturraum, der sich in der

Eigenwahrnehmung als jener der Dichter und Denker und Ingenieure empfindet, nicht so sehr mit der Zukunft hadert – vor allem mit dem Mangel an Allgemeinwissen, der Hinterfragung und Reflexion technologischer Themen und deren Auswirkungen auf die Gesellschaft oder Politik.

Dabei liegen wir mit dem Anteil an Wissenschaftlern und Forschern im Spitzenfeld, noch vor dem EU-Durchschnitt, noch vor den USA, weit vor China, aber doch deutlich hinter Ländern wie Dänemark und Südkorea.

Land	2018
Dänemark	15,65
Südkorea	15,33
Österreich	11,37
Japan	9,84
Deutschland	9,66
USA	9,23
Schweiz	9,20
EU 28	8,71
OECD	8,57
China	2,41

Tabelle 4: Anzahl an Wissenschaftlern und Forschern pro 1.000 Vollbeschäftigten – Quelle: Statista[116]

Auch beim Anteil der MINT-Absolventen, also Absolventen aus mathematischen, ingenieurswissenschaftlichen, naturwissenschaftlichen und technischen Fächern, liegen die DACH-Länder weit über dem OECD-Durchschnitt und weit vor den USA.

Land	Anteil in %
Südkorea	32
Deutschland	31
Österreich	25
Schweiz	23
Japan	23
Russland	23
OECD	22
Israel	19
USA	16

Tabelle 5: Anzahl der MINT-Absolventen pro Land 2012 – Quelle: OECD[117]

Pro Kopf der Bevölkerung hat Deutschland fast doppelt so viele Ingenieure im Land wie die USA. Selbst Österreich und die Schweiz haben 1,5-mal so viel. Wie kommt es nun aber dazu, dass wir angesichts der überdurchschnittlichen Anteile an Wissenschaftlern, Forschern und Ingenieuren in vielen neuen Technologien und Bereichen die Innovationsnachzügler sind?

Unsere technischen Fähigkeiten mögen exzellent sein, aber um diese für Innovationen einzusetzen, ist mehr erforderlich. Einige Punkte haben wir schon erwähnt: Risikobereitschaft, Soft Skills, Storytelling, Fokusillusion oder die Wahl unserer Worte. Viel zu wenige Wissenschaftler und Ingenieure sind bereit, ihre Arbeit unterschiedlichen Zielgruppen nahezubringen, und zwar in einer Art und Weise, die an das jeweilige Publikum angepasst ist und eine Vision schildert. Weder machen sie das auf Vorträgen, die nicht akademischer Natur sind oder zur Industrie gehören, noch verfassen sie Bücher, die allgemein verständlich sind. Was bei uns von Experten als populärwissenschaftliche Anbiederung verschmäht wird, dafür waren und sind sich bis heute Carl Sagan und viele englischsprachige Forscher nie zu schade gewesen. Ganz im Gegenteil: Sie waren interessiert daran, Menschen aus allen Schichten von ihrer Arbeit zu erzählen und sie dafür zu begeistern.

Damit überlassen wir das Feld einer Reihe von Moralunternehmern, die wenig bis kein Verständnis für diese Arbeiten haben. Sie haben ihre eigenen, zumeist dystopischen Visionen und dominieren den intellektuellen Diskurs, wobei ihr Fokus auf den Risiken und weniger auf dem Nutzen neuer Technologien liegt. Und genau das führt zu dieser Schieflage, weil der notwendige Input der tatsächlichen Experten im öffentlichen Diskurs der Allgemeinheit nicht zugänglich ist. Es ist an der Zeit, dass wir unsere technischen Stärken mit den Soft Skills kombinieren und die Zukunftschancen ergreifen.

Du sollst nicht begehren deines Nächsten Technologie

Venedig wehrte sich fast zwei Jahrhunderte gegen den Export einer sehr lukrativen Industrie: die der Spiegelmacher. Wie bereits erwähnt versuchten Frankreich und Deutschland, venezianische Spiegelmacher mit großzügigen Offerten ins eigene Land zu locken.

Mehrere Tausend Jahre war es China gelungen, das Geheimnis der Seidenproduktion geheim und ein Monopol auf den Seidenhandel aufrechtzuerhalten. Schon 50 vor Christus kannte man Seide in Rom. Man glaubte, diese würde auf Bäumen wachsen. Der chinesische Kaiser hatte per Dekret den Geheimnisverrat und den Export von Seidenraupen und deren Eiern unter Todesstrafe gestellt. Erst um 550 nach Christus gelang es dem Oströmischen Reich, in den Besitz von Eiern der Seidenraupe zu kommen, fast zeitgleich mit den Arabern.

Auch Großbritannien stellte die Weitergabe von Wissen zu modernen Industrietechnologien unter Strafe. Nachdem im 17. und 18. Jahrhundert der schottische Nationalökonom und Bankier John Law talentierte Handwerker aus England für den Aufbau der französischen Wirtschaft anzuheuern begonnen hatte, verabschiedete das englische Königreich im Jahr 1719 ein Gesetz, das genau dies verbot. Englische

Bürger, die nicht innerhalb von sechs Monaten wieder nach England zurückkehrten, mussten mit dem Entzug ihres Eigentums und der Staatsbürgerschaft rechnen.[118] Das wurde noch um ein Exportverbot für Maschinen ergänzt.[119] Doch das hielt Franzosen und Deutsche nicht davon ab, ganze Dampfmaschinen, Webstühle und landwirtschaftliche Maschinen in Einzelteilen aus dem Inselreich auf den Kontinent zu schmuggeln.

Diese Liste der Wirtschaftsspionage lässt sich beliebig bis in die Gegenwart fortsetzen: mit Deutschland, das Technologie aus England schmuggelte, dem russischen Zaren Peter dem Großen, der deutsche und niederländische Handwerker und italienische Architekten ins Zarenreich holte, um die Stadt Sankt Petersburg aus dem Boden zu stampfen, den Japanern, die nach dem Ende des Zweiten Weltkriegs westliche Kameras und Radios kopierten, Amerikanern und Sowjets, die sich um deutsche Raketenforscher balgten, sowjetischen Überschallflugzeugen, die der Concorde verblüffend ähnlich sahen, oder dem Shuttle Buran, das den amerikanischen Shuttles nachempfunden war, und heutzutage mit chinesischen Herstellern, die deutsche Automobildesigns kopieren.[120] Die Samwer-Brüder, die Silicon-Valley-Start-ups klonen, sind ein aktueller Fall aus dem digitalen Bereich.

Die Strafen können nach wie vor gravierend sein. Es gibt gleich mehrere prominente Fälle von Wirtschaftsspionage. So wurden chinesische Staatsbürger, die sich als Mitarbeiter amerikanischer Forschungseinrichtungen und Unternehmen am intellektuellen Eigentum ihrer Arbeitgeber vergriffen und dies in ihr Land übermittelten, angeklagt.[121] Die Verlockung und die Gewinnaussichten, ein Betriebssystem für autonomes Fahren mitgehen zu lassen, waren zu hoch.

Dank des immer mehr verzahnten internationalen Wirtschaftstreibens nehmen die Begehrlichkeiten in Bezug auf Technologien anderer Länder neue Formen an. Anstatt die Konkurrenz auszuspionieren, kauft man sie einfach und transferiert die Technologie ins eigene Land. Der führende deutsche Industrieroboterhersteller Kuka war so ein Beispiel, bei dem die deutsche Bundesregierung mittlerweile bedauert, den im Jahr 2016 erfolgten Verkauf an den chinesischen

Midea-Konzern nicht verhindert zu haben. Das Kuka-Wissen dient nun dazu, in China bis zum Jahr 2024 eine Fertigung aufzubauen, bei der jährlich 75.000 Industrieroboter angefertigt werden sollen.[122]

Der aus Siemens im Jahr 2013 hervorgegangene Glasfaser- und Netzwerkspezialist Coriant war ein warnendes Beispiel für den Ausverkauf heimischer Technologie. Ursprünglich vom deutschen Bundesforschungsministerium entwickelt und gefördert, um die Abhängigkeiten von amerikanischen und chinesischen Netzwerktechnologien zu reduzieren, war Coriant sechs Jahre nach der Übernahme nur mehr ein Schatten seiner selbst. 75 Prozent der Mitarbeiter waren gegangen, das Werk in Berlin wurde geschlossen.[123]

Übernahmen aus China zeichnen sich noch durch eine andere Dynamik aus, als wir es aus Japan oder der USA gewohnt sind. Chinas staatlich gelenkte Volkswirtschaft lässt chinesische Unternehmen im Ausland koordiniert vorgehen. So bildeten beispielsweise bei internationalen Standardisierungsverfahren chinesische Unternehmen eine gemeinsame Front, um ihre eigenen Standards durchzusetzen, wie es beim 5G-Standard geschehen ist.[124]

Mittlerweile prüft die deutsche Bundesregierung Übernahmen von Schlüsseltechnologien strenger. So verbot das Bundesministerium für Wirtschaft und Energie Ende 2020 den Verkauf der kleinen Funktechnikfirma IMST GmbH an den chinesischen Rüstungskonzern CASIC unter Berufung auf Vermeidung eines Ausverkaufs heimischer Technologien in Nicht-EU-Staaten.[125] Ähnlich war es im Jahr 2018 mit dem verhinderten Verkauf des Maschinenbauers Leifeld an das chinesische Unternehmen Yantai Taihai und dem Elektronikunternehmen Aixtron, das der chinesische Fujian Grand Chip Investment Fund im Jahr 2016 übernehmen wollte.[126] Ausschlag bei Letzterem gaben die USA, die Bedenken wegen der Weitergabe von Militärtechnologie an China hatten.

Beim Thema Akquisition sollte man grundsätzlich bedenken: Oft sind es weniger die Technologie oder Patente als vielmehr die Mitarbeiter, die den eigentlichen Wert des Unternehmens bilden. Und dieses Humankapital ist sehr mobil. Gute Leute finden sehr rasch woanders eine neue Stelle. Deshalb tut man gut daran, andere Wege einzuschlagen, wie es Geely, Google oder Tesla vormachen. Als der chinesische Automobilhersteller Geely im Jahr 2010 den schwedischen Autohersteller Volvo erwarb, befürchtete man, dass Geely nur an einem Technologietransfer interessiert sei, um die eigenen Automarken auf westliche Qualitätsstandards zu bringen. Doch Geely entschied sich für einen anderen Weg und gab Volvo kreative Freiheiten unter gleichzeitiger Nutzung eigener Talente und Netzwerke. Das Ergebnis ist, dass Volvo mehr Autos verkauft als je zuvor und gleichzeitig ein Joint Venture namens Polestar hervorbrachte, das Elektroautos in bewährter Volvo-Qualität produziert. Allein hätten den Schweden einfach die Ressourcen gefehlt. Geely ist übrigens auch in Daimler investiert und die Geely-Volvo-Erfolgsgeschichte könnte für das älteste Automobilunternehmen der Welt bald viel attraktiver aussehen, als man beim Einstieg der Chinesen meinte.

Tesla wiederum übernahm im Jahr 2017 den kränkelnden deutschen Maschinenbauer Grohmann Engineering. Was zuerst für Empörung sorgte, weil Tesla Grohmann exklusiv als Dienstleister haben wollte und bestehende Kundenaufträge zu stornieren begann oder auslaufen ließ, wird heute anders bewertet. Nicht nur arbeiten heute mehr Mitarbeiter bei Grohmann als vor der Übernahme, auch die Gehälter wurden angepasst und sind nun höher. Und dank Teslas Wachstum und der gleichzeitigen Errichtung mehrerer Automobil- und Batteriefabriken hat Grohmann mehr Arbeit als je zuvor.

Die Frage, die sich aufdrängt, ist, warum unsere Unternehmen im Ausland so begehrt sind. Die uns am meisten schmeichelnde Interpretation ist, dass wir einfach tolle Technologieunternehmen haben, nach denen sich ausländische Firmen die Finger lecken. Die weniger schmeichelnde ist diejenige, dass sich einige der Unternehmen in finanziellen Turbulenzen befanden und Investoren oder Käufer finden mussten und sich aus dem eigenen Land oder der EU niemand fand, der Interesse zeigte. In heimischen Gefilden herrscht nach wie vor das Prinzip der Kaufmänner („Bloß keine überhasteten Ausgaben!") und der Ingenieure (Not-invented-here-Syndrom).

Während in den USA Unternehmen einen Anbieter oder ein Start-up mit neuer oder ergänzender Technologie und den zugehörigen Talenten, den Patenten, dem Kundennetzwerk und der Lieferkette gleich einmal kaufen, anstatt Zeit zu verlieren und mühsam alles selbst zu entwickeln, ist man hierzulande vorsichtiger. Deshalb tun sich bei uns neue Technologieunternehmen auch so schwer.

China hingegen, das rasch Anschluss an den technologischen Vorsprung des Westens gewinnen will, geht ganz strategisch vor und nutzt dazu gezielte Akquisitionen und Ausbauprogramme (und eine Reihe anderer, weniger sauberer Aktivitäten).

Mehr Regulierung und mehr Deregulierung!

Sie erinnern sich vielleicht, dass Regulatoren einen Anreiz haben, Regeln so komplex wie möglich zu gestalten, damit ihre Expertise später zu einem höheren Preis angemietet werden kann.

Nassim Nicholas Taleb

Manche Regulierungen oder Deregulierungen können zu Loonshots führen. Regulierungen, die beispielsweise Standards vorgeben, führen zu mehr Gewissheit und ermutigen Unternehmen zu Investitionen. Wenn nicht klar ist, welcher von mehreren konkurrierenden Standards sich durchsetzen wird, zögern Vorstände Entscheidungen heraus. Die amerikanische Flugzeugindustrie kam erst in Schwung, als im Jahr 1917 die amerikanische Regierung die Patente der sich vor Gericht mit anderen Flugzeugbauern bekriegenden Wright-Brüder mit anderen Patenten in einem Pool zusammenlegte und für jeden zugänglich machte. Die beiden wichtigsten Patenthalter Wright Company und Curtiss Company hatten bis zu diesem Zeitpunkt die Entwicklung und den Bau von Flugzeugen in den USA zum Erliegen gebracht, und das zu einer Zeit, als die USA in den Ersten Weltkrieg einstiegen und sich gezwungen sahen, fortschrittlichere Flugzeuge europäischer Herkunft für das Militär zu kaufen.[127]

Umgekehrt führen Deregulierungen zu Innovationsschüben. Lange Zeit waren Telefongesellschaften Monopole. In den USA war es die Bell Telephone Company (später AT&T), in Deutschland und Österreich die Post. Ein Kunde wurde als Amtsanschlussteilnehmer bezeichnet, was schon implizierte, dass man weniger Kunde denn Bittsteller war, dem das Privileg zugestanden wurde, einen Telefonanschluss zu haben. Mit der Zerschlagung von AT&T im Jahr 1984 und der Aufhebung des Endgerätemonopols in Deutschland im Jahr 1990 und des Telekom-Monopols sieben Jahre später kam es zu P- und S-Type-Loonshots. Neue Endgeräte wie das Fax oder der Anrufbeantworter entstanden und neue Dienstleistungen kamen auf den Markt. Die Deregulierung der US-Fluglinien im Jahr 1978 machte es unumgänglich, kleine S-Type-Änderungen wie die Treibstoffersparnis, die Verkürzung von Check-in-Zeiten oder Loyalitätsprogramme einzuführen. Sie standen weniger im Rampenlicht, wurden aber überlebenswichtig.

Auch heute können wir Potenziale in der Deregulierung oder Regulierung weiterer Industrien und Wirtschaftszweige sehen. Die regulierte Taxi-Industrie steht kaum oder in falscher Weise regulierten Ridesharing-Plattformen gegenüber. Lang fehlende Vorschriften für Standards von Ladestationen für Elektroautos einerseits und zu strikte Regulierungen für die Ladeanschlüsse in Garagen privater Wohnhausanlagen andererseits behinderten die Akzeptanz von Elektromobilität.

Technologiebewertung

Wir sollten die schlechten Dinge besteuern,
nicht die guten Dinge.

Erik Brynjolfsson

Wie können wir die Auswirkungen von Technologie auf die Menschen bewerten? Was macht eine gute, was eine schlechte Technologie aus? Vivek Wadhwa und Alex Salkever, die Autoren von „The Driver in the Driverless Car", schlagen die drei Kriterien Gleichstellung, Risiko und Autonomie vor.

1. Hat die Technologie das Potenzial, allen gleichermaßen zu nutzen?
2. Was genau sind die Risiken und worin besteht der konkrete Nutzen?
3. Fördert diese Technologie eher Autonomie oder Abhängigkeit?

Die erste Frage war schon in den Anfangszeiten der industriellen Revolution bedeutsam und hat aktuelle Begleiterscheinungen von Technologien im Visier. Ob Einführung der Webstühle, Automatisierung oder künstliche Intelligenz – stets sind von diesen Neuerungen ganze Bevölkerungsschichten oder Berufszweige schwer betroffen. Die Begeisterung für Trump, die AfD oder den Brexit lässt sich teilweise auf den Eindruck der Betroffenen zurückführen, dass manche Technologien ohne flankierende politische Maßnahmen zu Ungleichheiten und Ungerechtigkeiten führen. Einige profitieren von ihrem Einsatz gewaltig, andere hingegen werden von ihrem Nutzen ausgeschlossen.

Die zweite Frage bezieht sich auf die Gefahren. Sind soziale Medien etwas, das Unruhe und Polarisierung der Bevölkerung fördert oder sie eher verhindert und Menschen zusammenführt? Nehmen uns Roboter Arbeitsplätze weg oder erleichtern sie uns das Leben?

Die dritte und letzte Frage dient dazu, zu vermeiden, dass Technologien uns zu Süchtigen machen, so wie Drogen Menschen in die Abhängigkeit führen. Wir wollen größere Autonomie, um unser Leben so zu führen, dass es uns gestattet, unser Potenzial auszuschöpfen. Ein autonomes Auto, ein Fahrstuhl oder eine Operation, die abgetrennte Nerven im Rückenmark überbrückt, verhelfen Blinden,

Gehbehinderten oder Gelähmten zu mehr Autonomie. Oder es erspart uns einfach nach einem anstrengenden Tag, selbst fahren oder Treppen steigen zu müssen.

Wie immer gibt es keine einfachen Antworten auf all diese Fragen, es gibt Vor- und Nachteile und die Konsequenzen und möglichen Maßnahmen müssen sorgfältig abgewogen werden. Das setzt bei den Entscheidungsträgern ein tieferes Technologieverständnis voraus, die sich frühzeitig mit der Materie auseinandersetzen müssen, nicht erst, wenn die Auswirkungen bereits zu Problemen geführt haben. Deswegen sollten wir an der Entwicklung von Technologiebewertungskriterien arbeiten, Richtlinien für entsprechende politische Begleitmaßnahmen formulieren und anwenden.

KAPITEL 7

Past the Future ■

Die Zukunft war
früher auch besser!

Karl Valentin

Wenn wir aus der Vergangenheit etwas lernen können, dann ist es dieses: Die Sorge, dass der Fortschritt die Anzahl der Arbeitsplätze verringern wird, hat sich stets als unbegründet erwiesen. Neue Technologien und deren Möglichkeiten brachten uns immer mehr neue Arbeitsplätze, als sie alte vernichtet haben. Wenn wir meinen, diesmal würde es anders sein, müssen wir sehr genau begründen, warum wir das glauben.

Das darf uns nicht darüber hinwegtäuschen, dass es zu geografischen und demografischen Herausforderungen kommen wird. Mit dem Beginn der industriellen Revolution entstanden Berufe in den Städten, was eine Landflucht und Urbanisierung zur Folge hatte. Und neue Arbeitsplätze in neuen Berufen sind nicht immer mit Fähigkeiten der alten Berufe vergleichbar.

Wie also können wir den Menschen auf dem Arbeitsmarkt helfen, deren alte Berufe durch neue Technologien überflüssig gemacht werden? Frührente und Umschulungen sind hierbei die am häufigsten angewandten Maßnahmen. Doch eine Metastudie der beiden Wirtschaftswissenschaftler Burt Barnow und Jeffrey Smith kommt zu einem nüchternen Ergebnis: „Alles in allem ergibt sich aus den jüngsten Erkenntnissen ein gemischtes, aber etwas entmutigendes Bild."[1] Die Umschulungsmaßnahmen der vergangenen Jahrzehnte brachten für die Betroffenen leider keine besseren Arbeitsmarktchancen.

Reformen zur Umgestaltung von Bildung und Ausbildung könnten auch auf breiterer Ebene erforderlich sein. Wie Clayton Christensen von der Harvard University eindringlich dargelegt hat, zwingen die heutigen Modelle Menschen zum lebenslangen Lernen. Warum aber sollten Menschen mit unterschiedlichen Lernvoraussetzungen sich an starre akademische Programme halten müssen, die über einen bestimmten Zeitraum laufen?

Neben Umschulungen und Training werden auch gern Investitionen getätigt, die Arbeitsplätze erhalten sollen, und diese fokussieren sich zumeist auf Produktionsbetriebe, also die physische Welt. Doch diese Gelder sind wegen der geringeren Rentabilität von physischem Kapital schlecht angelegt. Gerade die Produktion wird verstärkt automatisiert und benötigt immer weniger Arbeitskräfte. Ein besserer Weg für ins Hintertreffen geratene Regionen besteht darin, in Humankapital zu investieren. Der Wirtschaftswissenschaftler Enrico Moretti zeigte, dass das Vorhandensein einer Hochschule oder Universität das Angebot an qualifizierten Arbeitskräften nicht nur durch deren Ausbildung erhöht, sondern auch dadurch, dass mehr Menschen mit Hochschulbildung von anderswo angezogen werden.[2] Und das führe wiederum zu mehr Innovation. Kinder, die an Orten mit mehr Erfindern aufwachsen, die also von der Jugend an mit Innovationen in Berührung kommen, werden mit größerer Wahrscheinlichkeit selbst zu Erfindern.[3]

Auch wenn uns die Erkenntnisse der Vergangenheit für die Zukunft optimistisch stimmen sollten, dürfen wir über diese langfristig positiven Auswirkungen nicht die kurzfristigen Dynamiken übersehen. Welche Tools und Methoden könnten wir unserem Maßnahmenkatalog hinzufügen, die sich bewährt haben oder bewähren könnten? Auf ein bedingungsloses Grundeinkommen und ähnliche Werkzeuge sollte ein realistischer und frischer Blick geworfen werden. Immerhin haben wir mit der Covid-Krise zum ersten Mal weltweit Datenmaterial zum Effekt solcher Maßnahmen in einem breiten Spektrum in der realen Welt vorliegen.

Realismus

Wenn man einen Film über einen Mann macht, der eine Frau entführt und sie fünf Jahre lang an einen Heizkörper kettet – etwas, das wahrscheinlich einmal in der Geschichte passiert ist –, nennt man das eine schonungslos realistische Analyse der Gesellschaft. Wenn ich einen Film wie

„Tatsächlich ... Liebe" („Love Actually") mache, in dem es um Menschen geht, die sich verlieben – und es gibt etwa eine Million Menschen, die sich heute in Großbritannien verlieben –, bezeichnet man das eine sentimentale Darstellung einer unrealistischen Welt.

Richard Curtis

Menschliche Aktivitäten und die von uns entwickelten Technologien haben ihre Schattenseiten. Wir müllen unsere Meere mit Plastikabfällen zu. Wir blasen Schadstoffe in die Atmosphäre, die zum Klimawandel führen. Wir rotten Tier- und Pflanzengattungen aus und roden Waldflächen für Weideflächen und Landwirtschaft. Wir verwenden mehr Ressourcen, als unser Planet verkraften kann. Und das sind zweifelsohne wichtige Herausforderungen, vor denen wir als Menschheit nun stehen und die nicht leicht zu lösen sind. Sie erfordern die Anstrengungen der gesamten Menschheit und es wird ganz und gar nicht einfach sein, sie zu lösen.

Doch diese Schattenseiten wurden durch viele positive Entwicklungen verursacht – und zwar viel mehr positive als negative Entwicklungen. Hans Rosling oder Steven Pinker haben in ihren Büchern „Factfulness", „Aufklärung jetzt: Für Vernunft, Wissenschaft, Humanismus und Fortschritt" oder „Gewalt: Eine neue Geschichte der Menschheit" eindrücklich vorgeführt, wie weit die Menschheit gekommen ist und dass wir im friedlichsten Zeitalter mit dem geringsten Anteil an Gewalt, der wenigsten Armut, der längsten Lebensdauer und dem größten Wohlstand der Menschheitsgeschichte leben – und das alles auf globaler Ebene. Und das dank der Entwicklung von Gesellschaftsformen, Politik, Organisation, Kulturfähigkeiten und Technologie. Ich weiß, man könnte den Eindruck haben, dem sei nicht so. Die negativen Seiten und der zum wiederholten Male bevorstehende Untergang der Menschheit dominieren die Schlagzeilen. Unsere Reptiliengehirne sind genetisch so vorprogrammiert, dass Bedrohungen automatisch mehr Aufmerksamkeit geschenkt wird als den guten Dingen. Vom Ersteren hängt immerhin unser Überleben ab, die Letzteren machen unser Leben „nur" einfacher oder angenehmer.

Genau deshalb ist mehr Realismus notwendig. Wir neigen dazu, Technologie vor allem als Gefahr und Schuldigen an der ganzen Misere der Menschheit zu betrachten. Und das ist genauso unrealistisch wie die an den Radiator gekettete Frau, die Richard Curtis als Beispiel zitiert. Vergessen wir nicht: Mehr Menschen verlieben sich als sich scheiden zu lassen. Mehr Menschen sind nett zueinander, als dass sie sich Gewalt antun. Technologie tut mehr Gutes denn Schlechtes. Allein der Luxus, dass wir uns in Diskussionen zu den Gefahren von Technologie für die Menschheit und unseren Planeten verlieren können, während wir uns bequem vor den Elementen geschützt in unseren Sofasesseln mit einem Glas Wein in der Hand räkeln, verdanken wir den Fortschritten, die Generationen von Menschen vor uns erreicht haben. Und dieser Fortschritt ist real.

Moonshots oder Die Linderung des menschlichen Leids

Warum arbeiteten die Immunologen und Forscher im Jahr 2020 so emsig daran, einen Impfstoff gegen Covid zu finden? Aus Geldgier? Um Mikrochips in Menschen zu spritzen, sie zu überwachen und zu kontrollieren? Weil sie sich als Götter fühlen möchten, die in die „göttliche" Schöpfung eingreifen und sie manipulieren?

Wenn es um Geld oder Macht ginge, gäbe es einfachere und zielführendere Wege als ein Start-up zu gründen oder Forscher zu werden. Als Vertriebler oder Unternehmensberater kommt man da zielsicherer zu einem guten Verdienst. Als Politiker oder Manager ist man rascher in einer Machtposition.

Die Beweggründe sind aber ganz andere. Die meisten Forscher und Techniker, die ich kenne – und ich bin ja schließlich selber einer

–, interessierten sich schon als kleines Kind für diese Themen. Es kann sein, dass damals ein damit vertrauter Verwandter oder Bekannter ihr Interesse daran erweckt hatte. Oder es war eine Ausstellung, ein prominentes Projekt oder eine Fernsehsendung, die sie dazu inspirierten.

Wie auch immer sie ihre Leidenschaft und Profession gefunden haben mögen, eines ist bei allen gleich: Sie wollten einfach mit ihrer Arbeit das Leben von Menschen verbessern. So sehr sie sich auch in den Details ihrer Arbeit verlieren können, dahinter steht immer die Bestrebung, wie diese Erfindungen und Entwicklungen Menschen helfen können. Sie sind auf der Suche danach, wie menschliches Leiden gelindert werden kann. Genau betrachtet ist das die zugrunde liegende Philosophie der meisten Technologieentwicklungen und damit der eigentliche große „Moonshot", den Menschen machen. Und das Ergebnis ist spektakulär, die Zahlen lügen nicht. Noch nie konnten so viele Menschen wie heute in Wohlstand, ausreichend mit Nahrung versorgt, sicher vor Gewalt und Krankheit und geschützt vor den Elementen nach ihrem persönlichen Glück streben. Und das ist fraglos auch eine Errungenschaft des menschlichen Erfindungsgeists. Das wäre nicht möglich, wenn nicht die Linderung menschlichen Leids das zumeist unausgesprochene Leitbild unserer Aktivitäten wäre.

Ich spreche hier viel von Ingenieuren, nicht zuletzt, weil ich selber einer bin, aber dasselbe gilt auch für Politiker und Juristen. Ich treffe immer wieder Politiker aus der Landes- oder Bundespolitik, Bürgermeister und Regionalpolitiker, bei denen ich nach einigen Tagen im Silicon Valley nur eines sagen kann: Hut ab! Sie zeigen aufrichtiges Interesse daran, wie sie neue Impulse zum Wohl ihrer Bürgerinnen und Bürger aufnehmen und umsetzen können. Sie sind wirklich bestrebt, im Rahmen ihrer Möglichkeiten das Bestmögliche für ihre Mitbürger zu schaffen. Und fragt man Juristen, was sie veranlasste, diesen Beruf zu ergreifen, ist ein sich durchziehendes Element der Wunsch, den Schwachen vor Gericht zu helfen und ihnen zur Gerechtigkeit zu verhelfen.

Ich verstehe, dass nun manche meinen, das sei eine naive Betrachtungsweise, nur ist mir die lieber als das Gegenteil. Und das Gegenteil ist nicht Realismus, sondern zumeist nur Zynismus. Wie wir schon von Stephen Colbert gelernt haben: „Zynismus tarnt sich als Weisheit, aber er ist das Gegenteil davon. Denn Zyniker lernen nichts." Und vor allem tragen sie nichts dazu bei, menschliches Leid zu lindern. Zyniker akzeptieren es einfach.

Der drohende Bevölkerungskollaps

Erinnern wir uns an William Crookes, der im Jahr 1898 in Bristol vor dem drängenden Problem der Nahrungsmittelversorgung für eine wachsende Bevölkerung warnte, für das er dann das Jahr 1918 als den Zeitpunkt benannte, ab dem die Weltbevölkerung nicht mehr ausreichend mit Lebensmitteln versorgt werden könne. Seinen Appell nach neuen Lösungen erhörten schließlich Fritz Haber und Carl Bosch und bewahrten uns vor dem Verhungern mit der Ammoniaksynthese mit dem nach ihnen benannten Verfahren. 74 Jahre später warnte der Club of Rome mit dem Bericht „Die Grenzen des Wachstums" vor ähnlichen Problemen. War Crookes noch ein Ein-Mann-Unternehmen gewesen, so beauftragte der Club of Rome das MIT mit viel Geld, Datenanalysen und Computersimulationen durchzuführen, um so Bedrohungsszenarien für die Menschheit zu bestimmen. Der viel diskutierte und einflussreiche Bericht analysierte neben der bereits von Crookes genannten Entwicklung von Bevölkerungswachstum und Unterernährung auch die Industrialisierung, die Rohstoffausbeutung und die Umweltverschmutzung. Das zentrale Ergebnis des Berichts wurde in einem Satz zusammengefasst:[4]

Wenn die gegenwärtige Zunahme der Weltbevölkerung, der Industrialisierung, der Umweltverschmutzung, der Nahrungsmittelproduktion und der Ausbeutung von natürlichen Rohstoffen unverändert anhält, werden die absoluten Wachstumsgrenzen auf der Erde im Laufe der nächsten hundert Jahre erreicht.

Fünf Jahrzehnte später gibt es einige überraschende Erkenntnisse. Der im Bericht nicht erwähnte Klimawandel – als Folge der Umweltverschmutzung und Industrialisierung – hat sich als reale Bedrohung für die Menschheit in den Vordergrund gedrängt. Die Unterernährung und das Bevölkerungswachstum hingegen verloren an Bedrohungspotenzial. Lebten noch zum Zeitpunkt der Veröffentlichung des Berichts fast die Hälfte aller Menschen weltweit in extremer Armut, waren es im Jahr 2017 nur mehr neun Prozent.[5]

So sagt das in Seattle beheimatete Institute for Health Metrics and Evaluation (IHME) der Washington University ein Ende des Bevölkerungswachstums voraus, und zwar früher als bisher angenommen. Statt den von der UNO prognostizierten 10,9 Milliarden Menschen im Jahr 2100 sieht das IHME bereits um das Jahr 2064 den Höhepunkt mit 9,7 Milliarden erreicht. Ab diesem Zeitpunkt soll die globale Bevölkerung dann sogar sinken.[6]

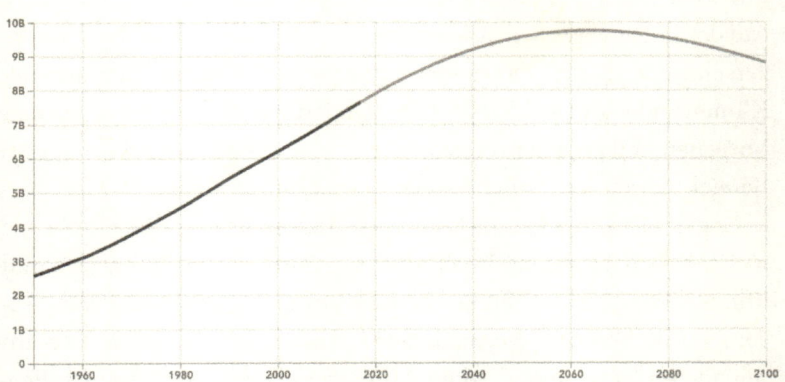

Abbildung 11: Bevölkerungswachstum in Milliarden zwischen den Jahren 1950 und 2100 © IHME

Und hier beginnt das wahre neue Problem: Wie gehen wir mit einer schrumpfenden Weltbevölkerung um? Wie wir bereits bei der Überalterung der Bevölkerung analysierten, führt das etwa in Japan zur Stagnation und zu einer geringeren dynamischen Wirtschaftsaktivität. Die Wettbewerbsfähigkeit des Lands und damit der Lebensstandard sinken. China steht vor demselben Problem dank der Ein-Kind-Politik, die die Alterspyramide auf den Kopf gestellt hat. Und in den deutschsprachigen Ländern sieht es mit Verzögerung nicht besser aus. Sinkende Geburtenraten machen das nicht nur bei uns, sondern weltweit zu einer Herausforderung.

Nicht Überbevölkerung, sondern ein drohender Bevölkerungskollaps wird das vordringliche Problem werden. Der Alibaba-Gründer Jack Ma bezieht das auf China und sagt, nicht zu viele Menschen oder eine Superintelligenz sind die Bedrohung für die Menschheit, sondern dass Menschen einfach keine Babys mehr wollen.[7]

Der Menschheit gelang es in den vergangenen Jahrzehnten, Hunger und Seuchen zu bekämpfen. Auch wenn wir immer noch nicht alle Menschen aus der Armut befreit haben und uns hin und wieder eine Pandemie trifft, der menschliche Ideenreichtum hat uns Vorgehensweisen und Technologien gebracht, die Armut effektiv bekämpfen und viele ansteckende Krankheiten vorbeugen und heilen können. Auf der Liste der großen zu lösenden Probleme stehen nun die Umweltverschmutzung und damit einhergehend das Artensterben und der Klimawandel an vorderster Stelle. Finden wir da kein gemeinsames Vorgehen und keine Lösungen, könnten sie die bisherigen Erfolge im Bereich Armut und Seuchen wieder rückgängig machen.

Es gibt allerdings keinen Grund zur Annahme, dass diese Probleme nicht im Bereich des Lösbaren sind. Genauso wie bei Hunger, Armut und Krankheiten helfen ein gemeinsames Vorgehen der Staatengemeinschaften und menschlicher Erfindungsreichtum. Wir verabschiedeten Gesetze und boten Anreize, forschten nach Impfstoffen, entwickelten besseren Dünger, wechselten zu nachhaltigeren Energieformen. Mit anderen Worten: Wir haben in der Menschheitsgeschichte schon mehrmals die ökologische Tragfähigkeit der Erde – die Zahl der Menschen, die sie ohne problematische Auswirkungen beispielsweise auf die Umwelt ernähren kann – drastisch erhöht.[8] Berücksichtigen wir, dass heute die Mehrheit der Bevölkerung weltweit nicht gleichmäßig über den Erdball verteilt lebt, sondern sich in Städten konzentriert, dann sind wir doch einigermaßen davon entfernt, die Erde zu übervölkern.

An Lösungsvorschlägen wird bereits eifrig gebastelt. Von Fleischersatzstoffen, erneuerbaren Energien, plastikfressenden Bakterien, recycelbaren Materialien und Prozessen, Produktionsmethoden wie 3-D-Druck, bei denen viel weniger Müll anfällt, bis hin zu energiesparenden Bauweisen, um nur ein paar Beispiele zu nennen: Dies sind alles Ansätze, dass wir in diesem Jahrhundert auch solche Herausforderungen lösen können.

Nicht alle werden dieser optimistischen Aussage zustimmen und ich kann die Gründe verstehen. Doch vergleichen wir die Bevölkerung mit der Zeit, als William Crookes in Bristol seine Warnung aussprach. Er wäre heute, etwas mehr als 100 Jahre später, erstaunt, dass die damalige Weltbevölkerung von 1,7 Milliarden Menschen auf das fast 5-Fache angewachsen ist, und das bei gleichzeitigem Anstieg des Wohlstands und einer Verringerung der Armut von 75 Prozent auf neun Prozent der Bevölkerung. Auch würde er sein Land nicht wiedererkennen, und das vor allem, weil er keine Luft mehr atmen muss, die durch Schornsteinruß belastet ist.

Was also machen wir ab dem Jahr 2064? Für Deutschland stellt sich die Frage schon ab dem Jahr 2035. Eine internationale Studie aus Juli 2020 prognostiziert ab diesem Jahr mit der höchsten Einwohnerzahl von 85 Millionen ein Schrumpfen der deutschen Bevölkerung bis zum Jahr 2100 auf 66 Millionen.[9] Dieses Schrumpfen bedeutet nach den aktuellen Trends eine dünner werdende Besiedelung des ländlichen Raums, weniger Arbeitskräfte und steigende Kosten sowie mehr Einrichtungen zur Versorgung der Bedürfnisse einer überalterten Bevölkerung. Die Auswirkungen sind für Manuel Slupina vom Berlin-Institut für Bevölkerung und Entwicklung bereits heute in einigen Regionen deutlich sichtbar:[10]

Das ist im Süden Brandenburgs der Fall, in der Uckermark, in der Prignitz, in Teilen Sachsen-Anhalts, in Nordhessen, in der Südwestpfalz und im Norden Bayerns. Das sind Regionen, die schon länger erfahren, was es bedeutet, wenn die Zahl der Menschen weniger wird.

Es gibt noch einen weiteren Grund, warum uns ein Bevölkerungskollaps mehr Sorge bereiten sollte als eine Überbevölkerung. Letztere Herausforderung, wie wir bereits diskutierten, konnten wir immer lösen und es gibt keine Anzeichen, dass wir sie nicht auch in Zukunft lösen können. In meinem Buch „Wenn Affen von Affen lernen" aus dem Jahr 2020 zu künstlicher Intelligenz zitiere ich eine Erfahrung aus der medizinischen Forschung. Obwohl sich alle 15 bis 20 Jahre die Anzahl der Wissenschaftler in der Medizin verdoppelt, machen wir nicht mehr Fortschritt als zuvor. Der Fortschritt zwischen den Jahren 1950 und 2000 ist derselbe wie der zwischen den Jahren 1900 und 1950. Die Gründe sind mannigfaltig.

1. Wissenschaftlicher Fortschritt wird immer schwieriger. Anfänglich löst man relativ einfache Probleme, doch die verbleibenden werden immer schwerer und kosten mehr Zeit.
2. Je mehr Menschen an einer Sache arbeiten, desto höher wird der Kommunikationsaufwand.
3. Je mehr Wissen vorliegt, desto mehr Aufwand muss in die Ausbildung und das Verständnis des Wissens investiert werden, was den Wissens- und Aufgabenbereich eines einzelnen Forschers sehr viel enger macht.

Wenn wir die Geschwindigkeit im medizinischen Fortschritt aufrechterhalten wollen, werden wir nicht umhinkommen, immer mehr Intelligenz hineinzustecken. Traditionellerweise geschieht das durch den Einsatz von mehr Menschen. Heute sind mehr Forscher in der Wissenschaft tätig und es tragen mehr Menschen einen Doktortitel (aus welchem Fachbereich auch immer), als es in der gesamten Menschheitsgeschichte zusammengenommen gegeben hat.

Wir müssen Intelligenz somit skalieren. Und das kann auf mehrere Arten, und diese wiederum in Kombination, geschehen. Zuerst mehr Menschen ausbilden und deren Ausbildungsstand erhöhen. Künstliche Intelligenz schaffen, um unsere Intelligenz und unseren Intelligenzraum zu erweitern. Und Intelligenz durch ein Netzwerk von Gehirnen, Publikationen, Intelligenzwerkzeuge wie Computer, Formeln, Mathematik, Programmen, Algorithmen und anderweitig kodierten Wissen auf die nächste Stufe heben.

Diese Intelligenz ist nicht nur ein isoliertes Gehirn in einem Einmachglas, sondern all diese Dinge muss man im Kontext und in der Interaktion mit der Umgebung betrachten. Nicht der Einzelne wird damit zum superintelligenten Menschen, sondern unsere Zivilisation als Ganzes wird intelligenter. Eine Person allein kann keinen Computer bauen oder Raumfahrt betreiben, aber zusammen als Gesellschaft können wir das schon. Nur mehr verfügbare Intelligenz kann uns helfen, immer größere Herausforderungen einer immer komplexeren Welt anzupacken.

Eine schrumpfende und überalternde Bevölkerung nimmt wichtige Ressourcen in Beschlag. Sich auf einige wenige, vorgeblich höher zu priorisierenden Aufgaben zu fokussieren funktioniert nur begrenzt. Methoden und Innovationen aus sogenannten Randbereichen oder weniger wichtigen „Orchideenfächern" können die entscheidenden Ansätze zur Lösung fundamentaler Probleme in den Fokusgebieten liefern.

Der drohende Bevölkerungskollaps sollte uns beunruhigen.

KAPITEL 8

Design the Future ■

Ein Leben ohne Schaukel
ist ein Missverständnis.

Jane Chermayeff

Wenn uns nicht die „Future Angst" beherrscht und leitet, sondern wir die Chancen ergreifen, die uns die Zukunft bietet, dann ist es nicht weit, die Zukunft selbst zu designen. Während die Vergangenheit vorbei ist und nicht geändert werden kann, haben wir noch die Möglichkeit, die Zukunft nach unseren Vorstellungen zu gestalten. Doch welche Perspektive meinen wir, wenn wir von „unseren Vorstellungen" sprechen? Die Wirkungsentfaltung der heute angepackten Änderungen werden wir heutigen Erwachsenen vielleicht niemals genießen. Ein Baum, den wir heute pflanzen, wird uns keinen kühlen Schatten bieten oder in den Genuss der Früchte kommen lassen, dafür aber unseren Kindern und Kindeskindern.

Das Große Gesetz der Irokesen berücksichtigt bei jeder gewichtigen Entscheidung deren Auswirkung auf die siebente Generation.[1] Das wäre aus unserer Sicht ein Zeitraum von mindestens 150 Jahren. Wir kommen gar nicht darum herum, die Zukunft aus der Sicht der Kinder zu designen, und das will ich zum Abschluss genauer erklären.

Die New Yorkerin Jane Chermayeff, die es sich zur Aufgabe gemacht hatte, Museen bei der kindgerechten Aufbereitung ihrer Sammlungen zu beraten und wissenschaftsnahe Spielplätze zu planen und einzurichten, vertrat immer die Meinung, dass der beste Weg, eine lebenswerte Stadt zu gestalten, darin besteht, sie vor allem für Kinder zu designen. Jedes städtische Projekt, muss auch aus der Perspektive von Kindern in Angriff genommen werden. Das mag im ersten Moment befremdlich klingen, doch je genauer man diese Aussage betrachtet, desto mehr macht sie Sinn. Eine Stadt, die für Kinder designt ist, ist eine, in der sie gefahrlos allein zur Schule gehen können. Das erfordert sichere Straßen, Gehwege, auf denen sie Rad fahren können und die sicher vor Autos sind. Spielplätze, die in der Nachbarschaft ihrer Unterkunft liegen und wo sie keine Angst davor haben müssen, erschossen zu werden, in die Nähe von Drogen zu kommen oder Opfer anderer Verbrechen zu werden. Es wäre eine Stadt, in der die Eltern auf dem Weg zu ihren Arbeitsplätzen nicht stundenlang im Stau stehen müssen und mehr Zeit mit ihren Kindern verbringen könnten. Eine Stadt, die Anregung bietet durch Parks, Spielplätze, Kunst und Kultur – und die Zugang gewährt zum Gesundheitswesen, sozialen Diensten und Ausbildungsstätten, die Kindern die Chance bieten, aus dem Teufelskreis der Armut und Benachteiligung zu entfliehen.

Eine solche Stadt, designt für Kinder, wäre auch für Erwachsene von Vorteil. Denn ebenso wie die Kinder können sich auch die Erwachsenen darin besser entfalten, sich sicher fühlen und Zugang zu all den guten Dingen haben, die wir für Kinder designt haben. Und davon profitiert die Wirtschaft genauso.

Unsere heutige Herangehensweise ist aber auf den Kopf gestellt. Zuerst kommen Wirtschaft und Verkehr und ganz am Ende der Prioritäten stehen die Kinder. Diese Umkehrung der Bedürfnispyramide schadet letztendlich allen. Wir erwähnten bereits das schlechte Abschneiden Deutschlands bei diversen digitalen Indizes wie dem des Centre for European Policy Studies und des Digital Riser Reports.[2]

Offensichtlich funktioniert diese Priorisierung, zuerst Wirtschaft und Verkehr und dann am Ende die Schulen, nicht. Was wäre, wenn wir die Zukunft in ähnlicher Weise betrachten würden, wie sie Jane Chermayeff für Städte vorgeschlagen hat? Wie würde solch ein Design aussehen, wenn wir die Zukunft zuerst für unsere Kinder und Kindeskinder designen und erst zum Schluss für die Wirtschaft und den Verkehr?

Ein Design der Zukunft, das auf Kindern ausgerichtet war, gab es schon in der Vergangenheit mehrmals, und genau diese Designs haben uns den Wohlstand gebracht, den wir heute genießen. Beim großen Erdbeben von Lissabon am Allerheiligentag im Jahr 1755 wurden 85 Prozent der Gebäude zuerst durch das Erdbeben selbst, den nachfolgenden Tsunami und die daraufhin ausgebrochenen Brände zerstört. Fast ein Viertel der Bevölkerung kam dabei ums Leben. Anstatt die auf sich gestellten und sich in den Trümmern versorgenden Bewohner durch das Militär als Plünderer auf dem Schafott zu richten, hielt Staatssekretär Sebastião José de Carvalho e Melo die Soldaten davon ab und arbeitete mit der Bevölkerung zusammen. Nachdem er die Kirche entmachtet hatte, die das Erdbeben als Strafe Gottes für die Sünden der Lissabonner betrachtete, ordnete er an, 800 neue Schulen zu errichten, und ergänzte den Universitätslehrplan um Mathematik, Naturwissenschaften und Philosophien der Aufklärung. Er betrachtete die Zukunft der Stadt aus der Perspektive der Kinder, die er zu „novos homens", den neuen Menschen, erziehen wollte, die gemäß der Zeit der Aufklärung frei von Vorurteilen und Kleingeistigkeit und in den neuesten Wissenschaften und Philosophien geschult sein sollten.

Auch die Einführung der Schulpflicht durch den preußischen König Friedrich Wilhelm I. im Jahr 1717 und in Österreich im Jahr 1774 durch Kaiserin Maria Theresia bot den so ausgebildeten Kindern und damit deren Heimatländern die Chance zu immer größerem Wohlstand und mehr Möglichkeiten. Und das trotz des späteren Zerfalls der Reiche, denn Wohlstand ist nicht abhängig von materiellen Dingen, sondern von der Schaffenskraft ausgebildeter Menschen. Das Design der Zukunft begann damals, indem man diese für die Kinder designte. Und es waren nicht nur die eigenen Kinder, denen dieses Design zugutekam, sondern allen Kindern. Gesellschaften haben immer dann die größten Fortschritte gemacht, wenn sie in die Kinder anderer Leute investiert haben.

In diesem Buch lernten wir bereits die „Figlie del coro" kennen, die Waisenkinder, die in Venedig in einer von den Stadtvätern finanzierten Einrichtung nicht nur ein Dach über dem Kopf und warmes Essen erhielten, sondern auch eine musikalische Ausbildung, die der Stadt über Jahrhunderte hinweg zum Ruhm verhelfen sollte. Ein Ansatz eines Designs für Kinder. Die Aufhebung der Kinderarbeit in Großbritannien nach dem Beginn der industriellen Revolution, zu der nicht unwesentlich Charles Dickens' Roman „Oliver Twist" beigetragen hatte, führte zum Aufstieg der Arbeiterschaft aus dem Lumpenproletariat. Kinder, die nicht spielen können, Kinder, die in Armut leben, hungern, arbeiten müssen und keine Ausbildung erhalten, sind für die Gesellschaft verloren und machen diese insgesamt ärmer. Ein modernes Beispiel in Europa ist – nochmals – Portugal, dieses Mal 200 Jahre nach dem großen Erdbeben. Die Militärdiktatur unter António de Oliveira Salazar von Mitte der 1920er-Jahre bis zur Nelkenrevolution im Jahr 1974 war der Schulbildung feindlich gesinnt. Eine allgemeine Schulpflicht gab es daher nicht, man durfte nur bis zum 16. Lebensjahr eine Schule besuchen und die Lehrer waren dazu auch noch oft unzureichend ausgebildet. Die Schulabbruchquoten waren enorm. Kein Wunder, dass aufgrund dieser Politik 45 Prozent der Portugiesen Mitte der 1970er-Jahre Analphabeten waren. Das Land war das Armenhaus Europas, doch seither hat sich viel geändert. Die PISA-Ergebnisse sehen das Land kontinuierlich auf dem aufsteigenden Ast und davon profitiert das Land, das sich so immer mehr zu einem der attraktivsten Wirtschaftsstandorte und Touristenziele gemausert hat.

Wie aber können wir die Zukunft für unsere Kinder heute schon in die richtigen Bahnen lenken und designen, wenn wir Angst vor den heutigen Technologien haben? Indem wir uns weigern, in der Gegenwart zu leben, während wir gleichzeitig die Vergangenheit verklären und die Zukunft fürchten? In den vorangegangenen Kapiteln sahen wir ausreichend Beispiele, wie weit die Menschheit gekommen ist, wie wir, die Kindeskinder der Generation der Gründerzeit von vor 150 Jahren, die Früchte ernten, die damals gesät wurden. In die Fußstapfen der Generationen vor uns zu treten und den Fortschritt weiterzureichen ist unsere Pflicht.

Dieses Buch eröffnet mit einer Frage, die der ehemalige amerikanische Präsident Barack Obama stellte. Wenn wir uns von der Vergangenheit bis Gegenwart eine Periode aussuchen könnten, in der wir leben wollten, würden wir das Heute wählen. Nach all dem, was wir in diesem Buch von vergangenen, gegenwärtigen und zukünftigen Risiken und Chancen besprochen haben, möchte ich diese Frage nochmals aufgreifen und leicht abwandeln, und zwar mit dem, was Sebastian Thrun sagte über den immensen Fortschritt der Menschheit in den vergangenen 150 Jahren und die Erwartungen an die nächsten 150 Jahre:[3]

Wenn du einen Moment wählen müsstest, um geboren zu werden, und du nicht im Voraus wüsstest, wer du sein solltest – du wüsstest nicht, ob du in eine wohlhabende oder arme Familie geboren werden würdest, in welchem Land du geboren würdest, ob du als Mann oder Frau geboren würdest –, wenn du blind wählen müsstest, in welchem Moment du geboren werden möchtest, würdest du nicht vor 150 Jahren wählen, auch nicht das Jetzt, sondern du würdest die Zeit in 150 Jahren in der Zukunft wählen.

Das würdest du so nie wählen? Nun ja, die Menschen vor 150 Jahren haben kollektiv alles darangesetzt, uns unsere heutige Welt zu ermöglichen. Könnten sie sehen, was ihnen gelungen ist, sie wären stolz darauf. Genau so sollten wir denken. Wir sollten alles daransetzen, dass in 150 Jahren unsere Nachfahren ein noch besseres und erfüllteres Leben leben können, als uns heute möglich ist. Und der Weg dorthin beginnt, indem wir das unseren Kindern ermöglichen. Die Future Angst behindert uns dabei. Unseren Kindern sind wir die Future Hoffnung schuldig.

ENDNOTEN

Kapitel 1

[1] Dass Altmaier beim ersten Fehler aufschreit, ist typisch deutsch – https://www.welt.de/wirtschaft/article196558369/Peter-Altmaier-im-Silicon-Valley-Dass-er-beim-ersten-Fehler-aufschreit-ist-typisch-deutsch.html.

[2] https://www.linkedin.com/posts/iljagee_bildung-digitalisierung-zukunft-activity-6725660423145701376-jQTT/.

[3] Jürgen Gerhards, Michael Zürn; China gewinnt im Systemvergleich; *FAZ*, 13. Januar 2021 – https://zeitung.faz.net/faz/geisteswissenschaften/2021-01-13/82286fc0222e2d3659566c0cb6dcfc44/?GEPC=s3.

[4] An Eye Toward The Future With Sebastian Thrun; 18. Dezember 2020 – https://www.forbes.com/sites/steveforbes/2020/12/18/an-eye-toward-the-future-with-sebastian-thrun/?sh=3bb6f66763e5.

[5] https://de.wikipedia.org/wiki/Technikdeterminismus.

[6] Dina Brandt (Trotziger Millennial) auf LinkedIn – https://www.linkedin.com/posts/dina-brandt-trotziger-millennial_expertadvice-contentmarketing-ohlord-activity-6705719573884231680-T_ow.

Kapitel 2

[1] Walter Isaacson; Leonardo da Vinci; Simon & Schuster, New York, 2017.

[2] https://www.leonardodigitale.com/en/browse/anatomical-drawings/0114-v/.

[3] https://www.leonardodigitale.com/en/browse/anatomical-drawings/0113-r/.

[4] Michel Foucault, Politics, Philosophy, Culture: Interviews and Other Writings, 1977-1984; Routledge, New York/London, 1990.

[5] Flying Machines Which Do Not Fly; *New York Times*, 9. Oktober 1903 – https://timesmachine.nytimes.com/timesmachine/1903/10/09/102025405.html?pageNumber=6.

[6] https://en.wikipedia.org/wiki/The_Age_of_Anxiety.

[7] Efforts to Acknowledge the Risks of New A.I. Technology – https://www.nytimes.com/2018/10/22/business/efforts-to-acknowledge-the-risks-of-new-ai-technology.html.

[8] https://de.wikipedia.org/wiki/Moralunternehmer.

[9] John Tierney, Roy F. Baumeister: The Power of Bad – How the Negativity Effect Rules Us and How We Can Rule It; Penguin Press, New York, 2019.

[10] https://de.wikipedia.org/wiki/Fredric_Wertham.

[11] Philip E. Tetlock, Dan Gardner: Superforecasting – The Art and Science of Prediction; Broadway Books, New York, 2015.

[12] https://de.wikipedia.org/wiki/Fear,_Uncertainty_and_Doubt.

[13] Teresa M. Amabile; Brilliant but cruel: Perceptions of negative evaluators; *Journal of Experimental Social Psychology*, März 1983.

[14] Carol Tilley; Seducing the Innocent: Fredric Wertham and the Falsifications that Helped Condemn Comics; *Information & Culture*, 47 (4), 2012, S. 383-413.

[15] Byron Reese; Aftershock – The Emerging Utopia; Abundant World Institute, 2020, S. 68-70.

[15] Andreas Bernard; Die Geschichte des Fahrstuhls: Über einen beweglichen Ort der Moderne; Fischer Taschenbuch, 2006.

[17] Streaming zwingt Hotel-WLAN in die Knie – https://kaernten.orf.at/stories/3027864/.

[18] https://www.nasdaq.com/nasdaq-100.

[19] „Die Zahl der Todesfälle haben wir aus Wikipedia entnommen" – https://www.republik.ch/2020/03/20/die-zahl-der-todesfaelle-haben-wir-aus-wikipedia-entnommen.

[20] https://twitter.com/Afelia/status/1320682938179215360.

[21] Covid: how Excel may have caused loss of 16,000 test results in England – https://www.theguardian.com/politics/2020/oct/05/how-excel-may-have-caused-loss-of-16000-covid-tests-in-england.

[22] The Global Unicorn Club (including whisper valuations) Current Private Companies Valued At $1B+ – https://www.cbinsights.com/research-unicorn-companies.

[23] Digital Dossier Österreich – Bestandsaufnahme zur Digitalisierung in Wirtschaft und Gesellschaft; November 2018.

[24] The Digital Economy and Society Index (DESI) 2020 – https://ec.europa.eu/digital-single-market/en/desi.

[25] https://digital-competitiveness.eu/digitalriser/.

[26] Index of Readiness for Digital Lifelong Learning – https://www.ceps.eu/ceps-publications/index-of-readiness-for-digital-lifelong-learning/.

[27] Pamela Rath; Gastkommentar: „Es ist nicht mein Job, meine Kinder zu unterrichten"; *Wienerin*, 25. März 2020 – https://wienerin.at/gastkommentar-es-ist-nicht-mein-job-meine-kinder-zu-unterrichten.

[28] Referat im Schnee: Selinas langes Warten auf schnelles Internet – https://www.br.de/nachrichten/bayern/referat-im-schnee-minister-andreas-scheuer-kuemmert-sich-um-schnelles-internet,SMpidvJ.

[29] https://twitter.com/extra3/status/960978870018232321.

[30] https://www.facebook.com/backhaus.kutzer/posts/2621965167872461.

[31] Volkswagen's transformation into a tech company is in full swing – https://www.linkedin.com/pulse/volkswagens-transformation-tech-company-full-swing-christian-senger/.

[32] A huge mouth and no anus – this could be our earliest known ancestor – https://www.theguardian.com/science/2017/jan/30/huge-mouth-and-no-anus-earliest-known-ancestor-saccorhytus-coronarious-evolution.

[33] Infrastruktur und Investitionen Deutschland hängt sich ab – https://www.spiegel.de/netzwelt/web/infrastruktur-und-investitionen-deutschland-haengt-sich-ab-podcast-a-1282089.html.

[34] Google Owns 63,605 Miles and 8.5% of Submarine Cables Worldwide – https://broadbandnow.com/report/google-content-providers-submarine-cable-ownership/.

[35] AI Podcast Lex Fridman #113; Manolis Kellis: Human Genome and Evolutionary Dynamics – https://lexfridman.com/manolis-kellis/.

Kapitel 3

1. Johns Schroeter; After Shock: The world's foremost futurists reflect on 50 years of Future Shock and look ahead to the next 50; Abundant World Institute, 2020.
2. https://de.wikipedia.org/wiki/Midnight_in_Paris.
3. https://de.wikipedia.org/wiki/Tanizaki_Jun%E2%80%99ichir%C5%8D.
4. Andreas Bernard; Lifted: A Cultural History of the Elevator; New York University Press, 2014.
5. http://anno.onb.ac.at/cgi-content/anno?aid=wrz&datum=19160515&seite=7&zoom=33&query=%22fahrstuhlunfall%22&ref=anno-search.
6. http://anno.onb.ac.at/cgi-content/anno?aid=nwj&datum=19040813&seite=9&zoom=33&query=%22fahrstuhlunfall%22&ref=anno-search.
7. http://anno.onb.ac.at/cgi-content/anno?aid=baz&datum=19090508&query=%22fahrstuhl%22&ref=anno-search&seite=2.
8. Elevator Units Fight Automatic Lift Ban; *New York Times*, 9. Juni 1952 – https://timesmachine.nytimes.com/timesmachine/1952/10/07/84262952.html?pageNumber=23.
9. http://anno.onb.ac.at/cgi-content/anno?aid=vbd&datum=18840222&query=%22poubelle%22&ref=anno-search&seite=7.
10. M. Poubelle et les mauvaises langues – https://fr.calameo.com/read/0000259010a2b56ea43fc.
11. https://digital.staatsbibliothek-berlin.de/werkansicht?PPN=PPN74709716X&PHYSID=PHYS_0271&view=fulltext-parallel.
12. https://de.wikipedia.org/wiki/Mary_Wortley_Montagu.
13. https://de.wikipedia.org/wiki/Edward_Jenner.
14. http://anno.onb.ac.at/cgi-content/anno?aid=wmp&datum=19071104&seite=1&zoom=33&query=%22impfgegner%22&ref=anno-search.
15. http://anno.onb.ac.at/cgi-content/anno?aid=wkw&datum=18960416&seite=25&zoom=33&query=%22impfgegner%22&ref=anno-search.
16. http://anno.onb.ac.at/cgi-content/anno?aid=gpt&datum=18760516&seite=2&zoom=33&query=%22impfgegner%22&ref=anno-search.
17. https://digital.staatsbibliothek-berlin.de/werkansicht?PPN=PPN1001939670&PHYSID=PHYS_0003&DMDID=.
18. Jackie Chan; Never Grow Up; Simon & Schuster, 2015.
19. Jean Marius | The Man Who Invented The Modern Umbrella – https://tracesdefrance.fr/2018/05/11/jean-marius-the-man-who-invented-the-modern-umbrella/.
20. Hanway's umbrella gave protection in the wet British weather – https://www.lookandlearn.com/blog/23616/hanways-umbrella-gave-protection-in-the-wet-british-weather/.
21. Vladimir Jankovic; Confronting the Climate: British Airs and the Making of Environmental Medicine (Palgrave Studies in the History of Science and Technology); Palgrave Macmillan, 2010.
22. Obama puts Marines on umbrella duty, irking conservatives – https://www.washingtonpost.com/politics/obama-puts-marines-on-umbrella-duty-irking-conservatives/2013/05/17/cad75a5a-bf0f-11e2-97d4-a479289a31f9_story.html.

[23] Teddy Bear is a Menace to Nation; *Telegraph Herald*, Dubuque (Iowa), 8. Juli 1907.

[24] Medicine Needs Frugal Innovation – https://www.technologyreview.com/2011/12/12/189227/medicine-needs-frugal-innovation/.

[25] Katy Kelleher; The Ugly History of Beautiful Things: Mirrors; Juli 2019 – https://longreads.com/2019/07/11/the-ugly-history-of-beautiful-things-mirrors/.

[26] Sabine Melchoir-Bonnet; Histoire du miroir; Imago, 1994.

[27] https://de.wikipedia.org/wiki/Lichtputzer.

[28] Rudi Palla; Die Welt der verschwundenen Berufe; Insel-Verlag, 2019

[29] https://braun.lighting/product/gasbeleuchtung/.

[30] Jill Jones; Empires of Light: Edison, Tesla, Westinghouse, And the Race To Electrify The World; Random House, 2004.

[31] Bertram Reinitz; THE DESCENT OF LAMP-LIGHTING. An Ancient and Honorable Profession Fallen Into the Hands of Schoolboys; *New York Times*, 4. Mai 1924 – https://timesmachine.nytimes.com/timesmachine/1924/05/04/101594063.html?pageNumber=128.

[32] How L.A.'s New LED Street Lights Will Change Movies Forever – https://www.laweekly.com/how-l-a-s-new-led-street-lights-will-change-movies-forever/.

[33] LA's New LED Streetlights are Changing the Way Movies Look – https://la.curbed.com/2014/2/3/10156584/las-new-led-streetlights-are-changing-the-way-movies-look-1.

[34] Wolfgang W. Merkel; Glühbirnen zeigen noch immer Ost-West-Teilung; 22. April 2013 – https://www.welt.de/wissenschaft/article115488999/Gluehbirnen-zeigen-noch-immer-Ost-West-Teilung.html.

[35] https://de.wikipedia.org/wiki/Eisenbahnkrankheit.

[36] Andreas Bernard; Lifted: A Cultural History of the Elevator; New York University Press, 2014.

[37] https://timesmachine.nytimes.com/timesmachine/1908/08/30/104808101.html?pageNumber=8.

[38] *Lancaster Intelligencer*, Lancaster (Pennsylvania), 16. Januar 1907 – https://www.newspapers.com/image/556803119/?terms=%22subway%2Bface%22.

[39] *The Times*, Richmond (Virginia), 27. April 1902 – https://www.newspapers.com/image/80948256/?terms=pingpong%2Bface.

[40] *The Evening Sun*, Baltimore (Maryland), 17. August 1915 – https://www.newspapers.com/image/365495831/?terms=moving%2Bpicture%2Bface.

[41] *Morning Register*, Eugene (Oregon), 6. März 1910 – https://www.newspapers.com/newspage/136266994/.

[42] *The Ottawa Journal*, Ottawa (Ontario, Canada), 10. Januar 1925 – https://www.newspapers.com/clip/38929395/the-ottawa-journal/.

[43] Luke Fernandez, Susan J. Matt; Bored, Lonely, Angry, Stupid: Changing Feelings about Technology, from the Telegraph to Twitter; Harvard University Press, 2019.

[44] SARS-CoV-2: Verschwörungstheorien international weit verbreitet; 15. Oktober 2020 – https://www.aerzteblatt.de/nachrichten/117412/SARS-CoV-2-Verschwoerungstheorien-international-weit-verbreitet.

[45] Paul Krugman; Arguing with Zombies: Economics, Politics, and the Fight for a Better Future; W. W. Norton & Company, 2020.

46 Carl T. Bergstrom, Jevin West; Calling Bullshit: The Art of Skepticism in a Data-Driven World; Random House, 2020.

47 Dan M. Kahan, Asheley Landrum, Katie Carpenter, Laura Helft, Kathleen Hall Jamieson; Science Curiosity and Political Information Processing; Supplement: Advances in Political Psychology, Vol. 38, Issue S1, Februar 2017, S. 179-199.

48 John Brockman; What Should We Be Worried About?; Harper Perennial, 2014.

49 https://de.wikipedia.org/wiki/Cargo-Kult.

50 Landtag stimmt für umstrittene Homöopathie-Studie – https://www.sueddeutsche.de/bayern/bayern-homoeopathie-landtag-studie-antibiotika-1.4672567.

51 Paul A. David; The Dynamo and the Computer: An Historical Perspective on the Modern Productivity Paradox; *The American Economic Review*, Vol. 80, No. 2, Papers and Proceedings of the Hundred and Second Annual Meeting of the American Economic Association, Mai 1990, S. 355-361.

52 Erik Brynjolfsson, Andrew McAfee; The Second Machine Age: Wie die nächste digitale Revolution unser aller Leben verändern wird; Plassen Verlag, 2018.

53 Erik Brynjolfsson, Daniel Rock, Chad Syverson; The Productivity J-Curve: How Intangibles Complement General Purpose Technologies; Working Paper, 25148 Oktober 2018 – https://www.nber.org/papers/w25148.

54 WKÖ-Vize Amann muss gehen: Von RfW-Obmann zum Rücktritt bewogen – https://orf.at/v2/stories/2229158/2229156/.

55 https://www.brookings.edu/research/gauging-investment-in-self-driving-cars/?mod=article_inline.

56 Jobs lost, jobs gained: What the future of work will mean for jobs, skills, and wages – https://www.mckinsey.com/featured-insights/future-of-organizations-and-work/jobs-lost-jobs-gained-what-the-future-of-work-will-mean-for-jobs-skills-and-wages.

57 David Autor; The Polarization of Job Opportunities in the U. S. Labor Market: Implications for Employment and Earnings; April 2010 – https://economics.mit.edu/files/5554.

58 Michael Allin; Zarafa: Die außergewöhnliche Reise einer Giraffe aus dem tiefsten Afrika ins Herz von Paris; Diana Verlag, München, 1998.

59 https://de.wikipedia.org/wiki/Qilin.

60 Simon Winchester; The Man Who Loved China: The Fantastic Story of the Eccentric Scientist Who Unlocked the Mysteries of the Middle Kingdom; Harper, 2008.

61 Angus, Deaton; The Great Escape: Health, Wealth, and the Origins of Inequality; Princeton University Press, 2015.

62 Toby E. Huff; The Rise Of Early Modern Science: Islam, China, and the West; Cambridge University Press, 2017.

63 Howard W. French; Everything Under the Heavens: How the Past Helps Shape China's Push for Global Power; Alfred A. Knopf, New York, 2017.

64 Simon Winchester; The Man Who Loved China: The Fantastic Story of the Eccentric Scientist Who Unlocked the Mysteries of the Middle Kingdom; Harper, 2008.

65 Hans Rosling; Factfulness: Wie wir lernen, die Welt so zu sehen, wie sie wirklich ist; Ullstein, 2018.

Kapitel 4

[1] The Encyclopedia of the Industrial Revolution in World History, Vol. 3; *Rowman & Littlefield Publishers*, 2014.

[2] Albert Richter: Bilder aus der Deutschen Kulturgeschichte; Leipzig, 1882.

[3] James B. Ang, Rajabrata Banerjee und Jakob B. Madsen; Innovation and Productivity Advances in British Agriculture: 1620-1850; *Southern Economic Journal*, Vol. 80, No. 1, Juli 2013, S. 162-186 – https://www.jstor.org/stable/23809522.

[4] Richard Davies; Extreme Economies: What Life at the World's Margins Can Teach Us About Our Own Future; Bantam Press, 2019.

[5] Daron Acemoglu, James A. Robinson; Warum Nationen scheitern: Die Ursprünge von Macht, Wohlstand und Armut; S. Fischer, 2013.

[6] Carl Benedikt Frey; The Technology Trap: Capital, Labor, And Power In The Age Of Automation; Princeton University Press, 2019.

[7] Paul Mantoux; La Révolution Industrielle au XVIIIe Siècle: Essai sur les Commencements de la Grande Industrie Moderne en Angleterre; Société de librairie et d'édition, Paris, 1906.

[8] Daron Acemoglu, James A. Robinson; Warum Nationen scheitern: Die Ursprünge von Macht, Wohlstand und Armut; S. Fischer, 2013.

[9] Sheilagh Ogilvie; The European Guilds: An Economic Analysis; Princeton University Press, 2019.

[10] Philip T. Hoffman; Why was it that Europeans conquered the rest of the world? The politics and economics of Europe's comparative advantage in violence – https://leitner.yale.edu/sites/default/files/files/resources/papers/politicseconofeuropescompadv2.pdf.

[11] D. Jeremy; Damming the Flood: British Government Efforts to Check the Outflow of Technicians and Machinery, 1780-1843; *Business History Review*, Vol. LI, No. 1., 1977.

[12] J. Harris; Industrial Espionage and Technology Transfer – Britain and France in the Eigteenth Century; Ashgate, Aldershot, 1998.

[13] Klaus Desmet, Avner Greif, Stephen L Parente; Spatial competition, innovation and institutions: the Industrial Revolution and the Great Divergence; *Journal of Economic Growth* 25, 2020, S. 1-35 – https://doi.org/10.1007/s10887-019-09173-3.

[14] Christine MacLeod; Inventing the Industrial Revolution: The English Patent System, 1660-1800; Cambridge University Press, 1988.

[15] Jane Humphries; The Lure of Aggregates and the Pitfalls of the Patriarchal Perspective: A Critique of the High Wage Economy Interpretation of the British Industrial Revolution; *The Economic History Review*, 66 (3), Januar 2012.

[16] James Bessen; Learning by Doing: The Real Connection between Innovation, Wages, and Wealth; Yale University Press, 2015.

[17] Gregory Clark; The Condition of the Working Class in England, 1209-2004; *Journal of Political Economy*, Vol. 113, No. 6, Dezember 2005, S. 1.307-1.340.

[18] Maarten Goos, Alan Manning, Anna Salomons; Job Polarization in Europe; The American Economic Review; Papers and Proceedings of the One Hundred Twenty-First Meeting of the American Economic Association, Vol. 99, No. 2, Mai 2009, S. 58-63.

[19] Toby E. Huff; The Rise Of Early Modern Science: Islam, China, and the West; Cambridge University Press, 2017.

[20] Philip T. Hoffman; Why was it that Europeans conquered the rest of the world? The politics and economics of Europe's comparative advantage in violence – https://leitner.yale.edu/sites/default/files/files/resources/papers/ politicseconofeuropescompadv2.pdf.

[21] MacGowan, J.; 1886. Chinese Guilds or Chambers of Commerce and Trade Unions; Journal of the China Branch of the Royal Asiatic Society for the Year 1886, XXI, new series, No. 1, 2, Artikel VIII, S. 133-192.

[22] Carl Benedikt Frey; The Technology Trap: Capital, Labor, And Power In The Age Of Automation; Princeton University Press, 2019.

[23] Carl Benedikt Frey; The Technology Trap: Capital, Labor, And Power In The Age Of Automation; Princeton University Press, 2019.

[24] Toby E. Huff; The Rise of Early Modern Science: Islam, China and the West; Cambridge University Press, 2003.

[25] https://de.wikipedia.org/wiki/Mansur_ibn_Ilyas.

[26] https://de.wikipedia.org/wiki/Aufzeichnungen_zur_Tilgung_von_Ungerechtigkeit.

[27] Toby E. Huff; The Rise of Early Modern Science: Islam, China and the West; Cambridge University Press, 2003.

[28] Verfahren zur synthetischen Darstellung von Ammoniak aus den Elementen. 13.10.1908 – https://depatisnet.dpma.de/DepatisNet/depatisnet?action=bibdat&d ocid=DE235421A.

Kapitel 5

[1] Anzahl der Gründer in Deutschland im Zeitraum von 2000 bis 2018 – https://de.statista.com/statistik/daten/studie/183869/umfrage/entwicklung-der-absoluten-gruenderzahlen-in-deutschland/.

[2] Startups sind die unattraktivsten Arbeitgeber für Österreichs Studierende – https://www.derbrutkasten.com/startups-unattraktivste-arbeitgeber-studierende-oesterreich/.

[3] Tesla-Chef in Deutschland: IG-Metall-Vorsitzender attackiert Elon Musk – https://www.faz.net/aktuell/wirtschaft/unternehmen/ig-metall-chef-hofmann-attackiert-elon-musk-16939385.html.

[4] Durch unsere Ignoranz verpassen wir viele spannende Ideen, die in China bereits heute Realität sind – https://www.handelsblatt.com/meinung/ gastbeitraege/disruptive-china-briefing-durch-unsere-ignoranz-verpassen-wir-viele-spannende-ideen-die-in-china-bereits-heute-realitaet-sind/26633500 .html.

[5] Corona und der epidemische Orientalismus: Warum wir von Asien noch immer nicht lernen wollen – https://www.cicero.de/aussenpolitik/corona-lockdown-asien-china-taiwan-japan-westen.

[6] Francesca Gino; Rebel Talent: Why it pays to break the rules at work and in life; Dey Street Books, 2018.

[7] Frans de Waal; Mama's last Hug; W. W. Norton & Company, 2019.

8   https://app.handelsblatt.com/unternehmen/mittelstand/unternehmer-im-interview-frau-merkel-bewegt-nichts-mehr-juergen-heraeus-spricht-klartext/25505736.html.

9   Mario Herger; Darüber lacht Wien; Ueberreuter, 2006.

10 Heiner Thorborg; Ego killt Innovation: Die Arroganz der digitalen Elite – https://www.manager-magazin.de/unternehmen/tech/digitale-elite-wenn-arroganz-echten-wandel-behindert-a-7bfe098c-74b7-404a-9f59-9db91ae6c020.

11 https://de.wikipedia.org/wiki/Whataboutism.

12 Armin Wolf; Rendezvous mit Wladimir Putin – https://www.arminwolf.at/2018/06/03/rendezvous-mit-wladimir-putin/.

13 https://de.wikipedia.org/wiki/Red_Herring_(Redewendung).

14 https://de.wikipedia.org/wiki/Flyover_Country.

15 Elting E. Morison; Men, Machines, and Modern Times; MIT Press, 1966.

16 Cara Daggett; Petro-masculinity: Fossil Fuels and Authoritarian Desire; *Millennium: Journal of International Studies*, Vol. 47, Issue 1, September 2018 – https://journals.sagepub.com/doi/full/10.1177/0305829818775817.

17 Elting E. Morison; Men, Machines and Modern Times; MIT Press, 1966.

18 Carol Dweck; Mindset: The New Psychology of Success; Ballantine Books, 2006.

19 Nokia CEO Stephen Elop rallies troops in brutally honest „burning platform" memo? (update: it's real!) – https://www.engadget.com/2011-02-08-nokia-ceo-stephen-elop-rallies-troops-in-brutally-honest-burnin.html.

20 Rutger Bregman; Humankind: A Hopeful History; Little, Brown and Company, 2020.

21 https://de.wikipedia.org/wiki/Die_Feuerzangenbowle_(1944).

22 Lex Fridman Podcast #88 – Eric Weinstein: Geometric Unity and the Call for New Ideas, Leaders & Institutions – https://lexfridman.com/eric-weinstein-2/.

23 Hacks at the Massachusetts Institute of Technology – https://en.wikipedia.org/wiki/Hacks_at_the_Massachusetts_Institute_of_Technology.

24 The MIT Balloon Hack of '82 – https://www.youtube.com/watch?v=MLg2XpY0L3w.

25 Studentenstreiche in Marburg – https://www.marburg-net.de/studentenstreiche.html.

26 https://www.splitter-verlag.de/der-grosse-indienschwindel.html.

27 Bill Buxton; The Long Nose of Innovation; *Business Week*, 2. Januar 2008 – http://www.businessweek.com/stories/2008-01-02/the-long-nose-of-innovation-businessweek-business-news-stock-market-and-financial-advice.

28 Daniel Kahneman; Schnelles Denken, langsames Denken; Siedler Verlag, 2012.

29 https://twitter.com/AxelKamann/status/1326262591656763400.

30 LinkedIn-Diskussion „German Angst" – https://www.linkedin.com/feed/update/urn:li:activity:6722899348650377216/.

31 Duzen im Job: Für dich immer noch Sie! – https://www.wiwo.de/erfolg/beruf/duzen-im-job-fuer-dich-immer-noch-sie/19796574.html.

32 https://geerthofstede.com/.

33 https://niklas-luhmann-archiv.de/.

34 Tamim Ansary; The Invention of Yesterday: A 50,000-Year History of Human Culture, Conflict, and Connection; PublicAffairs, 1. Oktober 2019.

35 https://de.wikipedia.org/wiki/Transgenerationale_Weitergabe.

36 Professor Simon Chapman; Summary of main conclusions reached in 25 reviews of the research literature on wind farms and health; Sydney University School of Public Health, 10. April 2015 – https://ses.library.usyd.edu.au/handle/2123/10559.

37 https://www.lecourriercauchois.fr/actualite-208441-yainville-seine-maritime-la-mousse-de-catherine-breard-alias-maman-au-chocolat-fait-fondre-le-japon.

38 https://www.whatchado.com/.

39 That's Not Funny! Today's college students can't seem to take a joke. – https://www.theatlantic.com/magazine/archive/2015/09/thats-not-funny/399335/.

40 USC Suspended a Communications Professor for Saying a Chinese Word That Sounds Like a Racial Slur – https://reason.com/2020/09/03/usc-greg-patton-chinese-word-offended-students/.

41 Vorwürfe und ihre Folgen: Der Fall Lisa Eckhart – https://www.ndr.de/kultur/kulturdebatte/Cancel-Culture-Der-Fall-der-Kabarettistin-Lisa-Eckhart,cancelculture104.html.

42 Tesla in Brandenburg: Der unvorstellbare Arbeitgeber – https://www.spiegel.de/wirtschaft/unternehmen/tesla-in-brandenburg-wie-wird-die-firma-als-arbeitgeber-in-deutschland-sein-a-807705f2-f02a-4006-b3a8-a67bccecac0f.

43 Abraham Rabinovich; The Yom Kippur War: The Epic Encounter That Transformed The Middle East; Schocken Books, 2004.

44 Stewart Steven; The Spymasters of Israel; Ballantine Books, 1980.

45 Steve Ballmer Laughs at iPhone – https://youtu.be/eywi0h_Y5_U.

46 Mary Tripsas und Giovanni Gavetti; Capabilities, Cognition, and Inertia; Evidence from Digital Imaging; Strategic Management Journal, Vol. 21, No. 10/11, Special Issue: The Evolution of Firm Capabilities, Oktober-November 2000, S. 1.147-1.161.

47 Künstliche Intelligenz. „Deutschland fehlt die Top-Uni" – https://www.wiwo.de/my/technologie/forschung/kuenstliche-intelligenz-deutschland-fehlt-die-top-uni/25291428.html.

48 Sarah Zhang; China's Artificial-Intelligence Boom; 16. Februar 2017 – https://www.theatlantic.com/technology/archive/2017/02/china-artificial-intelligence/516615/.

49 Sütterlin: Übersetzer der vergessenen Schrift – https://www.spiegel.de/karriere/alte-deutsche-handschrift-senioren-transkribieren-suetterlin-a-827104.html.

50 Jane J. Baldauf-Berdes; Women Musicians of Venice: Musical Foundations, 1525-1855; Clarendon Press, 1993.

51 David Epstein; Es lebe der Generalist! Warum gerade sie in einer spezialisierten Welt erfolgreicher sind; Redline Verlag, 2020.

52 Luke Fernandez, Susan J. Matt; Bored, Lonely, Angry, Stupid – Changing Feelings about Technology, from the Telegraph to Twitter; Harvard, 2019.

53 Carl Benedikt Frey; The Technology Trap: Capital, Labor, And Power In The Age Of Automation; Princeton University Press, 2019.

54 Thomas Goetz, et al.; Types of boredom: An experience sampling approach; *Motivation and Emotion*, November 2013.

55 Michèle Lamont; The Dignity of Working Men: Morality and the Boundaries of Race, Class, and Immigration; Harvard University Press, Oktober 2002.

56 Entwicklung der Gesamtzahl der anerkannten oder als anerkannt geltenden Ausbildungsberufe in Deutschland von 1971 bis 2019 – https://de.statista.com/statistik/daten/studie/156901/umfrage/ausbildungsberufe-in-deutschland/.

57 Lehrberufe in Österreich – https://www.wko.at/service/bildung-lehre/Lehrberufe.html.

58 https://www.yousty.ch/de-CH/lehrstellen/berufe.

59 Ofer Malamud; Breadth vs. Depth: The Effect of Academic Specialization on Labor Market Outcomes; *Harris School Working Papers*, 14. Oktober 2003.

60 https://en.wikipedia.org/wiki/End-of-history_illusion.

61 Robert Root-Bernstein et al.; Arts Foster Scientific Success: Avocations of Nobel, National Academy, Royal Society, and Sigma Xi Members; *Journal of Psychology of Science and Technology*, 1 (2), October 2008, S. 51-63.

62 Kevin Dunbar; How scientists really reason: Scientific reasoning in real-world laboratories; Appeared in R.J. Sternberg und J. Davidson Eds. (1995). Mechanisms of Insight. Cambridge MA.: MIT Press, 1995.

63 https://de.wikipedia.org/wiki/North_American_X-15.

64 Matt Ridley; Innovation Can't Be Forced, but It Can Be Quashed – https://www.wsj.com/articles/innovation-cant-be-forced-but-it-can-be-quashed-11589555004.

65 Saptarshi Basu, John C. Hassenplug; Patient Access to Medical Devices – A Comparison of U. S. and European Review Processes; *The New England Journal of Medicine*, 9. August 2012 – http://www3.med.unipmn.it/papers/2012/NEJM/2012-08-09_nejm/nejmp1204170.pdf.

66 Josh Lerner; Patent Protection and Innovation Over 150 Years; National Bureau of Economic Research, Juni 2002 – https://www.nber.org/papers/w8977.

67 William F. Ogburn, Dorothy Thomas; Are Inventions Inevitable? A Note on Social Evolution; *Political Science Quarterly*, Vol. 37, No. 1, März 1922, S. 83-98.

68 Steve Denning; Why Hardware Must Embrace Agile Principles – https://www.forbes.com/sites/stevedenning/2020/06/21/why-hardware-must-embrace-agile-principles/.

69 Ahead of Respect for the Aged Day, number of centenarians in Japan tops 70,000 – https://www.japantimes.co.jp/news/2019/09/13/national/japan-centenarians-top-70000/#.XxB9Wx17k60.

70 https://www.worldbank.org/.

71 Nicole Maestas, Kathleen J. Mullen, David Powell; The Effect of Population Aging on Economic Growth, the Labor Force and Productivity; RAND Corporation, 2016 – https://doi.org/10.7249/WR1063-1.

72 Wieland Wagner; Japan: Abstieg in Würde. Wie ein alterndes Land um seine Zukunft ringt; Deutsche Verlags-Anstalt, 2018.

73 National Institute of Population and Social Security research; Population Projections for Japan (2016-2065): Summary http://www.ipss.go.jp/pp-zenkoku/e/zenkoku_e2017/pp_zenkoku2017e_gaiyou.html#e_zenkoku_II.

74 Richard Davies; Extreme Economies: What Life at the World's Margins Can Teach Us About Our Own Future; Bantam Press, 2019.

75 Time to end China's one-child policy urgently: government advisers warn of demographic crisis ahead – https://www.scmp.com/news/china/policies-politics/article/1870195/time-end-chinas-one-child-policy-urgently-government.

76 China Sees 15% Decline in Registered Newborn Babies in 2020 – https://www.bloomberg.com/news/articles/2021-02-09/china-sees-15-decline-in-registered-newborn-babies-in-2020.

77 Was Generation Z vom Berufsleben erwartet – https://www.welt.de/wirtschaft/karriere/bildung/article152993066/Was-Generation-Z-vom-Berufsleben-erwartet.html.

78 Zahl der Selbstständigen in freien Berufen in Deutschland von 1992 bis 2019 –
    https://de.statista.com/statistik/daten/studie/158665/umfrage/
    freie-berufe---selbststaendige-seit-1992/.

79 Anzahl der Selbstständigen in freien Berufen in Deutschland nach Berufen –
    https://de.statista.com/statistik/daten/studie/158667/umfrage/
    freie-berufe---selbststaendige-2010/.

80 Anzahl der Gründer in Deutschland im Zeitraum von 2000 bis 2018 –
    https://de.statista.com/statistik/daten/studie/183869/umfrage/entwicklung-der-
    absoluten-gruenderzahlen-in-deutschland/.

81 KfW-Gründungsmonitor 2020 – https://www.kfw.de/KfW-Konzern/Newsroom/
    Aktuelles/News-Details_595008.html.

82 John Brockman; Possible Minds: 25 Ways of Looking at AI; Penguin Press, 2019.

83 CIA World Factbook – https://www.cia.gov/library/publications/the-world-
    factbook/fields/343rank.html.

84 Old Age Is the Next Global Economic Threat – https://www.bloomberg.com/
    opinion/articles/2020-10-20/old-age-is-the-next-global-economic-threat.

85 Wieland Wagner; Japan: Abstieg in Würde. Wie ein alterndes Land um seine
    Zukunft ringt; Deutsche Verlags-Anstalt, 2018.

86 John Brockman; What Should We Be Worried About?; Harper Perennial, 2014.

87 Daron Acemoglu, Pascual Restrepo; Demographics and Automation, 2019 –
    https://economics.mit.edu/files/16788.

88 Nach umstrittenen Aussagen: WKÖ-Vize Amann tritt zurück – https://www
    .derstandard.at/story/1399506917762/nach-umstrittenen-aussagen-wkoe-vize-
    amann-tritt-zurueck.

89 Ministerpräsident Weil über Spahns Corona-Pläne: „Das wirkt wie eine
    Steuererhöhung durch die Hintertür" – https://www.spiegel.de/politik/deutsch-
    land/stephan-weil-ueber-corona-kosten-keine-gerechte-politik-a-16d69b4e-ce1e-
    4cce-8b9c-d212d9b0cc16.

90 Sascha Lobo: Corona-Hilfen. Der deutsche Staat verachtet Selbstständige und
    Kreative – https://www.spiegel.de/netzwelt/netzpolitik/corona-hilfen-der-deutsche-
    staat-verachtet-selbststaendige-kolumne-a-49d0ce81-8b0b-4ee7-ada1-5a6f38382ea9.

91 https://www.sinus-institut.de/.

92 https://www.trendence.com/.

93 Wir züchten uns eine Generation der Beamten und Angestellten heran –
    https://www.welt.de/wirtschaft/plus209106411/Deutschland-zuechtet-sich-eine-
    Generation-der-Beamten-heran.html.

94 Wirtschaft im Unterricht: Eine Lobby bekommt ihr Schulfach – http://www
    .spiegel.de/schulspiegel/baden-wuerttemberg-fuehrt-wirtschaft-als-pflichtfach-
    ein-a-1049028.html.

95 Ausgründungen der Fraunhofer-Gesellschaft – Existenzangst, Gebrüll, Enttäu-
    schung: Die Leiden der Fraunhofer-Start-ups – https://www.wiwo.de/my/erfolg/
    gruender/ausgruendungen-der-fraunhofer-gesellschaft-der-rho-wi-ueber-
    allem/26612792-2.html.

96 Fraunhofer first, Entrepreneure last. Die Fassade des makellosen Rufs beginnt zu
    bröckeln – https://www.wiwo.de/my/technologie/forschung/fraunhofer-first-entre-
    preneure-last-die-fassade-des-makellosen-rufs-beginnt-zu-broeckeln/26569350.html.

[97] Hubris – and late fees – doomed Blockbuster – http://www.nbcnews.com/id/39332696/ns/business-retail/t/hubris-late-fees-doomed-blockbuster/.

[98] Auslieferungsstopp und Rückruf: Desaster für den neuen Golf 8 – https://www.handelsblatt.com/unternehmen/industrie/volkswagen-auslieferungsstopp-und-rueckruf-desaster-fuer-den-neuen-golf-8/25834382.html.

[99] http://www.intaninvest.net/.

[100] Jonathan Haskel, Stian Westlake; Capitalism without Capital: Rise of Intangible Economy; Princeton University Press, 2017.

[101] Brynjolfsson, Erik, Avinash Collis, W. Erwin Diewert, Felix Eggers und Kevin J. Fox; GDP-B: Accounting for the Value of New and Free Goods in the Digital Economy. NBER Working Paper No. 25695. Issued March 2019. SSRN abstract 3356697.

[102] How Should We Measure the Digital Economy? – https://hbr.org/2019/11/how-should-we-measure-the-digital-economy.

[103] https://www.vox.com/policy-and-politics/2018/4/10/17222062/mark-zuckerberg-testimony-graham-facebook-regulations.

[104] Hubert Seelow; Sagen und Märchen aus Island; Forlagid, 1980.

[105] https://trollland.eu/skandinavien-land-der-trolle/.

[106] The meanings behind Queen Elizabeth's brooches – https://www.standard.co.uk/insider/royalsociety/queen-elizabeths-brooches-the-loaded-significance-of-her-donald-trump-state-visit-brooches-and-other-a4159266.html.

[107] Wieso bei Brexit-Fans die EU-Flagge so schlecht brennt – https://www.morgenpost.de/politik/article207653737/Wieso-bei-Brexit-Fans-die-EU-Flagge-so-schlecht-brennt.html.

[108] Berufe im Bundestag: Was haben die Abgeordneten eigentlich gelernt? – https://www.berliner-zeitung.de/politik-gesellschaft/berufe-im-bundestag-was-haben-die-abgeordneten-eigentlich-gelernt-li.16712.

[109] Caroline Criado Perez; Invisible Women: Data Bias in a World Designed for Men; Harry N. Abrams, 2019.

[110] Rutger Bregman; Humankind: a hopeful History; Little Brown, 2020.

[111] The real Lord of the Flies: what happened when six boys were shipwrecked for 15 months – https://www.theguardian.com/books/2020/may/09/the-real-lord-of-the-flies-what-happened-when-six-boys-were-shipwrecked-for-15-months.

[112] https://de.wikipedia.org/wiki/Zuschauereffekt.

[113] Bruno S. Frey, Felix Oberholzer-Gee; The Cost of Price Incentives: An Empirical Analysis of Motivation Crowding-Out; *The American Economic Review* 87, No. 4, 1997, S. 746-755 – http://www.jstor.org/stable/2951373.

[114] How Incentives Demoralize Us – https://www.linkedin.com/.pulse/20130607133605-91343717-how-incentives-demoralize-us/.

[115] Ihr klagt unsere Zukunft kaputt – https://www.spiegel.de/wissenschaft/mensch/windkraft-die-neuen-regularien-sind-ein-sargnagel-fuer-deutschland-a-1296494.html.

[116] 2019 EDELMAN TRUST BAROMETER Global Report – https://www.edelman.com/sites/g/files/aatuss191/files/2019-03/2019_Edelman_Trust_Barometer_Global_Report.pdf.

[117] BER: Ein Flughafen epischer Proportionen – https://de.statista.com/infografik/23340/historische-unterfangen-ber-bauzeit/.

[118] https://en.wikipedia.org/wiki/List_of_Apollo_lunar_sample_displays.

[119] https://en.wikipedia.org/wiki/Stolen_and_missing_Moon_rocks.

[120] Casey Dreier; A new accounting for Apollo: how much did it really cost?; 17. Juni 2019 – https://www.thespacereview.com/article/3737/1.

[121] Michiya Shimbori, Hideo Ikeda, Tsuyoshi Ishida, Motô Kondô (1963); Measuring a Nation's Prestige. *American Journal of Sociology*, 69 (1), S. 63-68. Retrieved 9. November 2020 – http://www.jstor.org/stable/2775312.

[122] Warum Deutschland nicht mehr Primus ist – https://www.sueddeutsche.de/wirtschaft/deutschland-wirtschaft-konjunktur-1.4647804.

[123] So drastisch ist der Ansehensverlust von „Made in Germany". – https://www.welt.de/wirtschaft/plus202150256/Made-in-Germany-Ein-Guetesiegel-verliert-weltweit-an-Ansehen.html.

[124] 2019 EDELMAN TRUST BAROMETER Global Report – https://www.edelman.com/sites/g/files/aatuss191/files/2019-03/2019_Edelman_Trust_Barometer_Global_Report.pdf.

[125] Lego startet neue Serie „Gescheiterte deutsche Großprojekte" – https://www.der-postillon.com/2013/02/lego-startet-neue-serie-gescheiterte.html.

[126] Künstliche Intelligenz. „Deutschland fehlt die Top-Uni" – https://www.wiwo.de/my/technologie/forschung/kuenstliche-intelligenz-deutschland-fehlt-die-top-uni/25291428.html.

[127] Durchbruch der Mini-Satelliten – Was Deutschland besser kann als Elon Musk – https://www.welt.de/wirtschaft/article216755722/NetSat-Projekt-Was-Deutschland-besser-kann-als-Elon-Musk.html.

[128] https://de.wikipedia.org/wiki/Starlink.

[129] https://de.wikipedia.org/wiki/IKEA-Effekt.

[130] Dan Ariely; Predictably Irrational: The Hidden Forces That Shape Our Decisions; HarperCollins, 2009.

[131] https://www.crunchbase.com/.

[132] Distribution of super start-up companies offering B2B and B2C solutions worldwide in 2020 - https://www.statista.com/statistics/1098800/super-start-ups-b2b-b2c-worldwide/.

[133] Deutschlands Wettbewerbsfähigkeit: Und die Besten verlassen das Land – https://www.welt.de/debatte/kommentare/article202692528/Deutschlands-Wettbewerbsfaehigkeit-Und-die-Besten-verlassen-das-Land.html.

[134] IMD World Digital Competitiveness Ranking 2020. – https://www.imd.org/globalassets/wcc/docs/release-2020/digital/digital_2020.pdf.

[135] Das Ende von Streetscooter ist ein Armutszeugnis für Deutschland – https://www.handelsblatt.com/meinung/gastbeitraege/gastkommentar-das-ende-von-streetscooter-ist-ein-armutszeugnis-fuer-deutschland/25599856.html.

[136] Deutschland soll Vorreiter beim autonomen Fahren werden – https://www.dw.com/de/deutschland-soll-vorreiter-beim-autonomen-fahren-werden/a-56524783.

[137] Bund prüft Einsatz von Magnetschwebebahn – https://www.spiegel.de/auto/transrapid-bund-prueft-einsatz-von-magnetschwebebahn-im-nahverkehr-a-588d0977-441a-462c-968e-bccafe4f204d.

138 Ilic L, Sawada M, Zarzelli A; Deep mapping gentrification in a large Canadian city using deep learning and Google Street View. PLoS ONE 14 (3): e0212814, 2019 – https://doi.org/10.1371/journal.pone.0212814.

139 „Kiffender Kollege"-Tweet von Joe Kaeser schlägt Wellen – https://www.manager-magazin.de/lifestyle/artikel/siemens-joe-kaeser-spricht-von-kiffender-kollege-und-meint-elon-musk-a-1295644.html.

140 https://twitter.com/JoeKaeser/status/1192786315143716866.

141 Kaeser beklagt Digitalisierungs-Defizite in Deutschland – https://www.br.de/nachrichten/amp/wirtschaft/joe-kaeser-beklagt-digitalisierungs-defizite-in-deutschland,SNVAgWT.

142 https://de.wikipedia.org/wiki/Jadehase_(Rover).

143 Postfächer in sieben Bundesländern geplant: Berlins Lehrkräfte bekommen Dienst-E-Mail – https://www.tagesspiegel.de/politik/postfaecher-in-sieben-bundeslaendern-geplant-berlins-lehrkraefte-bekommen-dienst-e-mail-/26124382.html.

Kapitel 6

1 Carol Dweck; mindset: The new psychology of success; Ballantine Books, 2006.

2 Sweden, with government support, has turned into a „unicorn" factory – https://www.marketwatch.com/story/sweden-with-government-support-has-turned-into-a-unicorn-factory-2016-06-17.

3 https://www.elementsofai.de/.

4 Digital-Vorreiter Finnland: Künstliche Intelligenz fürs Volk – https://www.deutschlandfunk.de/digital-vorreiter-finnland-kuenstliche-intelligenz-fuers.795.de.html?dram:article_id=462289.

5 To See the Devil; The Boston Globe, 1895 – https://www.newspapers.com/image/430763573/.

6 The Electrical World, Vol. 14, 23. November 1889 – https://archive.org/details/sim_electrical-world_1889-11-23_14_21.

7 September 1, 1897. Nation's First Subway Opens in Boston – https://www.massmoments.org/moment-details/nations-first-subway-opens-in-boston.html.

8 https://www.manuelhoreth.at/.

9 Bill Gates explains why we should all be optimists – https://www.technologyreview.com/2019/02/27/1267/bill-gates-explains-why-we-should-all-be-optimists/.

10 Jeff Dyer, Hal Gregersen, Clayton Christensen; The Innovator's DNA: Mastering the Five Skills of Disruptive Innovators; Harvard Business Review Press, 2011.

11 https://en.wikipedia.org/wiki/Floyd_Mayweather_Jr._vs._Conor_McGregor.

12 Floyd Mayweather Celebrates Victory With Epic Glass Portrait Of Conor McGregor – https://www.menshealth.com/trending-news/a19536386/floyd-mayweather-conor-mcgregor-portrait-beverly-hills-mansion/v.

13 https://de.wikipedia.org/wiki/Das_gro%C3%9Fe_Rennen_rund_um_die_Welt.

14 Kinder sollten lernen, wie Elon Musk & Jeff Bezos zu denken – https://www.xing.com/news/klartext/kinder-sollten-lernen-wie-elon-musk-jeff-bezos-zu-denken-4004.

[15] Richard Snow; Disney's Land: Walt Disney and the Invention of the Amusement Park That Changed the World; Scribner, 2019.

[16] https://www.mermaidstudios.com/.

[17] Luke Fernandez, Susan J. Matt; Bored, Lonely, Angry, Stupid: Changing Feelings about Technology, from the Telegraph to Twitter; Harvard University Press, 2019.

[18] Deutschlands letzte Zeche schließt: Das Ruhrgebiet wird seine Vergangenheit nicht los – https://www.t-online.de/nachrichten/deutschland/gesellschaft/id_84963450/deutschlands-letzte-zeche-schliesst-ruhrgebiet-wird-vergangenheit-nicht-los.html.

[19] Ulrike Herrmann; Deutschland, ein Wirtschaftsmärchen: Warum es kein Wunder ist, dass wir reich geworden sind; Westend, 2019.

[20] Marc Levinson; The Box – How The Shipping Container Made the World Smaller and the World Economy Bigger; Princeton University Press, 2016.

[21] Donald Francis Roy; „Banana Time". Job Satisfaction and Informal Interaction; *Human Organization*, 18 (04), S. 158-168 – http://faculty.knox.edu/fmcandre/roy-bananatime.pdf.

[22] Podcast: The Car that Saved Ford – https://www.atlassian.com/blog/podcast/the-car-that-saved-ford.

[23] https://de.wikipedia.org/wiki/Nicolas_Appert.

[24] https://de.wikipedia.org/wiki/Peter_Durand.

[25] Frans Johansson; Der Medici-Effekt: Wie Innovation entsteht; Plassen Verlag, 2018.

[26] https://de.wikipedia.org/wiki/John_Harrison_(Uhrmacher).

[27] https://de.wikipedia.org/wiki/United_States_Census_1790.

[28] https://de.wikipedia.org/wiki/Herman_Hollerith.

[29] https://de.wikipedia.org/wiki/United_States_Census_1890.

[30] America COMPETES Reauthorization Act of 2010 – https://www.nsf.gov/statistics/about/BILLS-111hr5116enr.pdf.

[31] Elon Musk to offer $100 million prize for „best" carbon capture tech – https://www.reuters.com/article/us-usa-musk-carbon-capture-idUSKBN29R024.

[32] https://www.darpa.mil/program/darpa-robotics-challenge.

[33] https://www.darpa.mil/work-with-us/public/prizes.

[34] https://www.sprind.org/.

[35] Sprunginnovationen zum Organersatz: 2 x Herz, 1 x Bauchspeicheldrüse – https://www.bmbf.de/de/sprunginnovationen-zum-organersatz-2-x-herz-1-x-bauchspeicheldruese-11638.html.

[36] Michael Kremer, Jonathan D. Levin, Christopher M. Snyder; Advance Market Commitments: Insights from Theory and Experience; National Bureau of Economic Research, Februar 2020 – https://www.nber.org/papers/w26775.

[37] Department of Defense Research, Development, Test, and Evaluation (RDT&E): Appropriations Structure – https://fas.org/sgp/crs/natsec/R44711.pdf.

[38] Entwicklung und Struktur des Verteidigungshaushalts – https://www.bmvg.de/de/themen/verteidigungshaushalt/entwicklung-und-struktur-des-verteidigungshaushalts.

[39] https://www.destatis.de/DE/Themen/Gesellschaft-Umwelt/Bildung-Forschung-Kultur/Forschung-Entwicklung/Tabellen/forschung-entwicklung-sektoren.html.

[40] Episode 779: Shrimp Fight Club – https://www.npr.org/sections/money/2017/06/21/533840751/episode-779-shrimp-fight-club.

[41] https://de.wikipedia.org/wiki/Unit_8200.

[42] https://de.wikipedia.org/wiki/Vannevar_Bush.

[43] GameStop Mania Reveals Power Shift on Wall Street – and the Pros Are Reeling – https://www.wsj.com/articles/gamestop-mania-reveals-power-shift-on-wall-street-and-the-pros-are-reeling-11611774663.

[44] History of private equity and venture capital – https://en.wikipedia.org/wiki/History_of_private_equity_and_venture_capital.

[45] Taylor, Alexander L.; Boom Time in Venture Capital; *Time Magazine*, 10. August 1981.

[46] Q4 2019 PitchBook-NVCA Venture Monitor https://pitchbook.com/news/reports/q4-2019-pitchbook-nvca-venture-monitor.

[47] National Venture Capital Association – http://nvca.org/.

[48] United States Investment: % of GDP – https://www.ceicdata.com/en/indicator/united-states/investment--nominal-gdp.

[49] Bruttoinvestitionen in Deutschland von 1991 bis 2019 – https://de.statista.com/statistik/daten/studie/161379/umfrage/entwicklung-der-bruttoinvestitionen-in-deutschland/.

[50] Venture Capital erlebte 2019 Rekordjahr in Deutschland. – https://www.munich-startup.de/58078/venture-capital-2019/.

[51] Bruttoinlandsprodukt (BIP) der Schweiz von 2009 bis 2019 – https://de.statista.com/statistik/daten/studie/14415/umfrage/bruttoinlandsprodukt-in-der-schweiz/.

[52] CHF 2.3 billion for start-ups – https://www.startupticker.ch/en/news/january-2020/chf-2-3-billion-for-start-ups.

[53] Österreichs Wirtschaft wuchs 2019 um 1,4% – https://www.statistik.at/web_de/statistiken/wirtschaft/volkswirtschaftliche_gesamtrechnungen/bruttoinlandsprodukt_und_hauptaggregate/jahresdaten/index.html.

[54] 5th Annual Startup Report Austria 2019 – https://avco.at/5th-annual-startup-report-austria-2019/.

[55] EU Will Become Shareholder In Startups for the First Time – https://www.bloomberg.com/news/articles/2021-01-06/eu-will-become-shareholder-in-startups-for-the-first-time.

[56] http://www.tab-beim-bundestag.de/.

[57] Caroline Criado Perez; Invisible Women: Data Bias in a World Designed for Men; Harry N. Abrams, 2019.

[58] Kinder sollten lernen, wie Elon Musk & Jeff Bezos zu denken – https://www.xing.com/news/klartext/kinder-sollten-lernen-wie-elon-musk-jeff-bezos-zu-denken-4004.

[59] Hans-Jürgen Jakobs; Deutschland braucht mehr Manager vom Schlage eines Dietmar Hopp; *Handelsblatt*, 6. September 2020 – https://www.handelsblatt.com/meinung/kommentare/kommentar-deutschland-braucht-mehr-manager-vom-schlage-eines-dietmar-hopp/26162292.html.

[60] Warum sind deutsche Startups unsichtbar? – https://www.n-tv.de/mediathek/audio/Warum-sind-deutsche-Startups-unsichtbar-article21867359.html.

[61] Sean Gerrish; How Smart Machines Think; MIT press, 2018.

[62] https://twitter.com/stammy/status/462126417308708864.

[63] Safi Bahcall; Loonshots: How to nurture the crazy ideas that win wars, cure diseases, and transform industries; St. Martin's Press, New York, 2019.

[64] Elon Musk and Lt Gen John F. Thompson; Air Force Association's Air Warfare Symposium, 26.-28. Februar 2020 – https://www.youtube.com/watch?v=E307nHamdY8.

[65] Brian Merchant; The One Device: The Secret History Of The IPhone; Little Brown, 2017.

[66] The Inside Story Of Jeff Bezos's Fire Phone Debacle – https://www.fastcompany.com/3039887/under-fire.

[67] Podcast-Folge 114: Frank Thelen, warum investieren die Deutschen so zaghaft in ihre Zukunft? – https://podcasts.apple.com/de/podcast/folge-114-frank-thelen-warum-investieren-die-deutschen/id1298599553?i=1000490809877.

[68] Ann Druyan; Cosmos: Possible Worlds; *National Geographic*, 2020.

[69] Keay Davidson; Carl Sagan: A Life; John Wiley & Sons, 1999.

[70] Podcast Sway: Elon Musk: A.I. Doesn't Need to Hate Us to Destroy Us; 28. September 2020 – https://www.nytimes.com/2020/09/28/opinion/sway-kara-swisher-elon-musk.html.

[71] Frauenanteil in den Vorständen* der 100 bzw. 200 größten deutschen Unternehmen** von 2006 bis 2019 – https://de.statista.com/statistik/daten/studie/180102/umfrage/frauenanteil-in-den-vorstaenden-der-200-groessten-deutschen-unternehmen/.

[72] Frauenanteil in Führungspositionen großer Unternehmen in der Schweiz bis 2018 – https://de.statista.com/statistik/daten/studie/881256/umfrage/frauenanteil-in-fuehrungspositionen-grosser-unternehmen-in-der-schweiz/.

[73] Nur 14 Frauen im Vorstand österreichischer Börsenunternehmen – https://www.diepresse.com/5861757/nur-14-frauen-im-vorstand-osterreichischer-borsenunternehmen.

[74] Liste der Frauen in den Vorständen der DAX-Unternehmen – https://de.wikipedia.org/wiki/Liste_der_Frauen_in_den_Vorst%C3%A4nden_der_DAX-Unternehmen.

[75] Deutscher Sonderweg: Frauenanteil in DAX-Vorständen sinkt in der Krise – https://www.allbright-stiftung.de/berichte.

[76] Die Frauenrepräsentation in den politischen Institutionen – https://www.bfs.admin.ch/bfs/de/home/statistiken/politik/wahlen/frauen.html.

[77] Francesca Gino; Rebel Talent: Why it pays to break the rules at work and in life; Dey Street Books, 2018.

[78] Heather Sarsons; Gender Differences in Recognition for Group Work; Working paper, 4. November 2017 – https://scholar.harvard.edu/sarsons/publications/note-gender-differences-recognition-group-work.

[79] Victoria L. Brescoll; Who Takes the Floor and Why: Gender, Power, and Volubility in Organizations; *Administrative Science Quarterly* 56, No. 4, 29. Februar 2012, S. 622-641 – https://journals.sagepub.com/doi/abs/10.1177/0001839212439994.

[80] Victoria L. Brescoll, Eric Luis Uhlmann; Can an Angry Woman Get Ahead?: Status Conferral, Gender, and Expression of Emotion in the Workplace; *Psychological Science* 19, No. 3, 1. März 2008, S. 268-275.

[81] Laura J. Krau, Aiwa Shirako; Stereotype Threat in Organizations As Examination of Its Scope, Triggers, and Possible Interventions; in Stereotype Threat: Theory, Process, and Applications; ed. Michael Inzlicht and Toni Schmader; pre, New York, 2012, S. 173-187.

[82] Cristian L. Dezsö, David Gaddis Ross; Does Female Representation in Top Management Improve Firm Performance? A Panel Data Investigation; Strategic Management Journal 33 (9), März 2011.

[83] Muhammad Nadeem, Muhammad Bilal Farooq, Ammad Ahmed; Does female representation on corporate boards improve intellectual capital efficiency?; Journal of Intellectual Capital, Vol. 20, No. 5, 2019, S. 680-700.

[84] Katrin Talke, Søren Salomo, Alexander Kock; Top Management Team Diversity and Strategic Innovation Orientation: The Relationship and Consequences for Innovativeness and Performance; *The Journal of Product Innovation Management* 28, No. 6, 27. Juli 2011, S. 819-832.

[85] https://www.handelsblatt.com/politik/deutschland/gleichstellung-koalition-einigt-sich-frauenquote-in-vorstaenden-kommt/26645504.html.

[86] Why You Should Create a „Shadow Board" of Younger Employees – https://hbr.org/2019/06/why-you-should-create-a-shadow-board-of-younger-employees.

[87] Stora Enso establishes Pathfinders Shadow Management Team to challenge Chief Executive Officer and Group Executive Team in rethinking Group operations – https://www.dgap.de/dgap/News/corporate/stora-enso-establishes-pathfinders-shadow-management-team-challenge-chief-executive-officer-and-group-executive-team-rethinking-group-operations/?newsID=695393.

[88] Assemble A Shadow Board To Integrate Gen Z And Stay Ahead Of Disruption – https://www.forbes.com/sites/forbeshumanresourcescouncil/2019/10/24/assemble-a-shadow-board-to-integrate-gen-z-and-stay-ahead-of-disruption/#36ccf8847ea5.

[89] Say Hello to Waymo – https://youtu.be/uHbMt6WDhQ8.

[90] Audi Intelligence – Audi Summit 2017 – https://youtu.be/YQP7iD3lMjM.

[91] Jeff Dyer, Nathan Furr, Curtis Lefrandt; Innovation Capital: How to Compete--and Win--Like the World's Most Innovative Leaders; Harvard Business Review Press, 2019.

[92] Lessons from Tesla's Approach to Innovation – https://hbr.org/2020/02/lessons-from-teslas-approach-to-innovation.

[93] Gregory Gromov: From the Gold Mines of El Dorado to the „Golden" Startups of Silicon Valley – http://silicon-valley-history.com/.

[94] How Did Silicon Valley Become Silicon Valley? – http://share.endeavor.org/pdf/HDSVBSV.pdf.

[95] Understanding California's Ban on Non-Compete Agreements – https://www.huffpost.com/entry/understanding-californias-ban-on-non-compete-agreements_b_58af1626e4b0e5fdf6196f04.

[96] Lewis Mumford; The City in History; Harcourt, Brace & World, New York, 1961.

[97] Joachim Mohr, Eva-Maria Schnurr; Die Gründerzeit: Wie die Industrialisierung Deutschland veränderte; Deutsche Verlags-Anstalt, 2019.

[98] Frances Anne Kemble; Records of a Girlhood; 1878.

99 Peter Altmaier findet das deutsche Handynetz „total peinlich" – https://www.welt.de/politik/deutschland/article184405194/Peter-Altmaier-findet-das-deutsche-Handynetz-total-peinlich.html.

100 Marode Infrastruktur: Deutschland, Du armes Land der Reichen – https://www.sueddeutsche.de/politik/karl-markus-gauss-bahn-verspaetung-marode-infrastruktur-1.4501812.

101 https://bericht.telekom.com/geschaeftsbericht-2019/.

102 https://www.macrotrends.net/stocks/charts/FB/facebook/research-development-expenses.

103 Konjunkturpaket: Bundesregierung investiert in digitale Zukunft – https://www.onlinezugangsgesetz.de/SharedDocs/kurzmeldungen/Webs/OZG/DE/2020/konjunkturpaket.html.

104 Das Konjunkturpaket für alle in Deutschland – https://bundesfinanzministerium.de/Web/DE/Home/home.html.

105 The Short- and Long-Term Impact of Infrastructure Investments on Employment and Economic Activity in the U. S. Economy – https://www.epi.org/publication/impact-of-infrastructure-investments/.

106 European Commission, Infrastructure in the EU: Developments and impact on growth; European Economy, Occasional Papers 203, Dezember 2014 – http://ec.europa.eu/economy_finance/publications/occasional_paper/2014/pdf/ocp203_en.pdf.

107 Mega-Tunnel durch die Ostsee kommt – und bringt Deutschland den Zwei-Stunden-Bonus – https://www.welt.de/wirtschaft/article219285314/Bundesverwaltungsgericht-weist-alle-Einsprueche-gegen-Fehmarnbelttunnel-zurueck.html.

108 Flughafen BER contra Gigafactory von Tesla: Wenn deutsche Gründlichkeit und politische Feinsteuerung über das Ziel hinausschiessen – https://www.msn.com/de-ch/nachrichten/other/flughafen-ber-contra-gigafactory-von-tesla-wenn-deutsche-gr%C3%BCndlichkeit-und-politische-feinsteuerung-%C3%BCber-das-ziel-hinausschiessen/ar-BB1aMuH6.

109 2019 EDELMAN TRUST BAROMETER Global Report – https://www.edelman.com/sites/g/files/aatuss191/files/2019-03/2019_Edelman_Trust_Barometer_Global_Report.pdf.

110 Investitionsbeschleunigungsgesetz: Schneller planen, zügiger investieren – https://www.bundesregierung.de/breg-de/aktuelles/faq-investitionsbeschleunigung-1775808.

111 Schuldirektorin Hula: „Ich mache mir keine Sorgen um den Stoff" – https://www.derstandard.at/story/2000116302165/schuldirektorin-hula-ich-mache-mir-keine-sorgen-um-den-stoff.

112 Was wir jetzt über das Lernen lernen – https://www.spiegel.de/panorama/homeschooling-was-wir-jetzt-ueber-das-lernen-lernen-a-e627efd2-8157-4b80-9f5c-30ed2b2b9a13.

113 https://info.the-art-of-life.at/dl-talk-ansehen-skill-gap-21-01-2021.

114 Neue digitale Lernmittel: Ein weiterer Schritt zur Stärkung des digitalen Unterrichtsgeschehens in Nordrhein-Westfalen – https://www.schulministerium.nrw.de/presse/pressemitteilungen/neue-digitale-lernmittel-ein-weiterer-schritt-zur-staerkung-des-digitalen.

115 Asian universities close gap on US schools in world rankings by increasing STEM funding – https://scienmag.com/asian-universities-close-gap-on-us-schools-in-world-rankings-by-increasing-stem-funding/.

116 https://www.statista.com/statistics/264644/ranking-of-oecd-countries-by-number-of-scientists-and-researchers/.

117 OECD Science, Technology and Industry Scoreboard 2015 – https://www.oecd-ilibrary.org/science-and-technology/oecd-science-technology-and-industry-scoreboard-2015/science-and-engineering_sti_scoreboard-2015-9-en;jsessionid=284coj2vvywe3.x-oecd-live-03.

118 D. Jeremy; Damming the Flood: British Government Efforts to Check the Outflow of Technicians and Machinery, 1780-1843; *Business History Review*, Vol. LI, No. 1., 1977.

119 J. Harris; Industrial Espionage and Technology Transfer – Britain and France in the Eighteenth Century; Ashgate, Aldershot, 1998.

120 Ha-Joon Chang; Bad Samaritans: The Myth of Free Trade and the Secret History of Capitalism; Bloombury Press, 2008.

121 Former Apple Employee Indicted On Theft Of Trade Secrets – https://www.justice.gov/usao-ndca/pr/former-apple-employee-indicted-theft-trade-secrets.

122 Fall Kuka schürt die Angst vor China – https://www.welt.de/wirtschaft/article184525100/Midea-Fall-Kuka-wird-zum-Suendenfall-fuer-den-Standort-D.html.

123 Deutschlands technologischer Ausverkauf – https://www.wiwo.de/technologie/digitale-welt/cybersecurity-deutschlands-technologischer-ausverkauf/25354390.html.

124 Huawei, 5G, and the Man Who Conquered Noise – https://www.wired.com/story/huawei-5g-polar-codes-data-breakthrough/.

125 Altmaier verbietet Verkauf von Kleinfirma nach China – https://www.manager-magazin.de/unternehmen/industrie/peter-altmaier-wirtschaftsminister-bremst-chinesische-investoren-aus-a-1083ae9e-14cd-4eea-9fc4-29e18b7c388a.

126 Chinese takeover of Leifeld collapses ahead of expected German veto – https://www.dw.com/en/chinese-takeover-of-leifeld-collapses-ahead-of-expected-german-veto/a-44906055.

127 https://en.wikipedia.org/wiki/Wright_brothers_patent_war.

Kapitel 7

1 Burt Barnow, Jeffrey Smith; Employment and Training Programs; Economics of Means-Tested Transfer Programs in the United States, Vol. 2, Moffitt, 2016 – https://www.nber.org/papers/w21659.

2 Enrico Moretti; Estimating the Social Return to Higher Education: Evidence From Longitudinal and Repeated Cross-Sectional Data; *Journal of Econometrics* 121 (1), 2002, S. 175-212.

3 Alexander M. Bell, Raj Chetty, Xavier Jaravel, Neviana Petkova, John Van Reenen; Who Becomes an Inventor in America? The Importance of Exposure to Innovation; Working Paper 24062, 2017 – https://www.nber.org/papers/w24062.

4   Dennis Meadows, Donella H. Meadows, Erich Zahn, Peter Milling; Die Grenzen
    des Wachstums. Bericht des Club of Rome zur Lage der Menschheit; Deutsche
    Verlags-Anstalt, 1972.
5   Hans Rosling; Factfulness: Wie wir lernen, die Welt so zu sehen, wie sie wirklich
    ist; Ullstein, 2018.
6   The Lancet: World population likely to shrink after mid-century, forecasting
    major shifts in global population and economic power – http://www.healthdata
    .org/news-release/lancet-world-population-likely-shrink-after-mid-century-
    forecasting-major-shifts-global.
7   John Schroeter et al.; After Shock: The world's foremost futurists reflect on 50
    years of Future Shock and look ahead to the next 50; Abundant World Institute,
    2020.
8   https://de.wikipedia.org/wiki/Tragf%C3%A4higkeit_(%C3%96kologie).
9   Fertility, mortality, migration, and population scenarios for 195 countries and
    territories from 2017 to 2100: a forecasting analysis for the Global Burden of
    Disease Study – https://www.thelancet.com/journals/lancet/article/PIIS0140-
    6736(20)30677-2/fulltext.
10 Bevölkerung auf Schrumpfkurs: Deutschland verliert 20 Millionen Einwohner –
    https://www.n-tv.de/panorama/Deutschland-verliert-20-Millionen-Einwohner-
    article21990728.html.

Kapitel 8

1   https://en.wikipedia.org/wiki/Seven_generation_sustainability.
2   https://www.ceps.eu/ceps-publications/index-of-readiness-for-digital-lifelong-
    learning/.
3   An Eye Toward The Future With Sebastian Thrun; 18. Dezember 2020 –
    https://www.forbes.com/sites/steveforbes/2020/12/18/an-eye-toward-the-future-
    with-sebastian-thrun/?sh=3bb6f66763e5.